인물로 읽는 중국 근대사

MODERN HISTORY of CHINA

인물로 읽는 중국 근대사

MODERN HISTORY of CHINA

신동준 지음

인간사랑

[C O N T E N T S]

제3장 혁명파革命派

| 저자 서문 |

21세기 G2시대를 선도하고 있는 중국인들은 나름 커다란 자부심을 갖고 있다. 인류발전에 크게 기여한 3대 발명품을 입에 침이 마르도록 칭송하는 게 대표적이다. 인쇄술과 화약, 나침반이 그것이다. 인쇄술은 문文, 화약은 무武, 나침반은 공工의 혁명을 상징한다. 실제로 일찍이 프란시스 베이컨은 이들 3대 발명품에 의해 세계가 만들어지고 있다고 언급한 바 있다. 그런 점에서 중국인들이 3대 발명품에 대해 커다란 자부심을 갖고 있는 것을 자화자찬으로 해석할 수만도 없는 일이다.

그렇다면 중국은 왜 농農과 상商의 혁명을 상징하는 발명품을 만들어 내지는 못한 것일까? 이는 엄밀한 검증을 요한다. '농'의 경우만 해도 중국은 이미 전국시대에 우경牛耕과 관개灌漑, 시비施肥 등의 농업혁명을 이룬 바 있다. '상'도 크게 다르지 않았다. 전국시대에 여불위와 백규와 같은 사람은 비단과 곡물 등을 상품화해 천문학적인 자산을 모은 바 있다.

중국이 기원전부터 아편전쟁의 시기에 이르기까지 수천 년 동안 천하의 중심을 자처하며 '중화' 의식을 굳힌 배경이 바로 여기에 있다. 땅이 넓고 물산이 풍부한 '지대물박地大物博'의 상황에서 굳이 주변국들과 교역을 할 필요성을 느끼지 못했던 것이다. 중국은 국내 시장 자체가 하나의 완벽한 세계시장을 이루고 있었던 셈이다. 실제로 중국의 한제국은 같은 시대에 존재했던 로마제국보다 훨씬 거대했다. 지난 2013년에 작고한 미시건대의 경제사가 알버트 포이어워커Albert Feurwerker는 일련의 논문 및 저서에서 16세기까지의 세계를 이같이 단언한 바 있다.

"세련된 관료제나 문화적 성취는 말할 것도 없고 농업생산성, 산업기술, 상업, 도시의 부와 생활수준 등 어떤 면에서 비교할지라도 유럽은 결코 중국과 대등한 수준에 있지 못했다."

포이어워커의 증언대로 중국은 오랫동안 세계최고의 문명을 갖고 있었건 게 사실이다. 그렇다면 중국은 왜 갑자기 아편전쟁 이후 무기력한 나라가 된 것일까? 서양이 아무리 급속한 발전을 이뤘을지라도 불과 2세기만에 중국을 압도할 정도의 과학기술 문명을 이룬 것일까? 안드레 군더 프랑크는 『리오리엔트』에서 아편전쟁의 시기조차 서양은 결코 중국보다 앞선 것이 아니었다고 진단했다. 사실 아편전쟁을 포함해 그 이후에 전개된 청불전쟁 등을 살펴보면 청국이 결코 일방적으로 패하지 않았음을 알 수 있다. 프랑크의 주장을 뒷받침할 만한 사실史實은 매우 많다.

청국이 두 차례에 걸친 아편전쟁 이후 청일전쟁에 이르기까지 잇달아 패한 데에는 과학기술의 열세도 중요한 배경으로 작용했으나 그보다는 내부 분란이 더 큰 요인으로 작용했다. 이른바 '애로호 사건'으로 촉발된 제2차 아편전쟁은 태평천국의 난이 한창 진행되는 상황에서 영불이 합세한 가운데 전쟁이 치러졌다. 청일전쟁은 도이島夷 일본을 얕잡아본 나머지 해군예산을 서태후의 60세 환갑기념 비용으로 전용한 가운데 이홍장이 지휘하는 북양군만이 나서 거국적으로 전쟁을 준비한 일본과 맞닥뜨린 전쟁이었다. 중국에서 이른바 '갑오전쟁'으로 불리는 청일전쟁을 두고 이홍장 개인의 '사전私戰'으로 평하는 이유이다. 청국이 일방적으로 패하게 된 것은 이처럼 여러 요인이 복합적으로 작용한 결과였다. 이는 청국이 태평군과 염군捻軍에 대한 토벌이 끝난 뒤 좌종당이 이끄는 청군을 파견해 신강성의 일리伊犁 지역을 무단점거하고 있던 러시아와 정면으로 맞서 이를 수복한 사실이 뒷받침한다.

원래 메이지유신의 사상적 기반이 된 '화혼양재和魂洋才'는 중국과 조선의 '중체서용中體西用' 및 '동도서기東道西器'의 방략과 하등 차이가 없는 것이다. 유일한 차이는 일본은 천황을 위시해 일반 서민에 이르기까지 하나가 되어 '화혼양재'를 실현한데 반해 중국과 조선은 민족 간 갈등 및 개화방략을 둘러싼 이견 등으로 인해 보다 철저하게 '중체서용' 및 '동도서기'를 실천하지 못한 데 있다. 그런 점에서 중국과 조선의 근대화는 근대화에 대한 열정과 추진력이 철저하지 못한 까닭에 실패했고, 정반대로 일본의 근대화는 성공했다는 식의 기존의 평가는 수정될 필요가 있다.

현재 중국에서 제1차 아편전쟁 이후 '현대'의 기점으로 간주되는 5·4운동 때까지 '근대'를 이끈 증국번 및 이홍장 등에 대한 집중적인 재조명 작업을 벌이고 있는 것도 이런 자각과 무관치 않다. 이는 신해혁명의 주인공인 손문을 비롯해 그가 청조전복의 혁명모델로 삼았던 태평천국의 홍수전에 대한 재평가 작업과 맞물려 있는 것이기도 하다. 물론 중국의 학계는 아직까지도 대만과 마찬가지로 손문의 '삼민주의三民主義'를 높이 기리고, 홍수전을 중국 역사상 가장 조직적인 농민혁명을 이끈 위대한 혁명가로 평가하는 견해가 주류를 이루고 있다. 지난 2006년 손문 탄생 140주년 기념대회에 참석한 후진타오 전 주석의 칭송이 그 증거이다.

"손문선생은 걸출한 애국주의자이자 민족의 영웅이며 중국 민주혁명의 위대한 선구자였다."

홍수전에 대한 호평도 여전하다. 많은 저서에서 태평군을 의군義軍으로 표현하고 있는 게 이를 뒷받침한다. 그러나 최근 관련 학계 내에서는 오랫동안 실패로 간주된 양무운동을 집중 재조명하면서 기존의 틀에 박힌 주장을 반박하는 견해가 빈출하고 있다. 태평천국이 결코 농민들을 위한 정권도 아닌데다 폭압적인 정치를 펼쳐 내분을 자초했고, 신해혁명도 청조에 등을 돌린 향신鄕紳들이 군벌과 손을 잡고 왕조전복을 꾀한 단순한 정변에 불과하다는 견해 등이 그것이다.

일각에서는 손문이 없었다면 중국은 좀 더 좋은 방향으로 발전했을 공산이 컸고, 혁명파는 일제 및 소련의 야욕을 간취하지 못한 채 만주의 포기를 전제로 손을 잡았다는 식의 혹평을 내놓고 있다. 이는 '근대'의 전개를 제국주의 세력과 결탁한 봉건왕조 반동집단 대 농민을 주축으로 한 인민대중의 투쟁으로 파악하는 기존의 고식적인 틀에서 완전히 벗어난 것이다.

사실 신해혁명 당시에도 유사한 지적을 한 사람이 적지 않았다. 강유위 등의 변법자강파가 주장한 것처럼 입헌군주제의 국가를 만들기만 했어도 부국강병을 이뤄 최소한 러시아와 일본의 침공을 저지할 수 있었는데도 신해혁명으로 인해 오히려 그런 가능성마저 무산되었다는 지적이 그것이다. 한족을 포함한 5족이 나름대로 '중화제국'이라는 역사·문화적 상징 하에 하나로 뭉칠 수 있었으나 신해혁명으로 인해 오히려 사분오열되고 말았다는 양계초의 지적도 같은 맥락에서 나온 것이었다. 이런 점에 주목할 경우 태평천국 및 신해혁명 등에 대한 기존의 평가는 상당부분 부인될 수밖에 없다.

실제로 현재 중국에서는 한때 한간漢奸으로 매도되었던 증국번과 이홍장 등을 매우 긍정적으로 보는 견해가 대세를 이루고 있다. 세계적인 경기위기 속에서도 비약적인 발전을 거듭하며 '중화제국'에 대한 자부심을 되찾은 결과로 볼 수 있다. 이는 양무운동의 사상적 기초가 된 '중체서용' 정신의 부활을 의미한다. 태평천국 이후 5·4운동의 시기를 거쳐 문화대혁명의 시기에 이르기까지 근 100여 년 동안 수구반동의 원흉으로 몰렸던 공자가 현대 중국을 상징하는 '아이콘'으로 등장한 게 그 증거이다. 지난 2004년 서울을 시발로 설립되기 시작한 '공자학원孔子學院'은 2017년 현재 세계 100여 국에 500여 개 이상이 세워진 상태다. 이는 수십 년의 전통을 자랑하는 프랑스의 '알리앙스 프랑세즈'와 독일의 '괴테 인스티튜트'의 규모를 훨씬 상회하는 것이다. 중국은 오늘의 일본을 가능케 한 메이지유신의 '화혼양재' 정신과 같은 기반 위에서 있던 '중체서용'의 정신을 근 100년 만에 재발견한 셈이다.

객관적으로 볼 때 '중체서용'을 기치로 내세운 이들 양무운동 추진자들은 조선에서 온건개화 노선을 주장한 박규수朴珪壽와 김윤식金允植 등의 '동도서기파'와 여러모로 닮아 있다. 한국의 학계도 중국처럼 근 100년 넘게 이들 온건개화의 동도서기파가 제시한 '동도서기' 정신을 실패한 근대화 방략으로 치부해 왔다. 안타까운 것은 이웃 중국이 21세기에 들어와 실패로 치부했던 양무운동을 긍정적인 시각에서 재조명하는 작업을 활발히 전개하고 있음에도 우리나라에서는 그런 움직임이 거의 없다는 점이다. 일본을 통해 수입된 서구의 잣대로 자국의 역사를 근대와 전근대로 양분하고, 아직도 '식민지근대화론'과 '내재적발전론' 등과 같은 소모적인 논쟁을 지속하고 있는 현상도 이와 무관치 않을 것이다.

큰 틀에서 볼 때 일국의 역사는 결코 일정 시점을 계기로 문득 전근대에서 근대로 진행되는 게 아니다. 이는 일본이 메이지유신을 기점으로 문득 근대화에 성공해 동아의 패권국으로 부상한 게 아닌 것과 같은 이치이다. 유구한 역사적·문화적 전통 및 사상적 배경이 있기에 가능했던 일이다. 실제로 일본은 메이지유신 이전에 이미 '부국강병'의 필요성을 절감하고 있었다. 미국의 페리제독이 이끄는 이른바 '쿠로후네黑船'는 그 시기를 앞당기는 계기로 작용했을 뿐이다. 이런 맥락에서 접근해야만 중국이 문득 등소평의 개혁개방 이후 불과 30년 만에 미국과 어깨를 나란히 하는 G2로 부상한 배경을 제대로 이해할 수 있다.

원래 자국의 역사·문화적 전통에 뿌리를 두지 못한 전략은 결국 실패하게 마련이다. 현재와 같은 치열한 국제경쟁 속에서 살아남기 위해서는 우리도 이제 우리의 역사·문화적 전통에 뿌리를 둔 독자적인 국가발전 전략을 만들어 나가야만 한다. 일본의 경제평론가 하타무라 요타로는 최근 일본의 하청업체에서 출발한 삼성전자가 초일류 글로벌 기업으로 약진한 배경을 두고 "일본을 모방하는 것을 20년 전에 그만 둔 게 요체이다."라고 지적한 바 있다. 국가의 발전전략 역시 스스로 창조적인 모델을 찾아내지 않은 한 영원히 선진국의 뒤만 좇아가는 2-3류 국가의 신세를 면할 수 없다.

사실 조선도 이미 18세기에 북학파들이 부국강병을 위한 개국통상

방략을 제시한 바 있다. 온건개화파가 제시한 '동도서기'의 개화방략은 바로 이들 북학파의 개국통상 방략에 뿌리를 둔 것이었다. 서구에서는 이미 오래 전에 폐기한 낡은 잣대로 자국의 역사를 근대와 전근대로 양분한 뒤 부질없는 논쟁을 일삼는 일이 더 이상 반복되어는 안 된다.

21세기는 자타가 공인하는 G2시대이다. 중국에 대한 이해는 선택이 아닌 필수에 해당한다. 특히 2017년에 들어와 전대미문의 현직 대통령 탄핵사태가 빚어진데 이어 북한의 무모한 핵 및 미사일 도발과 관련한 전 세계 차원의 대북제재가 전개되고 있기에 더욱 그렇다. 이는 오랫동안 중화질서의 주인공을 자처했던 중국, 150년 동안 새로운 패자로 군림한 일본, 중간에 끼어 숱한 우여곡절을 겪어야 했던 한국 등 동아3국의 개화과정에 대한 객관적인 분석이 전제되어야만 한다.

중국조차 실패한 역사로 치부되던 양무운동 등을 새롭게 조명하는 상황에서 우리만 유독 서구의 잣대로 자국의 역사를 폄훼하는 우를 더 이상 범해서는 안 된다. 자국의 역사를 평가하면서 자고자만自高自慢하는 것도 문제지만 자비자학自卑自虐하는 것은 더 큰 문제이다. 지피지기知彼知己 차원에서 볼지라도 이웃 중국의 개화과정에 대한 분석도 같은 차원에서 접근할 필요가 있다.

과거와 현재를 잇는 '근대'에 대한 집중조명을 통해 '중체서용'의 정신을 되찾아낸 중국은 이제 자유민주주의와 인민민주주의의 차원을 뛰어넘는 독자적인 창조국가로의 비상을 꿈꾸고 있다. 그게 바로 G1으로의 비약이다. 시진핑 주석은 이를 '중궈멍中國夢'으로 표현하고 있다. G1으로 비약한 이후의 중국이 주도하는 세계질서인 '신중화질서'를 달리 표현한 말에 지나지 않는다. 세기사적인 격변이 진행 중인 상황에서 본서가 조속한 한반도 통일을 실현시켜 한반도 중심의 '동북아시대'를 창조적으로 열어나가고자 하는 모든 사람에게 나름 도움이 됐으면 한다.

2017년 겨울 학오재學吾齋에서 저자 쓰다.

|들어가는 글|

중체서용의 전개

아편阿片과 교안敎案

전 세계의 패권을 둘러싼 G1 미국과 G2 중국 간의 갈등이 날로 심해지고 있다. 발할 것도 없이 미국의 일방적인 무역적자가 가장 큰 원인이다. 일각에서는 무제한의 발권력을 보유하고 있는 미국이 달러를 마구 찍어내 중국이 보유한 채권을 휴지로 만드는 방안을 해결책으로 제시하고 있다. 그러나 이는 매우 위험한 발상이다. 미국이 현재 향유하는 모든 기득권을 포기하겠다는 결심을 하지 않는 한 생각키 어렵다. 현재로서는 양국 간의 무역마찰을 일거에 해소할 수 있는 묘안은 없다. 미국이 소비를 줄이고 질 좋은 생산품을 만들어 과거의 위세를 찾아나가는 방안이 가장 그럴 듯하나 그것이 과연 가능할지 여부는 단언키가 쉽지 않다.

원래 19세기 초반까지만 해도 청국과 영국 간 무역의 최고 교역품은 차였다. 차는 18세기에 들어와 생사를 능가해 대영 수출의 최대 품목이 되었다. 1785년부터 1833년까지 전체 수출품의 93%에 달했다. 18세기말 영국의 평균 차 수입액은 매년 400만 량 전후로 영국 상인이 청국에 수출한 모직물과 금속, 면화 등 3대 상품을 상쇄할 정도였다. 1660년 당시 영국인들이 즐겨 차를 마셨다는 기록이 나온 점에 비춰 매우 일찍부터 차에 맛을 들인 영국인들은 차가 없이는 식사를 할 수 없을 지경이 되었다. 18세기 말 청국이 복주에서만 3달 동안 무려 1억 파운드의 차를 수출한 기록도 남아 있다. 아편전쟁 직전인 1820년 당시 수입량은 3,000만 파운드에 달했다. 막대한 양의 차 수입으로 인해 영국은 현재의 미국처럼 늘 무역적자에 시달릴 수밖에 없었다. 중국 산 생사와 면포, 도자기 등도 영국의 무역적자를 가중시키는데 일조했다.

당시 영국은 18세기 후반까지만 해도 연이은 대외전쟁에 따른 재정적자를 보충키 위해 차에 고율의 관세를 부과했다. 그러나 수요의 증가에 따른 공급부족으로 인해 차의 밀수입이 더욱 성하게 되자 1784년에 정반대로 세율을 대폭 낮추는 정책을 취했다. 이에 일단 밀수는 격감케 되었으나 시간이 지나면서 음다飮茶 풍습이 더욱 보편화돼 오히려 차의 수입을 더욱 촉진하는 계기로 작용했다. 차의 수입이 기하급수적으로 늘어나는 상황에서 대안을 찾기가 쉽지 않았다.

영국이 청국에 수출한 품목 중 가장 중요한 것은 모직물이었다. 18세기 말 모직물 수출량은 1,520만 냥으로 영국 본토로부터 수출되는 무역량의 약 85%에 달하는 것이었다. 그러나 모직물은 중국인에게 사치품에 속했고, 추운 지역의 부유한 사람도 대부분 실크와 털옷을 입어 수출에 일정한 한계가 있었다. 영국은 그 대안으로 인도면화를 찾아냈다. 마침내 1780년대 후반에 이르러서는 인도면화가 모직물을 누르고 대청무역의 수위를 차지하게 되었다. 인도면화는 동인도회사가 차 구매 자금을 얻기 위해 고안해 낸 상품이었다. 그럼에도 차의 교역량이 워낙 컸던 까닭에 청국의 차 수출액은 1785년에서 1833년까지 매년 150-300만 량 가량 웃돌았다.

무역적자에 시달리는 영국은 은을 지불하지 않고 차를 수입하는 방안을 다시 다각도로 모색했다. 아편은 바로 이 와중에 인도면화를 대신해 무역적자를 줄일 수 있는 획기적인 기획 상품의 일원으로 등장한 것이었다. 당시 엄청난 무역적자로 고심하던 영국은 동인도회사를 통해 아편을 밀매하는 방법으로 일거에 무역 역조를 해결했을 뿐더러 막대한 수입까지 올렸다. 이는 현재 미국이 중국에 막대한 규모의 국채를 팔아 재정적자를 메우며 풍요한 삶을 누린 것과 사뭇 닮아 있다.

원래 아편의 흡식吸食은 동인도 제도에 거주하던 네덜란드인이 말라리아를 예방키 위해 담배 속에 섞어 피운데서 비롯된 것이다. 이것이 18세기 말 청국에 소개된 이후 무서운 속도로 퍼져나가기 시작했다. 아편 흡식에 대한 최초의 금령은 옹정 9년(1729)에 내려졌다. 이후 아편진쟁 직전인 1839년까지 판매금지, 수입금지, 양귀비 재배 금지, 흡식기구 제조금지 등과 관련한 조칙이 40여 차례 나왔다. 금령이 잦은 것은 그만큼 효과가 없었음을 반증한다. 실제로 광동과 복건 등 일부 해안지역에 한해 유포되었던 아편이 시간이 지나면서 점차 내륙으로 확산되어 전쟁 직전에는 마침내 멀리 만주의 심양 지역까지 퍼지게 되었다. 계층별로 볼 때도 처음에는 상류 유한계층에 한정되었으나 이후 북경의 황족과 궁궐의 환관에 이어 쿠리나 농민 등의 빈민층, 심지어 부녀자와 승려에까지 미치게 되었다. 1830년 후반 아편중독자수는 전국적으로 최소한 200만 명에 달했던 것으로 추정되고 있다.

아편 밀매로 인한 은銀의 대량 유출은 은본위제를 채택한 청조의 재정을 극심하게 압박했을 뿐만 아니라 백성들의 세 부담을 가중시켰다. 청조는 1796년부터 아편전쟁이 발발하기 직전인 1839년까지 모두 6차례에 걸쳐 흡식 금지령을 내렸으나 아무 소용이 없었다. 아편 흡식으로 병사들의 전투능력이 현격히 떨어지고, 농촌경제가 파탄으로 치닫자 청조는 마침내 특단의 조치를 취할 수밖에 없었다.

아편전쟁 직전 도광제는 가장 강도 높은 강경론을 펼친 임칙서를 흠차대신에 임명해 이를 엄금토록 했다. 아편무역의 중심지인 광동에 부임한 임칙서는 외국상인들에게 보유하고 있는 아편을 자발적으로 내놓을 것을 명했다. 그러나 외국상인들은 들은 척도 하지 않았다. 임칙서가 식량공급을 차단하는 등 단호한 태도를 보이자 이에 놀란 외국상인들이 아편 2만 상자를 내놓았다. 임칙서는 이를 모두 석회를 뒤섞어 소각消却한 뒤 바다로 흘려보냈다. 이후 그는 아편을 실은 배는 어떠한 경우에도 입항을 시키지 않을 것을 포고했다.

아편 밀무역을 포기할 생각이 전혀 없었던 영국은 마침내 억지트집을 잡고 1840년에 대규모 함대를 파견해 청국을 공격했다. 제1차 아편전쟁은 바로 이런 배경에서 비롯된 것이었다. 2년간에 걸친 이 전쟁은 영국의 일방적인 승리로 끝났다. 청국은 영토의 할양, 전쟁 배상금 지불, 5개 항 개방 등을 약속하는 최초의 불평등조약인 남경조약을 체결했다. 이듬해인 1843년에는 관세 자주권의 포기, 최혜국 대우, 치외법권 등을 인정하는 조약을 추가로 맺었다.

아편전쟁을 통해 청국이 '종이호랑이'에 불과하다는 사실이 드러나

자 미국과 프랑스, 러시아 등 서구 열강 모두 영국에 뒤질세라 청조에 불평등조약을 강요해 청국을 빈사상태로 몰아갔다. 서구 제국주의 열강의 중국 침략과정에서 가장 앞장을 선 사람은 선교사들이었다. 선교사와 아편은 중국의 근대사를 해석하는 키워드에 해당한다.

당초 강희제는 선교사들이 조상에 대한 제례를 '우상숭배'라는 이유로 마찰을 빚게 되자 1724년에 기독교 포교의 전면 금지를 선언하고 선교사들을 추방한 바 있었다. 이들은 100여 년 만에 다시 돌아와 중국 침략의 앞잡이 노릇을 하며 보복을 한 셈이다. 당시 이들 선교사들은 치외법권을 주장하며 안하무인의 자세를 보였다. 청국관원은 이들을 재판할 수조차 없었다. 나중에는 청국인 신자들까지 이런 특별한 보호를 요구하는 지경에 이르렀다. 백성들이 교사 및 신자들을 극도로 혐오하는 분위기가 팽배하면서 이들과 촌민들 간의 충돌이 빈발했다. 19세기 후반 청국의 각 지역에 걸쳐 광범위하게 전개된 이런 흐름을 기독교 배척운동인 '구교仇教'라고 한다.

'구교'는 시간이 지나면서 촌민들이 선교사를 습격해 살해하고 교회를 파괴하는 등 극단적인 사태로 치달았다. 이를 이른바 기독교 관련 사건인 '교안教案'이라고 한다. '교안'이 빚어질 때마다 서구 열강은 기다렸다는 듯이 이를 구실로 무력시위를 벌이면서 청조에 영토할양과 거액의 배상금을 강요하는 불평등조약을 체결했다.

큰 틀에서 보면 기독교 교리를 내세워 한족의 민족감정을 극도로 자극한 '태평천국의 난'도 교안의 변형으로 볼 수 있다. 그럼에도 그간 학계는 제1차 아편전쟁을 시작으로 1900년의 '의화단사건'에 이르기까지 반세기 넘게 중국을 혼란의 도가니로 몰아넣은 각종 사건 뒤에 반드시 '아편'과 '교안'이 자리 잡고 있었다는 사실을 간과했다. 이는 아편전쟁과 태평천국의 난, 교안, 의화단 사건 등을 별개의 사건으로 간주한 결과였다.

원래 태평천국의 난은 1850년에 홍수전이 상제회上帝會라는 비밀결사를 조직해 반기를 든 데서 비롯되었다. 여기의 '상제'는 성경에서 나오는 '여호와'를 뜻한다. 예수의 동생을 자처한 홍수전은 "모든 사람은 유일신인 상제의 자녀이고, 서로 형제이므로 재화는 평등하게 분배하고 공동생활을 영위해야 한다."고 주장하면서 청조를 요사스런 마귀로 규정했다. 이민족인 만주족은 마귀에 해당하는 까닭에 이들이 지배하는 청조를 뒤엎어야만 평등세계인 태평천국이 도래할 수 있다는 게 요지였다. 이는 훗날 손문을 중심으로 한 혁명파가 청조의 만주족을 '양이洋夷'보다 더 나쁜 '만이滿夷'로 간주한 것과 맥을 같이 하는 것이다.

당시 빈농, 광산노동자, 운수노동자들은 홍수전의 이런 주장에 열광했다. 1851년 홍수전은 이들을 규합해 남경으로 진격했다. 1853년 마침내 남경에 입성한 그는 이곳을 '천경天京'으로 개칭해 태평천국의 도읍으로 삼았다. 이들은 한때 북벌군을 구성할 정도로 위세를 떨쳤으나 증국번을 중심으로 이홍장, 좌종당 등의 한인 신사층이 향리에서 지방의용군 이른바 향용鄕勇을 조직해 토벌에 나서면서 점차 궁지에 몰리게 되었다. 이는 태평군이 1960-1970년대의 '문화대혁명' 때처럼 공자묘를 파괴하는 등 극단적인 행태를 일삼은 사실과 무관치 않았다. 우호적인 입장을 보였던 서구 열강들이 태평천국의 반외세적인 성향에 반발해 청군을 도와주기 시작하면서 상황이 더욱 악화되었다. 결국 태평천국은 홍수전이 반기를 든 지 15년째 되는 1864년에 '천경'이 함락되면서 무너지고 말았다.

중국은 아직까지도 상당수의 학자들이 태평군을 의군義軍, 향용을 불의한 세력으로 평가하고 있다. 태평천국의 성격을 두고 농민들의 반봉건·반외세 투쟁으로 평가하는 기존의 견해는 역사적 사실과 동떨어진 것이다. 태평천국이 지상에 천국을 세우겠다는 당초의 약속과는 달리 백성들에게 폭압적인 모습을 보인 점 등이 이를 뒷받침한다. 이런 왜곡된 해석은 기본적으로 중국의 역사를 마르크스의 유물사관에 억지로 끼워 맞춘 데 따른 것이다. 실제로 태평천국의 난은 겉으로만 종교적인 색채를 띠었을 뿐 실은 현실에서 낙오한 일부 한족 세력이 난세의 어지러운 시기를 틈타 빈농과 극빈노동자 등을 부추겨 청조 전복을 꾀한 반란사건에 불과했다.

이는 태평천국의 난이 제2차 아편전쟁과 불가분의 관계를 맺고 있는 점을 보면 보다 쉽게 알 수 있다. 제2차 아편전쟁의 빌미로 작용한 1856년의 이른바 '애로호 사건'은 청조가 태평천국을 진압키 위해 총력 매진하고 있는 와중에 터져 나온 것이다. 이는 우환을 당한 상갓집에 쳐들어가 난동을 부린 것이나 다름없는 짓이었다. 이들이 북경에 입성한 후 원명원에서 무차별적으로 자행한 반문화적인 약탈과 방화 행위가 이를 뒷받침한다.

결과적으로 태평천국은 영국 등 서구 열강에 제2차 침공의 구실을 제공한 것이나 다름없다. '교안'과 하등 다를 바가 없는 것이다. 실제로 프랑스는 이때 터져 나온 '교안'을 구실로 영국과 합세해 청조를 압박했다. 태평천국의 난을 '교안'과 같은 맥락에서 파악해야 하는 이유가 여기에 있다. 실제로 4년간에 걸친 전쟁 끝에 맺어진 '북경조약'은 외교관의 북경 상주 이외에도 기독교 포교의 공인과 아편무역의 합법화 등을 보장하고 있다. '아편'과 '교안'이 얼마나 밀접한 관계를 맺고 있는지를 극명하게 보여주는 사례이다.

변법파變法派와 혁명파革命派

그간 학계에서는 청국의 근대화 운동을 크게 3단계로 나눠 설명해 왔다. 제1단계는 서양의 과학기술을 습득하려는 양무洋務, 제2단계는 청조를 그대로 두고 제도 및 문물을 개혁하려는 변법變法, 제3단계는 청조를 뒤엎고 공화제를 건설하려는 혁명革命 단계라는 게 그것이다. 그러나 이런 분류 방식은 당시의 상황을 입체적으로 파악하는 데 적잖은 문제가 있다. 이들 양무와 변법, 혁명운동이 차례로 등장한 것은 사실이기는 하나 이를 주도한 양무자강파와 변법자강파, 혁명파 등은 상호 깊은 영향을 미치며 동일한 시기에 중첩적으로 존재했다. 태평천국의 난이 내용상 혁명운동과 동일한 성격을 띤 점을 감안하면 혁명운동이 오히려 변법 및 양무운동보다 앞섰다고 해석할 수도 있다.

이들의 특성과 상호관계를 보다 정밀하게 분석키 위해서는 다른 식의 접근방식이 필요하다. 우선 태평천국의 난은 '교안'과 마찬가지로 서구 열강의 중국 침략을 가속화하는 촉매로 작용했을 뿐만 아니라 청조 내의 민족갈등을 고조시키는 결정적인 계기로 작용한 점에 주목할 필요가 있다. 태평군 잔당과 합세한 산동의 염군捻軍과 섬감 일대의 회족回族 즉 위그르족 반군이 발호해 5년 가까이 청조를 괴롭힌데 이어 신강을 침공한 야쿱 벡이 14년 동안 독립국을 유지한 게 그 증거이다. 태평천국이 무너진 지 2년 뒤인 1866년에 광동에서 태어난 손문은 같은 객가客家 출신인 홍수전의 이야기를 어릴 때부터 전설처럼 듣고 자란 까닭에 종종 이같이 말하곤 했다.

"나는 장차 커서 제2의 홍수전이 될 것이다."

손문의 신해혁명과 모택동의 중국혁명은 어떤 의미에서 태평천국의 혁명정신을 계승한 것으로 볼 수 있다. 실제로 사천 출신인 중국 공산군의 창건자인 주덕도 일찍이 미국의 여류저널리스트 스메들리에게 자신의 어릴 때 얘기를 들려주면서 태평천국의 익왕 석달개에 관한 전설에서 운을 뗀 바 있다. 이에 반해 증국번과 좌종당, 이홍장 등은 이들과는 정반대로 태평군을 토벌하는 최전선에 서 있었던 인물들이다. 태평천국에서 신해혁명까지 반세기가 지나는 동안 중국 근대사의 주역이 된 사람들은 정도의 차이는 있을지언정 모두 태평천국과 직간접적인 관련을 맺고 있었던 셈이다.

이는 아편전쟁을 계기로 촉발된 중국의 근대화운동을 태평천국에 대한 태도를 기준으로 크게 우호적인 입장과 적대적인 입장으로 양분할 수 있음을 시사한다. 이 기준에 따를 경우 우선 양무파와 변법파는 태평천국에 적대적인 입장에 서 있었다는 점에서 같은 부류로 묶을 수 있다. 이들 모두 공자를 최고의 성인으로 간주한 게 그 증거이다. 이들 양자 간의 근본적인 차이는 개혁의 방법론에 있다. 양무파는 군주제君主制를 지지한데 반해 변법파는 입헌군주제立憲君主制를 주장했다. 양무파가 통치자를 군신君臣에 한정하는 전래의 '군신공치君臣共治' 이념에 입각한데 반해 변법파는 일반 백성의 참정권을 보장하는 서양의 의회제도 등을 적극 도입해 '군민공치君民共治'로 수정할 것을 제안했다.

그러나 서태후가 '의화단사건' 이후 신정新政을 추진한데서 알 수 있듯이 양무파도 의회를 자문기관으로 두는 것은 허용할 수 있다는 입장을 취한 바 있다. 의회제도의 도입 여부가 양무파와 변법파를 가르는 절대적인 기준이 될 수는 없다. 이들 양자는 군주제의 의회를 의결기관으로 둘 것인지, 아니면 자문기관으로 둘 것인지에 대한 차이밖에 없었다. 『대동서』를 통해 동서양의 장점을 모두 아우르는 새로운 세상을 만들고자 한 강유위가 '공자교'를 창시하고, 황제 복위 운동에 적극 가담한 사실이 이를 뒷받침한다.

이에 반해 혁명파는 이들과 기본적인 입장을 달리했다. 이들은 군주제의 폐기와 공화제共和制의 도입에 결사적이었다. 손문이 같은 객가 출신으로 기독교를 신봉했던 홍수전에게 극도의 호의를 표한 게 그 증거이다. 다만 손문은 공자에 대해 극도의 혐오감을 표시한 홍수전과 달리 일정한 경의를 표한 점이 다르다고 할 수 있다. 그럼에도 이들은 사상적으로 쌍둥이에 가까웠다.

홍수전은 비록 손문이 '삼민주의三民主義'의 일환으로 내세운 '민권民權'을 구체적으로 언급하지는 않았으나 기독교 교리에 입각해 만민평등을 기치로 내세웠다. 기본 취지에서 하등 차이가 없는 것이다. 손문의 '민생民生' 역시 토지의 균배와 공동경작을 뜻하는 태평천국의 '천조전무天朝田畝' 제도와 맥을 같이 하고 있다. '민족民族'의 경우는 양측 모두 '멸만흥한滅滿興漢'의 한족주의를 내세운 점에서 완전 일치하고 있다. '멸만흥한'의 민족주의는 양무파와 변법파 내에서는 전혀 볼 수 없는 것이다. 한족 중심의 민족주의야말로 공화제의 도입을 주장한 혁명파의 가장 큰 특징이라고 할 수 있다. 손문을 중심으로 한 혁명파의 주장은 태평천국의 건국강령을 새롭게 다듬은 수정판에 해당한다.

이는 양무파를 수구파로 낙인찍으면서 변법파와 혁명파를 진보파로 간주하거나, 양무파와 변법파를 보수파로 간주하며 혁명파만을 진정한 진보파로 파악하는 등의 기존의 견해가 역사적 사실과 동떨어진 것임을 보여준다. 양무파는 제1차 아편전쟁의 당사자인 임칙서를 위시해 태평천국의 토벌에 앞장선 증국번과 좌종당, 이홍장 등에 이르기까지 시종 부국강병富國强兵의 자강책을 추구했다는 점에서 개혁의 선봉에서 있었다. 강유위와 양계초 등의 변법파도 부국강병을 최우선 과제로 삼은 점에서 별반 차이가 없다. 심지어 그간 수구파의 상징으로 알려진 서태후조차 '신정'을 선포한 뒤 변법파보다 더욱 강도 높은 개혁을 추진했다는 점에서 양무파를 수구파 내지 보수파로 간주하는 기존의 견해는 수정될 필요가 있다.

그런 점에서 양무파와 변법파는 크게 하나로 묶어 자강파自强派로 분류하는 게 역사적 사실에 부합한다. 이들 자강파의 특징은 공자로 상징되는 전래의 전통을 고수한 가운데 서구의 장점을 적극 수용코자 하는 입장으로 정리할 수 있다. 자강파는 크게 3부류로 나눌 수 있다. 증국번 및 이홍장을 중심으로 한 외교자강파外交自强派와 임칙서와 좌종당을 중심으로 한 국방자강파國防自强派, 강유위와 양계초를 중심으로 한 변법자강파變法自疆派가 그것이다.

외교자강파는 전국시대를 풍미한 종횡가縱橫家들과 마찬가지로 서구 열강의 세력다툼을 지렛대로 삼아 '이이제이以夷制夷'의 계책을 구사한 게 특징이다. 실제로 이홍장이 보여준 현란한 외교술은 소진과 장의의 연횡술을 방불하고 있다. 이들 외교자강파는 미국과 영국, 일본 등 해양세력의 침공을 두려워한 까닭에 육상방이보다는 해상방이에 주력했다. 이들을 통상 '해방파海防派'로 분류하는 이유이다.

이에 반해 국방자강파는 막강한 무력과 군사지리 및 정치지리에 관한 지식을 배경으로 열강과 정면 승부를 겨뤄 승리를 쟁취코자 한 점에서 전국시대의 병가兵家와 사뭇 닮았다. 실제로 좌종당은 여지학輿地學 즉 군사지리학의 대가였다. 이들이 추구한 계책은 오랑캐의 앞선 기술을 배워 오랑캐를 제압하는 '사이제이師夷制夷'였다. 이는 부국강병의 방안에서 '이이제이'보다 훨씬 적극적이다. 이들은 육상세력의 상징인 러시아의 침공을 두려워한 까닭에 해상방어보다는 육상방어에 주력했다. 이들을 통상 '새방파塞防派'로 분류하는 이유이다.

이들 '새방파'가 육상방어에 주력한 데에는 기본적으로 해상세력은 러시아와 달리 영토에 대한 욕심보다는 경제이익에 보다 관심이 많다는 판단이 크게 작용했다. 이런 판단은 미국과 영국 등이 시종 경제이익에 탐닉하는 모습을 보여주었다는 점에서 나름대로 일리가 있었다. 그러나 일본의 경우는 사정이 달랐다. 일본은 해양세력이었음에도 불구하고 러시아 못지않게 영토에 대한 야심을 드러냈다. 그런 점에서 청조 내에서 몇 차례에 걸쳐 뜨겁게 전개된 '새방파'와 '해방파' 간의 논쟁은 부국강병의 방략과 동떨어진 소모적인 논쟁으로 볼 수밖에 없다.

변법자강파는 '변법제이變法制夷'의 계책으로 부국강병을 실현코자 한 점에서 전국시대의 법가法家와 유사하다. 강유위가 『공자개제고』를 통해 밝혔듯이 이들은 '군신공치'의 통치제도를 '군민공치'로 변환시키면 서구 열강처럼 부강한 나라가 될 수 있다고 판단했다. 이들이 추구하는 변법의 전범이 된 것은 '입헌군주제'를 채택한 일본의 메이지유신이었다. 그러나 훗날 양계초가 서양을 두루 살피고 온 뒤 '입헌군주제' 대신 전래의 '군주제'를 지지한데서 알 수 있듯이 이들이 주장한 변법의 대상 및 강도에는 시간에 따라 적잖은 진폭이 있었다.

변법자강파가 무술변법에 실패한 가장 큰 원인은 강력한 왕권이 뒷받침되지 못한 데 있었다. 원래 전국시대에 상앙과 오기, 이사 등의 변법이 주효할 수 있었던 것은 진효공과 초도왕, 진시황처럼 강력한 군주의 지지가 있었기 때문이었다. 불행하게도 무술변법을 지지한 광서제는 그렇지 못했다. 변법자강에 동조하는 이홍장 등을 매개로 서태후 등을 설득하지 못한 채 성급하게 변법을 시도한 게 실패의 근원이었다.

손문을 중심으로 한 혁명파는 '멸만홍한'을 기치로 한족 중심의 공화제 수립을 목표로 삼은 점에서 자강파와 뚜렷한 차이를 보이고 있다. 이는 '제이制夷'의 1차 표적을 '양이洋夷'가 아닌 '만이滿夷'로 삼은 데 따른 것이었다. 이들은 폭력혁명을 통한 청조의 전복을 최우선 과제로 삼은 까닭에 서구 열강의 중국 침략을 방조하는 결과를 낳았다. 태평천국의 난이 제2차 아편전쟁을 촉발시키는 배경으로 작용한 사실이 이를 뒷받침한다.

여기서 주목할 것은 홍수전과 손문은 물론 원세개에 이르기까지 이들 모두 당시의 기준에서 볼 때 탁류濁流 출신이었다는 점이다. '진사'로 상징되는 청류淸流 출신이 주축을 이룬 자강파는 청조의 유지와 한漢·만滿·몽蒙·장藏·회回 등 5족의 화합을 전제로 한 이른바 '대민족주의大民族主義'를 내세웠다. 이들은 자신들이 한족이라는 자부심이 대단했음에도 불구하고 5족을 대표하는 민족이 만주족인 것을 괘념치 않았다. 이에 반해 혁명파는 만주족을 '양이'보다 더욱 악질적인 '이적夷狄'으로 간주했다. 이들이 '멸만홍한'을 전제로 한 이른바 '소민족주의小民族主義'를 내건 이유가 여기에 있다.

이 점에 초점을 맞출 경우 혁명파의 행보는 엄밀한 의미의 근대화 운동이라기보다는 전래의 왕조교체기 때와 마찬가지로 혼란기를 틈 탄 새로운 왕조수립 운동에 가까웠다고 볼 수 있다. 원세개가 신해혁명 이후 남북화의를 통해 중화민국의 대총통에 오른 후 이내 황제의 자리에 오른 게 그 증거이다. 솔즈베리가 『새로운 황제들』에서 모택동 등을 새 왕조의 '황제'로 묘사한 것도 이런 시각에서 나온 것이다. 실제로 이들 혁명파는 겉으로만 '공화제'를 내세웠을 뿐 내심 자신들이 주도하는 '새 왕조'를 수립할 수만 있다면 왜이倭夷는 물론 양이와도 손을 잡을 수 있다는 입장이었다.

변법자강파의 대표적인 이론가였던 양계초가 이들의 '소민족주의'를 질타한 것은 바로 이 때문이었다. '소민족주의'는 서구 열강이 내심 바라마지 않는 중국의 과분瓜分에 역이용당할 수밖에 없다는 게 그의 판단이었다. 사실 양계초의 지적과 같이 당시의 상황에서 한족 중심의 '소민족주의'로 나아갈 경우 만주와 티베트, 신강 지역 등은 중국의 영토에서 떨어져 나갈 소지가 컸다. 실제로 러시아와 영국은 신강에서 독립국을 세운 야쿱 벡의 정권을 재빨리 승인해 자신들이 속국 내지 식민국으로 만들고자 하는 속셈을 드러낸 바 있다.

최근 중국 학계에서 혁명파에 대한 기존의 틀에 박힌 해석에 이의를 제기하는 견해가 속출하고 있는 것도 이와 무관할 수 없다. 초고속 성장을 거듭하며 G2의 일원으로 간주되고 있는 중국이 21세기에 들어와서까지 '소민족주의'에 얽매일 경우 커다란 난관에 봉착할 소지가 크다. 지난 2008년과 2009년에 잇달아 터져 나온 티베트와 신강 우루무치의 유혈사태가 그 증거이다.

교안과 의화단사건

원래 '교안'이 일어나게 된 가장 큰 원인은 기독교와 유교의 마찰에 있었다. 기독교가 청국 사회에 깊숙이 침투케 된 배경은 말할 것도 없이 제1-2차 아편전쟁이었다. 제1차 아편전쟁 후 기독교는 처음으로 포교의 자유를 얻게 되었다. 제2차 아편전쟁 후에는 선교사들이 토지를 구매하거나 빌릴 수 있는 토지조매권土地租買權을 적극 활용해 내지 깊숙이 침투해 교회를 설립하는 등 선교활동에 박차를 가했다.

당시 선교사들이 자선사업을 통해 향신鄕紳의 고유영역인 구제 사업을 잠식하고, 학교설립을 통해 이단으로 여겨지는 교리를 퍼뜨리자 향신들은 커다란 위기감을 느낄 수밖에 없었다. 교회에 기대어 호구지책을 해결코자 하는 하층민이 향촌공동체의 유지비용 분담을 거부하고, 소송에서 치외법권을 지닌 선교사가 개입해 교민이 승소하는 일이 빈발하면서 이런 위기감은 더욱 증폭되었다. 유교의 신봉자인 신사층의 반발에서 비롯된 '구교'가 이내 향민들의 호응을 얻어 대형 유혈사태로 이어지는 '교안'으로 비화한 배경이 여기에 있다. 이는 교회와 선교사가 서구 제국주의 열강의 침탈 도구로 활약한 사실과 불가분의 관계를 맺고 있다. 청국의 '구교'와 '교안'이 애초부터 반외세 내지 반제국주의의 성향을 띤 것은 바로 이 때문이었다.

열강은 '교안'이 터져 나올 때마다 어김없이 개입해 거액의 배상금을 긁어내며 불평등조약을 강요했다. 천문학적인 배상금은 고스란히 해당 지역 촌민에게 전가되었다. 대표적인 교안으로 손꼽히는 1870년의 '천진교안'과 1876년의 '운남교안', 1886년의 '사천교안' 등은 모두 이런 배경 하에서 빚어진 것이었다. 1900년에 터져 나온 '의화단사건'은 교안의 결정판에 해당한다. '구교' 및 '교안'은 주도층 및 전개양상에 따라 크게 3기로 나뉜다.

제1기는 1860년의 북경조약에서 1884년의 청불전쟁까지의 시기이다. 이 시기는 지방관원 및 신사층이 주도하고, 선교사와 교회에 대한 공격으로 나타난 게 특징이다. 1861년의 '귀주교안'이 발생한 이래 호남과 강서, 사천 등 거의 전역에서 유사한 교안이 발생했다. 대표적인 예가 1870년의 천진교안이다. 교회가 영아를 유괴한다는 소문에서 촉발된 이 사건은 지방관의 소극적인 진압에 불만을 품은 프랑스 영사와 비서관이 청국 관리와 군중에게 총격을 가하면서 걷잡을 수 없는 상황으로 치달았다. 흥분한 군중들에 의해 프랑스와 미국, 영국 등의 교회시설이 불타고 선교사를 포함한 서양인 20명이 살해되었다. 서방 7개국이 청조에 항의하며 함대를 출동시켜 관련자가 다수 처형되었다. 이 교안은 반기독교운동을 청국 전역으로 파급시키는 결과를 낳았다. 1880년대에 들어와 프랑스가 세력범위로 삼고자 시도한 남서 및 남동부 연해지역에서 이런 교안이 빈발했다.

제2기는 청불전쟁에서 1994년의 청일전쟁까지의 시기이다. 이 시기에는 지방관원 및 신사층을 대신해 가로회哥老會 등의 민간 비밀결사가 주도하고, 공격대상이 구미의 영사관과 상업시설, 주거지역으로 확대된 것이 특징이다. 가로회는 청조 말에 화중지역을 중심으로 반청과 반기독교를 기치로 내세운 비밀결사이다. 1890년대 초 장강 일대의 여러 도시에서 연이어 일어난 교안은 주로 이들 비밀결사의 주도로 이뤄진 것이다. 반청 및 반기독교에서 출발한 이들 비밀결사가 공격대상을 확대하며 반제의 성격을 띠게 된 것은 서구 열강의 침탈이 그만큼 심화되었음을 반증한다.

제3기는 청일전쟁에서 1900년의 의화단 운동까지의 시기이다. 이 시기에는 지방관원과 신사층이 다시 교안에 뛰어들어 비밀결사 및 민간과 함께 운동을 주도하고, '왜이倭夷'와 '양이'를 하나로 묶어 타도대상으로 삼음으로써 반제의 성격을 확연히 한 것이 특징이다. 이는 청일전쟁의 패배로 인한 굴욕적인 마관조약馬關條約 즉 시모노세키조약의 체결을 계기로 장차 청국이 열강에 의해 과분瓜分될지 모른다는 위기감이 확산된 결과였다. 지배층과 피지배층이 하나로 뭉치는 통일전선의 형성에는 외세의 과분 위협과 내부의 지리멸렬한 상황에 대한 자각이 크게 작용했다. 청조를 좇아 외이外夷를 타도한다는 '순청멸양順淸滅洋'의 구호가 등장케 된 배경이 여기에 있다.

실제로 당시 서구 열강의 침탈은 청국의 과분을 겨냥하고 있었다. 1890년까지만 해도 교안이 발생하면 주모자와 진압에 소극적인 지방관의 처벌, 교회와 상업시설 등의 파손에 대한 배상 등으로 교안이 처리되었으나 이후에는 주로 영토할양과 이권이양의 요구로 나타났다. 독일이 1897년의 산동교안을 빌미로 교주만을 강제로 점령한 뒤 조차지로 인정받은 게 대표적인 실례이다. 프랑스와 영국도 유사한 교안을 이용해 영토할양과 철도부설권, 광산개발권 등의 이권을 얻어냈다.

1898년에 산동 일대에서 시작된 의화단 운동은 바로 이런 위기상황에서 촉발된 것이다. 당시 산동은 청일전쟁을 계기로 많은 이권을 얻어낸 열강이 철도를 다투어 부설하면서 운수노동자 대부분이 일자리를 잃고, 외국물자의 대량수입으로 농업과 수공업이 커다란 타격을 입었다. 게다가 1897년 이래 흉년이 계속되는 상황에서 교회를 배경으로 한 신자들의 발호까지 겹치자 배외감정이 극도로 고조되었다. 특이하게도 산동은 예로부터 여타 지역에 비해 상대적으로 신사층이 취약하고 미신적인 방술을 신봉하며 의리를 중시하는 유협遊俠의 전통이 강했다. 호신과 신체의 단련을 겸한 '의화권義和拳' 권법을 연마하는 민간조직이 활성화된 배경이 여기에 있었다. 많은 사람들은 의화권을 연마한 이들 유협들이 주문을 외면 총알도 몸을 상하게 하지 못한다고 믿었다. 이런 황당한 믿음이 반기독교 및 반외세 감정과 교묘히 뒤엉키면서 의화권 운동이 산동 서부지역으로 급속히 확산되었다.

1899년에 이르러 의화권의 반기독교운동에 미온적인 자세를 보여

오던 관원이 서구 열강의 압력에 의해 교체되고 원세개가 후임으로 온 후 강경탄압으로 일변하자 의화단원들이 이웃 직례성으로 대거 빠져나갔다. 이들은 흉년으로 농사를 못 짓게 된 농민이 대종을 이뤘으나 실직한 운수노동자, 도시빈민, 해산된 병사, 승려와 도사, 일부 중소지주 등도 적지 않았다. 이들은 철도와 전신시설을 파괴하면서 북경으로 나아갔다.

1900년에 이르러 북경에 들어온 의화단의 세력이 커지자 청조는 고위관원을 파견해 의화단을 통솔토록 하면서 쌀과 은전을 지급했다. 이는 무술정변을 계기로 광서제를 폐위하고 새 황제를 옹립하려 했다가 열강의 압력으로 좌절감을 맛 본 서태후가 이들을 이용해 자신의 뜻을 관철코자 하는 속셈에서 나온 것이었다. 여기에는 의화단원이 청조를 일으키고 양이를 타도한다는 의미의 '부청멸양扶淸滅洋'의 구호를 내세운 점이 크게 작용했다. 열강은 누차에 걸쳐 청조에 의화단을 진압할 것을 요구하면서 여의치 않을 경우 자신들이 직접 진압에 나설 뜻을 밝혔다.

청조의 반응이 미온적으로 나오자 이들은 직접 북경에 군대를 파병할 것을 결의하고 이를 청국에 통보했다. 청조는 열강의 북경 주둔군을 소수로 제한한다는 조건부로 이를 허용했다. 열강은 8개국 해군 400명을 들여보낸 뒤 청조의 반대에도 불구하고 2,000여 명을 증파코자 했다. 그러나 이들은 도중에 의화단과 일부 청군의 저항에 막혀 천진으로 퇴각해야만 했다. 이해 6월 8개국 연합군은 이내 천진을 점령한 뒤 북경을 향해 진격을 개시했다. 이 와중에 청조의 조정대신들은 주화파와 주전파로 갈려 첨예하게 맞섰다. 서태후는 결국 주전파의 손을 들어주었다.

약세를 면치 못하던 청조가 막강한 무력을 보유한 8개국을 상대로 선전포고를 한 데에는 열강이 광서제를 복귀시켜 서태후의 섭정을 강제로 중단시킬지도 모른다는 의구심이 크게 작용했다. 당시 서태후는 주전파가 접수시킨 열강의 광서제 복권 요구 문서에 흥분한 나머지 이내 선전포고를 결심했으나 얼마 후 허위문서 사실이 드러나자 공격정지 명령을 내리고, 열강에게 이를 해명코자 했다. 그러나 이미 때가 늦었다. 연합군이 밀려오자 서태후는 황급히 광서제 등을 이끌고 서안으로 피신했다.

이해 8월 마침내 8개국 연합군에 의해 사상 처음으로 북경의 자금성이 함락되었다. 제2차 아편전쟁 당시에는 영불 연합군이 비록 북경에 입성하기는 했으나 외곽에 머문 채 내성內城으로 진입하지는 않았다. 이미 방화와 약탈로 천진에서 북경에 이르는 간선도로 연변을 폐허로 만든 바 있는 연합군은 북경에 입성하자마자 무자비한 약탈을 자행했다. 이들은 북경을 권역별로 나눠 다스리면서 화북지역의 의화단 세력을 진압키 위해 사방으로 군사를 내려 보냈다. 특히 러시아는 10여만 명의 군사를 동원해 만주 일대를 점거하면서 이를 기정사실화하려고 시도했다. 이후 청국과 열강의 반발로 포기하기는 했으나 군대를 그대로 주둔시켜 청국의 일본유학생들로 하여금 이른바 '거아의용대拒俄義勇隊'를 창설토록 자극했다.

서태후가 열강에 선전포고를 결정했을 때 이홍장과 장지동 등 동남부 일대의 총독과 순무인 독무督撫들은 의화단을 비적으로 규정한 뒤 이들을 속히 진압할 것을 청하면서 청조의 선전명령에 불응했다. 이는 상해주재 영국 대리총영사와 긴밀히 협상을 벌인 결과였다. 6월 하순에 들어와 상해주재 각국 영사와 이들 사이에 이른바 '동남호보東南互保'

약조가 체결되었다. 상해조계는 각국이 공동으로 보호하고 장강과 내륙지역은 청국 관리들이 보호한다는 게 골자였다. 이는 당시 청조의 통치권력이 양분되었음을 시사한다.

'동남호보' 약조에 동조하는 독무들의 숫자가 계속 늘어나자 이에 놀란 서안의 서태후는 이를 추인해 열강과 강화를 추진하는 돌파구를 마련코자 했다. 이후 전권대신에 임명된 이홍장은 노구를 이끌고 상경해 열강과 1년여에 걸친 지루한 협상을 벌이게 되었다. 이는 열강의 이해관계가 서로 충돌한데 따른 것이었다. 협상개시 이듬해인 1901년 9월 7일에 굴욕적인 신축조약이 체결되었다.

이 조약으로 인해 청국은 철도연변의 외국군 주둔을 용인하고 향후 4억5천 냥의 천문학적인 배상금을 관세와 염세 등을 저당 잡히는 방법으로 수십 년에 걸쳐 지불해야만 했다. 실제로 이 배상금은 청조가 패망한 후 중화민국이 인수해 1940년까지 관세 등에서 계속 지불하는 방식을 통해 간신히 완불할 수 있었다. 결과적으로 1860년대 이후 40년간에 걸쳐 터져 나온 크고 작은 '교안'은 마침내 1900년의 의화단사건을 통해 일거에 폭발하고, 이는 이내 청조를 패망 일보 직전의 곤경으로 몰아넣은 셈이다. 서태후가 '신정'을 선포하고, 손문을 중심으로 한 혁명파가 청조 전복에 박차를 가하게 된 배경이 여기에 있다.

청조의 패망과 군벌시대

서태후는 오랫동안 청조의 패망을 자초한 반동의 전형으로 지탄받아 왔다. 청일전쟁 당시 해군예산을 자신의 회갑연 비용으로 전용해 패배를 자초하고, 무술정변을 일으켜 변법을 일거에 좌절시킨 점 등으로 인해 청조 패망을 자초한 반동으로 매도된 게 그 증거이다. 그러나 왕조의 패망을 한 여인에게 뒤집어씌우는 것은 공평치도 못할 뿐만 아니라 역사적 사실과도 부합치 않는다.

서태후는 결코 개혁을 거부하는 보수반동의 인물이 아니었다. 의화단사건 당시 굴욕적인 '신축조약'으로 사태가 마무리될 조짐을 보이자 피신처인 서안에서 즉각 '신정'을 선포하고 일련의 개혁을 과감히 추진한 사실이 이를 뒷받침한다. 당시 서태후는 의지懿旨를 통해 중앙과 지방의 고위관원에게 속히 체제 전반에 걸친 개혁방안을 올리도록 명했다. 이를 계기로 '신정'은 그가 사망하는 1908년에 이르기까지 근 10년 동안 변함없이 지속되었다. 일부 내용은 강유위의 변법개혁안보다 오히려 더 급진적이었다. 청조의 존망과 직결된 서구식 입헌군주제 등에 관한 논의가 애초부터 제외된 것은 불가피한 측면이 있었다.

신정의 실시는 많은 변화를 초래했다. 무엇보다 서구의 과학기술을 습득한 지식인과 신식 군대의 지휘관 등 다양한 직종의 신진 엘리트가 배출되기 시작한 점을 들 수 있다. 공교육의 수혜자인 신식 여성이 이후 민국시기에 들어와 목소리를 높이게 된 것도 신정의 덕분이었다. 상공업의 진흥정책도 신정의 중요한 부분을 이루고 있었다.

그러나 당시 청조가 무엇보다 주안점을 둔 것은 병제의 개혁이었다. 이는 왕조의 유지를 위해 불가결한 것이기도 했다. 이에 청조는 전국 단위로 신식 군대를 조직한 뒤 그 재원을 마련하는 일에 총력을 기울였다. 그러나 신정 추진의 책임을 지방 관원에게 떠넘기고 필요한 재원도 자체적으로 조달토록 시달한 까닭에 지방관의 열성과 능력에 따라 그 성과는 천차만별이었다. 청조의 중앙집권화 의도와는 달리 신정이 진척

됨에 따라 오히려 지방분권화를 가속시켜 마침내 청조의 멸망을 앞당기는 결과를 낳은 배경이 여기에 있었다.

당시 해외에 유학하거나 국내에서 신식교육을 받은 새로운 지식인들은 서구의 문물을 접하면서 청조의 후진적인 모습에 경악할 수밖에 없었다. 상대적으로 싼 학비와 지리적 인접성으로 인해 가장 많은 유학생이 몰린 일본 유학생의 경우가 특히 심했다. 이들 중 상당수가 신식 군대에 참여해 청조 타도에 앞장섰다. 신정 초기에 개설된 교육회나 상회, 농회 등에 결집된 신사층은 시간이 갈수록 청조와 대립하는 모습을 보이다가 끝내 혁명파에 가담하는 모습을 보였다. 신정에 필요한 재정 부담을 견디지 못해 일어난 일련의 폭동도 결과적으로 혁명분위기 고조에 일조했다.

중국의 지식인들을 경악케 만든 것은 아무도 예상치 못한 일본의 러일전쟁 승리였다. 작은 섬나라에 불과한 일본이 10년 전에 청국을 이긴데 이어 세계에서 가장 막강한 육군을 보유한 러시아마저 이긴 것은 일본이 차르 치하의 러시아와 달리 입헌군주제를 채택한 결과로 보였다. 청국의 신진 관리와 신사층은 이내 입헌운동을 벌였다. 청조도 이들의 주장이 일리가 있다고 판단해 의도적으로 신정에서 빠뜨린 입헌 문제를 본격적으로 검토하기 시작했다. 당시의 입헌 주장은 억눌려 있던 신사층의 정치참여 욕구가 분출된 결과로 해석할 수 있다.

입헌 여론을 주도한 세력은 무술정변으로 인해 일본에 망명한 강유위와 양계초 등 변법자강파였다. 강유위 등은 무술변법 당시 유신을 통해 황권을 보장하고, 이후 입헌군주제로 개헌할 것을 주장한 까닭에 '보황파保皇派', '유신파維新派', '입헌파立憲派' 등 다양하게 지칭되고 있으나 이는 정확한 표현이 아니다. 이들의 입장은 입헌운동 이전부터 '보황'과 '유신', '입헌'의 입장을 견지했다는 점에서 하등 달라진 게 없었다. 시종 변법을 통한 자강을 추구했다는 점에서 '변법자강파'로 묶어서 표현하는 것이 옳다.

양계초는 러일전쟁이 일어나기 직전인 1903년부터 청조에 입헌 준비를 적극 권하면서 입헌을 준비하기 위한 과도기가 필요하다고 주장한 바 있다. 청조가 이에 호응해 입헌 준비를 발표하자 그는 국내 입헌운동 단체와 연대해 신속한 입헌 추진을 촉구했다. 러일전쟁 이후 개혁지향적인 신사층이 이에 적극 호응하고 나서면서 전국 각지에 입헌을 고취하는 단체가 조직되었다. 이들이 입헌운동에 적극 나서게 된 것은 지방자치 차원에서 자신들의 기득권을 적극 보장받기 위한 성격이 짙었다.

당시 청조에 의해 설치된 북경의 자정원資政院과 각 성의 자의국諮議局은 중앙의회와 지방의회를 흉내 낸 것이었으나 사실은 중앙조정 및 지방 독무의 자문기구에 불과했다. 서구식 입헌제 하의 의회를 염두에 두고 자의국에 진출한 향신과 상공인들은 국회의 신속한 소집을 요구하는 청원운동을 조직적으로 펴나갔다. 자정원과 일부 관리들이 이들의 주장에 동조하고 나섰다.

그러나 서구식 의회의 설치를 대정大政의 박탈로 간주한 청조는 이를 받아들이지 않았다. 대신 입헌기간을 9년에서 6년으로 단축하고 책임내각을 즉각 조직하겠다고 약속하면서 더 이상의 청원운동은 불허한다는 방침을 세웠다. 1911년 봄, 만주족 귀족이 대종을 이룬 책임내각의 발표는 입헌운동을 주도적으로 전개해 온 향신들의 환멸을 샀다. 이들은 점차 국체변경을 요구하는 혁명파 주장에 귀를 기울이기 시작했다.

당시 혁명파는 '중국동맹회'를 결성하여 민간신앙을 중심으로 한 국내의 비밀결사인 회당會黨과 손을 잡고 청조 전복을 목표로 한 반청反淸 무장투쟁을 전개하고 있었다. 주축세력은 재미 화교와 재일본유학생, 국내의 지식 청년층이었다. 1911년 5월, 민영 철도를 담보로 열강의 차관단으로부터 거액의 자금을 빌려 재정난을 타개코자 한 청조가 철도국유령을 발표하면서 사태가 급작스레 이상한 방향으로 흐르기 시작했다. 애국적인 철도이권의 회수운동을 기대했던 민중들은 청조가 열강의 주장에 동조하는 모습을 보이자 크게 반발했다. 호남과 호북, 광동 등지에서 대규모 반대시위가 일어난 가운데 마침내 사천에서 대규모 무력충돌이 빚어졌다. 이 과정에서 입헌운동을 주도했던 향신들까지 청조와 극심한 갈등을 빚게 되자 여론은 급속히 혁명파에 우호적인 분위기로 흘러갔다.

이해 10월 초, 청조가 사천의 폭동을 진압하기 위하여 호북신군湖北新軍을 동원하자, 무한을 중심으로 공진회共進會 등을 조직해 신군에 대한 사상 공작을 전개해온 혁명파가 무장봉기를 부추기고 나섰다. 10월 10일 무창에서 무장봉기를 촉구하는 총성이 울리자 각 성이 이에 호응하고 나섰다. 이해 12년 1월 1일, 혁명파의 영수 손문이 남경에서 임시 대총통에 취임한 뒤 '삼민주의'를 지도이념으로 한 중화민국의 발족을 선언했다. 이를 통상 '신해혁명' 또는 '제1혁명'이라고 한다.

이에 앞서 청조는 북양군벌의 우두머리 격인 원세개를 재차 기용해 혁명군의 토벌을 꾀했으나 영국의 중재 등으로 인해 남북화의南北和議가 진행되었다. 선통제의 퇴위를 조건으로 손문의 양보를 얻어낸 원세개가 이해 3월 정식으로 대총통에 취임해 북경정부를 발족시키면서 마침내 300년간 이어져온 청조는 역사 속으로 사라졌다.

이후 원세개가 대총통의 권한을 강화하는 과정에서 이에 반발한 혁명파가 국민당을 창당해 이를 견제코자 했으나 역부족이었다. 원세개가 열강과 입헌세력의 지지를 끌어낸 뒤 탄압을 가하자 혁명파는 1913년 7월에 제2혁명, 제1차 세계대전의 와중인 1915년 12월에 제3혁명을 일으켰으나 이내 좌절되었다. 도중에 원세개가 황제로 즉위했다가 안팎의 거센 반대에 부딪쳐 이내 퇴위한 뒤 사망케 되자 중국은 마침내 열강과 손을 잡은 각지의 군벌이 난립해 패권을 다투는 이른바 '군벌시대'로 진입케 되었다. 이는 입헌운동을 통해 입헌군주제의 수립을 지향했던 자강파와 국체변경을 통한 공화제 수립을 꾀했던 혁명파 모두의 좌절을 의미했다.

'군벌시대'는 왕조교체기의 혼란기에 늘 그러했듯이 각지에 할거한 군웅들이 천하의 우이牛耳를 놓고 각축하는 쟁웅爭雄의 시기이기도 했다. 그 시기는 원세개의 집권에서 국민당의 장개석 정권을 거쳐 모택동이 신중국의 창건을 선언하는 1949년까지 약 40년간 지속되었다. '군벌시대'는 후한제국 말기의 삼국三國시대와 당나라 패망 직후 오대五代의 혼란기를 방불했다. 자강파와 혁명파의 동반 몰락이 초래한 후과였다.

인물로 읽는 중국 근대사

MODERN HISTORY of CHINA

제 1 장

양무파

洋務派

임칙서 (1785~1850) 청나라 정치가. 영국 상인들이 소유한 아편을 몰수해 상자를 불태우고, 아편상인들을 국외로 추방하는 등 강경 수단을 써 아편밀수의 근절을 꾀했다. 태평천국의 난을 진압하라는 명을 받고 광시 순무에 임명되어 부임 도중 병사했다.

증국번 (1811~1872) 청나라 말기의 정치가·학자. 태평천국을 진압한 지도자이며, 근대화 운동인 양무운동의 추진자이다. 주자학자이며, 문장가로도 유명하다.

좌종당 (1812~1885) 청나라 말기의 정치가. 농민반란과 폭동 진압 등의 경험을 통해 해군의 중요성을 인식하고 프랑스로부터 기술원조를 받아 조선소를 설립, 양무운동의 선구자가 되었다. 그 후 서북지방의 염군과 이슬람교도들의 반란, 위구르족의 난을 평정하였으나 청·프 전쟁에서 프랑스군에게 패하였다.

이홍장 (1823~1901) 청나라 말기의 정치가. 청말 주요 외교문제를 장악, 이이제이(以夷制夷)로 열강들을 서로 견제시키면서, 양보·타협정책을 취했다. 시모노세키조약에 조인했고, 청·러밀약, 베이징조약 등에 관여했으며 근대공업 진흥을 위해 노력했다. 조선 내정과 외교에 관여했다.

제1절
임칙서林則徐 –
아편전쟁을 부국강병 계기로 삼다

임칙서(林則徐)

임칙서, '한간'에서 민족의 영웅으로 부상하다

중국의 노시 중 북경보나 너 유서 깊은 곳을 들라면 단연 서안西安을 들 수 있다. 이곳의 원래 명칭은 장안長安이다. 진시황의 동생을 장안군長安君 성교成蟜를 봉한 데서 유래한 명칭이다. 당제국의 수도였을 당시 인구가 70만 명이나 되었다. 명실상부한 세계의 수도였다. 명태조 주원장은 남경으로 도읍을 정하면서 원제국의 대도를 '북평北平', 장안을 '서안'으로 개칭했다. 북쪽을 평정하고 서쪽을 안정시켰다는 취지였다. 현재의 성곽은 주원장이 천하를 통일한 직후 축조된 것으로 당시의 1/6 규모로 축소된 것이다.

서안의 명물로 크게 삼장법사가 인도에서 구해온 불경을 보관했던 대안탑大雁塔과 역대 명사들의 글을 새겨놓은 비림碑林을 들 수 있다. 대안탑의 명칭은 두보가 이곳에 올라가 썼다는 「동제공등자은사탑同諸公登慈恩寺塔」에 기러기가 등장하고 있는데서 알 수 있듯이 부근에 많은 기러기들이 서식한데서 나온 것이다. 당시 과거시험에 합격한 사람은 제일 높은 이곳에 올라 자신의 이름을 새겨 넣었다. 측천무후 시절 10층으로 축조되었다가 전란으로 일부 소실되어 현재는 7층으로 남아 있다.

서안의 또 다른 명물인 비림은 서안의 남문 성곽 옆의 문창문 인근에 자리하고 있다. 비림은 원래 공자를 기리는 문묘였으나 당제국 말기 이후 비각이 한데 모여 숲을 이루고 있다는 이유로 붙여진 이름이다. 이곳의 현판을 임칙서가 썼다. 그는 아편전쟁의 책임으로 지고 신강성 쪽으로 좌천을 가던 도중 비림에 들러 이 현판을 쓴 것이다.

특이하게도 현판에 새겨진 글자에서 '비碑'자의 '전田'자 위에 삐침 한 획이 빠져 있다. 이를 두고 예로부터 여러 얘기가 나왔다. 예서체의 정방형 글자체를 유지하기 위해 짐짓 뺐다는 생략설, 아편전쟁 이후 서양 열강이 아편 소각의 책임을 물어 그의 파면을 요구했고 신강성의 한직으로 쫓겨 가는 와중에 썼기 때문에 불만의 표시로 한 획을 쓰지 않았다는 불만설, 농민을 상징하는 '전田'자 위에 그 어떤 것도 억누르는 것이 있어서는 안 된다는 취지로 생략했다는 애민설 등이 그것이다. 한제국 때의 공용 서체인 예서체에서 통상 '비'자의 점 한 획을 주로 생략해 쓴 것을 본떴다는 생략설이 가장 그럴 듯하다.

원래 임칙서는 시골 훈장 아들로 태어나 총독까지 오른 입지전적인 인물이다. 그는 세계의 정세에 관한 많은 정보를 수집했고, 이를 토대로 청국이 나아가야 할 길을 심도 있게 모색했다. 청대 고관 중 그만큼 외국 문헌과 국제법 등에 밝은 사람도 없었다. 아편전쟁 당시 적대국인 영국조차 그의 재능과 용기에 경의를 표한 게 그 증거이다.

현재 중국정부는 그를 대표적인 민족영웅으로 떠받들고 있다. 중국 각지에 산재한 그의 유적이 이를 뒷받침한다. 아편전쟁의 발단이 된 광동의 동관東莞 시내에 관련 박물관이 3곳이나 있다. '임칙서 기념관', '아편전쟁박물관', '해전박물관'이 그것이다. 이곳에는 격전을 벌인 포대의 유적, 임칙서가 영국 상인에게 몰수한 아편을 처분한 인공연못 등이 재현돼 있다. 광동성은 자체적으로 유엔이 정한 '세계 마약퇴치의 날'인 매년 6월 26일을 기해 마약 화형식을 열거나 마약 퇴치 강연회를 하며 아편전쟁의 침략성을 널리 홍보하고 있다.

임칙서가 유배당했던 신강성의 우루무치 시내의 한복판에 있는 홍산의 정상에도 그의 거대한 석상이 있다. 홍산은 해발 1,391미터이나 우루무치 자체가 해발 900미터가 넘을 정도의 고지대에 자리 잡고 있는 까닭에 야트막한 동산처럼 보인다. 이곳은 위치도 좋고 나무가 많아 우리무치 사람들이 즐겨 산책하는 곳이기도 하다. 현재 그의 석상 옆에는 고대의 청동기를 본 떠 만든 커다란 '금독동정禁毒銅鼎'이 세워져 있다. 이는 이 지역에 확산되기 시작한 마약류를 엄금하기 위해 지난 2004년에 세운 것이다. '동정'의 명문에는 그가 '금독'에 단호한 인물이었고, 오늘날에도 그런 단호함이 필요하다는 칭송이 새겨져 있다. 아편 추방의 선구자를 마약 단속의 선구자로 끌어들인 셈이다.

원래 그는 홍산과 전혀 인연이 없었던 것도 아니다. 신강에서의 유배생활을 끝마치고 돌아가던 도광 25년(1845) 12월 그는 이곳 홍산에 올라 유배생활을 끝내고 새로운 임지로 가는 감상과 각오를 담은 「금루곡金縷曲」이라는 시를 남긴 바 있다.

미친 듯 노래하다 홍산 언덕 누우니　　任狂歌, 醉臥紅山嘴
바람 모진 곳에 술잔조차 일렁이다　　風勁處, 酒鱗起

이를 통해 짐작할 수 있듯이 중국의 대다수 사람들은 그를 중국 근대화의 시조로 삼고 있다. 많은 학자들이 근대화의 단초를 아편전쟁에서 찾고 있는 점에 비춰 일리가 있다. 사실 아편전쟁은 역사가 시작된 이래 동서양을 대표하는 대영제국과 대청제국이 사상 최초로 정면충돌한 사례에 해당한다. 진정한 의미의 세계사는 이때부터 써졌다고 해도 과언이 아니다. 그 중심에 바로 임칙서가 서 있다. 그는 한족 최초로 고관이 된 인물로 근대화의 효시이기도 했다. 중국 정부가 그를 '애국주의자'로 부상시키는 것도 이와 무관치 않을 것이다.

'대반' 네이피어가 억지를 부리다

아편전쟁의 배경을 둘러싸고 그간 여러 얘기가 나왔다. 대체로 영국 등지에서는 청제국의 내부 사정에서 그 원인을 찾는 내인설內因說이 주류를 이루고 있고, 정반대로 중국에서는 대영제국의 제국주의 침략 행보를 규탄하는 외인설外因說이 주류를 이루고 있다. 그러나 두 가지 요인이 복합적으로 작용했다고 보는 게 역사적 사실에 가깝다.

당초 제1차 아편전쟁은 도광 20년(1840)에 발발했다. 도광제는 중국의 역대 왕조를 통틀어 가장 근검한 황제였음에도 불구하고 재임 후반기에 터져 나온 아편전쟁으로 인해 오랫동안 비판의 대상이 되었다.

굴욕적인 문호개방이 그 이유이다. 사실 중국이 열강의 반식민지로 전락하는 단초가 제1차 아편전쟁에서 열렸다. 아편전쟁은 30년에 걸친 도광제의 재위 기간 중 가장 치욕적인 사건으로 기록될 만하다.

도광제 (1782~1850) 중국 청나라 제8대 황제

제1차 아편전쟁이 발발케 된 가장 큰 원인은 아편의 밀수입에 있었다. 사실 이는 영국만 탓할 일도 아니었다. 여기에는 '천조'를 자부한 청조의 전통적인 조공무역 관행 등 복잡한 이유가 동시에 작용했다. 당초 청제국은 건국 이후 오직 광동의 성도인 광주廣州에서만 대외무역을 할 수 있도록 허가했다. 영국은 정부의 특허를 받은 '동인도회사'를 통해 청국과 교역했다. 이 회사는 광주에 선하감독船荷監督 및 사무원 20명, 의사 2명, 목사 2명을 상주시켰나. 일종의 지국을 둔 셈이다. 공식명칭은 '셀렉트 코미티Select Committee'였다. 청국 측은 이를 공국公局 또는 영국英局으로 칭하면서 책임자인 '선하감독'을 '대반大班'으로 불렀다.

당시 영국은 대청무역을 통상적인 대외무역으로 생각했으나 청조는 전래의 조공무역으로 파악했다. 외국상인이 청국의 명령에 순응하지 않으면 언제든지 일방적으로 통상을 정지할 수 있다고 청조의 입장이었다. 도광 11년(1831)에 공포된 「외이방범장정外夷防範章程」이 그 증거이다. 이에 따르면 외국인은 고관들이 타고 다니는 견여肩輿의 사용이 금지되어 있다. '견여'는 4인 이상의 가마꾼이 매는 가마를 말한다. 유일한 무역항인 광동에는 호부 직속의 해관海關이 설치되어 있었다. 이를 두고 외국상인들은 '호포'로 불렀다. 이는 호부戶部의 광동어 발음이다. 이곳의 장관은 '월해관감독粤海關海關監督'으로 불렸다.

당시 청조는 광동에 광동과 광서를 관할하는 양광총독兩廣總督과 광동순무廣東巡撫, 월해관감독 등을 파견해 놓고 있었다. 이들 모두 관원인 까닭에 외국상인과 직접 접촉하는 것이 허용되지 않았다. 외국상인과 만나 무역을 할 수 있는 사람은 일종의 특허상인 13항의 '항상行商'이었다. 이들의 연합조직인 '공항公行'은 광동발음으로 '콩홍'으로 불렸다. 외국상인은 '코홍'으로 읽었다. 광주성 밖에 위치한 '콩홍'의 거리는 이른바 '13항가行街'로 불렸다. 대부분 영국상인들로 이뤄진 외국상인들은 '13항가'에서만 거주할 수 있었고, 청국정부와 접촉하고 싶을 때는 민간기업 연합회인 '콩홍'에 일종의 신고서에 해당하는 '품稟'을 제출해야만 했다. 콩홍은 이를 감독기관인 해관에 전달하는 역할을 맡았으나 전달여부는 콩홍의 재량이었다. 한쪽은 조공무역, 다른 한쪽은 국제무역으로 간주해 빚어진 기묘한 교역관계였다.

도광 원년(1821) 12월에 영국 군함 토페즈호의 승무원이 영정도伶仃島에서 중국인과 난투를 벌이는 사건이 빚어졌다. 중국인은 2명이 죽고 4명이 부상당했다. 영국 수병은 14명이 부상을 당했다. 양광총독 완원阮元이 범인의 인도를 요구했다.[1] 완원의 강력한 요구를 접한 공국의

1 당시 양광총독 완원은 '양이'를 전혀 두려워하지 않았다. 그는 양광총독으로 부임한 뒤 '학해당學海堂'을 설립하는 등 나름대로 열심히 일한 바 있다. 일찍이 그는 절강순무로 재직할 당시 이

책임자 '대반'은 청국 콩홍의 요구에 대해 자신은 군함을 감독할 권한이 없다고 둘러댔다. 대노한 완원이 영국과의 무역을 중단시켰다. 1년에 60만–70만 세은稅銀을 납부하는 '대반'은 영국 상인의 철수가 청국에 큰 타격을 줄 것으로 생각해 영국 상인과 상선의 철수를 명했다. 이들 중에는 훗날 대재벌이 된 저딘과 매디슨, 덴트 등이 개인상인도 있었다.

그러나 동인도회사가 광동해관에 납부한 세은은 청국 전체의 재정 규모로 볼 때 극히 미미한 액수에 지나지 않았다. 오히려 동인도회사가 1년에 평균 100만 파운드의 이익을 보고 있었다. 당시 청국 내에서는 아편 흡식자가 급증하고 있었다. 완원의 입장은 단호했다.

"돌아가고 싶으면 돌아가라. 천조는 세은 따위를 중시하지 않는다." 내심 무역의 재개를 겨냥한 '대반'의 단순한 시위행위가 오히려 부메랑이 되었다. 중간에 낀 '콩홍'이 청국 관원에게 뇌물공세를 폈다. 영정도에서 살해된 유가족이 북경의 도찰원에까지 소장을 제출했음에도 완원이 '대반'에게 영국에 귀국한 뒤 범인을 재판에 회부할 것을 통고함으로써 사건은 결말이 나고 영국 상인은 몇 달 뒤 돌아왔다. 이런 식으로 부자연스러운 통상이 오랫동안 지속되었다.

이 와중에 아편의 밀수입은 도를 넘고 있었다. 도광 4년(1824)에 이미 60만 톤에 달했다. 이는 금액으로 1천만 달러에 해당했다. 아편전쟁 직전인 도광 18년(1838)에는 3배가 넘는 근 200만 톤에 달했다. 이는 막대한 은의 유출을 가져왔다. 청조 재정의 파탄을 초래할 소지가 컸다.

당시 동인도회사는 아편이 청조의 금수품이고, 그 해독 또한 심대하다는 사실을 익히 알고 있었다. 그럼에도 동인도회사는 1773년에 아

장경李長庚을 발탁해 수군의 함정인 '정선霆船'을 만들기도 했다.

편을 전매품으로 만든 뒤 18세기 말까지 아편무역을 주도했다. 인도농민들에게 자금을 빌려주면서 양귀비 재배를 강요하고, 인도 농민은 이 수입으로 영국의 면방직제품을 구입했다. 아편은 인도의 경매시장에서 원가의 8배나 되는 가격에 팔렸고, 다시 중국에서 판매될 때는 원가의 10배가 넘는 가격에 매각되었다. 전 과정에 개입한 동인도회사는 막대한 차익을 챙길 수 있었다. 이들이 아편무역을 자발적으로 그치기를 기대하는 것은 연목구어에 지나지 않았다.[2] 인도정부 역시 19세기 초 당시 벵갈주 총수입의 12%를 아편세에서 얻고 있었던 까닭에 내심 아편무역의 확대를 원하고 있었다.

도광 14년(1834)에 문득 동인도회사의 대청무역 독점권이 특허기간 연장 불허조치로 인해 폐지되는 일이 빚어졌다. 산업혁명의 여파로 무역자유화가 대세가 된 결과였다. 이에 앞서 동인도회사는 이미 가경 18년(1813)에 인도무역의 독점권을 잃은 바 있다. 이에 동인도회사가 철수하고 대신 영국의 총영사가 통상 감독과 거류민 보호 명목으로 광동에 파견되었다. 그러나 청국은 영국과 국교가 없었던 까닭에 영국의 총영사를 하등 달리 취급할 이유가 없었다. 과거 매카트니나 애머스트처럼 북경까지 간 사절이 있지만 이들 역시 조공사절로밖에 취급되지 않았다. 동인도회사의 '대반'은 콩홍을 통해 청조에 동인도회사 대신 영국정부의 대표가 왔다는 사실을 예고했으나 청조는 영국정부의 대표를 '오랑캐의 두목'이라는 뜻의 '이목夷目'으로 칭했다.

2 당시 영국의 아편상들은 공공연히 "아편은 금과 같아 아무리 많아도 언제나 팔 수 있다"며 아편무역을 가장 안전하고 신사적인 사업으로 간주했다. 이는 중국의 아편수요가 상상을 초월하고 있었음을 반증하는 것이다.

당시 청조의 고관들 중 해외사정 연구에 열의를 보인 최초의 인물이 임칙서였다. 그는 호북과 호남의 총독인 호광총독湖廣總督으로 있을 때 지방에서 발행된 영자지《차이니즈 리포지토리》를 번역시켰을 뿐 아니라 외국의 여러 문헌에서 국제법에 이르기까지 요점을 번역시킨 바 있다. 이 자료는 훗날 임칙서로부터 위원에게 넘겨지고, 위원은 이를 토대로 명저 『해국도지海國圖志』를 저술했다.[3]

네이피어 (William John Napier, 1786~1834) 영국의 군인·외교관. 영국의 동인도회사의 독점권 폐지로 초대 중국무역 수석감독관으로 임명받아 중국무역의 보호·개선을 도모했다.

최초의 영국 '이목'이 되어 광주에 온 인물은 해군장교 출신 네이피어였다. 2반과 3반으로 불린 보좌역은 동인도회사의 공국 책임자인 '대반'이 그대로 임명되었다. 당시 48세였던 그는 '대반'이 양광총독은커녕 해관 감독조차 만나지 못한 것은 일개 회사의 대표였기 때문에 그런 것으로 판단했다. '이목'인 자신만큼은 영국을 대표한 관원이므로 두 나라의 새로운 관계 수립이 이내 이뤄질 것으로 착각한 것이다. 했다. 그

3 위원은 진사 급제는 늦었으나 공양학자로서 명성을 날렸다. 그는 임칙서와 교류하면서 선진 사상의 영향을 받아 서양을 좀 더 폭넓게 이해해야 한다고 생각했다. 그는 아편전쟁에서 억울하게 책임을 지고 물러난 임칙서의 부탁으로 임칙서가 번역한 『사주지四洲志』와 역대 사서를 비롯해 자신과 임칙서의 기록들을 참고하여 100권에 달하는 『해국도지海國圖誌』를 편찬했다. 이 책은 중국뿐만 아니라 조선 및 일본의 개화사상을 이끌어내는데 지대한 공헌을 했다.

가 출발할 때 영국왕 윌리엄 4세는 이같이 훈령했다.

"청국 측을 자극하거나 의심과 악감을 일으키는 일이 있어서는 안 된다. 부득이한 경우를 제외하고는 함부로 육해군의 도움을 청하지 말아야 한다."

과거 '대반'은 착임할 때 먼저 마카오로 가서 허가증인 홍패紅牌를 받은 뒤 광주로 갔다. 네이피어는 외무장관 파머스턴의 지시에 따라 자신의 착임을 직접 양광총독에게 전달코자 했다. 해군대령의 제복을 입고 나타난 그는 홍패를 신청하지 않은 채 군함 안드로마키 호를 타고 마카오를 출발해 호문虎門의 수도水道에서 배를 갈아탄 뒤 황포黃埔를 지나 광주로 들어갔다. 배를 갈아탄 것은 군함을 호문에 들여보내지 말라는 파머스턴의 지시를 따른 것이었다.

네이피어는 광주성 밖에 소재한 '13항가'의 한 이관夷館에 들어갔다. 양광총독 노곤盧坤은 성 안에 있었다. 통역관인 로버트 모리슨이 그의 착임 보고서를 쓰고 서기관인 애스텔이 이를 전달할 예정이었다. 애스텔은 임무를 수행하기 위해 성 안으로 들어가야만 했다. 그러나 '외이방범장정'에 따르면 외국인은 성내 진입이 불가능했다. 문서를 전달코자 했으나 아무도 그를 상대해 주지 않았다. 착임 사실을 알릴 길이 없게 된 네이피어는 초조해졌다.

양광총독은 노곤은 보고를 통해 '대반'을 대신한 '이목'이 허가도 없이 광주로 들어왔다는 사실을 알고 있었다. 그는 외국인을 다루는 곳은 관청이 아니라 '콩홍'이라는 기존의 규칙을 전혀 바꿀 생각도 없었고, 바꿀 수도 없었다. 그러나 그는 분규가 일어나는 것을 원치 않은 까닭에 콩홍에 이같이 통고했다.

"네이피어가 얌전히 마카오로 돌아가면 불법 입경을 추궁하지 않겠다."

당시 '이화항怡和行'을 운영해 세계 최고의 갑부라는 칭송을 받고 있던 콩홍의 대표 오소영伍紹榮은 '이목'의 불법 입경入境이 불거질 경우 회사를 송두리째 잃을 수도 있었다. 그의 결단으로 콩홍은 중죄를 면하기 위해 영국과의 무역을 중지한다고 선언했다. 이익을 위해 외국상인을 두둔한다는 비난을 면하기 위한 고육책이었다.

이 와중에 중개역할을 하던 노老 모리슨이 무더위를 이기지 못하고 이해 여름에 사망했다. 개신교 전도의 아버지로 불리기도 한 그는 한역성경 외에 중국어학 연구서 저술로 명망이 높았던 인물이었다. 당시 52세였다. 그럼에도 네이피어는 강경입장을 굽히지 않았다. 그 역시 민간인 신분인 콩홍의 대표와 만나는 것을 거절했다.

한번은 콩홍의 알선으로 부지사 급인 청국의 관원과 만날 수 있는 계기가 마련되었다. 큰 사건이 빚어질 경우 관원이 민간인을 면대하여 조사할 수 있는 예외조항을 적극 활용한 것이다. 콩홍은 이를 실질적인 '회담'으로 만들고자 했으나 네이피어는 이 또한 거절했다. 청국관원이 상좌에 앉아 죄인을 심문하는 식의 형식을 용납할 수 없었던 것이다. 네이피어는 이해 8월 21일 본국에 이같이 보고했다.

"무력으로 압력을 넣는 것이 말로써 담판하는 것보다 몇 배의 효과가 있을 것입니다."

영국이 식민지를 개척할 때 전가의 보도로 휘두른 '포함외교'를 주문한 것이다. 그는 자신의 강경노선을 밀어붙이기 위해 포고문을 발표하고 광주의 영국 상인에게 상업회의소를 결성할 것을 촉구했다. 마카오에서 생장한 노 모리슨의 아들 로버트 모리슨이 번역한 포고문의 골자는 다음과 같았다.

"영국 상인은 호혜의 원칙 아래 청국 전체와 거래하기를 원한다. 양광총독은 조만간 콩홍의 '미친 짓 같은 결심'을 실행하는 것이 주강珠江의 흐름을 멈추는 것과 마찬가지로 어려운 일임을 깨닫게 될 것이다."

'미친 짓 같은 결심'은 무역중단을 뜻한다. 청국 측은 이를 '천출고백擅出告白'으로 기록해 놓았다. '멋대로 포고를 내다'의 뜻이다. 사실 네이피어가 펴낸 중국어 포고문은 교만의 극치였다. 양광총독 노곤은 이를 도전으로 받아들였다. 그는 무역정지를 뜻하는 이른바 '봉창封艙'을 선언한 뒤 이관에 있는 통역, 대리상인 매판買辦, 요리인, 잡역에 이르기까지 모든 중국인에게 퇴거를 명했다. 영국 상관에 식료품을 공급하는 자는 사형에 처한다는 엄명이 하달되었다.

네이피어도 호문 밖에 있던 군함 안드로마키 호와 이모우젠 호를 광주로 불러오는 등 강력히 맞섰다. 이는 외무장관의 훈령과 어긋나는 일이었으나 네이피어는 이를 '특별한 필요'의 예외적인 경우로 간주했다. 영국 군함이 주강을 거슬러 광주로 오는 사이 호문의 여러 포대와 포격을 주고받기 시작했다. 아편전쟁의 서막이었다. 네이피어는 급히 광주의 영국 상업회의소 소장 앞으로 서신을 보내 이를 콩홍에 전할 것을 명했다.

"나는 영국 황제의 이름으로 총독과 순무가 선언한 전대미문의 포학하고 부당한 행위에 대해 강력 항의한다. 나는 상업회의소 소장이 콩홍에게 '영국황제는 위대한 군주이고, 청국보다 더 넓고 강한 세계의 영토를 다스리고 있고, 가는 곳마다 정복하지 못한 곳이 없는 용감한 군사를 이끌고 있고, 청국이 지금까지 본 적도 없는 그야말로 해상을 조용히 항행하며 120문의 대포를 장비한 큰 배를 갖고 있다'는 것을 선언할 것을 요구한다. 이 서신에서 진술한 일에 대한 그들의 대답이 15일

월요일까지 도착하지 않으면 나는 이를 전 시가에 공표하고 그 사본을 사람들에게 배포할 것이다."

이 서신을 전달받은 노곤은 대노했다. 곧 콩홍에 명을 발했다.

"영국이 '대반' 대신 '이목'을 파견하는 것은 그쪽의 자유이다. 우리가 콩홍을 통해서만 이인과 접촉하는 것은 이쪽의 자유이다. 예방사절이나 조공사절을 제외하고 우리는 외국과 직접 관계를 가진 적이 없다. 영국정부는 네이피어의 임명에 대해 사전에 아무 통보도 보내지 않았고, 그 또한 어떤 신임장도 지참하지 않았다. 만일 아직도 자신의 우매함을 깨닫지 못하면 나는 더 이상 참지 않을 것이다. 천조天朝의 군사가 한 번 움직이면 보석도 그들 앞에서 불태워질 것이다."

당시 광주에는 동인도회사의 대청무역 특허가 취소된 여파로 많은 중소무역업자가 몰려와 있었다. 이들 모두 네이피어의 강경책에 회의적이었다. 결국 청국 포대의 집중 포탄세례를 받은 네이피어는 항복을 선언한 뒤 2척의 군함에 명하여 외양으로 퇴거토록 조치했다. 심한 부상을 당한 탓에 청국 측이 보낸 배를 타고 광주를 떠난 그는 5일 뒤인 이해 9월 26일에 들것에 실려 가까스로 마카오에 상륙할 수 있었다. 마카오의 포르투갈 당국은 병상의 네이피어를 위해 교회의 종을 치는 것까지 금지시켰다.[4] 당시 영국의 외무장관은 네이피어가 영국을 떠난 뒤 파머스턴에서 웰링턴으로 바뀌어 있었다. 병상의 네이피어는 웰링턴으로부터 호된 질책을 받았다. 그는 이해 10월 11일에 죽고 말았다.

---

4 포르투갈은 명대에 '불랑기佛狼機'로 불렸다. 이는 십자군전쟁 때 이슬람측이 십자군을 '프랑크'라고 부른 것에서 유래한 것이다. 포르투갈이 마카오 근처에서 나쁜 짓을 하면서 '랑郞'이 '랑狼'으로 바뀌었다.

이 사건은 청국 측의 승리였다. 도광제는 크게 기뻐하며 이같이 상유上諭했다.

"외이가 금제인 예금例禁을 모르는 것을 심하게 탓할 필요는 없다. 짐 또한 이를 엄벌할 생각이 없다. 가벼이 움직이면 징벌하고, 복종하면 용서할 것이다."

청조는 2척의 군함이 호문 안으로 들어왔는데도 각 포대가 이를 저지하지 못한 점에 주목했다. 도광제는 광주에서 보낸 상주문에 군왕이 직접 붉은 먹으로 지적하는 '주비朱批'로 답하면서 이를 질책했으나 승리를 거둔 까닭에 크게 문책하지는 않았다.

'이금론'과 '엄금론'

그러나 이 사건 이후에도 아편밀수는 계속되었다. 수요와 공급이 맞아떨어진 결과였다. 아편의 유입량이 1830년대에 들어와 급증케 된 데에는 여러 요인이 복합적으로 작용했다. 우선 도광 14년(1834)에 동인도회사의 대청무역 독점권이 폐기된 이후 아편무역에 종사하는 상인들이 대거 급증한 점을 들 수 있다. 이들은 아편의 재배에서 제조, 판매에 이르기까지 전 과정에 개입해 막대한 이익을 챙겼다. 이는 기본적으로 청조의 관원들이 막대한 양의 뇌물을 챙기며 밀매를 눈감아 주었기에 가능했던 것이다.[5]

5 실제로 당시 최고의 아편상회인 저딘매디슨의 저딘은 아편전쟁 직전인 1839년에 귀국 환송연 자리에서 "밀수를 하고 이를 조장하는 사람은 우리가 아니라 청국의 관원이다"라고 주장해 좌

아편밀매로 인해 은이 빠져나가는 이른바 '누은漏銀' 현상이 가속화하자 도광제도 크게 고민하지 않을 수 없었다. 마침내 도광 16년(1836) 5월 호광도湖廣道 감찰어사로 있는 왕붕王玥이 이른바 '이금론弛禁論'을 들고 나왔다. 골자인 즉 아편의 흡음은 기본적으로 자업자득인 까닭에 나라가 나설 필요가 없으나 군내에 아편이 유행하는 것만 엄금하면 된다는 것이었다. 일종의 '통제론'에 해당했다. 이로부터 1달 뒤 태상시太常寺의 차관인 소경少卿 허내제許乃濟는 여기서 한 발 더 나아갔다. 그는 상소문을 통해 현실적으로 아편을 금할 수 없다면 수입세를 징수하는 게 좋다는 논지 하에 양귀비 재배 금지도 해제하는 것이 오히려 낫다는 주장이었다. 상소문의 골자이다.

"아편밀수가 엄금 이후 오히려 더욱 심해졌습니다. 차라리 아편에 약재에 대한 세금을 부과해 외국상인인 이상夷商에게 납부케 하고, 통관 후에는 은을 쓰지 않는 물물교환의 이화역화以貨易貨로 교역하게 하는 것이 어떻겠습니까? 멕시코 은화 등의 양은洋銀과 청국 발행 은화인 문은紋銀 모두 일률적으로 유출을 금해야 합니다."

임칙서보다 1기 선배인 허내제는 중앙으로 올라오기 전에 감찰을 담당하는 광동 안찰사按察使 등을 역임한 바 있다. 아편의 본고장인 광동의 실정에 밝았던 그는 아편의 밀수를 근절할 수 없다는 사실을 알고 나름대로 현실적인 대안을 제시한 것이다. 당시 밀수량은 이미 2만

중들로부터 열렬한 박수를 받은 바 있다. 당시 청조관원에게 뇌물전달의 중개역할을 수행했던 섭항주葉恒澍가 체포되면서 이런 사실이 백일하에 드러났다. 일부 아편상이 "황제 이하 청국의 모든 관료는 아편 밀무역자이다"라는 황당한 얘기를 거침없이 내뱉을 수 있었던 것도 바로 이런 배경에서 나온 것이었다. 아편밀매의 성행과 관련해 영국만을 탓할 수 없는 이유가 여기에 있다.

상자를 넘고 있었다. 이는 120만 톤에 달하는 양이었다. 도광제는 곧 허내제의 상소문 사본을 광동 현지로 보내 당국자의 의견을 물었다. 양광총독 등정정鄧廷楨과 광동순무 기공祁塡 등은 '이금론'에 찬동하는 내용의 주문奏文을 올렸다.

"은을 사용하지 않는 '이화역화'에 의한 교역을 합니다. 결제 때 초과분 역시 은으로 지불하지 않고 다음 계정으로 이월해야 합니다. 수사水師는 단속을 빙자해 바다로 나가 사단을 일으켜서는 안 됩니다. 민간의 양귀비 재배는 산꼭대기나 사면의 계단식 밭 등에 한해 허용하면 될 것입니다."

이들의 답변을 이른바 '광동복주廣東覆奏'라고 한다. '복주'는 중앙의 문의에 대한 의견개진을 말한다. '광동복주'는 광주의 월화서원越華書院과 학해당學海堂 교수들의 견해를 반영한 것이었다. 이들의 주장이 터무니없는 것도 아니었다. 당시 아편의 밀수량의 증가와 더불어 양귀비의 국내 재배도 기하급수적으로 늘고 있었다. 약용과 기호품을 엄히 구분하는 것 자체가 불가능했다. '광동복주'의 사실을 접한 외국상인들은 아편 금수가 조만간 해제되리라는 기대에 부풀었다.

그러나 문제는 그리 간단치 않았다. 당시 아편 밀무역은 공공연한 자유무역이나 다름없었다. 당초 아편을 판매한 근거지는 마카오였다. 이후 포르투갈 당국의 아편 선적선 입항 금지조치로 인해 1821년에는 아편의 모선인 돈선躉船 즉 거룻배가 주강의 하구 밖에 있는 영정도伶仃島 부근의 해상으로 옮겨지게 되었다. 이로 인해 영정도에는 늘 정박하고 있는 돈선이 20척 가량으로 늘어나게 되었다. 아편은 밀매조직에 의해 무장한 작은 쾌속정으로 옮겨진 까닭에 아편을 밀수하는 자는 어디까지는 이를 위탁판매 하는 중국의 대리인이었다. 저딘매디슨과 러셀, 덴트 등의 상회는 합법적인 거래를 가장하고 있었다.

'이금론'은 바로 이런 점 등을 감안한 것이기는 했으나 근본적인 문제를 간과하고 있었다. 그것은 바로 청조가 천조天朝를 자처하고 있었던 점이다. 아편의 허용은 천조의 도덕성을 일거에 무너뜨릴 수 있었다. '누은' 등의 재정문제에 비할 게 아니었다. 특히 최고의 성군이 될 생각으로 도학道學에 심취해 있던 도광제의 속셈을 제대로 간취하지 못했다.

도광제의 입장은 매우 강경했다. 그는 황제의 명예를 걸고 이를 근절시킬 생각을 하고 있었다. 실제로 그는 양광총독에게 하명해 아편의 모선인 돈선을 본국으로 귀환토록 조치케 했다. 이는 예부시랑 주준朱嶟 등이 '이금론'과 대립되는 이른바 '엄금론嚴禁論'을 전개하며 도광제를 부추긴 사실과 무관치 않았다. 이들이 올린 상소문의 골자이다.

"아편을 백성에게는 허용하고 관과 군에만 금한다고 하면 관원이나 병사는 백성에서 나오는 것이 아니라는 말입니까? 사람을 해치는 독물임을 알면서도 그 유통을 허락하고 세금을 부과하는 것은 정의로운 천조에서는 있을 수 없는 일입니다."

사실 당시 이금론은 '누은'의 경제문제에만 지나치게 집착했다는 지적을 면키 어려웠다. 강남도어사 원옥린袁玉麟이 이금론의 맹점을 조목조목 논박하는 상소를 올린 게 그 증거이다.

"아편에 관세를 물릴지라도 100만 냥도 안 될 뿐 아니라 소리小利를 위해 대체大體를 손상하는 일이 됩니다. 은을 사용하지 않는 '이화역화' 역시 실효를 거두기 어렵습니다. 아편이 들어오는 것은 은을 원하기 때문이니 은을 몰래 결제에 사용되는 상황에서 이를 막을 길이 없습니다."

황작자 (1793~1853) 임칙서와 함께 아편 엄금론 주장

그러나 주준과 원옥린 등이 상주한 '엄금론'은 구체적인 방안이 결여 되어 있었다. 청조가 '광동복주' 이후 2년 가까이 별다른 조치를 취하지 못한 이유가 여기에 있었다. 이는 아편밀매에 종사하는 외국상인들의 기대를 더욱 높이는 결과를 낳았다. 국가존망을 좌우하는 중차대한 현안을 앞에 두고 조정이 주저하며 유예한 것이 아편전쟁의 원인遠因으로 작용한 셈이다. 어떤 식으로든 결단이 필요했다.

도광 18년(1838) 5월에 마침내 빈객 접대관청의 수장인 홍려시경鴻臚寺卿 황작자黃爵滋가 구체적인 방안을 담은 상소문을 제출했다. 당시 밀매가 극성한 까닭에 해구海口 즉 항구를 아무리 엄중히 단속해도 별반 효과가 없었다. 이런 상황에서 통상금지 조치로는 고질적인 '누은'을 결코 막을 길이 없었다. 흡음 자체를 막는 길밖에 없다는 '쾌도난마'의 대책에 해당한다. 황작자는 상소문에서 전국의 보갑保甲에 연대책임을 지도록 할 것을 건의했다.[6]

6 원래 청조는 명조의 지방조직인 이갑제里甲制를 약간 변용한 보갑제保甲制를 실시했다. 10호戶를 1패牌, 10패를 1갑甲, 10갑을 1보保로 정했다. 여기에 각각 패두牌頭와 갑장甲長, 보정保正을 두었다.

"외이外夷까지도 금지령을 내리고 있습니다. 황상의 위엄으로 문득 얼굴을 붉히는 혁연赫然의 모습으로 진노하면 아무리 우매한 자라도 아편을 끊을 것입니다. '누은'으로 은값이 오르는 일도 없게 될 것입니다."

원래 황작자는 임칙서, 공자진龔自珍, 위원魏源 등과 함께 선남시사宣南詩社의 일원으로 활약하고 있었다.[7] 당시 청조는 결사結社는 결코 간과하지 않았으나 동향회와 시사詩社 등의 친목단체에는 관대한 입장을 취하고 있었다. '선남시사'의 명칭은 북경의 선무문宣武門 남쪽에 본거지를 둔데서 나온 것이다. 회원들은 모두 가경제 때부터 서서히 일기 시작한 공양학公羊學에 지대한 관심을 기울였다.[8]

청대의 공양학은 공자의 후예인 공광삼孔廣森이 건륭제 재위 말기에 『공양통의公羊通義』를 펴내면서 수면 위로 드러나기 시작했다. 이후 유봉록劉逢祿이 공광삼의 공양학을 심화시키면서 청대 공양학의 기틀이 확립되었다. 선남시사의 회원들 모두 유봉록으로부터 지대한 영향을 받았다. 이들이 중국근대화의 선구자 역할을 하게 된 것은 결코 우연이

7 공자진은 청조의 전 기간을 통틀어 가장 뛰어난 5명의 대신에 속한다. 공자진은 글재주가 뛰어난 문인으로서 당대의 스러져가는 시대를 통렬한 어조로 노래한 시인이었다. 그의 시는 오늘날 이른바 '참여시'의 효시에 해당한다.

8 공양학은 『춘추공양전』에 근거를 두고 공자의 사상을 탐구하려는 학파를 말한다. 이는 청대를 풍미한 고증학에 대한 반발에서 비롯되었다. 당시 고증학은 엄밀한 고증을 요하는 일종의 과학적 학문으로 자리잡았으나 천하의 통치에 대해서는 입을 다물었다. 이는 고증학이 청조 건국 이래 건륭제 때까지 지속된 이른바 '문자지옥文字之獄'을 피하기 위한 탈출구 역할을 한데 따른 것이었다. '문자지옥'은 청조 및 만주족을 비난하거나 야만시하는 일체의 글에 대해 탄압을 가한 것을 말한다. 많은 인재가 고증학에 침잠한 것은 탄압을 피하기 위해 보신술의 일환이기도 했다. 훗날 변법자강운동을 주도한 강유위와 양계초 등도 공양학자였다. 장존여莊存與에서 시작한 청대의 공양학은 강유위 때에 이르러 크게 발전했다. '대동사회'와 '공자개혁론', '공자교' 등 강유위가 주창한 일련의 주장은 기본적으로 『춘추공양전』의 공양학에 기초한 것이었다.

아니었다.

난세에 태어난 최고의 선각자

임칙서는 태평성대를 구가하던 건륭제 치세가 조락하는 조짐을 보이기 시작한 건륭 50년(1785) 8월 30일에 복건성 복주부福州府 후관현侯官縣에서 부친 임빈일林賓日과 모친 전질陳帙 사이에서 태어났다. 과거에 실패한 임빈일은 어린 학동을 가르치는 사숙私塾을 운영하며 생계를 유지했다. 가난한 생원인 그가 아들의 이름을 '칙서'로 지은 것은 아들이 태어날 당시 복건성 순무로 있던 서사증徐嗣曾이 그의 집을 방문한 것을 기념해 서사증을 닮으라는 취지에서 지은 것이다.

임칙서는 4살부터 부친의 사숙에서 공부했다. 재능이 뛰어난 그는 13세에 생원시험에 합격했다. 가경 9년(1804)에 향시에 합격한 그는 27세 때인 가경 16년(1811)에 회시에 합격해 마침내 진사進士가 되었다. 237명 중 7등의 우수한 성적으로 합격한 그는 곧 최고의 학술기관이자 고관으로 영전키 위한 필수 코스인 한림원에 재직하면서 황제에게 조언하고 문서의 초안을 작성하는 일을 담당했다. 도광제가 즉위하기 전후로 소금 전매업무와 세금 징수, 치수, 판관 등의 업무를 수행하며 순조로운 관직생활을 하게 된 그는 도광 10년(1830)에 공자진 등의 문인과 의기투합해 선남시사를 만들었다. 강직한 성품으로 인해 조야로부터 신망을 얻은 그는 도광 17년(1837)에 마침내 호광총독으로 승진했다. 사실상 한족으로서는 최고의 자리에 오른 셈이다.

당시 유럽 열강들은 중국과 교역을 시작하면서 큰 손해를 보고 있었다. 차와 실크에 대한 수요가 워낙 커서 언제나 무역은 청국에 유리했다. 영국 상인들은 마침내 인도에서 생산되는 아편에 착안했다. 아편에 대한 수요가 급증하자 무역역조 현상이 빚어졌다. 막대한 양의 은이 누출되었다. 재정압박은 물론 이로 인한 경제적 혼란이 가중되었다. 황작자는 바로 이런 상황에서 단호한 조치를 주장하고 나선 것이다. 임칙서가 호광총독에 제수된 지 1년 만의 일이었다. 그의 상소문은 선남시사 회원들과 의견을 나눈 결과로 보인다.

황작자는 상소문에서 비록 1년의 유예기간을 단서로 달기는 했으나 아편 흡음자를 가차 없이 처벌해야 한다는 초강경론을 전개했다. 이를 이른바 '사죄론死罪論'이라고 한다. '사죄론'은 아편 흡음자를 난민亂民으로 규정한 것은 이금론과 같으나 처리하는 방법은 정반대였다. 이금론은 이들 '난민'에게 아편 흡음을 허용하자는 입장이나 '사죄론'은 이들을 제국의 금령에 정면으로 도전하는 일종의 역도逆徒로 파악했다.

도광제는 '누은'에 효과적으로 대처키 위해 고심하던 중 황작자의 상소를 보고는 쾌재를 부르며 이 사본을 각지의 독무督撫에게 보내 의견을 구했다. 성경장군盛京將軍과 길림장군吉林將軍, 흑룡강장군黑龍江將軍 등 동3성의 장관을 포함해 20여명의 지방장관들이 공손히 복주했다. 그러나 전폭적인 찬성을 표한 사람은 호광총독 임칙서와 양강총독 도주陶澍, 사천총독 소정옥蘇廷玉, 하남순무 계량桂良 등 소수에 지나지 않았다. 나머지는 사형이 너무 지나친 만큼 이를 완화하는 것을 조건으로 아편 근절에 나설 것을 주장했다. 전의 '광동복주'에서 이금론으로 기울어져 있던 양광총독 등정정도 엄금론으로 기울어졌으나 그 역시 사형이 과도하다고 생각해 묵형墨刑 수준이 타당할 것이라는 견해를 밝혔다.

당시 도광제는 황작자의 '사죄론'에 대한 지방장관들의 견해가 엇갈리자 네이피어 사건을 적극 활용할 생각을 했다. 도광제가 판단할 때 아편수입은 통상문제 이전에 청국의 통치이념과 직결된 문제였다. 그는 내심 양광총독과 광동순무는 지방장관의 업무만으로도 크게 바쁠 터이니 광동에 아편문제를 전담하는 흠차대신을 파견해 이 일을 전담시키면 달리 반대할 이유가 없으리라고 생각했다. 그가 20여 명의 지방장관에게 황작자의 상소문 사본을 보내며 의견을 구한 이유가 여기에 있었다. 그는 자신의 뜻에 가장 합당한 복주를 한 인물을 흠차대신에 임명할 생각이었다. 20여 통의 복주를 검토한 후 도광제가 선정한 사람이 바로 호광총독 임칙서였다.

임칙서가 황작자의 '사죄론'을 적극 지지하고 나선 것은 그 나름의 확고한 신념에 따른 것이었다. 그가 태어난 복건성은 아편을 피우는 습관이 최초로 퍼진 곳이고, 그의 동생도 아편으로 죽은 까닭에 그는 누구보다 그 폐해를 잘 알고 있었다. 젊었을 때부터 서양을 연구한 바 있는 그의 서구 인식은 극히 간단하다. 청국 스스로 서양의 장기인 기술을 배워 강국이 되면 모든 것이 해결된다는 입장이었다. 『해국도지』의 책머리에 나오는 '양이攘夷를 위해 양이洋夷의 장기를 채용해야 한다.'는 주장이 이를 뒷받침한다.[9]

9 위원이 『해국도지』를 쓰게 된 데에는 임칙서를 비롯한 선남시사의 동인들의 도움이 컸다. 특히 임칙서의 도움을 결정적이었다. 그가 모든 자료를 위원에게 넘겨주지 않았다면 『해국도지』가 나오기 어려웠다. 당시 임칙서는 지방근무가 많아 어쩌다 선남시사 모임에 나타났으나 위원 등 회원들에게 미친 영향은 지대했다. 『해국도지』는 당시에 소개된 서양 지리서와 역대 사서를 토대로 세계 각국의 산업과 정치, 풍습 등을 기술하면서 중국의 자강방략을 제기하고 있다. 화기

당시 임칙서는 커다란 실적을 올리고 있었다. 그가 호광총독에 취임한 이후 호광 일대에서는 아편 금지가 성과를 거두고 있었다. 그가 올린 복주는 매우 구체적인 방안을 담고 있었다. 1년의 유예기간을 4기로 나눠 지도하고, 흡음자 이외에도 흡음소 개설자를 비롯해 판매자와 연구煙具 제조자까지 모두 일괄처벌하자는 게 골자였다. 황작자보다 더 강경한 입장이었다. 그는 그 배경을 이같이 설명했다.

"흡음을 더 이상 방치하면 수십 년 후 중원에 적을 방어할 병사가 없어지고 군비에 충당할 은도 없어질 것입니다. 이를 생각하면 전율을 금할 길이 없습니다."

이는 도광제의 생각과 똑같은 것이었다. 도광제는 그에게 즉시 상경할 것을 명했다. 도광 18년(1838) 10월에 무창의 총독관서를 떠난 임칙서는 1달 뒤인 이해 11월 11일에 입궐해 도광제를 배견했다. 도광제는 건청궁에서 1시간 가까이 그를 독대했다. 12일과 13일에도 임칙서를 불러들였다. 임칙서의 주장에 감복한 도광제는 다음날인 14일 그에게 '사기賜騎'의 특우를 내렸다. 이는 자금성 내에 말을 탈 수 있도록 허락한 것으로 전례 없는 일이다. 다음날인 15일 그는 흠차대신에 임명되었다. 도광제가 그에게 당부했다.

"칙서에 준하는 효력을 지닌 인장인 흠차대신의 관방關防을 수여하니 향후 광동에 상주하며 항구의 사건을 조사해 처리토록 하라. 해당 성의 수사水師를 겸하여 지휘 관할토록 하라."

흠차대신의 관방을 찍은 문서는 조칙詔勅에 준하는 대우를 받는다. 백지위임장이나 다름없다. 임칙서는 준비를 위해 7일 가량 북경에 머문

火器와 함선구조의 도해圖解를 실어놓은 게 그 증거이다.

뒤 출발했다. 선남시사 회원들이 그의 성공을 축원했다. 그러나 도광제의 핵심 측근인 수석 군기대신 목창아穆彰阿를 비롯한 보수파들은 이들의 엄금론으로 인해 자칫 영국과 사단이 생길까 우려했다. 목창아는 제1차 아편전쟁 이후 임칙서의 체직을 앞장서 주장한 인물이다.

임칙서는 목창아 등이 자신을 노리고 있다는 사실을 잘 알고 있었다. 복건 출신인 그는 벼슬길에 오른 후 부친과 모친상으로 오랫동안 귀향해 있으면서 이웃한 광동의 내막을 잘 알고 있었다. 광동의 고관과 말단 관원은 아편밀수를 눈감아 주며 막대한 뇌물을 챙기고 있었다. 아편의 흡음은 광동에 그친 것도 아니었다. 심지어 북경의 황족 중에도 상습자가 있었다. 임칙서는 북경을 떠날 때 선배인 시랑 심정보沈鼎甫와 만나 작별인사를 나누며 서로 눈물을 흘렸다.

"생사는 운명에 달려 있고, 성패는 하늘에 달려 있다."

임칙서가 판단할 때 네이피어 사건 이후 5년이 지났는데도 광동의 해안 방비는 허술하기 짝이 없었다. 그러나 다행스럽게도 그가 강소순무로 근무했을 때 그 고장의 제독이었던 관천배關天培가 광동의 수사제독이 되어 새로 부임해 왔고, 함께 근무했던 만주족 예후암豫厚庵은 '월해관감독'으로 와 있었다. 그에게도 든든한 인맥이 뒷받침되어 있었던 셈이다.

흠차대신 임칙서가 아편을 소각하다

도광 19년(1839) 정월에 강소를 지나는 배 위에서 설날을 맞이하고 주강의 수로로 들어선 임칙서가 광주에 도착한 것은 1월 25일이었다.

그는 도착하기 전에 미리 파발꾼인 첩족捷足을 보내 광동의 포정사와 안찰사에게 흠차대신으로서의 첫 번째 엄명을 내렸다. 아편밀수에 관계하고 있는 범인의 체포를 명한 게 그것이다. 대상은 60명이었다. 그가 도착하기 전에 대규모 체포소동이 벌어졌다.

광주에 도착한 그는 이관과 가까운 월화서원을 숙소로 삼았다. 도착 9일째 그는 2통의 유첩諭帖을 보냈다. 한 통은 콩홍의 중국 상인, 다른 한 통은 외국상인에게 보내는 것이었다. '각국 이인에게 고함'이라는 제목의 서신은 '정부의 고관은 오랑캐와 직접 접촉하지 않는다.'는 원칙으로 인해 콩홍을 통해 보내야만 했다. 콩홍은 2통을 모두 접수했다. 아편밀매를 중계해온 중국인 상회에 대한 유첩의 내용은 매우 강경했다.

"오랑캐들에게 앞으로 영원히 아편을 들여오지 않겠다는 약속을 받아내도록 하라. 그러지 못하면 황명으로 처형할 것이다."

아편을 들여오는 사람은 사형을 당하고, 화물은 모두 몰수한다는 내용이었다. 콩홍의 대표자 오소영은 서약서인 감결甘結을 한문과 영문 1통씩 3일 이내에 받아내야만 했다. 외국상인에게 보낸 편지도 강경하기는 마찬가지였다. 그는 이 서신에서 특히 아편무역의 비인도성을 크게 책망했다.

"우리 황상은 천하의 백성을 똑같이 어질게 대하는 이른바 일시동인一視同仁의 마음으로 너희들에게 무역을 허락하고 너희들은 그것으로 이익을 얻고 있다. 너희들은 은혜를 고마워하고 법을 두려워해야 한다. 자신의 이득을 위해 남을 해쳐서는 안 되는데도 어찌 하여 너희나라에서조차 흡음하지 않는 아편을 우리 천조로 들여와 남의 재물을 빼앗고 남의 목숨을 해치는가. 너희들이 이를 가지고 중화의 백성을 유혹한지 이미 수십 년이 되었다. 거기서 얻은 부정한 재물 또한 헤아릴 수 없이 많다. 이는 모든 백성이 분개하는 바이고, 하늘도 결코 용서치 않을 것이다."

당당하면서도 통렬한 비판이다. 명이 곧이곧대로 실행될 경우 아편은 아무 쓸모가 없게 된다. 그는 팔리지 않아 창고에 저장되어 있는 아편을 모두 관에 제출하고 조금이라도 숨겨서는 안 된다고 경고했다. 서약서의 제출을 엄명한 이유이다.

"나는 이미 관방關防을 차고 있으므로 마음대로 일을 처리할 수 있다. 이는 흔히 있는 단속이 아니다. 아편이 근절되는 날까지 나는 결코 돌아가지 않을 것이다."

약속한 기한은 3월 21일로 음력으로는 2월 7일 춘분에 해당했다. 그러나 그날까지 외국상인들은 그가 어떻게 나오는지 살펴볼 요량으로 아무런 회답도 보내지 않았다. 임칙서도 별다른 조치를 취하지 않았다. 일부 영국 상인은 임칙서 역시 광동의 관원과 마찬가지로 뇌물의 액수를 올리기 위해 이런 수작을 피는 것으로 간주했다.

그러나 오소영은 불길한 생각이 든 나머지 영국 상인을 상대로 이번 사태가 심상치 않다는 취지를 열심히 전달했다. 영국 상인들도 마침내 구수회의를 열어 22일까지 아편 1천 상자를 공출한다는 결정을 내렸다. 그러나 서약서에 대해서는 한마디도 언급하지 않았다. 임칙서는 이미 은밀한 조사를 통해 돈선躉船의 선창 바닥에 쌓여 있는 아편이 무려 2만 상자나 된다는 것을 사실을 알고 있었다.[10]

10 당시 최대의 아편상인은 '저딘매디슨 상회'의 저딘이었다. 그는 임칙서가 도착하기 5일전에 이미 영국으로 귀국해 버렸다. 임칙서는 대안으로 덴트상회의 주인 덴트에 대한 체포영장을 내렸

원래 영국의 무역감독관 찰스 엘리엇은 전에 네이피어를 수행해 중국에 온 적이 있었다. 네이피어 사후 무역감독관 자리에 데이비스와 로빈슨이 차례로 부임하면서 그의 임지도 바뀌었다. 동인도회사 직원 출신인 데이비스는 영국의 관원임을 거의 내세우지 않았다. 네이피어 실패를 목도한 까닭에 대체로 온건노선을 취한 것이다. 영국 상인들은 그의 이런 행동에 커다란 불만을 나타냈다. 로빈슨이 데이비스의 뒤를 이어 '이목'이 되어 부임할 당시 마침 청국 조정 내에서 '이금론'이 일어났다. 광주의 아편상인은 이에 큰 기대를 걸었으나 이내 엄금론이 비등했다. 이때 가이아나에서 노예감독관으로 있던 엘리엇이 로빈슨의 후임으로 부임케 된 것이다.

엘리엇은 강경론자였다. 당시 38세의 해군대령 출신인 그는 덴트에게 체포영장이 떨어진 사실을 알고 급히 광주로 왔다. 거주민을 보호할 책임이 있었던 그는 곧 콩홍 앞으로 편지를 썼다. 자신의 동행을 전제로 덴트의 입성에 동의하겠다는 내용이었다. 그는 내심 이 기회를 이용해 광주성 내에 들어가 청국의 관원과 직접 접촉코자 한 것이다.

그러나 임칙서는 엘리엇이 광주에 오기를 기다렸다가 기한 내에 명을 이행하지 않은 것을 처벌할 생각이었다. 그는 3월 21일의 기한이 살아 있었던 까닭에 엘리엇이 마카오에서 나와 광주의 이관으로 돌아오기를 기다렸다. 영국이 흠차대신의 명을 어기고 기한 내에 아편공출과 서약서제출을 이행하지 않을 경우 어떤 조치도 가하다는 게 그의 생각

다. 체포영장은 관례에 따라 현청에서 콩홍으로 전달되었다. 그가 내린 명령은 범인의 '교출交出' 즉 인도였다. 그러나 콩홍은 이를 영문으로 번역하면서 '초대invite'로 바꿔놓았다. 파국을 막기 위한 간교한 계책이었다.

이었다. 그는 관례에 따라 곧 콩홍의 오소영에게 유첩을 내렸다

"황포에 정박하고 있는 외국선에 봉창을 하여 매매를 정지하고 화물의 양륙을 금한다. 각종 공구와 선박, 가옥 등을 오랑캐에게 임대하는 것을 허락하지 않는다. 위반자는 외국과 사통하는 자로 간주해 처벌한다."

이는 영국 상인을 비롯한 외국상인을 모두 추방하라고 명한 것이나 다름없었다. 13항가의 이관은 모두 중국 상인 소유였다. 외국인은 청국 내에서 부동산을 소유할 수 없었기 때문이다. 엘리엇의 사무실은 반씨潘氏 소유의 '중화항中和行' 건물에 세 들어 있었다. 임칙서는 자신의 명령이 단순한 위협이 아니라는 사실을 보여주기 위해 곧 1천 명의 병사를 풀어 13항가를 포위케 했다. 그는 중화항의 벽에 유명한 '유첩4조'를 크게 써서 붙였다.

"첫째 너희들은 광동에서 통상을 하여 그 이익이 3배에 달한다. 아편을 팔지 않아도 큰 이익을 얻고 있는 셈이다. 둘째 아편은 너희 나라에서조차 흡음하지 않는 물건이니 이내 싣고 돌아가지도 못할 것이다. 공출하지 않는다면 이를 두었다가 어디에 쓰겠는가. 셋째 아편을 공출하면 이후 무역은 더욱 활발해질 것이다. 넷째 화복영욕禍福榮辱 중 어느 것을 취할 것인지는 전적으로 너희들에게 달려 있다."

결국 엘리엇은 이관에 들어간 지 2일 만에 굴복했다. 이는 임칙서의 유첩에 굴복한 것이 아니라 포위로 인해 물과 식량이 바닥이 났기 때문이다. 그대로 버텼다가는 모두 굶어죽을 판이었다. 당시 영국 상인이 재고로 가지고 있는 아편은 모두 2만 상자로 무게 1천4백 톤, 시가 1,500만 달러에 달했다.

임칙서는 호문의 광장에 튼튼한 목책을 설치한 뒤 100상자씩 쌓아

올리면 20평의 면적에 높이가 100미터에 이르는 막대한 양의 아편을 모두 호문에 모았다. 주변을 문관 12명, 장교 10명, 사병 100명이 밤낮으로 순라를 돌게 했다. 그는 해변 가의 높은 곳에 인공연못을 파게 했다. 아편이 땅 속에 스며드는 것을 막기 위해 사면에 판자를 대고 바닥에 돌을 깔았다. 바다에 면한 쪽에는 수문을 만들고 반대쪽에는 물을 끌어들이는 도랑을 팠다.

아편은 소금과 석회에 약했다. 아편의 소각은 대량의 소금을 투입하는 일에서 시작되었다. 아편을 반나절 소금물에 담가 두었다가 다음 날 소석회 덩어리를 대량 투입하자 화학반응을 일으켜 하얀 연기를 내며 부글부글 끓기 시작했다. 많은 사람들이 물에 녹여 없애는 '소각消却'이 아닌 불에 태워 없애는 '소각燒却'으로 오해한 것은 바로 이 때문이다. 아편은 불에 태우면 끈적끈적한 액체가 땅 속으로 스며들어 흙을 파서 끓이며 다시 2-3할의 아편이 회수될 소지가 있었다. 이 사실을 익히 알고 있던 그는 아편의 용해를 촉진시키기 위해 인공 인부들로 하여금 연못 위에 널빤지를 깔고 그 위에 올라가 긴 막대기로 휘젓도록 했다. 이어 썰물 때에 맞춰 바다에 면한 쪽의 수문을 열고 바다로 흘려보냈다.

당시 임칙서는 아편을 보유했던 상인들에게 아편 한 상자 당 찻잎 5근을 주었다. 상인들 입장에서 볼 때 아편 밀매에 따른 이익을 벌충할 수는 없었으나 일정한 보상은 받은 셈이다. 그러나 엘리엇은 임칙서에게 보복할 생각으로 광주의 이관에 머물고 있던 영국 상인의 일제 퇴거를 명했다. 당시 미국 상인들은 엘리엇의 협조요청을 거부하고 광주에 남았다. 찻잎과 비단, 도자기 등 아편 이외의 상품 거래는 미국 상인이 취급했다. 미국이나 그 밖의 상인은 서약서를 제출해 놓고 있었다.

엘리엇의 명을 좇아 바다 위의 선상에 있던 영국 상인들은 망연자실했다. 엘리엇은 꼬투리를 찾았다. 마침 영국인이 첨사취尖沙嘴에서 에 상륙해 마을 주민들과 싸우던 중 주민 임유희를 때려죽이는 사건을 일어났다. 현재 홍콩의 대표적인 번화가로 바뀐 첨사취는 당시만 해도 한가한 어촌에 불과했다. 청국 측이 마카오에 있던 '이목' 엘리엇에게 범인의 인도를 요구했다. 엘리엇은 국제법상 외국에서 저지른 자국의 범죄인은 인도하지 않는 게 원칙이라며 이를 일축했다. 임칙서는 곧 18세기 스위스의 저명한 법학자인 바텔이 쓴『국제법』을 입수해 광주 의료전도회의 미국인 의사 피터 파커에게 번역을 맡겼다. 파커가 주요 부분을 번역해『각국금률各國禁律』이라는 제목으로 임칙서에게 넘겨주었다. 그 내용은 엘리엇의 주장과 달랐다. 임칙서는 크게 기뻐하며 국제법에 의거해 엘리엇에게 이같이 통보했다.

"만일 범인을 인도하지 않으면 죄인을 은닉한 혐의로 엘리엇도 같은 죄를 물어 본 대신과 본 총독은 법을 집행하지 않을 수 없다."

광주를 떠나 해상에 떠 있던 영국인은 대부분 마카오로 옮겨와 있었다. 임칙서는 마카오 체류 영국인에 대한 식료품 공급의 중단과 상관 내 중국인 매판 및 잡역부의 퇴거를 명했다. 당시 마카오는 표면상 청국의 영토이면서도 사실은 포르투갈 총독이 다스리는 기형적인 모습을 취하고 있었다.[11] 이것이 사단을 일으키는 빌미로 작용했다.

---

11 명제국 때 환관들은 고래 창자 속에 있는 이물질을 원료로 한 용연향龍涎香이 궁중에서 널리 사용되자 이를 독점 공급하는 포르투갈 상인에게 용연향의 지속적인 공급을 대가로 마카오를 포르투갈의 무역기지로 삼는 것을 멋대로 인정해 주었다. 조정은 이런 사실을 알지도 못했다. 일각에서는 관군의 해적토벌을 포르투갈인이 도와주어 그 보수로 특별거주가 인정되었다고 주장키도 한다. 당시 포르투갈은 마카오의 할양 제의가 번번이 거절당했음에도 마카오에 총독을

임칙서가 마카오 체류 영국인에게 식료품 공급의 중지를 명하자 사태 악화를 우려한 포르투갈 총독은 곧 엘리엇에게 '마카오는 조약에 의한 할양이 아니므로 8월 24일 이후에는 더 이상 안전을 보장할 수 없다.'는 내용을 통보했다. 당시 영국 상인은 광주에 단신으로 오면서 처자식은 마카오에 거주시키는 게 관례였다. 마카오에는 50가家에 달하는 이들의 처자식이 머물고 있었다. 새로 온 영국 배도 호문보다 안으로 들어갈 수 없는 상황에서 자발적으로 퇴거한 영국 배들은 홍콩 섬 주변을 떠돌며 발만 동동 굴렀다. 이때 미국인 선주는 큰돈을 벌었다. 런던에서 광주에 이르는 대항해의 해상운임이 톤당 55달러였으나 홍콩 앞바다에서 광주까지의 운임은 톤당 30–40달러에 달했다. 당시 광주에 잔류해 있던 외국인은 25명으로 모두 미국인이었다.

엘리엇이 영국인을 이끌고 광주에서 물러난 지 5달 만에 선장 워너가 모는 영국선박 카우츠 호가 화주인 다니엘의 요구를 좇아 엘리엇의 명을 어기는 일이 빚어졌다. 원래 다니엘은 동인도회사의 '대반' 자격으로 광주에 근무한 적이 있었다. 인도 뭄바이에서 면화를 싣고 출항한 카우츠 호는 이해 10월 11일에 마카오에 도착하자마자 은밀히 서약서에 서명을 하고 재빨리 광주로 들어갔다. 이는 영국의 패배에 해당했다. 엘리엇은 격노했으나 달리 손을 쓸 도리가 없었다.

얼마 후 자바에서 쌀을 싣고 온 영국 배 '로얄 색슨' 호도 선장인 타운즈가 몰래 서약서를 제출하고 마카오를 관할하는 청국 관원 '오문

파견해 마치 식민지처럼 다루고 있었다. 청조도 이곳에 '오문동지澳門同知'라는 지방장관을 파견하고 있었다. 포르투갈은 '오문동지'에게 뇌물을 주어 자신들의 총독 파견을 묵인 받는 식으로 이 지역을 관장했다.

동지澳門同知'로부터 광주 입항의 허가증을 얻어내는 일이 빚어졌다. 마카오를 떠난 로얄 색슨 호는 동쪽의 첨사취로 항진하다가 문득 방향을 북쪽으로 틀어 호문을 향했다. 당시 해상에는 보레지 호 등 2척의 영국 군함이 있었다. 엘리엇은 황급히 보레지어 호에 올라타 그 뒤를 쫓았다. 결국 로얄 색슨 호는 호문의 수도를 코앞에 둔 곳에서 나포되었다.

영국 군함이 광주 입항을 시도한 것으로 간주한 청국 수군이 포격을 가하면서 문득 강변에서 해전이 벌어졌다. 이는 아편전쟁의 서막에 해당한다.[12] 개전의 구실을 찾기 위해 고심하던 엘리엇은 쾌재를 부르며 곧 적대행위 중지를 요청하는 서신을 청국 측에 보냈다. 답신이 올 리 없었다. 11월 3일 '성의 있는 답장을 받지 못했다'는 구실을 붙여 보레지 호와 하이어신스 호가 포문을 열었다. 포격은 2시간 동안 계속되었다.

이때 보레지어 호는 청국 수군의 반격으로 이물과 돛대가 포탄을 파손되는 등 적잖은 피해를 당했다. 그러나 청국 함선은 그 피해가 더 컸다. 모두 29척이 출동했지만 전투 후 움직일 수 있었던 것은 단 3척에 불과했다. 포의 명중률에서 영국이 훨씬 앞서 있었다. 영국 군함이 이내 물러난 것은 포탄이 떨어졌기 때문이었다. 객관적인 측면에서 보면 무승부에 가까웠으나 임칙서는 북경에 승첩의 보고를 올렸다. 이 소식을 접한 도광제가 크게 기뻐하며 독전督戰의 윤음綸音을 내렸다.

"짐은 경들이 이치에 닿지 않는 맹랑孟浪을 행할 것을 우려하지 않

12 당시까지만 해도 영국인이 마카오에 상륙하는 것은 허락되었다. 그러나 얼마 후 청국은 이것마저 금지시켰다. 청국이 강경노선을 견지한 데에는 카우츠 호의 광주 입항이 크게 작용했다. 청조는 조금만 더 밀어붙이면 영국 측이 항복할 것으로 생각했다.

고, 다만 두려워하여 위축되는 외축畏縮만을 경고할 따름이다."

만용을 부려도 좋다는 내용이나 다름없었다. 실제로 모든 영국 배를 해상으로 축출하라는 상유上諭가 곧바로 내려왔다. 서약서를 받을 필요도 없고, 살해범의 인도도 필요치 않으니 즉각 영국과의 통상관계를 영원히 단절하라는 주문이나 다름없었다.

당시 도광제의 입장은 확고했다. 조정대신들의 입장도 같았다. 지금의 북경시장인 순천부윤順天府尹 증망안曾望顔은 해관의 봉쇄를 뜻하는 이른바 '봉관금해封關禁海'를 주장하며 강경론을 이끌었다. 그러나 임칙서의 생각은 약간 달랐다. 그는 아편에 대해서는 '엄금론'을 지지했으나 여타 상품의 교역만큼은 허용해야 한다는 입장이었다. 경세치용經世致用을 중시하는 공양학자로서 극히 현실주의적인 입장을 취한 것이다. 실제로 당시 영국을 제외한 미국 등 여타 외국인은 서약서를 제출하며 공손한 태도를 보였다. 임칙서는 이를 근거로 이들은 오히려 우대해야 한다는 내용의 상서를 올렸다.

이는 그의 휘하에 원덕휘袁德輝 등 영어를 할 줄 아는 참모가 영자지나 지리서 등을 번역하며 세계정세를 환기시킨 사실과 무관치 않았다. 이들 모두 쇄국은 오히려 세계조류에 어긋난다는 사실을 익히 알고 있었던 것이다. 영국 선박 게임브리지 호를 사들인 뒤 이를 연습선으로 삼아 수군의 근대화를 도모한 게 그 증거이다. 임칙서는 대영관계가 험악해졌음에도 해상조난을 당한 영국인에 대해서는 매우 인도적으로 대했다. 아편무역에 관여했는지 여부가 석방의 기준이었다. 석방된 영국인 신병을 인수하러 오는 배는 로얄 색슨호로 한정되었다.

영국의 억지와 아편전쟁

당시 영국은 이런 상황을 방치할 수 없었다. 막대한 무역적자를 아편밀매로 단숨에 호전시킨 마당에 이를 순순히 포기할 리 만무했다. 실제로 영국은 그런 쪽으로 사태를 몰아갔다. 개전의 구실을 찾기 위해 혈안이 된 것이다. 야당인 보수당이 전쟁 반대 동의안을 제출하면서 전쟁에 패하면 영국은 영원한 불명예를 안게 될 것이라고 주장했으나 윌리엄 멜번을 수반으로 한 자유당 내각은 오불관언이었다. 이들은 청국이 무역의 자유제한과 사적인 재산을 몰수했다고 비판하면서 아편은 술보다 해독이 심하지 않다는 황당한 이유를 들어 반드시 청국을 응징해야 된다고 주장했다. 군대파견의 명분을 찾아내기 위한 억지 주장이었다.

이에 고무된 엘리엇은 연일 강경 조치를 촉구하는 서신을 보냈다. 저딘과 매디슨 등 광주에서 돌아온 아편 상인들도 청국 응징운동에 발 벗고 나섰다. 팽창주의자인 파머스턴 외무장관은 이런 움직임에 쾌재를 불렀다. 자유당 내각이 전쟁을 결정한 것은 도광 20년(1840) 2월이었다. 이해 4월에 의회에서 투표가 이뤄졌다. 정부가 제출한 군비지출 안은 찬성 271표, 반대 262표라는 아슬아슬한 차이로 가결되었다. 야당의 수반인 보수당의 글래드스턴은 이를 맹렬히 비난했다.

"이다지도 부정한 전쟁, 이다지도 영속적으로 불명예가 될 전쟁을 나는 아직껏 알지 못하고, 또 읽은 적도 없다."

케임브리지대 신학교수 셀월도 전쟁 발발 1년 전인 도광 19년(1839)에 펴낸 『대중국 아편무역 연구』에서 아편무역이 영국의 국기를 더럽히는 것이라고 주장한 바 있다. 임칙서는 이 논문을 입수해 번역시켰으나

아편전쟁 19세기 중반에 청나라와 영국 사이에서 벌어진 두차례의 전쟁. 이 전쟁에서 청나라가 완패함으로써 중화사상은 뿌리째 흔들리게 되었고, 본격적으로 서세동점의 시대가 개막되었다.

영국 의회의 표결을 뒤집을 수는 없는 일이었다. 영국의 중국원정군은 인도에서 편성되었다. 인도총독 오클랜드는 실론 주둔 아일랜드 18연대, 캘커타 주둔 보병 26연대, 벵골 공병 2개 중대, 의용병 몇 개 중대, 마드라스 포병 2개 중대 등 육군 4천 명에 동원령을 내렸다. 이로써 대포 74문을 탑재한 기함 웰즐리를 비롯한 동양함대 원정군이 편성되었다. 영국 본토와 케이프타운 등지로부터도 여러 척의 군함이 파견되었다. 원정군 총사령관에는 무역감독관 찰스 엘리엇의 사촌형인 해군소장 조지 엘리엇이 임명되어 특명 전권대사를 겸하게 되었다. 형은 56세, 동생은 39세였다.

의회에서 표결이 이뤄진 지 1달 뒤인 같은 해 5월 말에 함대가 싱가포르에서 발진했다. 이들 함대는 광동의 방비가 임칙서에 의해 강화된 점을 감안키도 했으나 일거에 압도적인 승리를 거둘 생각으로 광동을 지나친 채 절강의 주산열도로 직항했다. 주산열도에는 정해定海 지역에 3영營 2천 명의 수군이 있었으나 이들은 이른바 '정도지란艇盜之亂' 이후 실전경험도 없는데다 훈련도 거의 받지 못해 영국군의 적수가 되지 못했다.[13] 이들 대부분이 토공, 목공, 미장공 등을 부업으로 삼은 사실이 그 증거이다. 이 싸움에서 정해의 총병 장조발張朝發이 전사하고, 지현知縣 요회상姚懷祥은 보타사普陀寺 연못에 투신자살했다. 수비병과 주민 대부분은 산으로 도주했다.

주산을 점령한 영국함대 일부는 다시 북상을 시작해 백하白河의 하구인 천진방면으로 향했다. 영국함대가 천진 앞바다에 나타나자 청국 조정은 공황상태에 빠졌다. 주력함 바다가스카르 호는 증기선이었다. 직례총독直隷總督 기선琦善이 곧 영국 측과 교섭을 담당했다.[14] 이로써 조정 관원은 외국인과 직접 접촉하지 않는다는 기본 원칙이 무너졌다.

---

13 '정도'는 해적의 뜻이다. 18세기 말부터 베트남 국왕의 지원을 받은 이른바 '이비夷匪'와 이와 결탁한 봉미방鳳尾幇 및 수오방水澳幇 등으로 불리는 해적들이 절강에서 광동에 이르는 연안지대에서 약탈을 일삼아왔다. 가경 5년(1800) 청군의 공격과 폭풍, 베트남왕의 지원 중지 등으로 인해 괴멸되었으나 진해왕鎭海王을 칭한 채견蔡牽과 주분朱濆 등의 잔적이 다시 무리를 규합해 대만을 습격하고 복건에서 관군을 격파하는 등 청조를 크게 괴롭혔다. 가경 11년(1806) 토벌군 대장 이장경이 전사하는 일이 빚어지기도 했으나 청군은 이후 해안방비와 상선호위 등을 엄중히 하면서 가경 14년(1809)에 정해定海에서 대대적인 반격으로 대승을 거둠으로써 반란을 종식시켰다.

14 '직례'는 직할지의 뜻으로 지금의 하북성을 뜻한다. 그러나 직례총독은 직례성 뿐만 아니라 인접한 산서성과 하남성, 산동성까지 관할 하에 두고 있었다. 수도 북경도 관내에 있었다. 당시 직례총독은 사실상 재상이나 다름없는 위치로 격상돼 있었다. 원래 직무상의 재상은 군기대신이었다. 그러나 그는 황제의 비서에 지나지 않는 까닭에 실질적인 무력을 지닌 직례총독에 비해 실력이 훨씬 떨어질 수밖에 없었다. 직례총독은 군대의 지휘권이 있었으나 군기대신에게는 그것이 없었다.

상황이 역전되자 엘리엇 소장은 직례총독을 박대하는 오만함을 보였다. 기선이 면회를 청하자 청국 정부를 대표하는 자격을 지니고 있는지 확인이 될 때까지 만나지 않겠다며 문전박대한 게 그 실례이다. 기선은 전권부사인 엘리엇 대령과 만나 광동에서 일어난 사건이므로 교섭은 광동에서 하자고 간신히 설득할 수 있었다.

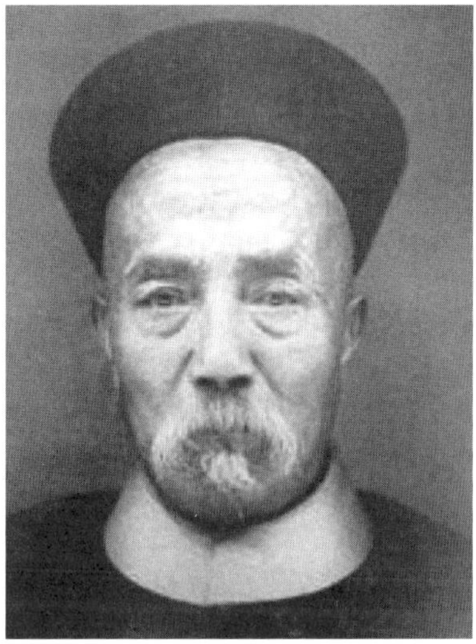

기선 (1790~1854) 청나라 후기 정치가. 아편전쟁 때 영국과의 무력 차이를 알고 타협책을 주장했고 나중에 흠차대신이 되어 임칙서 대신 군사외교의 책임자로 광동에서 활약하였다.

이를 기화로 목창아 등이 임칙서를 탄핵하고 나섰다. 임칙서의 과격한 대응이 사태를 악화시켰다는 게 탄핵의 골자였다. 이를 지지하는 견해가 점차 거세지자 한때 만용을 부려도 좋다고 유시한 도광제 역시 크게 동요하기 시작했다. 청조는 마침내 협상을 유리하게 진행시키기 위해 영국이 가장 증오하고 있을 임칙서를 파면 조치했다. 이는 도광제의 결정에 따른 것이었다. 그의 상유가 그 증거이다.

"임칙서를 광동항구에 파견해 양광총독 등정정과 함께 조사해 처리케 했다. 그러나 안으로는 백성이 법을 어기는 것을 근절하지 못하고, 밖으로는 밀수의 근원을 끊지도 못했다. 임칙서와 등정정을 형부로 이첩해 각각 엄중히 처분토록 하라."

청조의 비굴한 태도에 영국 측의 반응은 의외였다. 당시 양강총독의 집사가 제독 브레머 준장에게 임칙서의 해임을 알리며 '경하할 일이다'라고 아첨하자 브레머는 오히려 이같이 애석해했다.

"임칙서는 훌륭한 재능과 뛰어난 용기를 지닌 총독이다. 다만 외국의 사정을 몰랐던 것이 애석할 뿐이다."

임칙서를 대신해 흠차대신이 된 기선은 북경에서 광주로 급행했다. 이에 임칙서가 관천배와 협력해 간신히 만들어 놓은 '수용水勇' 즉 수군 의용대가 하루아침에 해산당하고 말았다. 영국함대의 진입을 방해하기 위해 물 위에 띄워놓은 뗏목 등도 치워졌다. 병사도 1만 명에서 8천 명으로 줄어들고 주둔지도 호문에서 광주성 근처로 물렸다. 영국은 몰수된 아편 대금을 2천만 달러로 부풀렸다. 기선은 영어를 할 줄 아는 매판 출신 포붕鮑鵬에게 이 일을 맡겼다.

당초 영국은 주산열도와 홍콩의 할양을 요구했다. 그러나 주산을 점령한 영국군의 조사로 그곳은 무역기지로 합당하지 않다는 사실이 알려지자 이들의 요구는 홍콩 할양으로 좁혀졌다. 영국의 입장이 완고하자 기선은 고민 끝에 은밀히 할양하는 이른바 '암할暗割'을 생각해 냈다. 이는 마카오의 경우처럼 조정에는 비밀로 하고 실질적으로는 할양하는 방식을 말한다. 그러나 영국은 '명할明割'을 요구했다. 이 소식을 접한 도광제가 대노해 곧 광동의 기선에게 이같이 명했다.

"분하다는 말도 쓰기 싫다. 그런 상대와는 더 이상 교섭할 필요가 없다."

모든 교섭이 중단되자 영국군이 도광 21년(1841) 1월 7일에 광동을 재차 공격하기 시작했다. 중국이 내하內河로 간주하는 호문의 제1관문인 수도水道는 동쪽의 사각沙角 포대, 서쪽의 대각大角 요새 사이에 있었다. 원래 사각에는 2,000명의 병력이 있었으나 기선이 영국의 환심을 사기 위해 600명으로 줄여놓은 상태였다. 브래드 소령이 이끄는 1,400

여 명의 상륙군에 포병대가 가세하자 청군은 부장副將 진련승陳連陞을 포함해 절반에 해당하는 300명이 전사했다. 영국군은 사망자 없이 38명이 부상을 당했을 뿐이다.

포대 점령의 여세를 몰아 엘리엇 대령은 주산열도 반환과 사각 요새 철수를 조건으로 홍콩의 할양을 강력 요구했다. 기선이 이를 북경에 타진했다. 포르투갈인이 오랫동안 천조의 홍은을 입어 가족을 데리고 마카오에 와서 거주하고 있으니 영국인도 홍콩 섬에 거주하는 것을 허락해 달라는 내용이었다. 도광제는 대노했다. 엘리엇 대령은 계속 '명할'을 주장했고, '암할'에 실패한 기선은 지연작전을 펼쳤다.

영국군의 거듭된 '명할' 요청으로 궁지에 몰리게 된 기선은 마침내 이해 2월 22일에 10일 후 정식조인을 하겠다고 약속했다. 북경의 허락이 떨어질 리 만무했다. 엘리엇도 이를 익히 알고 있었다. 그는 전투준비를 착착 진행시켰다. 기한이 끝난 지 3일 후인 2월 25일 영국군은 다시 정원靖遠 포대를 공격했다. 이곳은 광동해군 총사령관인 수사제독 관천배의 군사가 주둔하고 있었다. 그러나 그의 휘하에는 겨우 200명밖에 없었다. 관천배를 포함한 10여 명이 전사했다. 이 사이 기선이 파면되었다. 이는 광동순무 흡량怡良이 영국군의 선전용 전단을 입수해 북경에 보내면서 기선을 탄핵한 데 따른 것이었다.

기선은 파면된 후 '쇄나해경鎖拿解京'과 가산몰수를 당했다. '쇄나해경'은 쇠사슬로 묶어 북경으로 호송하는 것을 말한다. 기선은 3월 13일에 북경으로 압송되었다. 그는 이후 간신히 처형을 면해 절강에서 복무하다가 신강의 야르칸드로 좌천된 후 나중에 조정으로 복귀했다. 당시 영국군의 포고문에는 홍콩섬의 '명할'이 기정사실로 명기돼 있었다. 파면을 당한 기선은 구두로만 약속한 까닭에 효력이 없다고 주장했으나 엘리엇은 흠차대신이 약속한 것이므로 기정사실에 해당한다고 주장했다. 당시 현직에서 파면된 임칙서는 광주에서 명을 기다리며 현지의 순무를 지원하라는 지시를 받고 있었다. 5월 1일 그는 절강으로 떠나라는 명을 받고 광주를 떠났다.

기선의 후임으로 정역장군靖逆將軍 혁산奕山이 내정되었다. 그는 강희제의 직계 후손이었다. 당시 주술에 미쳐 있던 참찬대신 양방楊芳은 신뢰하는 점쟁이로부터 '외이外夷의 요술은 여자의 오줌을 꺼린다.'는 얘기를 믿고 광주성 내의 요강을 모으게 했다고 한다. 영국군이 빅토리아 여왕의 생일인 5월 24일을 기해 광주에 대한 총공격을 거행키로 결정하고 인도에서 병력과 무기를 속속 보충하는 와중에 광주로 증파된 4만 명의 청군은 대부분 부랑자들을 급속히 모은 오합지졸이었다. 요강을 모으고 주민들이 부랑자 출신 청군의 약탈에 분개해 습격하는 일까지 빚어진데서 알 수 있듯이 싸움은 이미 끝난 것이나 다름없었다.

빅토리아 여왕의 생일이 5월 24일이 되자 영국군이 광주성 서쪽에 잇는 13항가에 상륙했다. 니성泥城에서 사방四方 포대로 진격한 영국군은 곧 광주성을 포위할 태세를 갖췄다. 이때 삼원리三元里 일대의 백성 2만 명이 평영단平英團을 구성해 마드라스 제37보병단의 영국군 1천 명을 포위하는 일이 빚어졌다. 영국군은 포위를 풀지 않으면 600만 달러의 배상금을 주민들에게 물리겠다고 협박했다. 광주지부 여보순余保純이 크게 놀라 혁산을 부추겼다. 5월 27일 마침내 광주성에 백기가 내걸리고 '광동화약廣東和約'이 체결되었다. 5월 30일에 도찰원어사 조리태曹履泰가 이들을 탄핵하는 등 조정 분위기가 급격히 악화했다.

이때 전권대사 엘리엇 소장과 그의 사촌동생인 전권부사 엘리엇 대령 사이에 갈등이 생겼다. 청국에 대한 응징을 주장한 엘리엇 소장이 이해 11월 말에 병을 이유로 귀국했다. 이듬해인 도광 21년(1841) 8월 11일에 후임 특명 전권대사 헨리 포틴저가 광동에 도착했다. 특명전권대사의 경질은 엘리엇 노선의 부정을 뜻하는 것이었다. 곧이어 엘리엇 대령도 월권행위를 저질렀다는 이유로 파면되었다. 포틴저는 이내 함대를 이끌고 동북쪽으로 항진했다. 도중에 아모이를 공격해 10일간 점령했다가 다시 북상해 주산열도에 이르렀다.

다음 목표는 주산열도 대안에 있는 진해鎭海였다. 진해에는 몽골족의 맹장 유겸裕謙이 양강총독 겸 흠차대신으로 있었다. 유겸은 진해가 맥없이 함몰되자 성 밖의 학궁學宮 연못에 투신했다가 구출되어 들것에 실려 패주하던 중 숨을 거두었다. 영국군은 여세를 몰아 영파寧波를 함락시켰다. 제독 여보운余步雲은 성을 버리고 도주했다가 사형에 처해졌다. 광주성에 백기를 내걸어 싸우지도 않고 패한 혁산은 황족인 까닭에 책임을 면했다.

영국군은 진해와 영파의 두 거점을 점령한 여세를 몰아 사포乍浦를 쉽게 점령했다. 5일간 점령 기간 중 온갖 만행이 빚어졌다. 영국군은 오송吳淞으로 목표를 바꿨다. 이곳에는 '정도지란' 때부터 해군에 몸을 담아온 제독 진화성陳化成이 지키고 있었다. 그러나 청군의 구식 무기로는 영국의 함대를 당해낼 수 없었다. 그는 결국 전사했다. 양강총독 우감牛鑑이 패잔병을 수습해 후퇴하자 영국 함대는 장강을 거슬러 올라가 마침내 진강鎭江에 다다랐다. 경구京口로도 불린 이곳은 북쪽과 연결되는 대운하의 기점으로 남경의 출입구에 해당했다.

진강을 제압하면 장강뿐만 아니라 남북의 운하까지 제압할 수 있다. 영국군은 진강을 7천의 병력으로 공격했다. 이곳에는 만주기영滿洲旗營의 기병 1,200명과 청주병靑州兵 200명밖에 없었다. 격렬한 싸움으로 이곳은 아비규환의 지옥으로 변했다. 당초 부도통 해령海齡은 영국군의 침공이 있기 전에 내부를 청소한다는 명목으로 승려와 도사, 거지, 부랑자 등을 대거 체포해 참살했다. 주방기병은 거의 옥쇄했고 청주병도 절반이 죽었다. 해령은 집에 불을 지르고 스스로 목을 베어 자진했다.

상황이 심각하게 전개되자 양강총독 우감 등은 곧 조정에 영국군이 이내 천진으로 향할 것 같다는 내용의 보고를 올렸다. 전비가 엄청나게 늘어나고 있는 상황에 영국군이 북상한다는 소식을 접한 도광제도 결심하지 않을 수 없었다. 그가 마침내 상유를 내렸다.

"짐이 어찌 연해의 신민을 보호하기 위해 외이를 회유할 방책을 생각지 않겠는가."

도광 22년(1842) 8월 29일에 남경에 정박한 영국 군함 콘월리스 호에서 '남경조약'이 조인되었다.[15] 영국 측 특명전권대사는 헨리 포틴저, 청국 측은 종실의 일원인 기영耆英과 사포의 부도통 이리포伊里布였다. 기영은 공부상서와 호부상서를 역임하고 아편전쟁이 일어나자 광주장군 겸 흠차대신으로 제수되었다. 그는 진강이 함락된 직후 조정에 강화책을 상주했다. 전임 양강총독 이리포는 엘리엇과 주산열도 반환 등을 교섭한 바 있었다. '남경조약'의 체결로 마침내 공홍은 폐지되고, 영국 상인은 청국의 누구와도 자유롭게 거래할 수 있게 되었다. 이로써 천조를 자처한 청국은 그 밖의 나라를 외번外藩, 조공국朝貢國, 만이蠻夷 등

15 '남경조약'은 모두 14개조로 이뤄져 있었다. 홍콩의 할양, 배상금 지불, 공홍 폐지, 관세제한 등이 골자였다. 이듬해 6월 비준이 이뤄진 후 광동 호문에서 추가조약이 덧붙여졌다. 남경조약은 '강녕조약江寧條約'으로도 불린다. '강녕'은 당시 남경의 공식 명칭이었다.

으로 낮춰보는 기존 인식의 일대 전환을 강요받게 되었다.

당초 미국은 도광 24년(1844)에 전권위원 커싱을 파견해 마카오 교외의 망하望廈에서 청국과 수교조약을 맺었다. 양국은 민사상 분쟁이 빚어질 경우 중미 양국 관헌의 합동 심의 후에 처벌만은 피고의 소속 국가에 맡기고, 형사사건일 때는 재판과 처벌 모두 피고의 소속 국가에 따른다고 합의했다. 형사사건에서는 일종의 치외법권을 인정한 셈이다. 이는 민사와 형사 사건을 불문하고 중영 양국 관헌의 심의 후에 처벌만은 피고의 소속 국가에 맡기기로 한 '남경조약'보다 후퇴한 것이다. 망하조약은 아편 등의 불법무역을 하는 미국시민은 보호하지 않는다는 단서 조항이 덧붙이기는 했으나 아무 효력이 없었다. 미국 상인 역시 영국 상인과 마찬가지로 아편무역에 대거 종사하며 막대한 이익을 챙겼다. '남경조약' 체결 이후 아편무역에 대한 법적 제재는 사실상 사라지고 만 셈이다.

망하조약을 체결한 지 3달 뒤 프랑스가 광동의 황포黃埔에서 맺은 통상조약은 훨씬 악성이었다. 프랑스인은 청국이 법률로 명하는 어떤 의무도 지지 않는다는 이른바 '최혜국민最惠國民 대우조항'이 삽입되어 있었다. 이를 계기로 프랑스인 이외의 여타 외국인도 이 혜택을 누릴 수 있게 되었다. 청국 체류 외국인이 납세의무를 완전히 면제받게 된 것은 여기서 비롯되었다.

이처럼 서구 열강이 아편전쟁을 계기로 남경조약과 망하조약, 황포조약을 차례로 맺으면서 청국의 사대부들 내에는 자칫 왕조가 망할 수도 있다는 위기의식이 팽배하기 시작했다. 열강이 서로 청국 내에서 유리한 입장을 취하기 위해 격렬히 다툰 결과였다. 청국이 졸지에 열강의 반식민지로 전락케 된 단초는 결과적으로 도광제가 연 셈이다.

광동무역체제의 문제점과 서구 열강의 침탈 행보

당초 서양의 중국 진출은 매우 오래 되었지만 무역을 통해 긴밀한 관계를 수립한 것은 청대 중엽의 일이다. 네덜란드와 영국, 프랑스 등이 가장 적극적이었고, 아편전쟁 당시에는 신흥 미국도 이런 흐름에 적극 가세했다. 이들의 목적은 일차적으로 무역이었다. 청조도 대체로 17세기 말에 내부 혼란이 극복된 까닭에 비교적 개방적인 태도를 취했으나 모든 항구에 무역을 허용한 것은 아니었다. 대외무역의 필요성은 인정하고 있었으나, 명조부흥을 꾀하는 한족의 봉기가능성을 염두에 두어야만 했다. 무역보다 국방이 우선이었던 셈이다. 나아가 전통적으로 대외무역은 조공무역의 형식을 띠었던 까닭에 서양 각국의 개항 요구를 무턱대고 들어줄 수도 없었다. 광동의 성도였던 광주가 서양과 무역을 할 수 있는 항구로 지정된 것은 건륭 22년(1757)의 일이었다. 이를 통상 '광동무역체제'로 부른다.

서양 상인들은 광주에서 겨울을 지낼 수도, 시내를 마음대로 다닐 수도, 관료를 만날 수도 없는 등 많은 제한이 있었음에도 중국에서 생산되는 차와 생사의 교역이익이 너무 큰 까닭에 이를 좇을 수밖에 없었다. 이로 인해 무역량은 해마다 늘어났다. 영국은 대중무역에 가장 적극적으로 나선 까닭에 18세기 말에 이르러 다른 나라를 제치고 대중무역을 주도할 수 있었다. 건륭 55년(1790) 당시 광주에 기항한 영국의 선박은 46척, 29,000톤에 달한데 반해 2순위인 미국은 겨우 6척, 2,000톤에 불과했다. 영국이 대중무역에 얼마나 큰 비중을 두고 있었는지 쉽게 짐작할 수 있다.

청조는 광주를 통한 대외무역의 번성이 재정과 국내경제에 얼마나 큰 도움을 주고 있는지 익히 알고 있었다. 책임자인 '월해관감독'을 황제의 측근으로 임명한 사실이 이를 뒷받침한다. 당시 영국의 대중무역 적자는 막대했다. 인도 주재 동인도회사는 유럽인들이 애호한 중국의 차와 생사, 면포 등을 수입한 반면 아열대 기후의 중국인들이 전혀 필요로 하지 않은 모직물과 일부의 사치품을 수출하였다. 결제할 때마다 멕시코와 일본 등과의 교역을 통해 얻어낸 막대한 양의 은을 청국에 지불하지 않으면 안 되었다. '광동무역체제'는 이를 영국의 만성적인 적자를 고착화하는 기제로 작용했다.

18세기 말에 이르러 동인도회사뿐만 아니라 독립적인 지방 상인과 개인 상인들이 대중무역에 뛰어 들면서 자유무역의 실현을 위해 '광동무역체제'를 철폐토록 해야 한다는 목소리가 더욱 높아졌다. 영국이 건륭 57년(1792)에 매카트니를 사절로 보낸 것을 시작으로 이후 몇 차례에 걸쳐 무역개방을 강력히 요구한 배경이 여기에 있다. 그러나 '천조'를 자처한 청국이 이를 들어줄 리 만무했다.

결국 동인도회사와 지방 상인들은 무역적자를 메우기 위한 대체상품의 발굴에 골몰하다가 마침내 인도에서 생산되는 아편에 주목했다. 중국인들이 아편을 피운 것은 이미 청대 이전부터 있던 일이었다. 아열대 지역에서는 말라리아 치료제로 이를 상용했다. 그러나 중국에서 아편 흡식이 커다란 문제로 등장한 것은 영국 상인이 아편을 대량 밀거래하는 19세기 이후의 일이다.

아편흡식 인구의 기하급수적 증가로 은이 대량 유출되자 재정이 부실해지는 동시에 폭발적인 증세효과로 인한 민심이반 현상이 나타났다. 청조로서는 결단을 내리지 않을 수 없었다. 청조의 누차에 걸친 금지령에도 부룩하고 영국 상인과 중국 측 협력자들의 부도덕한 탐리貪利

행위는 전혀 수그러들 기미를 보이지 않았다. 도광제가 가장 강력한 '엄금론'을 펼친 임칙서를 흠차대신에 임명해 아편의 근절을 꾀한 것은 당연했다.

문제는 이후의 조치였다. 영국이 전쟁을 선포한 뒤 최신 장비를 갖춘 함대를 파견했으나 청조가 임칙서의 승전을 계기로 여타 지역도 광동처럼 방비를 튼튼히 하는 등 제대로 대응했다면 결코 패할 리 없었다. 더구나 광주 부근의 삼원리에서는 신사와 촌민들이 '평영단'을 조직해 영국군을 궤멸직전까지 몰아갔고, 다른 지역에서도 지역민들이 자발적으로 일어나 침략군에 맞섰다. 당시 영국 함대가 보유한 무력은 청국보다 크게 나을 것도 없었다. 그럼에도 청국은 영국 함대가 주산열도를 점령한 뒤 천진 쪽으로 북상하자 지레 겁을 먹고 '남경조약'을 맺고 만 것이다.

'남경조약'은 외견상 청국이 외국과 맺은 근대조약처럼 보이나 사실은 불평등조약이었다. 영국인들은 개항장에서 치외법권을 가진 채 자유롭게 활동할 수 있었다. 청국은 문제가 된 아편무역조차 제한할 수 없는 처지에서 관세자주권마저 상실한 것이다. '남경조약'은 이후 미국 및 프랑스와 맺은 망하조약과 황포조약의 기본이 되었다. 이후 무력을 동원한 서구열강의 식민지 약탈 방식이 대중국정책의 기조가 된 배경이 여기에 있었다.

영국을 비롯한 서구 열강이 '남경조약' 체결 이후 잇달아 무력행사를 통해 청국을 반식민지 상태로 몰아간 것도 임칙서의 승전을 제대로 관리하지 못하는 청조의 무력한 대응을 간취한 후과로 보아야 한다. 실제로 당시 영국은 '남경조약' 이후에도 자신들이 생각한 것처럼 자국의 상품수출이 증대되지 않자 당황한 나머지 또 다른 간계를 생각해냈다.

다른 서구 열강과 손을 잡고 북경에 외교공관이 개설되지 않고, 선교활동의 자유도 보장되지 않는다는 등의 이유를 내세워 조약 개정을 꾀한 게 그것이다.

빌미는 함풍 6년(1856)에 빚어진 이른바 '애로우호 사건'이 제공했다. 당시 중국관헌은 홍콩에 등록된 중국인 소유의 애로우호가 아편과 해적을 은신하고 있다는 혐의를 잡고 이를 합법적으로 수색했다. 영국은 이때 자국의 국기가 훼손했다는 억지주장을 펴며 이내 프랑스와 손잡고 광주를 공격했다. 이른바 제2차 아편전쟁이 벌어진 것이다.

이번 전쟁은 전보다 격심했다. 영불 양국은 천진을 공격해 점령한 후 평등외교 실현, 포교 자유, 북부 항구 개항 등이 담겨있는 천진조약을 체결하였다. 조약의 비준과정이 여의치 않자 영불은 다시 함풍제가 머무는 북경을 공격했다. 그 결과 함풍 10년(1860)에 천진조약의 비준과 더불어 천진의 개항,구룡반도 할양 등을 골자로 한 '북경조약'을 체결하였다. 이때 남하하던 러시아도 중재자를 자처해 흑룡강 이북의 영토와 연해주 일대를 할양받았다.

제1-2차 아편전쟁은 무역의 확대와 개방 요구를 구실로 한 군사적 침략전쟁에 지나지 않은 셈이다. 중국 측에 일방적으로 불평등한 조약을 강요해 영토를 할양케 만든 게 그 증거이다. 중국이 아편전쟁을 치욕스럽게 생각하는 이유가 여기에 있다. 청조가 초기의 작은 승리에 자만한 나머지 후비後備를 역설한 임칙서의 건의를 무시한 채 그를 면직하고, 시종 임시방편으로 대처한 후과로 해석할 수밖에 없다.

양무운동의 효시

임칙서는 영국군이 빅토리아 여왕의 생일을 기점으로 대대적인 공세를 가하는 도광 21년(1841) 여름에 신강으로 유배를 떠나게 되었다. 신강은 건륭제 때의 군사 정복 이후 중죄인의 유형지로 활용되고 있었다. 당시 그는 투병 중이었다. 그는 면직된 후 북경에서 대기 중일 때 황하의 치수에 공을 세운 바 있었다. 일부 관료들이 황제에게 유형을 면해주기를 요구하였으나 도광제는 이를 일축했다.

"신강성 일리伊犁로 가 힘을 다해 죄를 씻도록 하라."

일설에는 이에 그의 자식들이 크게 반발하자 이같이 달랬다고 한다.

"국익에 조금이라도 도움이 된다면, 어찌 화복禍福 때문에 가고 안 가고를 따지겠는가."

두 아들은 일리까지 부친을 호위하였다. 그는 도광 22년(1842) 8월에 서안을 출발하여 그해 11월 초순에 일리 장군부將軍府가 있는 혜원성에 도착했다. 현재 일리 자치주의 주도인 이녕伊寧 부근에 있는 혜원성은 청군이 서역을 점령한 직후인 1760년대 초에 점령지의 통치를 위해 쌓은 성으로 당시 신강 북쪽의 준가르부와 남쪽의 회부 중심지에 있었다. 신강의 중심지라고 할 만한 곳이다.

그가 남긴 일기에 따르면 그는 서안과 난주를 거쳐 무위, 장액, 주천, 하미를 지나 무루하木壘河 등을 거쳐 우루무치에 도착하였다. 하미 이후의 길은 하미에서 약간 북향한 다음 곧바로 서향하여 우루무치에 이르는 직선도로이다. 현재 철로 이용자들은 투르판을 거쳐 가기 때문에 목루하 쪽으로는 갈 수가 없다. 당시 그가 들렀던 곳의 현지 관료들은 그를 잘 대접하였다. 그러나 그는 길거리에서 국수나 죽을 먹고 신강 북부의 찬바람을 맞으며 가야만 했다. 마차를 탔다고는 하나 종종 바퀴가 부러지고 빠지는 통에 커다란 어려움을 겪었다. 저녁에는 몸을 쉬는 것조차 마땅치 않았다. 그러나 그는 힘든 여정 속에서도 끝없이 관찰하고 기록했다.

그는 자신이 거쳐 간 각 지역의 산천과 호구, 방어 상태, 관아, 농사, 빈부 문제 등을 빠짐없이 기록해 놓았다. 하천이 말랐는가, 경관의 특색은 무엇인가에 대해서도 관심을 기울였다. 또한 11월 5일자 기록에서 오늘날 유명관광지이기도 한 사이림 호수를 이같이 기록해 놓았다.

"사면이 산으로 둘러싸인 큰 호수가 있다. 옛사람이 말한 사이림노르賽里木諾爾가 바로 이것이다. 동서로 약 10리, 남북으로 약 20리 달할 정도로 크다. 토인土人에 의하면 호수 중에 청양靑羊과 같은 신물神物이 있다고 하지만, 보지는 못했다고 한다. 물도 마실 수 없고, 마시면 수족이 나른해진다고 한다. 이는 빙하가 녹은 물의 찬 기운 때문일 것이다."

그는 현재 '중앙아시아의 스위스'로 불리는 키르키즈스탄의 마나스에 대해서도 '토지가 비옥하여 쌀을 생산하며 각지에 팔고, 인물이 많아 난주蘭州에 뒤지지 않는다.'고 썼다. 당시에는 현재의 카자흐스탄과 키르키즈스탄 등의 땅도 신강성에 포함돼 있었다.

당시 그는 신강성 일대의 모든 것을 기록하기 위해 현지를 직접 찾아다니며 끊임없이 현지인에게 물었다. 말할 것도 없이 국경을 튼튼히 하고 개발을 촉진키 위한 것이었다. 실제로 그는 일리 지방에서 농지개간에 힘을 쏟아 많은 경작지를 확보했다. 원래 농사가 발달한 복건 출신인 그는 농업개혁에 커다란 성과를 거둔 관료였다. 특히 조생종 벼의 개발에 힘을 썼다.[16]

그러나 그는 단순한 개척자가 아니었다. 그는 신강과 가까웠던 러시아에 대한 위험을 간파하고 자신의 저서 등을 통해 후학들에게 장차 청조의 최대 위협은 영국이 아닌 러시아가 될 것이라는 주장을 폈다. 광동에서 해양세력의 상징인 영국을 상대했던 그를 양무자강파 중에서도 해상방어를 중시하는 해방파海防派가 아닌 육상방어를 중시한 새방파塞防派로 분류하는 이유가 여기에 있다. 이는 그가 아편전쟁을 통해 영국의 관심이 통상의 이익에 있다는 사실을 알아낸 결과였다. 그는 신강에 유배 가 있는 동안 러시아의 남진은 영국과 달리 영토에 대한 야심에서 비롯된 것을 확인했다. 그의 이런 판단은 정확한 것이었다.

당시 청조는 홍콩 등 일부 영토를 잃었으나 서구 열강의 침공이 계속되라고는 생각지 않았다. 남경조약을 '만년화약萬年和約'으로 부른 사실이 이를 뒷받침한다. 당시까지만 해도 청조는 커다란 위기의식을 느끼지 못했던 것이다. 그러나 임칙서의 경우는 달랐다. 그는 필사적으로 구미에 대한 정보를 모았다. 세계지리와 역사책 등을 번역했고 실각한 후에는 친한 친구인 위원에게 이 과업을 넘겼다. 이를 근거로 위원은 『해국도지』를 썼다. 초판은 아편전쟁이 끝난 직후에 나왔다.

증국번은 도광 25년(1845)에 유배가 풀려 상경하게 되었다. 2년 뒤인 도광 27년(1847)에 운귀雲貴 총독을 역임하던 중 건강상의 이유로 고향인 복건성으로 돌아와 요양케 되었다. 도광 29년(1849) 말에 태평

16 일찍이 공자진도 「서역에 행성行省을 두어야 함을 논함」이란 글에서 유사한 주장을 한 바 있다. 서역에 성省을 두면 20여년 후에 만 배의 이익을 가져다 줄 것이라는 게 요지였다. 선남시사 회원인 임칙서와 공자진, 위원 등 3인은 19세기 전반기의 '개혁 3인방'으로 불린 이유이다. 임칙서는 공자진 및 위원과 달리 일리에 부임해 이 지역을 농사에 적합토록 개간한 덕분에 오늘날까지 신강 개척의 공로자로 추앙받고 있다.

천국의 난이 일어나자 이듬해 초에 흠차대신에 제수되었다. 그는 조정의 명을 어길 수 없어 노구를 이끌고 현지로 가던 중 이내 병사하고 말았다. 아편추방의 선봉에 섰던 그는 결과적으로 어느 것 하나 제대로 해결하지 못한 채 한 많은 세상을 등진 셈이다.

그러나 그가 남긴 영향은 지대했다. 그의 사후 증국번을 비롯한 수많은 한족 관원들이 청조 역사의 전면에 부상하기 시작했다. 부국강병을 꿈꾸던 그의 치열한 개혁 정신은 강유위 등 변법자강파로 이어졌다. 그는 훗날 침략에 대한 저항, 반제국주의의 선구자라는 이미지가 강조되면서 중국 근대사의 효시로 불리게 되었다. 특히 1990년대에 들어와 그의 애국사상은 크게 부각되어 역사교육의 표상이 되었다.

당초 그는 무역감독관 엘리엇이 본국에 군대 파견을 요청할 당시 빅토리아 여왕에게 아편무역을 중지할 것을 요구하고 영국 상인의 처벌에 대한 이해를 구하는 편지를 보내려 시도한 바 있다. 이는 그가 바텔의 『국제법』을 입수한 뒤 미국인 선교사 파커의 번역을 통해 국제법과 세계정세에 그만큼 밝았던 사실과 무관치 않았을 것이다. 아편추방에 앞장 선 그의 행보는 인도적인 측면은 말할 것도 없고 법적으로도 정정당당했다. 그러나 침략적 제국주의에 통할 리가 없었다. 그의 불행은 청조의 불행이기도 했다.

당시 영국과 맺은 최초의 불평등조약인 '남경조약'에는 아편무역에 대해 언급이 전혀 없었으나 영국의 아편무역은 이 조약의 체결을 계기로 비공식적 합법화가 이루어진 것이나 다름없었다. 이후 아편무역이 더욱 기승을 부려 청조를 막다른 골목으로 몰아넣은 사실이 이를 뒷받침한다. 밀무역 때와는 비교할 수 없을 정도로 아편무역이 급증함에 따라 청조의 기본화폐인 은이 대거 유출돼 은값이 천정부지로 치솟았다.

- 양국은 평화, 친목을 유지하며 상호간 재산·생명의 보호를 받는다.
- 청나라와 영국 두 나라 관리는 대등한 자격으로 교섭을 한다.
- 홍콩 섬을 영국에 할양한다.
- 광저우(廣州), 샤먼(廈門), 푸저우(福州), 닝보(寧波), 상하이(上海) 등 다섯 개 항구를 개항한다.
- 개항장에 영국인 가족의 거주를 허가하고, 영사(領事)를 설치한다.
- 전비배상금(戰費賠償金)으로 1,200만 달러와, 몰수당한 아편의 보상금으로 600만 달러를 영국에 지불한다.
- 행상(行商) 즉, 공행(公行)과 같은 독점상인을 폐지한다.
- 수출입 상품에 대한 관세율은 양국이 협의하여 결정한다.

남경조약(1842년 8월 29일) 주요내용

이 와중에 죽어나는 것은 은 시세를 기준해 동전으로 세금을 내던 일반 백성들뿐이었다. 은본위제가 일종의 전황錢荒으로 인해 일거에 무너짐에 따라 청조의 재정은 파탄이 나고 백성들 역시 치솟은 증세를 부담할 길이 없어 거리로 내몰리게 되었다. 이전의 왕조가 늘 그러했듯이 그 다음의 순서는 민란밖에 없었다. 아편전쟁의 후과로 볼 수밖에 없다.

현재 아편전쟁의 성격과 관련해 학계의 견해는 크게 엇갈리고 있다. 하나는 중국의 구질서를 파괴하고 새로운 질서를 만드는데 크게 기여하였으므로 이때부터 중국 근대화가 시작되었다고 보는 '외변설外變說'이다. 이는 아편전쟁을 잠자는 동양에 대한 서양의 충격으로 간주하는 문명사적 관점에 입각해 있다. 서양 학자들이 대개 이런 입장에 서 있다.

이와 정반대로 중국 내에서는 그 이전부터 있어 온 변화를 가속화시킨 계기로 작용했다고 보는 '내변설內變說'이 주류를 이루고 있다. 이는 '외변설'이 중국사의 자체적인 발전과정을 무시하면서 외적 요인을 지나치게 부각시키고 있다는 비판에서 비롯된 것이다. 최근 중국의 전통사회가 자체적으로 발전해 왔고, 아편전쟁을 계기로 급격히 일기 시작한 인민들의 아래로부터의 변혁요구와 국가에 의해 추진 된 일련의 자강운동을 근대화로 보아야 한다는 '내변설'이 설득력을 얻고 있다. '내변설'을 주장하는 사람들은 '아편전쟁'에 이은 '태평천국의 난'을 근대화를 향한 구체적인 내부 움직임으로 파악하면서 1919년의 5·4운동부터 근대사와 구별되는 현대사가 시작된다고 보고 있다.

광서에서 낙방거사 홍수전이 세상을 바꾸겠다는 취지로 반기를 든 '태평천국의 난'이 일어났을 때 임칙서가 이를 진압하러 가던 중 병사한 것은 크게 2가지 의미를 지니고 있다. 하나는 서구 열강에 의해 저질러진 아편전쟁이 아직 끝나지 않았음을 뜻했다. 실제로 영국을 위시한 서구 열강은 '태평천국의 난'을 기화로 제2차 아편전쟁을 일으켜 청조를 더욱 궁지로 몰아넣었다. 다른 하나는 자강정신을 일깨워준 점이다. 실제로 그의 사후 증국번과 이홍장 등 양무자강파 관원들은 '태평천국의 난'을 진압하는 와중에 서양의 앞선 과학기술을 받아들이기 위해 혼신의 노력을 기울였다. 이들이 그를 대신해 위원이 저술한 『해국도지』를 비롯해 그의 수많은 유작을 통해 이른바 '중체서용中體西用'에 입각한 그의 자강정신을 깊이 흡입한 것은 말할 것도 없다.

제2절
증국번曾國藩 –
태평천국을 평정해 나라를 구하다

증국번(曾國藩)

'한간'에서 '성상'으로의 변신

지난 2008년의 북경올림픽을 전후해 《인민일보》는 '역사상의 오늘'이라는 코너에서 증국번을 중국의 전 역사를 통틀어 가장 영향력이 있는 인물 중 한 사람으로 선정한 바 있다. 중국의 수뇌부도 증국번을 중국의 전통문화가 낳은 위대한 근대인물로 집중 부각시키고 있다. 일각에서 그를 현상賢相의 상징으로 숭앙되는 삼국시대의 제갈량보다 훨씬 뛰어난 재상으로 평가하며 그보다 한 단계 위인 '성상聖相' 즉 성인에 가까운 재상으로 극찬하고 있는 것도 이런 분위기와 무관치 않을 것이다.

사실 증국번은 득인술 및 용인술에서 제갈량보다 한 수 위였다. 제갈량은 북벌을 위해 기산으로 6번 출격하는 이른바 '6출기산'을 행하며 대소사를 모두 직접 해결했다. 이같이 해서는 전체 국면을 돌보기 힘들다. 바로 사람을 기용하는데 지나치게 각박했기 때문이다. 증국번은 막료와 형제들에게 이같이 훈계했다.

"무릇 한 가지라도 재주가 있는 자는 절대로 경시해서는 안 된다. 인재는 구하기 힘드니 작은 결함으로 인해 인재를 잃지 않도록 해야 한다."

'읍참마속'은 단 한 번의 실수조차 포용치 못하는 제갈량의 협량狹量을 드러낸 것이다. 제갈량은 지혜롭고 계책이 많은 사람이었으나 사람을 대할 때는 유달리 소심했다. 매사에 완벽한 사람을 원한 탓이다. 실례로 제갈량은 위연이 뛰어난 재능을 지니고 있었음에도 불구하고 시종 그를 기용하면서 신뢰하지 않았다. 그가 죽게 되었을 때 촉한에 장수가 적고 인재가 모자란 것도 이와 무관치 않았다. 이는 그의 과실이다.

그러나 증국번은 단 한 가지라도 재주가 있는 인재를 아꼈다. 이는 조조의 용인술을 흉내 낸 것이다. 증국번은 훗날 주변 사람들에게 자신을 누구와 비교할 수 있겠는지를 물은 적이 있다. 여러 얘기가 나왔으나 그가 생각한 답은 나오지 않았다. 그가 말했다.

"모두 아니다. 나는 평생 조조를 배우고자 했다. 그러나 그러하지 못했다."

그가 수많은 인재를 발굴한 뒤 적재적소에 배치해 역량을 최대한 발휘토록 유도할 수 있었던 비결이 여기에 있다. '유재시거唯才是擧'가 바로 그 요체이다. 이이제이以夷制夷의 계책을 구사한 이홍장과 태평천국의 난을 평정하는데 큰 기여를 한 좌종당은 그가 발탁한 수많은 인물들 중 군계일학群鷄一鶴과 같은 존재들이었다. 일세를 풍미한 이홍장과 좌종당이 그의 휘하에서 나온 것을 결코 우연으로 치부할 수 없다.

그러나 지난 세기 말까지만 해도 그를 두고 선량한 인민을 도살한 한민족의 반역자인 이른바 '한간漢奸'으로 매도하는 견해가 대종을 이뤘다. 이민족인 만주족 정부에 충성하며 중국 역사상 최고 수준의 농민 운동으로 평가받는 태평천국을 탄압했다는 게 그 이유였다. 당시 증국번에 대한 이런 혹평은 태평천국을 세운 홍수전에 대한 극찬과 대조를 이루는 것이었다. 실제로 문화대혁명 때만 해도 이것이 당의 공식 입장이었다. 공자를 봉건반동의 원흉으로 삼은 것에 비유할 만한 일이었다. 역사적 사실에 대한 이데올로기적 해석이 빚어낸 왜곡이 아닐 수 없다.

그렇다면 중국은 왜 지금 증국번에 이토록 열광하는 것일까? 전문가들은 초고속 경제성장으로 자신감을 되찾은 중국이 21세기 동북아 시대를 맞아 새로운 중화질서를 구축하는 과정에서 바람직한 국가경영 리더십의 표상으로 그를 주목한 결과로 보고 있다. 공자의 부활과 유사한 현상으로 파악하고 있는 것이다.

그러나 이미 오래전부터 난세를 타개하는 증국번의 탁월한 경세지략經世之略에 경복한 인물이 적지 않았다. 대표적인 인물로 1920년대에 북벌을 성사시킨 장개석을 들 수 있다. 그는 평소 증국번의 서간집인 『증문공가서曾文公家書』를 탐독하며 천하통일의 대업을 꿈꿨다. 그는 늘 좌우에 이같이 말하곤 했다.

"천지의 정기를 배양하고, 고금의 '완벽한 인물'을 본받아야 한다."

그가 말한 '완벽한 인물'은 바로 증국번을 지칭한 것이다. 증국번은 장개석의 사상적 스승이었다. 장개석이 12년간의 소련유학을 끝내고 귀국한 아들 장경국에게 일독을 권한 책이 바로 『맹자』와 『증문공가서』였

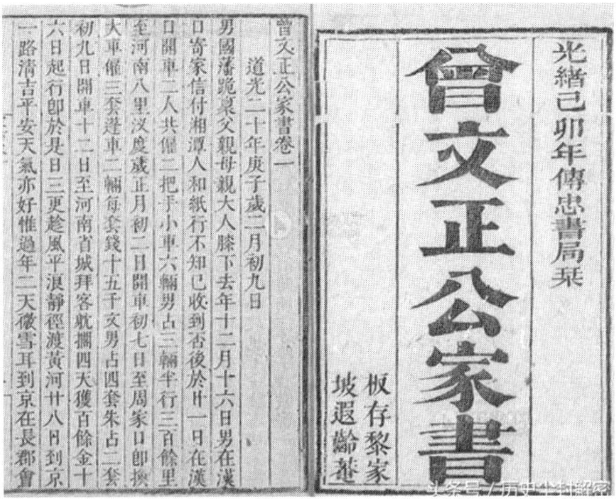

光緒己卯年傳忠書局栞

曾文正公家書

板存黎家坡退齡菴

曾文正公家書卷一

道光二十年庚子歲二月初九日

男國藩跪稟父親母親大人膝下去年十二月十六日男在漢口寄家信付湘潭人和紙行不知已收到否後於廿一日在漢口開車二人共僱二把手小車六輛男占三輛半行三百餘里至河南八里汊度歲正月初二日開車初七日至周家口即換大車僱三套頭車二輛每套錢十五千文男占四套朱占二套初九日開車十二日至河南省城拜客耽擱四天獲百餘金十六日起行即於是日三更趁風平浪靜徑渡黃河廿八日到京一路清吉平安天氣亦好惟過年二天微雪耳到京在長郡會

증문공가서 증국번의 서간집

다. 장개석은『증문공가서』를 발췌해 자신이 교장으로 재직했던 '황포黃埔 군관학교'의 교재로 쓰기도 했다.

모태동 역시 장개석 못지않게 증국번을 흠모했다. 그가 젊은 시절에 쓴 일기에 나오는 수많은 문구가 바로『증문공가서』에서 인용한 것이었다. 실제로 그는 생전에 증국번을 이같이 칭송한 바 있다.

"중국 역사상 큰 공을 세우거나 훌륭한 사상과 성품으로 후대에 큰 영향을 미친 사람은 많으나 이 2가지를 겸비한 사람은 오직 범중엄范仲淹과 증국번뿐이다. 나는 근대의 사람 중 오로지 증국번에게만 경복할 뿐이다."

범중엄은 북송 인종 때 서하西夏의 침공을 막아내고 내정개혁에 힘쓰다가 반대파의 탄압을 피해 지방관을 역임하다가 병사한 인물로 여러 면에서 증국번과 닮아 있다. 원래 장개석은 경서經書에 조예가 깊었다.

유가경전에 주석을 가하고 자신의 이름을 『역경』에서 강조하는 '중정中正'으로 정한 게 그 증거이다. 많은 사람들이 '중정'을 아호, '개석介石'을 이름으로 알고 있으나 오히려 정반대이다. 장개석은 평소 맹자를 숭상했던 증국번의 모습에서 일체감을 느꼈을 공산이 크다.

이에 반해 모택동은 사서에 조예가 깊었다. 그가 장정 때는 물론 죽을 때까지 사마광의 『자치통감』을 손에서 놓지 않은 사실이 이를 뒷받침한다. 그는 증국번이 자신과 동향인 호남성 출신일 뿐만 아니라 제자백가 및 역사에 해박했던 점에서 동질감을 느꼈을 공산이 크다. 장개석과 모택동의 증국번에 대한 이런 숭모는 만주족 타도를 기치로 내걸고 신해혁명을 성사시킨 손문이 평소 증국번과 대비되는 홍수전을 존경한 것과 극명한 대조를 이루고 있다.

증국번이 활약한 19세기 중엽은 내우외환으로 인해 참외를 깨듯 분할되는 과분瓜分의 위기감이 팽배한 난세의 격변기였다. 이는 서세동점西勢東漸으로 인한 외침위협이 고조된 가운데 관원들의 부정부패로 인한 민생파탄이 백성들의 대종을 이루고 있는 농민들의 반란을 부추긴 결과였다. 태평천국의 난이 그 실례이다. 이에 놀란 청조는 한인 관원을 적극 활용하기 시작했다. 이때 혜성처럼 등장한 인물이 바로 증국번이다.

당초 청조는 건국 초기에 빚어진 이른바 '삼번의 난'이 평정된 후 한인이 군사권을 맡는 것을 철저히 금기시해 왔다. 전쟁이 일어날 때마다 정벌을 나가는 통솔자는 대부분 만주 귀족들이 맡은 게 그 증거이다. 이처럼 만주 귀족이 병권을 장악하는 전통은 함풍 초까지 이어졌다. 제1차 아편전쟁 당시 이 원칙이 무너졌다. 청조가 임칙서를 흠차대신으로 임명하고 광동 수군을 통솔하게 한 게 그 실례이다. 그러나 이는 일시적인 조치에 지나지 않았다. 임칙서가 광동에서 군정대권을 잡은 지 10달이 안 돼 만주귀족 목창아와 기선에 의해 하야한 게 이를 뒷받침한다.

그러나 태평천국의 난은 상황이 달랐다. 증국번이 지휘하는 상군湘軍 등이 없었다면 결코 난을 평정할 길이 없었다. 당시 청나라 관군은 각종 부정부패로 이미 군기가 완전히 무너진 상태였다. 이들 모두 비적이 나타나면 도주하기에 바빴다. 대대적인 군제개혁이 절실히 필요했다. 증국번이 청조에서 한인으로서는 처음으로 직례총독 등의 최고위직의 자리에 오를 수 있었던 이유이가 여기에 있다. 상군이 급속히 세를 확장해 청국 내에서 가장 막강한 무장 세력으로 등장할 당시 적지 않은 사람들이 조만간 그가 새로운 황제로 등장할 것으로 보았다. 실제로 그의 주변에서는 수시로 그에게 보위에 오를 것을 용용했다. 그가 마음을 먹기만 하면 황포黃袍를 걸치고 등극하는 것이 불가능한 것도 아니었다. 그러나 증국번은 그리 생각지 않았다. 그는 부하들의 그런 진언에 전혀 미동도 하지 않고 끝까지 청국의 충신으로 남아 있었던 것이다.

충군애국의 길로 들어서다

원래 증국번은 강희제에서 건륭제까지 무려 130여 년 간 이어진 이른바 '강건성세康乾盛世'가 끝나고 내리막길로 접어들기 시작한 가경 16년(1811) 10월에 평범한 농군의 아들로 태어났다. 그의 고향은 호남성 상향현湘鄉縣에서 남쪽으로 120리가량 떨어진 박양평白楊坪 촌이었다.

그의 조상은 수백 년 동안 오직 농업에만 종사해온 지극히 평범한 백성이었던 까닭에 조상 중에 벼슬한 사람이 전무했다. 그러나 증국번의 조부인 증옥병曾玉屛 때에 와서 상황이 일변했다. 근면절약으로 어느 정도 부를 이룬 증옥병은 모든 농민들이 그러했듯이 장남인 증린서曾麟書를 관원으로 만들어 집안을 일으키고자 했다. 관원이 되기 위해서는 과거에 급제해야만 했다.

증린서는 부친의 염원을 이루기 위해 열심히 공부했으나 지역별 예비시험인 동생시童生試에서 매번 낙방했다. 그는 증국번이 14세 되던 해에 아들과 함께 장사로 나가 동생시를 치렀으나 함께 낙방하고 말았다.[17] 그러나 증국번은 16세가 되는 도광 6년(1826)에 동생시에 합격했다. 부친의 염원을 대신 이룬 셈이다.

그는 곧 3년에 한번 치러지는 향시에 대비해 창사 교외 소재의 악록서원岳麓書院으로 들어갔다. 이곳은 송대 때 4대 서원의 하나로 손꼽힌 유서 깊은 곳이었다. 성리학을 집대성한 주희도 한때 이곳에서 강설한 바 있다. 증국번이 맹자를 숭상하며 명대 이래 유행한 양명학 대신 성리학에 깊이 경도된 것도 이때의 경험과 무관치 않았을 것이다.

그러나 그는 결코 단순한 성리학자가 아니었다. 그는 학문적으로 실질을 숭상하는 이른바 동성파桐城派의 학맥을 계승했다.[18] 증국번이 동성파의 정맥을 있게 된 것은 그가 20세 이후 여러 명의 스승을 모시며 동성파의 학맥을 접한 사실과 무관치 않았다. 당시 그가 모신 선생

17 당시의 과거시험은 주현州縣 단위로 치러지는 동생시童生試와 성 단위로 치러지는 향시鄕試, 전국 단위로 북경에서 치러지는 회시會試 등 3단계로 이뤄졌다. 증린서가 매번 동생시를 치르는 사이 장남인 증국번을 비롯해 증국황曾國潢과 증국화曾國華, 증국전曾國荃, 증국보曾國葆 등 여러 명의 아들을 차례로 두었다. 증린서는 가숙家塾인 '이견재利見齋'를 열어 장남인 증국번을 입학시킨 뒤 계속 과거에 응시했다.

중 구양歐陽선생이 그와 뜻이 가장 잘 맞았다. 그의 부인은 구양선생의 딸이다. 그가 자신의 사부를 장인으로 맞게 된 데에는 사연이 있었다.

당초 구양선생은 제자인 증국번이 총명한데다 학문을 좋아하는 것을 보고 그의 팔자를 살펴보니 운세가 괜찮게 나왔다. 이에 그가 직접 중매에 나섰다. 상대는 주씨周氏 성을 가진 인근의 대부호 가문이었다. 주씨 집안에서도 혼인을 적극 수락해 마침내 길일을 택하고 사주를 교환하는 단계에 이르게 되었다. 증씨 집안은 크게 기뻐했다. 그러나 쌍방이 정한 길일에 문제가 발생했다. 증씨 집안의 손님은 모두 도착했는데도 주씨 집안에서는 한 사람이 오지 않은 것이다. 중매를 선 우양선생이 급히 사람을 주씨 집안으로 보내 사정을 알아보게 했다. 심부름을 갔다 온 사람이 보고했다.

"주씨 집안의 어른과 부인, 아가씨 등이 상의한 결과 아무래도 두 집안의 문벌이 서로 맞지 않고 남자가 아직 공명을 못 이룬 것을 이유로 아가씨가 결혼하지 않겠다고 하여 이내 없던 일로 하기로 했다고 합니다."

증씨 집안사람들이 모두 당황해 어찌할 바를 몰랐다. 주효酒肴도 모두 갖췄고 초청한 손님도 모두 와 있었다. 호랑이 등에 올라 타 '호미

18 '동성파'는 성리학을 바탕으로 하면서도 여타 학문에 대해 매우 관용적인 태도를 취한 까닭에 문체에서 실질적이면서도 간결한 격조를 숭상하고, 내용에서도 실용성이 담겨 있을 것을 주장했다. 증국번은 성리학에 바탕을 두면서도 제자백가는 물론 서학西學까지 수용하는 관용적인 자세를 취한 점에서 동성파의 정통 후계자에 해당한다. 그가 당대의 경세가로 우뚝 설 수 있는 바탕이 바로 이때 마련되었다. 신해혁명 이후 민국 시기에 이르기까지 동성파의 문체의 글이 크게 유행한 이유다.

난방虎尾難放'의 처지에 놓이게 된 구양선생이 곧 증국번 부자에게 제의했다.

"사정이 이리 되었으니 달리 방법이 없을 듯합니다. 우리 집안이 미천한 것을 꺼리지 않고, 청빈한 것을 꺼리지만 않는다면 우리 집에도 여식이 하나 있습니다. 글도 약간 알고 바느질과 자수 등도 할 줄 압니다. 단지 천연두를 앓아 용모가 좀 추하기는 합니다. 괜찮다면 우리 두 집안이 사돈을 맺는 게 어떻겠습니까?"

이로 인해 증국번은 스승의 딸과 결혼하게 되었다. 증국번은 결혼한 뒤 부친의 뒤를 이어 24세 때인 도광 14년(1834)에 향시에 급제해 거인擧人이 되었다. 이로 인해 그의 집안은 2년 연속 2대에 걸쳐 2명의 거인을 배출하는 지방 명문가로 부상했다.

그러나 그는 이듬해인 도광 15년(1835)에 치러진 회시에 낙방했다. 그는 황태후의 환갑을 기념해 이듬해에 열리는 은과恩科에 응시키 위해 북경의 장사회관長沙會館에 머물며 열심히 공부했다. 은과는 평생 만나기 힘든 기회였다. 그러나 그는 또다시 낙방하고 말았다. 실의에 빠진 그는 이내 고향으로 돌아온 뒤 두문불출하며 공부했다. 유가경전은 물론 『사기』까지 암송할 정도로 실력을 닦은 그는 마침내 28세 때인 도광 18년(1838)에 치러진 회시에서 38위로 급제했다. 그는 곧 천자가 주재하는 최종시험인 전시殿試에 응해 한림원의 서길사庶吉士에 제수되었다.[19]

19 전시는 회시 합격자의 순위를 가리기 위해 치러지는 시험이다. 전시합격자는 크게 3갑三甲으로 나뉘었다. 1갑의 영예는 오직 3명만이 차지했다. 수석은 장원壯元, 차석은 방안榜眼, 그 다음은 탐화探花였다. 이들은 곧바로 관직을 수여받았다. 장원은 유일한 국립대학인 한림원翰林院의 수찬修撰, 방안과 탐화는 한림원의 편수編修에 제수되었다. 이들만이 미래의 황제인 태자와 황

한림원의 서길사는 일시적인 관직에 지나지 않았다. 이들은 서상관庶常館에 머물며 학문을 닦은 뒤 3년 후 다시 수료시험을 치러야만 했다. 여기서 우수한 성적을 거둔 사람은 한림원 편수 내지 검토檢討 등에 임명되고 나머지는 중앙관청의 주사主事나 지방의 지현知縣에 임명되었다.[20] 그는 도광 20년(1840년에 치러진 서길사 수료시험에서 우수한 성적을 거둬 한림원 검토에 임명되었다. 이해 5월에 문득 제1차 아편전쟁이 발발했다. 2년 후 불평등조약인 남경조약을 맺는 것으로 마무리 되었으나 당시까지만 해도 천하의 중심을 자처한 청조는 이를 대수롭지 않게 생각했다. 증국번 역시 아편전쟁의 발발에 크게 개의치 않고 학업에 몰두했다. 이 와중에 그는 상소문을 올려 아편전쟁 후에 생긴 민생 피폐의 원인을 3가지로 요약했다.

첫째, '은가태앙銀價太昂·전량난납錢糧難納'이다. 은값이 너무 올라가면 동전으로 납부하는 세금은 실질적으로 많아져 이를 납후하지 못하는 사람이 증가한다. 세금을 체납하면 처벌을 받으므로 유민이 많아진다. 유민을 받아주는 곳은 비합법적인 집단밖에 없다.

둘째, '도적태중盜賊太衆·양민난안良民難安'이다. 도둑이 크게 늘어

자에게 경사서와 시부를 가르칠 수 있는 자격을 얻었다. 100여 명을 뽑는 2갑은 진사, 200여 명을 뽑는 3갑은 동진사同進士의 자격을 얻었다. 2갑과 3갑은 1갑과 달리 다시 자금성 내의 보화전에서 치러지는 이른바 조고朝考를 치러야만 했다. 조고의 시험과목 역시 전시와 마찬가지로 논論과 소疏, 시詩로 이뤄졌다. 당시 증국번은 성적이 좋지 않아 동진사同進士에 합격했다. 조고에서 도광제는 증국번의 답안지를 보고 3위에서 2위로 올려주었다.

20 증국번은 서길사에 제수된 후 자신의 이름을 '자성子城'에서 '국번國藩'으로 바꿨다. 나라의 번병藩屛이 되겠다는 취지로 개명한 것이다. 당시 그의 호는 척정滌正이었다. 세상을 깨끗이 씻어 바르게 만들겠다는 뜻이다. '국번'으로의 개명은 '척정'의 작호作號 취지를 다지기 위한 것으로 짐작된다. 그는 도광 29년(1839)에 장남이 태어나자 일기를 쓰기 시작했다. 이 작업은 그가 죽을 때까지 지속되었다.

나 치안이 불안해짐으로써 안심하고 생업에 종사할 수 없다. 생산의 약화로 생활고는 더욱 어려워지고 이는 악순환의 고리로 연결되어 사회불안을 가중시킬 수밖에 없다.

셋째, 원옥태다冤獄太多·민기난신民氣難伸이다. 도둑이 많아지니 당국은 치안을 유지하기 위해 엄벌주의로 나가고, 검거비율이 배당하면 자연히 억울한 죄로 끌려오는 사람이 많아진다. 당시 소송은 돈이면 해결되었다. 민중은 갈수록 정부를 불신할 수밖에 없다. 이 3가지 폐단이 해결되지 않으므로 모반이 일어나는 것도 무리가 아니다.

이때 그는 자신의 학문을 크게 확장하기 시작했다. 당시 증국번을 비롯한 많은 유학자들은 유가의 왕도 이념을 구현하기 위해서라도 시대의 격변에 적극 대응할 수 있는 실용적인 학문이 절실히 필요하다는 사실에 공감하고 있었다. 그러기 위해서는 폭넓은 지식이 필요했다. 이는 늘 마음을 비우지 않으면 불가능한 일이었다. 그가 자신의 서재 이름을 '가득 차는 것을 경계하고 모자람을 구하다'의 뜻인 '구궐재求闕齋'로 정한 이유이다. 실제로 그는 곤경에 처할 때마다 『맹자』「공손추 상」편에 나오는 다음 대목을 떠올리곤 했다.

"활을 쏘는 자는 먼저 자신의 몸을 바르게 한 뒤 화살을 쏜다. 설령 명중시키지 않았을지라도 자신을 이긴 자를 원망치 않고 자신을 돌이켜 반성할 뿐이다."

'자신에게 돌이켜 구하다'의 뜻인 '반구저기反求諸己'는 증국번이 자신을 수양키 위해 평생 금과옥조로 삼은 수양법이었다. 그가 『대학』의 신독愼獨과 『주역』의 자강불식自彊不息을 체화한 것도 같은 맥락에서 이해할 수 있다. '신독'은 남이 보지 않는 곳에서도 행동을 신중히 하는 것을 뜻하고, '자강불식'은 어떠한 어려움 앞에서도 때가 올 때가지 인

양무운동 19세기 후반, 청나라 말기에 관료들의 주도로 이루어졌던 군사중심의 근대화운동을 말한다. 유럽 근대기술의 도입으로 봉건체제를 유지, 보강하려 했던 청조의 자강운동이다.

내하며 쉬지 않고 노력한다는 뜻이다. 그는 바로 유가경전을 비롯한 전래의 고전에서 난세를 타개할 수 있는 치국평천하의 리더십을 찾아낸 셈이다. 이홍장을 비롯한 많은 인재들이 그의 문하로 몰려든 것은 바로 그의 이런 리더십에 공명한데 따른 것이다.

이는 그가 난세의 용인술을 통찰한 사실과 무관할 수 없다. 난세에는 '재才'를 중시할 수밖에 없으나 '덕德' 또한 무시할 수 없는 까닭에 '재덕'의 크기를 비교해 인재를 적재적소에 배치해야 소기의 성과를 거둘 수 있다는 게 그의 생각이었다. 재덕을 겸비한 완벽한 인재를 찾는 대신 전문적인 지식과 현실적인 재능을 지닌 인물을 찾고자 노력한 것은 바로 이 때문이다.

그가 중국 최초의 근대화운동인 양무운동을 창도하면서 '재덕병용'의 용인술을 구사한 현실적 배경이 바로 여기에 있었다. 이는 메이지유신의 사상적 비조인 요시다 쇼인吉田松陰의 주장과 맥을 같이 하는 것이다. 『맹자』를 중시했던 두 사람은 '덕'을 중시하는 맹자의 가르침을 토대로 '재'를 역설한 한비자 등 제자백가의 사상을 하나로 녹여 서세동점의 난세를 타개코자 한 점에서 완전히 일치하고 있었다.

증국번은 도광 22년(1842)에서 함풍 원년(1851)에 이르기까지 10년 동안 한림원 시강侍講, 시독侍讀, 국사관 협수協修 등을 지냈다.[21] 이들 관직은 실권은 없었으나 '청요직淸要職'으로 손꼽는 자리이다. 이후 그는 예부와 공부의 우시랑을 맡았으나 이 역시 한림원의 관직과 별다를 게 없었다. 이 기간 동안 그는 여러 관원들 중 남다른 모습을 보였다. 그는 누구보다 충성스러웠다. 남다른 담력과 식견을 황제에게 직접 직간도 서슴지 않았다. 이런 모습을 통해 그는 조야에 이름을 날리며 '청요직'에 앉아 있었던 것이다. 이는 그가 황제의 눈에 들 수 있는 비결을 알고 있었던 사실과 무관치 않았다. 요체는 몸과 마음을 다해 충성을 바치는 '진충盡忠'이었다.

21 증국번은 한림원 검토로 있으면서 시독 이하의 관원이 6~10년마다 치러야 하는 대고大考에 만전을 기해야만 했다. 대고에서 우수한 성적을 올리면 파격적인 발탁도 기대할 수 있으나 성적이 나쁘면 감봉에서 면직에 이르는 불이익을 당했기 때문이다. 증국번은 도광 23년(1843)에 치러진 대고에서 우수한 성적을 거둬 한림원 시강이 되었다. 시강은 황제나 황자에게 경서와 사서를 강설하는 매우 명예로운 직책이었다. 그는 도광 24년(1844) 말에 다시 시독으로 승진했다. 이듬해인 도광 25년(1845)에 이홍장이 그의 문하로 들어왔다. 당시 안휘성 합비현合肥縣 출신인 이홍장은 회시에 응시하기 위해 상경했다가 이내 증국번의 명성을 듣고 그의 제자가 되었다. 이는 증국번과 진사 동기생인 그의 부친이 자식을 친구인 증국번에게 부탁한데 따른 것이었다. 증국번은 도광 27년(1847)에 종2품의 내각학사 겸 예부시랑으로 승진했다. 이때 24세의 이홍장도 마침내 과거에 급제해 진사가 되었다. 이듬해인 도광 28년(1848)에는 동생 증국전도 과거에 급제했다. 그의 고향에서 형제의 급제를 축하하는 대대적인 잔치가 벌어진 것은 말할 것도 없다.

삶을 일변케 만든 태평천국의 난

도광 30년(1850) 정월 도광제가 세상을 떠나고 함풍제가 즉위했다. 내외적으로 복잡한 상황에서 등극한 함풍제는 나라를 곤경에서 벗어나게 할 방책을 구하는 조서를 하달했다. 당시 증국번은 예부시랑으로 있었다. 그가 볼 때 관리들의 부정부패는 극에 달해 있었다. 원래 그는 젊었을 때 그는 과거를 보기 위한 글공부에 빠져 당면한 정국에 대해 아는 바가 없었다. 그러나 제1차 아편전쟁 이후 태평천국의 난이 폭발하기까지 10년 동안 전국 각지에서 폭풍처럼 일어나는 반란상황은 그로 하여금 나라의 앞날을 고민케 만들 수밖에 없었다. 그는 내심 현실의 폐단을 시정하고 세상을 구원키로 결심했다. 그는 이해 4월 13일에 「응조진언소應詔陳言疏」를 올려 관원의 부패상에 통타를 가했다.

"중앙 관원에게 '비겁함'과 '사소함'이라는 두 가지 병폐가 있고, 지방의 관리에게는 '대충대충'과 '어리석음'의 두 병폐가 있습니다. '비겁함'은 백성의 원망은 신경 쓰지 않고 걸핏 하면 임금의 칙명을 요구하며 자신의 과실을 애써 외면하려는 것입니다. '사소함'은 지극히 이익에 집착하면서 큰 줄기는 보지 못하고 털끝같이 작은 것은 보면서 거대한 실체는 보지 못하는 것입니다. '대충대충'은 이쪽 살을 도려내 저쪽의 상처에 붙이는 식으로 대강대강 모면하려는 것입니다. '어리석음'은 속이 이미 썩은 줄 모르고 바깥만 그럴듯하게 덮어 황제의 판단을 흐리게 만드는 것입니다."

이는 당시 관리들의 부패상을 그대로 드러낸 것이다. 사실 당시 조정의 관원 모두 무사안일에 빠져 있었다. 무책임한 책임전가, 대충하기, 근거 없는 만용, 태평성세의 포장 등 이루 헤아릴 수 없었다. 함풍제는 합리적인 방법으로 인재를 발탁하고 중용하며 언로를 넓게 열어야 한다는 그의 주장에 고개를 끄덕였다. 그러나 그는 실용성이 부족하다는 이유로 대신의 비난을 받아야 했다.

함풍 원년(1851) 1월 증국번의 삶에 결정적인 전기로 작용한 태평천국의 난이 일어났다. 태평군이 파죽지세로 동남 일대의 여러 지역을 함몰시켰다. 당시 청국 조정은 안팎으로 어려움을 겪고 있었다. 이는 기본적으로 제1차 아편전쟁의 패배로 인한 거액의 배상금을 지불하기 위해 가혹한 세금을 거둬들인 데서 비롯된 것이었다. 증국번보다 3살 아래인 홍수전은 바로 농민들의 이런 누적된 불만을 이용해 자신이 구상하는 천국을 지상에 구현코자 한 것이다.

청조는 사태가 심상치 않게 전개되는 것을 보고 곧바로 임칙서를 흠차대신에 임명해 이들을 토벌케 했으나 그는 도중에 병사하고 말았다. 조정은 급히 강남과 강서인 양강兩江 총독 이성원李星沅을 흠차대신으로 삼아 군사 1만여 명을 이끌고 가 이들을 진압케 했다. 그러나 이들은 태평군에게 대파하고 말았다. 광서성 일대가 진동했다. 이성원은 태평군을 제때 진압하지 못하자 황제의 질책이 떨어질까 크게 우려하다가 이내 진몰하고 말았다. 시국을 우려한 그는 친구에게 보낸 편지에서 이같이 말했다.

"조정 내부가 제멋대로 굴러간 지 오래이나 조정 밖의 마을들은 주린 배로 하루를 연명하고 있네. 나 같은 사람도 세태의 절박함으로 인해 탄식하거늘 어진 군자야 더 말해 무엇 하겠는가."

청조는 몽골인 출신 대학사 새상아賽尙阿를 다시 흠차대신으로 삼아 3만여 명의 병력을 이끌고 가 태평군을 진압케 했다. 그가 볼 때 이는 관원들의 부패에서 비롯된 것이었다. 그는 곧바로 상소했다.

"금년 봄부터 광서 지역에 도적이 들끓어 2천리에 걸쳐 무사한 곳이 없습니다. 근원을 따지면 바로 관원이 백성에게 갖은 학정을 베풀고도 전혀 뉘우치지 않고, 모든 실상을 덮어 버린 데서 비롯된 것입니다. 이는 어제오늘의 일이 아닙니다."

핍박을 못이긴 백성들이 반기를 들고, 그 위기가 조정에까지 미쳤다는 주장이다. 그러나 함풍제는 대신들의 주장을 좇아 상주문의 말미에 적는 가부의 답인 비답批答으로 검토필요 없다는 취지의 '무용의無庸議'를 써 넣었다.

당시 군대의 부패가 가장 심했다. 정규군인 녹영과 팔기군은 비록 수는 많으나 기강이 무너져 있었다. 게다가 군량의 공급마저 충분치 못해 전투력이 형편없었다. 최선의 방법은 군대를 간소화한 뒤 남은 재력을 집중해 엄한 기율 하에 막강한 전투력을 지닌 군대로 발전시키는 것이었다. 이해 4월, 그는 곧 「의태병소議汰兵疏」를 올렸다.

"각 성의 군대는 아편과 도박에 빠진 지 오래입니다. 일이 없을 때는 흥청망청 놀기만 하고 일이 생기면 불한당들을 매수해 자기 몫을 대신하게 합니다. 적을 보면 바람 따라 흩어졌다가 적이 사라지면 죄 없는 백성을 죽이는 것으로 공을 삼고 있습니다. 상처가 심하면 썩은 부분은 과감히 도려내 새로 운 살이 돋도록 해야 합니다. 병력삭감인 태병汰兵을 실행한 후 철저한 훈련을 통해 새로운 군대로 태어나도록 해야 합니다."

그는 구체적으로 50만 병사 중 10여 만 병사로도 막강한 군대를 만들 수 있고, 이같이 하면 매년 120만 냥의 돈을 절약할 수 있고, 이를 굶주린 백성의 구제비용 등으로 쓰면 혼란한 상황을 구제할 수 있다는 것이다. 그의 주장은 구구절절이 옳았다. 그러나 그게 쉽지 않았다. 함풍제는 이번에도 계속 난을 평정한 뒤 고려하겠다는 이유로 이를 묵살했다. 그는 분개했다.

"지사의 지극정성이 한낱 이름 없는 아전의 타구唾具만도 못한 취급을 받으니 참으로 원통하다."

그는 이런 때일수록 재정의 건전화와 병력의 강화가 더욱 필요하다고 판단했다. 이해 5월에 직접 황제를 겨냥한 직간의 상소를 올렸다. 그의 명성을 널리 떨치게 만든 이른바 「경정성덕삼단예방유폐소敬呈聖德三端豫防流弊疏」이다.

"황상은 모든 일에 신중하고 치밀한 경신敬愼의 미덕이 있으나 사소한 것을 너무 마음에 두는 폐단이 있습니다. 사소한 일에 사로잡히면 국가대계에 허점이 생깁니다. 황상은 책에 몰두하는 호고好古의 미덕이 있으나 문식文飾에 사로잡히는 폐단이 있습니다. 많은 상소가 있었음에도 대부분 '무용의'로 처리했으니 이는 겉만 살폈기 때문입니다. 황상은 공경과 극기를 좋아하는 광대廣大의 미덕이 있으나 오만한 폐단이 있습니다. 최근 관리의 선별과 승진인 '출척黜陟의 권한은 짐만이 가질 것이다'라고 말한 것이 그것입니다."

천자의 심기를 건드리는 역린逆鱗으로 인해 목이 달아날 수 있는 내용이었다. 대노한 함풍제는 군기대신을 불러 그를 엄벌케 했다. 다행히 군기대신 기준조祁寯藻 등이 간곡히 말려 가까스로 벌을 면할 수 있었다. 사직을 위해서는 일신의 안녕을 돌보지 않는 사대부의 기개가 여실히 드러나는 대목이다. 이를 계기로 함풍제도 그의 직언을 우국충정의 본심으로 받아들이기 시작했다. 이때 그는 눈물을 흘리며 맹서했다.

"앞으로는 더욱 충성을 다해 국은에 보답할 것이고, 내 몸과 집안을 뒤로 하겠다."

상용의 결성

당시 태평군의 기세는 하늘을 찌르고 있었다. 이들은 이해 9월에 관군을 대파한 여세를 몰아 광서성의 영안성永安城을 점령했다. 이는 봉기 후 처음으로 점령한 성이었다. 홍수전은 이곳에서 이른바 '봉천토호奉天討胡'의 격문을 선포했다.

"아, 백성들이여 들어라. 천하는 중국의 천하이지 호로胡虜의 천하가 아니다. 저들은 천하를 마음껏 약탈하며 우리 중국인들의 골수까지 파먹었다. 중략 하늘을 따르는 자는 복이 있고 하늘을 거역하는 자는 반드시 벌을 받을 것이다."

격문은 '멸만흥한滅滿興漢'을 골자로 한 자극적인 내용으로 가득 차 있었다. 함풍 2년(1852) 6월 증국번은 강서성 향시의 시험총감독인 정고관正考官에 임명돼 임지로 내려가던 중 안휘성의 태호 부근에서 모친의 부음을 듣게 되었다. 곧 복상服喪을 청하는 주소奏疏를 올린 뒤 배를 타고 고향을 향해 서쪽으로 올라가 분상奔喪했다.

그는 복상하는 와중에 태평군의 진압방안을 곰곰이 생각했다. 그는 기존의 촌락 단위의 소규모 자위조직으로는 결코 태평군과 같은 전국 규모의 반란군을 진압할 수 없다고 판단했다. 그가 사상 최초로 직업적인 의용군을 성 단위 규모로 조직하는 방안을 구상한 이유가 바로 여기에 있었다. 그의 이런 판단은 현실을 정확히 통찰한 것이었다. 실제로 당시 황명을 받아 우후죽순처럼 등장한 각지의 소규모 '향용'은 결코 개미떼처럼 밀려드는 태평군의 상대가 될 수 없었다.

증국번은 복상한지 얼마 안 돼 향촌 단위의 자위조직을 조직해 태평군에 대처하라는 황명을 받게 되었다. 그러나 증국번은 이를 어기고 곧 자신이 구상한 바대로 성 단위의 직업적인 의용군 조직 작업에 착수했다. 이런 노력 끝에 만들어진 것이 바로 '상용湘勇'이었다. '상湘'은 장강의 지류인 상강을 뜻하는 말로 호남성을 지칭한다. '용勇'은 비적의 침입을 막기 위한 자치적인 무장조직을 지칭하는 것으로 통상 '향용鄕勇' 내지 '단련團練'으로 불렸다.

당시 상군의 결성에는 몇 가지 배경이 크게 작용했다. 첫째, 사대부인 신사紳士를 중심으로 구성한 까닭에 충군애국忠君愛國의 정신이 충일했다. 둘째, 신사들이 주도해 만든 까닭에 재정적으로 어느 정도 여유가 있었다. 셋째, 부패한 관군과 연계되지 않은 까닭에 독립적인 지휘체계를 확립할 수 있었다. 넷째, 대포를 장착한 함선과 수군을 집중 육성한 까닭에 화력 면에서 압도적인 우위를 점할 수 있었다. 사실 이것이 태평천국을 궤멸시키는 결정적인 요인으로 작용했다.

함풍 3년(1853) 3월에 태평군은 마침내 지금의 남경인 금릉金陵을 점령해 '천경天京'으로 개칭하고 수도로 삼은 뒤 토지균배를 골자로 하는 이른바 '천조전무天朝田畝' 제도를 공포했다. 이는 천하의 모든 사람이 토지를 고루 분배받아 경작해야 한다는 경자유전耕者有田 이상을 구체화한 것이었다. 사상적으로는 맹자 및 묵가와 맥이 닿아 있었다. 일찍이 전한 말기의 왕망은 이른바 '왕전王田'을 내세워 이와 유사한 이상을 펼치고자 했으나 오히려 적잖은 부작용만을 낳은 바 있다. 그러나 당시 경작지가 없었던 수많은 영세농들이 이에 크게 호응한 것은 말할 것도 없다.

급격히 세를 불린 태평군은 마침내 경사를 공략할 심산으로 일부가 파죽지세로 북상하여 이해 10월 말에 천진의 서남쪽까지 이르렀다. 이해 10월 20일 태평군이 무창에 이어 한양을 점령하자 호광총독 오문용吳文鎔은 고립되고 호남성과 호북성이 진동했다. 중국에서는 오래 전부터 이런 얘기가 전해져 내려오고 있었다.

"장강은 촉 땅에서 나와 천리를 흘러가니 강을 따라가면 3개의 대진大鎭을 만날 수 있다. 형주가 상진上鎭이고, 무창이 중진中鎭이며 구강이 그 아랫니이고, 금릉이 하진下鎭이며 진강이 그 아랫니이다."

증국번은 급히 조정에 나가 난을 진압할 방도를 논의했다 .

"저들이 이미 '하진'을 얻었으니 장차 '중진'에서 '상진'에 이르고자 할 것입니다. 호북이 함락되면 형주 일대가 도적들 손에 들어가 북쪽에 있는 병사가 강을 건너 남쪽으로 올 수 없게 됩니다. 또한 남쪽의 병사들도 북쪽으로 올 수 없어 이내 상소문을 전달할 길이 없게 됩니다. 호북의 존망은 우리에게 더 없이 중요합니다."

이는 태평군과 장강의 중하류 지역을 쟁탈하는 계책을 밝힌 것이다. 그러나 청조는 이를 귓등으로 흘려들었다. 그 결과 태평군이 막 남경을 수도로 정했을 때 청조는 남경 주변에 계속해 강북대영과 강남대영을 건설했다가 누차 패했다. 이는 잘못된 전략으로 인한 것이었다.

당시 청조는 태평군의 신속한 북진에 대경실색했다. 함풍제는 부황인 도광제가 제2차 아편전쟁 당시 열하로 피난 간 전례를 좇아 북경을 떠날 생각을 품기도 했다. 증국번은 조속한 출성을 촉구하는 조정의 요구에도 불구하고 거듭 상소를 올리며 출정을 미뤘다. 대포를 장착한 함선을 확보치 못하면 백전백패할 수밖에 없다는 게 그의 생각이었다.

상용의 출전과 승리

함풍 4년(1854)에 들어오자마자 태평군은 과연 첫 번째 서정西征

부대가 안휘에서 호북으로 진군했다. 청조는 이들의 강공에 크게 당황했다. 당시 태평군 장수 진옥성이 장악한 안경은 태평군에게 천경의 울타리나 다름없었다. 이곳은 이수성이 새로 개척한 소상蘇常과 함께 '천경'의 두 팔에 해당했다. 안경을 잃으면 곧 팔 하나를 잃는 것이나 다름없었다.

이해 1월 증국번은 마침내 장사의 육군 5천 명과 형주衡州에서 수군 5천 명이 확보된데 이어 대포를 탑재한 함대 구축작업이 마무리되자 곧바로 출정준비를 서둘렀다. 당시의 함대는 대포 7문을 탑재한 쾌해快蟹 40척, 이에 버금하는 장룡長龍 50척, 대포 4문을 탑재한 산반舢板 50척, 함대를 지휘할 대형 좌선座船인 타고拖罟 1척 등 모두 240여 척으로 이뤄졌다. 이밖에도 낚시 배를 개조한 전선 120척이 함대를 호위했다. 수부를 포함해 총 3만여 명으로 구성된 상군은 이해 1월 28일, 형주를 떠나 태평군 토벌의 장도에 올랐다.

이때 증국번은 선상에서 고심을 거듭하며 출사出師의 취지를 천하에 알리는 「토월비격討粵匪檄」이라는 격문을 썼다.

"월비粵匪 즉 태평군은 오로지 하늘만을 아버지로 칭하면서 백성의 아버지를 형제, 백성의 어머니를 자매라고 부른다. 농민은 스스로 경작해도 그 작물을 가질 수 없고, 선비는 공자의 경전을 읽어서는 안 되고 야소耶蘇의 설만을 배워야 하다. 이는 개벽 이래 우리가 지켜온 명교名敎인 유교의 기변奇變이다.[22] 우리는 공맹의 묘 앞에서 통곡하지 않을

22 '명교'의 사전적 의미는 '이명위교以名爲教'이다. 명분과 명목으로 교화를 행한다는 뜻이다. 이는 공자가 역설한 이른바 '정명론正名論'에서 유래한 것이다. 사물을 이분법적으로 양단한 주자학이 등장한 후에는 삼강오륜 등의 강상윤리 규범이 '명교'로 간주되었다. 이것이 '명실상부名實相符'의 취지로 말한 공자의 '정명론'과 동떨어진 것임은 말할 것도 없다.

수 없다. 무릇 책을 읽고 문자를 아는 자라면 어찌 이런 사태를 가만히 앉아 지켜볼 수 있는가."

당시 적잖은 사람들은 태평군이 파죽지세의 승리를 거두자 청조는 이미 종말을 맞았다고 생각했으나 증국번은 민심을 수습할 수 있는 이론을 제시하기만 하면 얼마든지 태평군을 제압할 수 있다고 생각했다. 그가 「토월비격」을 쓴 이유이다.

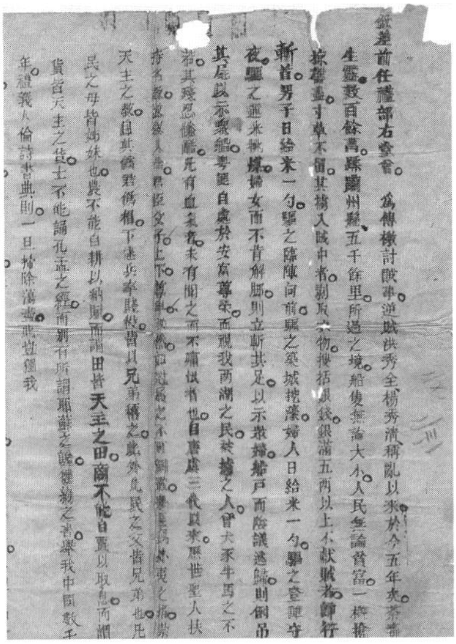
欽差前任禮部右堂曾　為傳檄討賊事逆賊洪秀全楊秀清稱亂以來於今五年矣荼毒
生靈數百餘萬蹂躪州縣五千餘里所過之境船隻無論大小人民無論貧富一概搶
掠罄盡寸草不留其擄入賊中者剝取衣物搜括銀錢銀滿五兩以上不獻賊者即行
斬首男子日給米一合驅之臨陣向前驅之築城挖濠婦人日給米一合驅之登陴守
夜驅之運米挑煤婦女而不肯解腳則立斬其足以示眾婦船戶而陰謀逃歸則倒吊
其屍以示眾船粵匪自處於安富尊榮而視我兩湖之民被擄之人曾犬豕牛馬之不
若其殘忍慘酷凡有血氣者未有聞之而不痛恨者也自唐虞三代以來歷世聖人扶
持名教敦敘人倫君臣父子上下尊卑秩然如冠履之不可倒置粵匪竊外夷之緒崇
天主之教自其偽君偽相下逮兵卒賤役皆以兄弟稱之此外凡民之父皆兄弟也凡
民之母皆姊妹也農不能自耕以納賦而謂田皆天主之田商不能自賈以取息而謂
貨皆天主之貨士不能誦孔子之經而別有所謂耶穌之說新約之書舉我中國數千
年禮義人倫詩書典則一旦掃地蕩盡此豈獨我

토월비격 태평군에게 보낸 선전포고 격문

그는 이 격문에서 크게 5가지 책략을 구사했다.

첫째, 태평군을 '월비'로 낙인찍어 고립시켰다. 태평군의 핵심간부는 거의 광동 및 광서 출신이었다. 증국번은 「토월비격」에서 이를 집중 부각시켜 광동과 광서를 '도적의 소굴'로 몰아갔다. 이로 인해 태평군의 공격대상이 된 호남과 호북의 양호兩湖는 '도적에게 협박당하는 의인의 땅'이 되었다. 이는 상군을 토벌군의 대본영으로 각인시키는 효과를 낳았다.

둘째, 땅은 하늘의 것이라고 말함으로써 태평천국이 역설하는 '천조전무'의 취지를 격하시켰다. 천조전무제의 핵심은 지주 소유 토지의 몰수와 균배에 있었다. 그러나 실시과정에서 적잖은 마찰이 있었다. 자작농의 땅도 몰수대상이 된 게 그것이다. 그는 이를 집중 부각시켰다.

셋째, 인륜을 들먹이며 '배상제교'를 반대케 만들었다. 당시 남녀노소를 막론하고 모든 사람이 서로 '형제자매'를 칭하는 것은 전래의 예교에 대한 충격이었다. 이는 '남녀유별'과 '장유유서'를 강조한 유가의 전통과 어긋나는 것이었다. 많은 사람들이 태평군의 이런 행태를 혐오했다. 그는 이를 적극 활용한 셈이다.

넷째, 공자를 부각시킴으로써 신사층의 호감을 샀다. 태평군의 주력은 헐벗은 농민과 노동자들이었다. 신사층이 반감을 가진 것은 당연했다. 태평천국이 공맹을 부정한 점을 집중 공격해 상군이야말로 유가의 진정한 수호자임을 자연스럽게 부각시켰다. 사대부들이 상군을 전폭 지원케 된 배경이 여기에 있다.

다섯째, 민간신앙과 기독교를 적극 대비시켜 외래종교를 배격케 만들었다. 당시 태평군은 민중들의 우상인 관우와 악비의 동상 등도 훼손했다. 일반 백성들이 태평군의 행동을 도무지 이해하지 못하는 부분이 바로 이 점이었다. 일반 백성들이 동조하지 못하도록 만드는 관건이 여기에 있었다. 이를 집중 부각시키기 위해 그는 격문에서 태평천국을 외이外夷로 매도했다. 상군의 승리는 「토월비격」의 발표에서 시작되었다고 해도 과언이 아니다.

그가 「토월비격」에서 노린 것은 전선의 단순화였다. '중화문명을 지키려는 세력'과 '이를 타도하려는 세력'의 대립이 그것이다. 명분싸움에서 이미 승기를 잡은 셈이다. 태평군이 도처에서 공맹은 물론 관우와 악비의 사당 등을 훼멸하고, 심지어 부부간의 동침까지 불허하는 등 극히 반인륜적인 행태를 자행한 것은 치명적인 실수였다.

당시 병력면에서 볼 때 태평군이 압도적인 우위를 점하고 있었다. 헐벗은 백성이 그만큼 많았다는 것을 반증한다. 태평군은 상군이 출정하자 곧바로 이를 영격迎擊키 위해 동정호에서 남하한 뒤 상강 위에 이미 1천여 척의 배를 띄웠다. 당시 증국번은 조정의 명을 좇아 호북성의 태평군을 칠 생각이었으나 장사를 방어하고 있던 좌종당의 건의를 받아들여 먼저 주변의 악주鄂州부터 탈환키로 했다.

그러나 상군이 악주 탈환 후 방심하다가 태평군의 기습을 받고 패주하면서 전세가 불리하게 전개되기 시작했다. 증국번은 함상 위에서 군사를 독려하며 태평군의 전선이 몰려 있는 정항靖港을 쳤으나 거친 파도로 포탄이 난사亂射되면서 오히려 태평군의 역공을 받게 되었다. 수군이 배가 적의 손에 들어갈 것을 우려해 불을 지르고 도주하자 육군 역시 이를 보고 전의를 상실해 사방으로 궤산했다. 첫 전투에서 참패한 증국번은 이내 강물 속으로 뛰어들었으나 부하들의 도움으로 간신히 목숨을 구했다.

그는 곧 스스로를 탄핵하는 장계를 올렸다. 조정은 증국번을 직위해제하고 만주족 출신 탑제포塔齊布를 제독에 임명했다. 이로써 증국번은 졸지에 일개 의용군의 신분이 되고 말았다. 그러나 탑제포는 조명이 내려오면 곧바로 이를 증국번에게 전하는 것은 물론 그의 상주에 대해서도 일절 간섭하지 않는 등 충성스런 모습을 잃지 않았다.

증천양 (1795~1854) 태평천국의 장령

증국번은 얼마 후 광둥에서 탄약과 군량 등이 도착하자 새로 편성된 2만 명의 상군을 이끌고 대대적인 수륙 협공작전에 들어갔다. 이해 7월 18일에 휘하의 탑제포가 이끄는 육군이 승리를 거두어 전세 역전의 계기가 마련되었다.

탑제포 (1817~1855) 청나라 말기 상군의 명장

당시 태평군의 대장 증천양曾天養은 해전에서 잇달아 승리를 거둔 후 의기양양하게 육전에 임했다. 탑제포는 이를 저지키 위해 성릉기城陵磯에 방어진을 쳤다. 당시 탑제포는 상군 제일의 장수로서 기마전에 능했다. 태평군 제일의 맹장인 증천양은 탑제포를 보자 단기필마로 달려들었다. 그러나 그의 말이 탑제포 친병들이 휘두른 칼에 맞아 쓰러지면서 그는 장렬히 전사하고 말았다. 태평군이 급히 무창으로 퇴각하자 승세를 탄 상군이 수륙 양로로 무창성으로 향해 진격했다. 증국번이 금구金口에서 상군의 장수들를 소집해 무창성 진공의 계책을 상의했다.

이때 증국번의 고향친구인 나택남은 홍산洪山과 화원花園의 두 길로 나눠 진공하는 방안을 제시했다. 대군을 일으켜 홍산을 공격하면 화원의 태평군이 퇴로를 잃게 되고 이를 틈타 화원으로 쳐들어가면 태평군을 쉽게 궤멸할 수 있다는 것이었다. 태평군은 화원에 정예부대 1만 명을 포진해 놓고 있었다. 증국번이 이를 좇았다. 이해 8월 21일, 금구에서 출발한 상군은 단 하루의 싸움으로 화원의 태평군을 격파한 뒤 곧바로 무창성 아래까지 이르렀다. 얼마 후 무창을 지키던 태평군 장수 황재흥黃再興과 석봉괴石鳳魁 등이 두려운 나머지 야음을 틈타 도주했다. 한양을 지키던 태평군의 수장 역시 무창이 점령당했다는 소식을 듣고 급히 성을 버리고 달아났다. 그들은 급히 달아나면서 한수에 정박해 있던 수군에게 아무 연락도 해주지 않았다. 결국 이들은 상군에게 궤멸되었다. 육군 역시 대부분 상군의 칼에 맞아 죽거나 물에 빠져 죽었다.

당시 함풍제는 연이은 패전 소식에 상심해 있다가 이 소식을 듣고 환호작약했다. 가장 먼저 이 소식을 전한 사람은 증국번이 아니라 호광총독 양패楊霈였다. 상군이 무창을 점령한 후 7일째 되는 날 함풍제는 양패의 보고서를 받고, 이로부터 6일이 지나 전황을 알리는 증국번의 첩보를 받았다. 상군의 승리에 흥분한 함풍제는 곧 증국번을 호북순무에 임명하면서 이같이 비답했다.

"증국번의 서신은 짐에게 큰 위안이다. 이번 대승은 참으로 뜻하지 않은 것이다. 짐은 이번 승리를 계기로 하루빨리 백성들이 두려움에서 벗어날 수 있도록 하겠다."

성지를 접한 증국번은 곧 상소를 올려 이를 사양했다. 나라에 큰 우환이 있는 상황에서 관직을 탐하려 한다는 비난을 받고 싶지 않았던 것이다. 그러나 사양의 뜻을 담은 증국번의 상주문이 북경에 이르기도 전에 호북순무 대신 병부시랑에 임명한다는 조명이 내려왔다. 왜 이런 일이 빚어진 것일까?

당시 함풍제는 증국번을 호북순무에 임명한 뒤 군기대신 기준조에게 증국번을 이같이 칭찬했다.

"일개 서생인 증국번이 이런 큰 공을 세울 줄은 꿈에도 생각지 못했소."

기준조가 말했다.

"필부가 한 번 외치자 1만여 명의 군사가 따랐다는 것은 결코 나라에 복이 될 수는 없습니다."

이 말에 함풍제는 크게 놀랐다. 막강한 무력을 보유한 증국번에게 독무督撫의 자리를 주어서는 안 된다는 생각을 한 것이다. 이때 어사 심보정沈葆楨이 상소를 올려 증국번에게 여세를 몰아 장장 중하류의 태평군까지 공격하도록 해야 한다고 주장하자 함풍제는 이를 빌미로 기왕의 명을 거두고 증국번에게 병부시랑의 직임을 하사한 것이다. 이에 호북순무의 자리는 증국번과 대립한 바 있는 강소포정사 도은배陶恩培에게 돌아갔다. 도은배가 부임하기 전까지 호광총독 양패가 임시로 그 직을 겸하게 되었다. 당시 함풍제는 증국번의 상소에 이런 비답을 내렸다.

함풍제 (1831~1861) 중국 청나라 제9대 황제

"짐은 그대가 분명 사양하리라는 것을 알고 있었다. 승세를 몰아 적군을 토벌해야 하는 마당에 순무의 직은 아무런 소용이 없으리라 보았기 때문이다. 그래서 호북순무를 맡으라는 명을 거두고 병부시랑의 직을 하사한 것이다. 그대가 어지러운 시국에 관직을 하사하는 성지를 거부했다는 건 큰 죄가 아닐 수 없다. 엄히 단단히 타일러 경계하는 신칙申飭을 하니 가슴 깊이 새기도록 하라."

증국번이 무한을 점령할 때 멀리서 이를 관망하던 형주장군 관문官

文과 호광총독 양패만 큰 상을 받고, 공을 세운 증국번은 오히려 명목뿐인 자리에 훈계만 받은 꼴이 된 셈이다. 이 일을 계기로 그는 황제를 위시해 수많은 사람들이 자신을 의심하고 있다는 사실을 깨달았다. 이후 증국번은 진퇴를 표하는 과정에서 각별히 조심했다.

위기를 전화위복의 계기로 삼다

증국번은 신속히 강서와 안휘의 태평군을 치라는 조명을 받자 곧바로 상군을 이끌고 동쪽으로 내려갔다. 이때 상군은 3로로 나눠 강서성의 태평군을 치는 와중에 문득 밤에 기습을 받고 큰 혼란에 빠지게 되었다. 지휘선에 동승한 상군의 병사들은 갑판으로 밀려드는 태평군을 필사적으로 저지했다. 증국번이 갑판으로 나가려고 할 때 태평군들의 고함이 들려왔다.

"증요曾妖를 잡아라."

'증요'는 증국번에 대한 비칭이었다. 증국번은 태평군이 몰려들자 휘하의 팽옥린이 지휘하는 배로 급히 피신해 위기를 모면했다. 당시 상군은 전선 10여척이 불에 타고 지휘선마저 나포돼 중요한 문건이 적의 손에 넘어가는 참패를 당했다. 이는 장수기를 빼앗긴 것에 버금하는 것이었다. 증국번은 이에 대한 책임을 지고 두 번째로 자진코자 했으나 주위로 만류로 이를 포기한 뒤 곧 자신을 탄핵하는 장계를 올렸다. 조정은 그간의 전공을 인정해 책임을 묻지 않았다.

함풍 5년(1855)에 들어와 태평군의 반격이 거셌다. 이해 4월 3일 태평군이 3번째로 무창을 함락시켰다. 이들은 무창을 점거한 뒤 여세를 몰아 길안吉安에 머물고 있던 상군의 육군을 포위 공격했다. 함풍 6년(1856)에 들어와 태평군은 이내 길안을 함몰시킨 뒤 파죽지세로 주변의 주현을 공략했다. 무창을 근거지로 삼은 익왕翼王 석달개石達開의 태평군이 강서성 내 50여 개 주현이 일거에 손에 넣었다. 이들이 3대 요충지인 무창과 구강九江, 안경安慶이 태평군에 함락되자 상군은 지리멸렬해졌고, 증국번은 남창南昌에서 패잔병들을 그러모아 방어에 진력하며 수비에 만전을 기했으나 위험이 조석에 달려 있었다.

그는 남창을 힘겹게 지켰지만 상황은 매우 위급했다. 구원병도 없고 군량은 바닥이 났다. 포위당해 꼼짝도 하지 못하는 상황에서 그를 격노케 만든 인물은 강서순무 진계매陳啓邁였다. 진계매는 그와 동향이고, 한림원 시절의 동료이기도 했다. 이런 시기에 험담만 늘어놓으며 군량도 지원해 주지 않고, 자신의 관할지역 백성을 단 1명도 차출해가지 못하도록 조치한 것이다. 증국번이 대공을 세워 자신보다 앞서는 것을 시기한 결과였다.

진계매의 후임으로 온 문준文俊은 더 심했다. 그는 군량을 지원하지 않은 것은 물론 상군의 용장 필금과畢金科이 이끄는 예하 부대 하나가 몰살당하도록 방치했다. 동료관원들의 질시에 절망한 그는 곧 관직을 버리고자 했으나 휘하 장수 유용劉蓉 등의 만류로 이를 철회했다. 증국번이 이런 곤경에 처해 있을 때가 태평천국의 전성기였다.

그러나 공교롭게도 태평천국은 이때를 기점으로 내분이 일어나 서서히 기울기 시작했다. 당시 천황天王 홍수전과 2인자인 동왕東王 양수청楊秀清은 대단위 토목공사를 일으켜 화려한 왕부王府를 다투어 축조하며 갈등을 빚었다. 홍수전은 수많은 여인을 선발해 자신의 비빈으로 삼았고, 양수청 역시 수천 명의 의장대를 설치해 황제에 버금하는 의식

홍수전 중국 태평천국의 창시자. 1851년에 평화롭고 평등한 지상천국을 수립할 것을 목적으로 군사를 일으켜 태평천국을 세우고 자신을 천왕이라 칭했다. 1853년에 난징을 점령하고 신국가 건설에 착수했으나 정부의 군사가 난징을 함락하기 전에 병사하였다.

을 거행했다. 자만심에 취한 양수청이 이내 홍수전의 자리를 넘보자 두 사람간의 갈등이 표면화했다. 마침내 홍수전의 명을 받은 북왕北王 위창휘韋昌輝가 동왕부를 기습하여 양수청 일족을 포함해 수천 명을 몰살했다.

함풍 6년(1856)에 들어와 막강한 무력을 지니고 있는 익왕 석달개가 북왕에 대한 주살을 요구하고 나섰다. 홍수전이 이를 받아들여 위창휘 일당을 제거했다. 그러나 석달개의 세력이 커질 것을 우려한 홍수전이 곧 두 친형을 안왕安王과 복왕福王에 봉해 견제에 나서자 석달개가 크게 반발하며 남경을 떠났다. 태평천국은 건잡을 수 없는 내홍으로 서서히 무너져 내리고 있었다.

이해 7월 중순, 성 소속의 각 부현에 대한 감찰관인 도원道員으로 있던 상군 대장 이도원李度元이 성 외곽에서 무주에 주둔하던 석달개 부대에게 대패했고, 패병은 남창으로 흩어졌다. 증국번은 이로부터 1달 뒤에 상소를 올려 이 소식을 알렸다. 그러나 증국번을 질시하던 절강순무 하계청何桂淸이 이미 한 발 앞서 상군 참패 상황을 조정에 보고한 뒤였다. 하계청은 진사 출신으로 청조의 요직을 두루 거쳤다. 함풍제의 눈에 들어 대학사가 되고 군기대신 기준조와 팽온장의 후원으로 함풍 4년(1854)에 절강순무를 하게 된 것이다.

당시 증국번의 군사가 사수하고 있던 남창은 절강과 인접해 있었던 까닭에 증국번의 상군과 하계청 집단 사이에 크고 작은 갈등이 빚어졌다. 상군은 팔기와 녹영에서 독립되어 있었고, 제재를 받는 병사가 아니기에 고정된 군량미가 없었다. 청조가 비록 각 성의 상군에게 군량미를 제공하라고 명했으나 사정이 여의치 않아 현지에서 조달해야만 했다. 주둔지의 독무와 갈등이 생길 수밖에 없었다. 함풍제는 이해 11월 20일에 상유를 내려 증국번을 질책했다.

"상군이 패한 지 이미 오래되었는데 상소를 제때 올리지 않았다. 절강 각 성의 상소에 의하면 금릉에 내란이 나서 양수청은 이미 위창휘에게 살해당했다고 한다. 역도들이 어지러운 틈을 타 재빨리 성을 몇 개 수복했으면 역도들을 능히 생포할 수 있었을 것이다. 만일 하는 일 없이 시간을 끌며 오랫동안 공도 없이 군량미만 찾는다면 짐이 시간을 끈 죄를 묻지 않을 수 없다."

그는 혹여 불궤不軌의 마음을 품고 일부러 시간을 늦추는 게 아니냐는 의심을 받고 있었던 것이다. 말할 것도 없이 상군이라는 무장세력을 보유한데 따른 것이었다. 이해 12월 중순에 관문 등이 이끄는 관군이 무창과 한양을 함락시켰다. 증국번은 할 말이 없게 되었다. 휘하의 상군이 제 역할을 했으면 하는 게 그의 바람이었으나 아무런 공도 세우지 못함으로써 질책을 받게 된 것이다.

함풍 7년(1857) 정월, 그는 신속히 구강으로 가 군대를 위로하고 여러 차례 승전의 상소를 올렸다. 내심 상군의 지휘권을 자신에게 돌려줄 것을 기대한 것이다.

당초 상군 대장 탑제포가 과로로 진몰한 뒤 부하의 일부를 나택남에게 보낸 바 있다. 나택남도 죽으면서 유언으로 부하인 이속빈李續賓이 부하들을 맡아 통솔케 했다. 이에 이속빈 수하에 상군의 정예부대가 모였다. 그는 스스로 탑제포와 나택남의 뒤를 이은 상군 제1의 대장이라고 불렀다. 그가 군대를 통솔한 이래 상군은 많은 전공을 세웠다.

그러나 청조는 이미 오랫동안 증국번을 시기해온 까닭에 증국번이 상군의 전공을 자랑할수록 크게 경계했다. 청조가 볼 때 이속빈 등이 이끄는 상군은 호광총독 관문이 장악하는 게 훨씬 안전했다. 조정은 그의 상주를 받고 모르는 척했다. 증국번은 회답을 받지 못하자 불만스런 마음이 들었다. 이해 2월 11일 그는 승전의 상소를 계속 올렸다.

"현재 구강, 남북, 양안의 수륙군은 2만여 명에 달하고 기세가 드높고 업무 또한 많습니다. 신이 가까운 시일 내에 서주에서 구강으로 가 모든 것을 처리하고자 하는데 어떻게든 호북 및 안휘와 연락하고자 합니다."

그러나 구강으로 간 그는 상군의 수륙군을 지휘하지 못하게 되자 이내 갑자기 눈병이 났으니 1달간 휴가를 달라고 청했다. 이는 자신의 불만을 간접적으로 표명한 것이었다. 그는 내심 병가 중 상군의 지휘권을 돌려받아 구강을 공격할 수 있기를 기대했다. 그러나 1달이 지나도록 아무 회답이 없었다. 불만이 극에 달한 그는 마침내 관직을 버리고 귀향할 생각으로 상소를 올렸다.

"신은 군사업무를 처리하기 위해 지방관들과 잦은 왕래를 가졌습니다. 그러나 지방의 문무 관료들은 하나같이 신을 손님 대하듯 하고 본래 그곳을 관할하던 상관의 말만 따르고 있습니다. 순조롭게 일이 처리키가 어렵습니다."

당시 호남순무 낙병장駱秉章과 포정사 서유임徐有任, 안찰사 도은배陶恩培 모두 그의 명을 따르지 않았다. 한인들로 구성된 관군인 녹영이 상군을 포위 공격하는 일이 빚어지고 이 와중에 그의 공관까지 공격했다. 그가 급히 몸을 피하지 않았다면 이들의 손에 죽었을지도 모를 일이었다. 그가 낙병장에게 엄중히 항의했으나 낙병장은 들은 척도 하지 않았다.

이해 2월 27일 문득 부친의 부음을 듣게 된 증국번은 휴가를 청하는 상소를 올린 후 비준을 기다리지도 않은 채 귀향해 상을 치렀다. 당시 그가 강서의 군무에서 손을 뗀 것은 일종의 시위였다. 청조는 그에게 3달의 휴가를 주었다. 장례비용 400냥을 하사하고 휴가를 마친 후 강서 군영으로 복귀할 것을 명했다. 그러나 그가 원한 것은 병권이었다. 그는 병부시랑의 직책으로는 현지 관군의 출동요청과 군수물자의 조달이 쉽지 않은 점을 감안해 곧 이같이 상주했다.

"수년 동안 전쟁에 임하면서 과실이 많고 공이 적습니다. 스스로가 관리능력이 없음을 부끄러워하는데 이번에 또 갑자기 강적을 만났습니다. 스스로 군영을 떠나니 걱정되고 두려움이 깊어져 진정하고자 하나

소름이 돋아 숨을 죽이게 됩니다."

얼마 동안 강서 군영으로 돌아갈 생각이 없다는 뜻을 간접적으로 시사한 것이다. 청조는 속히 군영으로 돌아가 군무를 볼 것을 독촉했다. 이해 7월 26일, 청조의 다급한 사정을 읽은 증국번은 상을 끝까지 치룰 수 있게 해달라는 상소를 올렸다.

"강서의 정세가 위급하면 군무에 복귀하겠으나 그렇지 않으면 계속 3년 상기를 마치고자 합니다."

이 상소에서 그는 노골적으로 지휘권 반환을 요구했다. 태평군을 제압할 수 있는 군사는 상군밖에 없다고 판단에 따른 것이었다. 그러나 청조의 반응은 정반대로 나왔다. 청조는 그에게 군사권이 집중되는 것을 결코 바라지 않았다. 이해 5월 양강총독 이양이 병을 칭하고 물러나자 하계청이 양강총독에 제수되었다. 후원자인 대학사 군기대신 팽온장이 적극 천거한 결과였다.

당시 장강 상류는 호광총독 관문官文과 호북순무 호림익胡林翼이 무창을 점령한 까닭에 유리한 상황으로 전개되고 있었다. 장강 하류 역시 하계청을 양강총독에 임명한 후 강남대영이 점차 회복되는 기미를 보이면서 낙관적인 전망을 부추겼다. 이대로 가는 것이 유리하다고 판단한 청조는 이해 8월에 그의 병부시랑 직위를 거두면서 고향에서 상을 치르도록 허락했다. 병권을 박탈하면서 향리에서 태평군을 막으라는 명을 내린 것이다. 이는 청조가 태평천국의 난을 진압하는 역할을 양강총독 하계청과 녹영병으로 조성된 강남대영에 걸고 있음을 의미했다. 그의 상소가 조정의 인사권에 간섭하는 것으로 여겨진 결과였다. 이로 인해 증국번은 더욱 궁지에 몰리게 되었다.

당시 양강총독에 임명된 하계청은 강남대영에 매월 군량미 지원조로 40여만 냥과 쌀 1만여 석을 제공했다. 이로 인해 강남대영의 군량미가 남아돌아갔다. 장수들은 모두 서양의 총을 사용해 잇달아 여러 지역을 탈환했다. 하계청이 득의양양한 어조로 북경의 친구에게 편지를 썼다.

"나의 활약은 북경에 전해지는 말 그대로이다."

함풍 8년(1858) 봄, 강서에서 패한 석달개의 태평군이 대거 절강으로 들어가게 되자 전선이 확대되었다. 강이 많은 절강에서 태평군을 제압하기 위해서는 수군이 절대 필요했다. 그러기 위해서는 증국번이 다시 지휘봉을 잡아야만 했다. 증국번의 기복起復을 청하는 목소리가 높아지자 함풍제가 이를 받아들였다. 당시 그는 고향에 머무는 동안 지난 세월을 반성하며 권력의 운용에 대한 생각을 근본적으로 바꾸었다.

"온유한 것이 강한 것이고, 몸을 굽힘으로써 앞으로 뻗어나갈 알아야 한다."

이때부터 그는 모난 성격을 버리고 원만한 태도로 사람을 대하기 시작했다. 청조에 대한 반감도 누그러뜨렸다. 함풍제는 그의 고분해진 모습을 보고 조금씩 마음을 놓았다. 이후 증국번이 군자금과 군량을 요청하면 충분히 내려주고 인재를 추천하는 상소를 올리면 그대로 임용시켜 준 배경이 여기에 있었다.

이해 7월 마침내 그는 조명을 통해 다시 상군의 병권을 장악케 되었다. 그는 곧 조명을 좇아 석달개 부대를 추격했다. 석달개가 방향을 틀어 호남으로 들어가자 그는 호림익과 협력해 안경으로 진공했다. 그러나 강서와 강소의 중간에 있는 절강을 쟁탈하는 문제로 이내 상군과 하계청 집단 사이에 암투가 벌어지게 되었다. 일찍이 하계청은 절강순무로 있을 때 이같이 큰소리 친 적이 있다.

"만일 절강과 강서 두 성의 병사를 내가 홀로 관리할 수 있다면 반드시 빠른 시일 내에 조정을 위해 대공을 세울 수 있다."

양강총독이 된 그는 절강까지 장악하고 싶어 했다. 절강의 서쪽은 부농이 많은데다 강소와 접경해 있어 강남대영의 중요한 식량공급원이었다. 그가 절강을 차지하고 싶어 한 이유이다. 이에 반해 증국번과 호림익이 절강을 쟁취하면 태평군이 강서를 통해 들어오는 것을 막을 수 있고, 군량미도 완전히 해결할 수 있었다.

제자 이홍장을 참모로 삼다

함풍 9년(1859) 봄, 청조는 증국번의 휘하의 나준전을 절강순무에 임명했다. 하계청과의 암투에서 증국번이 승리를 거둔 셈이다. 증국번이 크게 기뻐하며 곧바로 휘하의 상군을 이끌고 절강으로 들어갔다. 그러나 상군은 잇달아 승리를 거두던 중 삼하진三河鎭을 공략하는 와중에 태평군에게 포위당하고 말았다. 삼하진은 남경에 식량을 공급하는 태평천국의 병참기지였다.

당초 상군 대장 이속빈은 연승에 고무된 나머지 냉정을 잃고 부하들을 급히 독촉해 전진토록 했다. 그는 단숨에 요충지인 여주廬州를 점령코자 했다. 그러나 삼하진에 도착했을 때 태평군의 완강한 저항에 부딪쳤다. 공격한지 오래되었으나 함락하지 못했다. 상군은 아직 먼 곳에 있어 지원하러 올 수 없었다. 다급해진 그가 무모하게 돌진하자 태평군의 진옥성과 이수성은 우회전술을 써 그의 퇴각로를 끊었다. 증국번은 이 얘기를 듣고 실색했다. 과연 이틀 뒤 삼하진에서 군사가 전멸했다는 소식이 들어왔다. 증국번의 동생 증국화가 전사하고 정예군 6천 명이 전멸하는 등 막대한 손실을 입었다. 이를 계기로 증국번은 부하들에게 수시로 교만과 조급함을 경계할 것을 훈계했다.

이때 마침 이홍장이 증국번이 머물고 있는 곳으로 와 막료로 활동하기 시작했다. 당초 이홍장은 공부시랑 여기현呂基賢이 고향인 안휘성의 단련대신으로 임명되자 그를 좇아 귀향했으나 그가 전사하자 이내 안휘순무 복제福濟의 휘하로 들어갔다. 이홍장은 뛰어난 전략으로 많은 공을 세웠으나 주변의 참소로 곤경에 처하게 되자 이때에 이르러 서신을 보내 스승의 허락을 받고 증국번의 휘하로 들어오게 된 것이다. 그의 친형 이한장李瀚章은 이미 증국번의 휘하로 들어와 군수물자를 담당하고 있었다.

당시 증국번은 이홍장을 받아들이면서 일반 문서를 담당케 했다. 이는 재주가 뛰어난 제자의 기를 꺾고자 하는 속셈에서 나온 것이었다. 이홍장은 내심 전공을 세우고 싶었으나 겉으로 드러내지는 않았다. 당시 이홍장은 늦잠을 자는 버릇이 있었다. 그는 증국번의 장병들이 날이 새기도 전에 아침식사를 하는 일로 인해 적잖이 고생해야만 했다. 하루는 핑계를 대고 늦잠을 자자 이내 전령이 와서 이같이 전했다.

"막료가 모두 한 자리에 모여 식사를 하고 있으니 속히 오라는 명입니다."

이홍장이 서둘러 옷을 입고 달려가자 증국번은 말없이 젓가락을 들었다. 식사 도중 증국번은 한마디도 하지 않았다. 식사 후 증국번이 엄한 표정으로 이홍장을 질책했다.

"내 휘하에 들어온 이상 반드시 알아둘 일이 있다. 우리가 가장 중시하는 것은 '성誠' 한 글자뿐이다."

그러나 증국번은 이홍장의 탁월한 능력을 잘 알고 있었다. 얼마간의 시간이 지난 뒤 그에게 장계의 초안을 맡기면서 이홍장의 자인字 소전小荃을 거론하며 이같이 칭송했다

"청출어람靑出於藍은 '소전'을 두고 하는 말이다."

이해 6월에 상군은 이홍장의 계책을 좇아 강서성 동북부의 경덕진景德鎭을 점령하는데 성공했다. 송대 때 도요지 명성을 떨쳤던 경덕진은 남경으로 진출하는 요충지였다. 이홍장은 스승의 '청출어람'을 증명해 보인 셈이다.

이해 11월, 증국번은 남경을 제압키 위한 전략을 수립한 뒤 부서를 통일했다. 좌종당은 상군을 이끌고 안휘성 남쪽으로부터 진공해 절강을 쟁취하고, 이홍장은 회군을 이끌고 상해로 들어가 서양인이 이끄는 상승군과 함께 소남蘇南을 취하고, 증국전은 2만 명의 상군을 이끌고 남쪽으로 내려가 장강 연안의 성과 도시들을 공격하고 남경까지 가고, 증국번 자신은 직접 포초鮑超와 장운란張運蘭 부대를 지휘해 영국寧國과 무호蕪湖 등으로 진공해 절강을 공격하는 상군과 합동작전을 펴는 것이 그것이다. 남경 주변부터 소탕해 포위망을 구축하는 전략이었다. 이후 몇 년 동안 상군은 줄곧 천경을 급히 공격하지 않았다. 이는 기본 전략에 따른 것이었다.

이듬해인 함풍 10년(1860)에 들어와서도 그는 여전히 병부시랑이라는 이름뿐인 관직만 갖고 있었던 까닭에 병사를 차출하거나 백성을 동원하거나 군량을 지원받는 등의 일은 일일이 제약을 받아야 했다. 이해 2월에 이수성이 이끄는 태평군이 강남대영을 격파하기 위해 항주를 쳤다. 이수성이 정예부대 7천 명을 이끌고 절강 안길을 점령한 뒤 주야로 항주를 향해 달려가자 항주의 나준전이 급히 증국번과 강남대영의

통솔자인 흠차대신 화춘에게 이 사실을 알리면서 도움을 청했다. 나준전은 청렴하고 강직한 인물이었다. 하계청이 상군의 출발을 지연시키는 바람에 항주는 이내 함몰되고, 나준전은 자진하고 말았다. 당시 강남대영의 병력은 좌충우돌하는 태평군과 맞서기 위해 군사를 여럿으로 쪼개는 바람에 이내 태평군에게 격파되고 말았다.

청조는 나준전이 자진한 후 하계청 휘하의 왕유령王有齡을 절강순무로 임명했다.[23] 당초 왕유령은 어려운 살림으로 인해 과거시험을 보지 못하는 등 어려움을 겪다가 호설암胡雪巖의 도움으로 관직을 얻게 되었다. 당시 호설암은 자신이 도제로 일하던 항주의 신화전장信和錢莊의 수금 5백 냥을 그에게 선뜻 빌려주는 의협심을 발휘했다.

원래 '전장'은 남송의 태방兌房, 명나라의 전점錢店·전포錢鋪에서 유래하여 은과 동전의 교환업무를 맡아보던 것이다. 청나라에서는 전포 또는 은호銀號라고도 했다. 19세기 초 이후 전표錢票·은표銀票·회표會票 등의 교환권을 발행하고 예금·대부·환어음을 다루는 등 거의 모든 은행 업무를 취급했다. 근대적인 은행이 설립된 후에도 손쉬운 융자 등 중국의 오랜 관행으로 번영했다. 그러나 중화인민공화국이 들어선 후 투기활동이 금지되고 공사합영화公私合營化 등이 추진돼 1953년 대부분 소멸했다.

당시 호설암은 전장에서 쫓겨났고, 왕유령은 이 돈을 갖고 상경해

---

23 호설암은 당시 왕유령과 대립한 증국번의 상군이 절강에 들어오는 것을 극구 저지한 일로 인해 증국번으로부터 커다란 미움을 샀다. 이는 이후 이수성이 이끄는 태평군이 항주로 밀려들어왔을 때 왕유령이 증국번에게 혈서를 쓰며 지원을 청했으나 거부를 당하고 마침내 대들보에 목을 매 자진하는 배경으로 작용했다. 이후 좌종당이 절강에 들어와 그를 적극 천거하지 않았다면 그는 천하제일의 갑부가 되지 못했을 것이다.

하계청何桂淸 밑에서 일하는 지인의 천거를 받아 절강순무 직속의 군량 담당 관직인 양대총판糧臺總辦이 되었다. 왕유령은 호설암의 은혜를 잊지 않고 곧바로 은자 500냥을 갚았다.

이때에 이르러 왕유령은 절강순무로 승진케 되자 호설암에게 강서후보도江西候補道의 직책을 맡겨 군납을 책임지게 했다. 이를 계기로 호설암은 군량미와 병기 등을 군납하면서 절강 해운국에서 200만 냥의 돈을 끌어들여 부강전장阜康錢莊을 세운 후 전형적인 관상官商의 길로 나아가기 시작했다. 이는 왕유령의 도움을 얻어 절강의 재정수입을 예치해 수익을 올린데 따른 것이었다.

이런 일로 인해 증국번은 결과적으로 하계청과의 다툼에서 크게 패한 꼴이 되었다. 당시 상군 계열을 이기고 바라던 대로 절강을 손에 넣게 된 하계청과 왕유령은 여세를 몰아 증국번의 상군계열을 계속 압박해 들어갔다. 나준전의 장례 직후 문득 나준전에게 내린 특전을 철회한다는 명이 내려진 게 그 증거이다. 이 소식을 접한 증국번은 대노했다. 그는 분한 마음에 이내 호림익에게 편지를 보냈다.

"목숨 바쳐 일한 의로운 자는 죄를 짓고, 성을 버리고 도주한 자는 공을 세운 게 되었소. 안휘 남쪽의 성세가 약간이나마 좋아지면 상소를 올려 나준전이 평생 청렴했고, 큰 학문을 추구했다는 것을 널리 알립시다."

그러나 상황은 그에게 불리하게만 돌아갔다. 청조가 하계청을 크게 신임한 결과였다. 하계청과 왕유령의 기세가 날로 등등해지자 증국번은 한신의 '과하지욕胯下之辱' 고사를 흉내 내 몸을 낮추며 기회를 노렸다.[24]

양강총독에 제수되다

당시 하계청은 교만했다. 얼마 후 그가 통솔하는 강남 일대가 완전히 무너지고 있다는 소식이 북경으로 전해졌다. 이때 도광제 말기부터 증국번과 교류를 해 왔던 막우지莫友芝 등은 증국번 말고는 양강총독을 맡을 사람이 없다는데 의견을 모았다. 이들은 당시 최고의 실권자인 숙순肅順을 움직이고자 했다. 막우지가 곧 숙순의 막빈幕賓으로 있던 고심기高心夔를 찾아가 도움을 청했다.

이해 6월 증국번이 강서성 탈환의 공을 인정받아 하계청의 뒤를 이어 양강총독에 제수되었다. 여기에는 막우지 등의 역할이 컸다. 그러나 기본적으로 청조가 증국번의 안온한 태도에 안심한 게 더 크게 작용했다. 얼마 후 증국번에게 흠차대신의 중임까지 맡긴 게 그 증거이다. 강남 일대의 군무를 독판督辦하게 되자 강소, 절강, 안휘, 강서 등 4개성이 모두 그의 휘하로 들어왔다.

당시 그는 숙순과 직접적인 교류를 한 적이 없었다. 다만 그의 휘하에 있는 왕개운王闓運과 곽숭도郭嵩燾 등을 통해 숙순과 간접적인 교류

24 초한전 당시 한신은 젊었을 때 남의 가랑이 밑을 기어간 적이 있다. 유방을 도와 대공을 세운 한신은 자신에게 모욕을 준 자에게 보복을 하기는커녕 오히려 중용했다. 증국번은 이 대목을 읽고 감탄해 마지않으며 '호걸의 행동'이라고 칭송했다. 증국번은 당제국의 명장 곽자의郭子儀에 대해서도 여러 번 언급한 바 있다. 곽자의는 조상의 무덤이 누군가에 의해 도굴되었으나 그는 보복하지 않았을 뿐 아니라 오히려 자신의 탓으로 돌리며 추궁하지 않았다. 증국번은 곽자의가 보여준 관용의 정신을 높이 기리며 '명신의 도량'으로 칭송했다. 한신과 곽자의는 증국번이 지향한 본보기였다. 그 자신이 일을 처리할 때 이 두 삶을 모범으로 삼아 사람의 단점을 포용하고 선하게 대하고자 했다.

를 했다.[25] 훗날 왕개운은 당시의 상황을 이같이 술회한 바 있다.

"오랑캐의 환란이 일어나자 조정에서는 화친과 전쟁을 놓고 논란이 벌어졌다. 윤경운은 주전론, 곽숭도는 주화론을 개진했다. 숙순은 화친과 전쟁 사이에서 오락가락했다. 그는 윤경운이나 곽숭도와 모두 친했고 '권신'이라 불릴 만큼 힘이 있었다. 나 역시 두 사람과 두루 친했다."

숙순 (1816~1861) 청나라 황족 종실, 귀족, 호족, 무관, 정치가

이는 숙순이 주화와 주전 여부를 놓고 이들의 토론에 직접 참여했

25 원래 곽숭도나 왕개운은 증국번 및 호림익과 함께 장사부長沙府의 일원으로 가까이 지냈다. 특히 곽숭도는 증국번과 금석지교金石之交를 맺고 있었다. 곽숭도는 숙순 뿐 아니라 그의 일파인 진부은과도 친밀했다. 진부은이 함풍제에게 곽숭도를 모사로 쓰기에 적합한 인물이라고 추천하자 곽숭도는 함풍제의 부름을 받아 남서방南書房을 드나들게 되었다. 건청궁 서남쪽에 위치한 남서방은 강희제가 독서를 하던 곳으로 한림원 출신 관원이 당직을 서며 조령을 작성하는 곳이었다. 왕개운은 숙순의 가정교사가 되었고, 숙순은 왕개운을 유달리 아껴 의형제를 맺기도 했다. 증국번이 예부시랑으로 있을 때 속관으로서 큰 신임을 받은 바 있는 윤경운尹耕耘은 숙순의 속리로 있었다. 숙순은 그에게 각별한 예우를 해주었다. 이홍장도 숙순과 친밀한 관계를 유지했다. 증국번이 결국 하계청 일파를 제압케 된 데에는 이들이 모두 숙순과 가까운 관계를 유지한 사실과 밀접한 관련이 있다. 당시 이속의가 안휘순무, 좌종당이 절강순무, 이홍장이 강소순무, 심보정이 강서순무, 팽옥린이 병부시랑, 유장우가 광서순무, 증국전과 유용 등이 포정사로 승진케 된 배경이 여기에 있다. 숙순의 천거에 힘입어 동남부의 여러 성들이 증국번의 사람들로 채워진 셈이다.

음을 시사한다. 당시 숙순이 불러들인 사람 중에는 적잖은 이들이 상군과 밀접한 관계를 맺고 있었다. 어떤 이는 상군의 성원이기도 했다.

당초 숙순은 조정을 틀어쥐기 위해 대학사 옹심존翁心存, 대학사 군기대신 팽온장彭蘊章, 협판대학사 주조배周祖培 등을 크게 압박했다. 마침내 함풍제를 부추겨 대학사 기영耆英과 군기대신 백준柏俊을 사형에 처했다. 청조는 대신을 우대한 까닭에 평시 사형을 당하는 경우는 거의 없었다. 이를 무시하고 숙순은 자신의 입지를 굳히기 위해 2-3년 내에 두 차례나 대신을 사형에 처한 것이다. 동시에 그는 군기대신 두한杜翰, 병부상서 진부은陳孚恩, 양광총독 황종한黃宗漢 등과 함께 무리를 만들어 이름난 관리나 명사들을 폭넓게 불러들였다. 야심이 큰 숙순이 당시 막강한 상군을 이끄는 증국번에게 관심을 가지지 않을 리 없었다. 그는 많은 대신 및 장수와 밀접한 관련을 맺고 있던 증국번을 신중히 대했고, 증국번과 호림익 역시 의심 가는 행동을 자제함으로써 숙순과의 관계를 이어나갔다.

증국번보다 한 발 앞서 간 호림익

원래 호림익은 증국번과 함께 상군을 창시한 인물이다. 호림익은 증국번보다 1살 아래로 권문세가 출신이었다. 그는 도광 16년(1836)에 진사가 된 후 용병술 연구에 심취해 출세가 빨랐다. 여기에는 사천성 안찰사로 있다가 태평군이 남경을 점령하자 향용을 이끌고 이들에 대항한 점이 크게 작용했다.

당초 그는 귀주에서 지부로 일할 때 여러 차례에 걸쳐 도적을 평정해 군사적인 재능을 보였다. 그는 함풍 3년(1853) 가을에 조명을 좇아 송나라 때부터 농민봉기를 진압키 위해 존재한 지주층의 지방 무장조직인 귀주성의 단련團練을 이끌고 호북을 지원하러 떠나면서 증국번과 긴밀한 협력을 하게 되었다. 함풍 6년(1856) 초에 무창성 남쪽에 주둔할 당시 홍산에서 격전을 벌인 나택남은 서둘러 승리코자 하는 마음이 앞선 나머지 성 내로 진공했으나 총에 맞아 죽었다. 그의 제자 이속빈이 그의 자리를 이어받았다.

이후 휘하의 이속빈과 양재복楊載福이 각각 육군과 수군의 정예병을 지휘하는 막강한 군사를 보유케 되었다. 호림익은 상군 중에서 강충원江忠源 다음의 두 번째 순무 직책이 수여된 장수였다. 일선에서 장병들을 지휘하며 무수한 공을 세울 수 있었던 까닭에 호부시랑으로 있던 증국번보다 항상 진급이 빨랐다. 호북순무가 된 후 그는 친히 병사를 이끌고 무창의 쟁탈전을 치렀고, 여러 차례 전쟁을 통해 많은 경험을 쌓았다.

증국번도 병법에 뛰어난 그의 도움으로 누차 승리를 거둘 수 있었다. 대표적인 예로 안휘 서남쪽에 위치해 있는 태호와 잠산潛山 지역을 공략할 때의 일화를 들 수 있다. 이는 호북에서 동쪽의 안휘로 갈 때 반드시 거쳐야 하는 길이다. 태평군은 안휘에서 호북으로 들어왔고 호림익은 호북에서 안경으로 진공했다.

함풍 9년(1859) 11월, 증국번이 진영을 호북에서 안휘의 숙송宿松으로 옮기자 태평군 장수 진옥성이 10만 대군을 이끌고 강소에서 안휘로 들어갔다. 목표는 태호의 포위를 풀고 기회를 보아 청군을 격파해 안경의 위협을 제거하는 것이었다. 진옥성의 무리는 기세등등했으나 상군이 호북의 사방에서 출병하자 이내 병력이 분산되었다. 당시 태호는 여전히 청군이 포위 공격하던 중이었다. 만일 포위를 풀고 여러 군대가 집결해 진옥성에 대항하면 오랫동안 포위한 공이 모두 허사가 될 판이었다. 태호의 포위를 풀지 않으면 앞뒤로 협을 받게 되니 호림익과 증국번은 매우 난감했다.

증국번은 포위망을 풀면 태평군과 진옥성의 대군이 서로 합쳐 기세가 더욱 커질 것을 우려해 결정을 내리지 못했다. 호림익은 여러 차례 상의하며 반대의견을 냈다. 그는 이 기간 동안 매일 증국번에게 편지 한 통씩을 보내 토론했다. 11월 15일, 증국번에게 보낸 편지에서 그는 매우 명백하게 자신의 견해를 밝혔다.

"태호의 병력은 마땅히 적의 지원군과 싸워야 하고, 성의 도둑은 풀어주어도 무방하다고 봅니다."

이틀 뒤 호림익은 증국번의 심복 막료인 이용李榕에게 쓴 편지에서 자신의 전략을 보다 소상히 밝혔다.

"지세로 적의 상황을 말하면 이미 등을 치고 목을 조르는 형국으로 관도에서 원소를 격파한 것처럼 호랑이를 우리에서 잡는 격이니 이 계책은 매우 좋은 기회요. 만일 망설이다가 결정하지 못하면 관군은 안팎으로 협공을 받아 패할 것이오. 성을 얻는 것보다 적을 무찌르는 것이 더 큰 공이니 머뭇거리지 말고 결정해야 하오."

그는 역사상 조조가 관도에서 원소를 격파하고, 이세민이 두건덕을 격파한 전례를 들어 계책을 세우고도 결정을 내리지 못하면 기회를 놓칠 뿐 아니라 심각한 손실을 입게 될 것이라고 말했다. 그러나 증국번은 여전히 안심하지 못했다. 마침내 호림익은 증국번의 반대에도 불구하고 태호 부근에 포진해 있던 포초鮑超와 당훈방唐訓方, 장응학蔣凝學, 다륭아多隆阿의 군사를 하나로 합치고 다륭아를 통솔자로 임명해 지휘를 통일시키고 합세해 적을 방어토록 했다.

이해 12월 진옥성의 대군은 잠산에서 태호에 이르기까지 수백 번 다륭아의 각 군사와 대전을 치러야 했다. 이에 증국번은 호림익의 계책이 옳았음을 비로소 깨닫고 각 로의 지원군을 계속 전장에 투입했다. 10일간의 혈전을 치른 끝에 마침내 진옥성의 주력부대를 섬멸할 수 있었다. 이 전쟁으로 안휘 남쪽의 태평군은 상군의 전면적인 남하를 저지할 힘을 잃었고, 안경 또한 얼마 후 포위되었다. 안경을 함락당한 태평군의 형세는 날마다 나빠져 내리막길을 걷기 시작했다. 승패의 관건이 바로 안경의 장악에 있었고, 이는 태호와 잠산의 승패에 의해 갈렸던 셈이다. 호림익의 과감한 결단이 없었다면 불가능했던 일이다.

이수성 (1823~1864) 태평천국 운동의 지도자

함풍 10년(1860), 태평천국의 충왕 이수성은 위나라를 포위하고 조나라를 구한다는 계책을 채택해 다시 강남대영을 격파하며 소주와 상주를 함락하고 항주를 포위했다. 호림익은 상군세력에게 주어진 절체절명의 계기로 생각해 증국번에게 건의했다. 휘하의 인재를 강소, 강서, 절강 3성의 포정사로 임명토록 조정에 건의해 현지에서 군대의 급료 조달과 군사를 다스리고 남북서의 3방향으로 나눠 남경을 향해 포위 형세를 펼치라고 제안한 것이다.[26]

호림익은 일찍이 증국번에게 제갈량의 신중함만을 배워서는 안 된

다고 충고한 바 있다. 여러 차례 증국번에게 혼자 일을 처리하는 것을 두려워해서는 안 되고, 대담하게 일을 처리하는 용기를 가져야 한다고 건의했다. 호림익은 극히 단시간 내에 섬멸하지 않을 수 없던 호북을 손에 넣어 훗날 부강하고 안정된 상군의 근거지로 바꿔 놓았다. 이는 그가 담력과 식견을 겸비하고 국가를 위해서는 독단적으로 일을 처리하는 것도 마다하지 않았기 때문이다.

호림익의 일처리 능력과 탁월한 식견은 증국번보다 한 수 위였다. 이에 어떤 이들은 호림익의 담력과 패기, 그의 명쾌한 일 처리 방식으로 증국번이 맡았던 양강총독 직책을 그가 맡았다면 소주와 상주의 함락된 이후의 강남의 정세가 바뀌는데 3년이나 걸리지는 않았을 것으로 보기도 한다. 호림익은 호북순무에서 양강으로 전근해 총독으로 임명될 예정이었으나 호북에서의 업적들을 인정해 함풍제가 그대로 호북에 남도록 했다. 대신 그 자리에 증국번이 임명되었다. 이후 그는 과로로 호북순무의 자리에서 숨졌다.

당시 증국번이 휘하의 이홍장 등을 천거한 것은 과거 하계청과 대립하던 시절을 잊지 않았던 사실과 무관치 않았다. 그는 세력을 키울 때가 이미 무르익었다고 판단하자 휘하의 인재를 두루 요직에 천거한 것이다. 숙순이 뒤에서 힘을 쓴 것은 물론이다.

이해 8월 함풍제는 열하로 몽진하는 와중에 북경을 구하기 위해 증

26 당시 호림익은 당제국 때의 현상인 양정화楊正和의 예를 들어 우익세력을 넓힐 것을 권했다. 양정화는 명나라 무종이 승하하고 아직 새 군주가 옹립되기 전에 거짓으로 천자 유조遺詔의 명의를 빌어 정적을 하루아침에 제거한 바 있다. 증국번은 이를 받아들여 조정에 건의해 마침내 이속의와 좌종당, 심보정을 각각 안휘, 강서, 절강의 순무로 앉히는데 성공했다. 이는 청조의 향방을 좌우하는 일대 사건이었다.

국번에게 상용의 정예부대를 북경으로 보낼 것을 명했다. 증국번은 며칠 동안 잠을 설쳐가며 고심했으나 마땅한 결론을 내리지 못했다. 이는 황제의 호위와 관련된 것이라 결코 거부해서는 안 되나 포초의 부대는 태평군을 막는데 써야만 했다. 그는 휘하를 소집해 의견을 물었다. 대부분 보내야 한다고 주장했으나 이홍장만은 의견을 달리 했다.

"이미 북경으로 압박해 들어온 연합군을 막는 것은 공언에 불과하고 두 나라 연합군은 경제 이득만 보면 특별한 변을 일으키지 않을 것입니다. 지금 청의 사직을 위협하는 것은 연합군이 아닌 모반을 일으킨 태평군입니다. 북쪽으로 구원을 보내는 일은 조용히 시국의 변화를 지켜본 후 결정해야 합니다."

증국번은 이를 좇았다. 곧 상소를 올려 북방의 지리에 익숙하지 못한 포초가 임무를 제대로 수행하지 못할까 걱정이 된다는 이유로 다른 사람을 보내는 것이 어떤지를 물었다. 시간을 벌고자 한 것이다. 결국 3국 조약이 체결되면서 상군을 올려 보낼 필요가 없어졌다.[27] 당시 하남과 섬서 등의 순무는 군사를 이끌고 북상했다가 결국 백성을 지치게 하고 재정을 낭비했다. 이를 통해 증국번과 호림익의 판단력이 얼마나 뛰

27 당시 증국번과 호림익이 포초를 보내려 하지 않은 데에는 또 다른 이유가 있었다. 포초는 용감하기는 했으나 식견이 부족했다. 증국번이 포초에게 편지를 보내 설득했다. "꽃이 아직 만개하지 않고, 달이 아직 차지 않았다고 생각하라." 그러나 포초는 계속 북쪽으로 가지 못한 것이 나라에 큰 공을 세울 기회를 잃는 것이라며 불만을 표했다. 호림익도 편지를 써 설득했다. "동생이 만일 북쪽으로 갔다가 그곳 풍토에 적응하지도 못하고 군량이나 무기도 제대로 보급 받지 못하면 동생이 공훈을 세울 근거가 없어진다. 폐하가 내린 명을 거절할 수 없어 증국번은 별 계책이 없으면서도 그리 하겠다고 말한 것이다. 우리는 이런 상황에 익숙지 않은 동생보다는 고생이 덜할 것으로 보고 직접 군대를 이끌고 갈 생각도 했다. 동생이 증국번의 은혜를 조금이라고 깨우치면 오히려 감격해야 할 것이다." 당시 증국번은 곧 이홍장의 계책을 좇아 조정의 명을 따르는 모습을 보이면서도 명이 철회되기를 기다리는 책략을 구사해 위기를 면했다.

어난지를 알 수 있다. 물론 이는 이홍장의 의견을 받아들였기에 가능했다.

이홍장과의 결별

제2차 아편전쟁이 매듭지어진 함풍 10년(1860) 10월, 안팎으로 우환을 당한 청조는 '북경조약'의 체결을 계기로 일단 급한 불 하나는 끈 셈이었다. 이때 증국번 휘하의 이도원이 증국번의 명을 어기고 출격했다가 대패해 휘주를 다시 잃는 일이 빚어졌다. 증국번이 이도원과 자신을 스스로 탄핵하는 자핵自劾의 상주문을 쓰게 하자 이홍장이 반대했다.

"휘주의 함몰은 기본적으로 중과불적에 따른 것입니다. '자핵'은 지나칩니다."

증국번이 이를 받아들이지 않고 직접 상주문을 쓰려고 하자 이홍장은 이에 반발해 막료 직책을 버리고 은거했다. 이때 청조는 증국번에게 명하여 군사를 이끌고 가 강절江浙의 안위를 보호토록 했다. 그러나 그는 거듭 완곡히 반대하며 안경의 협공을 주장했다. 태평군이 무한, 구강, 안경 3개 성을 잃으면 광활한 식량공급지를 잃고 생명선인 장강의 운송로를 잃는 것이나 다름없었다. 이해 11월, 전투경험을 통해 서양의 무기가 얼마나 우월한지를 절감하고 있던 증국번은 곧 상주문을 올렸다.

"오랑캐의 무력을 도적의 섬멸과 군량운반에 이용하고, 저들의 지식을 운용해 화포와 선박을 제조함으로써 장구한 이익을 꾀해야 합니다."

이는 증국번이 양무운동의 필요성을 공식적으로 개진한 첫 번째 사례로 평가되고 있다. 당시 그는 이로부터 3년 뒤 안경에 무기제조 공장이 들어서게 되었다. 이는 이때의 건의가 수용된데 따른 것이었다.

함풍 11년(1861) 1월 20일, 청조는 북경에 총리가국사무아문總理各國事務衙門을 세우고 공친왕 혁흔, 대학사 계량桂良, 호부우시랑 문상文祥에게 실무를 맡게 했다. 숭후崇厚를 '판리우장등주천진3구통상대신辦理牛莊登州天津三口通商大臣'으로 삼아 천진에 주재케 했다. 증국번은 이홍장의 예언대로 기문의 남쪽 방면이 태평군에게 점령당하면서 양도가 끊어지는 위기상황에 몰리게 되었다. 태평군은 휘주를 함락시킨 여세를 몰아 상군의 본영이 있는 기문祁門에 대한 총공격의 태세에 들어갔다.

당초 증국번은 장강 일대의 태평군을 제압한 여세를 몰아 남경과 가까운 기문에 본영을 차린 바 있다. 당시 막료인 이홍장이 강력 반대하고 나섰다.

"이곳은 적군이 가까운 곳에 위치해 우위를 점하고 있는 절지絶地에 해당합니다. 다른 곳으로 본영을 옮겨야만 합니다."

그러나 증국번은 수비를 튼튼히 할 경우 큰 문제가 없을 것으로 생각해 이를 좇지 않았다. 이것이 화를 초래한 것이다. 증국번은 주력부대를 급히 집결시켰다.

이해 7월 7일, 문득 함풍제가 열하의 피서산장에서 병사했다. 재순을 황태자로 삼은 뒤 재원載垣, 단화端華, 숙순肅順 등 8인을 '찬양정무대신贊襄政務大臣'으로 삼은 다음날이었다. 이듬해를 기상祺祥 원년으로 삼고자 했다. 함풍제는 재위 6년(1856)에 발발한 제2차 아편전쟁이 계

원명원 중국 청나라 때 베이징 근교에 있던 이궁(離宮)이다. 현재는 베이징 시 하이뎬 구에 위치하고 있으며, 면적은 3.5㎢에 이른다.

속 확산되자 난을 피해 북경 동북쪽에 있는 열하의 이궁으로 몽진했다가 이내 병사하고 만 것이다. 북경을 점령한 영불 연합군은 세계의 정원 중 으뜸을 자랑해 '만원지원萬園之園'으로 불린 원명원圓明園을 불태우고 무참히 약탈했다.

함풍제가 병사한 후 숙순이 조정 대권을 장악하면서 상군 집단의 득세가 다시 가시화했다. 7월 20일에 낙병장이 사천총독, 모홍빈毛鴻賓을 호남순무, 8월에 강충의江忠義에게 귀주순무의 임무를 맡겼다. 얼마 후 팽옥린彭玉麟이 안휘순무, 이속의가 호북순무에 임명되었다.

이해 8월, 증국번은 안경 탈환을 계기로 이홍장의 계책을 듣지 않은 것을 크게 후회하며 본영을 안경으로 옮긴 뒤 남경을 탈환키 위한 구체적인 작전 수립에 들어갔다. 이때 문득 이홍장으로부터 안경 탈환을 축하하는 서한이 날아들었다. 1년간 은둔생활을 한 이홍장은 다시 스승의 휘하로 들어와 전공을 세우고 싶었던 것이다. 증국번이 곧바로 답신을 썼다.

"처리할 일은 산더미처럼 쌓였으나 나를 도와줄 사람은 하나도 없다네."

이홍장이 합류한 지 얼마 안 돼 마침 조정에서 소주蘇州를 수비할 장수의 인선을 문의했다. 이에 증국번이 곧바로 계주啓奏하여 이홍장을 천거했다.

"이홍장은 재주가 크면서도 세심하게 작전하고, 굳센 기운을 지니고도 이를 안으로 거둬 중임을 맡길 만합니다. 회남淮南의 기풍이 굳세니 장차 별도의 일군을 조직해 북경일대의 경기京畿를 보위하며 적들을 평정하는 군사로 활용코자 합니다."

이에 이홍장은 증국번의 지원 하에 고향으로 돌아가 회군淮軍을 모집케 되었다. 서태후는 이해 말에 재순을 이끌고 북경으로 회몽진에서 도성으로 돌아오는 회란回鑾을 했다. 다음날 성변을 일으켰다. 11월 8일, 재원과 단화, 순숙 등이 형장의 이슬로 사라졌다. '기상' 연호를 폐지하고 동치同治 원년으로 삼았다. '동치'는 서태후의 수렴청정을 상징하는 것이었다.

당시 적잖은 관원들이 숙순과 연루돼 처벌을 받았으나 오히려 숙순의 도움을 크게 받았던 증국번은 무사했다. 그 이유는 그가 숙순과 일정한 거리를 둔 데 따른 것이었다. 당초 숙순은 증국번에게 여러 번 호의를 표시했으나 정국 변화에 민감한 증국번은 곽숭도 등을 통해 몰래 간략히 사의만 전했다. 숙순이 다른 이들을 함부로 죽여 권위를 세우는 모습을 본 증국번은 숙순에게 자신을 맡길 수 없다고 생각했다. 얼마 후 숙순이 서태후 및 공친왕恭親王 혁흔奕訢에 의해 일거에 제거되고 가산이 몰수당하면서 그의 집에서 많은 문무관원들과 교신한 편지가 발견되었다. 그러나 증국번의 편지는 단 한 통도 없었다. 그가 관계官界인 환해宦海의 부침에도 불구하고 아무 해를 입지 않고 순탄히 벼슬길을 걸은 비결이 여기에 있었다.

그는 자신의 한 마디 말과 일거수일투족이 중대한 영향을 미칠 만큼 막강한 권력을 누리고 있을 때뿐 아니라 뜻을 이루지 못해 낙심하고 있을 때도 군주의 인척이나 측근과 결탁하려 하지 않았다. 그는 벼슬길에 들어선 후 자신의 수양에 힘쓰고 많은 사람과 왕래하며 개인적 관계망을 구축하면서도 일정한 거리를 유지했다. 그의 심모원려가 이런 처세술을 만들어낸 것이다.

이에 앞서 그는 양강총독에 임명될 때에도 신중한 행보를 취한 바 있다. 당시 그는 호림익이 보낸 비밀 서신을 통해 숙순이 서태후에게 자신을 양강총독으로 추천했다는 사실을 알게 되었다. 그는 내심 크게 기뻐했다. 함풍제가 세상을 떠난 지 얼마 안 되는데다가 태자는 아직 어렸던 까닭에 보정대신輔政大臣 숙순의 천거를 받았다는 것은 곧 황제의 낙점을 받았다는 것이나 다름없었다. 그는 붓을 들어 숙순에게 감사의 편지를 보내고자 했다. 그러나 그는 이내 몇 자 쓰다 말고 붓을 내려놓았다. 서태후와 숙순의 대립관계 등을 감안할 때 쉽게 붓을 들 수 없었던 것이다. 수많은 관리들이 숙순의 마음에 들기 위해 서신을 보냈다가 화를 당했음에도 유독 증국번만 화를 면한 배경이 여기에 있다.

휘하 장수 독립에 대한 후원

동치 원년(1862) 2월 태평군이 송강松江 등 상해 주변을 함몰시키자 상해가 외부와 완전히 차단되고 말았다. 이에 놀란 상해의 향신 전정명錢鼎銘 등이 은 80만 량을 각출해 배 6척을 빌린 뒤 증국번에게 긴급구원을 청했다. 이에 앞서 강소순무 설환薛煥이 태평군의 공격을 피해 상해로 달아난 일이 있었다. 증국번은 상해를 구한다는 구실을 들어 그 자리에 자기 사람을 밀어 넣고자 했다. 이에 동생인 증국전을 상해로 보낼 생각이었으나 증국전이 자신은 태평군의 본거지를 공격해 대공을 세우겠다며 상해 행을 거부하자 눈여겨보았던 문하생 이홍장을 보내기로 했다. 이홍장은 증국번의 명을 좇아 8천 명의 회군을 편성해 상해로 떠났다. 증국번은 곧 조정에 상소문을 올렸다.

"설환이 성을 함락당해 더 이상 강소순무의 자리를 지키지 못하고 있습니다. 차제에 능력 있고 주도면밀한 이홍장이 그 자리를 대신할 만합니다."

그러나 이홍장은 강소순무의 자리에 오르기 위해 상해에서 일정한 공을 세워야만 했다. 육로로 남하하던 이홍장은 이내 태평군의 저지로 발이 묶이게 되었다. 육로로는 도저히 상해에 이를 방법이 없었다. 증국번이 급히 조정에 주청해 해로를 통한 이동을 허락받았다. 조정은 병사들을 무사히 이동시킨 이홍장의 공을 평가해 강소순무 서리에 임명했다.

증국번이 이홍장의 독립을 적극 지원하고 나선 데에는 나름대로 사연이 있었다. 당초 상군을 조직한 후 얼마 안 되었을 때 증국번은 고향친구인 나택남羅澤南의 제자 왕흠王欽을 총애했다. 그는 학문도 깊었을 뿐 아니라 전장에서는 누구보다도 용맹했다. 그러나 그는 성격이 강직하고 나름대로 용병에 능하다는 자부심이 강해 평소 미덥지 못했던 증국번에게 결코 고분고분한 모습을 보이지 않았다. 증국번도 그에게 끌려 다니는 것을 원치 않아 시간이 지나면서 적잖은 갈등을 빚게 되었다.

그러던 중 왕흠은 지나친 자만으로 인해 큰 손실을 입고 이를 만회하기 위해 다시 수백 명의 병사를 이끌고 가 태평군 30명을 죽이고는 대승을 거둔 것처럼 거짓 보고를 하며 포상까지 요구했다. 당시 좌종당은 이런 내막도 모른 채 그의 거짓 보고를 토대로 상소문을 작성했다. 증국번은 좌종당이 자신의 의견을 묻지 않고 마음대로 보고한 것에 크게 노했으나 이미 상주한 뒤라 어쩔 도리가 없었다. 증국번의 동생들도 왕흠의 작태에 분개하며 흥분했다. 증국번은 일단 모르는 척 하고 왕흠의 일은 입 밖에도 내지 말 것을 당부했다. 그러나 증국번의 왕흠에 대한 불신은 더욱 깊어졌다.

관원들의 질시로 인해 증국번이 형양으로 군영을 옮길 때 왕흠은 증국번의 명을 받아 고향인 상향현으로 돌아가 병사를 모집하게 되었다. 왕흠은 기고만장한 나머지 가는 곳마다 북과 징을 울려대며 3천 명이나 되는 많은 군사를 모집했다. 그는 이들을 이끌고 호남순무 낙병장을 찾아가 향후 별도의 향용을 운용하면서 증국번의 지휘를 따르지 않겠다는 뜻을 밝혔다. 소식을 들은 증국번은 대노했다. 왕흠이 이끌던 1영을 폐지하려고 하자 낙병장이 반대했다. 든든한 우군이 생겼다고 판단한 왕흠은 이후 증국번의 명을 거부하며 새로운 군대를 조직했다. 그는 자신의 군사를 증국번의 상군과 구별하기 위해 '노상군老湘軍'으로 불렀다. 당시 증국번은 함풍 3년(1853) 12월에 이르러 더 이상 참을 수 없게 되자 이내 왕흠에게 최후통첩의 편지를 보냈다.

"만일 나의 의견을 따르겠다면 5개 항을 준수하고 결사의 각오로 출전해 적을 소탕하고, 그렇지 않으면 따로 군대를 조직해 나가라. 그 경우 나는 더 이상 그대의 일에 관여하지 않을 것이고, 따로 장수를 뽑아 그대의 자리를 대신할 것이다."

5개 항은 왕흠이 모집한 병사 중 1영만 통솔하고, 다른 군영은 증국번이 따로 군관을 파견해 통솔하고, 각 군영의 병사는 반드시 상군의 통일된 군제를 준수해야 하고, 새로 군사를 모집하면 최소 2달 이상 훈련을 거친 뒤 전투에 내보낸다는 내용 등이었다. 증국번을 허수아비로 여긴 왕흠은 호남순무 낙병장을 따르는 게 증국번 휘하에 있는 것보다 유망하다고 판단해 이를 무시했다. 낙병장도 이 기회에 그를 자기 사람으로 만들 속셈으로 왕흠이 3천 명의 병사를 이끌고 장사성에 그대로 주둔할 수 있도록 배려해 주었다. 결국 증국번은 왕흠과의 인연을 단호히 끊고 그를 상군에서 제외시켰다.

왕흠은 본래 나택남의 제자들 중 특출한 인물이었다. 젊어서부터 자기 재능에 자신감이 넘쳐 스스로 수많은 자호字號와 별명을 지어 뽐내기도 했다. 증국번도 그의 학문을 높이 평가한 까닭에 그를 적으로 만들고 싶지 않다는 생각에 그의 행실이 마음에 들지 않아도 대략 눈을 감아 주었다. 그러나 이런 상황이 계속되면 상군의 기강이 무너질 수밖에 없었다. 결국 마지막 순간에 과감히 인연을 끊고 상군 밖으로 쫓아낸 것이다. 증국번은 부하들에게 왕흠의 전철을 밟지 않도록 경고하며 자신을 중심으로 하는 강력한 집단을 만들었다. 당시 왕흠은 재정이 넉넉지 못해 수천 명이나 되는 군사를 이끌 수가 없었다. 결국 그는 그 중 병사 수를 줄이며 기사회생을 꾀했으나 역부족이었다. 결국 그는 고립무원의 처지에 빠져 이내 실의 속에 세상을 떠났다.

증국번도 이 일을 통해 느낀 바가 많았다. 사람을 강압하는 방식은 오히려 도움이 되지 않는다는 사실을 깨달은 것이다. 이후 증국번은 부하들이 독자적으로 발전해 나갈 것을 적극 권장했다. 사실 그리 하는 것이 태평군을 대적하는 데 훨씬 효과적이었다. 이홍장과 좌종당은 증국번의 격려에 힘입어 자신들의 능력을 마음껏 펼친 대표적인 사례에 속한다. 증국번은 이홍장이 회군을 창군할 당시 물심양면으로 적극 도와주었다. 상군의 정예 부대를 뽑아 회군으로 편성해준 게 그 실례이다.[28]

이해 3월 4일, 이홍장은 증국번과 함께 부대를 사열하면서 정식으로 회군을 창립했다. 이홍장이 회군 병사를 모집하기 위해 안경으로 갔을 때 증국번은 이홍장을 위해 군대의 편제뿐만 아니라 무기와 군량도 상군과 똑같은 규모로 갖춰주었다. 증국번 사후 이홍장이 회군을 배경으로 천하를 호령케 된 배경이 여기에 있었다.

---

28 원래 이홍장의 고향 합비현은 회남 일대가 태평군의 수중에 들어갈 때 향신인 장수성張樹聲·장수산張樹珊 형제와 반정신潘鼎新, 유명전劉銘傳 등의 분투로 유일하게 안전을 도모할 수 있었다. 이들 모두 이홍장이 회군을 모집하자 곧바로 합류했다. 당시 이홍장은 증국번으로부터 이해 2월을 기한으로 회군 모집을 끝내야 한다는 명을 받고 있었다. 증국번은 회군의 성공적인 출발을 위해 휘하의 맹장 청학계程學啓와 곽송림郭松林에게 명하여 상군 일부를 이끌고 가 회군에 가담케 했다. 이때 그는 상군의 8개 부대를 골라 이홍장에게 보냈다. 여기에는 한정국韓正國이 이끄는 증국번의 호위병 2개 부대도 포함되어 있었다. 증국번은 이들을 이홍장의 호위병으로 임명했다. 증국번 휘하의 '개자開字' 2개 부대는 중국전으로부터 빌려온 군사로 정학계가 이끌고 있었다. 정학계는 본래 태평군 장수 진옥성陳玉成의 부장으로 있다가 청군에 귀순한 자였다. '임자林字' 2개 부대는 등사림騰嗣林과 등사무騰嗣武 형제가 이끌었다. 이들은 강소순무 설환이 호남 지방에서 모집해 온 자들로 본래 4천 명으로 구성되어 있었으나 증국번은 이들을 1천 명으로 줄여 회군에 편입시킨 바 있다. 진회웅陳飛熊이 이끄는 '웅자熊字' 부대와 마선괴馬先槐가 이끄는 '탄자坦字' 부대도 증국번의 명을 받고 회군에 편입되었다. 상군의

훗날 좌종당도 증국번의 도움으로 막강한 군사를 거느리게 되었다. 그는 증국번의 휘하에 들어온 후 명분상 조정에서 파견한 4품의 관리로 여러 업무를 보았으나 실질적으로는 증국번의 명을 받아 상군을 편성하고 훈련하는 일을 도맡았다. 이후 그 역시 이홍장처럼 고향으로 돌아가 병사들을 모집해 스스로 군대를 조직했다. 이후 그의 조직은 5만여 명의 막강한 군대로 성장했다. 증국번은 그에게 절강과 복건 일대의 수복을 맡겼다. 그는 증국번이 기회를 주자마자 빠른 속도로 증국번과 동등한 위치까지 올라갔다.[29]

이처럼 증국번의 배려로 인해 상군의 위세는 날이 갈수록 더욱 커졌다. 상군 창군 10년이 지난 시점에서 도독, 순무, 대장군 등 고위 문무 관료 중 상군 출신이 대부분이었다. 증국번과 어깨를 나란히 할 수 있는 위치에 오른 자만도 무려 20여 명에 이르렀다. 증국번의 명성은 하늘을 찔렀다. 증국번이 세상을 떠난 후에도 상군과 회군이 천하를 50년 이상 횡행케 된 배경이 여기에 있다. 많은 사람들이 증국번을 청대말기에 등장한 군벌의 효시로 간주하는 배경이다.

부장이던 진사걸陳士杰이 이들 부대를 통솔하며 이홍장과 함께 상해를 지켰다. 이들이 바로 회군이 창건된 초기의 기본 대오였다. 총 13개 대대, 6,500명의 회군은 바로 이들 상군 출신이 다수를 차지했다.

29 그러나 좌종당은 이홍장과 달리 누차 증국번과 충돌했다. 두 사람은 몇 년 동안 서로 소식을 끊고 지낸 적도 있었다. 그러나 신강 지역에서 반란이 일어났을 때 증국번은 가장 먼저 좌종당을 천거했다. 좌종당 역시 겉으로는 증국번을 대단치 않게 여기는 듯했으나 증씨 가문을 성심껏 배려했다. 여러 번에 걸쳐 증국번의 사위와 아들이 높은 자리에 오를 수 있도록 천거한 게 그 증거이다. 훗날 증국전이 친형 증국번의 뒤를 이어 양강총독과 남양대신을 겸하게 된 것도 좌종당의 천거 덕분이었다.

'반벽'과 '완벽'

당초 청국 조정은 태평천국의 난이 일어났을 당시 '오랑캐는 크게 우려할만한 대상이 아니다'라는 안이한 입장을 취하고 있었다. 양이를 끌어들여 난의 진압에 도움을 얻는 계책을 세운 것은 이 때문이다. 그러나 이는 적잖은 문제가 있었다. 양이 중 누구를 선택하고, 지휘권은 누가 장악하고, 훗날 논공행상은 어찌할 것인가 하는 등의 문제는 미결인 상태였다. 양강총독으로 있던 증국번이 이 계책에 소극적인 입장을 취한 이유가 여기에 있었다. 그는 조정을 공개적으로 반대하기 어려운 나머지 완곡한 어법으로 이같이 상주했다.

"중요 지역에서 태평군을 제거한 뒤 양이의 도움을 고려하는 것이 타당할 것입니다. 그것도 상해의 범위를 벗어나지 않도록 제한해야 합니다."

그러나 양이와 가장 교류가 많았던 상해의 관원과 향신들은 양이를 끌어들여 난의 진압에 도움을 얻는 계책에 적극적이었다. 상해의 관원 양방楊坊과 오후吳煦는 이미 함풍 9년(1859)부터 미국인 워드를 고용해 이른바 '양창대洋槍隊'를 조직해 운용하고 있었다. 워드의 양창대는 우수한 화력으로 늘 승리를 거둔 까닭에 통상 '상승군常勝軍'으로 불렸다. 이런 상황에서 서양인들과 전혀 교류를 한 적이 없는 이홍장은 이들을 어떻게 다뤄야할 지 난감했다. 그는 상하이에 도착하자마자 곧 스승에게 서신을 보내 양이와 협의하는 원칙 등에 관해 가르침을 청했다.

"상하이의 지방 관원들은 양이에게 잘 보이려 하고 있고 너무 유약합니다. 일부 반대자들은 너무 강경합니다. 저는 양이와 협상하는 원칙으로 강유剛柔의 중간을 취할 생각입니다."

이홍장은 통제와 회유의 사이에서 줄타기를 하고자 한 것이다. 증국번이 흔쾌히 동의한 것은 말할 것도 없다. 이때 문득 증국번 휘하에서 쌓은 전공을 인정받아 호남순무에 임명된 팽옥린의 사자가 밀봉된 서한을 갖고 왔다. 팽옥린은 순무 직책의 사퇴 의사를 수차례에 걸쳐 표명한 바 있었다. 증국번은 그가 겸양하여 그런 줄로만 알고 있었다. 그러나 그는 서한을 읽는 순간 아연 놀라지 않을 수 없었다. 그의 얼굴이 창백해졌다.

"지금 동남의 반벽半壁에 주인이 없습니다. 노사老師는 뜻이 없는 것입니까?"

'반벽'은 옥의 절반을 말한다. '동남'은 증국번이 다스리는 강남 일대를 뜻한다. 이는 장차 동남을 거점으로 하여 북으로 쳐들어가면 '완벽完璧'의 황제가 될 수 있다는 뜻을 내포하고 있다. 당시 팽옥린은 유사시 증국번에게 화가 미칠까 우려해 서명도 하지 않은 서신을 보낸 것이다. 그러나 증국번은 흔들리지 않았다. 여기에는 여러 이유가 있었을 것이다. 우선 건강이 좋지 않았다. 그의 일기가 이를 뒷받침한다.

"나는 30대부터 이야기를 오래 할 수 없다. 수십 마디만 말을 해도 숨이 차고 정신도 혼미해진다."

호흡기관에 이상이 있었을 공산이 크다. 그는 30대 중반부터 머리의 옴으로 고생을 했다. 이는 죽을 때까지 낫지 않았다. 그 외에도 그는 자신을 질책하는 버릇이 있었다. 50대 초반에는 불면증에 시달렸다. 그는 일기에서 양심에 거리끼는 일이 많아 잠이 오지 않았다고 반성했다. 불면증이 나은 후 잠을 잘 자게 되자 이번에는 정신력이 쇠약해진 것이 아닌지 의심했다. 일기에 젊을 때부터 일기에 바둑을 너무 두었다느니,

규방에 자주 드나들었다느니 하는 반성의 글을 쓴 게 그 증거이다. 그러나 보다 근본적인 이유가 있었다. 그는 일기에서 이같이 주장한 바 있다.

"창업하여 왕조를 세우는 창업수통創業垂統의 영웅은 가슴에 활달함을 품는 금회활달襟懷豁達을 제1의로 삼고, 위난의 나라를 구하는 부위구난扶危救難의 영웅은 몸과 마음을 다하는 심력노고心力勞苦를 제1의로 삼는다."

그는 스스로 후자에 속한다고 본 것이다. 팽옥린 등의 사주는 전자에 속한다. 당초 증국번의 부장들은 안경 탈환 후 그에게 황제가 될 것을 권한 적이 있었다. 함풍 11년(1861)의 이른바 '신유정변' 당시 서태후는 상군과 관계가 밀접한 숙순을 처형하자 상군의 장수들은 모두 장차 큰 화가 미칠 것으로 생각했다. 호림익은 이때가 증국번이 자립할 절호의 기회라고 여겼다. 그는 증국번의 생일잔치 때 말로 얘기하는 것이 곤란해 이내 쪽지 한 장을 건넸다.

"번개 같은 수단으로 보살의 마음가짐을 보여주시오."

결단을 촉구한 뜻은 분명했다. 서태후가 정권을 다투면서 인심을 잃는 기회를 틈타 군주를 위해 황위를 쟁취한다는 명의로 거사를 일으켜 강산을 차지하라는 것이었다. 그러나 증국번은 이를 받아들이지 않았다. 좌종당 역시 춘추시대 말기 초장왕이 주왕실에 있는 정鼎의 무게를 물은 이른바 '문정問鼎'의 고사를 인용해 그의 뜻을 물은 적이 있다.[30] 당시 증국번은 팽옥린이 밀봉 서한을 보내 보위에 오를 것을 은근

---

30 『춘주좌전』「선왕宣王 3년조」에 따르면 주정왕周定王 때 초장왕楚莊王이 천하를 차지하려는 야심을 품고 정왕의 사신에게 주왕周王의 상징인 9정九鼎의 크기와 무게를 물었다. 그러자 사

안경군계소 중국 최초의 근대 무기 군사 공장

히 종용하자 일이 커질 것을 우려해 서한을 꾸겨 입에 밀어 넣었다고 한다.

직례총독 승진

동치 원년(1862) 6월 16일 증국번의 동생 증국전이 절강안찰사로 승진하자 동생에게 편지를 썼다.

"늘 한결같은 마음으로 목숨을 바쳐 나라의 은혜를 갚고 몸가짐을

신은 왕위王位라는 것은 덕德에 있는 것이지 정鼎의 경중에 있는 것은 아니기 때문에 주周의 덕은 쇠퇴하였으나 천명天命은 아직 다하지 않았으므로 정의 경중은 묻지 않는 것이 좋겠다고 대답하였다. 여기서 나온 성어가 '문정경중問鼎輕重'이다. 이는 천하를 쟁취하려는 의지를 뜻한다.

바로 하여 수양에 힘써야 한다."

이해 말에 증국번은 사상 최초로 무기공장을 세웠다. 그것이 바로 안경군계소安慶軍械所였다. 이는 이후 이홍장과 좌종당 등이 복주와 상해 등에 무기공장을 세우는 단초가 되었다. 양무운동의 본격 개시가 이때부터 시작되었다고 해도 과언이 아니다.

동치 2년(1863) 정월, 증국번이 이끄는 상군이 8갈래로 나눠 마침내 남경성 밖에 도착했다. 얼마 후 익왕 석달개가 생포되어 참수를 당하면서 태평군의 주력군이 치명타를 입었다. 상군이 곧 남경으로 들어가는 구복주九洑州를 함락하자 남경의 양도가 끊어지고 말았다. 함락은 시간문제가 되었다. 이때 그는 다시 양무운동을 촉구하는 상주문을 올렸다.

"서양의 함포를 구매하는 일이 오늘의 어려움을 구할 수 있는 제1의 긴급사항입니다."

이에 이홍장이 상군 8천 명과 함께 배를 타고 상하이로 갔다. 이는 그가 훗날 증국번의 뒤를 이어 양무운동을 주도하며 북양군을 육성하는 결정적인 계기로 작용했다. 당시 이홍장은 상하이에서 신식무기의 위력을 목도하며 양무의 필요성을 절감했다. 이 사이 태평군과 관군은 일진일퇴를 거듭하고 있었다. 이때 증국번은 안경에 최초의 서양식 병기공장인 '안경내군계소安慶內軍械所'를 세웠다. 이듬해에 이홍장도 상해에 양포국洋砲局을 세운 뒤 이를 청국 최대의 무기공장인 강남제조국江南製造局으로 발전시켰다. 좌종당도 곧 이를 본받아 복주에 마미조선소馬尾造船所를 설립했다. 본격적인 양무운동의 발단이 안경의 무기공장 설립에서 비롯된 셈이다.

동치 3년(1864) 정월, 상군이 남경을 훤히 내려다 볼 수 있는 천보

성天堡城을 함락시키자 남경은 고성孤城이 되고 말았다. 이미 남경 주변 수백 리에 달하는 태평군의 영지는 모두 함몰되었다. 남경은 청군의 포화 속에 그대로 노출되었다. 외부지원도 없고 안으로 비축해 놓은 것도 없었다. 이때 비로소 증국번은 도적 소굴을 공격한다는 계책을 실행에 옮겼다.

증국번의 셋째 동생인 증국전이 마침내 이해 6월 6일에 좌종당과 이홍장이 항주杭州와 상주常州를 잇따라 함락시킨 여세를 몰아 마침내 남경을 함락시키는 대공을 세웠다. 당시 그는 안경에 머문 채 꼼짝 하지 않았다. 사실 남경의 함락은 증국번으로서도 오랫동안 바란 일이었으므로 그 역시 현장에 달려가고 싶었을 것이다. 그러나 그는 늘 동생인 증국전을 앞에 내세웠다. 지나치게 두드러지는 것을 피하기 위한 속셈이었다. 그는 상군이 남경을 함락하고 나서야 급히 배를 타고 가 뒷수습을 했다.

증국번은 권력을 놓고 자리를 물러날 때에도 결코 미련을 남기지 않았다. 이런 측면이 가장 잘 드러난 사례가 바로 남경 함락 직후 단행한 상군의 폐지였다. 일찍이 월왕 구천을 도왔던 문종과 한나라 개국공신 한신은 증국번과 비교도 안 되는 대입을 쌓았으나 결국 비참한 말로를 걸었다. 전국시대 진나라 장수 백기는 뛰어난 전공으로 인해 오히려 진소양왕과 재상 범수의 시기를 받아 결국 자진하고 말았다. 당제국을 중흥시킨 명장 곽자의 역시 증국번과 다툴 정도의 대공을 세웠다. 그러나 그는 '안사의 난'을 평정하자마자 스스로 근신하며 군권을 포기하고 겸손한 태도를 보인 후 여생을 탈 없이 보낼 수 있었다. 뛰어난 학식을 자랑한 증국번이 극성할 때 물러나는 것이 현명한 처사라는 사실을 모를 리 없었다. 그는 자신이 생사의 중요한 기로에 서 있음을 깨달았다.

그는 동생 증국전에게 편지를 썼다.

"내가 분에 넘치는 높은 자리에 오르고 헛된 명성을 구하면서도 마음 속 깊은 곳에는 항상 언제든 밑바닥으로 굴러 떨어질지 모른다는 걱정이 자리 잡고 있었다. 지난 역사를 돌이켜보면 권력과 명성을 가지고 천수를 누린 인물은 거의 찾아볼 수 없다. 걱정되는 것은 내가 한창 위세를 누릴 때 너희들을 제대로 챙겨주지 못해서 내가 어려움에 처할 경우 너희들까지 연루되지나 않을까 하는 것이다. 지금부터라도 서로를 다그치며 혹시 닥칠지 모를 큰 화를 면하도록 하자."

당시 증국번의 친구 두란천竇蘭泉도 태평군의 근거지가 함몰되었다는 소식을 듣고 그에게 이같이 말한 바 있다.

"대공을 세우고 뜻을 이뤘으니 기쁜 일이네. 그러나 말년을 순탄하게 보내기 위해서는 깊이 생각하고 주도면밀한 대비를 해야 한다네. 나라와 백성을 위한다면 반드시 '근검勤儉'이라는 두 글자를 견지해야 하고, 집안을 위하고 자신을 위한다면 반드시 '퇴양退讓'이라는 두 글자를 견지해야 하네."

그가 상군을 서둘러 해산한 뒤 낙향할 뜻을 밝히자 청조는 오히려 불안해했다. 실제로 태평군 잔당이 완전히 토멸된 것도 아니었다. 당시 천왕 홍수전은 이미 죽은 뒤였다. 이후 장강의 남북에서 태평군이 산발적으로 저항했으나 사실 남경의 함락은 태평천국의 종언에 해당했다. 태평천국의 난은 총 15년간에 걸쳐 진행되었다. 중국 전체의 3분의 2에 해당하는 17개 성에서 동시다발적인 전투가 진행되면서 2천만-3천만 명에 달하는 희생자가 났다.

남경 함락 직후 증국번은 태자태보太子太保에 임명돼 1등 후작에 봉해졌다. 작호는 의용후毅勇侯이다. '굳센 용기를 지닌 제후'의 뜻이다.

한인이 후작에 봉해진 것은 청조 역사상 처음 있는 일이었다. 그의 동생 증국전과 이홍장도 남경 함락의 공을 인정받아 각각 1등 백작에 봉해졌다.

그러나 원래 함풍제의 유조에 따르면 남경을 함락하고 태평군을 진압한 증국번은 왕에 봉해져야만 했다. 서태후를 중심으로 한 청국 조정은 증국번의 세력이 커지는 것을 두려워한 나머지 그에게 일등 후작을 봉하면서 속히 군사를 정리할 것을 명한 것이다. 일설에 따르면 당시 증국전과 팽옥린, 좌종당, 포초鮑超 등 4인은 이 소식을 접하자 급히 상의한 뒤 30여 명의 고위 장령을 이끌고 밤중에 증국번에게 면담을 요청했다. 이때 증국번이 수수께끼 같은 글을 그들에게 던졌다.

하늘 의지해 바다를 비추니 꽃이 무수히 많지 倚天照海花無數
흐르는 물과 높은 산처럼 마음은 스스로 알지 流水高山心自知

왕개운 (1833~1916) 청나라 말의 학자이자 교육자

증국전 등 4인은 그 뜻을 풀지 못하고 이내 그를 황제로 옹립하려던 생각을 버렸다고 한다. 그러니 당시 증국번에게 초지일관하여 보위에 오를 것을 가장 강력히 권한 사람은 동향출신인 왕개운이었다. 증국번보다 20세 연하인 그는 민국 수립 후 국사관國史館 관장으로 재직하면서 『춘추공양전전春秋公羊傳箋』을 저술하는 등 청대 말기 문

단의 제1인자로 평가받은 바 있다. 당초 그는 태평천국의 난이 일어나자 증국번의 막료로 활동하면서 뛰어난 변려문駢儷文을 지어내 증국번 휘하의 유일무이한 변려문 권위자로 이름을 떨쳤다. 문학뿐만 아니라 경사서와 제자백가에도 조예가 깊어 스스로를 강태공姜太公과 장량, 제갈량, 주원장의 책사인 유기劉基 등에 비유한 그는 '제왕학'의 실현에 깊은 관심을 나타냈다. 그가 새 시대의 제왕으로 주목한 인물이 바로 증국번이었다.

당시 증국번이 그의 재주를 높이 사 중용하자 그는 여러 차례 글을 올린 후 마침내 증국번을 직접 찾아가 설득했다. 자신이 터득한 '제왕학'의 비술을 실현코자 한 것이다. 그의 권유는 증국번에게 보위에 오를 것을 최후로 권한 경우에 속한다. 그가 3번째로 증국번을 찾아간 것은 태평천국의 난이 진압된 후 증국번이 상군을 감군하여 스스로 날개를 자른 지 1년이 지난 뒤였다. 당시 그는 명성을 크게 떨치고 있었다. 학문토론을 구실로 증국번을 만난 그는 증국번에게 두 가지 방책을 제시했다. 군사를 이끌고 북경으로 올라가 서태후의 수렴청정이 전래의 규정에 부합하지 않는다는 점을 밝히고 고명대신顧命大臣이 되는 방안과 아예 동남지역을 근거지로 하여 의거하여 보위에 오르는 방안이 그것이었다. 그는 증국번에게 '조조曹操'가 될 것을 강력히 권한 것이다.

그러나 증국번은 무슨 말을 하는 것인지 모르겠다는 표정으로 이를 흘려들었다. 증국번은 왕개운을 지기志氣가 높은 문사 정도로만 여기고 예를 다하면서도 그의 진언을 받아들이지 않았던 것이다. 왕개운은 자신의 '제왕술'을 더 이상 써 먹을 수 없다는 사실을 한탄하며 쓸쓸히 돌아갔다고 한다. 이때 그는 '공이 너무 높으면 군주를 두렵게 만든다.'는 역사적 사실을 상기시키며 토사구팽兎死狗烹의 전철을 밟지 말 것을 당부했다.

지금까지도 당시 증국번이 보위에 오르지 않은 것을 두고 많은 얘기가 나오고 있다. 우선 증국번의 뇌리에 깊인 각인된 유가의 충군忠君 사상을 거론하지 않을 수 없다. 그러나 사실 그보다 더 큰 이유가 있었다. 객관적으로 볼 때 그가 보위에 오르기에는 적잖은 무리가 있었다.

첫째 청국 조정은 비록 서양인들에 무기력하고 치국치민에 무능한 모습을 노정하고 있었으나 한인 관원에 대해서만큼은 방어태세를 결코 늦추지 않고 있었다. 상군의 병력은 강남의 수개 성에서 우세를 점하고는 있다고 하나 만주족 왕공이 많은 관병을 이끌고 북상의 관문인 장강 상류 지역과 안휘성의 중간지역에 대거 포진하고 있었다. 이는 청국 조정이 이미 상군에 대비하고 있었다는 것을 뜻한다. 증국번이 이를 모를 리 없었다.

둘째 절강의 좌종당과 강서의 심보정 등은 증국번이 보위에 오를 생각이 없는 것을 알자 이내 마음이 떠나 있었다. 이들은 상군이 북상할 경우 그 배후를 겨냥한 2개의 날카로운 검과 같았다. 이런 상황에서 동원할 수 있는 군사를 최대한 규합할지라도 10여만 명을 넘기 힘들었다. 태평군이 수백만 명의 민중을 끌어들였는데도 결국 실패한 점에 비춰 이는 실현가능성이 없었다. 특히 이홍장은 비록 증국번이 키운 인물이라고는 하나 중요한 순간에 과연 청국전과 팽옥린, 포초 등과 생사를 같이 할 것인지 여부를 알 길이 없었다.

셋째 상군이 비록 전투에 능하다고는 하나 이미 장기간의 전투를 거쳐 기세가 많이 꺾여 있었고 특히 군기가 크게 문란해 있었다. 부패의 정도는 이미 녹영綠營을 능가하고 있었다. 이미 명성이 떨어진 군사를 이끌고 천하를 얻으려고 할 경우 이에 호응할 백성이 많지 않았다.

이런 여러 사항을 감안할 때 증국번은 애초부터 황제가 될 생각을 꿈에도 품지 않았다고 보는 게 타당하다. 실제로 그는 곧바로 상군을 감축해 청국 조정의 의심을 벗어났다. 그러나 남경 함락 직후 이들 형제를 무함하는 수많은 유언비어가 난무했다.

"상용의 장령들이 금은보화를 약탈해 고향으로 실어 날랐다."

이는 전혀 근거 없는 것은 아니었으나 증국번은 오랫동안 고생한 부하들을 추궁할 생각이 없었다. 그러나 가장 무서운 소문은 이런 것이었다.

"증국번이 상군을 이끌고 북상해 청조를 뒤엎고 새 왕조를 만들 것이다."

강한 상군과 약한 만주팔기를 생각하면 이는 불가능한 일도 아니었다. 당시 정규군은 아무 소용이 없다는 사실이 증명되었다. 정규군으로 용감히 싸운 것은 태평군을 격파한 몽골의 셍게린친僧格林沁의 몽골 기병뿐이었다. 「토월비격」에서 근황勤皇에 대한 말이 없는 것도 이런 의구심을 부추길 만했다. 나라 안에서 가장 강력한 군사를 거느린 자가 황제에게 가장 위험한 인물인 것은 물론이다. 군주를 두렵게 만드는 권신의 막강한 위세인 이른바 '진주지위震主之威'로 인한 위험성이다.

증국번은 남경탈환 직후 군비절약 등을 이유로 곧바로 5만 명에 이르는 상군을 해체하고 동생인 증국전을 고향으로 보냈다. 이때 그는 상군의 우수한 간부를 이홍장에게 물려주었다. 회군은 상군에 비해 아직 규모가 작아 의심을 받을 정도는 아니었다. 그가 동생인 증국전이나 같은 상군계의 좌종당 등에게 사람을 넘겨주지 않은 것은 뒤에서 실권을 쥐고 있다는 의심을 받을까 우려했기 때문이다.

실제로 청조는 그가 태평군을 진압하기 위한 상군을 조직할 때부터 세력이 커지는 것을 우려해 여러 방법을 동원해 그를 견제했다. 그는 태평군을 제압한 후 더욱 신중한 모습을 보였다. 당시 상군은 태평군의 수많은 재물을 약탈했다. 여러 금은보화로 가득 찼던 천경은 완전히 몰락했다. 조정과 재야의 관원들 사이에 의견이 분분했다. 그는 우회적인 방법으로 이를 불식시켰다. 북경에 돌아온 후 그는 여러 일을 하느라 정신없이 바빴다. 남경에서 진행되는 국방업무에 대한 조정의 오해를 불식시키기 위해 남경에 기병 연대를 건설하고 기병을 남경에 주둔시키면서 과거 시험장인 공원貢院을 신설해 강남의 지식인을 발탁했다. 조정관원이 이구동성으로 칭찬을 아끼지 않았다. 조정도 그에게 아무 것도 추궁하지 않았다. 사실 당시 증국번은 상군이 약탈한 재물을 내놓을 수 있는 입장도 아니었다.

이홍장과 함께 염군을 토벌하다

동치 4년(1865) 여름 산동성 일대에서 태평군의 잔당과 합세한 염군捻軍이 크게 발호하기 시작했다. 청조는 그에게 명해 곧바로 염군 토벌에 나서도록 했다. 증국번이 상군을 이끌고 염군토벌에 나섰으나 염군의 위세는 날로 확대되었다. 이는 염군이 동치 5년(1866) 가을에 이르러 동군과 서군으로 나뉘면서 전선이 확대된 결과였다. 결국 장수산이 이끄는 회군이 염군에게 전멸당하고 장수산마저 전사하는 일이 빚어졌다. 소식을 들은 그는 크게 놀라 이홍장에게 편지를 썼다.

"반드시 계책을 정한 후 전쟁을 해야 승리할 수 있다. 부디 잊지 말기 바란다."

염군 태평천국과 같은 시기인 1853년부터 태평천국이 몰락한 뒤인 1868년까지 화북지역에서 봉기한 반청 반란집단

그는 태평군과 싸울 때 시종 계책을 정한 후 전쟁에 임했다. 『손자병법』의 병략을 철저히 좇은 것이다. 그는 스스로 계략에는 능하나 야전 지휘는 잘 하지 못한다는 점을 잘 알고 있었다. 그는 일찍이 호림익에게 이런 내용의 편지를 쓴 바 있다.

"소생은 훈련시키는 재주는 있으나 전쟁을 수행하는 재주는 없소. 용병을 잘 하지 못하면 시기時機를 번번이 놓치게 되오."

그가 늘 경계한 것은 장령들의 교만함과 태만함이었다. 그가 매번 신중을 기하며 철저히 계책을 세운 이유이다. 이는 많이 생각하고 다른 사람에게 겸허히 가르침을 얻어야 한다는 것을 뜻한다.

사람들은 그를 두고 '사람을 알아보는 안목을 갖춘 사람'이라고 평했다. 그가 직접 전장에 나가지 않는 것을 두고 왕개운은 이같이 평한 바 있다.

"증국번은 의병을 일으켜 큰 공을 세웠으나 스스로 결코 장수가 될 수는 없다고 여겼다. 이에 그는 가르치고 훈련하는 것만 책임졌다."

그러나 전략을 짜고 모든 국면을 고려해 배치하는 면에서 그는 비범한 능력을 발휘했다. 최근 그가 태평군과 염군을 진압한 전략과 관련해 많은 학자들이 심도 있는 연구를 하는 것도 이 때문이다.

동치 5년(1866) 염군의 세력이 더욱 확산되어 흠차대신 셍게린친을 사살할 정도로 막강한 위세를 떨쳤다. 그는 상소문에서 셍게린친의 패배원인을 이같이 요약했다 .

"셍게린친이 통솔한 군대는 기병을 위주로 하고 보병을 보조로 삼아 서로 보좌하는 작전을 썼습니다. 셍게린친은 친히 기마부대를 통솔해 염군을 추격했다. 하루 100여 리까지 갔으나 보병부대가 뒤처지는 바람에 보병과 기병이 서로 보좌하는 효과를 기대키 어려웠습니다. 이로 인해 마침내 적에게 기회를 주게 되었습니다. 염군이 비록 민첩하고 행동이 빠르나 염군은 안휘성 북쪽 사람과 산동성 서쪽 사람이 많아 매년 추수하는 계절이 되면 반드시 고향을 방문해 가족 친지와 만나고 식량도 구매하니 이를 이용하면 적들을 능히 제압할 수 있습니다."

그는 일단 염군을 크게 포위한 후 점차 포위망을 좁혀가 최종적으로 적을 섬멸하는 책략을 세웠다. 한 성에 일이 생기면 나머지 3성은 원조를 하고, 원군과 식량 무기는 대영에서 공급토록 했다. 중요한 곳을 방어해야만 추격당하는 대세를 막을 수 있고, '안정된 병사'로 '안정되지 않은 병사'를 제압하는 것이 되는 셈이었다. 이소경李昭慶을 기병으로 구성된 유격대장으로 삼았다. 그는 중요 지점에 방어시설을 배치해 염군 병사들을 제한했다.

이해 5월, 그는 중요 지점에 방어시설을 배치하는 것 외에 사하沙河, 가로하賈魯河 운하에도 방어시설을 배치할 것을 상소했다. 강가에 제방과 보루 등을 쌓아 염군이 서쪽에서 하남과 산동 등을 공격하는 것을 저지하고 설령 공격을 받을지라도 염군의 공격을 지체시켜 서쪽으로 철퇴토록 만들 수 있다는 주장이었다. 그러나 그의 방어시설을 배치해야 할 지역이 너무 넓어 힘이 분산되는 약점이 있었다.

결국 사하와 가로하 운하의 방어선이 모두 무너져 그의 '염군섬멸' 작전은 실패로 돌아갔다. 이는 전략의 잘못이라기보다는 회군의 지휘에 걸림돌이 너무 많은데 따른 것이었다. 이해 겨울, 증국번이 연패를 당하자 강소순무 이홍장이 흠차대신이 되어 그를 대신해 염군토벌에 전념케 되었다.

동치 6년(1867) 초 이홍장이 마침내 염군을 소탕하는데 성공했다. 이는 그가 중요 지점에 방어시설을 배치한다는 증국번의 전략방침을 좇은데 따른 것이었다. 양계초의 『이홍장전』에 나오는 다음 대목이 그 증거이다.

"먼저 관군이 염군을 섬멸하는 것은 살금살금 뒤를 쫓는 것에 불과하고 이것도 헛수고로 돌아갔다. 중간에 방어해 막자는 말이 있었으나 한 귀로 듣고 흘렸다. 공격하든 수비하든 대강 하거나 제멋대로 하게 내버려두어 병기만 무디게 했고, 전체 국면을 계산하지 않아 일정한 방침과 계략을 세우고도 오랫동안 아무 성과가 없었다. 증국번이 군사 일을 맡은 후 비로소 포위작전을 세우고 적을 순식간에 몰아 세워 섬멸할 수 있다고 했다. 이홍장이 그 명을 받들어 염군을 평정했다."

요체는 먼저 가지를 치고 이후 뿌리를 뽑는 식의 전략을 구사한데 있었다. 당시 증국번은 재차 양강총독에 제수되어 통상사무대신通商事務大臣의 직책을 겸하게 되었다. 이는 양무운동이 본격적인 궤도에 오른 사실과 무관치 않았다.

동치 7년(1868) 7월, 증국번이 직례총독에 임명되고, 호광총독 이

염길 증국번이 추진했던 윤선(수레바퀴 배)

홍장은 협판대학사에 제수되었다. 청조가 개창된 이래 한족이 이런 막중한 권력을 가진 적이 없다. 염군 토벌 당시 '독판직례·산동·하남 3성군무督辦直隸山東河南三省軍務'에 제수된 적은 있으나 직례총독에 임명된 것은 아니었다. 많은 책들이 당시 그가 직례총독을 맡은 후 이때에 이르러 다시 직례총독의 자리에 오른 것으로 기술해 놓았으나 이는 잘못이다.

그는 직례총독에 제수된 지 얼마 안 돼 자신이 양강총독으로 있을 때 건조 중이던 윤선이 진수식을 갖게 되었다. 이는 강남의 조선조의 사상 첫 윤선이었다. 증국번은 감격스런 표정으로 배에 올라 시험운항한 뒤 배의 명칭을 편안하고 길하다는 뜻의 '염길恬吉'로 정했다.

이해 12월에 그는 태후와 동치제를 배견키 위해 북경으로 올라왔다. 함풍 2년에 향시의 정고관으로 임명돼 경사를 떠난 지 17년 만의 첫 귀경이었다. 새해를 며칠 앞둔 시점이었다.

동치 8년(1868)의 새해가 밝아오자 증국번은 대신들을 대표해 태후와 동치제에게 신년인사를 올렸다. 정월 16일에 열린 건청궁 정신연廷

臣宴에서 동쪽을 향해 늘어선 한인 대신들의 맨 앞에 섰다. 연회가 시작되자 동치제의 지근거리에서 만인 출신 대학사 왜인倭人과 마주보고 앉았다. 그가 생전에 받은 최고의 영예로운 자리였다. 증국번은 다음날 양무운동을 적극 후원한 공친왕 혁흔을 예방한 뒤 곧 보정保定으로 가 군사를 사열했다. 얼마 후 그는 천진으로 가 서양식 무기로 무장한 최초의 관군인 '양창대'를 만들었다.

동치 9년(1870)에 들어와 그의 건강이 급속히 나빠지기 시작했다. 간에 병변이 생겨 마침내 오른쪽 눈을 실명하고 말았다. 곧 병가를 얻어 요양에 들어갔으나 1달을 더 연장해야만 했다. 이때 문득 이른바 '천진교안天津教案'이 발생했다. 이는 프랑스 선교사를 비롯한 서양인이 성난 인민에게 대거 타살된 사건을 말한다. 당시 천진에는 발해에 면한 곳에 '망해루望海樓'로 불리는 프랑스계 성당이 있었다. 언제부터인가 이 성당 안에서 어린아이의 눈알과 심장을 도려내 약을 만든다는 괴문이 나돌았다. 마침 어린이 유괴사건이 일어난 직후 무란진武蘭珍이라는 자가 유괴혐의로 붙잡힌 뒤 이런 소문을 뒷받침하는 진술을 했다.

그러나 그는 현장 검증 과정에서 중언부언했다. 관원이 그를 다시 아문으로 데려가자 현장에 있던 백성들이 프랑스의 압력에 굴복했다며 흥분하기 시작했다. 지현 유걸劉傑이 설득에 나섰으나 아무 소용이 없었다. 이때 화가 난 선교사 퐁타니엘이 유걸과 말다툼 끝에 권총을 뽑아 방아쇠를 당기는 순간 유걸의 시종이 뛰어들어 대신 총에 맞아 죽었다. 이를 목도한 백성들이 곧 퐁타니엘을 비롯해 눈에 띄는 영국인과 미국인, 러시아인 등 외국인 20명을 타살한 뒤 교회당을 비롯해 프랑스 영사관과 영국인과 미국인 등이 운영하는 학교 등을 불 태웠다.

보고를 접한 조정이 황급히 증국번에게 명해 사건을 수습케 했다.

이때 프랑스 공사 로슈쉬알이 천진으로 달려와 교전 가능성을 언급하며 피해배상과 함께 해당 관원들에 대한 사형을 요구하고 나섰다. 증국번이 관원들의 직위해제와 형부로의 이송 방안을 제시했으나 로슈쉬알은 강경한 자세를 굽히지 않았다. 증국번이 곧 상주했다.

"서양인은 시비를 논하지 않고 오로지 힘을 내세워 우리를 핍박하고 있습니다. 우리가 만전의 태세를 갖추지 못할 경우 더욱 날뛸 것이 분명합니다. 만반의 태세를 갖춰야 저들도 교섭에 응할 것입니다."

이에 그는 병사 9천 명을 천진 남쪽의 창주滄州에 주둔시킨 뒤 호광총독 이홍장에게 연락해 유사시 즉각 출동할 수 있도록 만반의 준비를 갖춰줄 것을 당부했다. 증국번은 조사 끝에 범인 45명을 체포해 방화 및 살인을 주도한 20명을 사형, 방조범 25명을 도형徒刑에 처했다. 이 사건은 마침 유럽에서 보불전쟁이 일어난 것을 계기로 로슈쉬알이 증국번의 처리내용을 수용함으로써 마무리되었다.

이 사건이 마무리될 즈음인 이해 8월 22일에 또다시 양강총독 마신이馬新貽가 척살되는 사건이 빚어졌다. 이날 마신이는 총독 관서에 근무하는 병사들을 사열하기 위해 교장으로 갔다. 원래 매월 21일이 사열을 받는 날이나 비가 많이 와 하루 연기된 것이다. 관서의 옆문으로 작은 길을 통하면 교장으로 쉽게 갈 수 있었다. 마신이가 사열을 마친 후 이 길을 통해 다시 관서로 돌아오던 중이다. 어떤 사람이 갑자기 다가와 무릎을 꿇더니 돈을 구걸했다. 그는 동향출신 왕함진王咸鎭이었다. 마신이가 언짢은 듯 말했다.

"이미 두 번이나 도와줬는데 어찌해서 또 왔단 말인가."

말이 끝나기도 전에 짧은 청나라 군복을 입은 사람이 급히 다가와 오른 무릎을 굽히고 인사를 올리는가 싶더니 순식간에 군화에서 번뜩

이는 단도를 꺼내 마신이의 가슴을 찔렀다. 자신의 이름을 장문상으로 밝힌 암살범은 도주하지 않고 순순히 잡혔다. 이 사건이 빚어지기 며칠 전 마신이는 공문을 하나 받았다. 공문의 겉봉에는 해당부서의 직인도 없었다. 겉봉을 찢으니 글은 없고 죽은 말 한 마리를 그리다 만 그림이 동봉되어 있었다. 마신이는 잠도 제대로 못 자고 음식도 못 먹을 정도로 불안에 떨어야 했다. 편지를 보낸 사람이 바로 왕함진이었다.

양강총독을 암살한 것은 청조 역사에서 단 한 번도 없던 일이라 민심이 흉흉했다. 사건 발생 3일 후 강녕장군 괴옥독魁玉督에게 명해 암살 배후를 캐도록 했다. 장문상은 애매한 진술로 일관하면서 진상이 밝혀지지 않자 조정은 다시 조운총독 장지만張之萬까지 보내 강도 높게 조사토록 했다. 그러나 왕함진이 밝힌 이유는 설득력이 부족했다.

오래전에 억울한 일을 당한 적이 있어 마신이의 가마를 가로막고 호소했으나 그가 이를 본체만체했고 이후 작은 전당포를 하나 열려 했는데 마신이가 이를 엄금해 이에 앙심을 품고 살해하게 되었다는 것이다. 그 밖의 이유는 전혀 실토하지 않았다. 중대한 사안을 신속히 해결하지 못하면 조정의 체면이 말이 아니었다. 결국 조정은 천진에서 업무를 거의 마친 증국번을 다시 양강총독에 임명하면서 진상을 파헤치도록 하면서 형부상서 정돈근鄭敦謹을 흠차대신으로 임명해 그를 돕도록 했다. 이때 이홍장이 증국번을 대신해 직례총독에 임명되었다. 이는 청조가 제자인 이홍장을 활용해 스승인 그를 적극 견제한 결과였다.

당시 증국번은 사안의 중대성을 잘 알면서도 마음속에 뭔가 걸리는 바가 있었다. 부임 전에 서태후의 생각을 알아볼 요량으로 배견의 청을 올렸다. 서태후가 이해 10월 30일에 양심전으로 그를 불러 물었다.

“마신이는 평소 일처리가 어떠했소.”

“무척 꼼꼼하면서도 모나지 않았습니다.”

증국번은 서태후가 이 사건을 더 이상 확대하고 싶지 않다는 속셈을 읽었다. 원래 대단히 엄격하고 신중하게 일을 처리하는 그가 이 사건에 대해서만큼은 건성으로 처리하는 모습을 보인 이유이다.

동치 10년(1961) 3월 19일 증국번이 마침내 마신이 사건에 대한 최종 보고문을 올렸다 .

“여러 번 심문했으나 범인은 이전에 했던 말만 반복하고 있습니다. 20일 넘게 호되게 심문하는 과정에서 범인이 여러 번 음식을 거부해 지금은 마지막 한 숨만 남아 있을 정도입니다. 만일 목숨을 잃는다면 이는 오히려 엄혹한 형벌을 벗어나게 해주는 꼴입니다.”

4월 3일, 그는 왕함진을 능지의 형을 집행한 뒤 마신이의 영구 앞에 그의 심장을 바쳐 제사지내면서 나라의 법을 보호하고 죽은 자를 위로하는 뜻을 표했다. 이에 반년 동안 나라를 시끄럽게 한 ‘마신이 암살사건’은 막을 내렸다.

원래 마신이는 증국번 휘하에서 태평군과 싸운 공을 인정받아 증국번의 후임으로 양강총독에 임명된 자였다. 당시 현장에서 잡힌 범인 왕함진이 함구하면서 그 배경을 둘러싸고 숱한 풍문이 나돌았다. 가장 널리 회자한 풍문은 마신이가 왕함진 및 조이호曹二虎 등과 의형제를 맺었으나 이내 조이호의 아내와 사통하다가 추문이 번지자 조이호를 염군과 내통한 혐의로 처단했고, 이에 격분한 왕함진이 대신 원수를 갚았다는 것이다. 당시 이 풍문은 너무 유명해 상하이에서는『자마전刺馬傳』이라는 연극이 만들어지기도 했다. 지난 1973년에 나온 영화 〈자마刺馬〉와 2007년에 이를 리메이크한 〈명장名將〉 모두 바로『자마전』을 새롭게 각색한 것이다.

그러나 증국번이 조사한 결과 왕함진은 마신이와 일면식도 없는 사이였다. 원래 태평천국의 비장裨將으로 있던 그는 마침 동향 출신 관군 시금표時金彪가 포로가 되자 그와 함께 탈주한 뒤 도주한 아내를 찾아 여러 곳을 헤매다가 호구지책으로 전당포 영업을 해 왔다. 이때 마신이가 해적 단속을 이유로 전당포 영업도 금지하자 이내 파산케 되 그는 시진표로부터 마신이가 신강의 회교집단과 내통해 반란을 꾀하고 있다는 뜬소문을 전해 듣고 범행을 저지른 것이었다.

증국번은 이해에 들어와 전부터 줄곧 생각해 온 유학생 파견계획을 이홍장과 연명해 상주했다. 그는 상주문에서 이같이 주장했다.

"중미조약에 미국에서 공부하는 중국인을 우대한다는 조항이 있으니 우선 13-20세의 청소년을 선발해 유학을 보내는 것이 좋을 것입니다. 영국공사도 적극적인 태도를 보이니 앞으로 영국에도 유학생을 보내야 할 것입니다. 유학생은 매년 30명으로 하고 학습기간은 15년으로 하는 것이 좋을 것입니다."

이는 양무운동을 뒷받침하는 결정적인 전기가 되었다. 양무운동의 궁극적인 목표는 부국강병이었다. 그러나 우선 태평천국 및 염군의 난과 같은 시급한 과제를 해결키 위해서는 신식무기가 절실히 필요했다. 당시 그가 각지의 군영을 차례로 사열하면서 수시로 무기 공장에 들러 양질의 무기제조를 독려한 것은 바로 이 때문이었다. 그는 태평천국의 천왕부로 사용되었던 원래의 양강총독 아문의 수리가 끝나자 곧바로 입주해 공무를 보았다.

동치 11년(1872) 정월에 들어와 병이 심각해져 다리가 마비되는 증세가 나타났다. 혀도 전혀 움직이지 않아 말도 하지 못하게 되었다. 마침내 그는 이해 2월 4일에 총독 아문에서 숨을 거두었다. 그는 자신이 궤멸시킨 태평천국의 천왕부가 있던 바로 그 자리에서 파란만장한 삶을 마감한 것이다. 향년 62세였다.

진충보국의 삶

이상 살펴본 바와 같이 증국번의 삶은 파란만장 했다. 그에 대한 평가는 오랫동안 홍수전과 불가분의 관계를 맺고 있었다. 그에 대한 평가가 시기별로 부침을 겪은 것은 바로 이 때문이었다. 한때 중국 역사상 최고 수준의 농민혁명으로 칭송받은 태평천국에 대한 최근의 평가는 과거와 사뭇 다르다. 이는 태평천국의 난이 결코 혁명적이지도 않았고 오히려 파괴적이었다는 사실이 명백히 밝혀진 결과이다. 두 사람에 대한 객관적인 평가는 이미 끝난 셈이다. 사실 당시 증국번은 태평천국의 문제점을 통찰하고 있었다. 그가 격문에서 태평천국을 혹세무민의 비적 집단으로 매도한 것이 그 증거이다.

증국번은 시종 진충보국盡忠報國의 삶을 살았다고 해도 과인이 아니다. 그가 주위의 강권에도 불구하고 죽는 순간까지 시종 청조에 충성을 바친 것은 '진충보국'에 대한 그의 신념이 얼마나 강했는지를 반증하고 있다. 그가 세상을 떠난 후 안휘순무 영한英翰은 상주문을 올려 사당을 지어 그의 행적을 홍보해야 한다고 주장한 것도 그의 '진충보국' 행보에 대한 확신이 있기에 가능했다.

그가 보여준 '충'은 맹목적인 충성인 이른바 '우충愚忠'이었다. 동치 2년(1863) 1월에 그는 먼저 죽은 동생의 묘지명을 쓰고자 붓을 든 적이

태평천국의 난 1850년에서 1864년까지 중국 대륙에서 벌어진 대규모 내전

있다. 그러나 저녁 내내 단 한 글자로 생각해 내지 못했다. 결국 그는 이런 내용의 애도문을 지었다.

> 지난 12년의 싸움에서 맹목적인 충성으로 국은에 보답했으니
> 3천리 밖 형제는 눈물 젖은 편지로 하늘 끝에서 함께 울었네

이는 자신의 삶에 대한 자평이기도 했다. 그가 한인으로서는 최고의 자리에 오르게 된 데에는 생전에 수많은 인재를 길러낸 것이 크게 작용했다. 그는 사람을 알아보는 지감知鑑에 뛰어났고 적재적소의 용인술에도 탁월한 능력을 보여주었다. 크게 보아 이 역시 자신에게 충성을 바치는 이들을 키워 자신의 역량을 키우기 위한 것이었다. 실제로 그로부터 지우지은知遇之恩을 받은 사람은 그를 위해 기꺼이 목숨을 바쳤다. 나택남과 이속빈 등이 전사하고, 탑제포와 이속의李續宜 등이 열심히 일하다가 과로사한 배경이 여기에 있다. 그의 동생 증국화 역시 이속빈의 군대를 따라나서 단기필마로 적군을 뚫고 들어가다 진몰했다.

이들 중에는 서생으로 있다가 붓을 던지고 칼을 잡은 자도 있고, 하찮은 직위에 있다 중용된 자도 있다. 이들은 모두 그의 발탁을 계기로 당대의 인재가 되어 '진충보국'을 실천했다. 상군은 이후 회군과 함께 동남부를 주름잡은 거대한 집단이 되었다. 상군이 없었다면 녹영과 8기병으로 태평군의 기세를 막을 수 없었다.

그러나 증국번에 대한 평가는 태평천국의 진압보다 양무운동에서 그 근거를 찾는 것이 타당할 것이다. 원래 제1차 아편전쟁 당시 임칙서와 위원 등은 『해국도지』와 『사주지』 등을 저술해 서구 열강의 선진 과학기술을 속히 받아들여 부국강병을 꾀할 것을 주문한 바 있다. 그러나

이들의 이런 주장은 하나의 주장에 그치고 말았다. 증국번이 효시를 이룬 양무운동은 청조의 승인을 받아 국가정책의 일환으로 추진되었다는 점에서 이와 차원을 달리한다. 이는 태평천국의 난을 진압한 증국번과 이홍장이 막강한 무력을 바탕으로 황실의 신임을 얻은 데서 가능했다. 청조의 최고 실권자였던 공친왕 혁흔 등이 이를 적극 후원하고 나선 것이 그 증거이다.

당시 그를 비롯한 양무자강파가 시행한 일련의 양무운동에서 주목할 점은 근대적인 교육기관과 관독상판官督商辦을 세운 점이다. 외국어와 자연과학을 가르칠 목적으로 북경과 상하이에 세워진 동치 원년(1862)의 동문관同文館과 광동언관廣方言館은 증국번의 주장을 수용한 데 따른 것이었다. 1870년대에 대대적으로 전개된 구미 각국으로의 유학생 파견 움직임 역시 증국번의 주장을 구체화한 것이었다.

'관독상판'은 정부의 감독 하에 회사경영을 민간에 위탁한 반관반민의 기업형태를 말한다. 이는 1870년대에 들어와 이홍장의 적극적인 후원 하에 구체화했다. 현재 초고속 성장을 뒷받침하는 중국이 채택하고 있는 기업 형태 중에는 사실 '관독상판'과 닮아 있는 것이 매우 많다. 그런 점에서 양무운동을 과거와 같이 단순히 실패와 성공의 기준에서 평가하는 것은 적잖은 문제가 있다.

실제로 최근 국영기업을 포함한 중국의 기업가들은 세계 각국의 M&A시장에 발 벗고 나서면서 증국번이 내세운 중체서용의 정신을 원용하고 있다. 이들은 중국 전래의 전통 위에 서양의 앞선 과학기술을 받아들인다는 '중체서용'의 정신을 '서양의 기업을 받아들여 중국화한다'는 취지의 도전정신으로 받아들이고 있는 것이다. 우리는 증국번 열기가 전全방위적으로 전개되고 있는 현장을 목도하고 있는 셈이다.

'우충'과 '졸성'

당시 국가패망의 난세 상황에서 증국번이 몸으로 보여준 경세지략의 리더십은 크게 수제修齊와 치평治平의 2가지 차원으로 나눠 볼 수 있다. 수제 차원에서 볼 때 그는『중용』이 역설한 '성誠'에 충실한 삶을 살았다고 할 수 있다. 그는 자신의 '성'을 '졸성拙誠'으로 불렀다. 그러나 그는 '졸성'으로 순수한 농민을 전쟁터에서 죽음도 불사하는 전사로 만들고, 결국 나라를 위기에서 구하는 대공을 세울 수 있었다. 그가 매번 훈련 때마다 사병들에게 '졸성'을 역설한 결과였다. 당시 그의 '졸성'은 농민뿐만 아니라 난세에 처한 나라에 보답해야겠다는 마음을 지닌 향신鄕紳들을 하나로 규합하는데 결정적인 배경이 되었다. 향신들은 그의 '졸성'에 감동해 물심양면의 지원을 아끼지 않았다. 그의 '졸성'에 대한 해석이다.

"비록 나의 말이 설득력이 있다고 감히 말할 수는 없으나 '졸성'이라는 말로 사소한 위험이라도 방지하고자 했다."

그러나 당시 사람들은 '졸성'이 사람의 마음을 모은 권술權術이라는 것을 알지 못했다. 증국번의 막료로 있던 왕개운의 문하생 양균楊鈞은 이를 분명히 알고 있었다. 그는『초당삼록草堂三錄』에서 증국번의 장손 증광균曾廣鈞의 말을 빌려 이같이 기록했다.

"무릇 대업을 이루고자 하는 자는 반드시 간악해야 한다. 이학理學을 배우는 유생이 권술을 모르고 기병과 용맹한 장수를 모르는데 어찌 앉아서 감화할 수 있겠는가. 세인들은 위무제 조조가 대단히 간사한 사람이라는 것만 알고 제갈량의 간사함은 모른다. 유생출신인 그는 고상하고 재간이 많았던 까닭에 주변사람들이 그를 예측키가 극히 어려웠다."

실제로 증국번은 권술을 매우 잘 사용했다. 그는 가족들을 대할 때도 권술로 대했다. 그러니 다른 것은 더 말할 것도 없다. 그는 자신이 부릴 수 없다고 판단될 때는 반목하지 않으면서 작은 것은 양보하고 큰 것은 반드시 쟁취하는 자세를 취했다. 이는 권술의 일종으로 '졸성의 군자' 이미지와는 동떨어진 것이다. 이에 대해 증국번도 깊은 반성을 하곤 했다. 동치 원년(1861) 12월, 자신의 심복인 이속의에게 보낸 편지에 그의 심경이 잘 드러나 있다.

"나의 지위가 높아 아무도 나를 비판하지 않는다. 그저 나를 엄격한 스승 대하듯 하고 형벌을 두려워하듯 존경할 뿐이다. 오랫동안 고지식한 사람들에게 권술을 가르치면서 양심의 가책을 받아야 했으니 부끄러워 나 자신을 용납할 수 없다."

'졸성'은 바로 목적달성을 위한 수단이었던 셈이다. 그런 점에서 증국번은 제갈량과 닮았다. 그는 오랫동안 격한 세파를 겪어야만 했다. 수시로 임기응변을 발휘해야만 했다. 증국번이 '졸성의 군자'와 '임기응변에 능한 지략가'라는 두 가지 얼굴을 갖게 된 배경이 여기에 있다.

그는 팽옥린 같이 의리를 중히 여기는 사람에게는 성신誠信으로 대해 그를 감복시켰다. 결국 팽옥린은 그의 심복이 된다. 탑제포처럼 직선적이고 용감한 만주인이 상군에서 유일무이한 만주인 장군이 된 것도 같은 맥락에서 이해할 수 있다. 탑제포는 증국번의 신임에 보응하기 위해 전사하는 순간까지 목숨을 내걸고 싸움에 임했다. 이들의 눈에 비친 증국번의 이미지는 '졸성의 군자'였다.

그러나 '졸성'으로 감복시킬 수 없는 비적 출신 이세충과 묘패림苗沛霖 등을 대할 때는 전혀 다른 태도를 취했다. 이들을 등용할 때는 하나같이 달래고, 등용하지 않을 때는 억압하고 적절한 시기가 오자 가차 없이 제거했다. 비적 출신인 이세충은 성격이 난폭하고 교활해 통제하기가 어려웠다. 귀순한 지 6년이 지났으나 아직도 도적 때의 행태를 벗어나지 못했고, 그의 부하들 역시 온갖 악행을 저질렀다. 증국번은 그를 다루면서 이른바 '2관2엄二寬二嚴'의 방략을 구사했다.

'2관'은 첫째 금전문제에 통 큰 모습을 보이며 꼬치꼬치 따지지 않은 것을 말한다. 여유가 있을 때는 수십만 내지 수백만의 물량도 아낌없이 내주고, 형편이 어려울 때는 사재라도 털어서 돕는 모습을 보여주었다. 이세충이 곤경에 처해 도움을 요청했을 때 그는 아무 조건도 없이 군량미 3천 석과 화약 5천 근을 두 차례에 나누어 보내주었다. 둘째 이세충 무리와 공적을 다투지 않은 것은 물론 천거할 기회가 생기면 많은 칭찬을 아끼지 않아 그들의 마음을 묶어두었다.

'2엄'은 첫째 예절과 격식은 되도록 간단하고 소박하게 챙기고, 서로 간의 왕래를 줄여 교분을 쌓지 않은 것을 말한다. 부득불 편지를 보낼 때는 간단히 쓰고 말은 되도록 적게 했다. 둘째 시시비비를 분명히 했다. 관할구역 안에서 그들의 부하가 관리나 백성과 소송을 벌일 경우 고소인에게는 시비곡직을 숨김없이 가려주어 백성의 원망을 듣지 않도록 했다. 잘못이 그들에게 있을 경우 부하를 엄벌해 달라고 엄중히 요구해 공과 사를 엄히 구분하는 모습을 보였다. 이에 관한 증국번의 얘기이다.

"이익이나 명성에 관련된 것은 너그럽게 대하고, 예의나 도덕과 관련된 것은 엄격히 한다. 너그러움과 엄격함을 겸비하고 휘하에 강한 군대를 둔 사람이면 아무리 용맹한 사람도 함부로 건드리지 못할 것이다."

이세충 등의 뇌리에 각인된 증국번의 이미지는 '임기응변에 능한 지략가'였다. 그가 전쟁터에서도 공부를 게을리 하지 않은 것도 이런 맥락에서 이해할 수 있다. 그가 일생 동안 지은 책이 무려 400권에 달한다.

그가 지닌 장점은 신중과 아량이었다. 그는 자신을 늘 '넘치지 않는 상태'에 놓이도록 했다. 난을 진압한 후 그는 일등후에 봉해졌다. 청조가 이른바 '삼번의 난' 이후 한족을 후에 봉한 것은 그가 처음이다. 그의 전성기였다. 그러나 그는 자신의 일기에 이같이 썼다.

"권력이 지나치고 지위와 헛된 명성이 너무 높으면 두려움이 미치게 된다. 나는 최근 허명을 얻고, 연유를 모른 채 좋은 직책을 얻었다. 예로부터 허명을 얻은 자는 곤란하게 되어 왕왕 좋은 끝을 맺지 못했다. 이를 생각하니 두렵지 않을 수 없다."

당시 친구들도 그를 걱정했다. 증국번도 이를 잘 알고 있었다. 그는 가족들에게 이같이 경계했다.

"해가 중천에 뜨면 서쪽으로 기울고 달도 차면 기울게 되어 있다. 우리 가문은 지금 달이 꽉 찬 상황이다."

그가 편하게 공명을 누리고 싶다면 문종 및 한신과 같은 비극을 맞았을 것이다. 그러나 현명한 그는 그리 하지 않았다. 그런 면에서 그는 조조의 처세술을 뛰어넘었다. 통상 권력을 키우려면 자신은 권력에서 손을 떼고 아랫사람들에게 권력을 줌으로서 그들의 발전을 보장해 주어야 한다는 것이다. 그러나 어떤 사람에게 어떤 시점에 권력을 넘겨줄 것인가 하는 문제는 그리 간단치 않다. 증국번은 권력을 배분할 때 조이고 풀어주는 기교를 반복했다. 왕흠과 이홍장에 대한 상반된 태도가 그 실례이다. 상군이 훗날 이홍장이 조직한 회군과 더불어 태평천국을 진압하는 주력군으로 활약케 된 배경이 여기에 있다.

사실 그가 없었다면 이홍장과 좌종당 역시 일세를 풍미키 어려웠을 것이다. 당시 세인들은 이홍장이 증국번의 뒤를 이은 것으로 판단했다. 이홍장이 증국전에게 보낸 편지 속에 증씨와 이씨는 한 집안이라고 말한 게 이를 뒷받침한다. 좌종당의 집안도 크게 다르지 않았다. 이들 증씨, 좌씨, 이씨 집안은 서로 연합해 조정을 대하는 듯한 형세를 이뤘다. 조정이 팽옥린을 양강총독에 임명했을 때 팽옥린은 상소를 올려 증국전에게 자리를 양보한 게 그 증거이다.

"신이 아는 바로는 오직 섬감 독신督臣 증국전만이 수고로움을 마다 않고 빼어난 지략으로 그 중책을 맡을 수 있습니다."

좌종당도 양강총독의 자리에 증국전을 적극 추천했다. 증국전이 증국번 사후 양강총독과 남양통상대신을 겸임케 된 배경이 여기에 있다. 이처럼 막강한 세력을 키워놓았기에 증국번이 세상을 떠난 후에도 상군은 계속 튼튼한 기반 위에 설 수 있었고 증씨 집안도 영화를 누릴 수 있었다. 이는 기본적으로 증국번이 많은 인재를 천거하며 육성한데서 비롯된 것이다. 그의 인재에 관한 기본 입장은 시사하는 바가 크다.

"인재는 아끼고 사랑할 줄 알아야 한다. 상을 내릴 때에는 단비가 벼를 적시듯 해야 하고 훈계할 때는 찬 서리가 대지에 내리듯 해야 한다. 입으로는 칭찬을 아끼지 않고 붓으로는 끊임없이 권면해 주면 어떤 인재라도 자기 사람이 되지 않을 수 없다."

그가 오늘날까지 자녀교육을 가장 잘한 대표적인 인물로 평가받는 것도 그의 이와 무관할 수 없다. 당시 조정 고관들은 첩을 두는 것이 하나의 관행이었음에도 그는 끝내 첩을 두지 않았다. 증국번 부부는 딸은 없이 아들만 3명을 두었다. 장남 증기택曾紀澤과 차남 증기홍曾紀鴻은 모두 장성해 훌륭한 인물이 되었다. 이는 증국번이 자녀교육에 힘을 쏟은 결과였다. 일찍이 그는 자식들에게 이같이 훈계했다.

"자손이 큰 관리를 하는 것을 바라지 않고 글을 읽고 밝은 군자가 되었으면 좋겠다."

그는 자녀들이 글을 읽을 나이가 되자 매일 반드시 4가지를 행하도록 했다. 바로 책 읽기인 간看과 글 읽기인 독讀, 글씨 쓰기인 사寫, 시 짓기인 작作이 그것이다. '간'과 '독'은 5페이지 이상, '사'는 100자 이상, '작'은 매 3일과 8일마다 한 편씩이었다. 증국번은 비록 멀리 떨어진 곳에 근무할지라도 항상 시간을 내서 집으로 편지를 보내 자식교육에 세심히 주의를 기울였다. 자식들을 마치 좋은 친구나 자상한 스승이 지도하듯이 했다. 자식들에게 중국의 경사자집經史子集뿐만 아니라 외국에 관한 폭넓은 지식을 익힐 것을 요구했다. 당시 사람들로서는 상상키 어려운 일이었다.

이로 인해 청국 최초의 주영공사가 된 증기택은 중국의 시문서화에 조예가 깊었을 뿐만 아니라 서양의 수학과 물리, 화학, 언어 등에도 강한 흥미를 보였다. 그는 일찍이 『기하원본서』와 『서학술략서』 등을 저술해 당시 서양과학을 전파하는데 큰 역할을 했다. 그는 스스로 서양 여러 나라의 글을 배웠고 특히 영어에 능통해 훗날 청국의 저명한 외교가로 성장했다.

그의 대표적인 업적으로는 주러시아 공사를 지낼 당시 청국 정부의 이부吏部 좌시랑 숭후崇厚가 러시아와 체결한 불평등조약인 '리바디아 조약'을 폐기시킨 것을 들 수 있다. 그는 광서 7년(1881) 2월에 러시아 외무대신 키르스와 페테르부르크에서 '일리조약伊犁條約'을 체결했다. 이로 인해 600리에 달하는 신강 내 일리 지역의 9개 성의 영역을 회복하는 외에 '숭후조약'에서 빼앗긴 일리 남부의 광대한 토지를 되찾았다.

러시아가 신강일대에서 보유했던 여러 특권을 폐지시키고 일부 영토주권을 회복한 그의 공은 당시 부패한 청국 조정이 거둔 거의 유일한 외교적 승리에 해당했다.

서구의 근대과학 도입에 공헌한 동생 증기홍은 형보다 9살이 어렸다. 동치 3년(1864) 7월에 그의 부친이 막 후작을 받았을 때 16세인 그는 장사로 가서 향시에 참가하고 있었다. 당시의 과거는 크게 부패해 과장에서 시험관에게 명함을 주고받는 것이 크게 유행했다. 증국번은 자식이 시험을 치르기 전에 보낸 서신에게 이같이 당부했다.

"시험장에서 주현과 교류하거나 명함을 보내지 말라. 관료의 길을 시작하는 것이므로 극도로 자중해야 한다."

시험이 끝난 뒤 방이 붙기 전에 자식이 나다니면서 등과登科 운동을 펼칠까 걱정해 또 다시 서신을 보내 경계했다.

"절대 명함을 돌리거나 선물을 돌려서는 안 된다."

이로 인해 증기홍은 낙방했다. 이후 그는 여러 번 응시했으나 겨우 '공생貢生'의 명부에 올랐을 뿐이다. 당시 증기홍은 한 번도 명함을 보내지 않았다. 증국번 역시 시험관에게 어떤 말도 하지 않았다. 특권이 성행하던 당시 상황에서 이는 매우 보기 드문 일이었다. 증기홍은 훗날 지명한 수학자로 성장해 『대수평해代數評解』와 『원율圓率고진도해』 등의 수학 관련 전문서적을 남겼다. 그는 불행하게도 33세에 요절하고 말았다.

증국번의 지계 제4대손은 모두 15명이다. 족보에는 2명의 여자 이름도 올라와 있다. 이들은 모두 출가하지 않은 여인인 정녀貞女였다. 15명 중에 3명이 20세 전후에 요절한 것을 제외하고 나머지 12명 모두 대학을 졸업한 뒤 각각 전문분야에서 활약했다. 장남 증기택은 늘 자식들에게 부친의 문집인 『증문공가서曾文公家書』의 가르침을 좇아 이런 유언을 남긴 바 있다.

"사람들이 날마다 입는 의식衣食이 그 사람의 노력과 일치하면 주변 사람도 옳게 여기고 귀신도 허락할 것이다. 그러나 부귀한 사람이 아무런 일도 하지 않은 채 진수성찬을 먹으며 편히 지내면 주변 사람은 물론 귀신도 용납지 않을 것이다. 그러고서도 어찌 부귀영화를 오랫동안 누릴 수 있겠는가. 내가 살아보니 근검보다 더 좋은 것이 없다."

검약과 성신을 신조로 삼았던 증국번의 겸허한 삶의 자세가 후손들에게 그대로 이어진 셈이다. 실제로 증국번은 생전에 '일품재상一品宰相'이라는 칭송을 받은 바 있다. 이는 밥상이 한 가지 고기반찬을 제외하고는 모두 채소반찬으로 꾸려진 데서 나온 것이었다. 그가 고기반찬을 하나 더 추가하는 것은 오직 손님이 왔을 때뿐이었다. 만년에 오른쪽 눈을 실명했음에도 주요 공문서는 자신이 직접 읽고 결재했다.

그가 생전에 자신의 집 이름을 '팔본당八本堂'으로 지은 것도 같은 맥락에서 이해할 수 있다. '8본'은 독서를 통해 고전을 익히고, 조상들의 지혜를 배우고, 가족을 따뜻한 마음으로 대하고, 근심을 적게 가지고, 헛된 말을 하지 않고, 검소하게 생활하고, 뇌물을 가까이 하지 않고, 행군 시 민폐를 끼치지 않는 것을 말한다. 그는 평생 독서하며 청검한 삶을 사는 사대부의 '노블레스 오블리지'를 몸소 실천한 탁이한 존재였다.

치평 차원에서 볼 때 그의 탁월한 면모는 더욱 선명히 드러나고 있다. 그는 내란과 외침이 겹친 국가패망의 위기에서 이념적 명분에 빠지지 않고 국가이익을 우선해 나라를 구하는 대공을 세웠다. 이는 충군애국으로 상징되는 유가의 덕목을 체화한 결과로 해석할 수 있다.

그의 '충군애국' 행보는 만년에 더욱 두드러지게 나타나고 있다. 군도君道에 입각해 천하를 다스리는 데 한인과 만인의 차별이 있을 수 없다는 게 그의 확고한 생각이었다. 그런 점에서 그의 삶은 시종 '충군애국'의 신도臣道로 일관했다고 할 수 있다.

그의 가장 뛰어난 업적은 양무운동의 효시를 이룬데 있다. 양무운동의 논거로 제시된 중체서용의 정신은 기본적으로 『논어』「위정」편에 나오는 '온고지신溫故知新'의 정신에 뿌리를 두고 있는 것이다. 조선의 동도서기東道西器 개화파가 내세운 법고창신法古創新 내지 구본신참舊本新參 정신과 일본의 메이지유신 당사자들이 내세운 화혼양재和魂洋才 정신도 따지고 보면 '온고지신'을 달리 표현한 것이다.

그런 의미에서 중국의 양무운동과 조선의 동도서기는 방향 자체가 잘못 설정된 것이 아니라 내부적인 여러 요인으로 인해 소기의 효과를 보지 못했다고 보는 게 타당하다. 실제로 21세기에 들어와 중국의 근대에 대한 평가는 그런 식으로 전개되고 있다. 중국의 수뇌부가 중국이 향후 나아갈 방향과 관련해 '창신創新'을 화두로 제시한 것을 결코 우연으로 볼 수는 없다. 21세기 동북아시대의 좌표를 올바로 설정키 위해서라도 양무운동과 중체서용 정신의 남상濫觴을 이루고 있는 증국번을 심도 있게 탐사해야 하는 이유가 여기에 있다.

제3절
좌종당左宗堂 –
러시아를 견제해 신강을 수복하다

좌종당(左宗堂)

신강을 개척한 강직한 인물

지난 2008년 5월, 베이징 올림픽을 불과 2달여 앞두고 터져 나온 사천의 대지진 때 재해를 당한 인민들을 찾아가 숱하게 눈물을 흘려 화제를 모았던 원자바오 중국총리는 인문학에 조예가 깊다는 평가를 받고 있다. 북경 지질학원을 졸업한 이공계 출신이지만 원래 천진의 교육자 집안 출신으로 어렸을 때부터 고전에 해박했다. 동양의 고전에 밝은 그는 특히 중국의 고시와 현대시를 두루 암송하는 것으로 유명하다. 그가 자주 인용하는 시 중 대표적인 것으로 정판교鄭板橋의 시 「무제無題」를 들 수 있다.[31]

관아에 누워 대나무 소리가 들려와도 衙齊臥聽蕭蕭竹
백성의 고통 받는 소리가 아닌가 하네 疑是民間疾苦聲

원자바오가 암송하는 시는 거의 예외 없이 백성들의 고통과 관련된 것이다. 그는 지난 2006년 9월에 아셈ASEM에 앞서 북경의 중남해中南海에서 유럽 언론인들과 만나 두보의 「객지客至」를 인용하면서 인사말을 시작한 바 있다. 이때 영국의 《더 타임스》 기자가 물었다.

"잠자기 전에 주로 읽는 책은 무엇이고, 책을 덮은 뒤 잠 못 이루게 하는 고민거리는 무엇입니까?"

그는 자신이 좋아하는 작품을 인용해 답변하겠다며 중국 고전에 나오는 명구들을 인용하기 시작했다. 춘추시대 초나라 굴원屈原의 시 「이소離騷」부터 중국의 현대시인 아이칭艾青의 작품에 이르기까지 적절한 대목에 수시로 인용해 기자들을 탄복케 만들었다. 당시 그가 가장 먼저 인용한 시구는 청조 말기의 대표적인 무골無骨인 좌종당이 23세 때 쓴 것이었다.

몸에 밭 반쪽도 없지만 마음은 천하를 걱정하네
身無半畝, 心憂天下

---

31 정판교는 청나라 건륭제 때의 인물로 시詩·서書·화畵에 모두 특색 있는 작풍을 보여 양주팔괴揚州八怪의 한 사람으로 꼽히고 있다. 그는 건륭제 초기에 진사에 급제해 한림翰林에 들어간 뒤 산동성 범현范縣과 유현濰縣의 지사를 지낸 바 있다. 유현의 지사로 있던 건륭 11년(1746)의 대기근 때 관아의 창고를 열어 굶주린 백성을 구한 바 있다. 이후 이 문제로 면직케 되자 칭병해 귀향한 뒤 다시는 벼슬길에 들어서지 않았다.

만권의 책을 독파하니 정신이 옛 현인과 통하네

讀破萬卷, 神交古人

이는 좌종당이 회시에 떨어진 뒤 '경세지학經世之學'에 몰두하며 자신의 호장豪壯한 의지를 드러낸 것이었다. 청조 말기에 활약한 임칙서任則徐, 도주陶澍, 증국번曾國藩, 팽옥린彭玉麟, 심보정心葆楨, 호림익胡林翼 등이 모두 강직한 인물이었으나 그는 이들 중 가장 강골로 꼽힌다. 증국번은 생전에 선조들의 유훈으로 형제와 조카를 교육시킨 바 있다.

"사내의 가장 큰 수치는 유약하고 강직함이 없는 것이다."

좌종당은 여기서 한 발 더 나아갔다. 그는 일찍이 조카에게 보내는 편지에서 이같이 말한 바 있다.

"대장부의 성공은 강직하지 않으면 되는 일이 없다. 여기의 '강剛'은 자만을 뜻하는 것이 아니라 남에게 맡겨 할 수 없는 일, 다른 사람이 할 수 없는 일, 다른 사람이 참지 못하는 일 등에 한결같은 마음으로 열심히 돌진하는 것을 말한다. 그리 하면 불순한 것이 섞일 수 없고 흔들이지 않게 되니 반드시 그 일을 성취할 수 있다. 부드러움으로 성공하는 자를 나는 거의 보지 못했다."

불굴의 의지와 강직이 바로 그의 성공비결이었다. 대표적인 사례로 신강의 수복을 들 수 있다. 당시 많은 사람들은 이를 불가능한 일로 여겼다. 그러나 그는 불굴의 의지로 이를 성사시켰다. 증국번조차 그의 이런 노력에 탄복을 금치 못했다.

태평천국의 도성인 '천경'이 무너지는 동치 3년(1864)에 신강의 쿠차庫車에서 시작된 무슬림의 반란은 100여 년에 걸친 청조의 지배에 종지부를 찍었다. 곧이어 이듬해인 동치 4년(1865)에 서쪽 변경의 코간드 한국汗國에서 침공한 야쿱 벡Yaqub Beg은 일리伊犁를 제외한 신강의 전역을 정복해 이슬람 정권을 세웠다. 그가 세운 정권은 곧 영국과 러시아, 오스트리아 등과 외교관계를 가질 정도로 국제적인 인정도 받았다.

야쿱 벡 (1820~1877) 중앙아시아 마지막 유목제국을 세운 군인·정치가. 중앙아시아의 코칸드 한국의 장군

그러나 야쿱 벡의 정권은 2년 만에 좌종당이 지휘하는 청의 원정군에 의해 일거에 무너지고 말았다. 그의 후임 유금당劉錦棠은 신강정복 후에 그 지역을 중국본토의 다른 지역과 마찬가지로 성省으로 편입시켰다. 좌종당의 신강 수복과 이슬람 정권의 붕괴는 전한제국 이래 2천 년 동안 '서역西域'을 판도에 편입시키고자 한 중국의 끈질긴 시도가 성공을 거뒀다는 점에서 커다란 역사적 의미를 지니고 있다.

카자흐스탄 및 몽골과 접경하고 있는 신강 위구르維吾爾자치구의 수도인 우루무치烏魯木齊에서 지난 2009년 7월 5일, 대규모 유혈 시위가 발생해 수백 명의 사상자가 발생한 바 있다. 위구르 소수민족 차별에 항의하는 시위가 폭력사태로 번진 결과였다. 중국 정부는 외국에 머물고 있는 민족 분열주의자들의 사주에 의해 자행됐다고 주장했다. 그러나 해외에 망명중인 위구르족 인사들을 비롯해 미국 등의 언론은 위구르인의 평화시위를 경찰이 막으면서 충돌이 일어났다고 반박했다. 2008

년에 터져 나온 티베트 폭동 사태 당시의 모습과 별반 차이가 없다.

좌종당의 성공과 야쿱 벡의 실패에 대한 세계 학계의 평가도 이와 별반 다르지 않다. 중국 측 학자들은 좌종당의 성공에 초점을 맞춰 그의 뛰어난 능력과 불굴의 의지, 역사적인 통찰력 등을 성공의 원인으로 꼽고 있다. 이에 반해 러시아와 영국 등의 서방 학자들은 야쿱 벡의 실패에 초점을 맞춰 그의 대중적 지지기반의 취약성과 청조의 압도적인 군사력 등을 주요 원인으로 들고 있다. 이 문제를 집중 탐구한 서울대 김호동 교수는 코칸드 한국인이 지배층의 대종을 이뤄 토착 지배층에게 반발을 사고, 전통적인 종교귀족인 호자和卓를 소외시켜 불만을 야기하고, 군사력 증강을 위한 과도한 징세가 위구르 민중의 반발을 촉발시킨 점 등을 지적하고 있다.

따지고 보면 2009년의 우루무치 폭동사건도 그 배경을 보면 야쿱 벡이 신강을 침공하고 좌종당이 반격을 가해 신강을 회복할 때와 별반 다를 바가 없다. 한 해 전인 2008년 3월 14일에 터져 나온 티베트 폭동 사태도 같은 맥락에서 이해할 수 있다. 이들 사건은 한족 외에 55개 소수민족으로 구성된 다민족 국가인 중국이 향후 반드시 해결해야할 최대 과제가 소수민족 문제라는 점을 상기시키기에 충분했다. 이는 좌종당이 100여 년 전에 '신강'을 청국의 판도에 완전히 편입코자 한 과제가 아직 완전히 해결되지 않았음을 상징한다.

당시 좌종당이 신강에서 대공을 세우게 된 데에는 기본적으로 임칙서와의 만남이 결정적인 배경이 되었다. 당초 임칙서는 아편전쟁의 책임을 지고 신강으로 좌천될 당시 섬감총독으로 복귀할 때까지 만 3년 동안 신강 현지에서 러시아를 깊이 연구했다. 이는 '일리' 지역이 러시아와 긴 국경을 접하고 있었던 사실과 무관치 않았다. 가 러시아의 여러 모습을 관찰하고 사색을 거듭한 끝에 펴낸 것이 바로『아라사국기요俄羅斯國紀要』이다. 증국번 휘하에서 활약했던 이원도李元度가 저술한『국조선정사략國朝先正事略』에 따르면 하루는 영불 등의 침략을 두려워한 후배 관원이 임칙서에게 그 대책을 묻자 그는 이같이 대답한 바 있다.

"영불 등은 대단한 것이 못 된다. 중국에 최종적으로 우환이 되는 것은 오히려 러시아일 것이다. 나는 늙어서 보지 못하겠지만 너희들은 눈으로 직접 보게 될 것이다."

그는 아편전쟁 직후 모든 사람들이 가장 경계해야 할 대상으로 영국을 꼽고 있을 때 아직 그 실체를 드러내지 않은 러시아를 지목하고 나선 것이다. 영국과 전쟁을 치른 그가 해방파海防派가 아닌 새방파塞防派의 효시로 불리게 된 배경이 바로 여기에 있다. 그는 청국과 육속陸續한 러시아를 중국의 가장 큰 위협으로 지목한 청조 최초의 인물이었다.

좌종당은 임칙서의 이런 관점을 그대로 이어받았다. 그 역시 태평군의 진압과정에서 해군의 중요성을 인식하고 프랑스로부터 기술지원을 받아 복주에 조선소를 설립하는 등 해방파에 가까운 행보를 보였음에도 불구하고 궁극적으로는 러시아 방어에 모든 초점을 맞췄다. 똑같이 양무운동을 전개했음에도 이홍장이 증국번의 입장을 그대로 이어받아 북양해군을 건설하는 등 해방파의 지도자가 된 것과 대비되는 대목이다.

가난한 집안에서 태어난 낙방거사

그는 가경 17년(1812) 11월에 호남성 상음현湘陰縣의 소농 집안에서 태어났다. 임칙서는 그보다 27세, 공자진은 20세, 증국번은 1세 연상이었다. 그가 출생한 다음해에 천리교天理教의 농민폭동이 화북 일대를 휩쓸었다. 이는 비록 조기에 진압되기는 했으나 그 충격파는 매우 컸다. 전국에 걸쳐 이에 호응하는 농민들이 봉기가 접종했다.

원래 그의 조부 좌비중左斐中은 최고학부인 국자감의 감생監生으로 있었으나 벼슬길에 나가지는 못했다. 부친 좌관란左觀瀾은 현학縣學 수준에 머물렀다. 그는 자녀 6명을 두었다. 좌종당은 막내였다. 그의 집안은 호남의 상음현의 좌씨 마을에 세거했다. 10명의 가족이 수십 무畝의 밭에 의존해 한 해 쌀 48석을 수확하는 소농 수준이었다. 좌관은 나이가 들어 숙사塾師가 되었다. 그의 집안은 농사를 지으며 과거공부를 하는 향촌 신사인 전형적인 경독지가耕讀之家에 해당했다.

좌종당은 어렸을 때부터 조부와 함께 책을 읽었다. 조부가 세상을 떠난 후 부친과 함께 독서했다. 그의 조부와 부친은 그를 잘 지도하면서도 엄격히 가르쳤다.

가경과 도광 연간에 정치가 부패해 백성들의 고통이 심했다. 좌관란은 이런 상황에서 책을 읽으며 가계를 꾸려나갔다. 경제상황은 날로 군색해졌다. 『좌문양공가서左文襄公家書』에 따르면 좌종당은 훗날 성장한 후 어린 시절을 이같이 회상한 바 있다.

"나의 모친은 나를 낳은 후 젖이 모자라 유모를 두지 못했다. 미음으로 아이를 키우자 아이는 밤낮으로 울어 배꼽이 튀어나왔다. 나는 나이가 먹은 후에도 배가 크고 배꼽이 튀어나왔다."

15세 때인 도광 6년(1826)에 동생시童生試에 응해 현시縣試에 합격한 뒤 이듬해인 도광 7년(1827)에 부시府試에도 우수한 성적으로 합격했다.[32] 이해에 모친이 중병에 걸렸다. 의사는 인삼을 달여 먹어야 한다고 하자 그의 부친이 돈을 빌려 인삼을 사서 달여 먹였으나 소용이 없었다. 모친 사망 후 부친은 다시 돈을 빌려 장례를 치러야만 했다. 약값과 장례비 등으로 빌린 돈이 모두 200여 냥에 달했다. 훗날 그가 주씨周氏 집안에 데릴사위로 들어간 데에는 채무를 탕감받기 위한 것과 무관치 않았다.

당시 영국의 사주로 신강 일대에서 반란이 일어나는 등 나라가 어수선했다. 영국의 침략이 가속화했다. 그가 17세가 되는 도광 8년(1828)에 강남의 신사인 포세신包世臣과 같은 인물은 영국을 비롯한 서구 열강의 침략을 경고하고 있었다.

"10년 쯤 후에는 강소, 절강 등지에서 틀림없이 외환이 빚어져 명나라 말기의 왜화倭禍 못지않은 화난이 다시 닥칠 것이다."

그가 18세 때인 도광 9년(1829)에 이르러 이미 아편의 수입은 이미 1만8천 상자를 넘고 있었다. 좌종당도 이런 흐름을 읽고 있었던 것으로 보인다. 이는 그가 이때 명말청초의 거유인 고염무顧炎武가 쓴『천하군국이병서天下郡國利病書』와 고조우顧祖禹가 쓴 중국의 정치지리서인

32 명청대에는 응시자가 너무 많아 중앙과 지방의 학교 재적생과 감생監生, 생원生員 등만 응시할 수 있도록 한정시켰다. 학교에 입학하려는 입학시험인 동생시童生試가 필요했다. 이는 일종의 예비시험과 같았다. 청대에 들어와 응시생인 동생은 3단계의 시험에 합격해야 했다. 1단계인 현시縣試는 현의 장관인 지현知縣이 시행했다. 5일에 걸쳐 사서오경과 시부, 논論 등을 시험했다. 제2단계는 지부知府에서 시행하는 부시府試, 제3단계는 중앙에서 각 주에 파견된 제독학정提督學政이 시행하는 원시院試였다. 학정은 3년 동안에 2회, 관내의 부府를 순회하여 부시의 합격자에 대해 원시를 부과했다. 합격자는 부학府學, 현학縣學 또는 중앙의 태학太學에서 본시험 공부를 했다. 본시험은 향시鄕試, 회시會試, 전시殿試의 3단계로 구분되어 있었다. 3년에 1회 실시되는 향시를 통과하면 거인擧人이 되고, 공거貢擧로 불리는 회시에 응시하려면 직전에 시행하는 거인복시擧人覆試에 합격해야만 했다. 거인은 합격 이듬해인 3월에 북경의 공원貢院에 모여 회시를 치렀다. 약 1만 명 중에서 200-300명이 합격했다.

고염무 (1613~1682) 중국 명말·청초의 사상가

『독사방여기요讀史方輿紀要』 등을 읽기 시작한 사실이 뒷받침한다.[33] 이런 책들은 과거시험과는 동떨어진 것으로 주변 사람들은 그가 불필요한 책을 읽는다며 그를 비웃었다. 그러나 그는 이들 서적들로부터 많은 것을 배웠다. 특히 『독사방여기요』가 미친 영향은 매우 컸다. 그가 군사 부문에 나름대로 일가견을 갖게 된 것도 이와 무관치 않았다.

19세가 되는 도광 10년(1830) 부친마저 병이 들자 집안이 급작스레 기울어졌다. 이때 호남순무 오영광吳榮光이 일종의 장학제도인 '과사課士'를 창설하자 그는 뛰어난 성적으로 이를 수령해 생활비에 보탤 수 있었다. 그의 집안은 본래 10명이었으나 부모가 모두 죽은 후 장형은 요절하고, 자매들은 출가하고, 그와 둘째형인 좌종식左宗植만 남게 되었다.

20세 때인 도광 11년(1831), 좌종식이 호구지책을 찾아 무창으로 떠

33 호가 정림亭林인 고염무는 양명학이 공리공론을 일삼는 데 환멸을 느끼고 경세치용經世致用의 실학에 뜻을 두었다. 명제국이 패망한 후 청조가 들어서자 죽을 때까지 출사하지 않은 채 천하의 형세를 살피고 각지의 학자들과 교유했다. 대표작으로 『일지록日知錄』과 『천하군국이병서』 등이 있다. 그는 『일지록』에서 '천하흥망天下興亡, 필부유책匹夫有責'이라고 일갈하며 한족의 분발을 촉구했다. 고염무와 비슷한 시기의 인물인 고조우의 『독사방여기요』는 한족의 관점에서 중국 각 지역의 연혁과 산천 등을 기록해 놓은 책으로 정치참고서로 널리 읽혔다. 그는 이 책을 약 20년간에 걸쳐 완성했다.

났다. 이해에 그는 순무와 총독 등을 역임한 하장령賀長齡의 명망을 듣고 그를 찾아가 함께 천하대사를 논했다. 서로 의기가 통하자 하장령이 그를 '국사國士'로 칭송하면서 소장하고 있는 책을 읽을 수 있도록 허락했다. 그의 안목이 확장되는 계기가 여기서 마련되었다. 하장령이 그에게 당부했다.

주이단 (1812~1890) 좌종당의 부인

"천하가 바야흐로 인재가 없는 것을 탄식하고 있다. 구차하게 작은 성취에 얽매여서는 안 된다."

이때 그의 집에 있는 많은 책을 읽을 수 있었다. 그 중에는 위원이 관원들의 처세를 위해 편찬한 『황조경세문편皇朝經世文編』도 있었다. 21세가 되는 도광 12년(1832), 더 이상 빈곤을 견디기 어렵게 된 그는 이해에 향시에 참가한 뒤 이내 인근 상담현湘潭縣의 부잣집인 주씨 집안에 데릴사위로 들어갔다. 이곳은 훗날 신 중국을 건설한 모택동의 고향이기도 하다. 모택동은 상탄현 소산韶山 출신이다.

당초 그의 부친은 생전에 그를 위해 혼약을 맺은 바 있다. 부인은 주이단周詒端으로 그와 동갑이었다. 결혼 후 방이 붙었다. 합격이었다. 여기에는 일화가 있다. 그는 국자감에 입학해 감생이 된 후 향시에 응했으나 떨어졌다. 이때 시험관이 낙방한 시권 중 6명을 추려 합격시킬 때 합격케 된 것이다. 그러나 그는 이미 데릴사위로 들어간 뒤였다. 당시 '데릴사위'는 매우 비루한 것으로 여겨진 까닭에 합격 사실을 알았다면 고오高傲한 자부심을 지녔던 그는 결코 데릴사위로 들어가지 않았을 것이다.

도광 13년(1833) 초, 북경에 올라가 회시를 치러야만 했다. 부인 주이단이 혼수자금으로 가져온 100금을 내놓았다. 이때 그의 출가한 큰 누이가 끼니가 없을 정도로 궁핍했다. 이에 그는 이를 모두 누이에게 주었다. 얘기를 들은 친척들이 다시 100냥의 은자를 모아 지원했다. 그러나 낙방이었다. 이때 그는 자신의 심경을 「연대잡감燕臺雜感」 8수로 표현했다. 다음은 고염무의 '천하흥망, 필부유책'과 동일한 기개가 잘 드러난 구절이다.

세상일 염려스러우니 유심히 보라 世事悠悠袖手看
누가 유술로 치안을 꾀할 수 있는가 誰將儒術策治安
학정만 없다면 빈천도 가할 터인데 國無苛政貧猶賴
백성 굶주리니 다독이기도 어렵구나 民有飢心撫亦難

「연대잡감」 8수 중 1수는 공자진龔自珍이 가경 25년(1820)에 쓴 「서역치행성의西域置行省議」의 심경에 부응한 것이었다. 공자진은 척촌의 땅일지라도 결코 포기할 수 없다고 주장한 바 있다. 그 역시 유사한 내용을 시로 표현했다. 첫 번째 회시에 떨어지면서 그의 뜻이 이미 '경세지학'으로 기울어졌음을 보여준다. 그러나 진사에 대한 미련을 떨치기가 쉽지 않았다. 2년 뒤인 도광 15년(1835)에 다시 북경으로 올라와 회시를 치렀으나 또 낙방했다.

양강총독 도주 및 임칙서와의 만남

좌종당은 26세가 되는 도광 17년(1837) 예릉醴陵의 녹강서원渌江書院에 들어가 강의를 하며 학생들을 가르쳤다. 당시 양강총독은 도주陶澍였다. 그는 강서에서 열병한 뒤 휴가를 얻어 고향에 성묘하려 왔다가 도중에 예릉에 들르게 되었다. 지현이 도주를 위해 관사를 비운 뒤 좌종당에게 기둥에 붙이는 대련인 이른바 영련楹聯을 부탁했다. 도주는 양강총독으로 있으면서 소금과 조운 등 여러 면에서 뛰어난 업적을 쌓아 좌종당의 흠모를 받고 있었다. 좌종당이 영련을 써 보내자 도주가 이를 격찬하며 이내 만나고자 했다. 두 사람은 여러 얘기를 나누며 크게 의기투합했다. 도주는 기재를 만난 기쁨에 시간 가는 줄 모르고 밤늦게까지 얘기를 나누다가 이내 아쉬움 속에 작별인사를 나눴다.

도광 18년(1838) 3월 다시 회시를 치기 위해 상경했으나 또 다시 낙방했다. 이에 마침내 그는 더 이상 회시에 참여치 않고 '경세지학經世之學' 연구에 몰두키로 결심했다. 이후 그는 여지학輿地學 연구에 집중했다. 이는 정치지리와 군사지리를 뜻하는 것으로 공자진과 위원 등이 적극 권장한 학문이기도 했다. 이와 동시에 농서農書의 연구에도 깊은 관심을 기울였다. 집 주위에 뽕나무 1천 그루를 심고 집안사람들에게 양잠 등을 적극 권장했다. 부인 주이단은 비교적 이런 생활에 만족해하며 시를 지어 남편을 격려했다.

좋은 세월엔 인재 잃는 일 없으나	淸時賢俊無遺逸
요즘은 산곡에 숨는 게 좋을 듯하오	此日溪山好退讓
수예 양잠 모두 큰 방략인 것이니	樹藝養蠶皆遠略

고래로 왕도는 농상을 중히 여겼소　由來王道重農桑

이해 말에 청조는 임칙서를 흠차대신에 임명해 광동의 일을 처리케 했다. 도광제도 아편의 문제가 심각하다는 것을 비로소 깨닫기 시작한 것이다.

도광 19년(1839) 양강총독 도주가 순직했다. 9세의 어린 아들 도광陶桄을 돌보기 위해 하희령賀熙齡이 그를 도씨 집안으로 가정교사인 숙사塾師로 천거했다. 명목은 '숙사'이나 사실 집사에 가까웠다. 그는 앞뒤로 모두 8년 동안 도씨 집안의 집사로 있었다. 이때 그와 동갑인 도주의 사위 호림익胡林翼과 막역한 친교를 맺게 되었다. 좌씨와 도씨는 원래 세교世交가 있던 와중에 도씨 집안의 일로 인해 두 사람은 더욱 가까워졌다. 좌종당은 도씨 집안 소장의 서적을 비롯해 도주와 임칙서 사이에 오간 서찰들을 읽게 되었다. 좌종당의 임칙서에 대한 앙모의 정이 깊어졌다.

도광 20년(1840) 6월, 제1차 아편전쟁이 발발했다. 전쟁기간 중 그는 전황의 변화에 깊은 관심을 기울였다. 그러나 시골에 파묻혀 있는 그로서는 전황을 제대로 알 길이 없었다. 단지 하희령의 전해주는 단편적인 소식을 통해 짐작할 뿐이었다. 그는 하희령에게 보내는 서신을 통해 양이를 제어할 수 있는 계책을 누차 개진했다. 투항을 주장하는 만주귀족 목창아와 기선 등을 거세게 비판했다.

"목창아 등 몇 명의 어리석은 자들이 시종 붕당을 만들어 사익을 도모한 까닭에 천하사가 마침내 이 지경에 이르게 되었다."

그는 북경에 있는 어사 여광서黎光曙에게 서신을 보냈다.

"진언할 때 반드시 순서를 지켜야 하고, 일을 논할 때 반드시 완급을 살펴야 하네. 주화론을 펼치며 도적들과 노닥이는 자들을 엄히 주벌하지 않아 군주의 위엄이 떨치지 않고 있다. 장차 땅이 있어도 지키지 못하고, 백성이 있어도 강해지지 못할까 두렵다."

그는 청국의 군사가 일패도지하는 상황에 울분을 감추지 못하면서 초야의 일개 숙사로 있어 힘이 되지 못하는 것을 통분해했다. 이해 10월, 주전파인 임칙서는 목창아 등 주화파의 공격으로 이내 혁직되었다.

도광 221842) 3월, 청조는 임칙서를 동하東河를 거쳐 신강의 일리伊犁로 가도록 했다. 8월 29일, 기영耆英과 일리포伊里布, 박정사璞鼎査가 '강녕조약江寧條約'을 맺었다. 이해 가을, 위원이 『성무기』와 『해국도지』를 완성했다.

도광 24년(1844) 수년에 걸쳐 모은 수강료로 고향인 상음현 동향東鄕의 유가충柳家沖에 밭 70무畝를 샀다. 명칭을 '유장柳庄'이라고 했다. 차나무와 뽕나무, 대나무 등을 심었다. 집으로 올 때마다 경작을 지도했다. 스스로 '상상농인湘上農人'을 칭했다. 이듬해인 도광 25년(1845) 10월, 청조는 임칙서를 신강을 거쳐 상경케 하고 4-5품 경당京堂후보로 삼은 뒤 섬감총독陝甘總督 서리에 임명했다. 1년여 뒤인 도광 27년(1847) 4월, 임칙서가 운귀雲貴총독에 제수되었다.

이때 귀주에 지부로 있던 호림익이 임칙서에게 좌종당을 막객幕客 즉 참모로 삼을 것을 적극 권했다. 원래 도주가 양강총독으로 있을 때 임칙서는 그의 하속으로 있었고, 도주의 사위 호림익은 임칙서의 능력을 높이 평가하면서 그를 극구 천거한 바 있었다. 이후 임칙서가 운귀총독으로 오게 되자 호림익은 좌종당을 막객으로 천거한 것이다. 좌종당은 임칙서를 오랫동안 앙모해온 까닭에 막객으로 가고 싶었으나 이미 자신의 딸을 도광에게 출가시키기로 한 까닭에 옹서지정翁壻之情으로 인해 도씨 집안을 떠나기가 쉽지 않았다.

도광 29년(1849) 9월 운귀총독 임칙서가 병으로 면직되었다. 복주의 고향으로 돌아가는 도중 좌종당을 만나기 위해 장사에 들렀다. 당시 그는 귀향길에 운남에서 죽은 부인의 영구를 가지고 갔기 때문에 세 아들도 동행하고 있었다. 65세인 임칙서와 37세의 좌종당은 이때 상강湘江에 띄워 놓은 배 위에서 처음으로 만났다. 좌종당은 일개 거인擧人이었으므로 신분이나 나이 모두 임칙서와 커다란 차이가 있었다. 그러나 당시 그는 이미 『구심여지병법究心輿地兵法』이라는 저작을 펴낸 바 있다. 임칙서는 이 분야에 지대한 관심이 있었을 뿐만 아니라 호림익의 천거도 있었던 까닭에 좌종당에게 깊은 신뢰를 보내고 있었다. 임칙서와 3명의 아들은 배 위에서 좌종당을 정중히 맞아들였다. 모두 5명이 그곳에 앉아 시국을 논했다. 이날 논의는 아편전쟁에서 신강의 일까지 천하사를 두루 논의하는 바람에 대화는 새벽까지 이어졌다. 좌종당은 당시의 정경을 친구에게 보낸 서신에서 이같이 술회한 바 있다.

“선상에서 허물없이 이야기를 나누다가 새벽에 이르렀다. 미치지 않은 바가 없었다.”

임씨 집안에 전해지는 얘기를 바탕으로 한 고배석高拜石의 『상강야화색비湘江夜話索秘』도 비슷한 내용을 담고 있다. 배 안에서 밤새도록 이야기를 나눈 끝에 좌종당이 임칙서를 극찬했다.

“그대는 실로 하늘이 내린 천인天人입니다.”

좌종당의 해박한 정치지리 및 군사지리에 탄복한 임칙서는 초면인데도 불구하고 하룻밤을 담론으로 지새운 뒤 자신이 그간 신강 및 러시아와 관련해 애써 모아 온 모든 자료를 좌종당에게 주저 없이 넘겨주었다. 원래 그는 자신이 애써 모은 자료를 신뢰가 가는 지인에게 아낌없이 넘겨준 바 있다. 신강으로 좌천되어 갈 때 광주에서 모은 자료를 선남시사의 회원인 위원魏源에게 넘겨준 게 그것이다. 위원의『해국도지』저술은 사실 임칙서가 없었다면 불가능한 일이었다. 좌종당은 위원에 이어 두 번째로 양무운동에 대한 짐을 임칙서로부터 떠넘겨 받은 셈이다.

좌종당이 새방塞防에 눈을 뜬 것은 이날 임칙서와 밤을 새워 논의한 얘기와 그가 제공한 자료에 기인한 것으로 짐작된다. 실제로 임칙서의 장녀인 임보청林普晴의 남편 심보정沈葆楨이 조정에서 시종 새방파로 활약한 것도 장인의 영향이 컸다. 결과적으로 임칙서는 초기에 선남시사 회원인 위원의『해국도지』를 통해 '해방'을 역설하고, 이후 좌종당 및 심보정의 입을 통해 '새방'을 역설한 셈이다. 그를 중국 근대화의 효시로 간주하는 것도 바로 이 때문이다.

사실 상군湘軍의 창군도 좌종당이 없었다면 불가능했다. 비록 창군은 증국번이 했으나 조직방식은 좌종당에 의해 완성된 것이다. 태평천국의 난이 일어났을 때 '상군'에 앞서 등장한 향용鄕勇이 있었다. 강충원江忠源이 조직한 '초용楚勇'이 그것이다.[34] 이 또한 좌종당의 건의로 등장한 것이다. 정치지리 및 군사지리에 해박했던 그의 재능이 빛을 발하는 내목이다.

34 초용楚勇을 조직한 '강충원'은 좌종당과 동갑으로 증국번보다 1세 연하였다. 호남 신녕新寧의 거인 출신인 그는 태평천국의 난이 일어났을 때 고향에서 '향용'을 편성한 뒤 함풍 2년(1852)에 상강에서 태평군의 남왕 풍운산馮雲山을 패사시키는 공을 세웠다. 이후 증국번 지휘 하에 '초군楚軍'으로 불리기도 한 자신의 '초용'을 인솔해 호남, 강서, 안휘 일대를 오가며 태평군을 무찔렀다. 그 공으로 함풍 3년(1853)에 호북안찰사, 안휘순무로 발탁되었으나 함풍 4년(1854) 이홍장의 고향인 안휘 합비현合肥縣 전투에서 태평군에게 패해 이내 자진했다.

태평천국의 난과 향용의 결성

도광 30년(1850) 2월, 도광제가 죽고 함풍제가 즉위했다. 이해 10월, 청조는 병으로 누워 있는 임칙서를 흠차대신에 임명해 광서의 태평군을 진압케 했다. 그러나 그는 임지로 가는 도중 이해 11월 말에 조주부潮州府 보녕현寶寧縣에서 병사하고 말았다.

함풍 원년(1851) 8월, 홍수전이 광서 계평현 금전촌에서 반기를 들었다. 태평군이 청군의 저지를 뚫고 호남으로 북상하자 청조가 대경실색했다. 호광총독 정율채程矞采가 광서에 있던 흠차대신 새상아賽尙阿에게 서신을 보내 호남의 군사를 맡아줄 것을 요청했다. 그러나 새상아는 핑계를 대며 이를 거절했다. 이 소식을 접한 함풍제가 대노해 새상아와 정율채에게 함께 호남의 군무를 책임질 것을 명했다. 함풍제는 광서와 호남, 호북 3성의 순무를 바꿔 방어에 만전을 기하고자 했다. 이에 운남순무로 있던 장량기張亮基가 호남순무에 임명되었다. 이는 좌종당의 일생에 중요한 전기로 작용했다.

태평군이 호남의 장사를 포위하면서 호남의 형세가 위급해지자 호림익이 신임 호남순무 장량기에게 좌종당을 적극 천거했다. 장량기가 이를 받아들였다. 그는 호남으로 부임해 가는 길에 좌종당에게 3차례나 편지를 써 자신의 막하로 들어와 도와줄 것을 청했다. 장량기가 사람을 보내고, 호림익이 적극 권하고, 절친한 친구인 곽숭도까지 나서자 좌종당은 마침내 함풍 2년(1852) 10월에 이를 받아들여 그의 막빈이 되었다. 태평군은 호남의 성도인 장사로 진공 중이었다.

좌종당은 장량기의 막하로 들어가자마자 몇 가지 중요한 건의를 했다. 그가 역점을 둔 것은 태평군의 보급선과 퇴로의 차단이었다. 장량기가 이를 그대로 수용했으나 실행할 길이 없었다. 당시 태평군은 장사성을 에워싸고 강공을 퍼붓고 있었다. 좌종당은 성을 굳게 사수하며 버텨내는 수밖에 없었다. 80일간에 걸친 거친 공격에도 장사성이 꿈쩍도 하지 않자 협공을 우려한 태평군이 마침내 포위를 풀고 철수를 결정했다. 이해 11월 30일, 태평군 주력부대가 야음을 틈타 철수에 들어갔다. 태평군의 양식 보급선이자 유일한 서쪽 노선인 용회담龍回潭을 지나 문득 방향을 바꿔 익양과 악주 등지에서 전투를 벌인 뒤 호북으로 들어갔다. 전선이 호남을 넘어 호북으로 확산된 것이다.

함풍 3년(1853) 태평군이 북진해 안휘와 하남까지 진출하는 상황이 빚어졌다. 이에 동쪽 산동에서 흥기한 염군捻軍이 다투어 호응했다. 태평천국의 패망 이후에도 오랫동안 청조를 괴롭힌 염군의 기의는 바로 태평군의 북진에서 비롯되었다. 이해 3월 1일, 좌종당은 호광총독 서리가 된 장량기를 수행해 호북의 무창으로 들어가 전가진田家鎭의 방어책을 맡았다. 3월 19일에 태평군이 남경을 공략하고 '천경'으로 삼았다. 이해 9월에 장량기가 염군을 저지키 위해 산동순무로 전근을 가게 되자 좌종당은 이내 고향인 호남 상음현으로 돌아왔다.

함풍 4년(1854) 봄, 좌종당이 호남순무 낙병장駱秉章의 막하로 들어가 호남 일대의 태평군 토벌을 떠맡게 되었다. 낙병장 역시 장량기와 마찬가지로 좌종당을 크게 신뢰해 그의 계책을 그대로 받아들였다. 좌종당은 자신에게 힘이 주어지자 머뭇거리지 않고 과감히 행동했다.

이해 2월 12일, 태평군의 서정군이 황주에서 호광총독 오문용吳文鎔이 이끄는 관군을 대파했다. 오문용이 전사하자 태평군은 승세에 올라타 나흘 뒤 한양漢陽과 한구漢口를 점거했다. 다급해진 청조는 증국번에게 계속 속히 출병할 것을 명했다. 이해 2월 25일, 증국번이 마침내 상군 수륙군 1만7천여 명을 이끌고 형주衡州를 출발해 상강의 북쪽으로 올라가 태평군의 북상을 저지하는데 성공했다. 그러나 이해 4월 28일 태평군이 상군을 정항靖港에서 대파하자 이에 좌절한 증국번이 상강에 몸을 던졌다가 부하들의 구조로 간신히 목숨을 건졌다. 당시 염군의 움직임도 심상치 않았다. 함풍 5년(1855), 각지의 염군 수령은 안휘의 치하집雉河集에 모여 황·백·홍·흑·남의 5기旗 군제를 조직했다.

태평군을 진압하다

좌종당은 증국번의 우유부단한 행보에 큰 불만을 품고 있었다. 그러나 아무런 벼슬도 없었던 그는 호남순무 낙병장의 막객으로 있었던 까닭에 자신의 뜻을 펼 길이 없었다. 이 사이 태평군과 증국번이 이끄는 상군은 일진일퇴를 거듭하고 있었다. 함풍 6년(1856)에 광동에 정박 중인 영국선 애로호에 범인수사를 목적으로 청국 관헌이 임검하던 중 영국 국기를 끌어내린 일로 인해 이른바 '애로호 사건'이 벌어지자 청조는 안팎으로 큰 곤경에 처하게 되었다.

이 사건은 이해 10월 8일에 광주 앞 주강에 정박하던 애로호에 청국 관리가 올라가 청국인 선원 12명을 해적혐의로 연행한데서 비롯되었다. 당시 광주 주재 영국 영사는 승무원 즉각 석방과 영국국기를 함부로 내린 것에 대한 사과를 요구했다. 선장이 영국인이고 선적이 홍콩에 있으므로 영국선박이라는 게 그 이유였다. 양광총독 섭명침葉名琛은 청국 항구에서 청국인 소유의 배에서 청국인을 청국관리가 체포한 것에 영국이 나설 이유가 없다며 이를 거절했다. 당시 영국 국기가 걸려 있지도 않았고 애로호는 청국인 소유인 까닭에 영국 선적에 등록될 자격이 없다는 게 이유였다. 사실 선적 등록 만기가 11일이나 지나 있었기 때문에 영국선박이라는 주장은 근거가 없었다.

이해 10월 22일 섭명침이 승무원을 영사관으로 보냈으나 영국영사는 접수를 거부하고 이튿날 광주를 공격해 총독아문까지 침입했다가 수적 열세로 이내 철수했다. 그러나 영국은 곧 개전을 결정하고 이에 반대하는 하원을 해산해 새로 총선을 실시하면서 전쟁방침을 밀고 나갔다.

이듬해인 함풍 7년(1857) 10월 프랑스 전권대사와 함께 5천 명이 병력을 이끈 영국 전국대사 엘긴이 홍콩에 도착했다. 프랑스는 1년 전에 광서에서 불법적으로 포교활동을 하던 프랑스 선교사가 청국 지방관에게 처형된 사건을 구실로 영국에 가세한 것이다. 영불 연합군은 이해 12월 광주를 점령하고 양광총독을 포로로 잡았다. 이후 3년 동안 광주는 투항한 광동순무의 괴뢰정권을 앞세운 연합군위원회에 의해 다스려졌다.

당시 조약개정에 동참기로 한 미국과 러시아를 포함한 4국 대표들은 광주를 점령한 뒤 조약개정 교섭을 요구하면서 3월말까지 불응할 경우 군대를 이끌고 북상하겠다고 위협했다.[35] 그러나 청조는 직접 교섭

---

35 강희 28년(1689)에 맺은 네르친스크조약에 따라 흑룡강 일대에 대한 진출이 억제된 러시아는 19세기 중반 무라비요프가 동시베리아의 총독이 된 것을 계기로 만주 진출을 본격화하기 시작했다. 이들은 청국이 태평천국의 난과 애로호 사건으로 시달리고 있는 것을 기화로 청국의 전권대사 혁산奕山을 협박해 마침내 함풍 8년(1858) 5월에 '아이훈璦琿조약'을 체결했다. 이에 흑룡강 좌안左岸이 러시아령으로 편입되었다. 2년 뒤의 북경조약에서는 공동관리 하에 있던 우수리강 이동의 연해지역이 러시아에 할양되었다.

에 나서지 않는 대신 러시아는 흑룡강 유역으로 가서 지방관과 교섭하고, 나머지 3국은 양광총독과 교섭토록 했다. 이를 거부한 연합군은 예고대로 4월에 북상을 시작했다. 대고에서 직례총독과의 교섭이 결렬되자 대고 포대를 점령했다. 계속 진격하다가 천진에 이르게 되자 북경이 전화에 휩싸일 것을 우려한 청조는 이해 6월에 러시아, 미국, 영국, 프랑스 등과 차례로 조약을 체결했다. 이들 4개 조약은 모두 편무적 최혜국 조항이 삽입된 까닭에 동일한 조약이라고도 할 수 있다. 이를 통틀어 '천진조약'이라고 한다. 천진조약은 외국공사의 북경 상주, 장강 유역과 북부지역 및 기타 지역의 10개 항 개항, 내지여행과 통상포교의 자유, 영사재판권 확대 등이 골자였다.

경공京控사건과 호림익의 구원

좌종당은 천진조약이 맺어질 당시 강직한 성품으로 인해 커다란 곤경에 처해 이내 목숨을 잃을 뻔했다. 이는 호남순무 낙병장이 함풍제를 알현하는 자리에서 휘하의 영주총병永州總兵 번섭樊燮에 대한 탄핵을 상주한데서 비롯된 것이었다. 이를 두고 관민官民이 지방정부에서 제대로 해결을 하지 못할 때 북경으로 올라와 고소 내지 고발을 하는 이른바 '경공京控'이라고 한다.

당시 번섭은 멋대로 병사들을 사역시키고 기생을 데리고 노는 등의 일로 인해 장병들의 원성이 높았다. 낙병장이 이를 탄핵하자 함풍제는 소문이 진실로 드러날 경우 탄핵하겠다고 약속한 뒤 곧 사람을 영주에 보내 이를 조사케 했다. 이에 그가 1천 냥 가까이 공금을 유용하고 용돈마저 관아 군영에서 받아간 사실 등이 드러났다. 위기에 처한 번섭이 자신의 스승과 대책을 상의하자 스승이 그를 위해 계략을 내놓았다.

호림익 (1812~1861) 청나라 말기의 대신이자 상군의 주요 지도자

"낙병장 막하에 좌종당이라는 자가 있다. 증국번과 동향인 곽숭도 등은 모두 진사에 합격해 승진하고 돈을 벌었는데 좌종당 한 사람만 아직 거인에 머물러 있다. 그는 일찍이 장량기 휘하에서 군사업무에 참여하고, 지금은 낙병장 밑에서 고문 역할을 하고 있다. 두 순무 모두 그를 매우 신임한다고 한다. 특히 낙병장은 그의 말이라면 다 들어주어 모두 그를 '제2의 순무'라고 한다는데 어찌해서 그를 만나러 가지 않는가. 그가 도우면 이 일은 쉽게 해결될 것이다."

당시 좌종당은 호남성 전체의 군사업무를 관리하고 있었다. 그는 성격이 솔직해 입바른 소리를 잘했다. 때로는 자신의 재능을 믿고 남을 무시하기도 했다. 번섭이 면회 차 찾아왔다는 얘기를 들은 그는 번섭의 나쁜 평판에 대해 익히 들은 바가 있어 냉담하게 굴었다. 고집이 센 번섭도 좌종당에게 불경스럽게 대했다. 두 사람이 만났을 때 번섭이 예를 갖춰 인사하지 않자 좌종당이 직설적으로 말했다.

"무관이 나를 만나러 오면 관직의 고하를 막론하고 예에 따라 모두 먼저 문안 인사를 해야 하오."

"조정의 규례에 무관이 군문 막하의 고문을 만날 때 문안인사를 해야 한다는 규정이 없소. 나는 4품의 무관이고, 그대는 일개 거인에 불과한데 뭐가 그리 대단하다고 그러는 것이오."

이내 말다툼을 벌어진 와중에 좌종당이 홧김에 번섭에게 욕을 하고 자리를 떠났다. 당시 호광총독 관문官文은 평소 좌종당의 행보에 불만이 많았다. 마침 번섭이 뇌물을 주고 총독아문에 청원서를 내자 곧바로 조정에 상소를 올렸다. 함풍제가 관문에게 이 일을 비밀리에 조사토록 지시했다.

"만일 좌종당이 정말로 법을 어겼다면 현지에서 즉시 처형토록 하라."

밀지를 받은 관문은 낙병장의 상소문이 좌종당의 손에서 나온 것을 밝혀내고는 즉시 그를 무창으로 압송해 재판에 회부코자 했다. 목을 벨 심산이었다. 조정은 만주인 대신을 흠차로 임명한 뒤 현지로 가 죄상을 조사해 처벌토록 조치했다. 호북과 호남의 관원들은 호북순무 호림익을 빼고는 모두 이 사건에서 발을 빼고자 했다.

명을 받고 도성을 나온 흠차는 운하를 따라 남하하다가 산동 경내에 들어서자 수행원의 권유를 좇아 큰 배로 갈아탔다. 배 안의 장식이 화려한데다가 맛있는 음식이 즐비하고, 가무하는 여인까지 있었다. 가무여색을 밝힌 흠차는 이에 탐닉하느라 예정일을 훨씬 넘겨 호북에 당도했다. 흠차는 수행원에게 물었다.

"이 여정의 책임자는 누구인가."

"호북순무 호림익입니다."

흠차가 의아하게 생각해 물었다.

"나는 호남의 사건을 처리하러 왔는데 호북순무가 이 여정을 책임진 이유가 무엇인가."

무창에 도착하자 호광총독 관문과 호북순무 호림익이 차례로 흠차를 관부로 모시고 들어가 주연을 베풀며 노고를 치하했다. 술이 몇 잔 돌고 나서 호림익이 말했다.

"저는 좌종당을 잘 모르나 다만 호남과 호북이 접하고 있는 까닭에 본래 그의 재능에 관해서는 잘 알고 있습니다. 세상이 어지러운 지금 호남이 안정을 취할 수 있는 것은 낙병장이 난리를 평정해 민심을 가라앉혔기 때문입니다. 이는 좌종당이 보좌한 덕분입니다. 그는 성격이 강직한 까닭에 평소 소인배들의 미움을 사 이 지경에 이르게 되었습니다. 저는 이번 일이 아무 근거도 없는 일이라는 것을 단정합니다. 인재를 보호하기 위한 저의 청을 들어주셨으면 합니다."

흠차가 대답했다.

"나는 황명을 받은 만큼 사건의 진상을 정확히 조사해 공정히 심판해야 하오. 잘못이 있다면 원칙대로 처리할 뿐이오."

호림익이 목소리를 높였다.

"인재를 양성하는 일은 매우 어려운 일인데 흠차는 어찌 그를 파멸시키려 하십니까? 그의 운명은 호남의 성패와 직결되고 동시에 천하의 안위와 관계됩니다. 제가 그를 위해 이처럼 사정하는 것은 공적인 것을 위한 것이지 결코 사적인 것을 위해서가 아닙니다. 만일 흠차가 저를 믿으면 호남으로 가실 필요가 없습니다. 지금 제가 이미 흠차를 위해 좌종당의 무고를 밝히는 상소의 초안을 잡아 놓았으니 만일 동의한다면 이를 올려 보낸 뒤 도성으로 돌아가시면 됩니다."

흠차가 크게 화를 냈다.

"그게 무슨 말이오. 그대가 이처럼 사정하는 것인 사적인 일이오. 내가 명을 받들고 호남에 가서 조사하지 않는다면 이는 조정을 기만하는 일이 되오. 그대는 어찌하여 나를 불충에 빠뜨리려는 것이오."

호림익도 화를 내며 또 다른 상소문을 꺼내 흠차 앞에 내던지며 말했다.

"흠차가 저의 말을 좇지 않으면 저는 이 상소문을 올릴 것입니다."

흠차가 주워서 읽어보니 그가 북경에서 호북까지 오는 동안의 죄상이 고스란히 적혀 있었다. 민폐를 끼치고 배에서 강제로 민간의 부녀자를 범하는 등 모두 10가지 죄상이었다. 사색이 된 흠차가 재빨리 호림익에게 읍을 했다.

"공은 왜 이런 농을 하는 것이오. 공은 관원끼리 서로 감싸주는 의리를 발휘해 주시오. 좌종당을 칭찬하신 말씀을 저도 당연히 믿습니다. 제가 다시 조사할 필요는 없을 것입니다."

"흠차는 분명 호남으로 가지 않을 것입니까?"

"물론이오. 모두 공의 뜻을 따를 것이오."

당시 그는 일반적인 조치로는 좌종당을 구해낼 수 없다고 생각해 부득불 비상수단을 쓴 것이다. 흠차가 좌종당의 결백을 주장하는 상소를 올리자 호림익도 여러 방면으로 뛰어다니며 누차 좌종당을 변호하는 상소를 올렸다. 좌종당이 병법에 능해 많은 전공을 세워 이름을 떨치자 비방하는 자도 많아졌다는 식으로 해명했다.

함풍제의 최측근인 군기대신 숙순肅順과 가까웠던 곽숭도도 이 소식을 들은 후 숙순에게 청을 넣었다. 숙순은 이 문제를 잘못 처리할 경우 사태가 걷잡을 수 없이 커질 수 있다는 것을 잘 알고 있었다. 그는 곧 함풍제와 만나 좌종당이 군략을 세우는데 능하고 많은 공을 세웠다고 치켜세웠다. 곽숭도와 함께 당대의 석학들이 모여 천하사를 논의하는 남서방南書房에 근무하는 반조음潘祖蔭도 상소를 올렸다.

"천하는 하루도 호남이 없어서는 안 되고, 호남은 하루도 좌종당이 없어서는 안 됩니다."

당시 좌종당은 논란이 더욱 확산될 것을 크게 우려한 나머지 함풍 9년(1859) 12월 20일, 상경해 회시를 본다는 구실로 낙병장에게 사직서를 냈다. 이로써 5년간에 걸친 호남순무 고문의 자리에서 벗어난 그는 조상의 묘를 성묘한 뒤 이내 회시 응시를 핑계로 북경으로 올라가고자 했다. 그는 먼저 호림익이 자신을 위해 발 벗고 나선 것에 사의를 표할 생각으로 사은의 편지를 보냈다. 모친상을 당한 까닭에 손님을 만나지 않던 호림익이 이내 그를 만나려고 하자 도주의 딸인 부인이 만류했다.

"그가 강직한 사람이라는 것을 누구나 알고 있습니다. 지금 안 좋은 일을 당했는데 공이 직접 그를 만나면 사람들은 공이 그를 감싼다고 의심할 것입니다."

호림익이 이를 받아들여 밀서 한 통을 쓴 뒤 전에 호남순무를 지낸 친구 모홍빈毛鴻賓에게 주어 좌종당이 오는 것을 막도록 했다. 편지의 내용이다.

"소인배들이 사방에 퍼져 있소. 지금 북경으로 가는 것은 스스로 그물에 걸려드는 꼴이 되오. 잠시 참으며 조용히 때를 기다렸다가 재기를 노리는 것이 좋을 듯싶소."

함풍 10년(1860), 좌종당과 호림익 등이 거듭 좌종당의 무고를 해명하며 그의 기용을 청하는 상소를 올렸다. 함풍제가 증국번에게 유지諭旨를 내려 이 사건에 대한 그의 견해를 물었다. 증국번은 좌종당을 곁에 둘 생각으로 이같이 건의했다.

"좌종당은 호남의 형세에 정통하고 병략에 능합니다. 더 이상 그를 호남에서 군사훈련만 돕게 해서는 안 됩니다. 그의 도움을 받을 수 있도록 신이 그를 거두도록 허락해 주시기 바랍니다."

며칠 후 증국번이 다시 한 번 상소를 올렸다.

"지금은 인재가 몹시 필요할 때입니다. 유지를 내려 주시면 신은 안심하고 일에 임해 황은에 보답키 위해 모든 노력을 기울일 것입니다."

당시 증국번은 늘 자신의 행동을 절제했으나 임기응변에 능한 호림익은 달랐다. 조정과 관원의 생리를 가장 잘 알고 있던 명문가 출신 호림익이 비상수단을 쓴 것은 바로 이 때문이었다. 당시 호림익의 도움이 없었다면 좌종당의 앞날은 예측키가 쉽지 않았다. 호광총독 관문도 상황이 심각하게 돌아가자 이내 상소를 올려 번섭의 고소는 모두 모함이니 사건을 마무리 지어줄 것을 청했다. 이 '경공사건'으로 인해 좌종당은 목숨을 구한 것은 물론 일거에 그 이름을 천하에 널리 떨치게 되었다.

이해 6월 2일, 충왕 이수성이 이끄는 태평군이 강소의 소주를 함락시켰다. 크게 놀란 청조는 6월 9일 증국번을 병부상서 겸 양강총독 서리에 제수한 뒤 곧이어 강남의 군무를 총괄하는 흠차대신에 임명했다. 이어 바로 다음날 청조는 좌종당을 병부시중이라는 4품의 경당京堂 후보에 임명하면서 증국번 곁에서 군무를 돕게 했다. 당시 지현知縣의 직함을 갖게 된 그는 증국번으로부터 호남에서 병사를 모아 독자적으로 통솔하라는 얘기를 듣게 되자 크게 기뻐했다. 증국번은 명목상 그의 상관이었으나 그를 스승과 같은 친구인 사우師友로 대우했다.

이에 고향으로 돌아온 좌종당은 곧바로 5천여 명의 병사를 모집해 훈련시켰다. 명칭은 '초군'이었다. 그는 장수를 선발한 뒤 장수들이 자신들의 책임 하에 병사를 모집하는 방식을 택했다. 대장은 중간급 지휘관을 선발하고, 중간급 지휘관은 다시 여러 병정을 선발하는 식이었다. 등급마다 각기 책임을 지며 휘하부대를 통제케 되자 마치 몸이 팔을 부리고 팔이 손가락을 부리는 것과 같았다. 이는 병사모집 단계부터 녹영 지휘체계의 폐단을 전면적으로 뜯어 고친 것이었다. 유전劉典과 왕개화王開化, 양창준楊昌浚 등이 대장이 되어 군무를 찬조했다.

당시 녹영은 병사가 쓸데없이 많은데다 군량미가 턱없이 부족했다. 증국번이 상군을 창건할 때 군량미를 살 돈을 충분히 비축한 이유이다. 좌종당도 이를 적극 좇았다. 대우가 좋은 상군과 초군이 뛰어난 장수와 정예병을 갖추게 된 배경이 여기에 있다. 이로써 좌종당이 자신의 병략을 마음껏 펼칠 수 있는 계기가 마련되었다. 병사를 모집하기 시작한 지 불과 3달 만인 이해 9월 하순에 그는 직접 '초군'을 이끌고 장사에서 안휘와 강서의 경계지역으로 이동해 증국번의 상군을 지원했다.

애로호 사건으로 촉발된 제2차 아편전쟁으로 어려움에 처해 있던 청조는 이해 10월 13일에 영불 연합군의 북경 침공으로 함풍제가 열하로 몽진하는 상황이 빚어지자 러시아의 중재안을 받아들여 서둘러 북경조약을 체결했다. 먼저 심복의 질환인 태평군의 진압에 총력을 기울일 필요가 있다는 판단에 따른 것이었다.

염군의 발호

당초 함풍 8년(1868)에 맺은 '천진조약'은 1년 내에 북경에서 비준하기로 되어 있었다. 그러나 외국사절의 수도 진입을 꺼려한 청조는 상해에서 비준서를 교환코자 했다. 영불 연합군은 북경에서의 비준을 강행키 위해 조약체결 1년이 되는 함풍 9년(1859) 6월에 북상해 대고 앞바다에 이르렀다. 북당北塘에 상륙하라는 청조의 지시를 무시한 연합군 함대는 대고포대의 포격을 받고 크게 파손되었다. 영국은 청국이 조약을 파기했다고 주장했으나 이는 억지였다. 외국 공사의 북경 주재가 곧 연합군 군함의 진입권을 부여하는 것은 아니었으므로 조약파기 당사자는 청국이 아니라 영국이었다. 당시 미국은 청조의 요구대로 비준서를 교환했다.

그러나 함풍 9년(1859) 영불 연합군은 대고의 패전을 설욕하기 위해 대군을 파견했다. 이들은 이해 10월 13일에는 북경 근교까지 파죽지세로 진공했다. 비록 북경의 자금성 내로의 진입이 이뤄지지는 않았으나 북경 도성이 '양이'에게 함락됐다는 것은 큰 충격이었다. 황제를 포함해 일반 백성에 이르기까지 모두 피난행렬에 나서자 영불 연합군의 약탈에 패잔병과 토비들의 약탈까지 겹쳐 극도의 혼란상이 빚어졌다. 결국 청조는 북경조약을 체결해 천진조약의 내용을 그대로 수용할 수밖에 없었다.

북경조약에는 천진조약에 담긴 내용 이외에도 새로운 내용이 덧붙여졌다. 천진을 개항장으로 추가하고, 청국인 노동자인 쿠리苦力의 이민을 허가하고, 몰수한 가톨릭 교회당을 상환하고, 각 성의 토지를 임대하거나 구매해 교회를 건립할 수 있게 허용하는 것 등이 그것이다. 영국이 구룡九龍반도를 차지하고 러시아가 연해주를 차지하게 된 것도 북경조약으로 인한 것이었다.

함풍 11년(1861) 1월 20일, 청조는 북경조약에 따라 북경에 약칭 총리아문인 총리각국사무아문總理各國事務衙門을 세운 뒤 공친왕 혁흔에게 이를 총괄케 했다. 대학사 계량桂良과 호부우시랑 문상文祥이 공친왕을 보좌했다. 총리아문의 설립을 계기로 조정에서는 양이攘夷를 역설한 보수파가 물러나고, 조약체결에 나선 공친왕을 중심으로 한 화친파가 전면에 부상하기 시작했다. 공친왕은 태평군을 진압키 위해 영국·프랑스 등의 원조를 적극 요청했다.

그러나 개항장이 16개로 늘어나 내지여행권과 내해항행권이 보장되면서 청국은 서구 열강의 상품시장 내지 원료시장으로 전락했다. 외국상품에 대한 통관세의 인하는 청조의 경제에 큰 타격을 입혔다. 면제품이 대량으로 들어와 청국산 면포와 면사를 대신하게 되면서 청국 면업은 심대한 타격을 입을 수밖에 없었다.

이해 8월 21일, 함풍제가 서태후 소생의 재순載淳을 황태자에 책봉하면서 숙순 등 8명의 대신을 '보정대신輔政大臣'에 임명했다. 함풍제가 바로 다음날 숨을 거두자 재순이 동치제로 즉위해 다음해의 연호를 기상祺祥으로 정했다. 이로부터 2달여 뒤인 이해 11월 1일, 서태후가 동치제와 함께 열하에서 북경으로 환궁했다. 서태후는 다음날 공친왕 함께 정변을 일으켜 숙순 등을 일거에 제거하고 권력을 장악했다. 10일 뒤 '기상'의 연호를 폐기하고 새 연호를 '동치同治'로 정했다. 이는 서태후와 공친왕의 '공동섭정'을 뜻하는 것이었다.

'동치'의 연호를 정한 지 9일 뒤 청조는 흠차대신인 양강총독 증국번에게 강소, 절강, 안휘, 강서 등 4개성의 군사를 통할케 했다. 이로써 해당 각 성의 순무와 제진 이하 관원 모두 절제를 받았다. 이와 동시에 태상사경太常寺卿에 제수된 좌종당에게 명해 속히 절강으로 가 상군의 태평군 토벌을 돕게 했다. 절강 내 각 진의 지휘관들은 그의 통제를 받도록 했다. 이해 12월 29일 충왕 이수성이 지휘하는 태평군이 항주를 점령했다. 이 일로 인해 증국번과 대립한 절강순무 왕유령王有齡이 자진했다.

동치 원년(1862) 1월 7일, 이수성이 이끄는 태평군이 항주 점령의 여세를 몰아 상해로 진격했다. 의기양양해진 이수성은 이날 포고문을 발포했다. 서구 열강의 상인들이 태평군을 적대할 경우 이는 자멸을 뜻한다는 내용이었다. 1월 23일에 좌종당이 왕유령을 대신해 절강순무에 임명되었다. 그가 진사가 아닌데도 절강순무가 된 데에는 증국번의 천거가 크게 작용했다. 증국번과 좌종당은 같은 호남 출신으로 인척관계에 있었다.

이를 계기로 증국번의 움직임이 빨라졌다. 그는 이홍장으로 하여금 안휘 일대에서 모은 회군을 이끌고 상해로 가게 했다. 증국번의 도움으로 이해 4월 8일에 상해에 도착한 이홍장의 회군은 영불 등의 용병으로 구성된 '상승군'과 함께 합동작전을 전개하며 명성을 떨치기 시작했다. 이해 11월에 증국번이 안경군계소安慶軍械所를 세웠다. 이는 청국 내에 세워진 최초의 서양식 무기 생산 공장으로 양무운동의 효시에 해당한다.

동치 2년(1863) 3월 2일, 좌종당의 상군이 금화金華를 함락시키자 청조는 그 공을 인정해 이해 8월 5일에 그를 민절총독閩浙總督에 임명했다. 이해 9월 20일에 좌종당은 프랑스 출신 댕게벨이 이끄는 '상첩군常捷軍'을 지휘해 부양富陽을 함락시켰다. 좌종당의 지휘를 받게 된 '상첩군'은 이홍장이 이끄는 '상승군'에 버금하는 화력을 보유하고 있었다. 이에 자극을 받은 이홍장도 이해 12월 4일 고든이 지휘하는 '상승군'을 지휘해 마침내 소주를 탈환했다. 그는 곧바로 그곳에 양포국洋砲局을 세웠다. 이를 계기로 증국번과 좌종당, 이홍장 사이에 태평군 토벌을 둘러싼 치열한 경쟁이 시작되었다.

실제로 민절총독 좌종당은 양강총독 증국번과 마음이 맞지 않아 전략문제 등을 둘러싸고 자주 말다툼을 벌였다. 과감한 결단을 선호하는 좌종당은 늘 신중을 기하며 결정을 늦추는 증국번의 더딘 행보가 불만이었다. 전략 면에서 그를 따라올 사람이 없었다. 확실히 그는 난세의 시기에 통상 그렇듯이 창업에 어울리는 호걸형의 인물이었다. 주변 사람들에게 거만하게 보인 것도 이와 무관치 않을 것이다. 실제로 그는 증국번보다 1세 연하인데도 불구하고 자신의 나이를 올려 증국번을 아우 취급했다. 큰 소리로 상대방을 윽박지르는 쪽은 늘 좌종당 쪽이었다. 두 사람은 이때에 이르러 마침내 절교를 선언케 되었다. 각각 '상군'과 '초군'을 이끌며 경쟁적으로 태평군 토벌에 나서게 된 셈이다.

이때 몽골출신 셍게린친이 지휘하는 청군의 기병이 산동의 염군이 결집해 있는 치하집을 공격해 대승을 거두었다. 기동력의 승리였다. 염군의 잔당이 각 지역으로 퍼져 싸움을 펼치면서 산동을 중심으로 한 북쪽에도 염군과 관군을 중심으로 한 새로운 전선이 형성되었다. 청조는 증국번과 좌종당 등을 이용해 태평군의 북상을 저지하는 한편 관군을 투입해 태평군과 연계한 염군을 토벌하는 양면전략을 펼친 것이다. 이 전략은 태평천국의 난이 평정되는 이듬해까지 지속되었다.

평생지기 호설암과의 만남

동치 3년(1864) 3월 31일, 좌종당이 휘하의 군사를 이끌고 가 마침내 항주를 탈환하는 데 성공했다. 여기에는 당대의 거상巨商인 호설암胡雪巖과의 만남이 결정적인 배경으로 작용했다.[36] 이미 왕유령과의 만남을 통해 난세에 장사하기는 매우 어려우나 오히려 그것이 기회가 될 수 있다는 사실을 터득한 호설암은 의도적으로 좌종당에게 접근했다. 시세의 흐름을 읽는 호설암의 탁월한 감각은 전장錢莊에서 근무할 때 호부戶部가 군량미의 대량매입으로 인한 재정지출을 메우기 위해 처음으로 발행한 관표官票를 대거 수집한데서 유감없이 드러난 바 있다.

당시 관표는 각 성의 번고藩庫를 담당하는 번사藩司가 책임졌고, 매입은 각 지역의 전장과 금융 및 수송 기관인 표호票號가 담당했다.[37] 전장 주인들은 처음 있는 일이라서 관표를 신뢰치 못했다. 관표를 너무 많이 발행하면 조정이 보유중인 은이 부족해져 관표가 절하될 소지가 컸다. 위험을 무릅쓸 필요가 없는 번고에서 대리 판매하는 관표를 구입할지라도 상황은 달라지지 않았다. 훗날 번고와 결산을 해야 하고, 얼마를 썼느냐에 따라 그 액수만큼 은을 내놓아야만 했다. 전장은 공연히 정부의 심부름꾼이 되는 것이고 조금의 이익도 남기지 못하는 것이다. 전장 주인들은 관표 구입에 그다지 열의를 보이지 않았다. 그러나 호설암은 조금의 주저함도 없이 전장의 책임자인 유경생劉慶生에게 앞장서

36 호설암은 도광 3년(1823)에 안휘 적계績溪의 가난한 농촌에서 태어났다. 이 지역은 호적胡適과 호금도胡錦濤의 고향이기도 하다. 좌종당보다 11세 연하인 그는 전장錢莊에서 도제로 일하면서 가난한 유생 왕유령 등에게 선뜻 500냥을 내주는 등 의협심을 발휘해 이후 관상官商으로 성장했다. 증국번과 대립했던 왕유령이 자진한 후 좌종당을 도와 청조 유일의 1품 관직을 하사받는 '홍정상인紅頂商人'이 되었으나 자신의 평생 후원자인 좌종당이 병사한 직후 관직을 박탈당하고 곧바로 뒤이어 세상을 떠났다.

37 '표호'는 청대 중엽에 환업무 등을 전문적으로 취급키 위해 등장했다. 명대 말기의 표항標行으로부터 진화한 표국鏢局은 표호 간의 금전수송을 전담하는 보안업무 역할을 맡았다.

이를 구입토록 했다.

그의 셈법은 간단했다. 관표의 매입은 설령 일시적으로 손해일지라도 장차 관군이 승리하면 편의를 제공할 것이므로 멀리 내다보면 결코 사람들이 생각하는 것처럼 손해 보는 장사가 아니라는 것이다. 사업은 언제나 시국의 안정 여부와 관련이 있고 근본적으로 사업을 발전시키려면 태평한 세상이 와야만 한다. 당시 그는 이같이 말했다.

호설암 (1823~1885) 19세기 말 중국 청나라를 주름잡던 거상으로 현재까지도 중국인들에게 회자되고 있는 인물이다.

"태평성대가 오면 무슨 사업인들 못하겠는가."

그의 안목과 수완이 남다르다는 것을 보여주는 사례가 아닐 수 없다. 큰 사업을 하고자 하는 사람은 시장이 안정되기만을 기다려서는 안 된다. 자신의 힘으로 시장을 안정시킬 수 있어야 한다. 이런 시각에서 보면 그가 관표를 대거 매집해 징부를 돕는 것은 곧 시장을 안정시키는 일이고, 이는 궁극적으로 자신의 사업을 위한 것이기도 했다. 그가 시종 능력이 닿은 한 좌종당과 같은 거물 정치인을 도와 안정된 정국을 유지코자 애쓴 이유가 여기에 있다.

원래 청검했던 좌종당은 호설암을 만나기 전에도 의외로 부자들에게 많은 지원을 부탁한 바 있다. 이는 정예군을 유지키 위한 것이었다. 좌종당은 어떤 식으로 치부했든 과정은 문제 삼지 않았다. 오직 나라를 위해 얼마나 기부했는가를 기준으로 삼았다. 그런 점에서 호설암처럼 자신의 기준에 적합한 인물은 없었다. 이홍장은 좌종당과 호설암의 관계를 이른바 정경유착의 '관상결탁官商結託'의 전형으로 파악했으나 이는 지나친 것이다. 국고가 바닥이 나 군량 등을 스스로 조달해야만 했던 당시 상황에서 열강의 침략을 저지하고 반란군을 소탕키 위해서는 군량과 무기를 적시에 공급할 필요가 있었고, 이는 호설암과 같은 인물이 아니었다면 불가능했다. 그런 점에서 두 사람이 만남은 특기할 만했다.

현재 좌종당과 호설암 중 누가 먼저 찾아갔는지를 두고 견해가 엇갈리고 있으나 이는 그다지 중요한 문제가 아니다. 두 사람이 처음으로 대면케 된 것은 좌종당이 항주를 탈환하기 직전이었다. 당시 항주에는 먹을 것이 아무 것도 남아 있지 않았다. 좌종당은 장병이 거의 굶어죽는 상황에 몰리게 되자 크게 초조해했다. 이때 문득 호설암이 나타나 초면인데도 불구하고 선뜻 은 2만 냥을 내주었다. 2만 냥은 매달 10여만 냥의 군비를 지출하는 그의 입장에서 볼 때 소액에 불과했으나 우선 급한 불은 끌 수 있었다.

호설암은 좌종당이 당장 필요로 하는 것이 무엇인지 눈치 채고 주머니를 털어 그를 도와 준 것이다. 그는 좌종당과 작별인사를 한 후 곧바로 상해로 가 쌀 1만 석을 모아 항주로 운반했다. 이중 일부는 성 안의 굶주린 백성에게 보내고 나머지는 모두 좌종당의 군영으로 보냈다. 결국 쌀 1만 석으로 좌종당의 군사뿐만 아니라 항주의 백성도 구한 셈이다. 이는 좌종당이 경내의 태평군을 숙청하는데 결정적인 도움을 주었다. 좌종당이 크게 기뻐하며 호설암에게 사의를 표했다.

"호선생의 공이 매우 크오. 원하는 관직이 있으면 주저 없이 말하시오. 황상에게 반드시 고할 것이오."

호설암이 대답했다.

"제가 이번에 한 일은 포상을 받기 위한 것이 아닙니다. 저는 본래 장사꾼으로 일만 할 줄 알 뿐 다른 것은 모릅니다. 결코 관직에 있을 재목이 못 됩니다."

평소 간교한 말로 관직을 구하는 자들을 멸시했던 좌종당은 호설암으로부터 '일만 할 줄 알 뿐 관직에 있을 재목이 못 된다'는 말을 듣고는 지우知遇를 만난 듯이 크게 기뻐했다. 이후에도 군량의 조달 문제는 수시로 좌종당을 크게 괴롭혔다. 그는 호설암에게 매달 20만 냥의 군비를 모아달라고 부탁했다. 호설암의 입장에서 볼지라도 이는 거액이었다. 그러나 그는 심사숙고 끝에 이를 받아들였다. 이는 그 나름대로 셈법이 작용한 결과였다.

당초 태평군의 장수들은 많은 재물을 축적해 놓고 있었다. 태평군의 패색이 짙어진 상황에서 이들이 모아둔 재물을 몰수할 경우 매달 20만 냥에 달하는 군비를 충분히 보충할 수 있었다. 그가 좌종당에게 제의했다.

"태평군은 공개적으로 활동하지 않았기에 색출하는데 적잖은 어려움이 있습니다. 상군이 민절총독 신분으로 '태평군 장수가 투항하면 반드시 선처하고 과거의 일에 대해서는 결코 추궁하지 않겠다.'고 공고하십시오."

적장을 투항시키면서 동시에 그들 소유의 재물을 몰수해 군비로 충당할 수 있다는 '일석이조'의 계책이었다. 좌종당은 그 취지를 즉각 파악했다. 그러나 이를 제대로 처리하지 못할 경우 오히려 커다란 논란에 휩싸일 소지가 컸다. 좌종당은 이런 우려를 털어놓자 호설암이 묘책을 내놓았다.

"태평군 토벌이 끝나면 이들과 연루된 수많은 사람들은 곧 처벌을 받게 됩니다. 그러나 연좌제로 인해 지나치게 많은 사람들이 처벌을 받는다면 오히려 백성의 분노를 사게 되어 정국이 다시 불안해질 것입니다. 가장 좋은 처리 방법은 이들에게 빠져 나갈 구멍을 만들어 주는 것입니다. 벌은 주되 가벼운 벌로 다스려 숨어 있는 연루자들이 벌을 받은 후 떳떳하게 사람노릇을 할 수 있게 해주면 누가 벌 받기를 주저하겠습니까?"

좌종당은 기뻐하며 즉시 그 일에 착수했다. 과연 숨어 있던 태평군이 줄줄이 귀순했다. 좌종당이 항주를 무난히 수복케 된 배경이 여기에 있다. 호설암이 항주 수복을 전후로 막대한 군비를 대주며 전후 처리를 말끔하게 대신해주지 않았다면 불가능한 일이었다. 이로 인해 그가 운영하는 부강전장阜康錢莊은 많은 이익을 보았고, 그 역시 이때의 공을 인정받아 4품의 관직을 얻게 되었다. '전장'은 환전전문의 개인금융을 가리킨다. 객관적으로 볼 때 이는 좌종당의 전폭적인 신뢰와 지원이 있었기에 가능했다. 이 일을 계기로 두 사람은 막역한 사이가 되었다.

좌종당이 성공적으로 항주를 수복하자 이에 고무된 증국전의 상군이 마침내 이해 7월 19일에 태평천국의 '천경'인 남경을 함락시키는데 성공했다. 이는 이홍장이 남경 함락의 대공을 스승의 동생인 증국전에게 양보한 결과였다. 이해 11월 9일 좌종당은 이홍장과 함께 태평군을 궤멸시킨 공을 인정받아 1등 백작에 진봉晉封되었다.

그러나 아직 염군이 남아 있었다. 남경 함락을 계기로 태평천국이 사라지자 태평군의 북쪽 잔당이 태평천국으로부터 왕호를 하사받은 염군과 통합해 이른바 '신염군新捻軍'을 결성했다. 이들은 준왕遵王 뇌문광賴文光의 지도하에 양왕梁王 장종우張宗禹, 노왕魯王 임화방任化邦이 통솔했다. 신염군은 태평군의 편제를 좇아 조직을 정비했다. 보병을 기병으로 바꾸면서 평원에서의 작전 능력이 크게 증강되었다.

이때 감숙성의 이슬람교도가 반란을 일으켰다. 이를 틈타 러시아는 청국과 '타르바가타이 통상通商의정서'를 체결해 청국 땅이던 자이산 노르 이서의 44㎢의 땅을 빼앗았다.

이듬해인 동치 4년(1865) 1월, 신강 서쪽에 위치한 코칸 한국汗國의 야쿱 벡이 신강을 침공해 '처더사르 한국'을 세웠다. 당시 코칸 한국은 카슈가르를 거점으로 한 금상인金相印이 지원을 요청하자 야쿱 벡을 파견해 신강으로 들어가도록 했다. 야쿱 벡은 이를 기화로 카슈가르에서 '처더사르 한국'의 건립을 선포하고 스스로 칸이 된 것이다. 이에 신강은 천산산맥의 북쪽인 북강北疆은 물론 그 남쪽인 남강南疆까지 상실케 될 위기에 직면했다.

당초 청조는 건륭제 재위 초기부터 서역을 점령한 뒤 명칭을 신강으로 고쳤다. 이후 일리에 '일리장군'을 두어 신강의 최고 군정장관으로 삼고, 일리장군 휘하에 별도로 우루무치 도통을 설치해 이 지역을 다스리도록 했다. 또 우루무치 동쪽에 진서부鎭西府와 적화주迪化州를 설치해 진서부와 적화주의 도통이 민정을 관리토록 하고 섬감 총독 밑에 예속시켰다. 그러나 아편전쟁 이후 청조의 세력이 급격히 약화되자 신강 지역에 카슈가르와 우루무치, 쿠차, 일리, 화전 를 중심으로 한 5개의 할거정권이 생겼다. 러시아와 영국 등 서구 열강은 이들을 이용해 자국의 세력을 확장코자 했다.[38]

38 원래 중앙아시아에는 우즈벡족이 대종을 이룬 히바, 부하라, 코칸트 등 3개의 한국이 있었으나

섬감총독에 제수되다

당시 가까스로 태평천국의 난을 진압한 청조는 신강을 침공한 야쿱 벡을 제압하기에 앞서 우선 발등이 불이 된 염군의 토벌에 전력을 기울일 수밖에 없었다. 동치 4년(1865) 5월 23일, 흠차대신 증국번에게 산동으로 가 염군을 치게 하면서 이홍장을 양강총독 서리에 임명했다. 이홍장은 이해 가을에 상해에 강남제조총국을 세우고 남경에 금릉기기국을 세웠다. 증국번이 안경에 무기 공장을 세운 것을 본 뜬 것이다.

당시 신염군의 위세는 의외로 강했다. 산동의 조주曹州에서 몽골의 정예 기병을 이끄는 셍게린친 부대를 섬멸하고 계속해 증국번의 상군과 이홍장의 회군에게도 심대한 타격을 준 게 그 증거이다. 셍게린친은 내몽골 호루친족의 출신으로 도광제 때 군왕郡王의 작위를 받은 후 태평군의 북벌군이 직례로 쳐들어오자 참찬대신參贊大臣이 되어 기병을 이끌고 이를 진압해 그 공으로 친왕에 책봉되었다. 제2차 아편전쟁 때에는 흠차대신이 되어 군무를 맡아 영불함대의 침입을 격퇴키도 했다. 북경조약 체결 후 산동과 하남 등에서 염군을 토벌하면서 많은 공을 세워 세습친왕이 되었으나 이때에 이르러 염군에게 포위되어 전사한 것이다. 셍게린친이 전사할 당시 신염군의 기세는 하늘을 찔렀다.

동치 5년(1866)에 들어와 신염군은 하남의 허주許州에서 군대를 둘

러시아는 이들 3개 한국을 차례로 합병했다. 사마르칸트를 중심으로 하는 부하라 한국이 러시아에 합병된 것은 동치 7년(1868)의 일이다. 이어 타슈켄트가 함락되어 코칸트 한국도 러시아에 점거되었고, 동치 12년(1873)에는 히바 한국도 보호국이 되었다. 코칸트 한국의 무장인 야쿱 벡은 코칸트 한국이 멸망하기 전에 신천지를 찾아 중국의 신강에 들어와 나라를 세우고자 했다. 이때 영국은 러시아를 견제키 위해 야쿱 벡을 적극 지원했다.

로 나누었다. 하나는 준왕 뇌문광과 노왕 임화방이 이끄는 동염군으로 이들은 중원에서 계속 청군과 맞섰다. 다른 하나는 양왕 장종우가 이끄는 서염군으로 이들은 섬서와 감숙 지역으로 진공했다. 이들은 서로 기각지세를 이룬 뒤 청군을 협공하는 자세를 취했다.

이해 6월 25일에 좌종당은 서양의 기술자를 고용해 윤선과 무기 등을 제작해야 한다는 요지의 상소문을 황제에게 직접 상주하는 절주折奏를 했다. 이에 마침내 '복주선정국福州船政局'이 설립되고, 임칙서의 사위인 심보정이 선정대신에 임명되었다.

그는 이어 프랑스로부터 기술 원조를 받아 복주의 마미馬尾에 조선소를 세웠다. 태평군 진압의 경험을 통해 해군의 중요성을 인식한 결과였다. 당시 그는 조선업체를 세워 막강한 해군을 만들어야만 이를 통해 서구 열강의 침공을 저지하고 부국강병을 실현코자 했다. 이를 계기로 그는 이홍장과 더불어 양무운동의 선구자가 되었다. 그의 '양무'에 대한 의지와 열정은 이홍장 못지않았다.

이때도 호설암의 도움이 컸다. 당시 서구 열강으로부터 차관과 기술 등을 도입할 때 가장 필요한 것은 서양의 물건에 정통한 인재였다. 호설암은 좌종당이 복주에서 선정국 등의 양무사업을 할 때 큰 도움을 주었다. 좌종당의 양무사업은 모두 서구 열강의 침공에 저항하는 차원에서 나온 것이었다. 이는 외견상 장사에 큰 손실을 주는 것처럼 보였으나 사실은 호설암에게 더 큰 이득을 안겨주었다. 그는 좌종당이 복주에 선정국을 세울 때 이같이 말한 바 있다.

"외국의 기계를 들여와 조선소를 짓는 것은 엄청난 일입니다. 기계가 좋은지를 판별하기도 어려운 만큼 사람을 보내 물건을 구입할 때는 돈을 충분히 지불해 뛰어난 품질의 제품을 택해야 합니다."

'돈을 충분히 지불한다'는 얘기는 곧 물건을 구입하는 중간상에게 많은 '이윤'을 남겨준다는 뜻이기도 했다. 호설암이 좌종당의 양무사업을 곁에서 적극 도우면서 커다란 이익을 챙길 수 있었던 이유가 여기에 있다. 이홍장이 똑같은 양무사업을 전개하면서 좌종당을 비판한 것도 이와 무관치 않았다. 그러나 좌종당이 거액의 투자가 필요한 양무사업을 과감히 벌일 수 있었던 데에는 호설암의 도움이 있기에 가능했던 점을 무시할 수 없다.

좌종당이 호설암의 전폭적인 지원을 받아 양무사업을 한창 전개할 즈음 문득 태평군 잔당과 합세한 산동의 염군과 이들과 연계한 섬서의 회족 반군이 발호하는 사태가 빚어졌다. 이로 인해 그의 '양무' 행보는 중단될 수밖에 없었다. 이해 9월 25일 그는 섬감총독에 임명되었다. 당시 청조는 섬감총독 양악빈楊岳斌이 회족 반군에 속수무책으로 당하자 청조가 신망이 높고 병략에 밝은 그를 섬감총독으로 임명한 것이다.

동치 6년(1867) 2월, 청조는 섬감총독 좌종당을 흠차대신에 임명해 섬감 일대의 군무를 독판督辦케 했다. 3품 경당京堂으로 있던 유전劉典이 그를 보좌케 되었다. 이는 우선 섬서로 들어가 염군을 소탕해야 이 지역의 회족 반군도 조기에 진압할 수 있다는 그의 주장을 받아들인 결과였다.[39] 조정은 섬감총독의 업무를 일시 목도선穆圖善에게 맡기고, 속히 염군토벌에 나설 것을 명하자 그는 이해 2월 20일과 24일, 군사를 3길로 나눠 진격케 하면서 자신은 휘하의 '초군'을 이끌고 들어갔다.

39 청조는 이해 4월에 숭후崇厚를 대표로 한 '천진기기국天津機器局'을 설립했다. 이는 만주 귀족이 세운 최초의 무기 공장으로 증국번과 이홍장, 좌종당 등이 남경과 상해, 복주 등지에 무기

이해 6월 14일 3갈래로 진격한 군사들이 섬서의 동관潼關에 집결하자 그는 군사들을 서쪽 관문 밖에 주둔시켰다. 염군 세력의 확산을 최소화하기 위해 하남에 가까운 동관에 주둔한 것이다. 서염군은 좌종당과 유전이 동쪽과 남쪽으로 협공을 해오자 이해 9월 초 섬서 북쪽으로 군대를 움직였다. 이는 산서로 들어가는 통로를 뚫기 위한 것이었다. 그는 서염군의 산서로의 진공을 틀어막기 위해 급히 병력을 재배치했다. 이때 섬서의 회족 반군이 저지하는 바람에 작전에 커다란 차질을 빚었다.

이해 10월 하순, 서염군이 섬서 북쪽의 연천 등지를 잇달아 공격하는 와중에 회족 반군의 숫자도 날로 늘어났다. 청군이 주둔하고 있는 몇몇 대도시를 제외하면 대부분의 농촌지역은 '동간東干'으로 불리는 회족 반군과 서염군의 수중에 있었다. 그러나 그의 휘하에는 복건에서 이끌고 온 초군 3천 명밖에 없었다. 그는 독판섬감군무의 직을 유전방劉典幇에게 맡기겠다는 주청을 올린 뒤 그에게 호남의 병사 3천 명을 모집할 수 있도록 허락해줄 것을 청했다. 이 사이 염군의 일부가 호북으로 들어갔다는 소식을 듣고 당초 예상한 6천 명에 다시 6천 명을 더 모집하기로 결정했다. 그는 염군의 특성을 고려해 기병내를 편성하고 포대를 구성해야만 한다고 판단했다. 이에 다시 주청을 올려 육로제독陸路提督 고연승高連升을 파견해 함께 토벌에 나서게 해 줄 것을 요청하는 한편 광동순무 장익풍蔣益澧에게 속히 홍콩에서 양총 2천 자루를 급히 구입해 줄 것을 청했다.

공장을 잇달아 설립한 것에 대응키 위한 것이었다. 청조는 한인의 힘이 비대해지는 것을 결코 원치 않았다.

정작 더 큰 문제는 군량보급 문제였다. 군량이 제 때 조달되지 않자 일부 병사가 대오를 이탈해 약탈을 자행하고, 심지어 '동간'과 손을 잡는 일까지 빚어졌다.[40] 군량의 보급이 가장 중요하다고 판단한 그는 곧 호북에 후방 보급기지를 구축하고, 섬서에 별도로 군량보급을 총책임지는 전방 보급기지를 만들 것을 건의했다. 동원된 군대를 먹여 살리기 위해서는 강남에서 수송되어 오는 군량미에 의존할 수밖에 없었다. 그러나 당시 그는 이미 양강총독인 증국번에게 절교장을 내던지고 온 상황이었다. 좌종당은 어쩌면 강남에서 군량미를 보내오지 않을지도 모른다는 우려를 했을지도 모른다. 그러나 결코 그런 일은 일어나지 않았다.

그는 곧 상주하여 상해에 설립된 운송국의 호설암 위원을 통해 서양 상인으로부터 120만 냥을 빌리는 방안을 제시했다. 그가 호설암을 중개자로 거론한 것은 복건과 광동, 절강 등에서 막강한 재력을 자랑하는 그를 통해 군량보급과 군비 문제를 일거에 해결키 위한 것이었다. 그의 평생지기인 호설암과의 본격적인 합작은 이때부터 시작되었다.

이해 12월 18일, 서염군이 황하를 건너 섬서에서 산서로 진공했다. 당황한 그는 급히 유송산과 곽보창에게 산서로 들어가 적을 소탕하도록 명하고 이어 자신도 군대를 이끌고 산서로 들어갔다. 산서에서 하남을 거쳐 직례, 하북까지 뚫고 들어간 서염군은 동치 7년(1868) 2월 6일

40 당시 청국의 이슬람교 분파는 크게 3대 교파와 4대 문환門宦으로 나뉘어져 있었다. 3대 교파는 카딤Qadim, 이크와니Ikhwani, 서도당西道堂을 말한다. 4대 문환은 쿠피야Khufiyya, 카디리야Qadiriyya, 자흐리야Jahriyya, 쿠브라위야Kubrawiyya 등이다. 문환은 이슬람 신비주의인 수피즘Sufism의 분파에 해당하는데 반해 교파는 이와 관계없이 형성된 점에 차이가 있다. 교파와 달리 문환은 교주를 정점으로 광범위한 지역의 신도를 포섭하고 있었으나 신구교간의 갈등과 40여 개가 넘는 지파가 형성돼 있어 긴밀한 협력을 달성키가 쉽지 않았다.

에 북경 인근인 노구교 근처까지 이르렀다. 당시 장종우는 서염군을 이끌고 섬서에서 산서, 하남, 하북의 3성으로 쳐들어가 운하에서 포위된 뇌문광의 동염군을 구원하려 했으나 동염군은 이미 양주揚州의 전투에서 이홍자장의 회군에 섬멸되고 뇌문광은 포로로 잡혀 양주에서 죽은 후였다. 장종우는 이를 모르고 서염군을 이끌고 북경 근처까지 접근했으나 결과적으로 이는 오히려 덫에 걸린 것이나 다름없었다.

당시 조정은 동염군의 소탕책임을 맡은 흠차대신 이홍장에게 죄를 묻고 이어 직례총독 관문官文과 섬감총독 좌종당에게 차례로 책임을 물은 후 속히 전공을 세워 죄를 씻으라는 명을 내렸다. 좌종당은 더욱 신중히 전투 준비를 했다. 좌종당은 직접 군사를 이끌고 서염군을 추격하면서 많은 현상금을 내걸어 군사들의 사기를 높였다. 이해 2월 22일 청조는 섬감총독 좌종당을 흠차대신에 임명해 섬감지역의 군무를 독판督辦케 하고 유전劉典을 방판幇辦으로 삼았다.

4월 초에 좌종당이 하남의 창덕彰德까지 쫓아가 압박하자 서염군은 이내 산동으로 몰려갔다. 6월 하순, 장종우가 이끄는 서염군은 덕주의 고가도高家渡에서 운하를 건너려다 이홍장이 이끄는 회군에게 일격을 당해 덕평, 평원, 치평茌平까지 패퇴했다. 이해 8월 16일 서염군이 회군에게 전멸을 당하자 장종우는 잔병 10여기를 이끌고 도해하徒駭河까지 달아났다가 이내 자진하고 말았다. 이로써 염군은 완전히 소탕되었다. 8월 27일 좌종당이 염군 평정의 공을 인정받아 태자태보의 직함을 받았다. 태평군과 염군을 진압하면서 자신의 군사적 재능을 마음껏 발휘한 결과였다. 청조는 이홍장을 호광총독, 협판대학사에 임명했다.

회족 반란을 진압하다

동치 8년(1869) 4월, 좌종당은 염군의 소탕된 것을 계기로 회족반군의 소탕에 총력을 기울일 수 있었다. 그는 회족반군이 교파상의 이견으로 서로 원만한 협조를 이루지 못하고 있는 점을 최대한 이용코자 했다. 이미 태평군의 진압 과정에 탁월한 군사적 재능을 발휘한 그는 마화룡馬化龍이 장악하고 있는 금적보金積堡의 탈환을 제1목표로 삼았다. 이를 위해서는 우선 감숙 남부에 포진한 회족 반군세력을 소탕할 필요가 있었다. 결국 토벌과정에서 3만 명이 넘는 회족들이 몰살을 당했다. 회족 반군세력은 이 전투에서 입은 막대한 손실로 인해 18개의 대영大營이 4개의 대영으로 축소되어 금적보로 후퇴했다.

이해 9월에 좌종당은 다시 군사를 세 갈래로 나눠 금적보를 향해 진격해 들어갔다. 그러나 금적보에 이르기 위해서는 수많은 요새를 돌파해야 했다. 이 와중에 좌종당은 휘하의 군대 내에서 소요가 일어나는 등 심각한 내부 진통을 겪었다.

동치 9년(1870) 2월, 휘하 장수 유송산劉松山이 전사하자 좌종당의 군사적 재능에 대한 심각한 회의가 조정 내에서 일어났다. 공교롭게도 회족 반군 내에도 투항을 통한 평화적 해결을 주장하는 마화룡과 이를 반대하는 백언호白彦虎 등의 지도자들 사이에 갈등이 불거졌다. 일부 강경파는 북경을 급습하자는 주장을 내놓기도 했다. 마화룡이 최종적으로 투항을 결정하자 상당수의 반군 지도자들은 무하마드 아유브의 무슬림 명칭을 갖고 있는 백언호의 지휘 하에 금적보를 떠나 마점오馬占鰲가 다스리고 있는 하주河州로 근거지를 옮겼다. 이에 좌종당은 1년 반에 걸친 전투 끝에 가까스로 금적보를 함락시킬 수 있었다.

이해 6월 21일, 천진교안이 발생하자 청조는 직례총독 증국번에게 속히 보정保定에서 천진으로 가 교안을 사판査辦케 했다. 증국번이 천진교안을 처리하는 와중에 청조는 좌종당은 총리각국사무아문總理各國事務衙門에 상서해 증국번의 타협적인 자세를 강하게 공격했다. 이해 8월 29일에 증국번을 양강총독, 이홍장을 직례총독에 임명했다. 11월에 이홍장은 북양통상대신을 겸했다. 이는 증국번을 견제키 위해 그의 제자인 이홍장을 내세운 것이었다.

좌종당은 이해 9월 10일에 야쿱 벡이 우루무치를 침공한 것을 계기로 '새방'의 중요성을 거듭 역설했다. 신강을 엿보고 있던 러시아와 영국의 쟁탈전이 더욱 심화되었다. 러시아는 침략목표를 남강으로 정하고 카슈가르를 자국의 보호 아래 두고자 했다.

동치 10년(1871) 3월 좌종당은 군사를 이끌고 마점오가 장악하고 있는 하주로 이동했다. 이해 7월 4일, 러시아가 신강으로 출병해 일리 지역을 점령한 뒤 러시아령을 선포했다. 좌종당은 러시아가 일리를 정복했다는 소식을 들은 후 크게 분개하며 유금당劉錦棠에게 서한을 보내 러시아의 서쪽 변경을 훔치려는 음모를 지적하며 끝까지 싸워야 한다고 주장했다.

동치 11년(1872) 3월 20일 양강총독 증국번이 사망했다. 이때 좌종당은 깊은 애도의 뜻을 전할 사이도 없었다. 그의 군사가 태자사太子寺 전투에서 마점오가 이끄는 회군에게 대패했기 때문이다. 더구나 신강의 상황도 심상치 않았다. 이해 4월 8일 야쿱 벡이 러시아와 '카슈가르 조약'을 체결했다. 러시아는 야쿱 벡 정권을 승인한 뒤 그를 뒤에서 조종하면서 장차 신강을 자국의 영향 하에 두고자 하는 뜻을 노골적으로 드러낸 것이다. 당시 러시아는 우루무치 등을 점령한 뒤 즉시 청조에 돌려주겠다고 말했다. 이는 좌종당 등이 결코 우루무치를 수복하지는 못할 것으로 판단한 데 따른 것이었다. 이해 8월 좌종당은 본거지를 난주蘭州로 옮겨 서녕西寧과 숙주肅州의 탈환에 총력을 기울였다.

동치 12년(1873) 봄, 섬감총독 좌종당은 난주에 기기국機器局을 세웠다. 이는 직례총독 이홍장이 남경 등지에 무기 공장을 세운 것에 자극을 받은 결과였다. 좌종당은 장차 신강 일대를 회복키 위해서는 신강과 가까운 이곳에 무기 공장을 세우는 것이 필요하다고 판단했다. 이해 11월 4일에 1년여 간에 걸친 백언호와의 접전 끝에 숙주를 함락시킨 것도 이런 맥락에서 이해할 수 있다. 이로써 염군과 함께 이 섬감 일대를 소요스럽게 만든 회족의 반란은 완전히 평정되었다.

당초 마호룡을 대신해 회군 반군을 이끌던 마점오는 태자사 전투에서 좌종당의 군사를 대파하는 결정적인 승리를 거두었음에도 불구하고 이내 청군에 투항키로 결정했다. 당시 좌종당도 이를 크게 의심했다.

"이는 시간을 벌기 위한 속임수일 공산이 크다."

그러나 마점오의 계산은 간단했다. 청군의 증원이 계속되고 있는 상황에서 태자사의 승리는 일회적인 것에 그칠 수밖에 없었다. 그는 이같이 말했다.

"승리한 뒤 투항하는 것이 패배해 투항하는 것보다 얻는 것이 훨씬 많다."

결과적으로 좌종당은 섬감총독에 임명된 지 무려 7년여 만에 회족 반란군 지도층 내부의 갈등으로 어부지리를 챙겨 반란을 평정케 된 셈이다. 일종의 행운이었다고 볼 수 있다. 이를 계기로 그는 이후 신강의 수복에 자신의 모든 정력을 쏟아 부을 수 있었다.

동치 13년(1874) 1월, 좌종당은 신강정복을 위한 본격적인 작업에 들어갔다. 그는 광동의 육로제독 장요張曜의 부대 숭무군崇武軍과 우리야수타이 장군 금순金順에게 휘하 군사를 이끌고 서진할 것을 명했다. 위기감을 느낀 야콥 벡이 이해 2월 2일에 영국과 '카슈가르조약'을 체결했다. 이때 돌연 예상치 못한 일이 터졌다. 이해 5월 8일에 일본군이 대만을 침공한 것이다. 청조는 '해방'을 강화하기 위해 전력을 기울여야만 했다. 5월 14일 청조는 심보정에게 명해 군사를 이끌고 대만을 순찰케 했다.

이를 계기로 조정 내에서 '새방'을 위해 막대한 재원을 투여하는 신강 회복에 이의를 제기하는 상황이 빚어졌다.[41] 당시 좌종당은 섬감 일대의 회족 반군을 진압키 위해 7년여 동안 모두 3,200만 냥을 소비했다. 이는 거의 같은 기간 동안 좌종당이 창설하고 청조의 '해방'에 중요한 기지가 된 복주선정국을 건설하는데 투여된 액수의 6배에 달하는 것이었다.

이로써 '해방'과 '새방'을 둘러싼 논란이 10년 만에 다시 격화되었다. 이홍장과 좌종당이 날카롭게 맞섰으나 결론이 나지 않았다. 이로 인해 신강 수복을 위한 그의 노력은 무산될 위기에 처하게 되었다.

이해 8월 23일 좌종당이 대학사가 되었다. 그가 섬감총독의 자리에 계속 머물게 되자 우루무치 도통 경렴景廉이 흠차대신이 되어 신강의 군무를 독판케 되었다. 금순이 방판幇辦이 되어 그를 보좌했다. 이해 10월 5일 조정은 흠차대신 대학사 겸 섬감총독인 좌종당에게 명하여

41 당초 동치 4년(1865) 당시 타르바가타이 참찬대신이던 이운린李雲麟은 상소를 올려 "청조는 건륭 중엽 이전에 신강을 소유한 바 없습니다. 지금 국가의 원기가 회복되지 않았고 국고가 고갈되었는데 마구 전쟁을 일으켜 먼 땅에서 승리만을 좇는 것은 좋은 계책이 아닙니다. 신강을 포기하느니만 못합니다."라며 엄청난 비용이 드는 신강수복에 문제를 제기한 바 있다.

숙주에 서정을 위한 병참을 설치하게 하고 군량미 운송의 감독을 맡겼다. 내각학사 원보항袁保恒이 방판이 되어 그를 도왔다. 그는 군량미 조달의 책임을 떠맡았으나 여전히 신강수복을 위한 여러 계책을 적극적으로 상주했다. 대부분 받아들여지지 않았음에도 그는 뜻을 굽히지 않았다.

좌종당의 부단한 노력으로 청조가 귀를 기울이기 시작하자 이해 12월 10일 이홍장이 상주하여 신강을 포기하고 서정군을 정지시켜 그 비용을 '해방'의 경비로 사용할 것을 주장하고 나섰다.

"서쪽의 장군들에게 비밀리에 지시를 내려 변경을 예의 방어하면서 어떤 성급한 공격도 취하지 말도록 하고, 단지 군사들은 둔전에 힘쓰도록 해야 합니다. 주둔군의 감축을 통해 절감된 예산을 '해방'에 돌려 이적들의 침공에 대비해야 합니다."

이 소식을 들은 좌종당이 바로 다음날 '해방'을 반박하는 상소문을 올렸다. 이른바 「숭무군진주하미간황편嵩武軍進駐哈密墾荒片」이 그것이다. 숭무군을 하미로 진주시켜 둔전토록 하면서 '새방'에 만전을 기하는 계책이었다. 조정은 결론을 내지 못했다. 육로와 수로를 막론하고 열강의 침공 행보가 계속되고 있었기 때문이다.

이해 말에 '대호大虎'로 불리는 백언호와 '소호小虎'로 불리는 알리칸바르의 지휘를 받는 2만여 명의 동한東干이 투르판 접경 지역으로 이동했다. 이들은 서녕西寧이 청군에 의해 함락되기 직전인 동치 12년 5월에 그곳을 떠나 안서安西를 노략한 뒤 하미를 일시 점령했으나 청군의 공격을 이기지 못하고 하미를 버린 채 투르판으로 향한 것이다. 당시 우루무치에 대한 2차 원정을 성공리에 마친 야쿱 벡의 아들 벡 쿨리伯克胡里는 즉시 백언호에게 사람을 보내 서진을 한 이유를 물었다. '대호'

와 '소호'가 신속臣屬의 뜻을 밝히고 우루무치와 구마디, 마나스 등지에 정착할 수 있었다. 좌종당은 당시의 상황을 이같이 기록해 놓았다.

"백언호가 섬감의 회족들을 이끌고 구마디와 마나스 등지에 분거한 뒤 서로 연락하면서 남쪽으로 야쿱 벡과 내통하고 있다."

'새방론'을 관철시키다

광서 원년(1875) 1월 12일 동치제가 죽고 서태후가 순친왕 혁현奕譞의 아들 재첨載湉에게 황위를 승계토록 하고 재차 수렴청정을 했다. 1월 25일 광서제 재첨이 즉위했다. 2월 21일 영국의 주중영사관 번역관 마가리가 영국의 무장군탐험대를 이끌고 지금의 미얀마인 면전緬甸에서 진滇의 서쪽 영창부永昌府 경계에 이르러 변민들을 살해하는 이른바 '마가리사건'이 일어났다.[42]

이해 4월 12일 좌종당은 이홍장의 신강을 버리는 '해방' 주장을 매국으로 단죄하면서 '새방'의 중요성을 역설하는 상소를 올렸다. 그는 여기서 이같이 역설했다.

42 '마가리사건'은 동치 13년(1874) 영국이 미얀마와 운남에서 장강 상류에 이르는 무역로의 개척을 위하여 브라운 대령을 대장으로 하는 193명의 탐험대를 파견했을 때 빚어진 양민학살사건을 말한다. 당시 영국의 지부芝罘 영사관 서기 마가리는 청조가 발행한 여권을 휴대하고 이라와디강 상류의 바모에 대기한 브라운 대령과 합류하여 광서 원년(1875) 2월 운남으로 향했으나, 만윤曼允 부근에서 중국인 종자 4명과 함께 살해되었다. 영국 측은 운남순무 잠민영岑毓英을 주모자로, 중국 측은 만인蠻人을 범인으로 지목해 서로 대립했다. 영국공사 웨이드는 이를 이용해서 천진조약의 개정을 강력히 추진해 광서 2년(1876)에 '지부조약'을 맺어 그 목적을 달성했다. 청조는 배상금 6만 냥을 지불해야만 했다.

"서구 해양국들의 궁극적인 목적은 교역을 통한 경제적 이익의 획득일 뿐 결코 중국의 영토나 인민에 있지 않습니다. 신강이 중요한 것은 몽골을 유지하기 위한 것이고, 몽골을 유지하는 것은 경기京畿를 유지하기 위한 것입니다."

이는 임칙서의 '새방론'을 한 단계 더 진전시킨 것이었다. 북방 유목민족과 중원왕조의 오랜 항쟁의 역사를 익히 알고 있는 청조는 그의 이런 주장에 크게 공감했다. 결국 4월 말에 만주인 고관인 군기대신 문상文祥과 광서제의 생부인 순친왕 혁현의 지지를 받아 그의 신강원정에 대한 재가가 내려졌다.

5월 3일 청조가 신강의 군무를 독판하던 경렴을 불러들인 뒤 좌종당을 신강의 군무를 독판하는 흠차대신에 임명했다. 그의 주장대로 우루무치 도통 금순金順을 방판으로 삼아 그를 보좌케 되었다. 이에 그는 흠차대신으로서 신강의 군무를 감독하는 새 직책을 부여받아 신강수복의 도정에 오르게 되었다. 관외의 용병과 군량미 운송 등에 관한 모든 권력이 그에게 부여되었다. 이로써 마침내 신강수복의 염원이 실현할 수 있는 길이 열렸다. 양강총독 유곤일劉坤一이 그에게 서신을 보내 그의 사명을 높이 평가했다.

"그대는 천하에 가장 중요한 일을 맡은 것이고, 이는 천하에 가장 어려운 일을 처리하는 것이오."

이해 9월 청군의 진격소식을 접한 야쿱 벡은 수도인 카슈가르를 아들 벡 쿨리에게 위임하고 스스로 군대를 지휘해 동쪽으로 향했다. 당시 좌종당은 신강수복을 자신의 필생의 사명으로 생각했다. 그는 죽을 각오로 서정에 나섰으나 적잖은 난관이 기다리고 있었다. 가장 큰 문제는 재정문제였다.

광서 2년(1876) 2월 1일 청조가 호설암을 통해 양상洋商에게 1천만 량의 차관을 빌려 서정의 군비로 사용하자는 좌종당의 건의를 비준했다. 당시 호설암은 좌종당이라는 든든한 후원자를 배경으로 갖고 있었던 까닭에 사업이 크게 번창하고 있었다. 이는 좌종당이 염군 및 회족 반군을 진압하는 과정에서 탄약을 구매하고, 서양 돈을 차입하고, 군량 운송을 담당하는 등의 업무가 모두 그를 통해 이뤄진 결과였다.[43]

그러나 이홍장은 좌종당이 호설암과 밀착해 장사꾼의 배를 불려주는 것으로 판단했다. 그가 이해 2월 20일에 양강총독 심보정에게 서신을 보내 좌종당의 차관계획을 반대토록 종용한 이유가 여기에 있다. 심보정이 곧 좌종당의 계획을 반대하는 상주문을 올렸다. 이자율이 너무 높다는 게 이유였다.

좌종당은 배후에서 이홍장이 사주한 것으로 생각했다. 실제로 이해 3월 8일에 이홍장은 재차 심보정에게 서신을 보내 외국차관의 도입을 강력 비판케 했다. 우여곡절 끝에 조정은 요청된 액수의 절반인 500만 냥만 차관으로 충당하고, 나머지 반은 호부에서 200만 냥과 각 성의 출연금 300만 냥으로 충당키로 결정했다. 그러나 재원의 확보가 군량의 성공적인 조달을 의미하는 것도 아니었다. 좌종당은 가욕관을 나서 서쪽으로 가면 투르판과 우루무치에 이르기까지 거의 전 지역이 전

43 당시 좌종당은 신강수복에 기여한 호설암의 공을 높이 평가했다. 그는 광서 4년(1878) 3월 27일 섬서순무 담종린譚鍾麟에게 보낸 편지에서 "군량을 매입하고 운송하는 데는 호설암의 공이 크오. 무에서 유를 창출하고 절체절명의 위기에서 다시 살아났으니 이는 모두 호설암의 공이오. 실로 그는 이 시대에 가장 뛰어난 인물이오." 그는 호설암이 식량을 조달하고 운송하는 노고가 전장의 최전선에서 깃발을 휘날리며 적군을 죽이는 것과 다를 바가 없다고 여겼다. 호설암의 공에 보답하기 위해 그는 담종린과 함께 조정에 칙명을 주청해 그에게 1품 관료를 상징하는 붉은 산호가 박힌 '홍정紅頂'을 수여토록 요청했다. 조정도 그의 공을 높이 평가해 이를 받아들였다.

쟁으로 황폐화되어 식량의 현지 조달이 불가능하다는 것을 알고 있었다. 내지에서 운송해 오거나 현지의 지방 상인들로부터 구입하거나, 변경에 있는 러시아 상인들로부터 구매하는 수밖에 없었다. 그는 호설암의 도움으로 이해 봄까지 하미와 바르쿨巴里坤 등지에서 2천여 만근의 군량을 확보하는데 성공했다.

당시 러시아 상인 까멘스키는 청군에게 식량 500만 근을 100근 당 7냥 5전에 팔았고, 금순의 군대에 1천만 근의 양식을 40만 은냥에 팔았다. 이는 숙주 등 내지에서 운송되는 곡식의 절반 가격밖에 되지 않았다. 여기에는 야쿱 벡 정권이 자국에 유리하다고 판단해 간접 지원한 영국과 달리 자국에 위협이 된다고 간주한 러시아 측의 판단이 크게 작용했다.

4월 7일 좌종당은 지위본부를 난주에서 숙주로 옮긴 뒤 원정군을 직접 지휘했다. 이때 그는 '완진급전緩進急戰'의 방침을 정해 놓았다. 당시 좌종당이 구사한 전략은 이른바 '선북후남先北後南'의 계책이었다. 먼저 준가리아를 장악한 후 타림분지의 오아시스 도시를 공격하는 게 골자이다. 이는 그가 처음부터 야쿱 벡의 정예군과 충돌하는 것을 회피한 채 동간東干들이 방어하는 천산의 북방을 끊어 야쿱 벡을 압박코자 한 데서 나온 것이었다.

그는 준가리아 최대의 요새인 우루무치를 공격할 때 하미–피찬闢展–투르판–다반친–우루무치를 경유하는 남로 대신 바르쿨–구첸古城–마나스–우루무치에 이르는 북로를 택했다. 이는 투르판에 배치된 야쿱 벡의 주력군을 피하기 위한 고육책으로 짐작된다. 이에 가욕관을 나선 장요와 금순은 이해 여름에 하미를 점령했고, 숙주에서 출발한 유금당劉錦棠은 이해 8월 18일에 우루무치 수복에 성공했다.

유금당과 장요, 금순 등이 이끄는 80여 영營 3-4만 명의 청군은 2달여에 걸친 포위전 끝에 이해 11월 6일 키르키즈스탄의 수도인 마나스를 탈환했다. 이로써 일리지역을 제외한 준가리아 일대가 3달 만에 수복되었다. 마침 겨울이 다가오면서 추위와 눈으로 인해 작전 수행이 어렵게 되자 좌종당은 다음해 봄까지 기다릴 수밖에 없었다. 이해 겨울 야쿱 벡은 우루무치와 톡순托克遜 사이에 위치한 다반친達坂城의 방위를 강화토록 하는 한편 자신은 본거지를 톡순에서 쿠를라庫爾勒로 옮겼다. 톡순은 둘째 아들 학 쿨리가 방어책임을 떠맡았다.

마침내 신강수복에 성공하다

광서 3년(1877) 1월, 쿠로파트킨이 이끄는 러시아 사절단이 쿠를라에 있는 야쿱 벡을 방문했다. 이는 전황을 살피기 위한 것이었다. 눈이 녹기 시작하자 마침내 이해 4월 14일 유금당이 이끄는 19개 영이 주둔지인 우루무치를 떠나 다반친을 향해 진군했다. 무슬림 방위군은 5일간의 항전 끝에 주력군 2천여 명이 전사하자 이내 궤산하고 밀렸다. 야쿱 벡의 지원군이 오지 않은 게 결정적인 배경이었다. 톡순을 방위하던 무슬림 군대는 다반친 함락 소식을 접한 뒤 급히 성채를 버리고 도주했다.

4월 26일에 투르판에서 3마일 떨어진 곳에서 접전이 벌어졌으나 무슬림 군대가 곧바로 도주하자 투르판도 이내 수복되었다. 유금당은 군사를 독려해 톡순까지 함락시켰다. 투르판과 톡순이 청군의 수중에 들어감으로써 카슈가르는 사실상 대문을 내준 꼴이 되었다. 이들이 무슬림군과 일대 혈전을 준비하는 와중에 문득 이해 5월 22일에 야쿱 벡이 쿠를라에서 급작스레 죽는 사건이 빚어졌다.[44] 신강 내 무슬림 정권의 절대적인 존재였던 그의 급서가 미친 영향은 적지 않았다.

그가 사망할 당시 무슬림 군사들의 사기는 땅에 떨어져 있었다. 청군이 준가리아를 정복하는 동안 야쿱 벡은 천산 남부에 머물며 극히 소극적인 수비자세로 일관했다. 그러나 더 큰 원인은 그가 청군에 대한 발포금지 명령을 내린데 있었다. 그는 왜 이런 명을 내린 것일까?

당시 청국에 대한 야쿱 벡의 1차적인 목표는 전쟁이 아니라 외교를 통한 정권유지에 있었다. 그는 이미 동치 10년(1871) 1월 포로로 잡힌 청의 군관을 풀어주면서 그를 통해 청국 측에 자신의 서한을 전한 바 있다. 청국 측도 이에 호응해 사절단을 보냈다. 이후에도 그는 영국 측 사절단 대표 포오사이트에게 북경에 사신을 보낼 뜻을 밝혔으나 포오사이트는 오히려 청조의 자존심을 해칠지 모른다는 이유를 들어 이를 만류했다. 포오사이트는 그가 죽기 1년 전에 이홍장을 만난 자리에서 야쿱 벡이 신속의 의사를 담은 서한을 조정에 보낼 수 있는지 여부를 타진했다. 이에 공친왕과 총리아문은 웨이드와 이홍장의 주선으로 좌

44 야쿱 벡의 급서 배경 및 시기를 두고 지금까지 여러 견해가 엇갈리고 있다. 당시 많은 무슬림들은 그가 부하라 출신 웃 딘 미르자에게 가혹행위를 하다가 독살된 것으로 믿었고 지금까지도 독살설이 일부 학자들의 지지를 받고 있다. 타살설도 비슷한 논거 위에 서 있다. 그러나 일각에서는 독살의 배경 인물로 지목되고 있는 호탄의 책임자인 니야즈 벡이 청군의 장수 장요에게 보낸 서한에는 야쿱 벡이 자살한 것으로 되어 있다는 점 등을 들어 자살설을 들고 있다. 그러나 교전도 하지 않은 채 단순히 청군의 맹공에 좌절한 나머지 자살했다는 자살설 역시 설득력이 약하다. 일본의 하마다 마사미濱田正美와 서울대 김호동 교수 등은 오스만 제국에서 파견된 장교 에펜디의 증언을 토대로 격노로 인한 뇌일혈 등으로 인한 급사설을 주장하고 있다. 여러 정황에 비춰 급사설이 타당하다. 사망 시기에 관해서는 5월 22일-29일 사이로 보는 견해가 가장 유력하다.

종당에게 편지를 보내 야쿱 벡의 사신을 접견하는 문제를 고려토록 권한 바 있다. 당시 좌종당도 이 문제를 적극 검토하겠다는 회신을 보냈다.

"나는 이 문제를 모든 지휘관들이 주지하도록 지시했고, 만일 야쿱 벡이 청원서를 올릴 경우 그 내용이 납득할 만하고 타당하면 지휘관들은 즉각 내게 보고하고, 청원서와 사신을 본영으로 보내 나로 하여금 숙고해 판단할 수 있도록 지시했다."

심지어 야쿱 벡은 청군의 원정이 시작되었을 때 특사를 영국으로 파견해 주영공사 곽숭도와 협상을 진행토록 지시한 바 있다. 영국은 야쿱 벡 정권의 존속이 자신들의 중앙아시아 외교정책에 도움이 된다고 판단해 적극 중재에 나섰다. 당시 야쿱 벡은 정권을 유지하기 위해 청조의 무력 점령만 아니라면 어떤 요구도 수용할 준비가 되어 있었던 셈이다. 곽숭도 역시 이런 제안에 호의적인 태도를 보였고 이홍장에게 보낸 편지에서 영국의 중재를 통해 신강원정을 종식시킬 수 있는 절호의 기회를 놓쳐서는 안 된다고 강조했다. 이홍장이 시종 무력에 의한 좌종당의 신강수복 방침에 반대한 데에는 나름대로 이유가 있었던 셈이다.

그러나 청조는 군사적 상황이 점차 유리하게 선개되자 이내 강경입장으로 선회했다. 공친왕도 모든 결정이 좌종당의 손에 있다는 점을 분명히 함으로써 어떤 형태의 협상도 응하지 않겠다는 완강한 모습을 보였다. 이홍장도 어쩔 도리가 없었다. 그럼에도 야쿱 벡은 마지막 순간까지 협상에 의한 난국 타개의 가능성을 계속 믿었던 것이다. 그가 발포금지의 명을 내린 배경이 바로 여기에 있었다. 감숙의 금적보 한 곳을 장악하는 데에도 무려 1년 반의 시간을 보내야 했던 청군이 야쿱 벡 정권의 가장 중요한 전략 거점인 우루무치와 투르판을 탈환할 때 사실상

무혈입성을 하게 된 것도 이런 맥락에서 이해할 수 있다.

이로 인해 내막을 알 길이 없는 무슬림 군대의 사기가 땅에 떨어져 도망병이 속출하고, 평소 그의 내정에 불만을 품고 있던 주민들이 청군의 진입을 크게 환영하는 일이 빚어졌다. 일부 기록에 따르면 야쿱 벡은 죽기 직전에 니야즈 벡을 향해 이같이 일갈했다고 한다.

"너도 키타이Khytai가 되었느냐, 너도 키타이와 사통하고 있는 것이냐."

'키타이'는 중국인을 상징하는 거란契丹에서 나온 말로, 영어의 '차이나'에 비견된다. 민심 이반이 극에 달했음을 반증하는 사례이다. 결과적으로 야쿱 벡은 외교적 해결에 대한 미련으로 인해 자멸을 초래한 셈이다. 일부 이슬람 사가는 이같이 기록해 놓았다.

"그는 마치 제 발로 절벽 끝을 향해 걸어가는 것과 같았다."

당시 카라샤르喀喇沙爾에 머물고 있던 둘째 아들 학 쿨리는 부친의 부음을 접하자 서둘러 쿠를라로 와 영구를 받들고 6월 7일 소수의 군대와 함께 카슈가르를 지키고 있는 형 벡 쿨리에게 갔다. 그러나 그가 떠난 바로 다음날 쿠를라에 남아 있던 지휘관들은 전래의 종교귀족 출신인 하킴 한을 새로운 '칸汗'으로 추대했다. 6월 말에 학 쿨리는 의심을 품은 형에 의해 카슈가르에서 50마일 떨어진 곳에서 살해되었다. 이를 계기로 야쿱 벡의 집단은 크게 셋으로 나뉘었다. 카슈가르를 중심으로 한 벡 쿨리, 야쿱 벡의 재보를 수장한 악수阿克蘇 지역을 손에 넣은 하킴 한, 학 쿨리를 따라가다 도주해 호탄和闐에 근거를 마련한 니야즈 벡 등이 그들이다. 야쿱 벡 집단의 급속한 몰락은 이들의 이런 내분과 무관치 않았다.

이는 좌종당에게 커다란 행운을 안겨 주었다. 조정에서 '새방'의 정당성이 입증된 것으로 간주된 결과였다. '해방'의 주창자인 이홍장이 이해 7월 5일에 주영공사 곽숭도에게 서신을 보냈다.

"좌종당이 새로이 우루무치 등 3개성을 수복했다. 세勢란 반드시 돌고 도는 법이니 그의 공이 결코 과를 덮지는 못할 것이다."

그러나 조정은 새방파의 주장에 크게 기울어져 있었다. 이해 7월 26일에 좌종당이 절주折奏하여 신강에 성省을 설치할 것을 건의했다. 이는 '새방파'의 효시인 임칙서의 주장을 구체화한 것이기도 했다. 이후 그는 다시 한 번 상주하여 신강에 행성行省을 둘 것을 건의했다. 조정이 이를 적극 검토한 것은 말할 것도 없다.

이때 좌종당을 기쁘게 만든 일이 빚어졌다. 이해 8월에 벡 쿨리와 하킴 한 사이에 무력충돌이 빚어졌다. 이들은 두 차례에 걸쳐 전투를 벌였다. 처음에는 하킴 한이 우세했으나 두 번째 싸움에서 패했다. 그가 5천여 명의 병사들과 함께 천산을 넘어 페르가나 계곡의 마르길란 지역으로 도주하자 남아 있던 1만여 명의 병사들은 그대로 벡 쿨리의 군대에 편입되었다.

좌종당은 이 기회를 놓치지 않았다. 그는 이해 8월 25일 원정군에 명해 천산 남쪽의 8개 성을 공격토록 했다. 그는 휘하 장령들에게 이같이 선언했다.

"이번 작전은 고토를 회복하는 것이다. 응당 천하의 땅과 신민 모두 왕토王土와 왕민王民이라는 생각을 가져야 할 것이다."

추호도 민폐를 끼치지 못하도록 군율을 엄히 한 이유이다. 그는 신강의 수복 차원을 넘어 장구한 치안 계책을 도모한 것이다. 당시 영국은 야쿱 벡 정권의 유지를 위해 활발히 움직였다. 주영공사 곽숭도와의 협상을 통해 카슈가르의 벡 쿨리의 승인을 추진한 게 그 증거이다. 이해 9월 23일 영국의 프레이저 대리공사가 총리아문에 카쉬가르 정권을 위해 항복을 조건으로 한 입국立國 방안을 제시한 게 그 증거이다. 그러나 청조는 신강의 상황이 유리하게 돌아가고 있는 까닭에 이를 무시했다.

10월 초, 벡 쿨리가 병력을 호탄으로 이동시켜 니야즈 벡을 쳤다. 패한 니야즈 벡이 쿠를라로 도주한 뒤 청군에 투항했다. 유금당의 청군은 그를 앞세워 카라샤르와 쿠를라를 곧바로 수복했다. 당시 백언호가 지휘하는 무슬림은 카라샤르 인근 강둑을 무너뜨려 도시를 황폐케 만들었다. 진군을 지연시키기 위한 고육책이었다.

당시 청군은 군량 문제로 어려움을 겪었으나 쿠를라에서 적군이 땅속 깊이 저장해 놓은 양식 수십만 근을 찾아내 군량 문제를 일거에 해결했다. 호탄에 모인 무슬림 지휘관들은 전황이 극히 불리하게 전개되자 이내 카슈가르를 버리고 국경을 넘어 안전한 곳으로 도주코자 했다. 이에 사람을 카슈가르로 보내 가족들을 데려오고자 했으나 카슈가르를 지키고 있던 동간의 지휘관인 마대로야馬大老爺가 낌새를 눈치 채고 이내 반기를 들었다. 벡 쿨리의 일족만이 간신히 빠져 나오자 국경을 넘으려고 야르칸드葉爾羌에서 기다리던 지휘관들은 이 소식에 격분해 카슈가르를 칠 것을 주장했다. 벡 쿨리는 부득불 카슈가르로 이동할 수밖에 없었다.

벡 쿨리가 보낸 군사가 쿠차에 도착하기 직전 백언호의 무리가 쿠를라를 탈출해 쿠차로 와 있었다. 백언호는 청군의 추격이 급속히 이뤄지자 이내 그곳을 포기하고 국경을 넘어 러시아 영내의 나린으로 도주했다. 당시 그와 함께 도주한 약 4천 명의 동간이 현재 동투르키스탄 내 동간들의 조상이 되었다. 10월 18일 청군이 쿠차에 입성하자 소식을 접한 섬감총독 좌종당은 곧바로 상주해 강한 어조로 영국의 음모를 비판했다.

"영국이 벡 쿨리를 위해 제시한 투항 조건의 입국 방안을 결코 허락해서는 안 됩니다."

당시 야르칸드에서 카슈가르로 온 벡 쿨리는 1달여 동안 성을 포위하고 공격을 가했으나 별다른 성과를 거두지 못했다. 마침내 청군이 카슈가르에 접근하자 12월 28일 황급히 러시아령 페르가나로 도주했다. 이날 4천 명의 청군이 마침내 야쿱 벡 정권의 수도였던 카슈가르에 입성했다. 이로써 좌종당의 신강수복은 사실상 완료된 것이나 다름없었다. 남은 일은 국부적으로 청군의 손이 닿지 않는 곳을 정리하는 일 뿐이었다.

12월 21일 유금당이 야르칸드에 도착해 동복상董福祥 휘하의 청군을 호탄으로 보냈다. 이어 카슈가르 입성에 성공한 황만붕黃萬鵬과 여호은余虎恩에게 백언호와 벡 쿨리의 무리를 추격토록 지시했다. 그러나 벡 쿨리와 백언호의 포획에는 실패했다.

광서 4년(1878) 1월 2일 호탄이 함락되었다. 이로써 태평천국의 평정되던 해에 시작된 야쿱 벡 정권은 신강을 침범한지 14년 만에 막을 내리고 청조의 신강수복도 명실 공히 마무리 되었다. 이는 '새방'의 논리에 입각한 좌종당의 끈질긴 집념이 만들어낸 일대 개가였다. 이홍장도 좌종당의 공을 인정치 않을 수 없었다. 당시 좌종당은 장차 신강에 행성을 두는 방안을 진지하게 생각하고 있었다. 이는 정규군을 배치해 수비하는 '분치수병分置戍兵'을 전제로 한 것이었다. 3월 15일 청조는 신강수복의 공을 인정해 그에게 2등 후작의 작위를 내렸다.

그러나 신강의 문제가 완전히 끝난 것은 아니었다. 비록 러시아 측은 청조가 우루무치를 수복하면 일리 지역을 반환하겠다고 공언하기는 했으나 이를 이행할 의지를 전혀 보이지 않고 있었다. 이해 7월, 청조는 장군 숭후를 파견해 러시아와 이 문제를 담판 짓게 했다. 당시 러시아의 속셈을 읽고 있던 좌종당은 상소하여 외교 담판으로 일리를 회복하려는 움직임에 강한 의구심을 표하면서 대안을 제시했다.

"차제에 무력으로 신속하게 도모하지 않으면 저들은 날이 갈수록 오만해질 것이고, 점점 더 핍박해 들어올 것입니다. 일리를 반납 받은 후 마땅히 요새를 지어 크고 작은 대포를 설치하고, 정예병을 배치해 위험에 대비해야 합니다."

일리를 수복하는 것은 반드시 실력에 의해 이뤄져야 한다고 게 그의 생각이었다. 이는 정확한 지적이었다. 실제로 러시아는 이해 9-10월에 백언호의 잔당을 시켜 악수 등의 변경지대를 침범케 했다. 유금당과 장요 등이 다시 군사를 보내 대대적으로 초멸한 덕분에 잔당의 발호가 급격히 줄어들었다. 당시 좌종당은 신강에 대한 장구한 계책으로 '이민利民'을 제시했다. 그의 언급이다.

"위정은 먼저 '이민'에서 출발한다. 백성에게 이익이 되는 것이면 나라는 반드시 이를 마련해 주어야 한다."

일리조약의 체결과 이홍장과의 갈등

당초 야쿱 벡이 신강을 침범했을 때 러시아는 신강의 정정이 불안하다는 이유를 들어 청국의 일리伊犁 지역을 점거했다. 이 지역은 현재 신강의 서부 일리카자흐 자치구 지역과 카자흐스탄의 동부 지역을 포함하는 광대한 지역에 해당한다. 당시 러시아는 일리 지역에 대한 무력점거에 대해 야쿱 벡의 신강 침공의 원인이 러시아 영내의 3개 한국에 대한 공격에 있으므로 재침의 우려를 미연에 방지키 위한 것이라고 둘러댔다. 이는 말할 것도 없이 억지였다. 당시 러시아는 청조가 야쿱 벡을 평정하지 못할 것으로 생각해 난이 평정되면 일리지역을 반환하겠다고 선언했다. 장차 일리 지역을 영구히 점령할 속셈이었다. 그러나 결국 좌종당이 야쿱 벡을 일거에 궤멸시킴으로써 일리 지역을 영구히 점거하겠다는 당초의 의도는 이내 좌절된 셈이다.

이는 실지수복에 관한 좌종당의 강고한 의지가 없었다면 불가능한 일이었다. 당초 야쿱 벡의 몰락과 좌종당의 신속한 신강수복 행보로 인해 당초의 기대가 어긋난 것은 비단 러시아에 국한된 것도 아니었다. 신강의 카슈가르와 야르칸드, 호탄 근방에 완충지대를 설정해 신강을 러시아와 함께 양분하려고 했던 영국도 크게 실망했다. 당시 주청 영국 공사인 웨이드도 좌종당이 야쿱 벡을 공격할 때 청조에 협박을 섞어가며 공격중지를 강력 요구했다.[45] 영국의 위세에 눌린 조정이 이를 하문하자 좌종당이 크게 분개해하며 격렬한 어조로 상주했다.

"만일 영국이 그토록 완충지대를 원한다면 인도는 광대하므로 그 일부를 떼어 만들면 될 것입니다. 청국의 비옥한 땅을 거기에 할애할 이유는 전혀 없습니다."

그러고는 공격을 계속해 마침내 야쿱 벡의 무리를 완전히 소탕한 것이다. 당시 청조는 단기간 내에 일리를 제외한 신강 지역의 수복이 성

45 웨이드는 중국어의 로마자 표기를 발명해 통용시킨 장본인이었다. 그는 외교관을 그만둔 뒤 켐브리지 대학의 교수가 되었다.

사하자 크게 기뻐하며 곧바로 러시아에 일리의 반환을 요구하기 위해 숭후崇厚를 파견해 반환협상을 진행케 했다. 그러나 숭후는 광서 5년(1879) 10월 2일에 크림반도의 리바디아에서 청국에 극히 불리한 내용의 '리바디아조약'을 체결했다. 이를 '제1차 일리조약'이라고 한다. 러시아가 일리를 반환하는 대신 청국은 일리 이서와 이남의 넓은 영토를 러시아에 할양하고 러시아군의 일리 주둔 비용 500만 루블을 지불한다는 게 골자였다. 이 소식이 전해지자 전국이 들끓었다. 분개한 좌종당이 급히 상소를 올렸다.

"군사는 때를 놓치지 않는 법인데 영토를 떼어주며 강화를 맺고, 황당하게도 요충지를 포기한다고 하니 러시아는 그 욕심을 채우고 나며 더 큰 요구를 할 것입니다. 이는 개가 던져준 뼈다귀가 다하면 계속 물어뜯는 것과 같습니다."

그는 무력으로 일리를 수복해야 한다며 친히 자신의 숙주 군대를 이끌고 나가기로 결정했고, 각 부대에서 정예 기병을 뽑아 내년 봄이 될 때까지 기다렸다가 반드시 일리를 수복하겠다고 다짐했다.

온 나라가 격분에 휩싸여 전쟁불사를 외치자 청조는 부득불 좌종당의 건의를 받아들여 숭후를 파직한 후 형부에 넘겨 치죄케 했다. 이와 관련해 숭후는 교섭을 위해 러시아로 떠나기 전에 점쟁이에게 점을 쳤다는 얘기가 전해지고 있다. 당시 그는 정해진 시간에 귀국하지 않으면 아주 불길하고 자칫 목숨을 잃을지도 모른다는 점괘가 나오자 협상을 벌이면서 오직 귀국만을 생각하고 상대방 요구를 그대로 들어주었다는 것이다. 그러나 이를 액면 그대로 믿기는 어렵다. 이해 11월 중순, 러시아는 청조를 뒤흔들 생각으로 백 쿨리의 잔당을 사주해 카슈가르 서쪽 경계지역을 침범케 했다. 유금당이 곧바로 군사를 보내 이들을 토벌했다.

이때 이홍장이 좌종당과 정반대되는 상소를 올렸다. 일리의 포기가 골자였다. 12월 4일 좌종당이 이홍장을 강도 높게 비판하면서 일리 지역의 수복을 꾀하는 방안을 제시했다.

숭후 (1826~1893) 직례총독을 지냈고 1878년에 러시아에 사신으로 가서 '리바디아조약'을 체결

"우선 의론하여 부드러운 태도로 적을 안심시켜 기회를 활용하는 위완용기委婉用機를 하도록 한다. 이어 전쟁을 결단하여 굳게 참고 지키며 승리를 구하는 견인구승堅忍求勝을 한다."

광서 6년(1880) 1월, 사경국司經局 세마洗馬 장지동張之洞이 상소하여 숭후를 엄히 징벌하고 미리 어모禦侮의 계책을 세워 일리를 수복할 것을 강력 주장했다. 이를 전후로 조정의 상서와 첨사詹事, 어사御史 등이 분분히 숭후가 오국誤國하고 있다고 비판하며 좌종당의 일리수복 주장을 지지했다. 이에 전국적으로 러시아의 침략을 비난하며 일전불사를 외치는 기운이 고조되었다. 이는 아편전쟁 이후 관민이 하나가 되어 애국의 열기가 고조된 첫 번째 사례로 꼽힌다. 여기에는 양무운동을 바탕으로 인한 이른바 '동치중흥同治中興'에 대한 기대가 크게 작용했다. 1월 27일에 청조가 마침내 숭후를 혁직하고 형부刑部로 넘겨 치죄토록 하면서 조약의 비준을 거부했다.

이해 2월 12일, 청조는 주영공사 증기택을 러시아 공사로 임명해 숭후가 체결한 조약을 개정토록 했다. 좌종당에게 유사시에 대비한 군사준비를 만전을 기해 놓도록 명했다. '해방'을 중시하며 외교 전략을 통해 난국을 헤쳐 나가고자 했던 이홍장은 이런 분위기를 몹시 곤혹스러워했다. 그는 이날 사위인 장페이린張佩綸에게 서신을 보내 이같이 비판했다 .

"조약의 삽혈歃血이 아직 마르지도 않았는데 맹약을 버리려 하고 있다."

그러나 조정은 강경 일변도였다. 증기택을 러시아 파견 흠차대신에 임명한 뒤 다시 러시아로 가 담판케 했다. 담판하는 과정에서 러시아 측이 무리한 요구로 시간을 끌자 청조는 섬감총독 좌종당과 남양대신 심보정, 북양대신 이홍장 등에게 명해 전쟁을 철저히 준비토록 명하면서 숭후를 참하기로 결정했다. 4월 9일 이홍장이 사천총독 정보정丁寶楨에게 서신을 보내 좌종당을 맹비난했다.

"좌종당은 일반 서생과 썩은 관원들을 앞장서 이끌며 주전主戰을 펼치는 등 대언고론大言高論을 하고 있소. 참으로 국가의 안위를 돌보지 않는 짓이오."

5월 26일, 조정의 명을 받은 좌종당이 마침내 대군을 이끌고 숙주를 출발한 뒤 가욕관을 빠져나와 신강의 하미를 향해 진군했다. 숙주를 떠나 하미의 원정길에 올랐다. 이때 그는 병사들에게 관에 쓸 나무판자를 지고 길을 떠나는 '여츤이행舁櫬以行'을 명했다. 러시아에 강력 대항해 일리를 회복하겠다는 결심을 내외에 널리 알리기 위한 몸짓이었다.

좌종당은 하미에 도착한 뒤 군사를 3갈래로 나눠 일리를 수복하는 군사계획을 세웠다. 먼저 금순이 정하精河에서 양동작전을 펴 러시아군의 주력부대를 견제하고 동쪽으로 침범하는 것을 막고, 장요는 악수에서 천산을 넘어 일리의 남부를 공격하고, 유금당은 일리 서쪽의 뒷길로 가 러시아군의 배후를 치는 게 그것이다. 좌종당은 필승의 자신감이 있었다.

그러나 그가 본격적으로 군사작전을 펴려는 순간 청조는 열강의 협박과 러시아의 무력시위에 주춤하며 타협하는 쪽으로 선회하기 시작했다. 당시 러시아는 일리에 군사를 증강시킨데 이어 흑룡강 이북 우수리강 동쪽에 대군을 배치한 뒤 군함 20여 척으로 구성된 함대를 흑해에서 일본의 나가사키로 항해케 했다. 중국의 연해를 일거에 봉쇄하겠다고 호언하자 조정 내에 유화론을 지지하는 견해가 점증했다. 태평천국의 난 때 이홍장 휘하에서 상승군을 이끌던 고든이 청조의 요청을 받아들여 중재 작업에 나섰다. 6월 4일 고든이 상경해 총리아문에서 일리를 포기할 것을 권했다. 그는 이홍장을 만난 자리에서 이같이 위협했다.

"만일 전쟁을 할 생각이면 지금 당장 북경의 근교를 불살라 버리고 정부의 중요한 서류와 황제를 모두 중심지로 옮겨가시오."

이홍장이 즉시 상소를 올렸다.

"외국과 분생을 일으키면 안 됩니다. 북경이 해안과 너무 가까워 적군이 쉽게 쳐들어올 수 있고, 방어하기도 어렵습니다."

6월 15일 하미의 좌종당은 성의 서쪽에 있는 봉황대鳳凰臺에 항아抗俄사령부를 설치했다. 이 사이 청조는 숭후를 참죄斬罪에서 면하게 해 준 뒤 증기택에게 러시아의 반응을 탐문케 했다. 당시 러시아는 청조가 숭후에게 참형의 판결을 내리자 크게 반발하고 있었다. 정론廷論이 주전론에서 주화론으로 바뀌고 있음을 간파한 좌종당이 상소를 올려 자신이 가장 신임하는 유금당에게 신강의 군사업무를 맡겨 줄 것을 청했다. 이는 러시아군과의 일전을 염두에 둔 것이었다. 그는 유금당에게 편지를 보냈다.

"러시아와는 결전을 치르지 않으면 안 되오. 치밀하게 작전을 세워 반드시 적에게 빼앗긴 강희제 때의 영토를 되찾아야만 하오."

8월 11일 청조는 마침내 조정의 고문에 임명한다는 구실로 좌종당을 북경으로 불러들이면서 유금당으로 하여금 신강의 군무를 독판케 했다. 이로써 그의 무력을 통한 일리수복 계획은 수포로 돌아가고 말았다. 결과적으로 이는 '해방'을 중시하는 이홍장의 승리였다. 10월 21일 이홍장이 유명전劉銘傳에서 서신을 보냈다.

"좌종당은 대군을 동원하고 많은 군사비를 지출하는 중병거향重兵巨餉을 옹호하면서 신강 사람들도 다투지 않는 땅에서 큰소리치며 싸우려 들기만 한다. 국가 전체의 국면을 돌아보지 않고 있으니 조금이라도 고금의 이치를 아는 사람이라면 모두 그의 간위奸僞를 알 수 있다."

조명을 받들어 하미를 떠난 좌종당은 난주에서 섬감총독의 업무를 넘겨준 뒤 북경으로 향했다. 이때 증기택은 러시아 수도 페테르부르크에서 일리 수복에 관한 담판을 벌이고 있었다. 담판 중 증기택은 좌종당이 이끌고 있는 무력을 배경으로 논쟁을 벌였다. 러시아도 이를 무시할 수 없었다.

광서 7년(1881) 2월 24일 증기택이 러시아와 '일리조약'을 체결했다. 이는 조약을 체결한 장소의 이름을 따 '페테르스부르크 조약'으로 불리기도 한다. 러시아는 일리 지역의 대부분을 청나라에 반환하고, 청국은 자이산 노르湖 지방을 러시아에 할양하며 배상금 90만 루블을 지불하는 게 골자였다. 오늘의 중국과 카자흐스탄의 일리국경선이 이때 결정되었다. 이홍장은 '리바디아조약'을 개정해 '일리조약'을 맺게 된 것을 두고 증기택의 수완으로 생각했으나 이는 좌종당이 시종 강경노선을 견지한 덕분에 러시아가 일부 양보했다고 보는 게 타당하다.

이해 2월 28일 좌종당이 북경으로 올라왔다. 도중에 그는 유금당에게 서신을 보내 이같이 당부했다.

"지금 러시아군이 훈춘琿春 등지에 집결하고 있다. 흑룡강 이북과 우수리강 이동의 연해주 등지를 수복하는 게 불가능한 것도 아니다."

그는 전쟁이 벌어질 경우 차제에 북경조약 등으로 인해 러시아에 빼앗긴 100여만 평방킬로미터에 달하는 광대한 실지를 모두 회복해야 한다고 주장한 것이다. 그는 북경에 도착한 후 군기대신 상행주上行走에 임명되었다. 일명 '추신樞臣'으로 불리는 군기대신은 황제의 고문으로 국가정책을 결정하는 자리이다. 그러나 이는 명예직에 지나지 않았다. 좌종당은 청조가 러시아에 타협적인 태도를 취한 것에 큰 불만을 표시하면서 거듭 사직하여 귀향하는 개결회적開缺回籍을 청했다. 10월 28일 청조는 좌종당을 양강총독에 임명하면서 남양통상대신을 겸하게 했다.

광서 8년(1882) 1월 6일 이홍장이 사천총독 정보정丁寶楨에게 서신을 보내 좌종당을 비판케 했다. 2월 7일 좌종당이 상주하여 이한장李瀚章과 이홍장 형제가 사적으로 자기 사람을 임용하며 파벌을 조성하고 있다고 비판했다. 이는 북양군의 고위관원이 모두 이홍장의 고향인 안휘 출신으로 채워지고 있는 것을 비판한 것이다.

이해 2월, 양강총독에 임명된 좌종당이 임지인 소주에 부임했다.[46]

---

46 좌종당이 양강총독에 취임한 직후에 취한 일련의 조치 중 동산현銅山縣에 호은섭胡恩燮 부자가 경영하는 이국역매광利國驛煤礦을 개설한 것에 주목할 필요가 있다. 이는 국가재정에 도움을 주는 탄광개발을 뜻한다. 당시 그는 광산개발을 독려하기 위해 상서하여 이들에게 감세혜택을 줄 것을 청했다. 그는 또 외국 상인이 내국 상인을 위협하는 공장을 설립하는 것을 적극 저지

이해 10월 19일 양강총독 좌종당이 상소하여 신강에 급히 행성을 설치할 것을 건의했다. '새방파'인 그의 관심은 시종 신강에 가 있었다. 이는 신강 행성과 관련한 5번째 상소에 해당했다. 그는 신강의 하미에 있을 때 행성의 설치와 관련해 이미 4차례나 상소를 올린 바 있다. 훗날 청조도 그의 건의를 받아들여 광서 10년(1884) 11월에 신강에 공식적으로 성을 설치하고 유금당을 첫 번째 순무에 임명했다.

청불전쟁과 좌종당의 병사

광서 9년(1883)에 들어와 베트남을 둘러싸고 프랑스와 청국 간의 긴장이 고조되기 시작했다. 프랑스가 베트남을 식민지로 만들고 군대를 주둔시키자 청국이 이에 반대하며 군비를 강화했다. 4월 15일, 청조는 전쟁위기가 고조되자 이홍장을 '광동경략'에 임명해 광동과 광서, 운남 등 3개성의 군무를 독판케 했다. '주화론'을 펼친 이홍장이 크게 반발했다.

"이는 비싼 구슬로 값싼 참새를 잡는 이주탄작以珠彈雀을 하는 격이다."

이에 항명하며 부임하지 않았다. 이해 5월 7일, 청조가 이홍장에게 잠시 상해에 주재하며 프랑스의 베트남 침략 상황을 통합적으로 점검

했다. 당시 미국상인이 상해에 방사紡絲공사를 설립한 것을 계약위반으로 간주해 저지한 게 그 실례이다. 당시 주중 미국공사 영Yong은 총리아문에 항의하며 이를 따졌으나 좌종당은 엄한 말로 이를 공박하며 저지했다. 이로 인해 미국상인의 상해 공장 설립은 미수로 끝나고 말았다.

청불전쟁 1884년 8월에서 1885년 4월까지 베트남 북부의 통킹을 프랑스가 차지하기 위하여 벌인 전쟁이다. 이 전쟁은 베트남에 대한 청나라의 종주권을 놓고 프랑스와 청나라 사이에 벌어진 전쟁이기도 하다.

해 대처케 했다. 5월 18일 유영복이 이끄는 흑기군黑旗軍이 프랑스 침략군을 하노이 부근의 지교紙橋에서 격파하고 대승을 거뒀다. '흑기군'은 태평군 잔당이 베트남 북부와 운남 국경으로 이동해 정착한 부대를 말한다. 이들은 이 일대 무역로를 장악하고 베트남정부와 청조의 운남총독 후원 하에 프랑스 세력과 대치하고 있었다.

당시 양강총독 좌종당은 이홍장과 달리 '주전론'을 펴고 있었다. 무력을 통한 신강수복이 무위로 돌아간 것에 큰 불만을 품고 있던 그는 흑기군의 대승 소식에 크게 고무됐다. 이해 8월 1일 좌종당은 휘하의 왕덕방王德榜에게 남경을 거쳐 호남의 고향으로 내려가도록 조치했다. 왕덕방이 타고 간 수레에는 좌종당이 수집한 군수품이 가득 실려 있었다. 그는 왕덕방에게 이들 군수품을 광서와 운남 등지로 운송해 방어군과 흑기군에게 넘겨주도록 당부한 것이다. 8월 12일 광주의 백성들이 양상洋商의 사무실을 불태우면서 청불 간의 전쟁은 이제 불가피해졌다. 8월 15일 양강총독 겸 남양대신인 좌종당이 상주해 청불전쟁에 적극 개입할 뜻을 밝혔다.

"남양南洋은 변경업무에 관해서도 시기나 형편에 알맞은 기의機宜를 하도록 대처해야 합니다."

원래 복건의 해양은 남양대신의 관할 해역이다. 명의상 복건수사에 대한 지휘권이 있었다.[47] 그는 왕덕방이 의용군인 '초용楚勇'과 '월용粵勇'을 모아 베트남과 접경한 광서로 이동할 수 있도록 허락해 줄 것을 건의했다. 프랑스와의 교전에 대비한 것이다. 그는 해전에 대비해 인근 연해의 어선단을 순시했다. 10월 30일 왕덕방이 조명을 받들어 '초용'과 '월용' 10개 영營을 결성했다.

광서 10년(1884) 2월 7일, 좌종당이 신병을 이유로 개결開缺을 청했다. 이에 청조는 주화파인 증국전을 양강총독 서리에 임명해 남양대신 서리의 역할까지 겸하게 했다. 여기에는 이홍장의 입김이 크게 작용했다. 3월 29일 청조는 회군 출신인 반정신潘鼎新을 광서순무에 임명해 베트남 변경의 군무를 처리토록 조치했다.

4월 중순, 프랑스 정부가 협상 당사자인 주영공사 증기택의 교체를 요구했다. 노력한 외교관인 그가 여러 이치를 들어 다투는 것을 꺼린 것이다. 프랑스의 압력에 청조는 부득불 증기택에게 주불공사의 일을 겸

---

47 광서 5년(1879) 5월에 양강총독 겸 남양대신 심보정은 남양 각 성의 수군을 2달에 한 번씩 불러 모아 훈련을 1차례 씩 실시함으로써 긴급 상황에서 서로 지원 작전을 펼칠 수 있게 하자고 상소했다. 그러나 민절총독 등은 여러 이유를 들어 이를 미뤘다. 남양대신조차 휘하에 있는 수사를 제대로 지휘하지 못한 이유가 여기에 있다. 이는 청조가 구태의연하게 전래의 수사 체제로 근대적인 해군을 관리코자 한데서 비롯된 것이었다.

하지 못하게 하면서 주독공사 이봉포李鳳苞에게 잠시 주불공사의 역할을 맡아 협상을 계속케 했다. 그 결과로 나온 것이 이해 5월에 체결된 '천진조약'이다. 이른바 '간명조약簡明條約'으로 불리는 이 조약의 골자는 베트남에 대한 프랑스의 우위권을 인정하는 것이었다. 베트남을 프랑스의 식민지로 인정한 것이나 다름없었다. 이 소식이 알려지자 많은 사람들이 협상을 주도한 이홍장을 크게 비난했다.

간명조약 1884년 청나라와 프랑스 사이의 조약

이홍장과의 갈등으로 양강총독의 자리에서 물러나 있던 좌종당은 이홍장의 맹목적인 강화를 극도로 혐오했다. 그의 주도로 또 다시 이홍장을 강력 탄핵하는 기운이 고조되었다. 5월 22일 좌종당이 총리아문에 자신을 광서의 전선으로 보내 항불抗佛 군사업무를 지휘할 수 있도록 허락해 줄 것을 요청했다. 청조는 내부 분란을 미연에 방지키 위해 좌종당을 북경으로 불러들였다. 이해 6월 13일, 좌종당이 군기대신으로 임명되었다. 그러나 이는 프랑스의 속셈을 제대로 간파하지 못한 결과였다.

천진조약이 체결된 후 40여 일이 지난 이해 6월 23일, 프랑스가 마침내 대대적인 공격을 재개했다. 서남부의 광대한 영토가 심각한 위협에 놓이게 된 상황에서 전면전을 펼칠 기회가 온 셈이다. 그러나 이홍장을 중심으로 한 주화파가 주장을 굽히지 않은 까닭에 청조는 계속 어정쩡한 모습을 보였다. 당시 프랑스군은 양산의 관음교 일대에서 전단을 조장한 뒤 청국이 천진조약을 파기했다고 뒤집어 씌웠다. 이에 극동함대 사령관 쿠베르에게 명해 함대를 이끌고 복건의 연해로 들어가 전선을 확대케 했다. 이때 좌종당이 프랑스와의 전면전을 촉구하는 상소를 올렸다.

"천진조약이 발표된 후 천하의 신민이 모두 분개하며 교활한 자가 조정을 능멸한 것을 개탄하고 있습니다. 이는 스스로 틈을 보여 상대방이 치고 들어온 것이니 비록 프랑스인이 교활하다고 하나 변명을 할 수도 없는 처지입니다. 저들의 끝없는 욕망을 그대로 두면 기회를 틈타 베트남 전역까지 점령할 것이니 장래 군사훈련을 하고 세금과 식량을 징발할 때 어찌 할 것입니까? 영국이 티베트를 넘보고, 일본이 유구를 병합하고, 포르투갈이 마카오를 점령하는 등 모두 우리 청국을 향해 달려오고 있는데 어찌 가만히 앉아 기다리기만 하는 것입니까? 속히 계책을 마련해 전쟁에 임해야 할 것입니다."

그는 휘하의 황소춘黃少春이 의용군을 모집한 뒤 왕덕방 및 유영복과 합세해 침략군을 격퇴할 수 있도록 해락해 줄 것을 청했다. 청조가 이를 허락했다. 이해 8월 5일 프랑스 극동함대 3척이 갑자기 대만의 기륭基隆 포대를 공격했다. 몇 달 전에 대만사건을 독판하는 복건순무에 임명된 유명전劉銘傳이 뛰어난 용병술로 이들의 상륙을 저지하는 한편 적잖은 피해를 입혔다. 청국의 승리였다.

당시 프랑스는 기륭에서 패한 후 내심 확전을 크게 걱정하며 주중 대리공사 에티엔느 말로를 통해 당초의 요구를 약간 완화한 새 조건을 제시했다. 배상금 8천만 프랑을 요구하면서 48시간 내에 답을 주지 않을 경우 즉각적인 군사행동에 들어가겠다고 엄포를 놓았다. 청조는 이를 거부했다.

8월 21일 에티엔느 말로가 북경을 떠났다. 이틀 뒤 쿠르베가 이끄는 프랑스 극동함대가 돌연 민강閩江의 수군을 습격해 함정을 모두 불태우면서 마미馬尾조선소를 강타했다. 복건해군의 함대가 거의 대부분 침몰하거나 파손되었다. 이를 통상 '마강전투'라고 한다. 이는 청국의 근대 해군이 편성된 이후 첫 번째 대외전투였다. 이 전투에서 복건수사는 거의 전멸한 셈이다.

당시 정박 중인 청국의 군함들은 닻을 올릴 새도 없이 일방적인 피해를 입었다. 1시간의 해전에서 프랑스 측의 피해는 경미한데 반해 복건해군은 전함 11척이 격침되거나 파손되고, 사상자가 700명에 달한 게 그 증거이다. 다음날 프랑스 함대는 마강馬江 북안에 위치한 '복주선정국'을 향해 기습적으로 발포했다. 많은 공장과 건조 중인 함선들이 파괴되었다. 그러나 복주선정국의 선방으로 선박공장을 점령코자 한 프랑스군의 의도는 좌절되었다.

당시 서태후는 주화와 주전 사이에서 결정을 내리지 못한 채 열강이 중재에 나서줄 것을 기대했다. 그러나 영국이 난색을 표하자 이홍장은 프랑스의 요구를 수용할 것을 종용했다. 이에 군기대신을 비롯해 총리아문 대신과 육부의 구경 등이 참가한 어전회의가 열렸다. 서태후가 말했다.

"화친을 해도 후회하고 하지 않아도 후회할 것이오. 화친을 하면 우리의 약함을 보이고, 하지 않으면 땅을 할양하고 배상을 하게 되어 그 손해가 적지 않을 것이오. 자칫 내란이 일어나 배상할 능력마저 상실할 수 있소."

아무도 대답하지 않았다. 좌종당이 자리에서 일어나 목소리를 높

였다

"우리가 늘 서양인에게 굴복할 수는 없는 일입니다. 그들에게 배상을 하느니 차라리 그 돈을 전쟁비용에 충당하는 것이 낫습니다."

이에 고무된 서태후가 마침내 전쟁을 결심했다. 8월 26일에 프랑스가 약속을 어기고 전쟁을 일으킨 점을 근거로 선전포고하면서 각 성의 독무에게 전쟁수행에 발 벗고 나설 것을 명했다. 추후 배상과 화해를 언급하는 자가 있으면 형부로 넘겨 치죄할 뜻을 밝히자 주화론이 자취를 감췄다.

9월 4일 좌종당이 순친왕 혁현을 찾아가 북양해군와 남양해군을 통합해 프랑스 함대를 총력 저지할 것을 촉구했다. 그러나 이홍장이 이를 받아들일 리 만무했다. 당시 이홍장은 조선의 심상치 않은 분위기에 촉각을 곤두세우고 있었다. 그는 내심 설령 베트남을 떼어주는 한이 있을지라도 북경에 인접한 조선에 일본의 세력이 뻗치는 것만은 막아야 한다는 생각을 갖고 있었다.

순친왕은 좌종당에게 잠시 참고 기다릴 것을 권했으나 좌종당의 고집을 꺾지는 못했다. 9월 8일 좌종당의 결의에 감복한 서태후가 그를 흠차대신에 임명한 뒤 복건의 군무를 독판케 했다. 서태후도 조정 대신들 중 좌종당만큼 용기 있는 자가 없다는 것을 사실을 익히 알고 있었던 것이다. 그는 72세의 노구를 이끌고 서둘러 현지로 내려갔다. 12월 14일, 좌종당이 군사를 이끌고 복주에 이르러 방어업무에 나섰다. 어선단을 조치하고 대만에 군사를 증파했다. 이로써 복주의 인심이 크게 진정되었다.

광서 11년(1885) 2월 13일, 광서순무 반정신이 란손諒山에서 패퇴해 진남관鎭南關으로 퇴각하자 프랑스군이 진남관까지 추격해 와 곧바로 이곳을 점령했다. 반정신은 란손 실함의 책임을 왕덕방에게 죄를 남에게 돌리는 위죄諉罪를 했다.

3월 18일 베트남 민병대를 이끄는 퐁즈짜이馮子材와 왕덕방 군사가 합세해 진남관 앞의 협곡에서 프랑스군을 대파했다. 이를 '진남관대첩'이라고 한다. 프랑스군은 이를 계기로 사기가 크게 저상되었다. 3월 29일 퐁즈짜이와 왕덕방의 군사가 란손을 탈환했다. 3월 31일 파리로 협상을 담당한 증기택이 강화를 성사시켰다. 이홍장이 서둘러 강화를 서두른 결과였다. 4월 28일 흠차대신으로 복건의 군무를 독판 하는 좌종당이 상주해 이홍장을 비판했다.

"투항파의 오국誤國 행위를 통렬히 배척해야만 합니다."

그러나 조정은 이미 속히 프랑스와 강화한 뒤 일본의 조선 진출을 막아야 한다는 이홍장의 주화론에 기울어져 있었다. 이해 6월 9일 이홍장과 프랑스 공사 푸르니에가 '천진조약'에 서명했다. 이를 계기로 청조는 근대 해군의 필요성을 절감할 수밖에 없었다. 이해 6월에 반포된 상유가 그 증거이다.

"비록 일찍이 조선공장을 설립하고 해군을 만들었으나 배는 견고하지 못했고, 장수를 제대로 뽑지 못했고, 비용이 충분치 못했나. 과거의 잘못을 미래의 교훈을 삼아야 할 것이다. 연해의 각 독무는 속히 상소를 올려 소견을 밝히도록 하라."

이는 10년 전에 이홍장의 주도로 '해방'을 대대적으로 논의한 후 2번째로 '해방'을 국가존망의 차원에서 논의한 경우에 해당한다. 당시 독무들이 올린 상소문 중 좌종당과 이홍장의 상소가 가장 중시되었다. 복주선정국을 자기 손으로 만든 바 있는 좌종당은 전국의 해군을 총지휘하는 사령탑이 없는 게 얼마나 위험한지를 익히 알고 있었다. 복건수사의 전멸한 것이 그 증거였다. 그의 상소 내용이다.

"해방아문海防衙門 또는 해부海部를 신설해 모든 해상 방어권을 통일적으로 처리하도록 해야 합니다. 그에게 장병선발과 물자조달, 선박건조, 대포제조의 전권을 주어 남으로 복건과 광동을 장악하고, 북으로 도성을 보위토록 해야 합니다. 책임이 막중하므로 반드시 인품이 훌륭하고, 서학에 정통하고, 중국과 외국인이 모두 인정하는 사람이 맡는 게 좋을 것입니다."

이 상소를 받은 서태후는 좌종당의 상소를 살피도록 명하는 의지懿旨를 반포하면서 해방 업무는 군기대신 겸 총리아문 대신인 이홍장과 함께 논의한 후 보고하라고 지시했다. 당시 이홍장도 통일된 사령탑이 부재한 위험을 잘 알고 있었다. 실제로 그 역시 총리아문에 '해부'를 두어 전국해군을 통할할 것을 주장한 바 있다.

당시 총리아문은 '해방아문'을 별도로 설치해 연해 7개성의 해군 업무를 한 중신이 통할하되 본부를 북경이 아닌 연대煙臺에 두고자 했다. 이는 '해방아문海防衙門'을 일개 지방장관이 관할하는 실무기관 수준으로 생각했음을 의미한다. 이홍장이 이를 강력 반대했다. 그는 서신을 보내 총리아문 내에 '해부'를 설치해야 한다고 주장했다. 여순 및 대련에서 대만과 해남도에 이르는 넓은 해역을 실무기구 수준의 지방대신이 주관하는 것은 가능하지 않다는 게 그 이유였다. 그러나 총리아문은 '해방대신'의 지위와 권한이 너무 크면 중앙권력이 약화되고 외신外臣이 강해져 과거 당제국 때처럼 절도사의 발호를 가져올 수 있다고 우려했다. 이홍장은 이같이 반박했다.

"현재 지방색채가 짙은 '해방아문'을 두는 것은 국가의 위엄을 떨쳐 적의 위풍을 멸하는데 부족하니 반드시 '해부'를 신설해야 하고, 이는 중앙기관으로 하여 북경에 두어야 합니다."

총리아문이 '해방아문'의 설치에 소극적인 상황에서 이홍장이 반대하자 해군 통합사령부의 설치 문제는 흐지부지 되고 말았다. 이런 상황에서 반년 뒤 '마강해전'에서 참패를 당하고 만 것이다. 조정은 다시 해방을 논의하고 전기가 생겼다.

이홍장은 10여 년을 기다려온 기회를 놓치지 않았다. 그는 즉시 장문의 상소를 올려 전국 해군을 통할하는 '해부'의 설치 이유를 상세히 논술했다. 사관학교의 설치와 관련해 해군학교 학생을 '진사'와 동등하게 대우해줄 것을 요구하면서 이들의 등급을 기존의 '진사'와 어떻게 조절할 것인지에 대해서도 구체적으로 언급했다. 경비조달 방안도 거론했다. 마지막으로 그는 확실히 전국을 통할하는 해군아문의 필요성을 역설했다.

"서방국가는 수군을 두면서 '해부'를 두지 않은 곳이 없습니다. 일본도 '해부'를 별도로 두어 이를 통할하고 있습니다."

청국은 수군이 크게 남양과 북양으로 나뉘고 각 성 또한 별도의 수사를 두고 있어 상호 교류키가 힘들고 의견 또한 통일시킬 수 없다는 게 요지였다. 남양대신과 북양대신 모두 수군을 실세로 동세할 수 있는 권한을 보유치 못하고 있었다.

이해 8월 흠차대신 좌종당이 유사한 내용의 상소문을 올리면서 대만에 행성을 둘 것을 건의했다. 조정에서 이 문제를 놓고 심사숙고하는 와중에 이해 9월 5일에 흠차대신 복건군무 독판 좌종당은 복주의 지휘소에서 숨을 거두고 말았다. 73세의 노구에 노심초사하며 과로를 한 탓에 이내 노환을 이기지 못하고 쓰러진 것이다.

청조는 이해 9월 30일 이홍장으로 하여금 대만에 행성을 설치하는 문제를 포함해 해군에 대한 명령을 통일하는 문제 등에 관해 순친왕을 비롯해 관계 대신들과 심도 있게 논의토록 했다. 북경의 수비와 직결된 북양해군을 정예해군으로 양성한 후 남양 등 다른 해역의 함대를 고려하는 쪽으로 결론이 났다. 좌종당이 쓰러진 뒤 1달 뒤인 이해 10월 12일에 총리해군사무아문總理海軍事務衙門, 약칭 '해군아문'의 설치를 골자로 하는 서태후의 의지가 반포되었다. 순친왕 혁현이 총리, 경친왕 혁광과 이홍장이 회판會辦, 증기택이 방판幇辦에 임명되었다. 동시에 복건순무가 대만순무로 개칭되어 대만성에 상주하는 방안이 채택돼 유명전이 초대 대만순무에 임명되었다. 증국전이 죽기 직전에 올린 상소가 관철된 셈이다.

얼마 후 청조는 이홍장으로 하여금 북양해군을 총지휘토록 하는 '북양해군장정'을 비준했다. 이후 주어진 예산 하에서 북양해군부터 정예화 한다는 방침에 따라 북양해군은 급속히 발전했다. 그러나 총리, 회판, 방판 모두 전임이 아닌 겸직이었다. 게다가 북양해군을 제외한 남양과 복건, 광동의 세 수사의 발전은 매우 느렸다. 해군에 관한 적극적으로 변혁을 시도하지 않은 결과가 몇 년 뒤 청일전쟁의 참패로 나타났다.

좌종당에 대한 재평가

한동안 중국에서는 태평천국의 혁명을 탄압했다는 이유로 좌종당에 대한 평가에 매우 인색했다. 그러나 그가 없었다면 신강이 어찌 되었을지 모를 일이었다. 그가 오랫동안 '한간漢奸'으로 매도된 이홍장과 달리 나름대로 긍정적인 평가를 받아온 이유가 여기에 있다. 실제로 좌종당은 생전에 새방파의 실천적 지도자가 되어 서북지방의 염군과 회족의 반란을 진압하고 신강을 수복하는데 커다란 역할을 수행했다.

원래 증국번은 좌종당처럼 강직하고 청검한 모습을 갖고 있었으나 나름대로 유연한 모습을 보였다. 서태후의 심기를 거스르지 않기 위해 노심초사한 게 그 증거이다. 그가 한인으로서는 사상 최초로 직례총독의 자리에 오를 수 있었던 이유가 여기에 있었다. 이홍장의 경우는 더욱 유연했다. 청일전쟁에 패할 때까지 서태후의 이홍장에 대한 신임은 거의 절대적이었다. 그러나 좌종당의 경우는 이들과 전혀 달랐다. 그의 강직한 성품은 다음과 같은 일화를 통해 쉽게 짐작할 수 있다.

동치 5년(1866) 4월 7일, 동태후가 급작스레 세상을 떠났을 때였다. 좌종당은 이날 저녁 궁중으로 문안을 올리러 가다가 이 소식을 듣고 크게 놀라 주위 사람에게 이같이 말했다.

"오늘 아침 뵐 때도 편히 웃는 모습과 목소리가 평소와 다를 바가 없었소. 그런 태후가 어찌 이처럼 순식간에 세상을 떠났단 말인가. 도무지 믿어지지 않소."

옆에 있던 공친왕이 급히 황급히 그의 말을 가로막았다. 그러나 이미 밖으로 내뱉은 그의 말은 곧바로 태감의 귀에 들어갔다. 태감이 이를 서태후에게 일러바쳤다. 당시 동태후의 급서를 그대로 받아들인 사람은 없었다. 그러나 그 누구도 이를 드러내지 않았다. 그럼에도 그는 자신의 속마음을 그대로 털어놓은 것이다. 보고를 접한 서태후는 불쾌한 표정을 지었으나 좌종당의 성격을 아는 터라 더 이상 일을 벌이지는 않았다. 그러나 그는 이후 몇 달 동안 서태후의 싸늘한 시선을 감내해야만 했다.

당시 그는 주변상황이 각박하게 돌아가자 신병을 핑계로 조정에 귀향을 청했다. 서태후는 그 이유를 잘 알고 있었다. 이에 곧 그를 양강총독에 제수해 남양대신의 업무를 겸하게 했다. 이는 당시 '해방'을 역설해 온 이홍장이 시종 주화론을 펼치며 프랑스에 저자세를 보인데 반해 오히려 '새방'을 주장해 온 그가 '해방'을 강조하며 프랑스 함대와의 일전을 외친 사실과 무관치 않았다. 서태후는 그의 강고한 영토수호 의지에 호의를 표한 것이다. 결과적으로 그는 강직한 성격 때문에 서태후의 심기를 건드리고도 별다른 화를 입지 않은 것은 물론 오히려 더 큰 자리를 차지한 셈이다.

좌종당은 이홍장과 마찬가지로 나름대로 '양무'에 많은 공을 들였고 일정한 성공을 거두었음에도 불구하고 그가 호설암과 함께 총력을 기울여 건설한 마미조선소 등이 청불전쟁 때 잿더미로 변하는 바람에 크게 부각되지 못했다. 그러나 당시 '마강해전'에서 복건해군이 참패를 면치 못하게 된 데에는 이홍장의 사위인 장패륜의 잘못이 컸다. 그는 장인의 명을 좇아 시종 외교협상을 통한 사태해결에 목을 매면서 막상 프랑스 함대가 기습적인 공격을 감행할 때 10척의 주력함을 한 곳으로 집결시켜 복건해군의 궤멸을 자초하는 우를 범했다. 당시 사람들은 두 사람을 이같이 풍자했다.

늙은이 사위는 자가 유초이니 노소가 구분되지 않네

老女字幼樵, 無分老幼

동쪽 침상에 서쪽 방석을 배치하니 물건도 아니라네

東牀配西席, 不是東西

'부스뚱시不是東西'는 '얼간이'를 뜻한다. 당시 청류淸流 관원의 상징이었던 장패륜은 마강 전투 참패로 인해 삭탈관직을 당하고 백의종군했다. 노신魯迅과 더불어 중국현대문학의 쌍벽으로 칭송받고 있는 영화 〈색계色戒〉의 원저자 장애령張愛玲은 장패륜의 손녀이기도 하다.

장애령 중국의 소설가, 산문가, 영화작가. 중국 현대문학을 대표하는 작가

좌종당은 진사 출신이 아닌 까닭에 탁류濁流에 속했다. 그러나 탁류인 그는 청류의 상징인 장패륜과 정반대로 병법의 밝았다. 그는 청조 말기에 활약한 여러 인물 중 병략에 가장 뛰어난 인물이었다. 당시 그와 비견할 수 있는 인물은 호림익밖에 없었다. 청류이면서도 병법에 밝았던 호림익은 불행하게도 요절하고 말았다. 좌종당이 구사한 용병의 요체는 '신중'에 있었다. 그는 진군할 때마다 전방에 진을 쳐 후방의 안선을 도모했나. 이에 내한 그의 주장이나.

"무릇 용병은 후방의 수송로를 잘 방어하는데서 출발한다. 먼저 양도를 확보한 뒤 돌격해 들어간다면 배후에 대한 우려인 후고지우後顧之憂가 없어 안정을 보장할 수 있다."

그는 먼 길을 행군할 때 전방에서 후방까지의 종심縱深을 계단식으로 배치했다. 신강에서 4천5백 리 길을 행군할 때 그는 유금당이 지휘하는 20여 개 영을 전군, 장요의 10여 개 영을 후군으로 배치한 뒤 두 군대가 계단식으로 전진토록 했다. 이는 후방이 안정되어야 전방의 군사가 아무 걱정 없이 전투에 임할 수 있고, 유사시 재빨리 증원부대를 파견할 수 있다는 판단에 따른 것이었다.

그의 계단식 행군 방식은 현대전의 제대梯隊 배치와 유사하다. 신강에서의 용병은 그가 성공적으로 이를 실천한 예이다. 당시 신강은 몇 해에 걸쳐 전란으로 인해 식량이 크게 부족했다. 부득불 내지에서 운송해 와야만 했다. 그러나 교통이 불편해 군량을 제때 공급키도 어려울 뿐 아니라 운송 중의 소모분도 클 수밖에 없었다. 그는 이런 모든 사항을 감안해 나름대로 독특한 운송방식을 채택했다. 먼저 지역을 크게 몇 개로 쪼갠 뒤 도중에 대규모 저장고를 설치해 놓고 이를 점차 운송하는 방법을 구사했다.

이는 원래 그가 섬감 일대의 회족 반군을 진압할 때 사용한 방법이기도 했다. 당시 그는 전투병에 대한 지원을 가까이서 할 수 있는 섬서의 서안에 병참본부를 세운 뒤 선박의 짐을 하역하는 한구에 후방 병참기지를 두고, 마지막으로 무기 등을 선적하는 상해에 중계운송국을 둔 게 그것이다. 그는 이 방대한 후방보급로를 이같이 비유했다.

"금슬琴瑟이 자연스럽게 어울리게 하려면 손과 악기의 줄이 조화를 이뤄야 한다. 그래야 좋은 소리를 낼 수 있다."

청조가 군공을 포상할 때 적병의 살상 숫자만 고려하는 것을 비판하며 후방의 병참 근무자를 전방의 전투병과 똑같이 논해야 한다고 주장한 이유가 여기에 있다. 당시 수복지역의 민심을 다독이면서 후방의 병참기지 역할을 중시한 사람이 그가 거의 유일했다. 그의 군사가 신강으로 진군하자 신강의 백성들이 크게 기뻐하며 야쿱 벡 집단에 대한 반격에 합세한 것도 이와 무관치 않았다.

좌종당의 신강수복은 그 역사적 의미가 크다. 당시 러시아와 영국의 침략 세력을 신강에서 축출해내는 것은 쉬운 일이 아니었다. 더구나 조정은 해방파가 장악한 가운데 주화론을 펼친 까닭에 패배주의의 분위기가 만연해 있었다. 그의 신강수복은 제1차 아편전쟁 이후 줄곧 열강의 압력에 굴복해 땅을 할양하며 미봉책으로 일관해 오던 청조에게는 가뭄 끝의 단비와 같은 것이었다. 실제로 청조는 이를 계기로 민심을 크게 일으키고, 조정의 위엄을 어느 정도 진작시킬 수 있었다. 이는 실지회복에 대한 그의 강고한 의지가 없었다면 불가능한 일이었다.

당시 그는 조정에 수시로 상소해 속히 영토와 주권을 보호하는 결단을 내릴 것을 독촉하면서 신강수복을 위한 구체적인 용병계획을 제시했다. 그가 흠차대신에 제수돼 신강수복의 출정 명령을 받았을 때 조정은 직례총독 이홍장이 장악하고 있었다. 그의 거듭된 파병 요청에도 불구하고 증원군 파병이 이뤄지지 않은 것도 이와 무관치 않았다. 당시 이홍장은 유구의 도민이 살해된 일을 구실로 일본의 사이고 쓰구미치西鄕從道가 대만에 원정군을 보내자 이른바 '심장부 보호론'을 내세워 서북쪽으로 갈 군대를 남쪽으로 빼돌렸다. 신강은 중원에서 멀리 떨어진 곳이므로 이곳을 잃을지라도 큰 위해가 없으나 동남쪽 연해지방은 심장부에 가까워 미리 방비해야 한다는 게 그의 생각이었다. 해방파에 동조하는 조정대신 중에는 '신강포기론'을 주장하는 사람도 있었다.

그러나 신강이 러시아에게 넘어갈지라도 심장부인 북경을 지킬 수 있다는 이홍장의 논리는 근본적으로 서구 제국주의 열강의 속셈을 제대로 간취하지 못했다는 지적을 면키 어렵다. 좌종당이 지적한 것처럼 신강을 잃게 되면 곧이어 몽골까지 위협을 받게 되고, 이는 곧 심장부인 북경이 위험에 처하게 되는 것을 의미한다. 실제로 당시 러시아는 만주로 촉수를 뻗고 있었다.

그런 점에서 무력을 통해 실지를 회복코자 한 좌종당의 행보는 높이 평가할 만하다. 이는 그가 임칙서와 주도 등과의 만남을 통해 '새방'의 중요성을 통감한데 이어 스스로 정치지리와 군사지리 등의 '여지학輿地學'을 부단히 연마한 사실과 무관치 않을 것이다. 시종 주화론으로 일관한 이홍장이 대만과 베트남을 잃은 후 마지막 남은 조선마저도 잃은 뒤 일거에 실세失勢한 것과 대비되는 대목이다. 공허한 '심장부 보호론'에 얽매여 정면 승부를 배제한 채 시종 유화적인 외교 책략으로 일관한 후과가 아닐 수 없다.

증기택이 러시아 측과의 담판을 통해 일리조약을 체결할 수 있었던 것도 좌종당의 공이었다. 당시 발칸전쟁 승리의 전리품을 베를린회의에서 잃게 된 러시아는 독일 및 오스트리아와 연계한 '삼제三帝 동맹'에서 빠져나와 프랑스와 제휴코자 했다. 이에 프랑스의 체면을 세워주어 은혜를 베풀 생각으로 숭후의 참형 취소를 조건으로 청조의 '리바디아조약' 개정 요구를 받아들였다. 청조는 주영공사 증기택을 러시아로 보내 협상에 임하도록 하는 한편 영불 양국에 조정을 의뢰했다. 일리조약은 바로 이런 우여곡절 끝에 나온 것이다. 신강을 평정한 좌종당의 무력이 뒷받침되지 않았다면 일리 지역의 수복은 불가능했을 것이다. 청불전쟁 당시 휘하의 왕덕방에게 명해 의용군을 이끌고 베트남 전선으로 가도록 조치한 것도 같은 맥락에서 이해할 수 있다.

당시 '영토는 단 한 치도 양보할 수 없다'고 역설한 그의 주장은 애국적인 관민官民을 감복시키기에 충분했다. 실제로 국토와 주권을 수호키 위해 그가 보여준 일련의 행보는 많은 사람들의 애국심을 자극했다. 그는 죽는 순간까지 무력을 바탕으로 한 실지회복을 주장하며 시종 유화론을 편 이홍장과 대립했다. 여기에는 두 사람의 출신지역인 호남과 안휘, 청류와 탁류의 관직경력, 양무기업 운영방식에 대한 인식 차이 등 여러 요인이 복합적으로 작용했다. '새방'을 중시했던 그가 21세기에 들어와 '해방'을 중시했던 이홍장과는 전혀 다른 차원에서 재조명을 받고 있는 것도 많은 면에서 이홍장과 대비되는 그의 이런 이력과 무관치 않을 것이다.

제4절
이홍장李鴻章–
이이제이의 양무운동을 제시하다

이홍장(李鴻章)

동양의 비스마르크 이홍장과 찹수이

광서 22년(1896) 8월 28일 정오, 대청제국의 전 직례총독 겸 북양대신 이홍장이 '세인트 루이스호'를 타고 막 미국의 뉴욕 항에 도착할 시간이었다. 이미 연도는 물론 주변 건물의 옥상과 창문, 정박한 배들의 갑판 위까지 사람들로 꽉 차 있었다. 이들 모두 6개월 전부터 유럽 각국을 순방하며 숱한 화제를 뿌린 74세의 이홍장을 보기 위해 거리로 쏟아져 나온 것이다.

당시 서양인들의 눈에 비친 이홍장 일행의 모습은 그 자체로 화제였다. 그의 수행원은 역할이 모두 세분돼 있어 요리사와 차 끓이는 사람, 발 닦아주는 사람, 귀 후벼주는 사람 등이 따로 있었다. 부두에 부려놓은 큰 짐만 300여 개이나 되었다. 여기에는 차를 마실 때 쓸 히말라야 설수雪水와 갖가지 요리 재료, 술 등을 담은 대형 도자기들이 있었다. 이는 풍수가 맞지 않는 음식으로 혹여 임무수행에 차질을 빚지 않을까 우려한데 따른 것이었다.

그랜트 미국의 제18대 대통령으로 1869년부터 1877년까지 재임하였다.

가장 눈에 띄는 것은 객사를 대비한 관재棺材 나무판자였다. 노구를 무릅쓰고 반년 넘게 총 9만 리에 달하는 장도에 오른 이홍장은 구미 각국 순방 도중 과로로 쓰러질지도 모른다는 생각에 관재를 끌고 다녔다. 유가의 세례를 받아 객사를 수치스럽게 생각한 이홍장의 이런 사고방식을 서양인들은 도무지 이해할 길이 없었다.

당시 이홍장은 러시아 황제 니콜라이 2세의 대관식 참석을 계기로 유럽 각국을 유력遊歷하면서 마지막 순방지인 미국을 찾아오던 중이었다. 이렇게 많은 인원이 자발적으로 나와 국빈을 환영하는 것은 미국 건국 이래 처음 있는 일이었다. 여기에는 남북전쟁 직후 링컨 및 앤드류 존슨에 이어 18대 대통령이 된 그랜트의 영향이 컸다. 그는 생전에 이홍장을 이같이 극찬한 바 있다.

"세계에는 세 명의 위대한 지도자가 있다. 글래드스톤과 비스마르크, 이홍장이 그들이다. 그들 중 가장 위대한 인물은 바로 이홍장이다."

이는 그가 이홍장의 극진한 대접을 받고 청국 황실을 예방하면서 쌓게 된 인간적 신뢰와 무관치 않았다. 2차례에 걸쳐 대통령직을 수행한 그랜트는 퇴임 후 부인 줄리아와 함께 세계여행을 떠났다가 광서 5년(1879)에 중국에 도착했다. 홍콩을 거쳐 광주에 도착한 그는 상해에 들렀다가 이홍장을 만나기 위해 다시 천진으로 갔다. 이홍장은 당고塘沽항에서 전군을 이끌고 그를 영접했다. 두 사람은 백년지기를 만난 듯 반가워했다. 북군을 총지휘하며 남북전쟁을 승리로 이끈 바 있는 그랜트는 자신과 유사한 경력을 지닌 이홍장을 극찬하는 방식으로 '난세의 진정한 영웅'이 누구인지를 세인들에게 묻고자 했는지도 모를 일이다. 당시 세계적인 인물인 이홍장을 보기 위해 뉴욕 시민들이 구름처럼 몰려든 것은 그리 이상한 일도 아니었다.

마침내 이홍장이 갑판 위에 모습을 드러내자 조복朝服 차림의 주미 청국외교관들과 화교상단華僑商團 대표들이 일시에 국궁례鞠躬禮를 올렸다. 이를 신호로 항만 내에 있는 백여 척의 배들이 일제히 뱃고동을 울리며 환영의 뜻을 표했다. 이 모습을 본 뉴욕 시민들 사이에서 우레와 같은 함성이 터져 나왔다. 《뉴욕타임스》는 당시의 광경을 이같이 보도했다.

"저명한 장군이며 정치가, 외교가인 이홍장을 보자니 마치 살아 움직이는 공자를 보는 듯했다."

당시 이홍장은 미국에 1주일간 머물며 웨스트포인트 육군사관학교를 구경하며 많은 인사들을 만났다. 그는 클리블랜드 대통령을 두 차례 만났지만 광서제의 친서만 전했을 뿐 회담 같은 것은 하지 않았다. 이는 '국력이 약한 나라에는 외교가 존재하지 않는다'는 그의 신조에 따른 것이기도 했다. 그는 뉴욕을 떠나기 직전인 9월 3일에 월도프 호텔에서 미국 기자들과 만났다. 기자들은 이홍장의 회견에 임하는 모습에 찬탄을 금치 못했다.

"풍모가 뛰어난 그는 시종 미소를 머금은 채 기자들의 질문에 성의 있고 겸손한 태도로 임했다. 마치 일반 시민의 한사람 같아 대청제국의 혁혁한 직위를 가진 사람으로는 보이지 않았다."

당시 뉴욕의 도하 신문은 이날의 인터뷰를 헤드라인으로 뽑아 상세히 보도했다. 그 내용을 보면 지금도 놀랄 만한 내용이 많다. 인터뷰 내용은 대략 다음과 같다.

"각하는 이 나라에서 보고 들은 것 중 어느 것이 가장 흥미 있습니까?"

"가장 나를 놀라게 한 것은 20층보다 더 높은 마천루요. 청국과 유럽에서는 이런 높은 건물을 본 적이 없소."

"각하는 중국이민제한법에 대한 수정을 기대하십니까?"

"그 법안은 세계에서 가장 불공평한 법안이오. 나를 청나라의 고관으로 생각하지 말고 그저 한 명의 국제주의자로 봐 주기 바라오. 염가의 중국인 노동력은 더욱 싼 제품을 만드는 것을 의미하오. 그리되면 고객은 저렴한 가격으로 고품질의 상품을 살 수 있소. 미국은 세계 최고 수준의 현대문명을 자랑하고 있고 미국인은 세계에서 가장 창조력이 많은 사람들이오. 이 점에서 미국은 유럽을 앞서고 있소. 그러나 불행히도 미국은 여러 면에서 아직 유럽을 이기지 못하고 있소. 이는 값싼 중국인 노동력을 배척해 제품가격이 유럽제품보다 비싸기 때문이오. 중국인들은 미국의 그 어떤 노동자보다 근검하오. 나는 미국 언론이 도와주어 그 법안이 곧 폐지될 것으로 믿소."

"미국자본의 중국투자를 어떻게 생각합니까?"

"나의 좋은 친구인 그랜트 장군은 나에게 '청국은 반드시 구미의 자본을 도입해 현대화된 산업을 일으켜야 한다'고 충고한 적이 있소. 부디 자본과 기술을 투자해 우리의 산업개발을 도와주기 바라오. 그러나 철로와 전신 등의 업무는 우리가 스스로 통제할 것이오. 이는 국가주권을 보호하기 위한 것이오. 어떤 자본이든 우리나라에 투자하는 것을 적극 환영하오."

"각하는 미국 또는 유럽의 신문이 귀국을 소개하는데 찬성합니까?"

"청국에도 신문이 있으나 성실하게 진실을 보도하지 않아 신문 자체의 고귀한 가치를 잃어버렸소. 그래서 널리 문명을 전파하는 방식이 되지 못하고 있소. 잘 도와주기 바라오."

그의 미국 방문은 곧 '이홍장 신드롬'으로 이어졌다. 《뉴욕저널》이 광고 포스터에 '이홍장은 《선데이 저널》을 빼놓지 않고 본다'는 식으로 신문홍보에 적극 활용한 사실이 이를 뒷받침한다.

당시 미국식 중국요리의 상징인 '참수이chop suey' 열풍이 분 것도 같은 맥락에서 이해할 수 있다. '참수이'는 '잡쇄雜碎'라는 한자 이름을 통해 알 수 있듯이 야채와 동물의 내장을 함께 뒤섞어 만든 요리이다. 당시 '참수이'의 선풍은 미국과 선린관계를 맺기 위해 이홍장을 수행한 요리사들이 개발했다는 소문과 함께 순식간에 뉴욕과 샌프란시스코 등의 대도시를 뒤덮었다. 양계초가 1903년에 미국에 들렀을 때만 해도 '이홍장탕면'과 '이홍장볶음밥', '이홍장만두' 등이 선풍적인 인기를 끌었다고 한다. 이는 중국요리점 주인들이 '이홍장 신드롬'을 이용한 것이기는 하나 '참수이'가 이홍장과 전혀 관계없는 것은 아니었다.

원래 '참수이'는 이홍장의 방미를 계기로 중국에서 유행한 '양파쇠고기 볶음'의 자매편에 해당했다. 당초 이홍장을 좇아 구미 6개국을 순방한 서주徐州 출신 이후기李厚基는 귀향하자마자 현지 관료들이 베푼 만찬에 참석해 순방 뒷얘기를 들려주던 중 문득 각국의 쇠고기 요리를 언급했다.

"러시아 쇠고기 구이는 큼직큼직하게 썰어 조미료에 담갔다가 구워 먹는 맛이 별미였소. 미국의 쇠고기 구이는 조미료를 발라 찌고 찐 쇠고기를 다시 튀겨 특이한 맛이었소. 마침 미국 현지의 중국요리점에서 열린 만찬에 양파쇠고기 볶음이 올라 왔소. 대인이 그 요리를 좋아하자 이내 미국에서 유행하게 되었소."

실제로 당시 이홍장은 '양파쇠고기 볶음'을 먹으면서 찬사를 아끼지 않았다.

"이런 맛있는 쇠고기 볶음은 중국에서는 먹어보지 못했다. 미국의 쇠고기는 식용인 까닭에 육질이 부드럽지만 중국의 쇠고기는 그렇지 못하기 때문인 듯하다."

당시 이후기의 얘기를 들은 음식점 주인은 곧 주방장을 불러 뭔가 귓속말로 얘기했다. 얼마 후 양파쇠고기 볶음이 식탁에 올라오자 이를 맛본 이후기가 깜짝 놀라 물었다.

"쉬저우에서도 이렇게 싱싱하고 부드러운 쇠고기 요리를 만들 수 있는 것이오. 도대체 어떻게 만든 것이오."

음식점 주인이 대답했다.

"쇠고기는 관계없습니다. 조리법만 좋으면 얼마든지 부드러운 요리를 만들 수 있습니다."

이후 쉬저우에서 시작된 '양파쇠고기 볶음'이 중국 내 각지로 널리 퍼진 것은 말할 것도 없다. 광우병 파동으로 푸대접을 받고 있는 최근의 미국산 쇠고기를 생각하면 격세지감을 느끼게 해주는 일화가 아닐 수 없다.

이홍장과 관련한 이런 일화는 당시 그가 세계적으로 얼마나 각광을 받고 있었는지를 웅변한다. 실제로 당시 열강의 정치가와 외교관들은 청국 조정의 인사는 몰라도 이홍장의 이름만은 알고 있었다. 그의 애칭이 '동양의 비스마르크'였다는 사실이 이를 뒷받침한다.

태평천국의 난과 회군의 창건

태평천국의 난은 청조가 만주족 정권인데도 만주족 군대에 의지하지 못하고 한족의 무력에 의존하고 있는 사실을 천하에 드러냈다. 군기대신의 존재는 차차 희미해지고, 군기대신이나 6부 상서보다 군대의 통수권을 쥔 총독이 훨씬 유력해졌다. 총독에도 한 성만을 관할하는 사천성의 경우가 있고 두 성을 관할하는 광동과 광서인 양광兩廣과 호북과 호남인 호광湖廣, 복건과 절강인 민절閩浙, 운만과 귀주인 운귀雲貴를 관할하는 것도 있었다. 양강兩江은 이전의 강남인 강소와 안휘를 비롯해 강서라는 중국에서 가장 부유한 지역을 지배했다. 직례直隷는 도성이 있는 하북과 산동, 산서, 하남의 4개성을 통치했다. 동치 9년(1870)부터 직례총독과 양강총독은 각각 북양대신과 남양대신을 겸하게 되어 외교와 통상까지 관할하게 되어 더욱 막강해졌다. 청대 말기에 사실상의 재상은 직례총독이었다. 오랫동안 그 지위에 있던 이홍장은 사실상의 재상이고 국정의 최고 책임자였다.

원래 이홍장은 도광 3년(1823년에 안휘성 합비현에서 향신鄕紳인 이문안李文安의 차남으로 태어났다. 이홍장이 태어날 당시 위로 2살 많은 이한장李瀚章이 있었다. 그 또한 훗날 이홍장과 마찬가지로 태평천국의 난에서 혁혁한 공을 세워 사천총독을 역임한 바 있다. 이로 인해 그는 사대부들 사이에서 통상 '2리二李 선생'으로 불렸다. 이문안 집안의 차남이라는 뜻이다.

당시 이문안은 이한장과 이홍장의 출생 이후 이학장李鶴章과 이온장李蘊章, 이봉장李鳳章, 이소경李昭慶 등이 차례로 태어나는 와중에도 계속 과거시험에 매달렸다. 원래 그의 일족은 대대로 농사를 지어 온 평민이었으나 이홍장의 조부인 이전화李殿華 때에 이르러 근검으로 전답 2경頃을 갖게 되면서 자식에게 과거공부를 시키기 시작했다. 이문안은 이홍장이 15세가 되는 도광 18년(1838)에 회시에 합격해 진사가 되었다. 증국번과 진사 동기였다.

이홍장은 23세가 되는 도광 24년(1844)에 향시에 합격한 뒤 부친의 명을 받고 북경으로 올라와 증국번의 문하생이 되었다. 그의 부친이 진사 동기인 증국번에게 청을 넣은 덕분이었다. 상경 당시 그의 흉중은 장차 천하의 명사들과 사귀어 천하를 다스리겠다는 웅대한 포부로 가득 차 있었다. 그가 상경 도중에 지은 '입도10수入都十首'의 다음 구절이 그 증거이다.

해내의 저명인사 두루 사귀고	遍交海內知名士
경사의 도인들을 찾아가리라	去訪京師有道人

그는 상경 이듬해인 도광 27년(1847)에 곧바로 회시에 합격해 한림

원 서길사가 되었다. 당시 그의 나이 24세였다. 이는 부친 이원안보다 13년, 스승 증국번보다 8년이나 빠른 것이었다. 그가 젊었을 때부터 뛰어난 재주를 지니고 있었음을 뒷받침하는 대목이다. 얼마 후 국자감國子監 감생監生으로 있던 그의 형 이한장도 회시에 합격한 후 조고朝考를 통과해 지방 관원으로 내려가게 되었다.

이홍장은 한림원 서길사로 있은 지 4년째 되는 도광 30년(1850)에 치러진 산관散官 시험에서 우수한 성적을 거둬 최고의 청요직淸要職으로 간주되는 한림원 편수에 제수되었다. 이후 무영전武英殿 찬수 겸 국사관 협수協修 등을 역임했다. 그가 예비 대관大官의 탄탄대로를 걷고 있던 이해 말에 문득 천하를 진동시킨 태평천국의 난이 일어났다.

함풍 3년(1853) 초, '월비粤匪'로 통칭된 태평군의 세가 걷잡을 수 없이 확산되자 그 또한 에 증국번과 마찬가지로 고향에서 단련團練을 조직해 태평군을 토벌하라는 조명朝命을 받게 되었다. 이에 그는 단련 대신으로 임명된 공부시랑 여기현呂基賢을 좇아 귀향했으나 얼마 후 그가 전사하면서 안휘순무 복제福濟의 휘하로 들어갔다. 이해 말에 그의 부친도 조명을 받고 귀향해 단련 조직에 참여케 되었다.

함풍 4년(1854) 그는 순무 복제가 여주廬州를 탈환하려고 하자 이런 묘책을 제시했다.

"먼저 배후의 소현巢縣을 취한 뒤 적의 우익羽翼을 자르면 적을 쉽게 깨뜨릴 수 있습니다."

이홍장이 곧 군사들을 지휘해 소현을 비롯한 2개현을 탈환하자 그에 대한 칭송이 자자했다. 그러자 이를 시기한 장령들이 그를 무함하기 시작했다. 병법을 모르는 안휘순무 복제는 이들의 말만 듣고 이홍장을 멀리했다. 이 사이 태평군의 기세가 더욱 올라 안휘 일대가 커다란 위기에 처하게 되자 이홍장이 지휘관인 정괴사鄭魁士에게 진언했다.

"여기서 더 물러나서는 안 됩니다. 군사들을 하나로 집결시켜 싸워야 합니다."

정괴사가 화를 내며 군령장軍令狀을 내밀었다. 결국 병력이 분산되는 바람에 수많은 영채가 태평군에게 유린되고 말았다. 이홍장이 지키던 영채도 함락됐다. 이 와중에 그는 부친과 처자식을 모두 잃고 말았다.

함풍 6년(1856) 이홍장은 휘하 군사를 지휘해 요충지인 동관東關을 탈환한 공을 인정받아 안찰사에 제수되었다. 그러나 이와 동시에 그를 시기하는 장령들의 무함이 날이 갈수록 심해졌다. 이 사이 태평군은 그 세력이 더욱 확대되었다.

함풍 8년(1858) 그는 모친을 모시고 진강鎭江 쪽으로 피신했다. 이때 스승 증국번이 강서성 일대를 회복해 건창建昌에 주둔하고 있다는 소식을 듣고는 곧 서신을 보냈으나 오래도록 회신이 없었다. 이는 그의 시기志氣가 지나치게 승한 것을 우려한데 따른 것이었다. 그는 이해 12월에 비로소 답신을 받고 스승의 막료로 일하게 되었다.

함풍 9년(1859) 초, 그는 증국번의 동생인 증국번을 도와 남경으로 통하는 요충지인 경덕진景德鎭의 탈환에 성공했다. 이듬해인 함풍 10년(1859) 6월에 증국번이 양강총독에 제수되면서 남경과 가까운 기문祁門에 본영을 차렸다. 그가 절지絶地에 해당한다며 강력 반대했으나 증국번은 이를 좇지 않았다. 얼마 후 그는 휘주徽州 상실을 둘러싼 책임추궁 범위 문제를 놓고 스승과 갈등을 빚자 이내 막료의 자리를 버리고 은거에 들어갔다.

함풍 11년(1861) 8월 증국번이 안경安慶 탈환을 계기로 본영을 그곳으로 옮기는 것을 계기로 제자인 이홍장의 계책을 듣지 않은 것을 크게 후회했다. 이 소식을 들은 이홍장이 크게 기뻐하며 곧 축하서신을 보내자 증국번은 즉각 답신을 보내 합류를 재촉했다. 얼마 후 조정에서 소주蘇州를 수비할 장수의 인선을 문의하자 증국번은 곧 이홍장을 천거했다. 이홍장이 곧 고향으로 돌아가 회군을 모집했다. 증국번은 휘하의 맹장 정학계와 곽송림 등에게 명하여 상군 일부를 이끌고 가 회군에 가담케 했다. 회군이 상군과 더불어 태평군을 섬멸하는 주력군의 역할을 수행하는 와중에 이들 모두 회군의 맹장으로 명성을 떨쳤다.

동치 원년(1862) 초, 이수성이 10만 명의 태평군을 이끌고 상해로 진공했다. 장우춘과 유옥림이 이끄는 태평군이 회군에게 대패하자 복수를 다짐한 이수성은 휘하 장수 담소광에게 태평군 3만 명을 이끌고 가 정학계 등의 회군과 격전을 벌이도록 했다. 이 싸움에서 회군은 큰 타격을 입었다. 더구나 이해 여름 상해에서 습병濕病이 만연하자 밤낮 없는 전투로 피로에 지친 회군 장병들이 대거 사망했다.

태평군이 상해 주변을 함몰시키자 상해가 외부와 완전히 차단되었다. 증국번의 명을 받은 이홍장이 급히 회군 8천 명을 이끌고 상해로 갔다. 이홍장이 상해에 도착했을 당시 상승군을 이끌고 있는 워드는 위세를 부리며 면회를 거절하는 등 오만한 모습을 보였다. 이홍장은 워드 및 상승군과 몇 차례 접촉하면서 상승군이 무질서한 조직인 것을 알게 되었다. 이홍장이 스승에게 서신을 보냈다.

"상승군은 모두 외국의 부랑자들로 '멍청이'에 불과합니다."

그러나 그는 내심 비록 '멍청이'이기는 하나 우수한 화력을 지닌 상승군을 회유해 용병으로 활용코자 했다. 그는 장차 상승군이 청국에 위협이 될 수밖에 없다고 생각했다. 회군이 연패하는 와중에 회군과 합세해 상해를 지키던 프랑스군 제독 불로드가 전사하고, 영국군 제독 허버트가 부상을 당했다. 상승군을 이끌던 워드는 황급히 도주했다. 얼마 후 워드가 전사하자 미국인 버지빈이 상승군을 이끌게 되었다. 원래 버지빈은 성격이 독단적이어서 상해의 관원 양방楊坊과 오후吳煦와 충돌이 잦았다. 이는 이홍장에게 기회로 작용했다.

얼마 후 양방과 오후가 군자금 지원을 끊자 화가 난 버지빈이 멋대로 군사를 이끌고 상해로 돌아온 뒤 양방이 개설한 중국식 은행인 은호銀號를 찾아가 돈을 요구했다. 양방이 거절하자 버지빈은 이들을 구타한 뒤 은화 4만 원元을 탈취했다.

이 소식을 접한 이홍장은 곧바로 버지빈의 직위를 해제했다. 배치 명령을 따르지 않고, 청국관원을 구타하고, 군자금을 약탈했다는 게 그 이유였다. 이에 반발한 버지빈이 상경해 미국 및 영국공사의 지원을 받아 항소하자 청조는 순무가 직권범위 내에서 내린 정상적인 결정을 취소할 수 없다고 발뺌하면서 현지에서 해결케 했다. 그러나 이홍장은 끝내 그의 복직을 허용치 않으면서 이같이 상소했다.

"원래 양이는 성격이 괴이하고 명을 듣지 않아 통제하기가 쉽지 않습니다. 군자금을 모아 상승군을 만들면서 사령관 교체 등을 주도한 양방 등은 이들을 지휘하지도 못하고 관리 또한 제대로 하지 못했으니 엄히 책임을 물어야 합니다."

두 사람이 직위해제 되자 상승군의 지휘권은 영국의 손에 들어갔다. 당시 영국은 상승군이 계속 미국인의 지휘를 받는 것에 불만을 품고 상승군 내에 적잖은 영국군을 심어두고 있었다. 그는 병권을 회수하기 위해 영국의 주중육군사령관인 스태블리와 교섭했다. 이는 이홍장이 외국인과 처음으로 교섭한 사례에 해당한다.

그는 수차례 논쟁 끝에 상승군이 최소한 5천 명은 되어야 한다는 스태블리를 설복시켜 최대한 3천 명을 한도로 운용하고, 지휘권은 양국이 공동 행사한다는 내용의 '상승군지휘협정'을 체결했다. 이에 상승군은 이홍장을 신뢰하는 영국군 장교 고든이 이끌게 되었다. 이는 그가 외교에서 거둔 첫 번째 성공사례로 평가받고 있다. 그는 곧 조정에 이같이 계주했다.

"이번 협상을 통해 추후 병권을 회수할 수 있는 실마리를 잡았습니다."

그는 버지빈 폭행사건을 계기로 토호에 가까운 오후와 양방을 배제한 뒤 상승군을 최대한 억제해 후환을 예방하는 놀라운 수완을 발휘한 셈이다. 이후 그의 발언권이 날로 커져갔다. 당시 직위해제 된 버지빈은 태평군에 투항해 자신이 이끌던 상승군과 맞섰다.

동치 2년(1863), 상해 일대를 지휘하는 통상대신의 직무를 서리하게 된 것을 계기로 상해에 외국어학관을 설치할 것을 주청했다. 이는 이홍장이 양무운동을 시도한 첫 번째 사례로 평가받고 있다. 북경에는 이미 한 해 전에 최초의 서양식 학교인 동문관同文館이 설립된 바 있다. 이는 중국 최초의 관립 외국어학교에 해당한다.

이때는 태평군의 진압이 막바지에 이를 즈음이었다. 증국번과 이홍장 모두 서양인에게만 의지하면 전쟁이 더 길어질 수밖에 없다는 사실을 잘 알고 있었다. 상해에 투입된 회군은 초기만 하더라도 창설된 지 얼마 되지 않은 까닭에 실제 전투에서는 경험과 역량 모두 부족한 상황이었다. 회군은 고든의 서양식 소총부대에 크게 의존할 수밖에 없었다. 실제로 훗날 이홍장은 태평군을 조기에 진압할 수 있었던 것은 고든과 긴밀하게 협조한 덕분이라는 사실을 솔직히 인정한 바 있다.

고든과의 갈등과 상승군의 해산

원래 이홍장은 유가의 전통을 이은 까닭에 서양인을 매우 싫어했다. 그는 내심 태평군보다 선진 군사기술을 앞세운 서구 열강의 무력침공을 더 우려했다. 그러나 조속히 태평군을 진압키 위해서는 부득불 영불연합군인 '상승군'의 도움을 받는 수밖에 없었다. 이때 그는 서양인들을 충분히 이용하되 그들의 간섭을 받지 않겠다는 기본방침을 정했다. 이에 그는 영국 군대와 '상승군 지휘협약'을 맺어 영불 군대와 공동작전을 승낙하면서 반드시 자신의 통제를 받아야 한다는 내용을 삽입했다.

이에 상승군은 상해 공관에 고용되어 강소순무의 통제를 받는 용병부대로 출발했다. 실제로 그는 워드와 고든 같은 상승군의 장군과 관계를 맺은 후 시종 그들의 역량과 선진 군사기술을 적극 활용하면서도 그들이 함부로 날뛰지 못하도록 단속했다. 이는 상승군의 역량을 최대한 강화하되 이들을 청조에 충실한 용병으로 만든다는 기본방침에서 나온 것이었다.

당시 태평군은 남경과 소주, 항주를 3대 본영으로 삼고 있었다. 이홍장은 등뼈에 해당하는 소주를 탈환키 위해 병력을 집중했으나 무리한 공격 끝에 모왕慕王 담소광譚紹洸의 반격을 받아 큰 손실을 입었다. 이후 회군은 태평군의 강절 지역에 대한 방어가 허술한 틈을 타 영불간섭군 및 상승군과 연합해 가정을 함락하고 곤산과 태창 등을 위협했다. 소주와 항주에 남아 있던 태평군은 적극적인 방어책을 세워 공격위주의 수비를 펼쳤다. 이홍장은 이들의 전략을 읽고 즉시 상승군과 회군의 병사를 규합해 이들의 공세를 물리쳤다. 그는 상군이 서쪽 전선에서 이수성의 태평군을 견제하는 틈을 이용해 2가지 일을 진행했다. 동쪽 전선에서 군사를 이동시켜 빼앗긴 고을을 수복하고, 동시에 투항을 적극 권유해 태평군의 내부 와해를 꾀하는 일이 그것이다 .

이해 6월, 이홍장은 회군을 진격하는 방안을 결정했다. 중로中路는 정학계의 부대가 곤산에서 소주로 들어가고, 북로北路는 이학장과 유명전 부대가 상숙에서 강음으로 들어가고, 남로南路는 이조빈의 부대가 태호로 진공하는 방안이었다. 고든의 상승군은 곤산으로 이동해 각로의 유격대를 지원하고, 나머지 부대는 태평군이 상해 인근의 송강으로 진공하는 것을 막는 역할을 맡았다.

이수성은 이홍장이 3로로 나눠 진군하다가 다시 합세해 소주를 공격한다는 얘기를 듣고 소주로 달려와 담소광과 대책을 논의했다. 그러나 이는 결국 홍수전의 의심과 시기로 인해 제대로 실현되지 못했다. 태평군은 소극적인 방어로 일관하다가 매번 패했다. 이해 7월, 고든의 상승군과 정학계의 회군이 진택震澤을 함락해 소주와 항주의 육로를 차단했다. 곧이어 이학장과 유명전의 부대가 강음을 함락했다.

이해 10월 회군과 상승군이 여세를 몰아 소주의 성문 밖에서 맹공을 펼쳤다. 이수성은 천경에서 급히 달려와 전황을 만회하려 했으나 형세가 미묘하게 돌아감을 알고는 담소광과 헤어져 심야에 소주를 떠났다. 당시 담소광을 제외한 납왕納王 고운관郜雲官과 비왕 오귀문, 강왕 왕안균, 영왕 주문가 등 이른바 '4왕4천장四王四天將'으로 불린 8명의 장수들은 투항할 생각을 하고 있었다. 다만 충왕 이수성의 위세에 눌려 속셈을 섣불리 드러내지 못했을 뿐이다.

일찍이 납왕 고운관과 회군 부장 정국괴는 일찍이 의형제를 맺은 적이 있었다. 원래 정국괴는 소호巢湖의 소금 밀매업자 출신이었다. 우두머리를 죽인 후 태호 인근 해적의 두목이 된 그는 한때 신분을 숨기고 태평군에 들어갔다가 회군에 투항해 부장으로 있었다. 이 사실을 알고 있는 정학계는 정국괴를 이용해 고운관 등의 모반을 획책토록 한 것이다. 이 계책이 그대로 주효했다.

야심한 밤에 소주성 동북의 양등호陽澄湖에 떠 있는 작은 배 위에서 정학계는 고든의 입회하에 고운관과 왕안균을 만났다. 정학계는 이들에게 담소광을 죽이고 성지를 바치면 2품 무관에 봉하겠다고 약속했다. 쌍방은 고든을 증인으로 삼고 화살을 꺾어 맹서했다. 정학계는 고운관과 의형제를 맺어 성의를 표했다.

며칠 후 고운관 등 8명의 장수가 담소광을 암살한 뒤 성문을 열어 정학계 부대를 영접했다. 그러나 고운관 등은 여전히 회군에 경계심을 품고 있었다. 당시 성 안에는 태평군 노약자와 장정 등 모두 10만여 명이 있었다. 이들은 성의 절반을 회군에 내주고 자신들은 다른 반쪽을 차지했다. 정학계가 보니 상황이 미묘하게 돌아가는 듯했다. 그날 밤 성을 나와 비밀리에 이홍장에게 가 상의했다. 그들은 8명의 장수는 믿을 수 없으니 마땅히 빠른 시일 내에 주살해야 한다고 말했다. 이홍장이 주저했다.

"자고로 투항한 사람을 죽이는 것은 상서롭지 못하오. 그리 하면 상주와 가흥의 태평군이 사력을 다해 사수에 나설 것이고, 우리는 적잖은 어려움을 겪어야만 할 것이오."

정학계가 언성을 높였다.

"그들은 수년간 도적질을 한 사나운 도적떼일 뿐입니다. 게다가 우리보다 군대 수가 몇 배나 많고, 비록 겉으로는 투항했으나 내심 복종할 생각이 없습니다. 만일 우리가 그 주모자들을 죽이지 않은 채 그들의 말만 믿고 같은 성에 묵고 있다가 사변이라도 일어나면 그 결과는 상상하기조차 힘듭니다."

말을 마치고 자리를 박차고 떠나려 하자 이홍장이 급히 그를 쫓아가 손을 잡고 말했다.

"진정하시오. 내가 그대 말을 들을 것이오."

이에 야음을 틈 타 4개의 문밖에 매복을 두었다. 다음날 오전, 이홍장이 정학계의 군영으로 와서 8명의 투항한 왕을 만나고 싶다는 뜻을 전하면서 그들을 즉석에서 총병에 임명하겠다고 말했다. 8명의 장수는 내막도 모른 채 크게 기뻐하며 회군 군영으로 달려왔다. 미리 술자리를 마련해 놓은 이홍장이 그들에게 자리를 권하며 거짓으로 포상자 명단을 읽어 내려갔다. 이윽고 주연이 시작되자 잠시 후 무관 하나가 급히 공문을 갖고 와 이홍장에게 전했다. 이홍장이 재빨리 자리를 떠났다.

8명의 장수가 얼큰히 취했을 무렵 손에 관모와 관복을 든 무관 8명이 자리에 들어왔다. 이들이 무릎을 꿇으면서 옷과 모자를 갈아입을 것을 권하자 8명의 장수는 의기양양하게 일어나 자신의 손으로 머리의 노란 띠를 풀었다. 이틈을 타 8명의 무관이 관복 밑에서 예리한 비수를 꺼내 이들의 목을 찔렀다. 이내 8개의 머리가 이들의 손 안에 떨어졌다. 정학계는 즉각 소주로 돌진해 성 안의 쌍탑사 정원에서만 태평군 3만 명을 죽였다. 이를 이른바 '소주살항蘇州殺降' 사건이라고 한다.

당시 이홍장은 항복한 적장을 죽인 게 못내 마음에 걸렸다. 그는 스승인 증국번에게 보내는 편지에 이같이 썼다.

"비록 소주를 수복하기는 했으나 거리마다 난민이 넘쳐나고 시체가 사방에 널려 있습니다. 1년 뒤에나 나아질 수 있을 듯합니다. 이 일은 지나치게 인자하지 못하게 처리 한 점이 있으나 전체적인 국면에 관련된 일이라 어쩔 도리가 없었습니다."

당시 정학계도 겉으로는 '사심이 없었으니 양심에 거리낄 게 없다'고 말했으나 결코 다른 사람이 자기 앞에서 이 일을 말하는 것은 엄금했다. 한번은 이홍장이 술을 마시다가 그에게 농담을 했다.

고든 영국의 군인. 1860년의 애로호 사건 때 베이징 공격과 원명원 화공에 참가하여 용명을 떨쳤다.

"그대도 투항해온 사람인데 어찌 그대와 같은 처지의 사람들에게 잔인하게 대한 것이오."

격분한 정학계는 곧바로 군영으로 돌아가 측근 병사 일부를 규합해 이홍장을 치려고까지 했다. 이홍장이 정중한 사과를 한 후에야 겨우 사태를 가라앉힐 수 있었다. 얼마 후 정학계는 가흥을 공격하다가 머리에 총을 맞고 전사했다. 임종 때 그는 이홍장이 자신을 질책한 말을 중얼거렸다고 한다.

이홍장이 8명의 장수를 죽인 다음날 증인을 섰던 고든이 이 소식을 듣고는 자신에게 모욕을 주었다며 권총을 들고 이홍장과 담판을 짓기 위해 찾아왔다. 이홍장은 며칠 동안 군영을 빠져 나와 감히 돌아가지 못했다. 사실 태평군의 8명의 장수가 항복한 것은 고든이 그들에게 신변의 안전을 보장해 주었기 때문에 가능했다. 당시 고든은 이홍장을 찾아내지 못하자 이홍장에게 순무의 자리에서 물러날 것과 조정이 조사를 끝낼 때까지 관인과 군대의 통솔권을 모두 자신에게 넘길 것을 요구하는 편지를 남겼다. 그리 하지 않으면 상승군을 이끌고 회군을 칠 것이고 지금까지 수복한 땅을 모두 태평군에게 넘겨줄 것이라는 위협도 잊지 않았다

당시 아직은 상승군의 도움이 필요하다고 판단한 이홍장은 누차 영국인 마그릴과 도원 반증위潘曾瑋, 총병 이항李恒 등을 고든에게 보내 화해를 청했다. 동시에 청 조정에 상소문을 보내 고든에게 1등 공패功牌와 백은 1만 냥을 하사해 달라는 상소를 올렸다. 총세무사 헤더도 고든과 이홍장 사이를 오가며 중재했다. 결국 고든은 계속 전쟁을 돕겠다는 뜻을 밝혔다. 이어 회군과 연합해 의흥, 형계, 무석 등지를 회복했다. 다음날 증국전에게 편지를 보냈다.

"상승군이 군대 내에 불화를 조성한 적이 안두 번이 아닙니다. 지금은 힘들더라도 언젠가는 상승군을 해산하지 않으면 안 될 날이 올 것입니다. 대다수 사람은 그들을 훌륭한 지원군이라고 생각하겠지만 그들에 대해 조금이라고 아는 사람은 모두 골칫거리일 뿐이라고 할 것입니다."

이런 일을 겪으며 이홍장은 상승군을 속히 해산서켜야겠다는 결심을 더욱 굳혔다. 그가 고든에 대한 경계를 한시도 늦추지 않은 이유이다. 이해 12월 24일에 스승인 증국번에게 이를 뒷받침하는 서신을 보냈다.

"고든은 항상 사사로운 이익을 탐합니다. 상승군을 빌리기 위해 지금까지 얼마나 많은 돈을 썼는지 모릅니다. 그러나 사실 상승군은 소총을 쏘는 것 외에는 무예나 전공 모두 우리 청군에 훨씬 못 미칩니다. 지

금은 수차례 전쟁에 나서겠다는 말만 해 놓고 한 발짝도 움직일 생각을 않는 상황입니다."

당시 '소주살항' 사건은 서양인들의 극한 반발을 불러 일으켰다. 이홍장으로부터 상승군에 대한 지휘권을 박탈까지 생각했던 영국군 제독 브라운은 상승군이 상해와 소주를 지키는 것에는 청조의 여타 군사행동 요구에 응하지 말 것을 명했다. 그는 직접 소주로 가서 이홍장에게 반성문을 작성하라고 요구키도 했다. 이홍장이 어이가 없어 웃었다.

"이는 중국의 군정으로 외국과는 무관한 일이오. 본관이 당신에게 잘못을 인정할 이유가 없소."

브라운은 소매를 털며 일어났다. 원래 상승군을 이끄는 고든은 수많은 사람들을 죽이고도 눈 하나 깜짝 하지 않는 잔인한 인물이다. 그는 이홍장이 8명의 장수를 죽인 것에 화가 났다기보다 자신이 더 많은 항복을 이끌어 내지 못하게 된 사실에 화가 났다고 보는 게 옳다.

동치 3년(1864) 5월, 회군과 상승군 상주를 함락한 것을 계기로 이홍장은 상승군을 해산할 여건이 마련되었다고 판단했다. 그는 장강 하류의 전쟁이 끝나간다는 것을 이유로 정일창丁日昌을 곤산으로 보내 고든과 상승군 해산문제를 논의케 했다. 고든은 뜻밖에도 흔쾌히 승낙했다. 사실 고든은 진작 본국으로 돌아갈 마음을 갖고 있었다. 곤산에 오자마자 그는 영국 정부에서 보낸 공문을 받았다. 공문은 영국의 현역 군관이 중국 정부를 위해 복역하는 것을 더 이상 허락하지 않는다는 말과 함께 6월 1일까지 복귀하라는 것이었다. 이에 고든은 귀국할 마음이 더 확고해졌다.

청조 역시 절호의 기회로 생각해 이홍장에게 형세가 유리할 때 속히 해산서키도록 하라는 지시를 내렸다. 이홍장 역시 희색만면한 모습으로 '강소성의 가장 시급한 중대사'라고까지 말했다. 이때 그는 정예병을 제외한 상승군의 3분의 2를 해산하면서 12만여 원을 해산비로 책정하는 외에 따로 6만 원의 포상금을 나눠주었다. 이들이 지녔던 무기 등의 장비는 모두 거둬들였다.

나머지 3분의 1의 정예병은 포병 600명, 기관총병 300명, 기선 수십 명 등이었다. 그는 이들을 회군의 신식 총포부대 2개 대대로 개편해 자신의 명을 받도록 했다. 회군에 신식 총포부대가 더해지자 회군의 세력과 명성이 더욱 커졌다. 8명의 항장을 죽이고 적시에 상승군을 해산서킨 것은 그의 비정함과 과단성을 잘 보여주고 있다. 그의 놀라운 수완에 스승인 증국번도 탄복을 금치 못했다 .

당시 상승군이 해산되면서 상해의 안전을 우려했던 상해 주재 영국 영사 파커스는 이홍장의 이런 조치에 크게 안심했다. 얼마 후 고든은 귀국하자 상승군을 성공적으로 해산서킨 그는 흡족한 마음으로 5월 29일에 스승에게 편지를 보냈다.

"상승군이 해산되자 고든은 갑자기 충신하고 좋은 사람으로 바뀌었습니다. 제가 그 사람의 마음을 바꾼 것이 아니라 중흥하는 우리 청국의 기운이 그리 만든 것입니다."

이홍장은 자신과 상승군과의 관계를 시종 고용인과 피고용인, 통제하는 자와 통제받는 자의 관계로 규정했다. 이후 그는 상승군을 자신과 회군의 일부로 삼아 2년여 동안 100여 차례에 이르는 전투를 수행해 50여 개의 성을 수복했다. 증국번은 이홍장의 탁월한 수완에 찬사를 보냈다.

"서양인 장군을 조였다 풀었다 하여 마음대로 조종하는 모습이 마치 사나운 용을 어린애 다루듯 하는 구나. 참으로 탄복할 만하다."

이해에 그는 소주에 양포국洋砲局을 설립했다. 이는 한 해전에 상해에 세운 양포국의 분점에 해당했다. 왕명을 받고 중국에 온 영국의 군의관 출신 매카트니가 감독을 맡았다. 이때 조정이 그에게 증국전의 남경성 공격에 속히 합류할 것을 재촉하자 그는 이같이 상주하며 완곡하게 거절했다.

"우선 주변의 호주湖州를 취하고 장흥長興을 함락시켜 '후고지우後顧之憂'를 없애야만 합니다."

이는 남경 함락의 대공을 스승의 동생인 증국전에게 돌리려는 원려에서 나온 것이었다. 이해 6월 16일에 마침내 남경이 함락되자 이홍장은 증국전과 함께 1등 백작에 봉해졌다. 작호는 숙의백肅毅伯이었다. 이후 태평군의 잔당이 각지에서 산발적으로 저항했으나 사실상 태평천국은 종언을 고한 것이나 다름없었다.

염군의 토벌과 북양군벌의 출발

태평천국의 난이 진압된 후 이홍장은 강남지역 향시의 감독관이 되어 행사를 무사히 치렀다. 그러나 태평천국의 난이 완전 진압된 것은 아니었다. 이듬해인 동치 4년(1865) 정월에 조명을 좇아 회군의 맹장 곽송림을 복건으로 보내 좌종당과 함께 태평군 잔당을 섬멸토록 한 게 그 증거이다. 이때 태평군에 투항했던 버지빈이 생포되어 처형되었다.

태평군의 잔당과 합류한 염군은 날로 그 세력을 넓혀갔다. 이해 4월에 친왕 셍게린친僧格林沁이 염비의 습격으로 전사하는 일이 벌어졌다. 청조는 증국번을 흠차대신에 제수해 염비토벌을 전담케 했다. 이에 이

북양군벌 청조 말기 중국 공화정 초기 등장한 현대식 군사집단으로 약 30년 이상 중국을 지배한 군사 세력을 말한다. 리홍장의 강력한 북양군에서 출발해 위안스카이를 거치면서 분열하여 중국을 지배하였다.

홍장은 스승을 대신해 양강총독의 직무를 대리케 되었다. 이해 9월 이홍장에게도 회군의 일부를 이끌고 하남으로 들어가 염비를 토벌하라는 명이 떨어졌다. 그는 파견군사 차출과 군량미 조달 등의 어려움을 이유로 이를 완곡히 거절했다. 스승에게 염비토벌의 공을 돌리기 위한 행보였다.

이해에 그는 상해의 미국계 기기공장을 매입한 뒤 상해와 소주의 양포국을 합쳐 강남제조총국江南製造總局을 설립했다. 강남제조총국은 이후 규모가 꾸준히 확대되어 청국 최대의 군수공장으로 성장했다. 그는 남경에도 금릉제조국金陵製造局을 설치해 무기를 자체 생산해 냈다. 금릉제조국은 강남제조총국보다 그 규모는 작았지만 생산 품목은 훨씬 많았다. 그러나 금릉제조국의 제품 역시 다른 공장 제품과 마찬가지로 품질이 만족스럽지 못했다. 금릉제조국에서 만든 대포의 시험발사 도중 대포가 폭발하여 13명의 사상자가 난 게 그 증거이다.

동치 5년(1866) 10월, 증국번이 염군토벌에 실패한 뒤 병으로 쉬게 되자 이홍장이 흠차대신 서리에 임명되어 염비토벌을 책임지게 되었다. 당시 염비는 섬서陝西 방면으로 진출한 서염비와 산동 방면으로 나아가는 동염비로 나뉘어 진공하는 등 날로 그 세력을 확대되고 있었다. 이들 염비는 태평군과 달리 기동력이 뛰어난 기마병 위주로 구성돼 있었다.

동치 6년(1867) 초, 동염비가 직례성 일대를 뚫고 하남을 약탈한 뒤 산동으로 나아갔다. 다급해진 조정은 그에게 신속히 산동으로 이동해 염비를 토벌할 것을 명했다. 이홍장은 스승인 증국번의 계책을 이용해 황하를 따라 강가에 높게 담장과 보루를 쌓아 이들의 동진을 저지했다. 동염비가 담장을 뚫고 빠져 나가려고 하자 이홍장은 이들을 바닷가 방향으로 몰아 일거에 섬멸하는 책략을 강구했다.

이해 10월, 산동으로 들어온 동영비가 황하의 남안과 북안에 축조된 담장에 가로막혀 우왕좌왕하다가 마침내 안경과 유현濰縣 사이에서 회군에게 격파당했다. 동염비의 우두머리인 임수任柱는 이 싸움에서 패사했다. 회군에게 쫓긴 잔당이 양주揚州로 들어갔다가 도원道員 오육란吳毓蘭의 공격을 받고 궤멸했다. 이로써 동염비에 의한 산동, 강소, 안휘, 하남, 호북 등 5개성의 소요가 완전히 평정되었다. 이홍장이 공을 인정받아 일기도위一騎都尉의 작위 세습을 허락받았다. 그러나 동염비의 소탕에도 불구하고 섬서로 들어간 서염비는 여전히 맹위를 떨치고 있었다.

동치 7년(1868) 정월, 장총우張總愚가 이끄는 서염비가 홀연히 직례성을 침공하자 조정이 각 군에 명해 즉시 원조에 나서도록 했다. 이때 이홍장은 이른바 '견벽청야堅壁淸野' 전술을 구사해 안평安平 등지에서 잇달아 승리를 거두었다. 그러나 기마병 위주의 서염비는 동염비와 달리 하북 일대를 가로질러 산동을 침범해 이내 천진까지 육박했다. 청조가 이홍장에게 북방군사 업무를 총통케 하면서 1달 내에 서염비를 완전히 토벌할 것을 명하자 이홍장이 곧 상주했다.

"기마병 위주의 염비는 그 움직임이 표홀飄忽해 포위전법을 쓰지 않고는 제압키가 어렵습니다. 직례는 땅이 평탄하고 넓으니 포위할 길이 없습니다. 저들이 동해 방향으로 나아가도록 한 뒤 서북쪽 운하를 틀어쥐어야 합니다. 그러면 천진 서남쪽에서 동창東昌 일대를 연결해 저들을 포위할 수 있습니다."

조정의 허락을 받은 그는 곧 서염비를 유인키 위해 산동 내 황하의 남쪽 둑을 터 물을 빼낸 뒤 긴 담장을 쌓았다. 서염비가 물이 빠진 동창 쪽으로 몰려가 담장을 돌파하려고 했다. 그러나 담장이 너무 높아 이내 퇴각할 수밖에 없었다. 이홍장은 포위망을 더욱 좁혀갔다. 마침 황하의 물이 불어나자 서염비는 진퇴양난에 빠지게 되었다. 이홍장이 기병대를 시켜 이들을 거세게 밀어붙이자 이들 대부분이 황하에 수장되고 말았다. 우두머리 장총우는 항하에 몸을 던져 자진했다. 이로써 이홍장은 1달 시한 내에 서염비를 전멸시키는 대공을 세우게 되었다. 당시 이홍장이 이끈 회군은 대략 6만 명에 달했다. 이는 증국번이 태평천국을 진압할 당시의 상군보다 1만 명가량 많은 것이었다.

이해 7월, 염비토벌의 공을 인정받아 그는 태자태보太子太保, 협판대학사協辦大學士, 호광총독湖廣總督에 제수되었다. 이홍장이 입궐해 알현하는 입근入覲을 하자 자금성 내에서 말을 탈 수 있는 특은이 내려졌다. 동태후와 서태후인 양궁兩宮이 발을 내리고 그와 마주앉은 자리에서 그의 공을 치하했다. 그가 겸사謙辭했다.

"신이 세운 공은 아무 것도 없습니다. 이는 모두 묘당廟堂인 조정의 공입니다."

그는 호광총독으로 부임하면서 남경을 지나는 도중에 양강총독으로 있는 스승 증국번을 예방했다. 얼마 후 노모의 부름을 받고 1달간의 휴가를 얻어 고향에 내려갔다가 주씨周氏를 후실로 맞아들이게 되었다. 당시 그는 태평군에 의해 부친과 처자식을 모두 잃은 까닭에 막내 동생의 장자인 이경방李經方을 양자로 들여 놓고 있었다.

동치 8년(1869), 그는 조명을 받고 사천총독 오당吳棠과 함께 반기독교운동으로 야기된 선교사관련 사건인 교안教案을 처리한데 이어 다시 귀주로 가 묘족苗族의 반란을 진압했다. 당시 청조는 호광총독으로 있는 그의 능력을 높이 사 인근지역의 반란에 적극 투입했던 것이다.

동치 9년(1870) 초 감숙성의 위그르족이 난을 일으키자 그는 또 다시 조명을 받고 섬감총독陝甘總督 좌종당을 도와 난을 평정했다. 얼마 후 다시 천진에서 서방 각국의 영사관과 교회당이 불타는 교안이 발생했다. 당황한 청조는 열국의 간섭을 우려해 직례총독 증국번을 파견해 이를 처리케 하는 한편 그에게도 명을 내려 증국번을 돕도록 했다. 천진의 교안이 마무리될 즈음 양강총독 마신이가 척살되는 사건이 빚어졌다. 조정은 증국번을 재차 양강총독에 임명해 이 사건을 처리케 하면서 이홍장을 직례총독 대리에 제수했다.

이때 청조는 통상을 전담한 통상대신을 철폐하면서 직례총독이 통상업무를 겸하는 이른바 '북양통상사무대신北洋通商事務大臣' 약칭 북양대신을 신설했다. 이를 계기로 직례총독 이홍장은 회군을 모태로 한 북양군을 배경으로 25년 동안 사실상 군사외교 분야를 총괄케 되었다. 훗날 그의 뒤를 이어 북양대신이 된 원세개袁世凱가 천하를 거머쥔 단초가 여기에 있었다. 본격적인 군벌인 북양군의 탄생 배경에 회군을 창건한 이홍장이 있었던 것이다. 그는 북양대신에 임명된 직후 일본과의 통상조약 체결을 위한 준비 작업에 들어갔다. 그의 외교관으로서의 삶은 여기서부터 시작되었다.

동치 10년(1871) 9월 13일, 그는 일본의 흠차전권대신 다테 무네나리伊達宗成와 '청일수호조약'을 체결했다. 이 조약은 부분적인 수정을 거쳐 이듬해 8월에 비준되었다. 이에 앞서 이홍장은 이해 7월에 증국번과 함께 상소문을 올려 총명한 자제들을 선발해 구미 각국으로 유학을 보내는 방안을 제시한 바 있다. 이는 최초의 관비 유학생 파견으로 나타났다. 당시 구미 각국으로 간 유학생 중 미국 예일대를 졸업한 룽훙容閎은 상해의 강남제조총국에 근무하며 청국 제철산업의 견인차 역할을 수행했다.

본격적인 양무운동의 개시

동치 11년(1872) 정월 증국번이 세상을 떠났다. 그의 죽음을 계기로조정 내에서 양무운동에 의구심을 표하는 의견이 분분했다. 증국번과 함께 양무운동에 앞장 서 왔던 이홍장이 곧바로 상소했다.

"외국과 평화를 유지하는 가운데 중국을 지키려면 그에 대한 방비가 있어야 합니다. 사대부는 고루한 유학을 상징하는 장구지학章句之學에서 갇혀 있어 시세에 우매한 까닭에 창포윤선槍炮輪船과 근세의 입국

지본立國之本을 모릅니다. 국가경비는 절약하는 것이 마땅하나 오직 양병과 방어시설, 창포윤선의 제조비용만은 아끼지 말아야 합니다."

이때 그는 양무운동을 군무軍務에서 상무商務 쪽으로 확대하는 방안을 제시해 이를 관철시켰다. 그 구체적인 결과가 바로 이해 11월에 상해에 설립된 '윤선초상국輪船招商局'이다. 당초 그는 민간자본과 정부자금을 토대로 한 이른바 '관상합판官商合辦'의 기업을 설립코자 했다. 그러나 선박이 상선용으로 적합하지 않은데다 지방 관원들의 호응 부족으로 결국 상인이 경영을 전담하는 이른바 '관독상판官督商辦' 방식을 취해 '윤선초상국'을 발족한 것이다.

'윤선초상국'은 '양무기업洋務企業'의 효시에 해당한다. 윤선에서 시작한 양무기업은 이후 방적과 방직, 광산, 항운, 철로, 기선, 전신, 전보 등 각 분야로 확대되었다. 당시 군사부분은 완전 국영인 관판官辦으로 이뤄졌으나 양무기업은 민간이 자본을 투자해 경영을 전담하고 관은 감독만 하는 '관독상판'의 형식을 띤 까닭에 여러 면에서 현대 기업과 닮아 있었다. 이는 이홍장이 고금을 막론하고 국강國强은 반드시 국부國富를 이룬 뒤에야 가능하다는 사실을 통찰한데 따른 것이었다. 그의 다음 언급이 이를 뒷받침한다.

"중국이 계속 쇠약해진 것은 외환外患과 국빈國貧 때문이다. 서양 각국이 사방 천리 혹은 수백 리 밖에 안 되는데도 강대함을 자랑하는 것은 광산과 철로, 전보, 전신 등을 개발해 재부를 쌓았기 때문이다."

그는 이런 인식 하에 1870년부터 군수공업과 동시에 관독상판 형식의 양무기업을 집중 육성했다. 그러나 '관독상판'의 양무기업은 양무자강파 인사들이 적잖은 투자를 한데다 관원들이 경영에 깊이 개입한 까닭에 적잖은 문제를 안고 있었다. 훗날 그가 부정축재의 장본인으로 몰린 이유이다.

그가 양무기업 육성에 심혈을 기울일 당시 조선에서는 메이지정부의 국서國書를 둘러싼 일본의 갈등이 몇 년 째 계속되고 있었다. 이는 일본이 '칙명' 등의 용어를 사용해 조선을 자극한데 따른 것이었다. 당시 일본이 이 문제를 문의하자 청조의 총리아문은 이같이 회답했다.

"중국은 조선의 국정에 간여하지 않는다. 귀국이 생각하는 바에 따라 처리하는 게 가하다."

조선은 이런 사실도 모른 채 일본의 국서가 전례에 어긋난다며 이를 거부하다가 4년 뒤 일본의 강압에 의해 문호를 개방하는 수모를 당하고 말았다. 일본의 심상치 않은 움직임은 이듬해인 동치 12년(1873)에 들어오면서 가시화하기 시작했다.

발단은 대만에서 지금의 오키나와인 유구琉球의 어민이 살해당한데서 시작되었다. 유구는 17세기 초에 사쯔마번薩摩藩의 침략을 받은 이래 외형상 독립왕국을 유지하면서도 내부적으로 사쯔마번의 간섭을 받고 있었다. 당시 일본의 전권대신이 북경으로 와 이를 문의하자 총리아문은 이같이 회답했다.

"중국은 대만을 황제의 정교가 미치지 않는 변방인 생번生蕃으로 여기고 있다. 일본이 자유롭게 행동해도 가하다."

'생번'은 곧 대만에 대한 침공을 사실상 인정한 것이나 다름없었다. 당시 이 사건은 사이고 다카모리西鄕隆盛의 정한론征韓論이 잠잠해진 이후 해외 출병의 명분을 찾던 일본에게 더없이 좋은 침공구실을 제공했다. 메이지정부는 이듬해에 사이고 다카모리 동생인 육군중장 사이고 쯔구미치西鄕從道에게 군사를 이끌고 가 대만을 점령케 했다. 이때 일본군은 전염병으로 많은 병사들을 잃기는 했으나 유구를 청국의 묵인 하에 병탄하는 망외의 소득을 얻었다.

당시 청조는 유구 망명자들의 끊임없는 왕국회복 요청에도 불구하고 일본과의 충돌을 꺼려 극히 소극적인 자세로 일관했다. 청국은 일본 측으로부터 유구를 남북으로 양분하자는 제안을 받은 뒤 유구의 망명객들이 남도는 척박하여 나라를 세울 수 없다고 반대하자 최종적인 합의를 미뤄둔 상태였다. 이 사이 일본은 유구병탄을 사실상 마무리 지은 것이다.

이와 유사한 사태가 베트남에서도 벌어지고 있었다. 당시 프랑스의 도움으로 이른바 '따이남꾸옥大南國'을 수립한 베트남은 청국의 간섭을 배제한 사실에 감격해 프랑스의 선의를 기대하는 우를 범했다. 베트남은 프랑스의 개입이 장차 식민화를 겨냥하고 있다는 사실을 깨닫고 나서야 비로소 청국에 도움을 청했다. 청국이 충돌을 꺼린 나머지 종주권 승인을 전제로 프랑스의 보호권도 인정하는 이른바 '양속론兩屬論'을 전개하자 프랑스는 청국의 약점을 꿰뚫고 이를 무시했다.

당시 이홍장은 일본 및 프랑스와의 직접적인 충돌을 피하기 위해 열강의 중재를 요청하면서 유사시 대만 및 베트남을 포기할 수도 있다는 자세를 보였다. 그러나 그는 조선에 대해서만큼은 정반대의 입장을 취했다. 그는 시종 청국의 '속방屬邦'임을 내세워 열강의 독점적인 한반도 장악을 적극 견제하고 나섰다. 이는 말할 것도 없이 조선이 지리적으로 북경과 근접해 있는데 따른 것이었다.

동치 13년(1874) 이홍장은 문화전文華殿 대학사에 제수되었다. 그러나 그는 여전히 천진 부근의 보정保定에 머물며 직례총독의 직책을 수행했다. 이해 말 이홍장은 '해방'의 중요성을 역설한 이른바 「주의해방절籌議海防折」을 상주했다. 약 1만 자에 달하는 이 절주折奏에서 그는 청국의 긴 해안선과 약육강식의 당시 국제정세를 감안해 속히 전국의 해역을 순찰하는 해군을 창설하고 통일적인 사령부를 둘 것을 역설했다. 당시 청국은 해군 업무에 관한 통일된 지휘기관이 없었다. 구식 군대인 각 수사 역시 현지 독무가 관할한 까닭에 합동작전을 펼치기도 어려웠다.

청조가 근대적인 해군을 창설할 필요성을 절감한 것은 서구 열강이 보유한 선박이 튼튼하고 포가 날카로운 이른바 선견포리船堅砲利에 대한 충격에서 비롯되었다. 제1차 아편전쟁 당시 영국 함대와 교전한 임칙서는 근대해군의 위력을 심각하게 느꼈다. 그가 이른바 오랑캐의 기술을 배워 오랑캐를 제압하는 사이제이師夷制夷를 주장한 이유가 여기에 있다. 이는 사상 최초로 근대적인 해군을 창설하자는 구상에 해당한다. 그러나 당시 조야는 '천조상국天朝上國'의 미몽에 빠져 있었던 까닭에 그의 '사이조선師夷造船'의 주장을 무시했다. 도광제가 '사이조선'을 주장하는 임칙서의 상소에 헛소리를 뜻하는 '허탄虛誕'의 비답을 내린 게 그 증거이다.

당시 녹영의 수사水師가 청국 유일의 수군이었다. 청국은 태평천국의 난을 진압하는 과정에서 부득이 수사를 두었으나 여전히 구식이었다. 제2차 아편전쟁 시기에 영불 연합군의 침공은 해상으로부터 시작되었다. 뒤늦게 '선견포리'의 위력을 실감한 청조는 서구 열강으로부터 군함을 사오거나, 이를 모방해 건조하는 방안을 검토했다. 임칙서가 유사한 주장을 한 지 20년의 세월이 지난 뒤였다. 이 사이 서구 열강의 해군은 증기선이 범선을 대체하는 등 비약적으로 발전하고 있었다.

'해방'을 역설한 이홍장의 '절주'는 나름대로 효력이 있었다. 이듬해인 광서 원년(1875)에 들어와 총리아문이 각 총독에게 해방책海防策을 건의토록 주문한 게 그 증거이다. 이때 그는 '해방'과 관련한 구체적인 방안을 건의하면서 해군 인재 양성의 필요성을 역설했다.

"연병練兵과 조선造船 등은 모두 시급한 과제입니다. 이보다 더 시급한 과제는 해군의 인재를 전례에 얽매이지 말고 널리 구하는 일입니다."

그가 각 성에 양학국洋學局을 세워 계측 및 산수인 측산測算과 지리인 여도輿圖, 화륜火輪, 기기機器, 포법砲法, 화학 등을 가르치는 방안을 제시한 이유이다. 이해에 천진에 수뢰학교水雷學校가 세워진 것은 그의 건의가 수용된 결과이다. 당시 그가 시도한 일련의 부국강병 방안은 늘 외교현안과 맞물려 있었다.

광서 2년(1876) 초, 그는 운남의 교안처리에 불만을 품은 영국 공사가 귀국하려고 하자 북경 주재 6국 공사를 연대煙臺로 초대해 연회를 베풀며 주선을 청해 이를 관철시켰다. '이이제이以夷制夷' 책략의 일환이었다. 그가 생전에 시종 '이이제이'의 책략을 구사한 것은 청국이 자력으로 양이를 물리칠 수 있기 전까지는 불가불 양이들을 회유해 통제할 수밖에 없다는 판단에서 비롯된 것이었다.

광서 4년(1878), 그는 영국으로부터 4척의 군함을 들여온 뒤 이후 거래처를 독일로 옮겼다. 표면상 보다 유리한 조건으로 최신예 전함을 확보코자 하는 것이었으나 '이이제이' 차원에서 두 나라를 상호 경쟁시키고자 하는 게 진정한 속셈이었다. 이듬해인 광서 5년(1879) 초, 그는 '이이제이' 책략의 공을 인정받아 태자태부太子太傅에 제수되었다. 당시 청국 조정은 숭후崇厚가 러시아와 불평등조약인 일리伊犁조약을 맺은 것을 두고 주전론이 팽배했다. 그러나 그는 러시아와 충돌할 경우 패할 수밖에 없다고 생각했다. 다행히 상승군을 이끌던 고든이 인도에서 건너와 청국의 열세를 상세히 언급하면서 주전론이 가라앉기 시작했다.

이때 공교롭게도 그의 부인이 서양의료진의 도움을 받아 임신에 성공케 되었다. 이홍장은 서양의 의약에 깊은 신뢰를 보냈다. 두 해 뒤에 천진에 양약공사洋藥公司가 개설된 것은 바로 이 때문이었다. 이해에 미국의 전 대통령 그랜트가 세계일주 도중 천진으로 와 이홍장과 상견하면서 돈독한 우의를 쌓게 되었다.

광서 6년(1880), 이홍장의 건의로 천진에서 상해에 이르는 전신선이 설치되었다. 이를 계기로 전신선이 기왕의 육로전선과 연결돼 사상 처음으로 광동에서 발생한 모든 소식이 곧바로 북경에 전달되었다. 그러나 이때를 계기로 일본의 조선침략 양상이 노골화하면서 청국은 양이보다 왜이倭夷를 걱정해야 하는 상황에 처하게 되었다. 마침내 이듬해인 광서 7년(1881) 7월, 천진에 수사학당水師學堂이 세워졌다. 일본의 급속한 해군 육성에 자극을 받은 결과였다.

당시 그는 조선에 시선을 떼지 않고 있었다. 청조의 주전파는 병인양요와 신미양요에서 승리를 거둔 조선을 은근히 두둔하고 있었으나 그는 오히려 이를 크게 우려했다. 조선이 열강의 무차별적인 쟁탈대상이 되어 북경이 위협받을 것을 염려한 것이다. 그가 조선 조정에 속히 서구 열강에 문호를 개방할 것을 적극 권장한 것은 바로 이 때문이었다.

당초 이홍장은 광서 원년부터 6년간에 걸쳐 조선의 영의정 이유원과 지속적으로 밀함密函을 주고받으며 문호개방을 권한 바 있다. 광서 4년에 보낸 밀함을 보면 한반도를 둘러싼 21세기의 국제정세에 그대로 부합하는 내용이 적지 않아 관심을 끈다.

"독으로 독을 다스리는 이독치독以毒治毒과 '이이제이'의 계책을 써 서양과 통상하며 일본을 견제하면 충분하고도 남음이 있소. 유럽의 벨기에와 덴마크는 작은 나라이지만 여러 나라와 조약을 체결하자 함부로 침략하는 자가 없소. 조선이 영국과 독일, 프랑스, 미국과 통교하면 비단 일본뿐 아니라 러시아까지 막아낼 수 있소. 사건마다 강유剛柔를 적절히 하는 것을 힘쓰고 모두 협력하도록 조종하면 일본을 견제할 수 있는 방도로 이보다 더 좋은 계책이 없소."

그럼에도 이유원은 조선 내에서 이른바 '위정척사衛正斥邪'의 목소리가 높아지자 이에 동조하는 모습을 보이다가 고종의 미움을 사 유배를 당하고 말았다. 이후 이홍장은 광서 7년부터 고종과 직접 서신을 주고받으며 문호개방을 강력히 권유했다. 당시 그는 조선에 통상조약 체결을 적극 권하면서 총리아문에 이같이 상주했다.

"이에 근거해 장차 러시아를 막고 일본을 제압하는 어아제일御俄制日의 효과를 거둘 수 있게 되었습니다."

일본을 견제키 위해 조선을 속방으로 만들다

광서 8년(1882)에 이르러 이홍장은 조선정부에 조미조약의 체결을 적극 부추기고 나섰다. 이는 조선이 유구 및 대만의 전철을 밟을 공산이 크다고 판단한 결과였다. 당시 서구 열강 중 조선과의 통상교섭에 가장 적극적인 나라는 미국이었다. 미국은 직접적인 통상교섭이 실패한데 이어 1880년에 일본정부를 중재자로 내세운 교섭시도마저 무산되자 적잖이 당황하고 있었다.

이때 이홍장이 조선과의 수교를 주선하겠다고 자청하고 나섰다. 일본을 견제할 생각으로 이를 적극 주선하고 나선 것이다. 그의 회고록에 따르면 당시 그는 전통적인 한중관계를 이같이 규정한 바 있다.

"조선은 국내외적으로 문제가 발생할 조짐이 보이면 언제나 우리에게 도움을 청해왔고 그들은 언제나 도움을 받았다. 왜냐하면 그들은 우리의 국민이었고, 그들과 우리는 거만하고 무지한 왜구를 싫어한다는 공통점을 갖고 있었기 때문이다."

당시 이홍장은 조선의 역관 이응준李應俊을 통해 고종에게 밀서를 보내 우선 조선의 관원을 천진으로 보내 조약내용을 협의한 뒤 청국 관원과 함께 조선으로 돌아가 조약을 체결하는 방안을 제시했다. 고종이 이를 받아들여 곧바로 문의사問議使 어윤중을 천진으로 보냈다. 어윤중과 이홍장은 필담을 통해 조미조약 체결을 포함한 현안을 논의하면서 조청간의 통상문제도 함께 협의했다. 두 사람은 해금海禁 해제와 통상, 조선 사절의 북경 상주 문제 등을 두루 논의한 끝에 조미조약과 조청간의 장정章程에 '속방' 규정을 두기로 합의했다.

이는 '속방'의 내정에 개입하지 않는다는 청일조약의 규정을 염두에 둔 것이었다. 당시 유구와 베트남, 미얀마 등 전통적인 조공국이 서구 열강과 강제조약을 체결할 때마다 광서제는 분통을 터뜨렸다.

"양이가 우리의 속방을 괴롭히는 일이 계속되면 이는 외번外藩을 위무慰撫한다는 기본입장을 포기하는 것이나 다름없다."

이에 대한 대안으로 나온 것이 바로 서구 열강의 만국공법 체제와 전통적인 중화질서를 연계시킨 '속방' 규정이었다. 이를 두고 청국이 조선을 만국공법 체제 하의 식민지로 편입한 것으로 평가하는 견해가 있으나 이는 잘못이다. 밀서를 통해 이홍장과 고종이 합의한 '속방' 규정은 국제법상 합법화된 서구 열강의 침략을 봉쇄키 위한 고육지책에서 나온 것으로 전래의 조공관계와 하등 다를 바가 없는 것이었다. 일찍이 증국번의 아들로 주영공사를 역임한 증기택曾紀澤은 국제공법 질서의 허구성을 이같이 질타한 바 있다.

"유럽이 내세우는 만국공법은 약소국을 자주토록 만든다는 구실 하에 강대국으로 하여금 그 이익을 취하도록 보장하고 있다."

슈펠트 (Robert W. Shufeldt, 1821~1895) 미국의 해군제독·외교관. 군함 워튜셋호 함장으로 한국에 와서 미국 상선 제너럴셔먼호의 행방을 수색하고, 한국의 개국을 촉구하고 돌아갔다. 그 후 미국 전권대사 자격으로 군함을 이끌고 인천항에 들어와 인천에서 조미수호통상조약을 조인했다.

사실 서구 열강이 전가의 보도로 내세운 만국공법은 식민지의 확대 및 유지를 보장하는 그들만을 위한 공법이었다. 그런 점에서 제국주의 질서에 자진 편입한 일본의 조선침략을 막기 위해 조미조약에 '속방' 규정을 두어 이를 공식화하고자 한 이홍장의 의도는 나름대로 수긍할 만한 점이 있었다. 결국 조선은 광서 7년(1881) 3월 청국의 내외전문가인 마건충 및 정여창과 함께 서울에 온 슈펠트를 상대로 이홍장이 마련한 초안을 기초로 조미수교 조약을 체결했다. 이홍장은 유사시 한미 상호간에 원조와 중재를 갖는 거중조정 규정을 두도록 주장해 이를 관철시켰다. 이는 열강의 침략에 대비해 조미 간에 '공수동맹'의 효과를 내도록 한 것이다. 비록 미국이 이를 무시해 사문화되기는 했으나 열강을 상대로 외교 책략을 연마한 이홍장의 발상이 빛나는 대목에 해당한다.

당시 이홍장은 모친이 노환으로 자리에 눕자 1달의 휴가를 얻어 문병 차 고향으로 급히 달려갔으나 모친은 그가 도착하기 전에 눈을 감았다. 얼마 후 문득 조선에서 임오군란이 일어나자 이홍장은 기복起復의 명을 받고 100일 만에 다시 직례총독 및 북양대신 서리의 임무를 수행케 되었다. 이때 그는 참모 설복성薛福成의 건의를 받아들여 북양해군 제독 오장경吳長慶을 급파하면서 대원군을 나포케 했다. 당시 설복성은 이같이 건의했다.

"만약 일본군이 먼저 조선에 도착하면 조선왕을 포로로 잡아 도쿄에 안치할 것입니다. 이는 유구의 전철을 밟는 짓입니다."

양해각서로 대체된 까닭에 조미조약에는 명문화되지 않았으나 이해 10월에 체결된 '조청상민수륙무역장정朝淸商民水陸貿易章程'에 규정된 '속방' 규정은 조선의 경제와 군사를 사실상 직접 통제코자 하는 의도에서 나온 것이었다. 당시 청국 조정 내에서는 감국監國 등을 두어 조선의 내정에 깊이 관여하거나 아예 조선을 직접 지배하는 방안 등이 거론되고 있었다. 이는 임진왜란 당시 명나라 조정의 논의를 방불 하는 것이었다. 실제로 『조선책략』을 쓴 황준헌黃遵憲도 일본의 조선침략이 노골화하자 병자호란 당시 청조가 조선을 내지로 편입시키지 못한 것을 한탄한 바 있다.

이홍장의 대원군 납치 결정은 청국 조야의 이런 입장을 받아들인 결과로 볼 수 있다. 원세개가 '주찰조선총리교섭통상사의駐紮朝鮮總理交涉通商事宜'의 직책을 이용해 조선에 대한 내정간섭에 적극 나선 것도 같은 맥락에서 이해할 수 있다. 이를 계기로 군무 및 상무 분야의 조선 내 청국 입지가 순식간에 일본과 대등해지기 시작했다.

광서 9년(1883) 정월, 이홍장은 2달의 휴가를 얻어 귀향한 뒤 그간 미뤄두었던 모친의 장례식을 치렀다. 이때 그는 3년상을 마치는 종제終

制를 청했으나 허락받지 못했다. 이때 이홍장의 사위이자 청류파 소장 관원 장패륜張佩綸이 대신을 조선의 통상대신으로 파견해 외교까지 장악하는 방안을 주청했으나 받아들여지지 않았다. 이는 이해 11월에 프랑스가 중국국경을 침범한 사실과 무관치 않았다. 당장 프랑스의 침공을 저지해야 하는 입장에서 조선 측의 강한 반발이 예상되는 이런 방안을 채택할 수는 없는 일이었다.

청불전쟁과 간명조약

당초 프랑스는 함풍 11년(1861) 선교사 박해를 구실로 스페인과 함께 베트남 남부지방을 침략했다. 이듬해인 동치 원년(1862)에 베트남과 제1차 사이공조약을 맺어 코친차이나 동부 3성과 곤륜도崑崙道를 획득함으로써 베트남 식민지화의 첫발을 디뎠다. 프랑스는 동치 6년(1867)에는 코친차이나 서부 3성도 실력으로 병합했다. 동치 12년(1873) 프랑스는 베트남 북부의 하노이를 포함한 송코이紅河 델타 일대를 점령하고 이듬해에 제2차 사이공조약을 맺었다. 이는 베트남과 청국의 조공관계를 부인하는 내용으로 구성돼 있었다. 청조는 프랑스 측으로부터 이 조약내용을 통보받고는 베트남이 청국의 종속국이라며 이를 승인하지 않았다.

광서 6년(1880)에 베트남 황제가 조공사절을 보내오면서 원조를 요청하자 베트남의 지위를 둘러싼 외교공방이 전개되었다. 광서 8년(1882)에 이르러 프랑스가 문득 하노이를 점령했다. 흑기군黑旗軍이 프랑스 광산조사대의 활동을 방해했다는 게 그 이유였다. 이에 청조도 군사를 베트남으로 파견했다. 이에 한때 청군과 싸웠던 태평군의 일파인 흑기군은 안남을 위해 청군과 합세케 되었다. 청국은 신강에서의 전쟁이 끝난지 얼마 안 되었던 까닭에 계속해 대규모 군사행동을 벌이는 것은 무리였다. 이홍장도 처음부터 힘을 쏟을 생각은 없었다.

프랑스는 내각교체를 계기로 광서 9년(1883) 수도인 후에까지 진공해 후에조약을 체결했다. 골자는 프랑스가 베트남에 대한 보호권을 가지고 청국을 포함한 모든 외국과의 관계를 관장하는 것이었다. 청조 내에서 주전론자들이 지구전을 각오한 강경한 저항을 주장했으나 이홍장은 이를 무시했다. 당시 그는 주영공사 증기택에게 영국 및 독일과 은밀히 교섭을 진행토록 해 프랑스를 압박하는 계책을 구사했다. 실제로 이는 프랑스 의회가 증병법안을 부결시키는 결정적인 배경으로 작용했다.

광서 10년(1884) 5월, 이홍장은 가급적 빨리 전쟁을 종결시킬 생각으로 프랑스 대표 푸르니에와 천진에서 만나 이른바 선린에 관한 가조약인 '간명조약簡明條約'과 '이-푸르니에 협약'을 맺었다. 베트남에 출병해 있는 청군을 국경선까지 철수시키고, 베트남에 대한 프랑스의 보호권을 인정하는 내용이었다. 그러나 얼마 후 프랑스는 청군에 공격을 가했다. 국경선까지 철수한다는 약속을 어겼다는 게 이유였다.

당시 조약에는 철군을 약속키는 했으나 기한에 대해서는 특별히 정한 바가 없었다. 청조는 장지동을 육군책임자로 삼아 곧바로 반격을 가하게 했다. 이에 프랑스군 100여 명의 사상자가 발생했다. 북경 주재 프랑스공사는 2억5천만 프랑의 배상금과 청군의 즉각 철군을 요구했다. 청조가 1개월 내 철군을 약속했으나 프랑스 함대는 곧바로 복주의 마미군항馬尾軍港을 공격했다. 이는 초대 주일공사를 지낸 선정대신船政大臣 하여장何如璋이 외교문제로 비화하는 것을 두려워 발포금지의 명을 내린 결과였다. 이를 기화로 프랑스함대는 복건의 남양수군을 완전히 궤멸시켰다. 이에 은 2천만 냥을 투자해 양무자강파의 기대를 모았던 청국 최대의 마미조선소는 순식간에 잿더미가 되고 말았다.

복건수군이 전멸한 지 3일 후 청조도 더 이상 참지 못하고 선전을 포고했다. 이후 전국은 청국에 우리하게 전개되었다. 복주를 습격한 프랑스 함대는 복주에서 대만으로 상륙하려다가 실패한 후 이듬해인 광서 11년(1885) 3월, 절강 연안에 침입했으나 보산寶山 포대로부터 포격을 당해 제독 쿠르베가 부상을 입은 후 이내 죽고 말았다. 베트남에서는 잡군雜軍 출신인 노장 퐁쯔짜이馮子材가 등장해 프랑스군에 맹공을 퍼부어 란손諒山을 점령했고, 프랑스군 사령관 데그리에는 중상을 입고 패주했다. 서부전선에서도 흑기군이 프랑스군을 격퇴했다. 이로 인해 프랑스의 페리내각이 무너졌다. 란손 대첩 이틀 뒤인 3월 31일, 영·불·러 3국공사로 있던 증기택이 이홍장에게 한 통의 전보를 쳤다.

"란손의 승리와 페리 총리의 해임은 화의 진행의 호기로 판단됨."

이홍장이 기회를 잡아 강화를 진행시키면서 프랑스가 유리할 때 체결한 '간명조약'의 유효성을 인정하고 나섰다. 프랑스는 내심 크게 놀랐나. 이로 인해 청불전쟁에서 청국은 군사적으로 이기고도 외교적으로 졌다는 비난을 받았다. 그렇다면 이홍장은 왜 유리한 상황에서 이런 행보를 보인 것일까?

그의 생각은 다른 곳에 있었다. 복건의 남양수군이 전멸한 이상 전쟁을 계속하면 이홍장은 자기가 애지중지하는 북양해군까지 투입시켜야 했다. 북양해군은 이홍장이 의지하는 최후의 정치자산이었을 뿐만 아니라 일본의 심상치 않은 움직임을 제어할 수 있는 유일한 수단이기도 했다. 프랑스와의 싸움으로 북양해군이 손실을 입을 경우 그 피해는

청일전쟁 청나라와 일본 제국이 조선의 지배권을 놓고 1894년 7월 25일부터 1895년 4월까지 벌인 전쟁

상상키 어려웠다. 그가 싸움에 이기고도 '간명조약'을 부활시킨 속셈이 여기에 있었다.

그러나 당시 내막을 모르는 조야의 인사들은 그를 맹비난했다. 한림원 편수 양정분梁鼎芬이 이른바 '6가살六可殺' 운운하며 그를 당장 주살해야 한다고 역설한 게 그 증거이다. 이를 계기로 이홍장의 입지가 크게 약화되었다. 이후 그는 청일전쟁이 일어날 때까지 주전파인 장지동 등과 함께 양무운동을 이끌게 되었다.[48] 당시 양무자강파는 증국번의

48 장지동은 하북성 남피현南皮縣 출신으로 동치 2년(1863)에 진사가 된 후 한림원 편수 등을 거쳐 30년간 호남과 호북 일대의 총독을 역임했다. 광서 33년(1907)에 군기대신이 되어 이홍장과 어깨를 겨루는 실력자가 되었다. 총독으로 있을 때 광동 해군과 무창武昌의 육군을 서양식 편제로 바꾸고, 여러 곳에 조병창 및 방적공장 등을 세우는 등 양무운동에 앞장섰다. 외국차관으로 경한京漢철도를 건설하여 양무기업의 확장에도 큰 공헌을 했다. '중체서용'의 입장을 견지한 그는 실학實學을 장려하며 교육의 보급에도 많은 관심을 기울였다. 학문적으로 조예가 깊어 남쪽의 유월兪樾과 함께 '남유북장南兪北張'이라고 일컬어지기도 했다. 부녀자들의 전족纏足 해

상군 계열과 이홍장의 회군 계열로 나누어져 있었다. 이는 효과적인 양무운동에 적잖은 장애요인으로 작용했다.

그가 양무운동에 매진할 당시 문득 조선에서 갑신정변이 빚어졌다. 그가 이 소식을 들은 것은 정변 발생 5일 뒤였다. 당시 외교와 국방을 맡고 있던 그는 시종 '이이제이' 방식의 외교를 선호한 까닭에 조선문제도 이런 차원에서 해결코자 했다. 여기에는 자신을 지지하던 공친왕이 권력투쟁에서 밀려난 것이 크게 작용했다. 심리적으로 크게 위축될 수밖에 없었다. 그런 점에서 즉각적인 대응에 나선 원세개의 판단과 임기응변은 시의 적절했다. 이는 이홍장의 부담을 덜어주는 것이기도 했다. 이홍장이 갑신정변 이후 청일전쟁이 일어날 때까지 원세개의 능력을 높이 평가하며 조선 문제를 전적으로 위임한 배경이 여기에 있다.

갑신정변 당시 청국 조정은 이홍장과 흠차회판북양사의欽差會辦北洋事宜 오대징吳大澂에게 명해 속히 사건의 전말을 조사해 보고하게 했다. 오대징은 이홍장과 함께 북경 일대의 안보를 책임진 중신으로 청불조약을 반대한 강경파였다. 오대징의 조선파견은 청국이 청불전쟁보다 조선의 정변을 더욱 심각하게 받아들인 결과로 볼 수 있다. 그러나 청국은 김옥균 등에게 모든 책임을 뒤집어씌우고 일본공사관의 개입을 불문에 붙이는 것으로 사건을 매듭지었다. 이홍장이 일본과의 충돌을 꺼린 탓이다.

광서 11년(1885) 2월, 일본정부는 갑신정변의 수습책을 강구하기 위해 이토 히로부미伊藤博文를 전권대사, 사이고 쓰구미치를 부사副使로 삼아 천진으로 보냈다. 두 사람은 메이지유신의 주역인 조슈번長州藩

방에는 그의 공이 컸다.

과 사쓰마번薩摩藩을 각각 대표했다. 이홍장은 협상 끝에 양군의 공동 철병과 출병 시의 상호 통지를 골자로 한 천진조약을 체결했다. 이 조약의 원명은 '천진회의전조天津會議專條'이다. 이로써 일본은 청국과 동일한 위치에 서서 조선 출병의 근거를 마련케 되었다.

청국은 이를 계기로 조선정책의 수단을 육군에서 해군 위주로 바꿨다. 이는 조선에서 전쟁이 발생할 경우를 염두에 둔 것이었다. 당시 북양해군이 인천에 이르는 시간은 반나절에 불과했으나 일본 해군은 근 2일 가까이 소요되었다. 청일 양국 모두 이때부터 사실상 교전태세를 취하기 시작한 셈이다.

이홍장은 이해에 일본과 천진조약을 체결한데 이어 프랑스군의 북상을 막기 위해 프랑스 대표와 새 조약을 체결했다. 골자는 베트남에 대한 종주권을 포기하는 것이었다. 조야가 모두 이를 반대했다. 당시 이홍장은 청불전쟁의 패배를 거울삼아 곧 천진에 일종의 사관학교인 북양무비학당北洋武備學堂 설립을 주청했다.

"서양은 육해군의 장졸 모두 사관학교에서 배출합니다. 각 방영防營의 용사를 선발해 무비학당에서 가르쳐야 합니다."

그러나 신사층 내에서는 청불전쟁의 패배를 계기로 양무운동의 차원을 넘어 서구의 정치체제와 사상 등을 전면적으로 도입하는 변법을 제기하는 여론이 서서히 일기 시작했다. 대표적인 인물이 왕도王韜였다.

"형이상의 분야는 중국이고, 이는 도道의 측면이 뛰어나기 때문이다. 형이하의 분야는 서양이고, 이는 기器의 측면이 뛰어나기 때문이다."

'기' 만큼은 서양이 앞선 만큼 이를 열심히 배워야 한다고 주장한 것이다. 그러나 그는 그간의 양무운동이 말만 요란한 운동에 그친 까닭에 외형적인 성과만 거두었을 뿐 실제로는 아무 성과가 없다고 비판했다. 이는 이홍장을 겨냥한 것이기도 했다.

이홍장은 양무운동에 대한 비판이 청불전쟁의 패배에서 비롯된 것으로 간주해 그 손실을 조선에서 만회코자 했다. 그는 곧 대원군을 귀국시키고 조선에 전신선을 설치해 봉천선과 연결시키는 방안을 주청했으나 받아들여지지 않았다. 이해 10월에 입근入覲한 자리에서 그는 지속적인 양무운동의 필요성을 역설해 서태후의 전폭적인 지지를 얻어냈다.

만수산과 청일전쟁 전야

광서 12년(1886) 초, 이홍장은 몇 가지 외교현안을 처리해야만 했다. 하나는 나가사키長崎 격투사건이었다. 이는 이해 봄에 북양함대가 나가사키에서 기항해 수리를 받던 중 청국 수병이 상륙했다가 일본인과 서로 다퉈 여러 명이 부상을 당한 사건을 말한다. 이 사건은 다행히 독일과 포르투갈의 조정으로 해결되었다.

그러나 이해에 터져 나온 가장 심각한 현안은 영국이 러시아의 조선병탄을 우려해 무단으로 조선의 섬을 점령한 이른바 '거문도사건'이었다. 이홍장은 주영공사 증기택과 긴밀히 교신한 끝에 러시아 측으로부터 조선을 점령하지 않는다는 보장을 얻어냄으로써 가까스로 영국군의 철군을 성사시켰다.

광서 13년(1887) 10월, 그는 포르투갈과 조약을 체결해 마카오의 포르투갈 영유를 허용했다. 이는 포르투갈이 나가사키 격투사건 당시 적극 중재에 나선 것에 대한 보상의 성격이 짙었다. 그러나 그는 홍콩의 경우와 마찬가지로 단서에 조차기간을 99년으로 한정하는 것을 잊지 않았다.

광서 14년(1888) 초, 이홍장은 조명을 받들어 북양해군을 정식으로 발족시켰다. 당초 청국은 일본이 대만을 침공할 당시 북양과 남양, 복건, 광서 등 4개 해군을 창설했다. 그러나 청불전쟁의 마미해전에서 복건해군이 전멸하고 남양해군의 자랑인 징경澄慶 등이 격침되자 외국으로부터 전함을 구매하는 방안을 적극 검토하기 시작했다. 북양해군을 우선 확충한 뒤 여타 지역의 해군을 강화한다는 방침 하에 영국과 독일로부터 구입한 15척의 전함 중 8척이 북양해군에 배치되었다. 이홍장은 차용 구실로 다른 해군에 배치될 전함까지 차지해 북양해군의 화력을 집중 강화했다.

이에 북양함대는 청일전쟁 발발 직전까지 대소 전함 25척을 보유해 동아시아 최고 수준의 화력을 확보케 되었다. 기함인 정원定遠과 진원鎭遠호는 독일에서 건조한 최신예 전함으로 배수량이 7천여 톤에 달했다. 현재 한국해군의 주력 구축함이 고작 4천 톤인 점을 감안하면 그 위용을 대략 짐작할 수 있다. 북양함대의 화력은 당시 세계 초고 수준에 해당했다.

이홍장은 이해 9월에 '북양해군장정'이 제정된 것을 계기로 정여창丁汝昌을 제독, 임태증林泰曾을 좌익총병, 유보섬劉步蟾을 우익총병에 임명했다. 정여창은 이홍장의 고향과 이웃한 안휘성 소현巢縣 출신으로 젊었을 때 태평천국에 참가했다가 정학계와 함께 투항한 뒤 많은 전공을 세워 총병이 되었다. 강직한 성품의 그는 이후 상사와의 갈등으로 군복을 벗고 귀향했다가 이홍장의 천거로 영국에 유학을 가 해군학을 공부하게 되었다. 이홍장은 북양해군을 창설하자마자 그를 잊지 않고 있

이화원 북경 서북부의 하이뎬 구에 위치한 정원 공원이자 궁전

다가 곧바로 제독에 임명한 것이다.

이때 그는 안질로 인해 2달여 간 쉬는 와중에 문득 서태후의 50세 생신을 축하하는 만수산萬壽山의 조성비용을 기부하라는 요청을 받게 되었다. 그는 거금 200만 냥을 쾌척했다. 이는 당시 총독 및 순무가 낸 기부금 중 가장 많은 금액이었다. 배경을 두고 여러 해석이 있으나 자신의 재산 일부와 휘하 제장들의 갹출을 모은 것일 공산이 크다.

당시 대다수 총독과 순무는 공금 등을 빼내 만수산 조성비용으로 기부했나. 이와 관련해 이홍장이 독일의 군함을 2척 더 추가코자 할 당시 고관들이 해군예산을 서태후의 여름별장인 이화원頤和園의 축조비용으로 전용한 사실이 발각되었다는 얘기가 전해지고 있다. 실제로 북양함대는 이후 다시는 전함은커녕 대포 1문도 확충하지 못했다. 이는 서태후가 5순 만수절을 계기로 북양함대의 건설에 더 이상 관심을 기울이지 않은 사실과 무관치 않았다. 군비로 사용될 대량의 예산을 이화원 축조비용으로 전용한 결과였다.

그런 점에서 이홍장이 광서 17년(1891) 6월에 북양함대의 일본 방문을 추진한 것은 북양해군의 이런 속사정을 호도하기 위한 허장성세의 성격이 짙었다. 당시 청군 해군은 정여창의 인솔 하에 정원과 진원의 두 거함을 이끌고 요코하마를 친선 방문했다. 정여창은 자신이 있었던지 일본 해군의 자유로운 참관을 허가했다. 일본 해군은 말을 잃었다. 일본이 북양해군의 위용에 놀라 내심 청국과의 전쟁에 적잖은 두려움을 품게 만든 점에서는 일정한 성과를 거뒀다고 볼 수 있다. 그러나 오히려 일본정부로 하여금 해군력 강화에 박차를 가하도록 만들었다는 점에서 득보다 실이 많았다. 당시 일본 내에서 해군을 조롱할 경우 '너희들은 정원과 진원을 이길 수 있는가'라는 한마디로 족했던 사실이 이를 뒷받침한다.

광서 19년(1893) 정월, 그가 70세 생일을 맞았다. 서태후는 뛰어난 수완으로 통치를 견고히 하는 '조정응리調鼎凝釐', 광서제는 저울을 고르게 하여 황실을 성실히 보필하는 '균형독우鈞衡篤佑'의 친필 편액을 하사했다. 이는 청불전쟁의 패배로 일시 실추했던 그의 위세가 그 전보다 더욱 높아졌음을 의미한다. 이해에 북경과 천진을 잇는 철도가 처음으로 부설된 것도 이런 위세와 무관치 않았다.

광서 20년(1894) 3월, 조선에서 문득 동학농민운동이 일어났다. 이는 청일전쟁의 구실을 찾고 있던 일본에게 절호의 기회로 작용했다. 원세개가 급전을 보내 조선 국왕이 군사지원을 애걸하는 걸사乞師를 하도록 종용토록 했다. 이홍장은 신중한 입장을 취했으나 조정 내에서는 주전론이 대세를 이루고 있었다.

이홍장은 조선의 파병요청을 기다려 이해 5월에 북양해군 제독 섭지초葉志超에게 명해 육군 1천여 명을 이끌고 조선으로 가도록 했다. 일본에 이 사실을 통지하자 일본은 이보다 5배나 많은 병력을 파견했다. 인천에 상륙한 일본군이 즉각 서울로 진격하자 원세개는 황급히 인천으로 달아나 군함을 타고 귀국했다. 조선 측이 난의 종식을 이유로 철군을 요구하자 일본 측은 갖은 핑계를 대며 철병을 거부하면서 청국에 조선에 대한 공동간섭 방안을 제의했다. 이홍장은 이를 거부한 뒤 일본과의 충돌을 피하기 위해 조정에 단독철수를 건의했다. 그러나 조정은 '적에게 약함을 보인다.'는 이유로 이를 허락지 않았다.

그가 극구 일본과의 직접 충돌을 피하려고 한 것은 북양함대와 일본함대의 실상을 나름대로 정확히 파악한데 따른 것이었다. 당시 북양함대는 외화내빈의 부실 덩어리였다. 독일에서 구입한 함대는 포단이 없고, 영국에서 구입한 함대는 화약이 없고, 포탄과 화약창고에 모래가 가득 차 있었다는 과장된 얘기가 패전 이후 나돈 것은 당시 북양함대가 처한 실상의 일단을 전해주고 있다. 청국이 군비를 이화원 축조 등에 유용할 당시 일본은 국채를 발행해 대규모로 해군력을 강화했다. 개전 당시 일본의 해군전력은 이미 중국을 훨씬 앞서고 있었다. 승패는 이미 개전 때 판가름 난 것이나 다름없었다.

청일전쟁 발발 당시 광서제는 만 23세가 되어 있었다. 그의 주변에 이른바 '황제파'가 모여들었다. 이들은 서태후의 신임을 얻고 있는 이홍장에게도 불만을 품고 있었다. 호부상서 옹동화, 예부상서 이홍조 등이 중앙에서 이홍장과 대립했고, 지방에는 호광총독 장지동이 반이홍장의 선봉에 서 있었다. 젊은 광서제는 속방인 조선에서 일본이 날뛰는 것을 종주국의 황제로서 용납할 수 없었다. 그는 자연히 강경론에 기울어졌다. 이홍장은 현실주의자였다. 이상주의자나 원칙론자의 눈에 이는 유약하게 비칠 수밖에 없었다. 그러나 이홍장은 청군의 실력을 잘 알고 있었다. 이해 7월 2일, 그는 광서제의 하문에 이같이 답했다.

"북양의 여러 철갑선 중 해전에 대비해 견딜 수 있는 것은 불과 8척뿐입니다. 200만-300만 냥의 군비를 지출해 주십시오."

그러나 청국은 수년 동안 신형 군함을 한 척도 구입하지 않았다. 광서 8년(1882)에 북양함대가 일본함대에 비해 양적이나 질적으로 우수했던 시절에도 그는 일본과 전쟁을 벌이면 승패를 가늠할 수 없다고 보았다. 그의 판단은 정확했다. 당시 중국의 함선은 각 성에 소속되어 명령계통이 하나가 아닌데 비해 일본은 해군대신 밑에 지휘체계가 일원화되어 상하가 즉시 명령에 다를 수 있었다. 이홍장이 군령을 통일해 지휘하는 자리에 앉힐 수는 없었다. 외국과 전쟁이 벌어지면 적어도 군령은 일원화해야 했음에도 청국은 체제상 그리 할 수가 없었던 것이다.

더구나 장차 벌어질 전쟁을 앞두고 환갑을 맞은 서태후의 잔치를 성대히 치르기 위해 예산을 엉뚱한 곳에 유용한 것은 치명적이었다. 러시아의 간섭을 기대키가 어렵게 되었다는 사실을 깨달은 이홍장은 마침내 일본과의 일전을 결심했으나 기동력이 크게 떨어지고 있는 현실이 마음에 걸렸다. 전쟁에 임하는 그의 심경은 비장할 수밖에 없었다.

북양군이 일본군과 홀로 맞서다

당초 일본이 선전포고하기 직전인 7월 29일, 이홍장은 상주문에서 청일 양국의 해군력을 비교해 승산이 없음을 분명히 했다. 일본 해군이 사용할 수 있는 21척 중 광서 15년(1889) 이후에 구입한 것이 9척, 최고의 속력은 23노트였다. 이에 비해 청국은 광서 14년 이래 한 척의 군함도 증강하지 못했다. 모두 구형이고 시속은 15-18노트였다. 청국해군 예산은 각지의 관세로 충당되어 있고, 북양해군은 매년 200만 냥을 받기로 규정되어 있었으나 절반밖에 받지 못했다. 이화원 등의 조영에 유용된 액수가 많았다.

북양해군의 분위기도 좋지 않았다. 회군을 모체로 하는 북양군은 제독 정여창을 비롯해 고위간부의 대부분이 이홍장의 동향인 안휘성 출신이었다. 그러나 중견간부는 대부분 복건성 출신이었다. 이는 항해와 기관, 포술 등 전문적인 기술을 양성키 위해 해군사관학교와 조선소를 겸해 세워진 복건선정국福建船政局이 복주에 위치한 까닭에 주로 복건성 출신이 입교한데 따른 것이었다. 청일전쟁 당시 선정국 출신 복건군벌이 상급직을 많이 차지하기는 했으나 제독은 안휘군벌의 정여창인 까닭에 군령이 제대로 시행되지 않았다.

전쟁 발발 직전 마지막 조정을 시도한 인물은 영국의 페제트 임시대리공사였다. 일본은 마지못해 이를 받아들이면서 청국에 공동위원 파견에 관한 가혹한 조건을 보내고 회답 기한을 7월 24일로 정했다. 동시에 조선정부에도 최후통첩을 보내고 회답기한을 7월 22일로 한정했다. 회답기한을 정한 것은 애초부터 개전계획에 따른 것이었다. 일본은 청군의 조선 파병이 조선을 독립국으로 규정한 '제물포조약'에 위배된다고 주장했으나 청국의 파병이 부당하면 일본의 파병은 더욱 부당한 것이므로 이는 생트집이나 다름없었다.

일본군은 7월 23일 새벽에 경복궁을 점령한 뒤 청군이 주둔하고 있는 아산을 공격키로 했다. 진군 속도를 고려해 48시간의 간격을 두었다. 경복궁을 공격할 때 청국공관 역시 공격을 받았다. 원세개는 전날 밤 도주해 귀국한 뒤였다. 미국유학생 출신으로 원세개의 영어통역 겸 보좌관으로 일하다가 업무를 인계받은 당소의唐紹儀는 재빨리 영국 총영사관으로 피신했다.

7월 24일에 조선의 고종은 생부인 대원군에게 전권을 위임하는 조서를 내렸다. 민씨 일족에 대한 증오심에 불타고 있는 대원군은 곧바로 민씨 일족에 대한 보복을 단행했다. 민영준을 유배형에 처했다. 그러나 오오토리 공사가 요구한 청군철군은 핑계를 대 계속 미뤘다. 당시 대원군은 평양까지 와 있던 청군과 연락을 취하고 있었다. 일본군이 아산에 머물고 있는 청군을 치기 위해 출발할 당시 조선 측의 공문은 없었다. 일본 측이 출발 후에 손에 넣은 조선의 공문은 오오토리 공사가 출발 시점에 맞춰 변조했다는 게 정설이다.

당시 이홍장의 작전은 병력을 평양에 집결시키는데 있었다. 일본군이 이미 8천 명의 대군을 서울에 진주시킨 상황에서 평양에 대군을 모은 후 남북으로 대치하려고 한 것이다. 청군은 보급을 요동에서 받는 까닭에 장기전으로 갈 경우 병참선이 길어지는 일본이 불리할 것으로 생각한 것이다. 이홍장은 아산에 주둔한 섭지초가 이끄는 2천 명의 청군도 해로를 통해 평양으로 옮길 생각을 했다. 그러나 협공을 염두에 둔 섭지초는 이를 거부했다. 이로 인해 아산에 증원군을 보내게 되었다. 영국의 자딘 메디슨회사로부터 전세 낸 애인호愛仁號와 비경호飛鯨

號가 약 1천3백 명의 증원군을 무사히 상륙시켰다.

뒤이어 영국선박 고승호高陞號로 1천 명의 증원군을 실어 보낼 예정이었다. 증원군을 호위하기 위해 순양함 제원濟遠과 포함 광을廣乙호가 내항해 있었다. 선발대인 일본함대는 7월 24일에 조선의 아산만 풍도豊島 앞바다에서 청국군함을 발견했으나 최후통첩에 대한 회답의 마지막 날인 까닭에 포격을 가하지는 않았다.

다음날인 7월 25일에 일본군함이 갑자기 포문을 열었다. 공격의 낌새가 없어 전투배치도 하지 않았던 제원호와 광을호가 크게 놀라 황급히 도주했다. 독일에서 건조한 2천3백 톤급 제원호는 대파되고도 여순까지 도주했으나 광을호는 해안에 좌초해 화약고가 폭발했다. 이때 마침 1천 명의 증원군을 태운 고승호가 목조 포함인 조강操江호의 호위를 받으며 당도했다. 로소쿠함浪速艦 함장 도고 헤이하치로東鄕平八郞는 조강호를 나포한 뒤 고승호를 임검했다. 그는 청군이 많이 승선해 있고 영국승무원이 청군장교의 횡포에 분개한 것을 이유로 이를 격침시킨 뒤 백인 선원만을 구조하라는 명을 내렸다. 다음날 우연히 프랑스 군함이 지나다가 구조작업을 벌여 200여 명 만이 목숨을 건졌다.

당시 섭지초는 3천5백 명의 병력을 양분해 아산의 동북쪽에 있는 성환에 2천 명, 후방인 공주에 1천5백 명을 주둔시켰다. 성환에서 일전을 벌인 후 군사를 공주에서 모아 우회하여 평양으로 갈 생각이었다. 그러나 그는 성환에서 일본군의 양동작전에 걸려 참패했다. 평양에서도 의견일치가 안 되었다. 섭지초는 후퇴를 주장하고 좌보귀左寶貴는 농성전을 주장했다. 이들이 갑론을박하는 사이에 노즈野津 중장이 이끄는 일본군 제5사단이 평양을 포위했다. 9월 13일, 일본은 대본영을 히로시마로 옮겼다. 이로부터 이틀 뒤 대동강을 사이에 두고 공방전이 펼쳐졌다. 이때 일본군은 총탄이 바닥나 포위를 풀 생각이었다. 공교롭게도 마침 평양성 꼭대기에 백기가 내걸렸다. 좌보귀가 전사하자 청군이 섭지초의 명에 따라 백기를 내건 것이다.

이때 여순에서는 북양함대가 많은 병사를 싣고 압록강 어귀에 있는 대동구大東溝로 향했다. 9월 17일 아침에야 수송이 끝났다. 개전 당시 이홍장의 친필인 '해군공소海軍公所'의 편액이 걸려있는 발해만 유공도劉公島의 제독아문에서 정여창의 주재로 긴급 작전회의가 열렸다. 이 회의에는 복주의 선정학당을 졸업한 뒤 정여창과 함께 영국 유학을 한 정여창의 동생 정세창丁世昌을 비롯해 군사교관 겸 이홍장의 부관으로 일한 독일인 퇴역장교 한네켄 등이 참여했다. 그러나 먼 바다로 나가 싸워야 한다는 주장과 발해만을 중심으로 수비에 치중하자고 주장이 엇갈려 결론을 내지 못했다.

당시 북양함대는 천혜의 항구인 위해威海와 대련大連, 여순旅順 등을 기항지로 삼고 있었다.[49] 청국 정부는 광서 13년(1887)부터 매년 백은 30만 량을 투자해 위해와 대련에 해군기지를 건설해 여순과 더불어 삼각방어체제를 구축했다. 이는 발해만 입구에 있는 천험의 요새 유공도에 주목한 결과였다. 유공도는 바다를 향해 용트림하는 거대한 용이 입에 물고 있는 여의주의 형상을 하고 있었다. 발해만 주변에 설치한 30개의 포대와 100여 문의 각종 화포는 철벽수비를 상징했다.

---

49 '위해'는 산동 반도의 북쪽 끝에 있는 항구도시로 통상 '위해위威海衛'로 불린다. 명대 초에 왜구를 방어하기 위하여 이곳에 위소衛所를 설치한 후 나온 명칭으로 청대에 위소를 폐지한 후에도 이 명칭이 계속 쓰이게 된 것이다. 요동반도의 여순과 마주보는 발해만 입구의 요지에 위치하고 있다. 3면이 바다로 둘러싸인 데다 전면에 유공도劉公島가 천혜의 방파제를 이루고 있다. 북양함대의 근거지였으나 청일전쟁 때 일본군에 의해 점령되었다.

북양해군이 갑론을박하는 사이 싸움은 긴박하게 돌아가고 있었다. 청군이 9월 16일 밤에 황급히 압록강을 건너 후퇴하자 일본해군도 북상하는 육군을 좇아 압록강 서안을 목표로 서서히 항진했다. 정여창은 청군이 조선에서 퇴각한 바로 다음날인 9월 17일에 마침내 논쟁을 접고 일본함대를 영격키 위한 북양함대의 출격을 명했다. 정오가 될 즈음 일본 전함이 모습을 드러내자 북양함대가 2열 횡대로 늘어서 시속 5리의 속도로 접근했다.

당시 북양함대는 10척, 일본함대는 12척이었다. 일본함대는 속사포 93문을 장착했지만 북양함대는 속사포가 단 1문도 없었다. 북양함대가 믿는 것은 기함 정원호였다. 먼저 정원호의 305mm 주포가 불을 뿜었다. 일본함대가 '일자진一字陣'을 펼치며 빠른 속도로 접근해 북양함대의 '인자진人字陣'을 양단한 뒤 정원호를 호위하고 있는 우익의 목조철갑선을 집중 공격해 침몰시켰다. 정원호의 망대와 신호장치가 훼손되고 정여창이 부상을 입으면서 북양함대가 우왕좌왕하기 시작했다.

호위함 치원致遠호가 부사령관 정세창의 명을 좇아 기함을 보호하기 위해 대오를 이탈해 공격하다가 일본함정의 어뢰에 맞아 격침했다. 정세창의 애견이 주인의 머리카락을 물고 헤엄을 쳤지만 그는 부하가 던져준 구명대를 끝내 거절한 채 침몰하는 치원호의 와류渦流 속에 모습을 감추고 말았다. 그는 현재 중국에서 청일전쟁의 영웅으로 숭앙받고 있다. 장렬한 죽음이 중국 인민의 심금을 울린 결과이다.

치원호가 침몰하자 북양함대의 여타 전함 모두 빠른 속도로 전선을 이탈해 도주하기 시작했다. 이 와중에 서로 부딪쳐 침몰하거나 좌초하는 어처구니없는 일이 빚어졌다. 당시 일본함대도 기함 마쓰시마松島를 비롯해 여러 전함이 정원호의 포격으로 큰 손상을 입고 전투력이 급격히 떨어진 까닭에 더 이상 교전키가 어려웠다. 얼마 후 여순에 정박 중이던 포함과 어뢰정이 대거 합류하자 일본함대가 전속력으로 도주하기 시작했다. 북양함대는 10여리를 추격하다가 이내 회군했다.

이 해전을 일본에서는 '황해해전黃海海戰', 중국에서는 '대동구해전大東溝海戰' 또는 '압록강해전'이라고 한다. 해전은 5시간에 걸쳐 지속되었다. 오후 5시가 되어 일본함대가 선수를 돌려 철수함으로써 끝났다. 5시간 가까이 진행된 이 해전에서 북양함대는 5척의 전함과 800여 명의 병력을 잃고 사기가 극도로 떨어졌다. 일본함대는 300명의 병력을 잃었으나 단 한 척의 전함도 잃지 않았다. 일본함대는 3달 후 완전히 원래의 전투력을 회복했다.

당시 청국 조정은 이홍장의 패전 책임을 물어 혁직革職 처분을 내렸다. 대다수 사람들은 무적을 사랑하던 북양함대가 한 수 아래로 알고 있던 일본함대에게 패한 사실을 믿을 수가 없었다. 일각에서는 심지어 이홍장이 이른바 '양무기업'을 통해 일본에 투자한 돈이 너무 많아 전화戰禍로 인한 손실을 원치 않아 주화론를 펼친 것으로 의심했다. 실제로 어사 안유준安維峻은 이를 기정사실로 간주해 그를 강도 높게 탄핵했다.

"이홍장은 1500만 백은을 일본의 모 기업에 투자해 경영하면서 휘하를 보내 대리로 사장을 맡게 했다. 그는 일본과 불화가 생겨 이를 잃게 되는 것을 바라지 않았던 것이다. 그는 적과 내통해 매국했으니 주살을 면할 수 없다."

그러나 그의 이런 주장은 확실한 증거가 없어 이내 흐지부지되고 말았다.

이듬해인 광서 21년(1895) 1월에 일본군이 만주로 진공하자 청조는 만주족의 성지인 심양瀋陽을 지키기 위해 육군을 대거 증파했다. 일본군이 진로를 바꿔 대련과 여순 쪽으로 진군했다. 북양함대는 열강의 중재방안을 강구하고 있는 이홍장의 명을 좇아 위해를 지키며 단 한 척의 전함도 출동시키지 않았다.

청국의 조야는 패전에 대한 책임을 이홍장에게 물으며 그를 강력 비난했다. 한림원 시독학사 문정식文廷式이 35명의 동조자를 모아 연명으로 이홍장을 탄핵한 게 대표적인 사례이다. 청조는 마침내 75세의 노장 송경宋慶을 기용했다. 그는 태평천국의 난을 경험한 원로였다. 그는 여순에 주둔 중인 의군毅軍을 이끌고 요동에서 전선으로 이동해 전군을 통솔할 예정이었으나 이미 때가 늦었다.

의군이 출발한지 얼마 안 돼 일본의 제2군이 요동에 상륙해 여순을 점령했다. 일본군은 이곳에서 잔악한 만행을 저질렀다. 이는 전 세계에 보도되었다. 《뉴욕월드》의 보도이다.

"일본군이 비전투원 6만 명을 살해했다. 문명의 탈을 쓴 괴수가 이제야 문명의 탈을 벗고 야만의 정체를 드러냈다."

당시 제1군 사령관 야마가타 아리토모 등은 북경 진격론을 주장했다. 이는 제2군 사령관 오오야마大山 대장이 여순 점령의 대공을 세운 데 자극을 받은 결과였다. 대본영은 야마가타의 폭주를 우려해 노즈 중장으로 경질했다. 야마가타는 해임 전에 해성海城의 공격을 명했다. 봉천과 요동반도의 중간에 위치한 해성은 북경 진입을 상징하는 산해관으로 가는 길목에 있었다. 봉천은 누르하치와 태종 홍타이지의 능이 있는 곳으로 '배도陪都'로 불리며 북경에 버금하는 준수도로 취급받고 있었다. 제3사단장 가츠라 타로桂太郎가 이해 12월 13일에 해성을 함락시켰다.

청국의 입장에서 볼 때 해성의 함락은 큰 충격이었다. 노장 송경이 이끄는 의군은 해성에 대한 공격을 되풀이했다. 이때 조선에서 귀국한 원세개는 보급담당 책임자로 요양遼陽 부근에 있었다. 대본영은 고립된 해성을 포기하고 전선을 정비하고 싶었으나 참모본부와 동격인 감군부의 감군監軍으로 자리를 옮긴 야마가타가 맹렬히 반대해 이 또한 불가능했다. 그러나 야마가타의 북경 진격론은 위세는 좋았으나 지극히 어려운 일이었다.

굴욕적인 마관조약을 체결하다

청군이 연일 패하는 와중에 서태후의 견제로 하야했던 공친왕 혁흔이 10년 만에 총서대신總署大臣으로 기용되었다. 이는 서태후가 강화로 기울어진 결과였다. 당초 그는 외무부에 해당하는 총리각국사무아문의 일원으로 오랫동안 외교에 종사해왔으나 서태후는 공친왕을 거북한 존재로 인식해 10년 동안 요직에 앉히지 않았다. 함풍제의 동생인 그는 '감원鑑園'이라는 별장에서 낙도주인樂道主人을 칭하며 소일했다. 그는 제2차 아편전쟁으로 함풍제가 열하로 피신할 당시 북경에 남아 교섭을 담당한 바 있다. 당시 그의 나이 28세였다. 이후 그는 이친왕怡親王과 정친왕鄭親王에 대해 쿠데타를 일으켜 서태후의 섭정을 성사시킨 장본인이기도 했다.

전쟁종결의 책임을 맡은 그는 일본 측의 무리한 전비배상과 조선의 독립 요구를 받아들일 수 없었다. 그가 열강에 중재의사를 타진하기 시작하자 맨 먼저 미국이 반응을 보였다. 이때 공교롭게도 천진의 해관세

무사海關稅務司로 있는 독일인 데틀링이 이홍장의 밀명을 받고 먼저 일본으로 건너왔다. 당시 북경 주재 미국공사 던바이는 공친왕을 만나 때가 되면 미국이 조정에 나설 뜻을 밝힌 상황에서 독일인 데틀링이 나서고 있다고 불평했다. 공친왕이 이를 이홍장에게 알리자 이홍장은 곧 전보를 보내 돌아올 것을 명했다.

얼마 후 청국은 호부시랑 장음환張蔭桓과 호남순무 소우렴邵友濂을 강화사절로 보냈다. 장음환은 미국과 페루, 스페인 공사를 지낸 바 외교 전문가였다. 소우렴도 대만순무로 3년 간 근무하면서 견실하고 인내심이 많은 인물로 평가받았다. 당시 총리아문의 수석대신은 공친왕이었으나 실제로 아문을 좌우한 것은 장음환이었다. 광동 출신으로 외국생활의 경험이 있는 그는 동향 출신인 강유위의 변법을 적극 지지하는 입장이었다.

청국 정부는 여순 함락으로 북경까지 위험해지자 황급히 강화에 나섰다. 중재에 나선 미국의 권유에 따라 전권대신에 임명된 장음환과 소우렴은 1월 26일에 상해를 출발해 위해가 함몰되기 직전인 1월 30일에 히로시마에 도착했다. 이는 북경의 던바이 공사와 도쿄의 던 공사가 긴밀히 연락하며 조율하는 등 미국이 적극 중재에 나선 결과였다.

당초 청국은 회담장소로 나가사키를 희망하며 일본의 전권위원을 임명한 날에 휴전개시의 날짜를 정할 것을 제의했으나 일본은 이를 모두 거부했다. 이는 승전국 대 패전국의 위치에서 회담을 진행한다는 복안에 따른 것이었다. 승전국의 사절이 대본영이 있는 히로시마에서 나가사키로 호출당하는 형식은 취하고 싶지 않다는 속셈이 작용한 결과였다. 사실 일본 측에서 볼 때 전황이 유리하게 전개되는 상화에서 강화가 타결될 때까지 휴전할 필요도 없었다.

일본 측 전권대표 이토 히로부미와 무쓰 무네미쓰陸奧宗光는 위해의 함락을 기다렸다가 절대적으로 유리한 입장에서 강화회담을 갖고자 했다. 이들은 회담장소인 히로시마 현청縣廳에서 외교관례에 따라 위임장을 교환한 뒤 이들의 직책이 낮다는 이유들 들어 '전권全權' 여부를 물고 늘어졌다. 완승을 거둘 때까지 시간을 벌고자 하는 속셈이었다. 회담을 거부당하자 청국대표는 하릴없이 히로시마를 떠날 수밖에 없었다.

이때 이토는 수행원으로 온 이홍장의 참모 오정방伍廷芳과 단독면담을 했다. 이토가 10년 전 천진조약을 체결하기 위해 청국에 갔을 때 오정방을 만난 바 있다. 미국에 유학한 그는 이토와 영어로 대화가 가능했다. 오정방이 솔직히 물었다.

"이번에 온 사절의 지위가 낮은 것이 불만인가."

이토가 대답했다.

"그렇지는 않다. 그러나 지위와 명망이 높으면 높을수록 회담분위기는 좋을 것이다. 공친왕이나 이중당李中堂이 임명을 받는다면 형편이 매우 좋아질 것이다. 이런 회담의 결과는 지상紙上의 공문空文에 그치는 것이 아니라 반드시 이를 실행할 수 있는 유력자를 필요로 하기 때문이다."

당시의 분위기를 무쓰는『건건록蹇蹇錄』에 이같이 기록해 놓았다.[50]

"이홍장에게 전언傳言을 부탁하면서 장차 일본정부가 취할 방향을 암시했다."

---

50 『건건록』은 이토 내각의 외무대신을 역임한 무쓰 무네미쓰陸奧宗光의 저서로 1896년에 일본 이와나미서점岩波書店에서 간행되었다. 무쓰는 이 책에서 1894년의 동학농민운동을 계기로 한 조선 파

일본의 속셈은 청국의 조선에 대한 영향력을 제거하고 장차 조선을 병탄키 위한 기반을 구축하는 데 있었다. 이는 일본의 북양함대에 대한 공격이 협상이 진행되는 동안 더욱 격화된 사실이 뒷받침한다. 청국의 무조건 항복을 꾀한 것이다.

이해 1월 23일, 일본의 연합함대 사령관 이토 유코伊東祐亨는 영국 군함 셔먼호에 부탁해 정여창에게 항복권고문을 보냈다. 정여창이 거부하자 일본군은 1월 30일 위해의 남쪽 포대를 함락시켰다. 이에 놀란 북쪽 포대의 수비병들이 다음날 포대를 비우고 일제히 도주했다. 북양함대는 일본군에 넘어갈 것을 우려해 다량의 탄약이 저장된 탄약고와 포대를 포격했다.

당시 일본해군은 야간전투에 능했다. 이들이 2월 4일 야습을 감행하자 청국은 마침내 북양함대의 상징인 정원호를 잃고 말았다. 당시 정원호는 비록 행동의 자유를 잃기는 했으나 여전히 수면 위에 떠 있었다. 청군 수뇌부는 승무원 전원을 이함離艦시킨 뒤 250파운드의 폭약을 터뜨려 자침自沈시켰다. 다음날 야간전투에서는 내원來遠과 위원威遠호를 상실했다.

진원호에서 지휘하고 있던 정여창은 정원호를 잃고 난 뒤 사령부가 있는 유공도로 물러났다. 유공도는 고립무원이었다. 영국인 고문 매클루어가 항복을 권유했다. 당시 정여창은 제장들의 항복 요구를 묵살하고 남아 있는 전함을 스스로 침몰시키고자 했으나 아무도 그의 명을

병을 시작으로 청일전쟁을 둘러싼 양국의 갈등과 구미 각국과의 교섭, 조선의 내정개혁, 삼국간섭 경위 등을 자세히 기술하고 있다. 일본 외무성의 공문기록公文記錄을 기초로 한데다 사건 직후에 집필한 까닭에 나름대로 역사적 사실에 충실하다는 평을 받고 있다.

따르려 하지 않았다. 그는 매클루어에게 자신의 관인을 맡긴 뒤 자신이 죽은 뒤 항복문서를 작성해 날인해 달라고 부탁했다. 청국 사절이 귀국한 2월 12일 그는 마침내 음독자살했다. 총병 장문선張文宣과 부장副將 양용림楊用霖 등 적잖은 휘하 장령들이 뒤따라 자진했다. 백기를 내건 진북鎭北호가 이토 유코 중장에게 항복문서를 전했다. 일본함대가 위해로 입항해 북양해군의 항복을 접수했다. 청군 5천 명이 포로로 잡혔고, 7천3백 톤의 진원호를 포함한 전함 11척과 엄청난 군수물자가 일본군에게 넘어갔다. 이로써 막강한 위용을 자랑하던 북양해군은 일거에 궤멸하고 말았다. 음독한 정여창은 사후에 관을 세 줄의 구리줄로 감아 장례를 치루지 못하게 하는 형벌을 받았다가 15년 뒤 누명을 벗고 가까스로 장례를 치렀다.

당시 이 소식을 접한 일본 국민들은 환호작약했다. 북양함대가 궤멸한 다음날 청조는 이홍장을 전권대신으로 일본에 파견했다. 이홍장은 가장 격렬하게 주전론을 펼친 옹동화에게 동행을 요구했으나 그는 이를 거절했다.

이해 3월 3일 자금성 안에서 군무대신들이 모였다. 서태후도 참석해 영토할양 교섭이 허락을 인정했다. 다음날 이홍장이 입궐해 서태후와 광서제에게 정식으로 훈령을 청했다. 일본은 회담장소로 마관馬關을 택했다. 이홍장에게 경의를 표해 히로시마로 불러들이는 비례를 피한 것이다. 회담장소는 지금의 시모노세키 역 인근에 있는 춘범루春帆樓였다. 춘범루는 메이지정부가 최초로 허가한 복어요리 전문식당이기도 했다.

이홍장은 이해 3월 말에 아들 이경방과 참모 마건충馬建忠 등 100여 명의 수행원을 이끌고 시모노세키에 도착했다. 이들은 회담이 끝나면 곧 배로 돌아가 숙박키로 했으나 일본 측은 입접사引接寺를 숙박소로 제공했다. 당시 무쓰는 표면상 시간을 갖고 차분히 강화를 논의하자고 말했으나 내심 크게 초조해했다. 이는 서구 열강이 간섭할 가능성이 높다는 정보에 따른 것이었다. 그는 유럽이 간섭하려는 움직임을 이홍장이 눈치 챌 경우 회담을 연기하거나 중단하고 귀국할 우려했다. 실제로 당시 독일은 영국이 공동간섭 제의를 거절하자 러시아에 손을 내밀었다. 러시아는 프랑스와 손을 잡고 공동 간섭에 나설 것을 협의했다.

원래 3국간섭은 이홍장의 작품이었다. 당초 위해가 함락될 당시 청조는 황급히 이홍장을 '전권대표'로 삼아 시모노세키로 급파했다. 그는 일본으로 떠나기 전에 각국 공사와 만나 열국의 중재방안을 상의했다. 러시아 공사 카시니가 가장 적극적으로 나서면서 중재의 대가로 만주에서의 군사 및 교통상의 편리를 요구했다. 이홍장이 이를 수락하면서 3국간섭이 구체화하기 시작한 것이다.

당시 이홍장은 하루라도 빨리 정전 합의를 이끌어내기 위해 도착 다음날부터 강화회담을 시작했다. 일본 측 전권대표 이토와 무쓰는 이를 역이용하고자 했다. 표면상 최대한 시간을 끄는 모습을 보이는 게 그것이었다. 10년 전의 천신소약 체결 당시 이토는 이홍장과 담판을 벌이면서 이같이 충고한 바 있다.

"일본은 메이지유신을 통해 부국강병을 실현해 가고 있습니다. 청나라도 속히 개혁해야 할 것입니다."

10년 만에 다시 만나게 되자 이토가 당시를 상기시키며 물었다.

"그때의 충고를 왜 좇지 않은 것입니까?"

이홍장이 대답했다.

"노력은 했소. 그러나 중국과 같은 대국은 많은 시간이 걸리오. 일본처럼 단기간 내 개혁은 무리요. 그러나 100년 후 중국은 달라져 있을 것이오."

정전조건을 둘러싼 줄다리기가 계속되는 와중에 회담 닷새째인 3월 24일에 뜻하지 않은 일이 벌어졌다. 이날 오후 4시경에 3차 회의를 마친 이홍장은 평소와 마찬가지로 숙소인 인접사로 가기 위해 수레에 올랐다. 당시 그가 탄 가마는 청국에서 갖고 온 것이었다. 네 사람이 어깨에 메고 몸체의 사방은 유리창이었다. 이홍장은 유리창을 열고 있었다. 그의 수레가 일본 경찰과 헌병들이 지키고 있는 도로를 지날 때 문득 연도의 군중 속에 있던 한 청년이 도로로 뛰쳐나왔다. 그는 겨드랑이 속에서 권총을 꺼내 수레 앞으로 달려오면서 2미터 정도의 거리에서 이홍장의 가슴을 향해 권총을 발사했다. 총알은 금테 안경에 맞아 렌즈를 산산조각 낸 뒤 그의 왼쪽 눈 밑에 박혔다. 이에 그는 운 좋게도 얼굴을 약간 다치는데 그쳤다. 범인은 곧바로 헌병대에 의해 붙잡히고 부상한 그는 인접사로 돌아가 주치의인 임연휘林聯輝의 응급조치를 받았다.

범인은 게이오의숙을 중퇴한 뒤 신도칸神刀館이라는 우익단체에 가담한 27세의 군마현群馬縣 출신 청년 고야마 후타로小山豊太郎였다. 취조 결과 그는 청국이 재기하면 또 다시 일본과 싸울 것이 우려돼 범행을 저지른 것으로 드러났다. 이는 4년 전에 빚어진 이른바 '오츠사건大津事件'에 비유할 만했다. '오츠사건'은 1891년 5월 11일에 일본을 방문하여 사가현 오츠거리를 걷고 있던 러시아 황태자를 경비 차 나온 일본인 순사 쓰다 산조津田三藏가 일본도로 내리친 사건을 말한다. 러시아 황태자는 당시 칼날이 뒷머리를 살짝 스치는 바람에 가벼운 찰과상에 그쳤지만 이 사건으로 일본 열도가 발칵 뒤집힌 바 있다. 무쓰 외무대신은 열강의 비난이 쏟아지자 이같이 무마하고 나섰다.

"이번 사건은 일개 흉한의 범행일 뿐이다. 일본 정부와 국민은 하등 관련이 없는 일이다. 해당 범인에게 상당한 형벌을 가하면 된다."

그러나 현실은 그렇지 않았다. 일본은 국제 비난여론을 무마시키기 위해 야마구치현山口縣 지사와 경찰부장을 해임하지 않으면 안 되었다. 메이지천황도 이례적으로 칙서를 발표했다.

"불행히 사절에게 위해를 가한 흉한이 나와 짐은 이를 깊이 유감으로 생각하는 바이다. 신민臣民은 짐의 뜻을 명심해 엄하게 불법을 경계함으로써 국위國威를 손상시키는 일이 없도록 하라."

이홍장이 강화회담의 사절에게 위해를 가하는 나라에서 회담을 계속할 수 없다며 귀국할 경우 세계여론은 이에 공명할 것이다. 전쟁이 계속될 경우 일본은 불의의 싸움을 하는 셈이 된다. 열강의 간섭이 불 보듯 빤한 일이다. 일본은 어떻게 해서든 이를 막아야만 했다. 무조건적인 정전만이 해답이었다. 그러나 문제는 정전을 반대하는 군부의 반발이었다. 이토 총리대신이 군부를 설득해 마침내 천황의 허락을 얻어냈다. 당시 러시아군 3만 명이 청국의 북부로 이동 중이라는 첩보가 입수되자 완강하던 야마가타 아리토모 육군대신도 정전에 찬성했다고 한다.

당시 스페인과 러시아공사를 역임했고 해리슨 대통령 밑에서 국무장관을 지낸 존 포스터가 이홍장의 외교고문 자격으로 일본에 와 있었다. 이홍장이 주청 미국공사 찰스 덴비에게 부탁해 영입한 인물이다. 이홍장이 테러당한 뒤 귀국하려고 하자 포스터가 만류했다.

"미국에서도 링컨대통령이 흉탄에 쓰러졌습니다. 당신의 부상은 보국충정의 기념비로써 오히려 자랑해야 하지 않겠습니까?"

이홍장이 피격당할 당시 메이지천황은 사죄의 의미로 이시구로 다다노리石黑忠悳 야전위생장관과 당시 외과 일인자로 일컬어지는 사토 스스무佐藤進 군의총감 등을 보내 이홍장을 치료케 했다. 황후도 일본 적십자사 소속 간호사를 보내 붕대 공장에서 자신이 직접 만든 수제붕대로 간호하게 했다. 당시 총알이 이홍장의 왼쪽 눈 아래 박혀 의사가 집도도 못하는 상황이 벌어지고 있었다. 이홍장은 조정에 '다친 곳이 아프나 총탄을 꺼내기 어려워 그대로 협상에 임한다'는 내용의 전보를 보냈다.

이토 히로부미로부터 반드시 이홍장을 일본에 붙잡아 두어 중국으로 돌아가는 일이 없도록 하라는 명을 받은 이시구로가 이홍장의 숙소로 갔다. 이경방이 이시구로와 사토를 맞이했다. 이경방 곁에는 중국에서 온 의관 임연휘와 프랑스 공사관 측 의사 드파스가 있었다. 드파스는 왼쪽 눈 아래로 들어간 탄환을 찾을 수 없다고 말하자 사토가 상처를 조금 절개해 살펴보았다. 이홍장이 비명을 질렀다.

"나는 노인이다. 귀중한 피를 한 방울도 잃고 싶지 않다. 이 점 명심하라."

"천황도 매우 안타까워하셔서 저희 둘을 보낸 것입니다. 저는 각하를 부친으로 여기며 치료하겠습니다."

"탄환을 뽑지 않고 치료할 수는 없겠는가."

"탄환을 제거하지 않으면 상처가 아무는 것이 늦어집니다. 그러면 다른 중환을 초래할 수 있습니다. 더불어 지금 가장 중요한 것은 안정입니다."

"생명에는 지장이 없겠지."

"움직이지 않고 절대 안정을 취하면 그렇습니다."

"그대 말이 맞는다면 중국의 행복이고 일본의 큰 행복일 것이다."

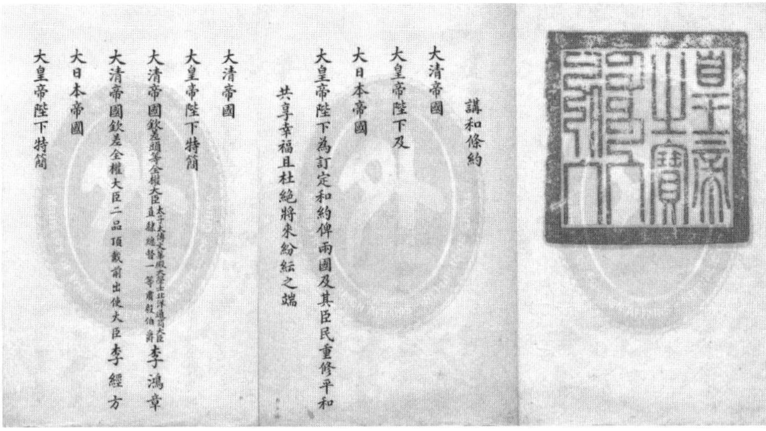

마관조약 청일전쟁의 전후처리를 위해 1895년 4월 17일 청국과 일본이 시모노세키에서 체결한 조약. 시모노세키조약이라고도 한다.

사건 당시 세계 각국의 일본에 대한 맹비난이 쏟아졌다. 이홍장이 입원해 있는 병실에는 세계 각지로부터 답지한 수많은 위로전보와 엽서가 산더미처럼 쌓였다. 일본 각지의 명산품도 속속 도착하여 그의 빠른 회복을 기원했다. 사건 발생 반달 여 만인 이해 4월 10일에 강화회의가 재개되었다. 정전협상이 이내 타결되자 곧바로 본격적인 배상협상이 시작되었다. 당시 이홍장은 논의가 끝나면 대로를 피해 비탈실에 있는 골목길을 이용해 숙소로 직행했다. 일본에서는 지금도 이 길을 '이홍장의 길'로 부르고 있다.

마침내 강화회의 재개 7일 만에 21개조로 된 마관조약馬關條約 즉 시모노세키 조약을 맺었다. 청국이 일본에 요동반도와 대만, 팽호도澎湖島를 할양하고, 2억 냥을 배상한다는 게 골자였다. 이는 청국 조야의 기대와는 완전히 동떨어진 것이었다. 당시 이홍장은 일본 측이 제시한 배상금을 1억 냥 가량 삭감하는 등 나름대로 노력했다. 이는 여순 함락

당시 일본이 5억 냥의 배상을 요구한 사실을 보면 쉽게 짐작할 수 있다. 당시 2억 냥은 청국 전체 세입의 3년 치 수입에 달하는 거액이었다.

당시 이홍장은 조인식이 체결되는 4월 17일 당일 귀국선에 올랐다. 한시 바삐 굴욕의 자리에서 떠나고 싶었던 것이다. 그는 귀국 전에 공친왕과 연락해 주전론자를 무마하는 공작을 전개했다. 공친왕이 정신廷臣들에게 이같이 일갈하며 쐐기를 박았다.

"강화회담이 결렬되면 황상은 서안으로 옮겨가 끝까지 항전해야 한다. 주전론을 주장한 분들은 반드시 자금성에 남아 성을 사수함으로써 장한 뜻을 관철시켜 후세의 귀감이 되어야 한다."

이는 이홍장이 수백만 냥의 은을 일본의 탄광회사에 맡겨 놓고 아들 이경방이 일본에 3개 무역상사를 가지고 있다는 등의 터무니없는 사실을 거론하며 이홍장을 탄핵한 문정식 등을 겨냥한 것이었다. 이홍장은 이들을 두고 현실을 모르는 강당의 관원이라는 의미에서 경멸적인 의미의 '강관講官'으로 불렀다. 당시 이홍장은 선실에서 강화회담의 보고를 위한 주문을 작성했다.

"신이 늙고 어리석어 일을 잘 처리하지 못했습니다. 엎드려 바라건대 황상은 위에서 격려하고, 내외신內外臣은 합심 협력하여 변법으로 재능 있는 인사를 구하고, 자강하여 적을 이기면 이 또한 천하의 다행일 것입니다."

그러나 조약 내용이 알려지자 청국의 조야는 '뇌물을 받고 나라를 팔아먹었다'는 비난을 퍼부으면서 이홍장을 '매국적賣國賊'으로 규탄했다. 실제로 그는 일본과 밀접한 관련을 맺고 있는 여러 양무기업에 적잖은 주식을 보유하고 있었다. 그러나 이런 비난이 뚜렷한 근거가 있는 것은 아니었다. 나아가 그의 공을 인정하는 사람이 전혀 없었던 것이 아니었다. 『이홍장전』에 나오는 양계초의 다음과 같은 언급이 그 증거이다.

"여러 의사들이 총알을 뽑아내야 치료될 수 있다며 며칠간 정양할 것을 권하자 그는 분연히 '평화조약을 맺는 것은 한시도 늦출 수 없다. 내가 어찌 이런 일로 국가의 일을 그르칠 수 있겠는가. 죽어도 수술 받지 않겠다.'고 말했다. 다음날 피가 옷을 적시는 것을 보고도 '나의 목숨을 버리는 것이 이 나라에 도움이 된다면 마다하지 않겠다.'고 했다. 그의 강개하고 충정에 찬 기운에 존경하지 않는 자가 없었다."

그러나 그를 비난하는 목소리가 훨씬 높았던 것은 말할 것도 없다. 조정은 곧 그에게 혁직처분을 내렸다. 사실 청일전쟁은 이홍장의 사병에 가까운 북양군과 국가총력을 기울인 일본의 국민군대 사이의 전쟁에 가까웠다. 당시 승리를 예상한 청국은 전력을 기울이지 않았다. 북양함대가 일본해군과 격렬히 싸우고 있을 동안 남양함대 등이 뒷짐을 지고 있었던 사실이 이를 방증한다. 이홍장도 열강의 중재에 기대를 건 나머지 웨이하이에 정박 중인 북양함대의 이동을 적극 제지했다. 그 사이 북양함대는 소형함 위주의 일본함대에 철저히 당하고 만 것이다.

여기서 주목할 점은 청나라의 완패를 최대한 활용코자 한 열강의 흑심이 작용한 점이다. 러시아를 중심으로 한 '3국간섭'의 구상이 마관조약 체결 이전에 이미 형성된 사실이 이를 뒷받침한다. 이들은 일본이 최대한의 배상을 받아내도록 방관한 뒤 거중조정을 구실로 중간에 나서 일본이 최대한 얻어낸 노획물을 빼앗아 서로 분배코자 했을 공산이 크다.

당시 러시아와 독일, 프랑스는 조인식이 있은 지 6일 뒤인 4월 23일에 도쿄 주재 공사를 통해 3국간섭의 의사를 일본 측에 전달했다. 3국공사는 외무성을 방문해 본국정부의 훈령을 전달했다. 『건건록』에 따르면 러시아의 훈령은 이러했다.

"요동반도의 일본 영유는 청국의 수도를 위협할 우려가 있을 뿐 아니라 조선의 독립을 유명무실하게 만드는 것이다. 러시아정부는 일본정부에 대해 성실한 우의를 다짐하기 위해 요동반도의 영유를 포기할 것을 권고하는 바이다."

국력이 바닥이 나 둔전병屯田兵까지 동원한 일본에게 3국간섭을 거절할 만한 실력이 없었다. 청국에 요동반도를 반환키로 결정하자 조야가 경악했다. 『건건록』에 따르면 대외강경파가 이토를 만나 항의를 제출하자 이토가 일갈했다고 한다.

"지금은 여러분의 탁론卓論을 듣기보다 군함과 대포를 상대로 숙의하지 않으면 안 되는 때이다."

정치적 혼란은 중국에서도 일어났다. 할양이 결정된 대만성의 주민이 들고 일어났다. 그러나 이미 북양함대는 궤멸돼 있는 상황이었다. 당시 이홍장의 정적이던 양강총독 장지동은 조약을 폐기하기 위해 영국 및 러시아 등에게 원조를 요청하면서 그 보상으로 신강의 몇 몇 섬이나 티베트의 오지를 주어도 좋다는 취지의 말을 했다. 그는 배상금은 더 물더라도 영토의 할양만은 막아야 한다는 취지에서 대만을 저당하여 영국으로부터 10억 달러를 빌리자는 기책을 진언키도 했다. 이는 영국공사에 의해 일소에 부쳐지고 말았다.

강화조약은 예정대로 지부芝罘에서 5월 8일에 비준서가 교환되었다. 청국은 3국간섭으로 요동반도만은 내주지 않게 되었으나 3국의 도움을 얻은 까닭에 그에 따른 보상을 해야만 했다. 이에 독일은 산동의 교주만膠州灣인 청도 부근을 조차했고, 러시아는 만주의 철도 부설권을 얻어낸데 이어 요동반도의 여순과 대련을 조차했다. 프랑스도 이에 상응하는 조차지를 요구했다. 영국은 조약 체결 2년 뒤에 유공도를 포함한 전 항만을 25년간 조차하여 동양함대의 전진기지로 삼았다.

청일전쟁의 발발 배경과 관련해 특이하게도 일본 내에서는 무쓰와 야마가타 등의 강경파에게 책임을 묻는 견해가 널리 유포되어 있다. 이들은 당시 청국과 조선 양국 주재공사로 있던 오오토리와 북경에 대리공사로 있던 고무라 주타로 모두 진심을 갖고 청국의 출병에 반대하지 않는다는 뜻을 전했을 가능성을 거론하고 있다. 이는 이홍장과 원세개뿐만 아니라 총리대신 이토 히로부미조차 무쓰 외무대신에게 농락당했다는 전제에 입각한 것이다. 이들은 당시 이토 역시 일이 그렇게 크게 벌어지라고 짐작치 못했다고 주장하면서 그 증거로 도쿠도미 소호德富蘇峰의 『근세일본국민사』에 나오는 다음 대목을 들고 있다.

"청일전쟁은 외무대신 무쓰나 참모차장인 가와가미川上과 같은 젊은 측이 이토 등의 노인들을 속인 전쟁이다."

당시 무쓰나 가와카미는 이토에게 파병 병력은 1개 여단 정도라고 보고했다. 여단은 2천 명 가량이다. 청국이 출병한 마당에 일본도 출병하지 않을 수 없게 된 상황에서 이토도 그 정도면 될 것으로 생각했으나 무쓰 등은 6천-7천 명의 혼성여단을 편성해 이토를 속였다는 것이다. 파병 규모가 커진 만큼 서둘러 대본영을 설치하지 않을 수 없었다. 대본영이 설치됨으로써 기밀 사항은 모두 통수사항이 되고, 대신들은 이에 관여치 못하게 되었다.

이밖에도 청일전쟁은 말할 것도 없고 조선병탄에 대해서도 온건론자인 이토를 옹호하는 여러 견해가 있으나 이를 액면 그대로 받아들이기가 쉽지 않다. 김옥균의 갑신정변을 배후에서 사주한 일본 근대화의 사상적 비조인 후쿠자와 유기치도 겉으로는 조선의 문명개화를 얘기하면서도 속으로는 조선의 병탄을 획책했다. 이토 역시 초대 통감을 지내면서 조선병탄을 위한 사전정지 작업에 박차를 가한 바 있다. 정도 차이는 있을지언정 조선을 발판으로 하여 대륙으로 진출해 동아시아를 석권코자 했던 점에서는 무쓰나 이토 사이에 하등 차이가 없었다고 보는 게 옳다.

세계 순방과 청러밀약

청일전쟁 패배 후 굴욕적인 마관조약을 체결한 일로 인해 조야의 비난을 한 몸에 받았던 이홍장은 마관조약을 체결한 광서 21년(1895) 말에 문득 청국을 대표해 러시아 수도 페테르부르크로 가게 되었다. 이는 러시아 측의 주문에 의해 이듬해인 광서 22년(1896) 4월에 거행되는 러시아 황제 대관식의 축하사절로 임명된 데 따른 것이었다. 당시 북경의 동안문 밖 현량사賢良寺에 머물고 있던 이홍장 역시 차제에 구미 각국을 순방해 열강의 현황을 직접 눈으로 보고 싶어 한 까닭에 이를 기꺼이 수락했다.

당초 청일전쟁 직전에 러시아의 로마노프 왕조의 알렉산드르 3세가 죽고 니콜라이 2세가 즉위했다. 그는 장례식을 치르기 위해 일단 대관식을 미뤘다가 이때 비로소 대관식을 성대하게 갖기로 한 것이다. 청국은 알렉산드르 3세의 장례식 때 호북포정사 왕지춘王之春을 조문사로 파견한 바 있다. 그는 임무를 마치고 한동안 프랑스에 체류한 바 있었다. 청조는 그를 다시 한 번 러시아의 대관식 축하사절로 보낼 생각이었다. 그러나 카시니 주청 러시아 공사는 여타국의 외교사절에 비해 그의 지위가 너무 낮다며 불만을 표시했다. 사실 조문사절로 간 사람을 축하사절로 보내는 것도 예의에 어긋나는 일이었다.

당시 일본에서는 메이지천황의 대리로 후시미伏見宮貞愛 친왕이 군부의 최고 실력자인 야마가타 아리토모山縣有朋 대장을 이끌고 가기로 되어 있었다. 카시니는 이홍장의 파견을 원했다. 그러나 문제는 이홍장에 대한 청국 내 여론이 너무 좋지 않은 데 있었다. 이에 카시니는 서태후의 최측근인 태감 이연영李蓮英에게 뇌물을 바치며 이홍장의 파견을 강력 요청했다. 이는 청일전쟁 직전에 합의한 청러밀약을 구체화하기 위한 속셈에서 나온 것이었다.

광서 22년(1896) 정월, 이홍장이 입궁해 황제에게 사직인사를 올리는 폐사陛辭를 하면서 서태후와 반나절 넘게 밀담을 나눴다. 밀담의 자세한 내용은 알려지지 않았으나 대략 러시아와 협조해 일본의 중국침략을 저지하는 방안을 논의한 것으로 추정되고 있다. 당시 74세의 이홍장은 도중에 죽을 것을 우려해 짐 속에 관을 준비해 갔다. 그는 지난날의 정적인 옹동화를 방문해 청러밀약에 대한 동의를 이끌어냈다. 이는 출발에 앞서 러시아와의 비밀협정에 관한 수뇌부의 합의를 이끌어 내기 위한 행보의 일환이었다.[51]

51 훗날 선통 2년(1910)에 이홍장의 아들 이경매李經邁가 런던의 《데일리 텔리그래프》에 밝힌 인터뷰 기사에 따르면 '청러비밀협정'은 유효기간이 15년인 비밀동맹조약이었다. 1924년에 소련은 비밀조약 원문의 보유사실을 공식 시인한 바 있다. 당시 이홍장의 여행일정을 수록한 『이부상유력각국일기李傅相遊歷各國日記』에 따르면 대관식 참석을 전후 후 가는 곳마다 성대한 환대를 받았던 그는 청러 간의 비밀협정에 관한 질문을 받을 때마다 사실무근이라며 단호히 부정했다.

당초 이홍장이 수에즈 운하에 도착했을 때 러시아 황제가 파견한 기선 러시아호가 차르의 시종장 우크롬스키를 태운 채 대기하고 있었다. 이홍장은 이 기선을 타고 오뎃사까지 갔다. 모스크바에 당도하자 니콜라이 2세가 그에게 최고훈장을 수여했다. 훗날 차르가 은밀히 5만 루블의 다이아몬드와 금 장식물을 선물했다는 얘기도 나돌았으나 신뢰키가 어렵다. 이는 그가 러시아에서 특별환대를 받은 데서 비롯된 소문으로 보인다.

원래 청러밀약은 러시아 재무장관 비테의 머리에서 나온 것이었다. 신흥 일본에 패한 '잠자는 사자' 청국은 유럽 열강의 군침 도는 사냥감이었다. 이홍장이 전권대사에 임명된 뒤 영국과 독일, 프랑스, 오스트리아 등이 그에게 모스크바로 들어가기 전에 자국에 들러달라고 청한 배경이 여기에 있다. 비테는 이홍장이 열강의 초대에 응할 경우 열강이 치열한 회유 작업을 벌일 것을 우려해 미리 손을 써 수에즈에서 오뎃사로 '납치'한 것이었다.

이해 4월, 모스크바에 도착한 이홍장은 대관식을 전후로 러시아 외상 로바노프와 만나 밀약을 체결했다. 일본의 침략 시 단독으로 강화하지 않고, 러시아 군함이 자유롭게 청국의 항만을 사용하는 것 등이 골자였다. 이는 당시 양국 모두 조선을 둘러싸고 러일전쟁이 조만간 빚어질 것을 예견하고 있었음을 뒷받침한다.

실제로 로바노프는 이홍장과는 별도로 야마가타와 만나 조선 문제를 놓고 비밀협상을 벌였다. 러일전쟁을 염두에 둔 행보였다. 두 사람은 양국 모두 상호 협의 없이 조선의 군사와 재정에 개입하지 않는 내용을 골자로 한 '로바노프-야마가타' 의정서를 체결했다. 청일전쟁 종결 후 조선 문제는 이제 청국의 손을 떠나 러시아와 일본의 손으로 넘어간 것이나 다름없었다.

원래 러시아가 취한 동아시아 정책의 최우선 과제는 만주진출이었다. 조선은 만주의 권익을 지키기 위한 부수적인 사안이었다. 러시아의 입장에서 볼 때 만주의 당사자인 청과의 외교가 우선이고, 조선에서 대립하고 있는 일본과의 관계는 부차적인 것에 지나지 않았다. 다만 조선이 '반일친러'의 노선으로 방향을 틀어 접근해 온 까닭에 조선과의 관계개선이 새로운 현안으로 부상했을 뿐이다. 러시아가 차르의 대관식 참석 차 찾아온 조선의 특사 민영환의 요청을 끝까지 거절한 이유가 여기에 있다. 러시아는 대관식을 계기로 3중외교를 벌인 셈이다. 협상안은 각 국의 국익과 상충하거나 상호 반하고 있었다. 러시아가 시종 비밀협상으로 임하면서 외교농간을 부린 이유이다.

당시 러시아가 3중외교를 전개하면서 가장 공을 들인 상대는 말할 것도 없이 이홍장이었다. 러시아는 그를 파격적으로 예우하며 청러 비밀협정을 맺었다. 한반도에서 밀려난 청의 입장을 두둔하는 조항을 두어 이홍장을 만족시켰다. 일본의 공격을 받을 경우 청러 양국이 상호 원조한다는데 합의한 것은 사실상의 '공수동맹攻守同盟'으로 보아야 한다.

'공수동맹'에 따른 소득은 막대했다. 블라디보스토크에서 만주를 횡단하는 동청철도의 부설권이 그것이다. 당시 러시아는 프랑스의 차관을 들여와 시베리아 철도를 한창 건설 중이었다. 블라디보스토크에서 끝나는 시베리아철도를 장차 만주를 가로지르는 동청철도를 연결시키면 만주를 영구히 장악코자 하는 러시아의 꿈은 현실로 다가오게 된다. 러시아가 이홍장에게 공을 들인 이유이다.

러시아 외무장관 로바노프는 비밀협정 체결 사실을 숨긴 채 1주일 뒤 야마가타를 상대로 이른바 '로바노프-야마가타 의정서'를 체결했다. 그러나 야마가타는 청러 비밀협상의 내막을 전혀 모르고 있었다. 일본을 가상 적국으로 삼은 청러 비밀 협정은 러일 간의 평화적 협조를 합의한 '로바노프-야마가타 의정서'의 기본정신과 배치되는 것이었다. 러시아가 시베리아 철도와 동청철도가 부설될 때까지 시간을 벌기 위해 일본과의 협상을 벌였다는 분석을 뒷받침하는 대목이다.

이후 러시아는 3중외교의 마지막 당사자인 조선 측과 만나 비밀협상을 전개했다. 고종의 밀명을 받은 민영환이 제시한 것은 군사훈련과 재정지원이 초점이었다. 이는 러일 간 의정서에서 러일 양국이 단독으로 조선을 지원할 수 없다고 못 박은 규정과 정면으로 상충하는 것이었다. 일본과 일전을 치를 준비가 되어 있지 않은 러시아는 조선 측의 요구를 수용해 전쟁위기를 자초할 생각이 전혀 없었다. 그렇다고 러시아의 품으로 뛰어든 조선을 내칠 수도 없었다. 러시아는 군사교관과 재정고문을 파견하는 선에서 협상을 마무리 지었다.

당초 조선 측은 민영환의 파견에 베베르 공사가 처음부터 개입했고 러시아 정부에 제시할 요구사항을 작성할 때도 관여했기에 러시아에 대한 기대가 컸다. 베베르가 러시아 정부의 기본입장을 대변한다고 믿은 것이다. 사실 베베르는 미국공사 알렌과 함께 고종의 신임을 가장 많이 받고 있던 외교관이었다. 그러나 베베르는 본국 정부가 추진하는 3중외교의 내막을 알 수 있는 입장이 아니었다. 다만 러시아의 입지를 강화한다는 원칙론에 입각해 조선을 도왔을 뿐이다. 결국 조선도 러시아의 속임수에 넘어간 셈이다.

조선 측 사절은 러시아 측의 미지근한 성의에 크게 실망한 채 별다른 성과도 없이 이내 귀국할 수밖에 없었다. 이후 조선은 러시아와 멀어지게 되고, 일본 측의 사주를 받은 독립협회는 격렬한 반러운동을 전개하기 시작했다. 외무대신 로바노프 사후 후임인 무라비예프가 차르의 신임을 배경으로 비테 대신 정책의 주도권을 잡으면서 독립협회 등이 주도하는 반러 운동이 거세졌다. 광서 24년(1898) 3월 27일, 청러 간에 여순과 대련 항 조차협정이 맺어져 부동항 문제가 해결되자 러시아는 일본과 '로젠-니시 협정'을 맺고 한반도에서 한발 후퇴했다. 시베리아 철도와 동청철도를 연결해 만주의 이익을 보다 공고히 하려는 속셈이었으나 이는 조선과 만주의 이익이 직결돼 있다는 사실을 간과한 자충수에 해당했다.

'로젠-니시 협정'은 그 이전의 '베베르-고무라각서' 및 '로바노프-야마가타 의정서'의 조선관련 조항을 재조정한 것으로 러시아의 행동반경을 스스로 제한하고 일본의 입장을 과거보다 유리하게 조정했다는 점에서 치명적이었다. 러시아는 이를 통해 일본을 조선에 묶어둘 수 있다고 낙관했으나 이는 일본을 앞세워 조선을 독점케 함으로써 장차 만주의 러시아를 적극 견제코자 한 영국의 속셈을 제대로 파악치 못한 것이었다.

러시아가 3중외교를 전개할 당시 이홍장이 조선과 만주를 둘러싼 열강의 이런 속셈을 제대로 파악했는지는 자세히 알 길이 없다. 다만 그가 조만간 조선에서 러일 양국이 충돌할 경우 전화戰禍가 만주에 미치지 못하도록 청러 양국 간의 '공수동맹'을 맺고, 이에 대한 보상으로 동청철도의 부설권을 내주기로 양해한 것만은 확실하다. 이는 그가 시종 추진한 '이이제이'의 일환으로 나온 것으로 사전에 서태후의 내락을 받은 것은 말할 것도 없다.

그는 청러밀약을 체결한 뒤 열국을 두루 순방했다. 독일과 프랑스,

영국 등지를 순방하는 동안 뜨거운 환대를 받았다. 여기에는 해관의 세칙細則을 개정하려는 속셈이 작용했다. 적자재정을 개선하기 위해서는 관세를 인상해 세수를 늘려야만 했다. 그러기 위해서는 각국의 동의가 필요했다. 빌헬름2세가 주최하는 궁정연을 베푼 독일은 해관개정의 대가로 하나의 섬 또는 항구를 독일의 저탄貯炭 내지 정박항으로 제공해 줄 것을 요구했다. 독일이 청도와 교주만을 조차한 것은 이 교섭 덕분이었다.

프랑크푸르트와 킬에서 독일 육군과 해군의 연습을 참관한 그는 네덜란드로 건너가 여왕과 황태후로부터 해변의 궁에 초대받아 발레를 감상했다. 프랑스에서는 대통령을 만나 3국간섭에 의한 요동반도 반환에 사의를 표하고 성대한 환영연에 참석했다. 영국에서는 포츠머스 군항에서 107척의 군함이 벌이는 연습을 참관했다. 당시 서구 열강은 그를 위한 환영의식을 거행하면서 청국의 국가를 연주해야만 했다. 이홍장은 청조에 국가가 없었던 까닭에 서둘러 7언 절구의 시를 지어 중국의 옛 곡에 덧붙여 임시국가로 사용했다. 사람들은 이를 「이중당악李中堂樂」으로 불렀다. 이는 중국 최초의 국가에 해당한다.[52]

황금전 있는 곳 자색 누각 겹겹이네　　金殿當頭紫閣重

52 청국의 공식 국가는 1911년에 만들어졌다. 제목은 「공금구鞏金甌」였다. 이 곡이 반포된 지 1개월 뒤 신해혁명이 일어났다. 1912년 손문을 우두머리로 한 임시혁명정부가 중화민국국가를 반포했고, 1915년 원세개가 「중화웅거천지간中華雄踞天地間」을 국가로 삼았다. 1920년에 단기서 정부는 국가를 공모해 『서경』에 나오는 「경운가卿雲歌」를 가사로 한 곡을 택했다. 1949년 10월 1일 중화인민공화국이 들어서면서 「의용군행진곡」이 국가가 되었다. 이 곡은 영화 〈풍운아녀〉의 주제곡으로 유명한 극작가 전한田漢이 1935년에 상해감옥에서 만든 가사에 음악가 섭이聶耳가 곡을 붙인 것이다.

신선 손 위에 있는 옥으로 된 부용꽃　　仙人掌上玉芙蓉
태평세의 천자가 태양을 향해 오르니　　太平天子朝天日
오색구름 위 6룡이 거가를 끄는구나　　五色雲車駕六龍

그는 유럽순방 중 영국의 글래드스톤과 독일의 비스마르크 등을 차례로 만나면서 '친러반영'의 입장을 강화했다. 원래 해방파海防派인 그는 새방파塞防派인 좌종당과 달리 '친러반영'의 색채가 짙었다. 외유 중에 심복 수행인에게 예언한 대목이 그 증거이다.

"동아시아에서 영국의 지위는 러시아와 독일, 프랑스 등 3국보다 낮아져 언젠가는 인도를 잃고야 말 것이다."

그가 유럽에서 물자를 구입할 때는 독일이나 프랑스를 상대로 해야 한다고 역설한 것도 이런 맥락에서 이해할 수 있다. 그는 마지막 순방지로 미국을 택했다. 미국에서 받은 환대는 가장 열렬한 것이었다. 그는 뉴욕의 맨하탄 섬 서쪽의 허드슨 강변에 있는 그랜트의 묘소부터 참배했다. 과거 자신을 찾아 준 우의에 보답키 위한 것이었다.

당시 그는 주미 청국공사에게 명해 은행과 홍매화를 그랜트의 묘시 주변에 각각 한 그루씩 심게 했다. 현재 그랜트 묘 뒤에는 당시에 심은 2그루의 나무가 하늘을 찌를 듯이 우뚝 서 있다. 이후 그는 클리블랜드 대통령을 만나 다른 나라에서 그랬던 것처럼 해관의 증세에 관한 문제를 교섭했으나 '다른 나라가 승낙하면 미국도 기꺼이 따르겠다'는 대답밖에 얻지 못했다.

이해 8월, 그는 캐나다의 밴쿠버 항에서 미국 선박을 타고 귀국길에 올랐다. 배가 중간 기항지인 요코하마에 도착해 청국상선인 '광리호廣利號'로 환승하는 과정에서 일본 측은 대대적인 환영행사를 준비했다. 그러나 그는 주변의 권유에도 불구하고 끝내 상륙을 거부했다. 이는 그가 마관조약 체결 당시 현지를 떠나면서 스스로 다짐한데 따른 것이었다.

"평생 일본 땅을 다시는 밟지 않겠다!"

그는 결국 갑판을 연결시킨 판자 위를 추락위험을 무릅쓰고 건너갔다. 그러나 그가 귀국하자 그를 기다리고 있는 것은 험한 비난여론 뿐이었다. 청러밀약의 개괄적인 내용이 언론을 통해 사전에 널리 유포된 결과였다. 많은 사람들이 이를 갈았으나 그는 끝내 모해를 당하지는 않았다. 이는 서태후가 비호한데 따른 것이었다.

당시 많은 사람들은 이홍장이 서태후에게 태감 이연영을 통해 거만의 뇌물을 바친 것으로 생각했다. 러시아 공사가 밀약 비준을 위해 뇌물공세에 가담한 사실에 비춰 이는 사실에 가깝다. 당시 광서제는 눈물을 흘리며 청러밀약에 비준했다고 하나 후대인들이 만들어낸 얘기일 공산이 크다.

무술정변과 이홍장의 중립행보

이홍장은 귀국 후 겸임직인 총리아문의 행주行走에 임명되었다. '행주'는 사실 할 일 없이 녹봉만 받는 재상인 이른바 반식재상伴食宰相을 뜻한다. 일종의 고문에 해당했다. 그는 가끔 회의에 참석했으나 거의 입을 다문 채 발언을 극도로 자제했다. 자신의 입지를 뒷받침했던 북양해군이 궤멸된 상황에서 그의 입지는 극도로 좁혀져 있었다.

광서 23년(1897) 정월, 변법자강파를 대표하는 강유위가 광서제에게 메이지유신을 분석한『일본변정고』라는 저서를 상소와 함께 바쳤다. 얼마 후 다시 러시아 표트르 대제의 정치개혁을 다룬『아피득변정기俄彼得變政記』를 바쳤다. 마침내 광서제는 변법을 결심했다. 이는 서태후로부터의 자립을 의미했다.

이해 초에 이홍장은 공친왕의 부름을 받고 옹동화 및 영록 등과 함께 강유위를 면접하게 되었다. 이는 변법을 주장하는 강유위가 올린 상소를 두고 황제의 하문에 앞서 대신들이 그를 접견할 필요가 있다는 공친왕의 지시에 따른 것이었다. 옹동화는 광서제의 스승이고, 영록은 서태후의 조카였다. 이들 모두 이홍장과 마찬가지로 양무운동에 찬동하고 있었으나 변법에 대해서는 서로 적잖은 차이가 있었다. 면접 자리에서 대부분의 대신들이 강유위의 변법 주장에 반대의견을 표명했다. 이홍장이 그에게 물었다.

"그대의 주장에 따르면 전래의 6부를 모두 폐지하고 법칙과 규례도 버려야 한다는 말인가."

강유위가 나름대로 변법의 필요성을 역설했다. 이홍장은 변법 자체는 반대하지 않았으나 그의 변법 방법론이 마음에 들지 않았다. 당시 광서제의 신임을 배경으로 변법을 강력 추진하던 변법자강파들은 이홍장을 서태후와 밀착한 수구적인 인물로 간주했다. 이듬해인 광서 24년(1898) 7월에 광서제가 문득 이홍장을 조용히 불렀다.

"특별한 일이 없는 한 총리아문에 출입하지 말기 바라오."

이는 그의 외교관으로서의 삶에 종지부를 찍는 최종 선언에 해당했다. 광서제는 그가 강유위의 변법을 방해했다는 이유로 그를 사실상 총리아문의 직책에서 파면한 것이다. 변법자강파가 광서제를 움직여 서태후와 가까운 이홍장을 제거한 것으로 해석할 수밖에 없다.

그러나 사실 이홍장은 변법에 반대한 적이 없다. 성급한 방법에 대해 이의를 제기했을 뿐이다. 당시 광서제는 보다 신중한 자세로 이홍장의 의견을 경청할 필요가 있었다. 그리 했으면 애써 시도한 무술변법이 그처럼 허무하게 사라지지는 않았을 것이다. 광서제와 변법자강파의 조바심이 불러온 참화가 아닐 수 없다.

당시 변법자강파와 보수파의 투쟁이 심화되자 쌍방의 입장도 점차 분명히 드러났다. 이홍장은 서태후가 변법자강파를 극도로 경계하고 있는 것을 감안해 변법에 대해 일절 언급하지 않았다. 결국 얼마 후 서태후가 주도한 무술정변으로 인해 광서제는 중남해中南海의 한 방에 유폐되고, 강유위를 비롯한 변법자강파는 죽임을 당하거나 망명길에 올라야 했다. 무술정변 이후 서태후는 광서제를 대신해 천하를 통치하는 이른바 '훈정訓政'을 실시했다. 변법자강파에 대한 대대적인 탄압이 진행된 것은 말할 것도 없다.

당시 그는 청조를 대표해 이토와 만나 강유위를 체포해 중국으로 인도하는 방안을 논의했다. 그가 물었다.

"강유위가 혼자 귀국으로 도망한 것 같은데 만일 그런 일이 있다면 귀국에서는 반드시 체포하여 중국으로 보내 주기 바라오."

이토가 동의하지 않았다.

"만일 강유위가 정무와 유관한 죄를 범했다면 말씀대로 따르겠으나 만일 국정과 무관한 것이라면 국제법에 따라 그리 처리할 수 없습니다."

이홍장은 이 말을 듣고 태도를 바꿔 '강유위는 장차 큰일을 할 인물이나 지금은 단지 남다른 재주가 없을 뿐이다.'라며 이토의 견해에 동조했다고 한다. 실제로 강유위는 망명 기간 중 이홍장에게 서신을 보내 이홍장이 양광총독으로 있을 때 자신의 조상 무덤을 지켜 준 것에 감사의 마음을 전했다. 양계초가 훗날 그에 대한 첫 번째 전기를 써 그의 공과에 공정한 평가를 내린 것도 같은 맥락이다. 서태후도 죽는 순간까지 그를 자신의 심복으로 여기며 중용했다. 그가 변법자강파와 서태후의 대립 속에서도 쌍방의 환심을 살 수 있었던 것은 바로 상황에 맞춰 일을 처리했기에 가능했다.

그러나 장음환에 대한 그의 태도는 강유위 등에 대한 입장과 사뭇 달랐다. 당시 서태후가 가장 미워한 것은 강유위와 동향으로 그의 정치 노선에 동조한 장음환이었다. 원래 장인환은 강유위의 변법에 적극 가담한 적은 없었다. 그럼에도 서태후 주변에는 장음환을 미워하는 자가 매우 많았다. 장음환이 변법자강파에 대한 체포 이틀 전인 9월 23일에 검거된 게 그 증거이다. 이는 장음환의 주도 하에 변법자강파가 이토 히로부미를 특별고문으로 영입한 뒤 국정개혁을 단행할 것이라는 당시의 소문과 무관치 않았다.

장음환이 보군통령아문步軍統領衙門에 연행되어 곧바로 투옥되자 영국인 선교사 리처드 티모시가 그를 구출하기 위해 동분서주했다. 이는 평소 장음환이 총리아문을 휘어잡고 이홍장과는 정반대로 친영적인 입장을 취한데 따른 것이었다. 실제로 그는 친러적인 이홍장과 크게 대립했다. 여기에는 무술정변 1년 전인 광서 23년(1897)에 있은 빅토리아 여왕 60주년 경축식 때 장음환이 청국대표로 참석했다가 영국의 최고 훈장을 수여받은 점도 적잖이 작용했다.

당시 맥도널드 영국공사는 일본의 대리공사 하야시 곤스케에게 그의 구출에 대한 협력을 부탁했다. 공교롭게도 전 총리대신인 이토 히로부미는 청국에 비공식 사절로 와 있었다. 장음환의 청형을 중지시킬 수 있는 사람은 서태후의 신임이 두터운 이홍장밖에 없었다. 이토 히로부미는 이홍장에게 영향을 미칠 수 있는 인물이었다. 그러나 이홍장은 한때 자신의 부하로 있었던 장인환의 구출에 소극적이었다. 다급해진 하야시가 공사가 이홍장을 만났다.

"장음환이 처형되면 이내 열국이 간섭할 것입니다. 이토 전 총리 역시 장음환의 운명에 비상한 관심을 보이고 있습니다."

맥도널드도 이홍장에게 서신을 보냈다. 독일황제 빌헬름 2세도 전보를 보내 총리아문의 선처를 당부했다. 장음환이 한때 공사로 근무한 적이 있는 미국도 매킨리 대통령이 개인 자격으로 주청공사에게 그의 감형운동을 벌이라는 훈령을 보냈다. 결국 장음환은 감형되어 사형을 면하고 신강 유배로 낙착되었다. 이는 총리아문의 수석대신인 경친왕 혁광이 '장음환은 강유위의 당이 아니었다.'는 상주를 올리는 형식을 통해 이뤄졌다. 당시 지방관 중 유일하게 변법자강파에 동조했던 진보잠과 그의 아들 진삼립陳三立도 해임 후 두 번 다시 임용치 않는다는 취지의 영불서용永不敍用 처분을 받았다. 이로써 변법자강파는 완전히 궤멸되고 말았다.

광서 25년(1899) 말, 무술정변이 일어나는 어수선한 와중에 이홍장이 다시 실무직인 양광총독 서리에 임명되었다. 표면상 직례총독 겸 북양대신에 있던 사람이 양광총독 서리로 발령 난 것은 좌천에 해당했다. 그러나 10명가량으로 구성된 총리아문의 대신 자리에서 실무직인 양광총독이 된 것을 두고 반드시 좌천이라고 볼 수만도 없다. 오히려 실각상태에서 점차 부활하는 과정으로 보는 게 타당하다.

당시 상황에 비춰볼 때 광동은 왕조전복의 진원지로 작용하고 있었다. 강유위와 양계초 모두 광동출신이고 손문은 광주에서 광동 출신

비밀결사 요원들과 손을 잡고 혁명거사를 꾀하고 있었다. 시국상황에 비춰 양광총독의 자리는 매우 중요한 자리였다. 청조는 내심 이홍장과 같은 거물이 양광총독의 자리로 가야만 이 문제를 해결할 수 있다고 판단했을 공산이 크다.

실제로 이홍장은 일본에 망명했던 손문 측의 요청에 의해 홍콩에 들른 그와 접촉하려고 했다. 이에 먼저 이홍장의 참모가 손문과 동행한 미야자키 도텐宮崎滔天과 만났다. 손문보다 5세 연하인 그는 자유민권사상에 큰 영향을 받아 형인 미야자키 야조宮崎彌藏와 함께 중국의 혁명을 지원하는데 힘을 쏟은 인물이다. 당시 강유위는 손문과 대립하고 있었다. 싱가포르에 있던 강유위의 측근들이 이내 미야자키를 일본 측의 자객이라고 고발하면서 손문과의 만남은 무산되었다. 당시 이홍장은 광동에서 주일공사로 임명되었다가 무술정변으로 파면된 황준헌과도 만났다. 황준헌은 이홍장의 요청에도 불구하고 약간의 조언만 한 뒤 관직취임을 고사했다.

이홍장은 양광총독으로 있으면서 서태후의 명을 좇아 충실히 일을 처리했다. 이때 그는 강유위 조상의 무덤을 보존해 주었다. 그러나 그가 서태후의 명을 거스르면서 강유위 등을 보호코자 한 것은 아니있다. 이는 그가 외국사절 및 홍콩총독 등과 교섭하면서 강유위와 양계초 등의 체포에 적극 협력해 줄 것을 청한 사실이 뒷받침한다. 이런 조치로 인해 서태후가 그를 더욱 신뢰한 것은 말할 것도 없다.

이홍장의 입장은 훗날 그의 휘하장수로 있던 장원제張元濟의 회고에 잘 나타나 있다. 이에 따르면 당시 그는 무술변법이 무산되자 이홍장에게 이같이 충고했다.

"서태후와 황제의 의견이 맞지 않습니다. 그대는 국가의 중신이니 중재해야 합니다."

이홍장이 그를 힐책하며 크게 탄식했다.

"어린 너희들이 무엇을 알겠는가!"

2년 뒤 의화단 사건이 일어난 뒤 장원제는 양광총독이던 이홍장에게 더 이상 청조를 위해 충성하지 말 것을 충고했다. 이홍장은 그때도 이같이 말했다.

"어린 너희들이 무엇을 알겠는가. 나는 목숨이 다할 때까지 충성을 바칠 것이다."

그는 서구 열강에 선전포고를 한 서태후에 동조하지는 않았으나 결코 청조에 등을 돌리지는 않았다. 그가 서태후를 도와 열강을 상대하며 뒷수습을 한 이유이다.

광서 26년(1900) 정월, 그는 중앙관원의 성적평가인 경찰京察에서 우수한 평가를 받아 이해 4월에 정식으로 양광총독에 보임되었다. 이때 이른바 '경자사변庚子事變'으로 불리는 '의화단사건'이 일어났다. 이 사건의 여파로 신강으로 유배를 간 장음환이 살해되었다. 그에 대한 증오심을 버리지 않고 있던 서태후가 혼란한 틈을 타 처형명령을 내린 것으로 알려져 있다. 장음환은 의화단 사건 후 강화회의가 진행될 때 영미 공사의 요청으로 명예가 회복되었다. 당시 주일 영국공사 어네스트 사토까지 이홍장에게 그의 명예회복과 복귀를 요청하는 등 적극 발 벗고 나섰다. 그의 명예와 원래 관직이 회복되었으나 이는 사후약방문에 지나지 않았다. 이는 영국을 비롯한 서양인에 대한 청국 백성들의 증오가 그만큼 컸음을 반증한다.

의화단사건과 신축조약

강유위가 주도하는 무술변법이 일어나는 광서 24년(1898)에 청국은 일본에 대한 전쟁배상금을 모두 갚았다. 증세增稅의 형태로 백성에게 부담이 간 것은 물론이다. 이로 인해 각지에서 소작인들의 항조抗租운동이 잇달아 일어났다. 소작료의 감액에서 시작해 불납운동으로까지 발전했다. 지주들도 이에 대항해 공조국公租局이나 조잔租棧 등의 조직을 만들어 정부와 군대의 힘으로 이를 진압코자 했다. 양무자강파에 의한 각종 근대화 작업도 많은 실업자를 양산했다. 이들 실업자는 유민流民이 되어 혼란을 더욱 가중시켰다.

이런 혼란은 태평천국의 난이 빚어진 남쪽에서 시작해 북쪽으로 확산되었다. 남쪽에서는 기독교 자체가 반란으로 비화했으나 북쪽에서는 정반대로 반기독교 운동으로 나타났다. 여기에는 청국의 물정에 어두운 외국인 선교사들이 중국 전래의 관습을 무시하고, 일부 중국인 신자들이 사당祠堂의 제사 때 추렴에도 응하지 않는 등 백성들의 반감을 자극한 게 크게 작용했다. 교회의 부지나 건물의 소유를 둘러싼 분쟁이 이어진 배경이다. 일부 선교사는 배후에 있는 자국 군대를 믿고 교회의 치외법권을 주장하며 이를 미끼로 신자를 끌어들이기도 했다. 실제로 일부 흉한들은 관헌이 교회까지 추적하지 못하는 모습에 고무돼 입교했다. 이는 백성들의 반기독교 감정을 크게 자극했다. 이처럼 기독교 포교를 적대시한 흐름을 이른바 '구교仇教', 이로 인해 빚어진 사건을 '교안教案'으로 불렀다.

'구교'는 곧바로 '배외운동'으로 이어졌다. 군함이나 대포를 배경으로 한 포교가 오히려 포교에 역효과를 낳은 셈이다. 무술변법의 전해인

의화단 사건 청나라 말기인 1900년 중국 산동성에서 일어난 반기독교 폭동을 계기로 화북 일대에 퍼진 반제국주의 농민투쟁

광서 23년(1897)에 산동에서 독일인 신부 2명이 살해되고, 독일군이 출병하는 일이 빚어졌다. 독일은 이를 기화로 교주만 일대를 보호령으로 삼고 철도 부설권을 얻어냈다. 포교를 가장한 침략이나 다름없었다.

원래 산동 지역은『수호지』가 산동을 무대로 하고 있는 데서 알 수 있듯이 예로부터 의협의 기풍이 강했다. 산동의 거인을 뜻하는 '산동대한山東大漢'은 이 지역 사람들의 우람한 체격을 뜻하는 말이기도 했다. 청대에는 세상을 바로 잡겠다는 운동인 백련교가 가장 성했던 곳이기도 하다. 이들 백련교도들은 청조의 탄압으로 인해 다양한 형태로 비밀결사를 만들어 잔존했다. 대도회大刀會, 팔괘교八卦教, 의화문義和門, 여의교如意教, 신동노단山東老團 등이 그것이다.

이들 결사는 남쪽의 삼합회三合會 및 천지회天地會 등과 달리 미신적인 요소가 강했다.[53] 진시황에게 동해에서 불사약을 가지고 오겠다고 속여 갈취한 서복徐福이 이곳 출신인데서 알 수 있듯이 산동은 방술이 성한 곳이었다. 나아가 의협을 숭상하는 상무 기풍으로 인해 무술이 성했다. 호신과 신체의 단련을 겸한 '의화권義和拳' 일명 '매화권梅花拳'은 가장 널리 알려진 권법이었다. 의화권을 하는 사람들은 주문에 의해 총알도 몸을 상하게 하지 못한다고 믿었다. 의화권의 이름을 딴 의화단은 원래 산동의 이런 역사적 배경에서 나타난 조직이었다.

독일이 교주만 일대를 세력권으로 삼아 청도에 군항을 만들고, 배후지에 철도를 부설하는 과정에서 백성들의 조상 묘가 대거 파괴되는 일이 빚어졌다. 이는 백성들의 기독교와 서구에 대한 증오심을 부추겼다. 게다가 무술변법을 전후해 홍수와 한발 등의 천재가 겹친 까닭에 민심은 크게 흉흉했다. 무술변법이 실패한 이듬해인 광서 25년(1899)에 정황기에 속하는 만주족 육현毓賢이 산동순무로 왔다. 그는 배외감정이 매우 강했다.

이해 10월에 의화권을 익힌 사람들이 평원현平原縣의 기독교 신자 마을을 습격했다. 관군이 이를 진압하자 화가 난 육현은 지휘관과 진입에 협력한 관원을 경질했다. 서양에 혐오감을 갖고 있던 그는 이들을 단련團練에 편입시켜야 한다는 생각을 갖고 있었다. '의화단'이라는 용어는 이 무렵부터 널리 사용되기 시작했다. 당시 서태후도 의화단을 이용

---

53 '삼합회'는 청조의 전복과 한족의 부흥을 꾀하기 위해 명나라 유신의 후예들이 만든 비밀결사였다. 그러나 아편전쟁 전후로 일부 하부조직이 아편 등에 손을 대면서 미국의 마피아 및 일본의 야쿠자와 마찬가지로 범죄 집단의 대명사가 되었다.

해 일거에 양이를 구축할 생각으로 이들을 간접 지원했다. 의화단이 구호를 '반청멸양反淸滅洋'에서 '부청멸양扶淸滅洋'으로 바꾼 것은 바로 이 때문이었다. 당초 이들은 '멸양滅洋' 앞에 명나라의 부흥을 뜻하는 '복명반청復明反淸' 내지 '흥한興漢'을 내걸었다. 육현과 서태후 모두 '반청' 대신 '부청'을 넣어 청조의 근황세력으로 활용코자 한 것이다.

당시 북경의 서태후는 무술변법을 배후에서 지원한 광서제를 폐하고 단군왕 재의載漪의 아들 부준溥儁을 새 황제로 옹립코자 했다. 폐위 사유로는 '병약病弱'을 내세울 속셈이었다. 이에 서태후는 이홍장과 장지동, 유곤일 등 지방 독무에게 비밀전보를 보냈으나 이들 모두 반대의 사를 표명했다. 열강이 납득치 않을 것이라는 게 이유였다. 당시 양광 총독으로 있던 이홍장은 이같이 답전했다.

"어떤 공사는 말하기를, '이는 타국의 국사이므로 관여하지 않겠으나 새 황제를 황제로서 인정하지 않을 것이다'라고 했습니다."

열강이 광서제의 신변 안전을 우려하며 청조의 후계자 옹립문제에 비상한 관심을 기울이고 나서자 이를 내정간섭으로 간주한 서태후는 배외의식이 더욱 강해졌다. 이런 상황에서 산동순무 육현이 의화단의 배외운동을 부추기고 나선 것이다. 열강은 이를 묵과하지 않았다. 이에 육현은 산서로 전임되고 후임에 원세개가 왔다. 그는 배외운동보다 자신의 세력을 부식하는데 열심이었다. 열강의 원조를 기대하며 신건육군을 강화코자 한 그는 의화단을 철저히 탄압했다.

산동에서 쫓겨난 의화단은 직례로 들어갔다. 이들은 내수萊水에서 정부군을 격파하고 철도와 철교, 전신선 등 서양과 관련된 것을 닥치는 대로 부쉈다. 보수파 지도자 중 한 사람인 강의剛毅를 비롯해 서태후의 주변 사람들은 이를 배외운동에 이용코자 했다. 그는 의화단이 충용忠

勇하고, 신술神術을 갖고 있다는 식으로 서태후를 세뇌시켰다.

광서 26년(1900) 6월 의화단이 북경에 들어갔다. 산동에서는 반도叛徒에 불과했으나 북경에서는 '부청멸양'의 근황군勤皇軍으로 환영받았다. 당시 북경에 들어온 의화단은 20만 명가량으로 전해지고 있다. 이들은 강의를 창구로 하여 청조에 많은 요구를 했다. 은과 식량, 의화단 탄압 관원에 대한 처벌 등이 그것이다.

서태후는 이들의 요구에 응해 총리아문 수석대신을 경친왕 혁광에서 단군왕端郡王 재의載漪로 바꿨다. 열강에 평판이 좋은 경친왕이 서태후의 배외정책에 방해가 될까 우려한 것이다. 이어 배외적 성향이 강한 동복상董福祥의 '감군甘軍'을 북경에 들여 놓았다. 감숙성 출신인 동복상은 회교반란이 일어났을 때 반란군의 간부로 있다가 투항한 인물로 이후 신강에서 공을 세워 총병에서 문득 카슈가르 총독으로 승진한 인물이다. 청일전쟁 후 북경으로 초치되자 이같이 호언했다고 한다.

"내게는 외이外夷를 죽이는 재능밖에 없다."

그는 무슨 일이나 과감하게 처리했다. 광서제의 유폐도 영록의 명에 따라 그의 군대가 주도한 것이었다. 그는 배외운동의 최적임자였다. 감군이 북경에 진주하자 북경의 외국인들은 커다란 위협을 느꼈다. 영국공사 맥도널드가 대고大沽에 있는 영국함대 사령관에게 급전을 보냈다. 그러나 2천 명의 영국 해병대는 격렬한 저항을 받아 더 이상 전진하지 못하고 이내 되돌아가고 말았다. 이해 6월 11일, 동복상 휘하의 감군이 일본공사관의 스기무라杉山 서기관을 살해했다. 6월 20일에는 총리아문으로 가던 독일공사 케틀러가 살해되었다.

다음날인 6월 21일에 청조는 각국에 선전宣戰을 포고한 뒤 각 성에 격문을 보내 의화단을 소집해 싸울 것을 명했다. 그러나 각 성의 독무는 이를 무시했다. 양광총독 이홍장은 호광총독 장지동과 양강총독 유곤일, 산동순무 원세개 등과 연락해 조정의 격문을 진짜로 간주할 수 없어 따르지 않기로 약속했다. 당시 상해를 관할하는 양강총독 유곤일은 호광총독 장지동과 상의해 각국의 상해 주재 영사들과 함께 '동남보호조약東南保護條約'을 맺었다. 이는 일종의 중립조약으로 의화단 동란이 동남지방에 미치지 않도록 보장한 것이다.

당시 북경의 각국 공사관은 일반인 거주 지역인 동교東交의 민항民巷에 모여 있었다. 현재 천안문 건너편의 동쪽 역사박물관과 관청이 늘어서 있는 이곳은 당시 외국인들이 6월 21일의 선전포고에서 8월 14일의 연합군 북경진입 때까지 54일 동안 농성을 계속한 곳이다. 원래 이 지역은 선전의 상유上諭가 나오기 이전에도 사실상 포위되어 있었으나 별다른 문제가 없었다. 외국인들은 중국인 기독교 신자를 통해 천진에 밀사를 보내기도 하고 갖가지 정보를 얻었다. 청군 병사는 이들에게 식료품을 팔기도 했다. 심지어 탄약까지도 사들일 수 있었다.

이 기간 동안 의화단이 오합지졸의 양상을 보인 까닭에 장친왕莊親王 재훈載勛이 보군통령으로 총사령관이 되고, 강의가 의화단 전체를 통솔했다. 그러나 2달이 다 되도록 끝내 동교민항을 함락시키지 못했다. 일설에는 직례총독 영록이 군대에 공포를 쏘게 해 이들을 보호했다고 한다. 당초 영록은 의화단이 북경에 들어왔을 때 이들에 대한 탄압을 주장했다. 그러나 그의 주장에 동의한 것은 왕문소王文韶 뿐이었다. 대세는 배외론이었다. 베일러貝勒 재렴載濂 등이 영록과 왕문소를 참형에 처할 것을 주장했으나 서태후가 허락지 않았다. 이 사이 러·영·미·일·독·이·오·불 등 8개국 연합군 2만 명이 대고포대를 함락시키고 천진에 육박했다. 군함 47척, 장병 2만여 명이었다. 일본군이 주력이었다.

당초 러시아는 일본이 대군을 파견하는 것을 반대했으나 영국과 미국이 이를 지지했다. 러시아가 마지막에 일본의 대군파견을 지지한 것은 의화단 세력이 동북지역에 미치기 시작해 러시아의 권익인 철도를 부수기 시작한데 따른 것이었다. 당시 연합군은 서로 보조가 맞지 않았다. 연합군의 총사령관은 중국에 가장 큰 권익을 가진 영국이 담당해야 했으나 독일의 발데르제 장군이 되었다. 독일공사가 살해된 까닭에 독일이 가장 열성적으로 나선 것이다.

이들 8개국 연합군을 맞아 싸운 사람은 무의군武毅軍을 지휘하는 직례제독 섭사성聶士成과 총병 마옥곤馬玉崑 등 청일전쟁의 경험이 있는 회군 계통의 장군들이었다. 그러나 이들은 연합군의 적수가 못되었다. 섭사성이 분전하다가 전사하자 연합군은 이내 천진을 함락시켰다. 이때 영록을 대신해 직례총독이 된 유루裕祿는 부상을 당해 패주하다 죽었다. 통주通州에서는 독일인 신부 살해의 책임을 지고 해임된 전 산동순무 이병형李秉衡이 근황병을 이끌고 참전했다가 패전의 책임을 지고 자결했다.

연합군의 공격에 직례총독 유록裕祿은 천진 부근에서 부상을 당하고 도주하던 중 자진하고 말았다. 그는 태평천국의 난 때 호북을 잃고 도주하다가 자살한 숭륜崇綸의 아들이기도 했다. 조정이 각 성의 총독과 순무에게 급전을 보내 즉시 군대를 이끌고 북상해 연합군과 싸울 것을 명하자 양광총독 이홍장이 탄식했다.

"자신의 역량을 모르고 가볍게 일을 벌였으니 수천 년의 문화를 지닌 중국이 자칫 끝장날 지도 모를 일이다."

이에 그는 '어지러운 명을 따를 수 없다'는 취지의 상주문을 올렸다. 양강총독 유곤일과 호광총독 장지동 등이 그의 뒤를 따랐다. 당시 병부상서 서용의徐用儀, 호부상서 입산立山, 이부좌시랑 허경징許景澄, 내각학사 연원聯元, 태상시경 원창袁昶 등은 의화단을 이용해 배외전쟁을 수행하는 것에 반대의견을 제시했다가 처형되고 말았다. 북경에서 외국과 내통하는 자에 대한 일대 수색이 벌어지자 시랑 호유분胡燏芬은 이들에게 지목돼 도주했다.

양무자강파를 후원한 대학사 손가내孫家鼐와 공부상서 진학분陳學棻 등도 수색과 약탈을 당하고 본인들은 간신히 몸만 빠져 나올 수 있었다. 황족인 부륜溥倫도 약탈을 당했다. 부륜은 영록에게 호소했으나 소용이 없었다. 영록도 안전하지 못했다. 공친왕 혁흔까지 숙청의 대상이 되어 있었다. 당시 의화단은 '1룡2호一龍二虎'를 매강서켜야 한다고 떠벌였다. '1룡'은 변법을 지지한 광서제, '2호'는 양무자강파인 이홍장과 경친왕 혁광을 말한다.

이해 8월 14일, 8개국 연합군이 북경에 입성하자 서태후는 급히 광서제와 함께 서화문西華門을 통해 자금성을 탈출했다. 서태후는 감금 중인 광서제의 총비寵妃인 진비珍妃를 영수궁寧壽宮의 우물에 빠뜨려 죽였다고 한다. 광서제가 유폐될 때 황제를 위해 변명을 하다가 서태후의 노여움을 사 감금당한 진비가 자금성 탈출 당시 '황제가 북경에 남아 강화에 임해야 한다.'고 주장한 것이 서태후의 비위를 건드려 죽음을 당했다는 주장이 유력하다.

당시 서태후는 사람들의 눈에 띠지 않도록 머리를 한인처럼 고치고 허름한 청의靑衣를 입고 나가 서화문 밖에서 당나귀가 끄는 수레를 탄 채 덕승문德勝門을 통해 북경성 밖으로 빠져나가 황급히 서쪽을 향했다. 마옥곤 부대의 호위를 받은 서태후는 동태후와 함께 태원을 거쳐 서안으로 몽진했다. 이후 북경은 주인이 없는 도성이 되어 8개국 연합군의 공동 관리 하에 들어갔다. 이때 대규모 약탈이 이뤄졌다. 연합군 모두 40년 전인 함풍 10년(1860)에 영불 연합군이 원명원을 약탈해 장병들이 모두 대부호가 되었다는 얘기를 익히 알고 있었다. 이들은 눈에 불을 켜고 보물을 찾아 나섰다.

이로 인해 북경은 일거에 무법천지가 되었다. 자금성과 이화원의 보물 모두 무참히 약탈당했다. 연합군은 심지어 태화전 앞에 있던 화재대비용 동강銅缸에 도금된 황금까지 칼로 긁어 갔다. 동치제의 장인으로 호부상서로 있던 숭기崇綺의 경우는 처와 딸이 연합군에게 윤간을 당한 뒤 전 가족이 자진했다. 당시 독일군의 폭행과 약탈이 가장 심했다. 당시 독일황제 빌헬름 2세는 청국을 야만국과 똑같이 다뤄도 좋다는 훈령을 내렸다고 한다. 영국과 프랑스, 러시아, 이탈리아, 오스트리아의 약탈도 독일 못지않았다. 청국 측 기록에 의하면 미국과 일본만이 나름대로 기율이 있었다고 한다.

이 와중에 의화단은 사방으로 흩어지고 일부는 북경 근교에서 저항했으나 이내 진압되었다. 남은 것은 사건을 처리하는 문제뿐이었다. 8개국의 이해득실이 같지 않았으나 청조를 존속시켜 배상을 받아내야 한다는 점에서는 일치했다. 독일은 원정군 주력이 아직 수송 중에 있으므로 이를 기다릴 생각이었으나 러시아는 특별권익을 얻어낸 뒤 조속히 철병해야 한다는 입장이었다. 영국은 러시아와 대립했다. 러시아가 이런 입장을 보인 것은 차르인 니콜라이의 대관식 때 이홍장과 맺은 청러 간의 비밀협정과 무관치 않았다. 당시 이홍장은 청일전쟁 후 전면에 거의 나서지 않았으나 서태후의 신임이 두터웠다. 비밀협약도 서태후의 허락을 받은 것이었다. 서태후가 집정해야만 비밀협정을 관철시킬 수 있었다. 이에 반해 영국은 변법자강파의 망명을 도운데서 알 수 있듯이 광서제의 친정을 환영했다. 일본은 러시아와 대립한 까닭에 영국에 동조했다.

열국은 이견조정을 위한 시간을 벌기 위해 청국 측 책임자에 대한 처벌문제부터 논의했다. 일종의 전범 재판이 시작된 것이다. 당시 배외파의 우두머리로 활약한 강의剛毅는 서태후를 따라 서안으로 가던 중 병사해 제외되었다. 그러나 장친왕 재훈은 자결을 강요받았고, 단군왕 재의는 신강으로 영구 추방되었다. 감군을 지휘한 동복상은 사형을 요구하는 의견이 거셌으나 이홍장이 극력 비호해 간신히 죽음을 면할 수 있었다. 당시 그는 군사를 이끌고 섬서성에 주둔해 있었다. 그의 처형은 군란을 일으킬 소지가 컸다. 책임자 처벌이 끝난 시점인 이해 12월에 강화조약의 기본골격이 제시되었다.

강화조약의 중국 측 당사자는 이홍장이었다. 이는 몽진 중의 서태후가 사태의 심각성을 깨닫고 급히 그를 직례총독 겸 북양대신에 임명해 속히 강화에 임할 것을 명한데 따른 것이었다. 강화회담의 전권사절이 되기 위해서는 직례총독 겸 북양대신의 직함이 필요했다. 이로써 청일전쟁 이후 패전의 책임을 지고 실각한 뒤 우울한 나날을 보내던 이홍장은 정계 전면에 복귀했다. 그러나 그에게 맡겨진 임무는 사실상 패망하다시피 한 청조의 잔명을 간신히 이어가도록 만드는 일 뿐이었다.

당시 이홍장은 부하들과 일족의 만류를 뿌리친 채 노구를 이끌고 북경에 도착한 뒤 곧바로 협상에 들어갔다. 강화협상은 협상대상국이 모두 11개국이나 된 까닭에 이듬해인 광서 7월까지 계속되었다. 모두 4억5천 냥을 배상하는 내용을 골자로 한 신축조약辛丑條約은 이듬해인 광서 27년(1901) 9월 7일에야 조인되었다. 열국 내 이견 조정으로 반년 가까이 회담이 진행된 것이다. 신축조약이 체결되자 연합군이 비로소

철군하기 시작했다.[54]

신축조약의 체결로 연합군이 북경에서 철수하자 양식 있는 사람들은 의화단의 실패를 반추했다. 태평천국에도 하나님이 지상에 내려오는 이른바 '천부하범天父下凡'의 미신적인 면이 있었으나 의화단의 경우는 그 정도가 더 심했다.

이홍장은 마지막 1년 동안 청조가 북경으로 귀환할 수 있을지 여부를 살펴보았다. 청조가 화북으로 복귀하지 않는다면 양자강 유역과 이남의 땅에 새 정권을 수립해 전국적인 붕괴를 막아야 했다. 그러기 위해서는 변법자강파는 물론 과격한 흥중회興中會와도 제휴할 필요가 있었다. 흥중회는 의화단사건과 같은 행에 혜주惠州에서 두 번째 무장봉기를 시도했으나 실패했다. 손문의 동지인 진소백陳少白은 이홍장의 참모와 접촉하고 있었다.

열강이 청조유지를 원하는 것을 알고 이홍장은 사건의 뒤처리를 위해 상경을 승낙했다. 자신이 맺은 청러밀약에 의해 사변 후의 재정, 군사원조를 러시아 측으로부터 얻을 수 있다고 판단했다. 그러나 그 대상代償으로 얼마만한 이익을 잃어야 하는지 등에 관해 제대로 판단할 여우도 없이 타계한 것이다.

의화단의 난이 한창일 때 러시아는 청국의 동삼성에 대규모 군사

54 신축조약 당사국은 출병한 8개국 외에 벨기에, 스페인, 네덜란드 대표가 가담해 모두 11개국이 되었다. 조약은 모두 12개조, 부대조항 12건으로 되어 있다. 반기독교운동이 사죄死罪로 규정되고, 총리아문을 외무부로 개편해 외교기능을 강화하는 것이 골자였다. 초대 외무부 총리대신에 경친왕 혁광, 회판대신에 왕문소가 임명되었다. 총 4억 5천만 냥의 배상금은 연리 4푼의 이자로 총 39년간에 걸쳐 할부로 배상토록 결정되었다. 연리를 합하면 10억 냥에 달했다. 이 배상금은 청조가 패망한 후 중화민국이 인수해 관세 등에서 계속 지불하는 형식으로 1940년까지 지속되었다.

청궁비사 영화 포스터

를 보냈다. 철도보호를 구실로 내세웠으나 사실 점령이나 다름없었다. 만주를 자국의 세력권에 두고 장차 이를 영유하겠다는 것이 러시아의 기본입장이었다. 방법론 상 급진론과 점진론의 대립이 있었으나 군부가 지지한 급진론이 대세였다. 열국이 신축조약을 계기로 청국분할 방안을 포기했는데도 유독 러시아만 강한 집착을 보인 이유가 여기에 있다. 이는 필연적으로 조선을 세력권에 넣고 만주로 진출코자 하는 일본과 충돌을 일으킬 수밖에 없었다. 러일전쟁은 이미 예고된 것이나 다름없었다.

무술변법과 의화단사건은 후대에도 큰 영향을 미쳤다. 훗날 두 사건을 다룬 1948년의 영화 〈청궁비사淸宮秘史〉에 대해 유소기劉少奇가 애국주의라고 칭찬한 것을 두고 좌파인 척본우戚本禹가 '애국주의인가 매국주의인가'라는 제목의 논문에서 비판한 것이 문화혁명의 단초가 되었다. 그가 〈청궁비사〉는 제국주의에 몸을 판 부르주와 개혁주의에 불과한 변법자강파를 미화하고 의화단을 우민으로 묘사했다고 비판하자 유소기에 대한 비판이 고조되었다. 이에 그는 마침내 실각된 후 비참한 최후를 맞고 말았다.

의화단 사건은 분명 통제를 벗어난 극렬과격파가 횡행한 문화혁명을 연상시킨다. 그럼에도 의화단 사건은 아직까지 열강들로 하여금 중국 분할의 야심을 포기토록 만든 점이 높이 평가받고 있다. 8개국 연합군 사령관인 발데르제는 열국을 다 합쳐도 중국인의 4분의 1도 지배하기 어렵다며 열강의 과분책瓜分策을 하책으로 단정했다. 총세무사總稅務司로 있던 영국인 로버트 하트는 의화단을 중국 인민의 애국적 궐기로 평했다.

"앞으로 50년 후에는 갑옷으로 몸을 감싸고 밀집부대를 만드는 수백만 명의 의화단원이 중국정부의 소집에 응할 것이다."

당시 하트는 광서제의 주변에 인재가 없어 변법을 강행하면 혼란이 초래되어 동란이 재연될 우려가 큰 만큼 서태후의 집정을 인정해야 한다고 주장했다. 이들의 견해가 열강의 청국 과분을 막았다는 게 중론이나 '신축조약'은 기본적으로 이홍장이 나서지 않았으면 체결되지 못했을지도 모를 일이었다. 조약체결의 지연은 곧 열강에 의한 북경의 장기점령을 뜻했고, 이는 이내 청국의 분할점령으로 진행될 공산이 컸다.

당시 이홍장은 '신축조약'의 서명을 마치고 숙소인 현량사로 돌아온 뒤 수차례 피를 토했다. 그는 이 와중에 어가의 귀경을 뜻하는 회란回鑾을 청하는 상소를 올렸다. 그러나 서안의 조정은 회란을 미룬 채 신정新政을 표방하며 이홍장을 새로 설치한 정무처政務處의 우두머리인 독판

정무대신督辦政務大臣에 임명했다. 실제로 서태후는 이후 자신이 탄압한 변법자강파의 정책과 유사한 개혁정책을 잇달아 발표했다. 서태후는 북경으로 귀환하기 전에 서안에서 이미 변법의 조서를 내렸다. 향후 과거시험에서 팔고문을 없애고, 대신 책론策論을 과하기로 하면서 각 성에 학당을 설립토록 것을 명한 게 그것이다. 이해 12월에는 건국 이래 200여 년 동안 금지된 '만한통혼滿漢通婚'을 허락하는 조서를 내리기도 했다.

이홍장이 회란을 청하는 상소를 올릴 당시 마침 만주에서 일어난 러시아인의 약탈 사건을 계기로 열국의 러시아에 대한 비판이 거세지자 청러밀약에 대한 개정작업이 진행되었다. 그러나 날인이 이뤄지기 직전 이홍장은 간질肝疾로 자리에 눕게 되었다. 그는 자신의 목숨이 얼마 남지 않은 것을 알고 미리 염의殮衣로 갈아입었다. 임종이 가까워오자 그가 절치切齒하며 말했다.

"인재를 육성하고도 나라를 그르치는 육현오국毓賢誤國이 여기에 이르게 되었으니 참으로 한스럽다."

이후 그는 전혀 말을 하지 못했다. 하루 동안 꼬박 눈을 감지 못한 그는 11월 7일의 임종 직전 몇 줄기 눈물을 흘린 뒤 이내 숨을 거뒀다. 그의 눈은 여전히 부릅뜬 상태였다. 좌우에서 '끝내지 못한 일은 저희가 해낼 터이니 공은 안심하고 가십시오.'라고 말하자 비로소 눈을 감았다고 한다. 향년 78세였다.

이홍장에 대한 재평가

'동양의 비스마르크' 이홍장은 독일의 비스마르크와 달리 시종 굴욕적인 매국조약의 원흉으로 지목된 까닭에 이후 근 100여 년 동안 '한간漢奸'이라는 혹평을 받았다. 나아가 그는 청검한 삶으로 일관한 스승 증국번曾國藩과 달리 생전에 뇌물수수 및 부정축재 의혹으로 숱한 비난을 산 바 있다. 당시 사람들 사이에서 이런 풍자시구가 유행했다.

재상은 크게 살쪘는데도 천하는 크게 말랐고 宰相合肥天下瘦
사농司農은 늘 익었는데도 세상은 황량하지 司農常熟世間荒

이는 안휘성 합비현合肥縣 출신 직례총독 이홍장과 농무대신인 사농司農으로 있는 강소성 상숙현常熟縣 출신 옹동화翁同龢를 빗댄 것이다. 그러나 과연 이런 풍자가 사실에 근거한 것일까? 그는 생전에 '청러밀약'을 체결하면서 러시아인들로부터 300만 루블의 뇌물을 받았다는 의혹을 받은 바 있다. 이를 두고 중국의 많은 학자들이 그의 전집을 편찬하면서 10여 년에 걸쳐 관련 사료를 찾아보았으나 이를 뒷받침할 만한 증기를 찾아내지 못했다. 그가 매국조약을 '한간'의 입장에서 체결했다는 증거를 찾기는 더욱 어렵다. 오히려 그는 죽기 직전에 병석에서 이런 유소遺疏를 쓴 바 있다.

"밖으로 화호를 닦고, 안으로 부강을 도모하면 혹여 점차 전기가 있을 것입니다."

등소평 이래 중국 수뇌부가 화두로 내세우고 있는 '도광양회韜光養晦'를 연상시키는 대목이 아닐 수 없다. 홍콩의 반환은 그가 올린 '유소'의 근본취지가 어디에 있는지를 여실히 보여주고 있다. 당시 그는 영국에 홍콩을 할양하면서 99년간이라는 단서를 달았다. 99년의 세월이 비록 길기는 하나 땅을 완전히 베어주지 않은 한 언젠가는 후손들이 되찾을 것이라는 생각을 한 것이다. 실제로 홍콩은 지난 1997년에 통째로 중국에 귀속된 바 있다. 멀리 내다보고 길게 호흡하는 사람만이 능히 생각해 낼 수 있는 고원한 셈법이 아닐 수 없다.

실제로 그는 죽는 순간까지 나라를 과분瓜分의 위기에서 구하기 위해 노심초사했다. 그러나 나라는 이미 골수까지 병들어 있었던 까닭에 그의 이런 노력은 아무런 빛도 보지 못하고 오히려 '한간'이라는 불명예만 안겨주고 말았다. 이홍장에 대한 객관적인 평가는 평소 그와 정치적 견해를 달리했던 양계초의 총평에 잘 나타나 있다. 양계초는 광서 27년(1901)에 펴낸『이홍장전』에서 그의 삶을 이같이 요약했다.

"나는 그의 재주를 존경하고, 그의 식견을 아까워하고, 그의 처지를 슬퍼한다."

이는 그에 대한 혹평이 역사적 사실과 크게 어긋난 것임을 뒷받침한다. 나라가 피폐하면 개인이 아무리 뛰어난 업적을 이룰지라도 그 취지가 퇴색 내지 곡해될 소지가 크다. 그를 옹호하는 사람들이 '조약에 서명하고 도장을 찍은 장본인은 서태후이고 이홍장은 심부름만 했을 뿐이다'라고 항변하는 것도 이 때문이다.

사실 당시 서구 열강은 무차별적으로 중국을 침공하고 있었다. 한 나라가 일을 벌이면 여러 나라가 뒤따라 이를 선동하는 방식으로 이뤄졌다. 마치 하이에나 무리가 늙은 사자를 물어뜯는 형국에 가까웠다. 이런 상황에서 이홍장은 대담하게도 청국이 비록 현재는 많은 손실이 뒤따를지라도 스스로 문호를 열고 세계와 교역하면 언젠가는 부강을 이뤄 천하를 호령할 날이 올 것으로 내다본 것이다.

이런 인식을 가지고 있던 선각자를 당시 중국에서는 거의 찾아보기 힘들다. 특히 이홍장이 구사한 '이이제이以夷制夷'의 책략은 패망 위기에 처해 있던 당시 청국의 피폐한 상황에 비춰볼 때 높이 평가할 만한 대목이 적지 않다. 급속한 경제발전을 거듭하고 있는 중국이 21세기에 들어와 이홍장을 새삼 주목하는 것도 이와 무관치 않을 것이다. 이홍장은 생전에 부패한 청국을 낡은 집에 비유하면서 자신의 일생을 이같이 요약한 바 있다.

"나는 풀칠이나 하는 장인에 불과할 뿐이다. 낡은 집을 보고 그저 수리만 할 뿐 개축할 능력은 없다."

이는 '천하를 다스리는 것은 집을 수리하는 것과 같다'고 언급한 『자치통감』의 구절을 원용한 것이다. 사실 당시의 청국에 비춰 이홍장은 전혀 개축할 입장에 놓여 있지 않았다. 그가 주전론자의 강경입장을 접할 때마다 한숨을 쉬며 '승리하더라도 귀찮은 일이 많이 생길 수밖에 없다'고 언급한 이유가 여기에 있다. 근원적인 문제가 해결되지 않는 한 현재의 난국을 해결키가 쉽지 않다는 체념인 것이다. 그런 점에서 그는 결코 혁명가가 아니었다. 그는 스승인 증국번과 마찬가지로 주어진 상황에서 최선을 다한 청조 최후의 충신으로 볼 수 있다.

다만 그는 서태후에게 뇌물을 바치고 부정축재의 의심을 받을 만한 많은 재부를 지녔던 점에서 시종 청검한 삶을 산 스승과 커다란 차이를 보이고 있다. 실제로 상해도서관에 소장돼 있는 그의 부동산 자료집에 따르면 그는 생전에 윤선초상국과 전보국, 중국통상은행 등에 적잖은 주식을 가지고 있었다. 고향에 보유하고 있던 경작지는 약 60만 무畝에 달했다. 이는 현지 경작면적의 3분의 2에 해당하는 것이었다. 이홍장이 생전에 매우 부유했음을 알 수 있다. 이를 두고 양계초는 이같이 해명했다.

"세상 사람들은 이홍장의 재산이 천하제일이라고 하나 이는 믿을 것이 못된다. 대략 수백만 냥의 재산이 있는 것으로 보면 정확하다."

수백만 냥이면 대략 10억 원元에 해당한다. 1원元은 1천300억 원가량 된다. 상상할 수조차 없이 큰 액수이다. 당시 조정의 부패가 일상화되어 있었던 점에 비춰 그는 유사시를 대비한 비상금조로 수백만량의 재산을 축적했을 공산이 크다. 그가 서태후의 만수절에 200만 냥을 쾌척한 것이 그 증거이다. 그런 점에서 그는 방법론상의 차이만 있을 뿐 패망의 위기에 처한 나라를 구하기 위해 노심초사한 점에서는 스승인 증국번과 별반 차이가 없었다고 보는 게 타당할 것이다. 실제로 그는 사안이 악화될 대로 악화돼 더 이상 손을 쓸 수 없는 상황에서 조명을 받아 최종수습책을 임할 때마다 이같이 말하곤 했다.

"내가 지옥에 들어가지 않으면 누가 지옥에 들어가겠는가."

그런 점에서 근 100년 동안 이어진 그에 대한 혹평에는 그가 주도했던 양무운동이 별다른 성과 없이 청일전쟁의 참패로 이어졌다는 자괴自愧 의식이 적잖이 작용했다고 볼 수 있다. 〈양무운동 실패=청일전쟁 패배=이홍장 책임론〉의 도식이 시간이 지나면서 하나의 정설로 굳어져 있었던 셈이다. 문화대혁명 직후인 지난 1980년대 초에 중국의 사회과학원 근대사연구소가 펴낸 『중국근대사』의 다음 대목이 그 실례이다.

"청국이 일본과 장비가 비슷했는데도 패한 것은 청조 봉건계급의 극단적인 부패 때문이었다. 서태후를 중심으로 한 청국 조정의 죄는 씻을 수 없다. 그러나 이홍장은 군사대권을 장악하고 외교적 결정에 참여한 까닭에 근본적 책임은 그에게 있다. 당시 이홍장은 자신의 세력 유지에만 급급했다."

당시의 학자들은 광서제의 제당帝黨과 서태후의 후당后黨 모두 궁정 내 권력투쟁에 함몰된 나머지 이홍장의 '투항주의'를 수용하는 우를 범했다며 이홍장을 '근대판 진회秦檜'로 매도했다.[55] 그렇다고 이들이 청일전쟁 당시의 주전론을 높이 평가한 것도 아니었다. 이들은 이홍장과 맞서 '주전론'을 전개한 유곤일과 '열강연합론'을 역설한 장지동의 주장 역시 '변형된 투항주의'에 불과했다고 비판했다. 제국주의와 체제 내부의 모순에 기대어 일신의 안녕을 꾀한 자들에 불과하다는 게 그 이유였다. 이는 이홍장을 비롯한 모든 양무자강파에 대한 철저한 부인에서 비롯된 것이었다.

그러나 1990년대 들어와 개혁개방이 본격화하면서 양무운동과 청일전쟁을 분리해 양무운동의 성과를 긍정적으로 평가하는 견해가 나타나기 시작했다. 이는 양무운동의 사상적 토대인 중체서용中體西用의 정신이 '사회주의 시장경제'의 이념적 지표로 간주된데 따른 것이었다. 이홍장을 비롯한 양무자강파에 대한 전면적인 재조명 작업이 활발히 전개되는 와중에 〈양무운동 긍정=이홍장 역할론〉이 새롭게 등장한 배경이 여기에 있다. 21세기에 들어와 이런 흐름은 하나의 대세로 자리 잡고 있다.

양무운동과 청일전쟁을 분리해 해석하는 이런 흐름은 기존의 〈청일전쟁 패배=이홍장 책임론〉에 대해서도 일대 수정을 가하고 있다. 청일전쟁 당시 제당과 후당의 대립으로 열강의 중재요청에 실패한 뒤 제

55 진회는 남송대에 주화론主和論을 전개해 금나라와 치욕적인 맹약을 맺은 까닭에 근 1천여 년 동안 매국노의 상징으로 비난을 받아온 인물이다. 최근 매국노의 상징이었던 진회에 대한 비판이 일절 금지되고 성웅의 대접을 받아온 악비岳飛에 대한 칭송이 끊어진 것도 이와 무관치 않을 것이다. 급속한 경제발전으로 자신감을 회복한 중국인들이 과거의 피해의식에서 벗어나 자국의 역사를 보다 객관적으로 바라보는 여유를 갖게 된 결과로 볼 수 있다.

당 주전파의 압력을 견디지 못하고 마지못해 조선파병을 결정했다는 게 그것이다. 이는 과거의 학자들이 이홍장의 노선을 '기회주의' 내지 '투항주의'로 매도하면서 청일전쟁 패배의 모든 책임을 그에게 뒤집어씌운 것과 커다란 차이가 있다. 현재 중국 학계에서는 이홍장을 두고 존망의 위기에 처한 나라를 구하기 위해 고군분투한 '애국자'로 평가하는 견해가 주류를 이루고 있다. 불과 10여년 사이에 극적인 반전이 이뤄진 셈이다.

이홍장은 중국뿐만 아니라 한국과 일본의 근대사를 검토할 때 반드시 짚고 넘어가야만 하는 인물이기도 하다. 청일전쟁 당시 이홍장은 자신의 사병이랄 수 있는 북양군만 갖고 총력전에 나선 일본과 전쟁을 치렀다. 당시 그의 상대는 일본 최고의 엘리트들이었다. 우선 국방 면에서 야마가타 아리토모가 있었다. 그는 일본군 근대화의 주역이다. 작전계획에서도 '일본의 몰트케'로 불린 참모차장 가와카미 소로쿠川上操六가 있었다. 외교 분야에서는 이토 히로부미 이외에도 두뇌가 명석하다고 해서 '면도날'의 애칭을 가진 무쓰 무네미쓰가 있었다. 강화회담 때 청의 전권대사는 이홍장 한 사람인데 비해 상대방은 무쓰 외에 이토까지 가담해 있었다. 이는 폐결핵 말기인 병약한 무쓰를 보완하면서 회담의 주도권을 장악키 위한 조치였다. 이홍장이 추진한 양무사업과 교육개혁까지 언급하면 맞수로 거론할 만한 일본 측 엘리트의 숫자는 더욱 많아질 수밖에 없다.

주변 상황은 더욱 열악했다. 그에게는 군함의 건조비를 빼돌린 서태후가 있었으나 일본에는 국민통합의 구심점 역할을 한 메이지 천황이 있었다. 갑신정변 이후 이홍장이 조선에 침략적인 모습을 보인 것은 조선을 청국이 마지막으로 보유하고 있는 최후의 울타리로 간주한 결과였다. 이는 조선을 '순망치한'의 관계로 상정한데 따른 것이었다.

중국의 역대왕조가 조선을 지정학적으로 '순망치한'의 관점에서 파악한 것은 매우 연원이 깊다. 왜란 당시 조선에 지원군을 파견할 때 처음으로 표면화했다. 왕조의 발상지가 압록강 동북쪽의 만주에 있고 영미 등의 해양세력이 대륙세력인 러시아를 견제키 위해 같은 해양세력인 일본의 한반도 진출을 지원한 청조 말기에 그가 내세운 '순망치한'의 이론은 더욱 설득력을 지닐 수밖에 없었다.

이는 당시 그가 '1인다역'의 역할을 수행하며 자타가 공인하는 당대의 기인으로 활약했음을 반증하는 것이다. 그러나 오랫동안 이런 사실이 간과되었다. 여러 지사들이 역할 분담을 한 일본의 메이지유신 인사들이 당대의 호걸로 칭송을 받은 것과 달리 그는 시종 유약한 모습을 보이며 나라를 팔아먹은 '한간'으로 매도되었다. 한국사에 등장하는 이홍장이 시종 부정적인 모습으로 그려진 것도 이와 무관치 않을 것이다.

그러나 21세기 동북아시대에 들어와 한반도를 둘러싼 동아시아의 역사는 '순망치한'에 입각한 그의 지정학적 논리가 100년의 시간을 격해 그대로 적중하고 있음을 보여주고 있다. 세계 유일의 초강대국 미국과 새로운 용으로 비상하고 있는 중국이 남북한 지렛대로 삼아 치열한 각축전을 전개하는 가운데 일본과 러시아가 각각 양자의 중재역을 자처하고 있을 모습은 100년 전의 모습을 방불하고 있다. 과거와 달리 일본과 러시아를 대신해 미국과 중국이 대륙세력과 해양세력의 주역으로 나선 점만이 다를 뿐이다. 현재 중국 내에서 이홍장에 대한 재평가가 활발히 전개되고 있는 것과 때맞춰 국내에서도 그에 대한 연구 열기가 점고되는 것도 이런 역사적 맥락과 무관치 않을 것이다.

인물로 읽는
중국
MODERN HISTORY of CHINA
근대사

제 2 장

변법파

變法派

강유위 (1858~1927) 청나라 말 중화민국 초의 학자이자 정치가로 무술변법이라 불리는 개혁의 중심적 지도자이다. 고향에 사숙을 열고 양계초 등을 교육하였으며 베이징·상하이에 면학회를 조직하는 등의 활동을 시작하여 '변법자강책'으로 개혁을 지도하였다.

양계초 (1873~1929) 청나라 말 중화민국 초의 계몽 사상가이자 문학가. 번역, 신문·잡지의 발행, 정치학교의 개설 등 혁신운동을 했으며 변법자강운동에 힘쓰기도 했다. 계몽적인 잡지를 발간해 신사상을 소개하고 애국주의를 고취해 중국 개화에 공헌했다.

엄 복 (1854~1921) 청나라 말기의 사상가. 양무운동의 일환으로 세워진 선정학당에서 공부하고 영국에 유학하였다. 청일전쟁 이후 서유럽의 학술·사상을 번역 소개했다. 변법운동을 비롯해 청말 개혁운동에 많은 영향을 미쳤다.

제1절
강유위康有爲 –
변법유신의 대동사회를 주창하다

강유위(康有爲)

총명한 소년과 족보미화작업

중국 산동의 청도靑島는 '청도맥주'의 산지로 유명하다. 원래 이곳은 작은 어촌에 지나지 않았으나 광서 23년(1897)에 교주만을 침공한 독일이 조계지로 조성하면서 상항商港 및 군항軍港으로 발전하기 시작했다. 현재는 한국을 비롯한 수많은 해외기업들이 들어와 산동 최대의 무역항으로 각광받고 있다.

청도 관광을 할 경우 반드시 들르는 곳이 있다. 바로 강유위의 고택인 '천유원天游園'이다. 바다와 면한 회천만滙泉灣 부근 복산지로福山支路 5호에 위치한 '천유원'은 광서 25년(1899)에 지어진 3층 건물로 원래는 청도 주재 프랑스 총독 요원이 살던 저택이다. 청대 말기에 일세를 풍미한 강유위는 1923년에 이를 구입해 수많은 문인들을 접견하는 장소로 활용하다가 4년 뒤 이곳에서 숨을 거두었다.

400평 규모의 '천유원'은 오랫동안 폐쇄되어 있다가 지난 1987년에 처음으로 일반에 공개되었다. 현재 '천유원'에는 제2대 공친왕恭親王인 부위溥偉가 선사한 가구로 진열된 3개의 전시실로 꾸며져 있다. 여기에는 강유위의 며느리인 방련龐蓮이 기증한 강유위의 유묵遺墨을 비롯해 그의 저서 등이 전시돼 있다. '천유원'은 강유위의 파란만장했던 삶을 한 눈에 볼 수 있는 귀중한 사료관이기도 하다.

원래 강유위는 함풍 8년(1858)에 광동 광주부廣州府 남해현南海縣 일대에서 제법 명망 높은 신사 가문에서 태어났다.[56] 당시는 대내외적으로 태평천국의 난과 제2차 아편전쟁이 겹쳐 위기감이 팽배한 때였다. 그의 집안은 고조부인 강휘康輝 때부터 광동 일대의 명족으로 부상하기 시작했다. 이는 강휘가 19세기 초엽인 가경 연간에 향시에 합격해 거인이 된 후 처음으로 가묘家廟를 세운데서 비롯되었다. 3년마다 치러지는 회시에 합격해 진사가 되는 것은 하늘의 별따기 만큼이나 어려웠던 만큼 거인이 되는 것만도 가문의 영광이었다.

주자의 『소학』을 특히 좋아했던 증조부 강건창康健昌은 향시에 합

56 강유위의 어렸을 때 호는 장소長素였다. 그는 자신의 호를 무술변법 이전에 한 번 조이祖詒로 바꾼 적이 있으나 무술변법 실패 후에는 줄곧 갱생更生으로 고쳐 불렀다. 중국에서 '갱생'을 호로 삼은 사람은 모두 2명 있었다. 첫 번째 인물은 전한제국 말기의 유향劉向이고, 두 번째 인물은 청대 중엽의 홍량길洪亮吉이다. 홍량길은 상서를 올렸다가 가경제의 분노를 사 신강으로 유배되던 그는 훗날 석방된 뒤 호를 '갱생'으로 바꾼바 있다. 강유위는 홍량길의 예를 본떠 자신의 호를 '갱생'으로 바꾼 것이다. 그는 만년에 다시 천유화인天游化人으로 호를 바꿨다.

격하지 못했으나 조부 강찬수康贊修는 거인이 되어 명성을 이어나갔다. 부친 강달초康達初는 강유위가 태어날 당시 태평천국의 난 평정에 종군한 공을 인정받아 지현의 후보인 강서의 보용지현補用知縣이 되었으나 강유위가 11세 되던 해에 병사했다.

그의 집안은 고조부가 향시에 합격한 후 남해현 일대의 명문이 되어 나름대로 생활에 여유가 있었다. 특히 백조부伯祖父 강국희康國熹는 1만 권의 장서를 자랑했고, 숙조부叔祖父 강국기康國器는 태평군과의 전투에서 대공을 세워 광서순무 대리까지 승진했다. 강국기는 만년에 향리로 돌아와 커다란 종족 사당인 종사宗祠를 세웠다. 이때 그는 원정園亭을 짓고 자신이 소장한 책과 친형인 강국희가 소장한 책을 합쳐 '이만권서루二萬卷書樓'를 세웠다. 이로써 그의 집안은 광동 내에서 손꼽히는 명족으로 대접받게 되었다.

강유위는 어렸을 때 이 원정에서 일족의 동년배와 함께 공부하면서 수많은 책을 접할 수 있었다. 그는 훗날 자신이 직접 쓴 『자편연보自編年譜』에서 '이만권서루' 옆에 세워진 '담여루澹如樓'에 머물며 변법과 '대동사상大同思想'을 처음으로 구상케 되었다고 기록해 놓았다. 그러나 이는 과장된 면이 있다. 『자편연보』에 나오는 집안자랑도 같은 맥락에서 이해할 수 있다.

"우리 가문은 13대에 걸쳐 학자와 독서인의 전통을 지켜왔다."

이를 두고 저명한 정치학자 소공권蕭公權은 『중국정치사상사』에서 강유위가 무관과 상인으로 활약한 일족까지 모두 독서인으로 간주해 가문을 미화했다고 비판했다. 강유위 집안은 독서인보다는 호화생활을 즐기는 상인의 가풍이 강했다는 게 그의 지적이다.

실제로 강유위는 '일부일처제' 운동을 벌이며 부녀자의 해방과 현대적 가족제도의 수립을 제창했음에도 불구하고 정작 자신은 수많은 여인을 처첩으로 두었다. 그들 중 대표적인 처첩으로는 정실부인 장운주張雲珠를 비롯해 첫째 첩 이씨와 둘째 첩 양수각梁隨覺, 셋째 첩 하전리何旃理, 넷째 첩 이치오카 쯔루코市岡鶴子, 다섯째 첩 요정징廖定徵, 여섯째 첩 장광張光 등을 들 수 있다. 이들 모두 대부분 17-19세 때 첩으로 들어와 상해에서 강유위를 모시고 함께 살았다.

원래 강유위는 어렸을 때부터 당시唐詩 수백 수를 암송할 정도로 총명했다. 그는 6세 때 인근의 명유 밑에서 유가경전을 강습 받았다. 훗날 제자인 양계초가 쓴 『남해강선생전南海康先生傳』에 따르면 그는 이때부터 성현의 도에 뜻을 두고 말끝마다 '성인聖人'을 언급했다고 한다. 이로 인해 향리에서 '성인위聖人爲'라는 별명을 얻게 되었다. '성인의 언행을 하는 사람'이라는 뜻이다.

그는 11세가 되던 해에 부친이 병사한 까닭에 조부로부터 유가경전을 배웠다. 조부는 그의 벗이자 스승이었다. 조부의 훈육은 18세까지 지속되었다. 그러나 소년 강유위에게 가장 큰 영향을 미친 인물은 종조부從祖父인 강의수康懿修였다. 격정적인 성격을 지닌 그는 과거를 멀리한 채 제자백가를 깊이 연구해 인근에서 '제갈량'으로 칭할 정도로 재주가 출중했다. 강유위는 훗날 자신의 문집에서 자신의 조부와 종조부를 이같이 비교해 놓았다.

"겨울날 같이 두렵기는 종조부이고, 여름날 같이 사랑스럽기는 조부이다."

종조부의 영향을 크게 받은 강유위는 유가경전 이외에 『자치통감』과 『삼국지』, 『명사』 등 군서群書를 두루 섭렵했다. 어린 강유위가 가장 존경한 인물은 태평천국의 난을 평정하면서 양무운동을 지휘한 증국번과 좌종당이었다.

그는 12세가 되는 동치 8년(1869)에 광주로 나가 팔고문八股文을 익혔다.[57] 이듬해인 동치 9년(1870)에 문득 집안에 경제적 어려움이 닥쳐 책이나 붓조차 사기 힘든 곤경에 처하게 되었다. 어려운 가정형편 속에서 그는 5년 동안 '팔고문' 훈련을 받았다. 당시 그는 '팔고문'의 무미건조한 문체를 싫어해 군서를 즐겨 읽었다. 2년 연속 주현州縣 단위로 치러지는 동생시童生試에서 낙방한 이유이다.

그는 17세가 되는 동치 13년(1874)에 처음으로 서계여徐繼畬의 『영환지략瀛環志略』을 읽고 세계정세에 눈을 뜨기 시작했다. '팔고문'을 더욱 싫어하게 된 그는 19세가 되는 광서 2년(1876)에 조부의 강권으로 부득불 향시에 응시했으나 낙방하고 말았다. 그의 가문의 염원은 진사합격이었다. 비록 그의 숙조부 강국기가 3품직인 순무대리를 지내기는 했으나 그 또한 정통코스인 진사출신은 아니었다. 진사출신이 아니고는 아무리 높은 관직에 오를지라도 대우를 받지 못하는 세상이었다.

거인에 그친 조부가 그의 진사합격에 대한 비원을 품고 있었던 것도 이와 무관치 않았다. 그러나 그의 조부는 비록 손자에게 '팔고문'을 강요하면서도 사물을 종합적으로 보는 사고방식의 중요성을 가르쳐 주었다. 그의 생장에는 조부 못지않게 모친의 영향도 컸다. 그는 1913년에 펴낸 모친의 행장기인 『애열록哀烈錄』에서 모친을 이같이 기렸다.

"나는 50세에 이르도록 모친으로부터 꾸중을 들었다. 청년 시절에

57 당시 과거에 합격키 위해서는 반드시 '팔고문'을 익혀야만 했다. '팔고문'은 명나라 때 확립된 문체로 주어진 형식에 맞춰 답안을 작성하지 않으면 합격이 불가능했다. 이는 따로 공부해야만 했다.

결코 관직에 종사할 생각이 없었기에 과거응시를 꺼렸다. 그때 모친이 '진사합격을 갈망하는 조부를 실망시켜서는 안 된다'고 질책했다. 내가 막상 진사가 되었을 때는 '관직은 유혹이 많으니 관직에 들어가지 말라'고 권했다."

그는 향시에 낙방한 이해에 3세 위의 정혼자인 장운주張雲珠와 결혼했다. 그가 8세 때 부모가 정해 놓은 배필이었다. 강유위의 잦은 출타로 결혼생활은 원만치 못했으나 장운주는 지성으로 시모를 모셨다. 그녀는 1915년에 강유위와 양계초가 반反원세개 운동을 전개하자 홍콩의 집을 저당 잡혀 자금을 지원키도 했다. 강유위는 그녀가 1922년에 타계하자 묘비문을 직접 작성해 심심한 애도의 뜻을 표한 바 있다.

성인의 길에 뜻을 두다

강유위는 결혼을 전후로 과거합격보다는 성인이 되는 것을 최고의 목표로 삼았다. 유가의 성인은 종교에서 말하는 '성인'과 달리 학덕을 연마한 군자의 최고 경지를 말한다. 『자편연보』에 나오는 그의 술회이다.

"광서 2년(1876)에 나는 성인이 되는 것이 가능하고, 30세 전에 모든 책을 독파할 수 있고, 자립하여 세상을 개조할 수 있다는 것을 확신했다. 시간이 지나면서 '팔고문'을 포기했고, 부귀해지고자 하는 생각도 단념했다. 나는 내 자신을 과거의 성현들과 교유케 하여 범인들 위에 담대하게 올라서고자 했다."

당시 그에게 가장 큰 영향을 미친 사람은 종조부의 막역지우인 주차기朱次琦였다. 구강선생九江先生으로 더 잘 알려진 그는『춘추공양전』의 이른바 '3세설三世說'로 명성을 떨친 당대의 석학이었다.[58] 일찍이 태평천국의 난을 일으킨 홍수전도 도광 16년(1836)에 광주로 나와 향시를 치는 길에 육용사六榕寺에 들러 구강선생의 강의를 듣고 충격을 받은 바 있다.[59]

주차기 (1807~1881) 청나라 때의 관리이자 학자. 강유위에게 경세치용의 학을 가르쳤다.

강유위가 향시에 떨어진 후 그를 사부로 모실 당시 그의 나이는 이미 70세가 넘었다. 훗날 강유위는『자평연보』에서 스승인 구강선생을 이같이 평했다.

"재주는 송대의 사마광司馬光이나 여조겸呂祖謙, 청대의 고염무顧炎武나 왕부지王夫之에 필적한다. 그러나 덕기德器는 그 이상이다."

강유위는 스승의 문집을 편집하면서 서문에 "국조國朝 200년 이래의 대현거유大賢巨儒 중 이에 비할 인물이 없다"고 극찬해 놓았다. 강유

58 '3세설'은 위난세危亂世 다음에 승평세升平世가 오고 이후 태평세太平世가 도래한다는 설을 말한다. 이는 주자학이 고대 성왕의 시대를 이상화해 복고사상을 고취한 것과 반대되는 것이다.

59 구강선생은 고증을 중시하는 한학漢學 즉 고증학과 사변을 중시하는 송학宋學 즉 주자학을 종합한 신유학파에 속한다. 신유학은 실생활에 도움이 되는 경세치용經世致用을 중시했다. 그는 돈독한 효행인 돈행惇行·명절의 숭상인 숭명崇名·본성으로의 기질변화인 기변氣變·몸가짐 단속인 검섭檢攝 등 4행四行을 역설하면서 경학經學·사학史學·장고학掌故學 즉 고증학·성리학性理學·사장학辭章學 즉 문학의 5학을 구체적인 방안으로 제시했다.

위의 사상형성에 구강선생의 영향이 얼마나 컸는지를 짐작케 해주는 대목이다. 그는 구강선생 밑에서 고루한 주자학을 벗어나 공학孔學을 새롭게 바라보는 전기를 맞이했다.

그는 광서 3년(1877)에 조부가 타계하자 이를 계기로 대담한 태도를 취하기 시작했다. 이는 성인이 되고자 하는 그의 강고한 의지와 자신감에서 비롯된 것이었다. 급기야 구강선생이 존경하는 당제국의 명신인 한유韓愈의 「원도原道」를 천박하다고 언급했다가 스승으로부터 호된 질책을 받았다. 그러나 그는 이를 계기로 그간 이단시되어온 선진시대先秦時代의 제자백가를 '주체성 있는 사상가'로 여기며 독자적인 학풍을 확립키 시작했다.

결국 그는 이듬해인 광서 4년(1878)에 구강선생의 곁을 떠나 광주 서초산西樵山의 백운동白雲洞으로 들어갔다. 전래의 성리학으로는 결코 구세할 수 없다는 절박한 심경에서 도가와 불가의 서적 등을 탐독하며 구세救世 방안을 찾는데 골몰했다. 당시 그가 탐독한 서적은 명말청초의 거유인 고염무의 역사비평서인 『천하군국이병서天下群國利病書』와 고조우顧祖禹의 지리서인 『독사방여기요讀史方輿紀要』를 비롯해 서양사정을 소개한 번역서 『서국근사휘편西國近事彙編』 등이었다.

그는 22세 때인 광서 5년(1879) 말에 홍콩을 방문해 처음으로 양이洋夷로 간주한 서양에도 치국의 법도가 있다는 사실을 깨달았다. 장려한 건축물과 청결한 도로, 엄정한 경찰행정 등은 청국에서는 전혀 볼 수 없는 진풍경이었다. 이후 그는 2년 동안 위원魏源의 『해국도지』 등을 애독하며 서양사정을 알기 위해 애썼다. 너무 독서에 열중한 나머지 치질로 인해 입원키도 했다.

당시 그는 군서를 섭렵하며 구세에 뜻을 두었으나 결코 과거를 포기한 것은 아니었다. 25세 때인 광서 8년(1882)에 향시에 응시키 위해 북경으로 상경했다.[60] 그는 여기에서도 낙방하고 말았다.

사실 '팔고문'의 문체는 군서를 박람하며 고금동서를 관통하는 원리를 찾고자 한 그의 기우氣宇와 전혀 어울리지 않는 것이었다. 그럼에도 그의 과거시험에 대한 집념은 매우 집요한데가 있었다. 손문이 애초부터 과거시험을 포기하고 서양의술을 배우며 혁명의 길로 나아간 것과 대조되는 대목이다.

그는 귀향하는 길에 장강 하구의 양주揚州와 진강鎭江, 상해에 들러 강남제조국江南製造局 부설 출판사나 선교사들이 번역한 서적을 대량 구입해 서학西學 연구에 몰두했다. 당시 그가 얼마나 많은 서양서적을 읽었는지는 자세히 알 길이 없다. 다만 그가 이때 서구를 모범으로 삼아 중국을 개혁해야 한다는 확신을 갖게 된 것만은 확실하다.

이듬해인 광서 9년(1883)부터 선교사 중심의 광학회廣學會가 펴내는《만국공보》를 애독하며 세계정세 파악에 골몰한 사실이 이를 뒷받침한다. 미국선교사 알렌이 간행한《만국공보》는 서양의 역사와 정치, 문물, 세계소식 등을 소상히 다루고 있었다. 동시에 그는 조정의 동향을 파악키 위해 청조 역대 제왕의 행적을 요약한『동화록東華錄』과『국조장고國朝掌故』등도 열심히 읽었다.[61]

60 북경은 만주족이 무혈 입성한 것을 기려 순천부順天府로 불린 까닭에 그곳에서 열리는 향시는 특별히 순천향시順天鄕試로 칭했다. 그러나 순천향시는 각 성에서 치르는 향시인 여타 성시省試보다 합격자 숫자만 많을 뿐 아무런 차이가 없었다.

61 강유위는『자편연보』에서 당시 '부전족회不纏足會'를 조직해 전족의 반대운동을 전개했다고 하나 이를 뒷받침할 만한 증거는 없다. 그가 독서에 전념하는 와중에 대외적으로 조야의 이목을 크게 끌 수밖에 없는 이런 운동을 전개했을 가능성은 매우 희박하다.

그가 27세가 되는 광서 10년(1884)는 청불전쟁과 조선의 갑신정변으로 청국이 프랑스와 일본을 상대로 싸우는 등 안팎으로 커다란 위기에 몰린 때였다. 이해 가을에 청불전쟁으로 인한 계엄의 와중에 대규모 배외운동이 일어나자 광동 전역이 크게 혼란스러워졌다. 심란해진 그는 이내 고향으로 돌아와 문중에서 세운 '담여루'에 칩거하며 독서와 사색으로 소일했다.

『자편연보』에 따르면 이해 10월 2일에 문득 대오大悟해 '대동사상'의 맹아를 찾아냈다고 한다. 『자편연보』의 관련기록이다.

"12월이 되자 나는 문득 대오하여 개미가 코끼리만큼 크게 보여 큰 것과 작은 것이 모두 같다는 이치를 깨닫게 되었다. 큰 것 위에 더 큰 것이 있고, 작은 것 속에 더 작은 것이 내포되어 있고, 하나를 해부해도 그 수가 무진장하고, 모든 사물이 서로 다름을 알게 되었다. 원기元氣의 근원에 근거해 3세三世를 추구하면 본래 오고감이 없음을 알게 되므로 오로지 현재를 최고의 기준으로 삼아야 한다."

선불교에서 말하는 득오得悟를 연상시키는 대목이다. 학계에서는 그가 이때 『예기』「예운」편에 등장하는 '3세설'을 토대로 인류의 역사를 3단계로 나눠보는 '대동사상'의 기본구상을 마련한 것으로 보고 있다.[62] 그의 문중생활은 22세 때부터 30세 때까지 무려 8년간에 달했다.

---

62 학계의 이런 분석은 이 해에 『예기주禮記注』를 펴냈다는 그의 주장을 액면 그대로 수용한 것이다. 그러나 오노가와 히데미小野川秀美는 『청말정치사상연구』에서 『예기주』에 자유와 입헌 등의 용어가 산견되고, 훗날 그가 주창한 공자교孔子敎의 기년(紀年)이 사용되고 있는 점에 주목해 학계의 통론을 반박하고 있다. 『예기주』는 『자편연보』를 작성한 광서 24년(1898)보다 훨씬 뒤에 쓴 것이 확실하다는 오노가와의 추정이 타당하다. 다만 그가 이때 경제적 궁핍과 과거합격을 갈망하는 가문의 기대로 인해 친척들과 함께 생활하면서 대가족제도를 비롯한 전래의 예제에 커다란 비판의식을 갖게 된 것만은 확실하다.

이때 그는 청불전쟁의 패배 원인을 집중 분석하면서 광서 11년(1885)부터 광서 13년(1887)에 이르는 3년 동안 여러 편의 저서를 펴냈다. 『인류공리人類公理』와 『강자내외편康子內外篇』 등이 그것이다. 일부 학자는 『강자내외편』이 '대동사상'을 정리해 펴낸 『대동서』의 원형에 해당하는 것으로 보고 있다.

'대동사상'은 유가의 윤리규범 위에 도가의 선경과 불가의 극락, 기독교의 천당 개념을 덧씌워 유가의 인仁 사상을 토대로 세계평화를 추구하고 있는 게 특징이다.[63] 그는 이때의 과도한 연구 활동으로 인해 큰 병을 얻어 5달가량 요양하지 않으면 안 되었다.

그는 이해에 그는 다시 광주로 나가 향시에 응시했으나 또 다시 낙방하고 말았다. 이에 다시 백운동으로 들어가 양생을 하며 '대동사상'의 연구에 침잠했다. 이듬해인 광서 12년(1886)에 그는 한림원 편수 장연추張延秋를 통해 당대의 문장가이자 양무운동의 선구자로 알려진 양광총독 장지동에게 한 통의 서신을 보냈다. 역서국譯書局을 개설해 자강을 도모하자는 내용이었다. 그러나 이는 결국 채택되지 못했다. 양계초는 『남해강선생전』에서 스승이 장지동에게 일본서적의 번역사업과 중국관련 백과사전인 『만국중화통고萬國中華通考』의 편집을 진언한 것

63 『예기』에서 말하는 '대동' 개념은 전한제국의 유자들이 상상속의 이상향을 미화해 놓은 비현실적인 이상론에 불과하다. 강유위는 '대동'의 이상론에 도가와 묵가, 불가, 기독교의 천당과 극락 개념 등을 뒤섞어 '대동사상'을 만들어낸 셈이다. '대동사상'이 무력을 곧 정의로 간주하던 제국주의 시절에 극도로 비현실적인 성향을 띨 수밖에 없던 이유가 여기에 있다. 실제로 그는 기하학의 공리를 증명하는 방식으로 시공을 뛰어넘어 인류의 역사를 하나로 꿰는 도덕률과 제도를 찾아내고자 했다. 그가 이런 식으로 발견해 냈다고 장담한 것이 바로 '대동사상'이었다. 마르크스가 헤겔의 변증법을 이용해 인류의 역사를 탐구한 끝에 유일한 철칙으로 '계급투쟁론'을 내세운 것에 비유할 만한 일이다.

으로 기록해 놓았다. 사실 이는 서태후의 눈치를 보아야만 하는 양광 총독이 주도할 수 있는 일이 아니었다.

이 일을 계기로 그는 점차 독단적인 성격을 강하게 드러내기 시작했다. 양계초의 『남해강선생전』에 나오는 다음 대목이 그 증거이다.

"그는 극히 강한 자기 확신을 갖고 있어 어느 누구도 감히 그의 견해를 바꿔 놓을 수 없었다. 이는 학문연구뿐만 아니라 실천 측면에서도 그러했다."

이는 그의 신념이 그만큼 강고해졌음을 시사한다. 그의 이런 모습은 광서 14년(1888)부터 확연히 드러나기 시작했다. 그는 『자편연보』에서 그 배경을 이같이 설명해 놓았다.

"나는 이때 신학新學의 진의성眞意性과 고문의 허구성虛構性을 동시에 밝히기 위한 연구에 들어갔다."

일각에서는 그가 이때를 계기로 전래의 유학과 완전히 결별하고 '대동사상'으로 상징되는 독자적인 학문세계를 추구한 것으로 파악하고 있다. 당시 그가 채택한 『주역』의 음양론과 『춘추공양전』의 '3세설'이 '대동사상'의 이론적 바탕이 되었다는 점에서 일리가 있는 분석이다.

『신학위경고』 저술로 조야를 진동시키다

당시 그는 광주의 장흥리長興里에 장흥학사長興學舍를 열어 제자들을 가르치기 시작했다. 이곳에 사는 구씨邱氏의 서옥書屋을 개조한 것이었다. '장흥학사'는 중국 최초로 지智·덕德·체體로 상징되는 전인교육의 원칙을 세운 것으로 유명하다. 그의 수제자인 양계초가 '장흥학사'로 와 그의 문하생이 된 것은 광서 16년(1890)이었다. 그가 쓴 「장흥학기長興學記」에 따르면 '장흥학사'는 이론 강의 및 토론인 강학講學과 경전해설인 설경說經, 경전 읽기인 독서讀書, 예절교육인 습례習禮, 하루의 과제인 일과日課 등 5가지로 이뤄졌다.

당시 그는 강학과 동시에 일련의 저술활동을 전개했다. 대표적인 저술이 바로 이해에 조야를 진동시킨 『신학위경고新學僞經考』였다. 여기의 '신학'의 '구학舊學' 즉 성리학과 대칭되는 개념이 아니라 전한제국을 찬탈한 왕망의 '신新'나라가 채택한 이른바 고문경학古文經學을 말한다. 전한 말기에 발견된 고문경서는 공자의 경전이 아니라 왕망의 찬탈을 합리화한 유흠劉歆이 위조한 것이라는 게 그 요지이다. 중국의 유학은 유흠이 고전을 정리한 이래 이른바 금문경학今文經學이 주류를 이뤄왔다. 강유위는 일대 반기를 든 셈이다. 그의 이런 주장은 사실 주관적인 것이기는 했으나 신성불가침으로 여겨져 왔던 유가의 경전을 위경僞經으로 선포했다는 점에서 커다란 파문을 일으켰다.64

당시 『신학위경고』가 던진 파문은 엄청났다. 급사중給事中 여련원余聯沅이 상소를 올려 이 책을 속히 불태울 것을 청한 것이 그 증거이다. 당시 강유위를 아끼는 사람들이 나서 강유위가 스스로 처분하는 것으로 간신히 분서焚書의 화를 막았다. 이로써 그는 문득 유명인사가 되었다. 훗날 변법의 열렬한 지지자가 된 양계초와 진천추陳千秋 등이 그를 찾아와 문하생이 된 것도 바로 이해였다.

64 오노가와의 주장에 따르면 『신학위경고』의 출간은 장지동의 문하생인 요평廖平과의 만남과 무관치 않았다. 『신학위경고』는 요평의 『고금학고古今學考』를 거의 그대로 베낀 것이라는 게 그의 주장이다. 이로부터 7년 뒤에 나온 『공자개제고』 역시 요평의 『지성至聖』을 표절한 것이라고 한다. 그러나 강유위는 『자편연보』에서 요평과의 만남을 일절 언급하지 않고 있다. 이를 두고 오

그는 『신학위경고』의 파문이 계속되는 와중에 자신의 고족제자로 활약케 된 양계초 등의 도움을 받아 '춘추공양학春秋公羊學'의 관점에서 변법의 취지를 뒷받침하는 일련의 논문을 잇달아 발표했다.[65] 광서 19년(1893)에 나온 「맹자위공양학고孟子爲公羊學考」와 「논어위공양학고論語爲公羊學考」가 그것이다. 이해에 그는 마침내 광주에서 치러진 향시에 합격했다. 그는 날이 갈수록 늘어나는 학생을 수용키 위해 이해에 '장흥학사'에서 부학府學이 있는 지금의 광동성 광주시 소재 노동자 문화궁인 앙고사仰高祠로 옮겼다. 이곳은 수목들이 하늘을 찌를 듯이 높이 솟아 있어 세칭 '만목초당萬木草堂'으로 불렸다. 강유위를 비판하는 사람들은 만목학당의 문도들은 이른바 '강당康黨'으로 불렀다.

그러나 그에 대한 비판의 강도 또한 높아지고 있었다. 광서 20년(1994) 7월에 급사중 여진산餘晉珊이 상소를 올려 『신학위경고』가 성인을 함부로 비난하고 혹세무민했다는 이유로 그를 강력 탄핵했다. 이에 조정의 명을 좇아 현지조사에 나선 북양대신 이홍장은 거듭 심사하는 복주覆奏에서 강유위가 스스로 저서를 소각해 사태를 마무리 짓는 방

노가와는 표절의 흔적을 지우기 위한 얄팍한 속셈에 불과하다고 지적한다.

65 원래 『춘추』는 매우 간결한 까닭에 해설에 해당하는 '전傳'으로 크게 3종류가 내려왔다. 『좌전』과 『공양전』, 『곡량전』이 그것이다. 『좌전』은 상세히 주해하고 있으나 가치판단을 거의 내리지 않고 있다. 이에 반해 『공양전』과 『곡량전』은 사실의 배후에 숨어 있는 뜻을 찾고자 했다. 『춘추』에 숨어 있는 이른바 미언대의微言大義를 찾아내고자 역사적 사실에 대한 비판과 사론을 투사한 것이다. 한무제 때의 동중서는 『공양전』을 대상으로 바로 '미언대의'를 추적했다. 그의 『춘추번로』는 '미언대의'를 찾기 위해 『춘추』를 자세히 탐색한 최초의 체계적인 접근에 해당한다. 그러나 '미언대의'에 대한 탐색은 아전인수의 무리한 해석을 낳는 원인이 되었다. 『공양전』은 현실을 부정하고 새로운 체계를 기대하는 자세를 취한데 반해 『곡량전』은 현실을 긍정하고 현 체제를 신성화해 그 속에서 군신지의君臣之義를 찾고자 했다. 『공양전』은 상대적으로 혁명적인데 반해 『곡량전』은 보수적이었다. 『곡량전』은 한제국 때 왕조의 보호를 받았으나 이후 발전하지 못하고 쇠퇴했다. 강유위의 '대동사상'은 청대 공양학의 결정판에 해당한다.

안을 제시했다. 이 사건은 학계와 정계에서 그의 명성을 더욱 드높이는 계기로 작용했다. 이에 '춘추공양학'의 대가로 대접받게 된 그는 '춘추공양학'의 비조인 한무제 때의 동중서董仲舒에 대한 연구에 박차를 가했다.[66]

공거상서를 올리고 강학회를 만들다

강유위가 '춘추공양학' 연구에 침잠할 당시 문득 청일전쟁이 발발했다. 공교롭게도 이해에 서태후의 회갑을 축하하는 이른바 은과恩科 회시가 치러졌다. '은과'는 3년마다 치러지는 '정과正科'와 달리 조정에 경사가 있을 때에 한해 특별히 치르는 회시를 말한다. 정과와 은과 합격자는 자격과 대우에서 하등 차이가 없었다. 이때의 은과 회시에서는 2년 전의 임오군란 당시 오장경吳長慶을 좇아 조선으로 갔던 장건張謇이 장원을 차지했다. 그러나 당시 호남 일대에서 당대 최고의 명유로 소문난 강유위는 낙방했다.

강유위는 설욕을 위해 이듬해인 광서 21년(1895)에 정과에 곧바로 응시했다. 이때 그의 애제자인 양계초도 함께 응시했다. 스승인 강유위는 37세, 제자인 양계초는 22세였다. 당시 북경에는 강유위처럼 1년 전에 치러진 은과에서 낙방을 한 거인들이 대거 몰려와 있었다.

66 동중서는 한무제가 즉위하여 크게 인재를 구할 때 현량대책賢良對策을 올려 능력을 인정받았다. 이후 한무제의 새로운 문교정책에 깊숙이 참여한 그는 오경박사五經博士의 설치 등을 건의했다. 한무제가 오직 유학만을 유일한 관학으로 인정하는 이른바 '독존유술獨尊儒術'을 선언하는 데도 큰 영향을 미쳤다.

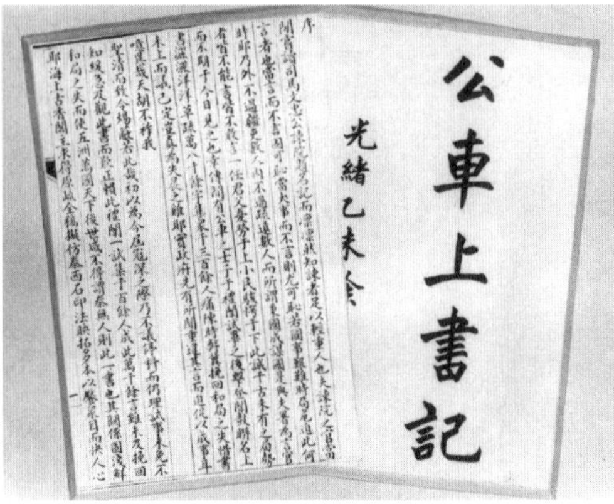

공거상서 공거(公車)란 베이징으로 과거를 보러 가는 수험생들이 타고 상경하던 수레이다. 1895년 베이징에 모인 과거응시생 약 1,200명의 서명을 연서하였으며, 청·일강화조약 거부, 시안으로의 천도, 전면적인 국정개혁 등을 요청하였다.

그러나 북경은 가마솥처럼 들끓고 있었다. 이홍장이 이토 히로부미와 체결한 이른바 마관조약馬關條約에서 요동과 대만을 할양하고 2억 냥의 배상금을 물기로 약정한 사실이 밝혀진 탓이다. 장차 진사가 되어 한림원을 거쳐 대관이 될 거인들의 자부심은 대단했다. 이들은 대제국이 한낱 도이島夷에 불과한 소국 일본에 패한 사실을 인정키 어려웠다. 강유위와 양계초도 별반 다르지 않았다.

이해 3월에 두 사람은 곧 조약거부와 서안으로의 천도를 통한 대일항쟁, 전면적인 국정개혁 등을 골자로 하는 상소문을 작성한 뒤 상경한 거인들에게 서명을 촉구했다. 명망이 높은 강유위가 장두狀頭가 되었다. 『신학위경고』와 같은 불온문서가 아닌 애국상소이므로 서명을 꺼릴 이유가 없었다. 약 1,200명의 거인이 서명을 한 뒤 회시를 치렀다. 이것이 유신변법의 단초가 된 이른바 '공거상서公車上書'이다. '공거'는 회시를 보기 위해 상경하는 거인들이 타는 수레를 말한다. '공거상서'는 선비들의 정치참여를 금지한 기왕의 관행을 깨뜨린 점에서 일대 파문을 불렀다.

상서를 담당하는 부서는 감사원에 해당하는 도찰원都察院이었다. 도찰원은 서명자 대부분이 수험생으로 아직 관직을 갖지 못했다는 이유로 수리를 거부했다. 청조는 조선조와 달리 관직이 없는 자는 정치에 간섭할 수 없었다. 관직과는 거리가 멀었던 재야의 사림세력까지 상소 등을 통해 막강한 영향력을 행사한 조선조와 대비되는 대목이다. 당시 '공거상서'는 비록 수리가 거부되기는 했으나 장안 최고의 화제가 되었다.

이와 관련해 최근 강유위는 당시 '공거상서'에 참여하지 않았다는 주장이 나와 관심을 끌고 있다. 당시 그는 지면이 있는 환관으로부터 합격소식을 전해 듣고는 이내 장두가 될 경우 자신의 합격이 취소될까 우려한 나머지 마지막 순간에 서명에 동참치 않았다는 것이다. 『자편연보』에는 "18개 성의 거인 3천 명의 글을 올린 다음날 미국 공사의 요청에 응해 글을 넘겨주자 이 사실이 세상에 널리 알려지게 되었다"고 적어놓았다. 사실을 과장했다는 지적을 받을 만한 대목이다. 그러나 그로서는 진사합격에 대한 가문의 염원을 뿌리치기 힘들었을 것이다. '공거상서' 역시 그의 주도 하에 이뤄진 것이 확실한 만큼 이를 두고 크게 탓할 일은 아니다.

'공거상서'의 파문이 지속되는 와중에 나온 발표에서 과연 그는 합격의 영예를 안게 되었으나 '공거상서'를 성사시키기 위해 사방으로 뛰어다닌 애제자 양계초는 낙방하고 말았다. 당시 강유위는 순위를 가리기 위한 최종시험인 전시에서 그다지 좋은 성적을 얻지 못해 한림원으로 들어가지 못하고 공부주사工部主事에 임명되었다. 그는 이름만 걸어둔 채 취임하지 않았다. 만일 전시에서 좋은 성적을 거둬 한림원에 들어갈 수 있었다면 이에 응했을지도 모른다. 그는 하급관원에서 출발하느니 그간의 명성을 토대로 일련의 언론활동을 전개해 자신의 큰 뜻을 펴는 것이 낫다고 생각했을 공산이 크다.

실제로 그는 이해 4월에 부국富國과 양민養民, 교사敎士, 연병練兵 등의 자강방략을 담은 상소문을 단독으로 올렸다. 2달 뒤에 재차 국회 설치를 골자로 하는 상소문을 올렸다. 도찰원은 군주정을 유지하고 있는 청조의 '국체'에 맞지 않다는 이유로 접수를 거부했다. 자신의 구상했던 일련의 상서운동이 별다른 성과를 거두지 못하자 그는 왕공대신과 신사층을 계몽하는 게 급선무라고 판단했다. 이에 그는 제자인 양계초 등과 함께 북경과 천진, 상해, 호남, 광동 등지에서 신문을 창간하고 학회를 조직하기 시작했다.

이해 7월에 북경에서 《만국공보》를 창간한 것이 본격적인 언론활동의 효시였다. 서구의 정치와 풍속을 알리는데 중점을 둔 《만국공보》는 2년 뒤 《중외기문中外紀聞》으로 제호를 바꾸면서 지속적으로 발간돼 관원과 신사층의 계몽에 크게 이바지 했다. 훗날 이홍장의 탄핵에 앞장섰던 한림원 편수 문정식文廷式과 갑오년의 회시에서 장원을 차지한 장건 등이 그의 열렬한 지지자가 된 것이 그 증거이다.

그는 언론활동 못지않게 학회창립에도 발 벗고 나섰다. 이해 8월에 설립된 강학회强學會가 그 실례이다. 그는 강학회 부설 '강학서국强學書局'을 통해 국내외 서적을 번역해 출간하는 사업을 대대적으로 전개했다. 당시 강학회는 10일마다 한 번씩 모임을 가졌다. 주제는 '중국자강학中國自强學'이었다. 많은 지사와 관원들이 열정적으로 참가했다. 그 속에는 원세개와 유곤일, 장지동과 같은 총독도 들어 있었다. 이때 영국과 미국을 비롯한 열강도 강학회 활동을 적극 지원하였다.

그러나 강학회의 영향력이 확산되자 보수파의 견제 또한 강화되기 시작했다. 이에 주변의 권고를 받아들여 북경을 떠난 그는 양강총독 장지동을 방문해 상해에 강학회를 세울 것을 권유했다. 장지동은 처음에는 찬동했다가 얼마 후 번의翻意하여 설립중단을 명하는 전문을 보냈다. 그럼에도 강유위는 이해 10월에 상해로 가 강학회 설립을 강행했다. 상해의 강학회는 서양서적을 번역하고, 신물을 발행하고, 정치학교를 개설하는 등의 5대 강령을 제시했다. 장강 연안 및 강남의 각 성에서 활약하는 명사들이 대거 입회해 대성황을 이뤘다.

당시 북경의 강학회는 어사 양숭이楊崇伊의 탄핵으로 인해 활동이 금지되었다가 이내 주변의 배려로 관서국官書局으로 명칭이 바뀌어 명맥을 이어갔다. 그러나 이전의 활기는 찾아보기 어렵게 되었다. 북경의 강학회를 배후에서 지원하던 한림원 편수 문정식이 면직되어 벼슬을 내놓고 귀향하는 회적回籍 처분을 받은 게 그 증거이다.

이듬해인 광서 22년(1896) 1월에 그는 다시 양계초와 함께 '만목초당'에서 강학에 애썼다. 이해에 그는 홍콩과 아모이 등을 여행하며 유신변법의 필요성을 더욱 절감했다. 그가 아모이에서 《지신보知新報》를 창간해 신지식의 보급에 힘썼다. 제자인 양계초는 상해 강학회의 후신인 '시무보관時務報館'을 재건해 기관지인 《시무보》를 통해 변법의 필요성을 적극 선전했다.

이때 적극 지원을 아끼지 않은 인물로 황준헌을 들 수 있다.[67] 그는

67 황준헌은 광동 가응주嘉應州 출신으로 순천향시에 합격한 뒤 영미 등을 두루 돌아다닌 대표적인 외교관이었다. 광서 3년(1877)에 일본에 처음으로 부임해 일본의 민권운동에 자극을 받고 훗날 『일본국지日本國誌』를 완성했다. 이는 일본을 알려는 사람에게 가장 권위 있는 참고서로 통용되었다. 이후 샌프란시스코 총영사, 주영 2등 참사관, 싱가포르 총영사를 역임하다가 청일전쟁이 터진 해에 귀국했다가 상해에서 강유위를 처음으로 만난 것이다.

광서 21년(1895) 9월에 처음으로 강유위를 만났다. 당시 강유위는 강학회를 개설하기 위해 상해에 와 있었다. 황준헌은 이후 강유위의 주선으로 양계초를 만나 강학회의 정신을 잇기 위해 『시무보』에 적극 참여했다. 그러나 이후 양계초와 함께 『시무보』의 대표적인 필진으로 활약했던 왕강년과 뜻이 맞지 않아 이내 호남으로 가 진보잠의 변법자강 운동을 도와주었다.

광서제와의 만남

당시 강유위는 서양학문을 배우기 위해서는 일본의 책을 참고하는 것이 첩경이라고 생각해 이내 일본서적을 대량 구입한 뒤 『일본서목지日本書目志』를 편찬했다. 이어 이전부터 쓰기 시작한 메이지유신을 소상히 파악한 『일본변정기日本變政記』의 저술에 박차를 가했다. 이는 광서제와 그 주변을 설득해 메이지유신과 유사한 변법을 기필코 성사시키려는 속셈에서 나온 것이었다.

광서 23년(1897) 1월에 강유위는 강서 계림桂林에서 〈성학회聖學會〉를 창설한 뒤 6월에 광동으로 돌아와 다시 강학에 임했다.[68]

당시 그는 변법에 성공한 일본과 프러시아, 러시아의 사례를 깊이

68 이때 각지에서 강학회의 취지에 호응하는 여러 학회가 우후죽순처럼 등장했다. 호남 장사의 상학회湘學會와 호북 무창의 질학회質學會, 강소 소주의 소학회蘇學會, 상해의 무농회務農會, 북경의 지치학회知恥學會 등이 그것이다. 이에 고무된 강유위는 북경의 남해관南海館에서 광동 출신들이 주축이 된 월학회粵學會를 설립한 뒤 각지의 학회와 연계해 변법의 취지를 널리 홍보했다.

연구했다. 이에 다시 상소를 올리면서 메이지유신을 분석한 『일본변정고日本變政考』를 함께 바쳤다. 곧이어 러시아 표트르 대제의 정치개혁을 다룬 『아피득변정기俄彼得變政記』를 바쳤다. 당시 성년에 달한 광서제는 이모이자 양모인 서태후가 명목상으로만 이화원에 은퇴한 채 사실상 정무를 독단적으로 처리하며 보수적인 행보를 견지하고 있는 것에 적잖은 불만을 품고 있었다. 그러던 차에 강유위의 상소와 저서를 받게 된 것이다.

광서제 (1871~1908) 중국 청나라 제11대 황제. 청나라 역사상 최초의 방계 혈통 황제

이때 호부상서 옹동화翁同龢가 강유위의 저서 등을 읽고 그를 극구 칭송하면서 직접 소대召對할 것을 건의하고 나섰다. 옹동화는 소년황제인 동치제와 광서제를 연이어 가르친 말 그대로 당대의 '제사帝師'였다. 강소성 상숙현常熟縣의 명문 출신인 그는 광서제에게 강유위를 천거한 일로 인해 오랫동안 무술변법의 단초를 연 인물로 호평 받았다. 이는 비난 일색이었던 서태후와 극명한 대조를 이루는 것이었다.[69]

69 그러나 최근 옹동화는 변법과정에서 강유위의 과거제 폐지 주장에 반대했고, 서태후는 외교관들에게 유연하게 예법을 적용하는 등 진보적인 면이 있었다는 주장이 부각되면서 역전현상이 나타나고 있다. 이는 '동북공정'과 마찬가지로 중국이 지속적으로 전개하고 있는 이른바 '역사공정'의 일환으로 볼 수 있다. 현재 만주 일대는 소수민족 중 가장 우수한 집단인 조선족이 널

옹동화 (1830~1904) 광서제의 스승

당시 옹동화의 지원을 받고 있던 강유위는 이해 말에 독일이 문득 산동의 교주만을 강점하자 급히 북경으로 올라와 변법을 속히 시행하지 않을 경우 이내 패망할 수밖에 없다는 절박한 내용의 상소를 올렸다. 그러나 이는 공부상서 송계淞桂가 대신 상주하는 대주代奏를 거부하는 바람에 광서제에게 전달되지 못했다.

이때 양무운동을 적극 후원한 바 있는 공친왕 혁흔이 적극 팔을 걷어 부치고 나섰다. 그는 친견親見을 건의한 옹동화의 방안이 서태후의 반발을 살 것을 우려해 일에 순서가 있어야 한다는 구실로 대신들이 먼저 접견한 뒤 친견하는 방안을 제시했다. 서태후도 이에 동의했다. 이에 마침내 총리아문에서 여러 대신들이 그를 접견하는 방안이 결정되었다.

이듬해인 광서 24년(1898) 1월 24일 오후 3시에 강유위는 광서제의

리 분포해 있는 지역이기도 하다. 중국의 수뇌부가 볼 때 한국이 통일을 이룬 뒤 만주지역의 조선족과 연계될 경우 이는 티베트와는 차원이 다른 위협이 될 수밖에 없다. 옹동화 및 서태후 등에 대한 재조명 작업은 이런 점 등을 염두에 둔 다목적 포석의 일환으로 해석할 수 있다. 그러나 최근의 이런 재평가가 옹동화에 대한 전면적인 비판을 의미하는 것은 아니다. '무술변법'의 취지는 결코 퇴색될 수 없기 때문이다.

명에 따라 총리아문의 서화청西花廳으로 갔다. 여기에는 옹동화를 비롯해 서태후의 조카인 영록榮祿, 군기대신 요수항寥壽恒 등이 참석했다. 청일전쟁의 패배로 실각한 이홍장도 참석했다. 먼저 강유위가 변법의 필요성을 역설하자 영록이 목소리를 높였다.

"조상의 법을 바꾸어서는 안 되오."

강유위가 대꾸했다.

"조상의 법은 조상의 땅을 지키기 위한 것입니다. 지금 조상의 땅도 지키지 못하는 터에 조상의 법이 어디에 있단 말입니까? 이곳 총리아문도 조상의 법에는 없는 것입니다. 상황에 따라 적의한 조치를 강구하는 게 옳습니다."

요수항이 물었다.

"그러면 어떻게 변법한단 말인가."

"마땅히 법률과 관제를 바꾸는 것이 우선입니다."

이홍장이 물었다.

"그렇다면 6부는 모두 폐지하고 법칙과 규례도 모두 버려야 한단 말인가."

강유위가 대답했다.

"지금은 열국의 각축시대로 더 이상 통일시대가 아닙니다. 그런데도 지금의 법제는 모두 통일시대의 것입니다. 중국이 허약해진 것은 바로 이 때문이니 응당 폐지해야 합니다. 한꺼번에 없애지 못할지라도 상의해 개정해야만 신정新政을 추진할 수 있습니다."

옹동화가 호의적으로 물었다.

"자금은 어찌 마련할 생각이오."

강유위가 대답했다.

"일본은 은행에서 지폐를 발행하고, 프랑스는 수입인지를 발행하고, 인도는 토지세를 부과합니다. 우리나라의 크기로 볼 때 제도를 바꾸기만 하면 지금의 10배는 족히 마련할 수 있습니다."

이어 그는 법률과 재정, 학교, 상공업, 철로, 우편통신, 해군, 육군 등 자신이 구상하고 있는 변법의 온갖 방안을 상세히 설명했다. 토론은 날이 어두워질 때까지 이어졌다. 옹동화는 그의 주장에 큰 공감을 표시했다. 『자편연보』에 따르면 다음날 옹동화의 보고를 받은 광서제가 이런 명을 내렸다고 한다.

"이후 강유위의 상서는 중간에서 누구도 차단하지 말고 그날 즉시 올리도록 하라."

그러나 공친왕 이신과 이홍장은 그의 급격한 변법방안에 우려를 표시했다. 이후 이홍장은 변법이 본격 시행되자 이내 총리아문의 고문직인 상행주上行走에서 면직되고 말았다. 이는 강유위 등이 이홍장을 변법시행의 걸림돌로 간주한데 따른 것이었다. 그러나 이는 큰 실수였다. 당시 이홍장은 결코 변법에 반대하지 않았다. 다만 성급한 방법론에 이의를 제기했을 뿐이다. 만일 서태후와 말이 통하는 이홍장을 끌어들였다면 변법은 전혀 다르게 진행되었을 공산이 컸다. 무술변법의 실패는 강유위를 비롯한 변법자강파의 자만심과 조급성이 초래한 자업자득의 성격이 짙었다.

당시 강유위는 대신들과의 면접이 있은 지 5일 뒤인 1월 29일에 제도국 설치를 촉구하는 상서를 올렸다. 이것이 바로 유신변법의 기본 강령을 제시한 『응조통주전국절應詔統籌全局折』이다. 그는 여기서 궁내에 제도국을 두어 일체의 제도개혁 방안을 의논케 하고, 대조소待詔所를 만들어 천하인이 모두 의견을 올릴 수 있도록 하는 방안을 제시했다.

얼마 후 다시 헌법을 공의에 붙일 것을 종묘에 고하고 국시를 '변법유신'으로 정해야 한다는 내용의 상서를 올렸다. 이때는 러시아가 여순旅順과 대련大連의 조차를 요구해 오면서 신사층의 위기의식이 고조되어 있을 때였다. 『자편연보』에 따르면 이때 강유위는 양계초 등을 시켜 제2차 '공거상서'를 시도했으나 이내 도찰원에 의해 좌절되었다고 한다.

이해 4월에 200-300명의 지식인들이 북경 남횡가南橫街의 월동회관粵東會館에 모여 '보국회保國會'를 결성한 것은 제2차 공거상서의 좌절에 따른 대안으로 나왔을 공산이 크다. 보국회의 서문과 장정章程은 강유위가 직접 작성했다. 과분瓜分 위기에 직면한 중국을 구하기 위해서는 백성들의 각성을 촉구하는 길밖에 없다는 게 서문의 골자였다. 장정은 영토보존인 보국保國과 민족보존인 보종保種, 유교 보존인 보교保敎 등 3보三保를 기치로 내세웠다. 보국회의 결성은 일종의 정당을 결성해 변법을 뒷받침하려는 취지에서 나온 것이었다.

이때 절강의 거인 손호孫灝가 보국회의 설립취지를 조목조목 반박하는 글을 조정대신에게 송부해 물의를 빚었다. 얼마 후 어사 반경란潘慶瀾이 상소를 통해 보국회가 백성들을 모아 부도不道를 꾀하고 있다며 '만목초당'의 폐쇄를 촉구하고 나섰다. 보국회의 결성을 권했던 어사 이성탁李盛鐸까지 나서 보국회를 탄핵했다. 이해 5월에 중간다리 역할을 했던 공친왕이 사망하자 상황이 더욱 불리해졌다.

강유위는 즉시 옹동화에게 서신을 보내 변법의 시기를 놓쳐서는 안 된다고 촉구했다. 그러나 강유위와 더불어 탄핵의 대상이 된 옹동화는 이미 입지가 크게 좁아져 있었다. 강유위는 광서제를 직접 움직이는 쪽으로 방향을 틀었다. 이에 국시 선언을 통해 변법의 취지를 분명히 할 것을 촉구하는 글을 작성한 뒤 어사 양심수楊深秀를 통해 상서했다. 동시에 한림원 학사 서치정徐致靖에게도 동일한 글을 보내 상서케 했다. 광서제는 마침내 이해 6월 11일에 이들의 상서에 응하는 형식으로 「명정국시明定國是」 조서를 발표했다.

당시 서태후는 비록 '명정국시'에 동의키는 했으나 유사시 구실을 찾아 이를 뒤엎을 생각을 하고 있었다. '명정국시' 조서에 의해 표명된 변법정국은 이후 9월 21일에 서태후가 정변을 일으켜 일종의 섭정인 훈정訓政을 선포하기까지 모두 103일간 지속되었다. 이를 흔히 '백일유신' 또는 '무술변법'이라고 한다. 명정국시가 선포된 직후 광서제는 공부주사 강유위와 형부주사 장원제張元濟를 인견해 변법의 구체적인 일정을 들었다. 여기서 호남의 도원 황준헌黃遵憲과 강소의 보용지부補用知府 담사동譚嗣同, 광동의 거인 양계초 등을 해당지역 독무와 총리아문이 천거해 인견하는 방안이 제시되었다.

광서제가 이를 수용해 곧 담사동 등을 총리아문의 장경章京에 임명하는 조치를 내렸다. 당시 강유위는 이들보다 낮은 총리아문의 6품관인 '장경행주章京行走'에 임명되었다. 이는 영록과 강의剛毅 등 보수파 대신의 반발을 감안한 결과였다.

이해 6월에 들어와 서태후 측의 견제가 노골화하기 시작했다. 6월 15일에 문득 2품관 이상의 고위관원에 대한 임면권을 쥐고 있는 서태후가 조카인 영록을 직례총독 서리에 임명하면서 옹동화를 면직하는 조치를 내렸다. 옹동화의 면직과 관련해 최근 옹동화와 광서제 사이의 관계 변화가 이런 결과를 초래한 것으로 보는 견해가 등장해 관심을 끌고 있다. 당시 강유위를 적극 지지한 옹동화는 과거제 철폐에 반대하는 입장을 표명하며 강유위와 대립한 점 등에 비춰볼 때 나름대로 일리가 있다. 실제로 강유위는 옹동화가 면직되는 당일 이화원 근정전勤政殿에서 이뤄진 배견 자리에서 광서제에게 이같이 건의한 바 있다.

"최근 여러 사람이 변법을 얘기하고 있으나 대체로 그 일면만 바꾸었을 뿐 전체를 아우른 적은 없습니다. 변법은 마땅히 제도와 법률부터 바꿔야 합니다. 지금 변화를 말하는 자는 일만 바꿀 뿐 법을 바꾸려 하지 않고 있습니다."

내용상 옹동화를 겨냥한 것이 거의 확실하다. 그를 파면한 사람이 종래의 통설과 달리 서태후가 아닌 광서제였다는 주장을 뒷받침하는 대목이다. 당시 메이지 천황과 표트르 대제가 되고자 한 광서제의 변법에 대한 열의는 대단했다. 변법을 막는 사람은 설령 스승일지라도 용서치 않겠다는 의지를 분명히 드러낸 셈이다. 물론 2품 이상의 관원에 대한 임면권은 서태후에게 있었던 까닭에 서태후의 주도 하에 옹동화의 면직이 이뤄진 것임은 말할 것도 없다. 서태후는 옹동화의 면직을 통해 급격한 변법을 반대하는 자신의 기본입장을 분명히 밝힌 것이나 다름없었다. '백일유신'의 불길한 앞날을 예고한 대목이었으나 강유위를 비롯한 변법자강파는 그 의미를 제대로 파악치 못했다.

당시 변법은 자금성 내에서 조서의 형태로 진행되었으나 실질적으로 이를 집행하는 당사자는 직례총독 이하 전국의 총독과 순무들이었다. 이미 서태후의 기본입장이 분명히 드러난 상황에서 이들이 '유신정국' 하의 변법방안을 수용할 가능성은 거의 전무했다. 실제로 이홍장과 장지동 등을 위시한 대다수 독무들은 변법정국의 진행과정을 냉정한 눈으로 바라보고 있었다. 이로 인해 말만 '무술변법'일 뿐 어느 것 하나 제대로 실행되는 것이 없었다. 지방의 독무 중 공개적으로 지지의사를 나타낸 사람은 겨우 호남순무 진보잠陳寶箴 정도에 불과했다.

이화원에 죽은 듯이 엎드려 있는 서태후를 위시한 보수파는 이를 예의 주시하고 있었다. 이들은 변법자강파를 일망타진할 구실이 나타나기를 고대하며 그 시기를 저울질했다. 천하를 거머쥐고 있는 서태후를 설득하지 못한 것은 말할 것도 없고 이홍장 등의 양무자강파조차 끌어들이지 못한 변법은 애초부터 실패가 예정된 것이나 다름없었다. 그럼에도 당시 강유위는 변법의 대의명분이 뚜렷한 만큼 변법의 필요성에 공감하는 모든 요인들이 자신의 편이 되어줄 것으로 착각했다.

일련의 조치에 고무된 강유위는 연일 변법의 이상적인 방안을 쏟아내기에 여념이 없었다. 제도국의 설치와 팔고문의 폐지를 위시해 재정정책의 수립 방안을 비롯한 각종 변법방안이 하루가 멀다 하고 쏟아져 나왔다. 급격한 변법에 많은 대신들이 큰 우려를 표시하자 광서제도 이들의 반발을 걱정하지 않을 수 없었다.

이때 상해에서 『신학위경고』의 주장을 보다 정치하게 다듬은 『공자개제고孔子改制考』와 '춘추공양학'을 집중 탐사한 『춘추동씨학春秋董氏學』 등이 잇달아 출간되었다. 『공자개제고』는 그가 양계초 등의 제자들과 함께 6년 동안 부단히 자료를 보완한 끝에 내놓은 역저였다. 이 책은 공자를 유학의 단순한 조술자祖述者가 아닌 창시자創始者로 간주함으로써 개혁가 내지 혁명가로 규정한 것이 특징이다.

그는 이 책에서 동서양의 역사를 하나로 묶어 역사발전 단계를 크게 위난危難의 거란세據亂世와 소강小康의 승평세升平世, 대동大同의 태평세太平世 등 3단계로 나눴다. 거란세는 군주전제시대, 승평세는 군주입헌시대, 태평세는 민주공화시대에 해당한다. 이는 체제변혁의 불가피성을 증명하려는 속셈에서 나온 것이었다. 이 책은 출간되자마자 신사층 내에서 폭발적인 호응을 얻었다.

강유위는 보임 직후 어사 송백로宋伯魯를 통해 입법원 설치와 헌법

제정 방안 등을 상주하면서『공자개제고』를 바쳤다. 광서제는 이를 읽고 과거제 폐지의 방침을 굳혔다. 그러나 1천여 년 간 이어져 내려온 과거제의 철폐에 대한 반발은 간단치 않았다. 공자를 흉내 내 성인을 자처하며 '백성의 주인'이 되려고 한다는 비난이 쏟아졌다. 변법에 공명한 대학사 겸 공부상서 손가내孫家鼐가 상소해『공자개제고』를 조목조목 비판하면서 커다란 물의가 빚어졌다.

풍계분 (1809~1874) 청나라 말기의 향신

원래 손가내는 변법자강파에게 우호적이었다. 이는 그가 함풍제 때 변혁의 필요성을 역설했던 풍계분馮桂芬을 추종한 사실과 무관치 않았다.[70] 손가내는 풍계분이 쓴

---

70 풍계분은 도광 20년(1840)의 회시에서 차석인 방안榜眼으로 합격한 인재로 아편전쟁 및 태평천국과 같은 내우외환에 대처하기 위해서는 일대 정치개혁 단행해야 한다고 역설했다. 그의 사상은『교분로항의』에 잘 나타나 있다. 그는『교분로항의』「채서학의采西學議」에서 "중국의 윤상명교倫常名敎로 근본을 삼고, 그 밖의 여러 나라가 부강을 이룬 방법으로 보충한다."고 주장했다. 서양의 과학기술을 적극 채용해 구제도를 시대에 맞게 고쳐야 한다는 게 요지이다. '중체서용中體西用'을 최초로 언급한 그의 이런 주장은 이후 양무운동의 이론적 배경이 되었다.『교분로항의』는 그가 죽은 후에도 한동안 공간公刊할 수 없을 정도로 대대적인 개혁방안을 담고 있었다. 당시 청조정은 그의 사후 온건하다고 인정되는 10여 편의 글만을 유고집에 수록토록 했다. 40여 편이 전부 간행된 것은 광서 10년(1884) 이후의 일이다. 소주의 부유한 상인 집안 출신인 그가 이런 과감한 개혁방안을 제시한 것은 상인 집안 특유의 자유로운 가풍과 무관치 않았

『교분로항의校邠廬抗議』를 토대로 변법자강을 지지하는 상소를 쓰기도 했다. 그러던 그가 『공자개제고』에 대한 반박상서를 올린 것은 통치체제의 변혁을 추구한 강유위의 저의를 의심했기 때문이다. 『공자개제고』의 논지에 따를 경우 대대적인 변법을 획책하는 강유위는 곧 공자와 같은 반열의 '성인'이나 다름없게 된다. 호남순무 진보잠조차 강유위가 『공자개제고』를 스스로 불태워야 한다고 상주한 것도 같은 맥락에서 이해할 수 있다.

당시 변법자강파는 개혁사상을 지닌 요인들 모두 자신을 지지해 줄 것으로 생각했다. 그러나 이는 착각이었다. 변법 시행과정에서 손가내와 진보잠조차 이들과 차츰 거리를 두기 시작했다. 서태후의 눈치를 살폈기 때문이다. 이화원에서 죽은 듯이 엎드려 있지만 그녀의 의사는 분명했다.

이를 두고 강유위를 구하기 위한 고육지책으로 풀이하는 견해가 있다. 손가내가 강유위를 보호하기 위해 변법자강파가 상해에서 발행하는 순간지 《시무보》의 독판에 천거했다는 것이다.[71] 북경을 떠나면 그의 신변안전을 기할 수 있다는 판단에 따른 것이라는 주장이다. 그러나 당시 상황에서 강유위가 북경을 떠나는 것은 곧 그의 정치생명이 끊어지는 것은 말할 것도 없고 변법 또한 무산되는 것을 의미했다. 강유위가 상해 부임을 극구 마다한 것도 바로 이 때문이었다.

을 것이다. 서양의 과학기술을 적극 채용하고 구제도를 시대에 맞게 고쳐야 한다고 주장한 그는 양무자강파의 이론적 선구자에 해당한다.

71 당시 《시무보》는 정당의 성격을 띤 강학회가 해산된 까닭에 그 선전활동 부분을 떠맡고 있었다. 발행부수는 1만 부였다. 당시의 상황에 비춰 이는 파격적인 숫자였다. 《시무보》는 변법을 하지 않으면 나라가 망한다는 것을 양계초와 왕강년의 글을 집중적으로 게재해 큰 호응을 얻어냈다.

무술정변과 변법의 좌절

초조해지기 시작한 강유위는 광서제의 마음을 사로잡기 위해 패망한 폴란드의 예를 들며 망국의 공포감을 불어넣었다. 광서제의 신임을 얻고 있는 상황에서 변법을 강행하지 않으면 변법이 무산될 것이라고 판단한데 따른 것이었다. 이에 이해 8월말 경부터 지지부진한 모습을 보이고 있는 변법에 보다 적극성을 띠기 시작했다. 그러나 28세의 젊은 황제 광서제는 자신이 변법을 서두를 경우 이내 서태후와 충돌할 수밖에 없다는 사실을 간과하고 있었다. 그럼에도 그는 서태후를 무시하는 듯한 자세로 일련의 변법조치를 강력히 실행에 옮기고자 했다.

서태후는 침묵을 지키며 속마음을 전혀 드러내지 않았다. 그녀는 이홍장의 해임 후 직례총독에 보임된 왕문소王文韶의 후임으로 자신의 조카인 영록을 앉힌 만큼 유사시를 능히 대비할 수 있다고 생각했다. 직례총독은 막강한 무력을 보유한 북양군을 장악하고 있었다. 그러나 북양군은 기본적으로 이홍장의 사병에 가까웠다. 영록이 이를 얼마나 장악할 수 있을지는 의문이었다. 비록 해군은 청일전쟁으로 사실상 소멸되었으나 육군은 원세개가 '신건육군'을 편성해 맹렬히 훈련시키고 있었다. 이홍장 계 인물인 위한스카이는 영록의 심복으로 활약하면서 동시에 강유위와 두터운 교분을 쌓고 변법의 지지자를 자처하고 있었다. 서태후가 서두르지 않은 것은 바로 이 때문이었다. 최후의 승리를 담보할 수 있는 무력을 철저히 장악키 위해서는 확고히 원세개를 잡아둘 필요가 있었다. 그러기 위해서는 일정한 시간이 필요했다. 변법자강파는 뒤늦게 이 사실을 깨닫고 원세개를 포섭코자 했으나 이미 때가 늦었다.

당시 변법자강파의 주장은 매우 온건한 것이었다. 경사대학당京師大

學堂을 세워 신교육을 실행하고, 황제가 단발短髮하고, 관복을 역복易服하고, 연호를 개원改元하고, 수도를 상해로 이전한다는 것 등이었다. 경사대학당을 설치해도 과거를 폐지하자고 주장한 것도 아니고, 시험과목에 시사문제에 관한 논문을 추가한다는 정도였다.

강유위는 변법의 핵심에 해당하는 제도국이 개설되지 않자 이를 촉구하는 상소를 거듭 올렸다. 광서제는 8월 말에 「개도백도改圖百度」의 조서를 내리면서 개혁에 적극적인 태도를 취하기 시작했다. 이는 예부주사 왕조王照가 견문을 넓히기 위한 광서제의 외국방문을 상주한 사건이 발단이 되었다. 당시 예부상서 후이다푸懷塔布와 허응규許應騤는 왕조의 건의가 터무니없다고 여겨 전달을 거절했다. 왕조가 따지고 나오자 후이다푸는 '선조의 가르침에 위배된다.'는 이유로 또 다시 거절했다. 이에 왕조가 다시 한 번 상주해 대신이 언로를 막고 신정에 맞선다고 탄핵했다.

9월 1일에 광서제가 조칙을 내려 후이다포를 질책하고 해당 관서에 넘겨 처리케 했다. 9월 4일에 광서제는 휘이다푸와 허응규를 비롯해 예부 좌시랑 쿤슈堃岫 등을 무더기 파면하고, 왕조에게 3품을 하사하고 4품직의 경당후보京堂候補에 제수했다. 이 사건을 흔히 '예부의 6당관 파면사건'이라고 한다.

광서제는 이 사건 다음날인 9월 5일에 엄복嚴復을 비롯해 내각후보시독內閣候補侍讀 양예楊銳, 형부후보주사刑部候補主事 유광제劉光弟, 내각후보중도內閣候補中道 임욱林旭, 강소후보도江蘇候補道 담사동譚嗣同 등을 차례로 접견한 뒤 4품의 군기장경軍機章京에 임명했다.[72]

---

72 '장경'은 무관을 뜻하는 만주어 '장긴Janggin'을 음역한 관직을 뜻한다. 복수형은 '장기사Jang-

당시 총리아문에는 실각한 이홍장을 비롯해 10명 가까운 대신들이 있었으나 신정과 관련된 조칙은 모두 이들 '4장경'의 손에서 나온 것이었다. 이들은 광서제를 대신해 조칙을 초안했다.[73] 서태후는 '예부의 6당관 파면사건'의 보고를 받고 경악했다. 곧 영록 등의 재촉을 받자 결단을 내렸다. 이해 가을에 천진에서 열리는 열병식을 계기로 광서제를 폐위하는 극약처방이었다.

직례총독 영록은 원세개의 '신건육군'을 비롯해 감숙성 의용군에서 출발한 신군인 동복상董福祥의 감군甘軍 및 섭사성聶士成의 무의군武毅軍 등 이른바 '북양3군'을 틀어쥐고 있었다. 이해 8월 말에 천진에서의 군사사열 도중 광서제가 폐위될 것이라는 소문이 북경과 천진 일대에 파다하게 퍼졌다.

'백일유신'의 기간 중 강유위는 담사동을 비롯한 '4장경'과 상의해 수차례 상소를 올려 정치와 경제, 군사, 문화교육 등 각 방면에 걸친 대대적인 개혁을 추진해 나갔다. 그는 제도국 개설을 위한 최후의 노력으로 송백로를 통해 제도개혁을 총괄할 무근전懋勤殿의 개설을 재차 건의했다. 광서제가 이를 받아들여 무근전의 설치가 거의 확정될 무렵 강유위는 섭사성을 통해 황제직속군의 창설을 상주하면서 신군제의 책임사로 원세개를 천거했다.

---

gisa'이다. 이는 황실 친위의결기관인 군기처軍機處와 총리각국사무아문 등에서 문서를 처리하는 실무관원을 지칭한다. 쉽게 말해 '장경'은 대신보좌관을 뜻했다.

73 훗날 양계초가 이들을 두고 "이름은 장경일 뿐 사실은 당나라와 송나라의 참지정사參知政事와 같아 재상의 직분에 해당한다"고 평한 것은 이들의 위세가 얼마나 높았는지를 방증한다. 이들의 군기장경 발탁은 제도국 설치가 용이하지 않은 상황에서 고육지책으로 나온 편법이었다. 그러나 이는 보수파에 대한 정면대결 의지를 간접적으로 드러낸 것이나 다름없었다. 변법자강파와 보수파의 갈등이 첨예화하기 시작했다.

그러나 원세개가 영록과 각별한 관계를 맺고 있는 것이 마음에 걸렸다. 이에 강유위는 심복인 서인록徐仁祿을 보내 의중을 탐색케 했다. 원세개는 성대한 연회를 베풀어 그를 대접하면서 강유위를 '천하지재天下之才'로 칭송했다. 이에 고무된 강유위는 담사동을 시켜 원세개의 소대를 청하는 비밀상소문인 밀소密疏를 올리게 했다. 광서제가 이를 받아들여 천진에 있는 영록에게 원세개를 속히 북경으로 보내라는 조명을 내렸다. 보수파와 변법자강파의 사이에서 진퇴양난의 곤경에 처한 원세개는 곧 죽마고우인 서세창徐世昌에게 북경의 정황을 살펴볼 것을 당부했다.

원세개가 북경의 법화사法華寺에 머문 사이 광서제는 양예를 불러 변법을 지속하면서도 서태후 측의 불만을 사지 않는 방법을 강구할 것을 당부하는 밀조를 내렸다. 이어 9월 14일에 이화원으로 가 서태후를 만나 변법의 취지를 설득했다. 그러나 서태후는 변법자강파가 추진하는 급격한 개혁에 반대한다는 입장을 명백히 했다. 당시 궁중에서는 서태후가 황제를 폐위하고 개혁파를 체포하려 한다는 소문이 퍼져가고 있었다.

9월 16일과 17일 이틀간에 걸쳐 광서제가 이화원에서 원세개와 독대했다. 두 사람 간의 독대 내용은 지금까지 자세히 알려진 바가 없다. 그러나 전후의 여러 정황에 비춰 광서제가 원세개로부터 충성서약을 다짐받은 것만은 확실하다. 원세개가 독대 후 정3품인 안찰사에서 정2품인 시랑 후보로 승진해 계속 군사훈련을 맡은 사실이 그 증거이다. 종2품을 생략한 파격적인 발탁은 보수파 대신들의 의심을 사기에 충분했다. 원세개는 사직의 뜻을 밝혀 위기를 모면코자 했으나 오히려 보수파 대신들의 권유로 이를 철회했다. 당시 보수파 대신들은 이미 반격의 준비를 끝내 놓고 있었다.

이때 양충이 등이 마침내 강유위 일당을 체포하고 서태후가 다시 훈정을 실시해야 한다는 상소문을 올렸다. 이는 100일 간 지속된 변법 정국을 일거에 뒤집는 '무술정변'의 신호탄이었다. 광서제는 대세가 기울어진 것을 알고 9월 18일에 조서를 내려 강유위에게 북경을 속히 떠나 상해의 「관보」 독판에 부임할 것을 명했다. 그는 변법을 둘러싼 갈등이 곧 폭발할지도 모른다는 생각에 뇌관에 해당하는 강유위를 멀리 보내고자 한 것이다. 일이 틀어지고 있음을 직감한 강유위는 최후의 도박을 시도했다. 자신과 호형호제하며 지내는 원세개를 끌어들여 서태후를 제거하는 쿠데타를 획책한 것이다.

이런 조짐을 감지한 영록은 곧 '북양3군'의 무의군을 천진으로 이동시킨데 이어 감군을 북경 부근에 배치시킨 뒤 원세개에게 속히 천진으로 돌아와 영국 군함의 침공에 대처할 것을 명했다. 이날 광서제의 비밀 조서가 강유위에게 전해지자 변법자강파 인사들이 모여 대책을 논의했다. 그러나 달리 묘안이 나올 리 만무했다. 강유위가 곧 담사동에게 원세개를 만나 설득할 것을 지시했다.

"결사대 수백 명을 이끌고 황제를 자금성의 정문에 오르도록 하여 황권을 회복한 뒤 영록을 죽이고 보수파 대신을 척결한다."

평소 원세개를 불신한 담사동은 그를 거사에 끌어들이는 것을 반대해 왔다. 임욱도 원세개는 교활한 인물이므로 믿을 수 없고 일이 성사될지라도 향후 제어하기 어려울 것이라고 경고했다. 이들은 차라리 감군을 맡고 있는 동복상을 끌어들일 것을 권고했다. 그러나 이제 시간이 없었다. 양계초의 『무술정변기』에 따르면 서태후의 변법 실력행사를 봉쇄하기 위해 군사쿠데타를 일으킬 수밖에 없다고 발의한 사람은 강유위였고, 구체적인 방법으로 원세개의 지원 방안을 제시한 사람은 담사동이었다. 당시 담사동은 원세개의 의분을 자극해 변법자강파로 끌어들일 생각으로 모험을 감행했음에 틀림없다. 원세개의 『무술일기戊戌日記』는 자신을 찾아온 담사동을 이같이 묘사해놓았다.

"기세가 흉포하고 거칠어 마치 광인과 같았다."

두 사람의 대화는 담사동이 처형된 까닭에 『무술일기』의 기록을 좇을 수밖에 없다. 이에 따르면 이날 밤 담사동은 홀로 법화사로 가서 원세개의 의중을 떠보았다.

"당신은 폐하의 특은을 입었으니 성은에 보답해야 하오. 폐하를 구할 수 있는 방법은 군대밖에 없소. 당신이라면 능히 할 수 있소. 만일 그럴 생각이 없다면 우선 나부터 죽이십시오. 그러면 당신은 부귀영화를 누릴 것입니다."

원세개가 정색을 하며 목소리를 높였다.

"나를 어떤 사람으로 보는 것이오. 폐하는 우리의 군주요. 폐하를 구하는 책임은 군대에만 있는 것이 아니오."

담사동이 속내를 털어놓았다.

"지금 영록이 군을 끼고 반란을 꾀하고 있소. 지금 천하에 온전한 군대는 그대의 '신건육군' 뿐이오. 만일 반란이 일어나면 그대의 군대로 나머지 두 군을 대적할 수 있소. 그대가 황제를 보호하고 대권을 회복해 황제 주변과 조정을 정리하면 역사에 길이 남을 위업을 이루는 것이오."

이어 밀조를 꺼내 원세개에게 건넸다. 영록 일당을 제거한 뒤 북경으로 진군한 '신건육군' 중 절반은 이화원을 포위하고 절반은 황궁을 지키는 내용이었다. 원세개가 크게 놀라 물었다.

"이화원을 포위해 어찌하려는 것이오."

"노후老朽를 제거하지 않으면 나라를 구할 수 없소."

'노후'는 서태후를 상징한 말이다. 원세개가 말했다.

"태후는 정무를 살핀 30여 년 동안 여러 번 큰 난을 평정해 민심을 얻었소. 나는 늘 부하들에게 충의를 지켜야 한다고 가르쳤는데 지금 이는 반란하라는 명령이니 부하들이 듣지 않을 것이오."

담사동이 말했다.

"그 늙은이를 처단하는 일은 내가 할 터이니 걱정 마시오. 그 대신 2가지 일만 처리해 주시오. 영록을 죽이는 것과 이화원을 포위하는 일이오."

원세개가 대답했다.

"폐하가 간적奸賊을 죽이라고 명하면 사력을 다해 따르겠소."

담사동이 다짐을 주었다.

"영록은 조조와 왕망의 재주를 갖춘 시대의 간웅이니 처단키가 쉽지 않을 것이오."

원세개가 말했다.

"만일 황제 폐하가 저의 진영에 계시면 그를 죽이는 것은 개 한 마리 죽이는 것과 같소."

담사동이 최종적으로 다시 한 번 다짐받고자 했다.

"황은에 보답하고 황제 폐하를 불구덩이에서 구해내 나라를 구하는 것이 당신에게 달려 있소. 부귀영화를 탐내 우리를 고발하면 폐하를 해치게 되니 이 또한 당신에게 달려 있소."

원세개가 화를 냈다.

"우리 집안은 3대가 나라의 은혜를 입었소. 어찌 양심을 버리고 대사를 그르치겠소. 황제 폐하와 나라를 위하는 일이라면 목숨을 바치겠소."

담사동은 원세개를 의심치 않고 호걸이라고 칭송하며 자신이 마지막으로 내던진 승부수에 희망을 걸었다. 그러나 원세개아의 만남은 결과적으로 무술변법의 종언을 고하는 최후의 시도로 기록되고 말았다.

9월 14일에 광서제가 이른바 곤룡포 허리띠에 은밀히 내린 조명인 의대조衣帶詔를 내렸다. 이틀 뒤인 9월 16일에 광서제는 원세개를 접견하고 시랑 후보의 자격을 주었다. 당시 원세개의 신분은 직례안찰사에 지나지 않았다. 9월 17일에 한림원 대학사 양숭이가 서태후에게 훈정을 건의했다. 황제가 변법자강파의 꼭두각시가 되어 있으니 속히 복귀하여 정치를 돌보라는 내용이었다. 이는 변법자강파에 들씌워진 황제를 끌어내려야 한다는 말이나 다름없었다. 광서제도 위기감을 느껴 밀조를 내린 것이다.

당시 원세개는 서세창과 함께 며칠 동안 정황을 따져 보았다. 변법자강파는 보수파의 적수가 될 수 없다는 것이었다. 군사력도 서태후 편이 압도적으로 강했다. 영록이 통제하고 있는 동복상과 섭사성의 군대는 각각 4-5천 명이나 되고 북경에 있는 8기 기병만 해도 수만 명이나 되었다. 원세개의 병사는 7천 명밖에 안 되었다.

원세개는 고민 끝에 서태후 편에 서는 것이 낫다고 결론을 내렸다. 마침내 그는 변법자강파를 밀고하는 길을 택했다. 9월 19일에 원세개는 영록과 함께 천진에서 비밀리에 상경했다. 서태후는 이들을 접견한 즉시 이화원을 떠나 황궁으로 돌아왔다. 다음날인 20일 광서제가 다시 한 번 원세개를 불러 들였다. 원세개가 말했다.

"예로부터 개혁은 모두 쉽게 이뤄진 적이 없습니다. 참을성 있게 시기를 기다려 한 걸음 진척시켜야 합니다. 너무 서두르면 필시 폐단이 생깁니다. 급변하는 정세를 잘 알고 침착하게 대처하는 장지동 같은 사람이 보좌해 일을 진행해야만 폐하의 뜻을 이룰 수 있을 것입니다."

변법을 적극 지지했던 이전과는 어조가 크게 바뀐 것이다. 그는 배견을 마치고 나온 뒤 다른 곳에서 주변사람에게 보다 분명한 어조로 이같이 말했다.

"폐하가 직접 군사동원을 명하면 거역할 수 없다. 그러나 그 밖의 일은 내가 알 수 있는 일이 아니다."

이날 오후 3시 원세개는 천진에 가서 변법자강파의 계획을 영록에게 밀고했다. 다음날인 9월 21일에 사태를 보고받은 서태후는 정변을 일으켜 광서제를 중남해中南海의 영대瀛臺에 구금한 뒤 훈정을 선포했다. 이로써 103일 동안 전개된 일련의 무술변법은 모두 수포로 돌아가고 말았다.

서태후는 이어 변법자강파에 대한 수배령을 내렸다. 변법자강파의 핵심인물인 담사동을 '4장경'을 포함해 강유위의 동생인 강광인康廣仁과 어사 양심수楊深秀 등이 모두 붙잡혀 북경의 채소시장에서 참수 당했다. 이들을 통상 '무술6군자戊戌六君子'라고 한다.

담사동의 『인학』과 변법 논리

무술6군자의 대표자는 당시 34세의 담사동이었다.[74] 그는 부친의 강요에 못 이겨 무려 6번이나 과거에 응시하였으나 모두 낙방했다. 이때 그는 각지를 유람했다. 훗날 그는 『삼십자기三十自紀』에서 이같이 술회한

담사동 (1865~1898) 중국 청나라의 사상가. 청일전쟁의 패배 이후 변법자강운동을 전개한 중국 정치개혁의 중심인물

바 있다.

"거리를 합하면 8만여 리, 이를 한 줄로 연결하면 지구를 한 바퀴 둘러쌀 수 있을 것이다."

당시 그는 관원의 부패상과 백성들의 참상을 목도하고 구국의 포부를 키웠다. 이에 자신의 호를 '장비壯飛'로 정했다. 청일전쟁 패배 직후 '공거상서' 소식을 접한 그는 곧 신학을 배워 유신변법에 매진키로 결심했다. 이에 그는 당재상唐才常 등과 함께 고향에 학당을 세우고 신학新學을 강론하면서 「홍산학의興算學議」 등의 글을 지어 변법을 주장했다.

그는 신학을 본격 탐구하기 위해 광서 22년(1896)부터 상해와 북경 등지에서 선교사들을 찾아다니며 서양의 서적을 구입하며 전선과 엑스선 촬영기 등 서양의 과학문명에 깊은 관심을 기울였다. 이 시기에 그는

74 담사동은 호남 유양현瀏陽縣 출신으로 호가 장비壯飛인 그는 본래 고관의 자제였다. 호북순무를 지낸 부친 담계순譚繼洵은 관직이 호북순무 출신으로 자식교육에 매우 엄격했다. 북경에서 태어나 자란 그는 어렸을 때 모친을 여의고 계모의 학대 속에 고통스럽게 성장하였다. 어린 시절부터 시문에 뛰어난 그는 1884년 이래 가끔 과거에 응시하였으나 급제하지 못했다. 이는 소년시절에 왕정의王正誼라는 협객 등과 사귄 사실과 무관치 않았다. 18세 때인 광서 9년(1883)에 부친이 감숙으로 부임하자 함께 난주로 갔다. 2년 후 부친이 신강순무 유금당劉錦棠의 참모가 되자 유금당은 상군 계열로 동향인이며 동료이기도 한 담계순의 부탁을 받아 그의 아들인 담사동을 돌봐주었다. 어릴 때부터 군서박람群書博覽한 그는 장재張載와 황종희黃宗羲, 왕부지王夫之 등을 좋아한 까닭에 이들의 민족의식과 애민사상을 흡수해 유신변법의 사상적 기초를 닦았다. 청일전쟁 후 신학에 공명하여 당재상唐才常 등과 함께 남학사南學社를 열고 《상보湘報》를 발행한 배경이 여기에 있다.

양계초 등의 변법자강파 인사를 비롯해 옹동화 등의 관원과 접촉하며 친분을 맺었다. 그는 무술변법 전에 상해로 가서 양계초와 토론하면서 변법이론을 연구하였다. 이해 말에 다시 남경으로 가서 마침내 그간 심혈을 기울여 온 『인학仁學』을 탈고했다.[75]

인학 봉건전제와 예교를 비판하고, 변법 혁신을 제창한 담사동의 저서

그는 『인학』에서 삼라만상은 부단히 움직이며 변화하는 것이라고 역설하며 자신의 변법사상을 입증코자 했다. 그는 주자학에 기초한 전래의 명교名教를 신랄히 비판했다. 『인학』에 나오는 해당 대목이다.

"군주라고 해서 머리가 두 개인 것도 아니고, 눈이 네 개인 것도 아니다. 그런데도 삼강오륜에 기대어 사람들의 몸과 마음을 지배하고 있다. 지금 나라 안팎에서 변법을 말하고 있으나 삼강오륜이 번치 않는

75 『인학』은 만물의 본체를 오직 공자가 역설한 '인仁'에서 찾으면서 세계의 존재와 발전은 바로 '인'의 작용에 따른다는 게 핵심요지이다. 묵가와 불가, 서구사상에 의하여 유가의 도를 되살리고자 한 『인학』의 주장은 모든 차별의 타파를 역설하는 등 매우 진보적이어서 사실 손문의 혁명론에 가까웠다. 그는 『인학』에서 우주의 근본원리를 '이태以太'로 규정했다. 이는 에테르를 뜻한다. 인간의 원리는 오륜이나 그중 '붕우'가 가장 훌륭하다고 논했다. 군신과 부자, 형제, 부부 등의 4륜四倫은 속박이 있어 어찌할 수 없는 면이 있으나 붕우는 평등하고 자유로운 까닭에 자주성을 잃는 일이 없다. 따라서 우주의 근본원리는 '붕우'의 길로 응집된다는 게 그의 주장이었다. 그가 '붕우'를 강조한 데에는 '의협'을 높이 평가한데 따른 것으로 짐작된다.

한 이를 실천할 길이 없다. 백성이 있고 난 뒤 군주가 있는 것이니 군주는 말단이고 백성은 근본이다. 말단으로 인해 근본이 피해를 당해서는 안 되는 법인데 어찌해서 백성이 군주 때문에 피해를 당한단 말인가. 일이 제대로 이뤄지지 못할 때는 관장하는 사람을 바꾸는 게 천하의 통의通義이다."

군주제의 철폐를 역설하며 입헌군주제인 이른바 '군민공주君民共主'를 주장한 그의 '인학사상'은 이른바 '충결망라衝決網羅'로 요약된다. 삼강오륜 등의 윤리강상으로 사람들을 옥죄이고 있는 명교의 그물을 갈기갈기 찢어버려야 한다는 것이다. 그런 점에서 강유위의 '대동사상'보다 훨씬 과격했다. 군주가 선하지 못하면 백성이 그를 제거해야 한다고 주장한 것이 그 증거이다.[76] 만주족에 대한 노골적인 저항을 주장한 대목도 있다. 『인학』의 해당 대목이다.

"청국황실 성씨인 아이시신교로愛新覺羅들의 천하고 색다른 종자들은 야만스럽고 흉악한 성품을 지니고 있다."

이런 저작이 청국에서 출간될 까닭이 없다. 그는 변법활동이 수구파의 반발에 부딪치자 "신구 양당의 유혈이 천지를 뒤덮어야만 중국은 비로소 부흥의 희망을 가질 수 있다"고 일갈하기도 했다. 그는 나머지 '무술6군자'와 함께 북경의 채소 시장에 마련된 형장으로 끌려가면서 자신의 심경을 16자로 표현했다.

---

76 담사동의 변법사상은 이는 왕부지의 주장을 수용한데서 출발하고 있다. 왕부지는 일찍이 "세상에는 오직 '기'만 있을 뿐이다. '도'는 곧 '기지도器之道'이니 '기'를 '도지기道之器'라고 말해서는 안 된다."고 언급한 바 있다. 그의 변법사상은 '중체서용'을 주장한 양무자강파의 '도체기용道體器用'과는 정반대로 '서체중용西體中用 내지 '기체도용器體道用'으로 정리할 수 있다. 그가 말한 '변법變法'은 곧 '변도變道'에 해당한다.

도적을 죽이려 마음먹으니　　有心殺賊
국면전환의 힘이 부족하네　　無力回天
죽음이 제자리를 얻었으니　　死得其所
참으로 통쾌하고 통쾌하다　　快哉快哉

5만자에 달하는『인학』의 상하 2권은 그가 양계초에게 복사한 것을 보내고, 양계초가 이를 일본에서 인쇄한 것이다. 저자는 이름을 숨기고 '대만인의 저술'이라고만 했다.『인학』은 청일전쟁에 대해서도 색다른 평가를 내린 바 있다.

"이겼다고 교만해졌을 것이므로 패전이 반드시 불행한 것이 아니다."

이런 사상을 지닌 인물이 청조에 들어가 군기대신 장경이 된 것이다. 보수파 대신 원제文悌는 보국회를 탄핵하는 상소에서 이같이 지적한 바 있다.

"충군과 애국은 하나이다. 그들은 공연히 중국 4억의 국민을 위한다고 하나 대청국을 도외시해서는 안 된다."

담사동이 '애국'을 주장하면서 '충군'은 언급치 않은 것을 지적한 것이다. 황실을 천한 무리라고 매도하고 일본에 진 것을 불행이 아니라고 평가한 것은 당시의 기준에서 볼 때 대역부도에 해당했다. 이런 점에서 그는 변법의 주모자인 강유위와 사상적인 궤를 달리 하고 있었다. 담사동의 장렬한 죽음은 당시 영국 공사관의 도움으로 상해로 도주했다가 영국군함을 타고 홍콩으로 건너간 강유위의 행보와 극명한 대조를 이룬다.

실제로 최근 일련의 연구로 당시 강유위가 자신을 포장하기 위해 무술변법과 백일유신을 자신의 공으로 돌려놓은 사실이 백일하에 드러났다. 광서제가 무술변법과 관련해 재위 24년(1898) 6월에 강유위를 접견한 것은 사실이나 당시 광서제는 그에게 총리아문의 '장경행주章京行走'라는 6품직을 내렸다. '행주'는 일종의 자문 내지 고문 역할로 고유한 관할 업무가 없는 명예직이다. 이는 신정新政에 참여한 양예와 유광제, 담사동, 임욱 등 '4장경'과 비교할 수도 없는 하위직이다. 강유위는 사실을 과장해 자신의 몸값을 높였다는 혐의를 피하기 힘들다. 실제로 무술변법이 이뤄지는 시기에 그가 올린 모든 글은 도찰원을 통해 간접적으로 올린 것에 불과했다. 그렇다면 강유위는 왜 이처럼 과장을 한 것일까?

의대조 변조와 망명

당시 강유위는 '군기사경'과 달리 해외로 망명한 뒤 백일유신 동안의 자신의 역할을 과장하며 해외에서 적잖은 돈을 모금했다. 이 과정에서 그는 화교들과 유학생들을 자신의 보황保皇 사업에 참여토록 유인키 위해 '보황'을 당부하는 광서제의 '밀조'를 적극 활용했다. 이때 그는 자신에게 유리하도록 '밀조'를 변조해 적잖은 의혹을 받게 되었다. 이를 이른바 '의대조 변조사건'이라고 한다.

광서 31년(1905) 이후 도쿄에서 손문을 중심으로 한 혁명파가 '중국동맹회'를 결성한 후 변법자강파와 혁명파 사이에 치열한 논전이 전개되는 와중에 이 사건과 관련한 의혹이 증폭되었다. 당시에는 자세히 밝혀지지 않았으나 광서 34년(1908)에 서태후가 죽은 후 광서제의 '밀조' 원본이 드러남에 따라 강유위는 자신의 명성에 커다란 손상을 입고 말았다.

원래 광서제의 밀조는 강유위에게 내려진 것이 아니라 '4장경'의 일원인 양예에게 내려진 것이었다. 양예가 참수될 당시 그 밀조는 거인 황상의黃尙毅에게 넘겨졌다. 황상의는 이를 옷깃에 감춰 고향으로 돌아갔다가 훗날 서태후가 사망하자 공개했다. 공개된 밀조에는 강유위의 주장과 달리 그의 이름은 전혀 나오지 않고 있다. 광서제가 밀조를 내린 것은 서태후를 중심으로 한 보수파의 반발이 표면화한데 따른 것이었다. 당시 광서제는 백일유신의 95일째 되던 날에 양예를 불러 이런 내용의 밀조를 내렸다.

"일이 이 지경에 이르렀으니 짐의 자리를 보전할 수도 없게 되었다. 하물며 다른 것들이야 더 말할 것이 있겠는가. 그대는 나이 들고 우둔한 노신들을 모두 쫓아내고, 젊고 이치를 아는 사람을 등용해 중국을 위기에서 평안으로 전환시켜야 하고, 서태후의 뜻이 성의聖意를 거스르지 않아야 한다고 말한 바 있다. 속히 임욱, 유광제, 담사동 등 여러 동지와 잘 협의해 비밀리에 글을 올리되 군기대신으로 하여금 이를 대신 올리도록 하라. 짐이 깊이 생각한 후 다시 처리하겠다. 짐은 실로 조급하기 그지없다."

당시 광서제는 양예와 임욱, 담사동. 유광제 등 4인이 속히 머리를 맞대고 서태후를 설득할 수 있는 타당한 방책을 속히 강구해 상주하라고 명한 것이다. 강유위와 직접 관련이 있는 것으로 보기가 어렵다. 강유위는 단지 '여러 동지' 중 한 사람에 뭉뚱그려져 있을 뿐이다. 그럼에도 강유위는 양예가 자신에게 보여준 밀지의 사본을 토대로 이를 변조한 것이다. 강유위는 어떤 대목을 변조한 것일까? 변조된 밀조의 내용은 이러하다.

"짐이 시국이 어려움을 헤아리니 참으로 변법이 아니면 중국을 구할 수 없다. 수구의 늙은 대신을 몰아내고 젊고 용감한 인사를 쓰지 않으면 변법할 수 없다. 그러나 태후는 그리 생각지 않고 있다. 짐은 여러 번 간했으나 태후는 더욱 노하고 있다. 이제 짐의 위치는 거의 보전하기 힘들게 되었다. 그대는 속히 양예와 임욱, 담사동, 유광제 등 여러 동지와 상의해 비밀리에 글을 올려라. 부디 좋은 방안을 강구해 나를 구해주도록 하라. 사안이 아주 급하다. 그대에 대한 기대가 크다."

이는 원래의 밀조와 기본 취지가 전혀 다른 것이다. 강유위는 서태후를 비롯한 보수파 왕공대신을 모두 제거토록 당부하는 내용으로 변조한 셈이다. 광서제가 내린 밀지의 기본취지는 '성의를 거스르지 않아야 한다'는 데 있었다. 이는 기존의 변법을 완화해 절충방안을 찾을 것을 주문한 것이다. 그럼에도 원본이 공개될 때까지만 해도 '군기4경'이 모두 참수당한 까닭에 이를 확인할 길이 없었다. '의대조 변조사건'은 훗날 원본이 드러나면서 그 전말이 소상히 밝혀졌다. 이로 인해 강유위가 보여준 일련의 행보에 적잖은 의혹이 일게 된 것은 말할 것도 없다.

당시 강유위는 무술변법이 실패로 끝나리라는 것을 예감하고 정변 하루 전인 9월 20일 새벽에 몰래 북경을 떠나 저녁에 탕고塘沽로 가 초상국招商局의 신제호新濟號에 올랐다. 이 배는 21일 오후에야 출범한다는 것을 안 그는 태고양행太古洋行의 중경호重慶號로 갈아탔다. 이 배는 그날 오전 10시에 출항할 예정이었다. 북경의 강유위 숙소인 남해관南海館을 수색해 강유위가 도주한 것을 안 영록은 즉시 탕구를 수색했으나 실패했다. 출항한 배를 알고 있으므로 군함 비응飛鷹을 시켜 뒤를 쫓게 했으나 비축한 석탄이 모자라 도중에 돌아왔다. 영록은 연대의 장관에게 전보를 쳤다. 탕구를 떠난 배는 대개 연대에 기항했다. 충칭호도 기항했다. 강유위는 상륙해 물건을 사기까지 했다. 공교롭게도 이날 연대 장관은 교주膠州로 출장을 가 전보를 늦게 받았다. 그가 수배에 나섰을 때는 충칭호가 이미 출항한 뒤였다.

중경호는 상해에 기항했다. 상해의 영국 총영사 브레넌은 강유위와 교분이 두터운 선교사 리처드 티모시의 요청으로 위해위에서 순양함 보나벤처호를 불러 오송吳淞 항구 밖에서 강유위를 영국 선박 바랄라트호에 바꿔 타게 하고 홍콩까지 호송시켰다. 위기일발의 탈출이었다.

당시 강유위는 자신의 실수가 얼마나 큰 것인지를 전혀 알지 못했다. 당시 군함 안에서 그를 만났던 영국인 카메론이 1899년에 펴낸『강유위와의 선상대화』의 다음 대목이 그 증거이다.

"황제와 태후는 권력을 둘러싼 갈등으로 시종했다. 태후는 황제가 권력을 행사할 때마다 불만을 나타냈고, 황제는 자신이 태후에게 얽매여 있는 것을 통감했다. 그러나 권력행사의 목표에 대한 차이점은 없었다. 고관들 또한 누가 더 실권을 쥘 수 있는가 하는 판단에 따라 서태후 또는 황제를 추종했을 뿐이다. 개혁의 필요성 등은 결코 문제가 되지 않았다. 원칙 없는 권력 갈등에 불과했다."

그는 변법 실패의 모든 책임을 궁중의 태후와 황제에게 씌운 셈이다. 이를 두고 일부 학자는 만일 대중 차원의 지지가 있었다면 변법자강파의 개혁이 성공할 수도 있었다는 분석을 내놓기도 했다. 일각에서는 강유위의 지위가 6품직인 '장경상행주'에 그쳐 개혁의 정책결정에 참여치 못한 점 등을 실패의 원인으로 지적했다. 그러나 이는 주변적인 것에 불과하다. 가장 중요한 원인은 변법의 취지에 공감했던 서태후를 비롯한 보수파를 끝내 설득치 못한 데서 찾아야 한다. 이는 기본적으로 변법자강파들이 서구식 정치제도를 지나치게 성급히 도입코자 함으로써 보수파의 위기의식을 극도로 자극한데 따른 것이었다.

일본에서의 망명생활

당시 홍콩으로 피신한 강유위는 이해 10월 27일에 영국의 여객선 '중칭' 호를 타고 일본으로 망명했다. 그러나 그는 일본정부로부터 상륙을 거절당했다. 유신시절에 일본정계로부터 광범위한 환영을 받았던 것과는 정반대의 모습이었다. 당시 일본은 야마가타 내각은 중국의 유신운동은 이미 실패했고 변법자강파는 이미 중국의 정치무대에서 활동하기 힘들다고 판단해 이런 태도를 취한 것이다.

강유위는 자신의 일본에 있던 제자 구구갑歐榘甲에게 도움을 청하는 서신을 작성했다. 이때 청국 주일공사 이성탁李盛鐸은 이미 강유위가 일본에 왔다는 것을 알고 즉시 조정에 전보를 쳤다. 서태후는 즉시 이성탁에게 명하여 밀정을 비밀리에 뒤쫓게 해 기회를 보아 체포케 했다.

일본의 일부 지식인들은 이런 상황에서 일본정부가 강유위를 상륙하게 하지 못하는 것은 청국 정부를 도와 강유위를 죽이는 것이나 다름없다고 생각했다. 그를 아는 일본 인사들의 도움으로 가까스로 일본에 입국한 강유위는 이내 손문과 절친한 미야자키 토라조宮崎寅藏와 히라야마 슈平山周 등으로부터 혁명파와의 제휴공작을 제의받았다.[77] 그러나 강유위는 이를 거부했다. 자신은 제사帝師인데 반해 손문은 청조를 전복시키려고 한 '난신적자'에 불과하다는 게 그 이유였다. 그가 볼 때 비밀결사 방식으로 무리를 모아 폭력으로 청조를 전복코자 한 손문 일당은 비적匪賊에 지나지 않았다.

당시 강유위와 친밀한 관계에 있던 황준헌도 무술정변 이후 커다란 박해를 입었다. 그는 무술정변이 일어나던 이해 7월에 주일공사로 임명된 뒤 부임 차 호남에서 상해로 나와 있다가 공교롭게도 중병에 걸리게 되었다. 일본 정부는 이미 아그레망을 보낸 상태였다. 무술정변 직후인 이해 10월 6일에 어사 황균륭黃均隆이 그를 역당과 깊이 결부되어 있다는 이유로 탄핵했다. 이후 그의 일본 부임이 불투명해졌다. 서태후는 양강총독 유곤일에게 명해 은밀히 황준헌을 감시토록 했다.

청국을 방문 중이던 이토 히로부미가 우연히 상해에 와 있다가 이 소식을 듣고는 이해 10월 10일에 북경에 있는 하야시 곤스케 대리공사에게 급히 타전했다. 황준헌에 대한 처벌이 무거우면 일본은 항의할 의향이 있음을 전하도록 한 것이다. 다음날 오쿠마 총리도 하야시에게 황준헌에게 극단적인 처분을 하는 일이 없도록 총리아문에 전하라는 지시 전보를 쳤다. 총리아문도 노력할 것을 약속했다. 이날 심야에 상해의 서양인들이 양무국洋務局에 감금되어 있는 황준헌을 구출하겠다는 소동을 벌였다. 배후에는 영국 총영사가 있었다.

유곤일은 문제가 커지자 일단 관대한 조치를 취해 원적지로 송환한 뒤 이후에 처분하는 것이 좋겠다는 의견을 총리아문에 타전했다. 이에

77 '미야자키 토라조'는 '미야자키 도텐宮崎滔天'의 원래 이름이다. 그는 모친으로부터 "이부자리에서 죽는 것은 남자에게 무엇보다 굴욕이다"라는 가르침을 받고는 이후 시종 재야에서 김옥균과 손문 등과' 같은 혁명세력을 물심양면으로 지원하며 파란만장한 삶을 살았다. 생전에 신문과 잡지에 많은 기고를 하는가 하면 민요가수인 료오교쿠시浪曲師로 일하기도 했다.

황준헌 (1848~1905) 중국 청나라의 외교관이자 정치가. 『조선책략』의 저자

황준헌은 이해 10월 14일에 원적지인 광동으로 송환되었다. 당시 상해 주재 일본영사가 하토야마鳩山 외무차관에게 친 전보에는 '영국영사가 운동해 석방시켰다'고 되어 있다. 고향으로 돌아간 그는 소회를 적은 시 8수를 지으면서 마지막 구절을 이같이 맺었다.

시비是非와 신구新舊가 분분하니 정하기 어렵구나.
그대는 보아라, 한선寒蟬처럼 함구한 중관衆官을

'한선'은 찬바람이 부는 가을이 깊어지면 울지 않게 되는 쓰르라미를 말한다. 시비가 뒤섞인 난세를 만나 관인들이 한선처럼 입을 다물게 되었다는 뜻이다. 이듬해인 광서 25년(1899)에 그는 병도 호전되자 집안 자제들에게 학문을 가르치면서 아들과 동생, 문하생들을 일본에 유학시켰다. 그는 광서 31년(1905)에 58세로 타계했다.

당시 손문은 일본에서 사람을 모아 혁명적인 방법으로 청조를 전복시키려고 했다. 이에 일본인들은 혁명파와 변법자강파의 협력을 촉진시켜 장차 중국을 일본의 세력권 하에 놓고자 한 것이다.

손문은 혁명세력의 확충을 위해 변법자강파의 지지가 절대 필요하다고 생각해 강유위와의 협상을 적극 희망했다. 손문은 강유위와 수차례 만나 양파의 협력방안을 논의했다. 이 자리에서 손문은 강유위에게 보황의 입장을 버리고 함께 중국을 구할 것을 제의했다. 그러나 강유위는 '광서제의 은혜를 잊을 수 없다'는 이유로 청조를 전복하는 혁명적인 방안에 강한 거부감을 드러냈다. 이에 담판은 무위로 끝나고 말았다. 이후 그는 일본에 도착한 지 3달이 지나 시점에 자신이 나아갈 방향을 '보황입헌保皇立憲'으로 정한 뒤 그 취지를 이같이 밝혔다.

"중국은 멸망하지 않을 것이고, 대도는 사라지지 않을 것이다. 하늘을 따르고 천명을 기다리며 수많은 백성을 구하기 위해 내 의지대로 홀로 실천해 나갈 것이다."

이는 손문 등 혁명파와의 협상에 대한 공식 파기 선언에 해당했다. 일본에 있는 동안 정치활동에 참여하는 외에 그는 자주 친구들의 집을 돌아다녔고 친구들과 교류했다.

보황입헌운동의 전개

광서 25년(1899) 봄에 강유위는 영국정부의 협력을 구할 생각으로 먼저 캐나다의 뱅쿠버를 거쳐 런던으로 갔으나 아무 성과도 얻지 못했다. 이후 그는 카나다로 다시 돌아와 화교들과 함께 '보황회'를 세운 뒤 화교를 중심으로 한 '보황입헌' 운동을 전개해 나갔다. 이는 일본 및 영국 등 외세의 지원을 통한 '보황입헌'이 좌절된데 따른 것이었다.

당시 한 화교가 그를 위해 캐나다에 집을 사주었다. 집에는 예스러운 이름인 '요천실廖天室'이라는 이름을 지어주었다. 이곳에는 섬이 많았다. 강유위는 매일 섬에 놀러가 배를 타며 노래를 불렀고 북아메리카의 풍광을 만끽했다. 그의 미국 생활은 다채로웠다.

보황입헌운동 청나라 말기 제국주의 열강의 침략에 대응하기 위해 부강을 목표로 한 위로부터의 개혁운동

한번은 그가 북미 화교들에게 강연을 할 때 나이 겨우 17세의 화교 아가씨 하금란何金蘭이 그에게 반했다. 당시 영어를 하는 여자를 찾고 있었다. 그가 각지를 방문해 유세하는 것을 도와줄 사람으로 친구의 부추김에 따라 49세에 그는 하금란과 결혼했다. 결혼은 1남 1녀를 두었다. 이들은 함께 유럽 각국을 여행하고 가는 곳마다 하금란이 통역을 했다. 불행히도 그녀는 1914년에 홍콩에서 성홍열로 사망했다.

강유위는 멕시코에서 반년을 거주하면서 그곳의 풍토와 지리를 열심히 연구하고 인디안 문화에 매우 흥미를 갖는다. 연구를 통해 그는 대담하게 인디언은 중국인의 후예일 것이라고 추측하여 역사학자들의 주의를 끈다.

그러나 그의 마음은 여전히 고향과 고국에 가 있었다. 그가 캐나다와 멕시코, 미국 등지를 오가며 '보황입헌' 운동을 활발히 전개하자 손문의 흥중회에 속해 있던 많은 화교들이 '보황회'로 이적했다. 여기에는 일본에 머물고 있던 양계초가 요코하마에서 창간한《청의보淸議報》를 통해 보황입헌 운동의 취지를 적극 설득한 것이 크게 작용했다. 그 결과 혁명파가 건립한 대동학교大同學校도 점차 변법자강파에게 주도권이 넘어가 손문의 학교방문을 거부하는 사태마저 빚어졌다.

그러나 이해 가을에 강유위가 홍콩과 싱가포를 방문한 기간에 손문과 양계초가 급속히 가까워지면서 혁명파와 변법자강파의 제휴를 바라는 기운이 다시 크게 일기 시작했다. 이 기간 동안 손문 등이 여러 차례 접촉했고 협력에 관해서도 계속 협의했으나 그가 보황입헌의 입장을 견지한 까닭에 담판은 성공치 못했다.

당시 양계초가 스승인 강유위의 입헌군주론과 충돌되는 공화주의를 옹호하고 나서자 이에 반대하는 맥맹화麥孟華와 서근徐勤 등이 싱가포르에 머물고 있던 강유위에게 이를 밀고했다. 대노한 강유위가 양계초에게 하와이로 건너가 보황회의 업무를 보도록 했다. 이는 늘 중도적인 입장에서 입헌군주정을 실현시키고자 한 양계초가 가장 혁명론에 기울어진 때이기도 했다.

그가 망명한 지 3년째 되는 도광 26년(1900)에 의화난사선이 일어났다. 서태후가 8개국의 공격을 받아 서안으로 도주하는 사태가 빚어지자 강유위의 변법자강파와 손문의 혁명파 모두 활발히 움직이기 시작했다. 그는 이같이 역설했다.

"외국인을 도와 의화단을 공격하여 황제를 구출하자."

이때 변법자강파 내의 급주주의자인 당재상唐才常은 상해에서 정기회正氣會를 조직해 혁명파와 연락하며 무장봉기를 통해 광서제의 복벽復辟을 추구했다. 담사동과 강유위를 존경한 당재상은 무술정변 후 일본으로 망명해 손문과 혁명을 논하기도 했으나 이내 강유위의 막하로 들어간 인물이다.

이후 당재상은 정기회를 자립회自立會로 개명한 뒤 강유위의 지원하에 근왕勤王운동을 전개했다. 마침내 비밀결사인 가로회哥老會의 포섭을 계기로 장강과 중원 일대까지 그 영향력이 미치게 되자 자립군이 기의하는 상황에 이르렀다. 그러나 자립군은 이해 가을에 강유위와 양계초로부터 약속된 거사자금이 오지 않자 두 사람에게 큰 반감을 가지게 되었다. 결국 당재상 진영에서 기밀이 누설돼 기의는 실패로 끝나고 말았다.

자립군 기의 후 청조는 복건, 광동, 절강 등의 독무에게 강유위에 대한 체포령을 내렸다. 이에 강유위는 자객을 피해 싱가포르에서 페낭섬을 거쳐 광서 27년(1901) 초까지 홍공에 머물렀다. 이때 강유위는 '보황입헌' 운동의 일환으로 화교를 조직화하기 위해 신문을 발행하고 학교를 세워 지식의 보급에 힘썼다. 이때 그는 서태후에 대한 암살을 계획했으나 중도에 기밀이 누설돼 실패하고 말았다. 이해에 그는 인도로 건너갔다.

광서 28년(1902)에 그는 「혁명불가론」에서 민주공화제를 추구하는 것은 중국을 멸망으로 이끄는 것으로 '보황입헌'만이 중국을 구할 수 있는 유일한 길이라고 역설했다. 각 성의 분립을 제창해 민족혁명을 주장하는 것은 인도의 전철을 밟을 수밖에 없다는 게 논지였다. 인도에 머물던 이 시기에 그는 저작활동도 활발히 전개해 『대동서大同書』와 『중용주』, 『논어주』, 『춘추필삭미언대의고春秋筆削微言大義考』 등을 차례로 편찬했다. 당시 그는 "순서대로 차근차근 진행해야지 단계를 뛰어넘어서는 안 된다"며 손문의 혁명운동을 철저히 반대했다. 손문의 혁명방안은 오히려 망국 내지 과분의 화를 자초할 뿐이라는 게 그의 확신이었다.

당시 그가 펴낸 저작 중 가장 주목을 받은 것은『대동서』였다.『대동서』는 기왕에 나온『신학위경고』와『공자개제고』의 논지와 맥을 같이 하는 것으로 혁명론을 부인한 것이 가장 큰 특징이다. 당시의 상황에 비춰 그가 제시한 '대동'은 지극히 관념적인 이상향에 지나지 않았으나 그가 쉼 없이 전통 사상 위에서 서양의 문물을 받아들여 청국의 자립과 부강방안을 모색한 것만은 분명하다.

그는 히말라야 산으로부터 80킬로미터밖에 떨어지지 않은 인도 북부로 갔다. 차녀 강동벽康同璧과 함께 말을 타고 히말라야 산 남쪽 산록을 오르내리며 9일 동안 비상한 탐험을 하기도 했다. 이해 말에 강동벽에게 '보황입헌'의 취지를 담은 10편의 시를 건네주며 유럽과 미국으로 가 중국의 사정을 널리 알리도록 했다.

이후 그는 광서 31년(1905)에서 선통 3년(1911)에 이르는 기간 동안 미국 각지와 멕시코 스웨덴, 인도, 프랑스, 모로코, 스페인, 영국, 스위스, 이집트, 독일, 노르웨이, 헝가리, 터키, 그리스, 이탈리아, 싱가포르 등 여러 나라를 여행했다. 특히 프랑스는 7번, 영국은 8번, 독일은 11번이나 여행했다. 그 배경과 관련해 공자가 기원전 5세기에 주유천하하며 견문을 넓힌 사실을 의식한 것으로 해석하는 견해도 있으나 광서 33년(1907)부터 17세 된 화교여인과의 접촉을 계기로 방랑벽이 생겼다는 분석이 그럴 듯하다. 실제로 그는 해외여행 중 줄곧 사치스런 호텔에서 숙식하며 지냈다.

그는 이탈리아와 스웨덴을 여행할 때 큰 감명을 받았다. 광서 30년(1904) 6월에 그는 이탈리아에 도착했다. 로마에서 고대건축과 현대화된 공장을 참관한다. 자본주의 경제와 문화가 선진적이라는 것을 깨닫게 되었다. 그러나 그는 자본주의 문제점도 동시에 보았다. 길거리의 거지, 빈부격차가 그것이다. 이해 말에 스웨덴으로 간 그는 그곳의 풍경에 반했다. 그는 곧 스톡홀름의 동남해안에 있는 작은 섬을 사고 섬에 중국식 정원을 꾸미고 '북해초당北海草堂'으로 명명했다. 그는 광서 33년(1907)에 그곳을 떠나면서 크게 아쉬워했다. 현지 화교는 아직도 그 섬을 '강유위섬'이라고 부른다.

그는 세계유람을 하면서도 조국의 개혁에 대한 관심의 끈을 놓지 않았다. 1907년에 국회개설과 관련한 건백서建白書를 정부에 제출한 것이 그 실례이다. 당시 그는 광서제를 구하려는 활동을 멈추지 않았다. 광서제를 구한다는 명목으로 자금을 모아 '보황회' 본부를 건립하고 '보황군'을 육성키 위해 미국인 리햄을 초청해 훈련을 시키기도 했다. 그가 황제의 명을 빌려 그에게 대장군의 복장을 내리며 독려했으나 리햄은 손문을 지지하고 그의 군사고문이 되었다.

50세가 되던 이해에 그는 미국 서부의 한 지역으로 강연을 갔다가 17세의 하전리何旃理를 만나게 되었다. 이후 그녀는 영문통역 겸 비서역할을 수행했다. 그녀는 강유위보다 33세나 어렸으나 총명하고 영리했다. 강유위를 따라 전 세계를 주유하며 영어통역을 전담했다. 그녀는 나중에 1남1여를 낳았으나 1914년에 상해에서 성홍열로 사망했다.

당시 그는 하전리와의 세계여행 비용을 마련하기 위해 상업 활동에도 종사해 큰돈을 거머쥐기도 했다. 광서 32년(1906) 봄에 멕시코는 궤도전차를 건설하고 있었다. 그는 각지 화교들이 모아준 돈으로 전차궤도가 지나는 곳의 부동산을 샀다. 얼마 후 이 부동산의 가격이 몇 배로 뛰었고 수중에 10여만 원을 챙기게 되었다. 그는 글을 쓰고 강연을 하고 일부 공익활동을 통해 경비를 모았다. 그의 이런 활동은 아주 효과적이었다. 자신의 재정적 어려움뿐만 아니라 친구를 도울 수 있었다. 그는 매년 일본에 있는 양계초와 그의 가족들에게 5천 은원을 보내주었다.

복벽운동과 쓸쓸한 죽음

강유위가 세계를 주유할 당시 양계초는 일본에 머물며 광서 31년(1905) 이후 시종 만주족 타도를 통한 공화국 건설을 주장하는 혁명파와 치열한 논전을 벌이고 있었다. 이는 일본이 예상을 깨고 러일전쟁에서 승리를 거둔데 따른 것이었다. 이에 무술변법 당시 그의 개혁론에 동조하지 않았던 많은 사람들이 '보황입헌' 운동에 동참키 시작했다. 장강 하류에서 활약하던 장건張謇은 『일본헌법』 등을 간행하며 북쪽의 원세개와 연계해 입헌운동을 적극 지지하고 나섰다. 변법을 반대했던 장지동도 이에 동조했다. 주불공사 손보기孫寶琦를 위시해 몇 명의 독무들도 입헌제 채택을 청하는 상소문을 올렸다.

그러나 이와 정반대로 재일유학생들은 강유위의 보수적인 '입헌군주론'에 염증을 느끼고 손문의 '민족혁명론'에 경도되기 시작했다. 이로 인해 보헌입헌세력를 대변하는 《신민총보新民叢報》와 혁명파를 대변하는 《민보民報》 사이에 치열한 지상논전이 벌어졌다. 《신민총보》는 양계초가 주관하던 《청의보》가 100호까지 내고 정간되자 1902년 초에 별로로 발행한 반半월간지였다. 《민보》는 광서 31년(1905)에 결성된 중국동맹회가 송교인宋教仁 등이 창간한 《이십세기지방二十世紀之邦》을 기관지로 채택하고 만주족을 뜻하는 타타로 오랑캐인 달로達虜의 축출을 통한 민국건설을 강령으로 내걸고 창간한 것이었다.

《신민총보》는 만한동화론滿漢同化論의 입장에서 편협한 종족주의를 버리고 국민주의에 입각해야 하고, 현 상황에서는 입헌군주정이 타당하고, 혁명과정의 폭동은 열강의 간섭을 초래할 우려가 크다는 등의 이유를 들었다. 이에 대해 《민보》는 종족혁명과 정치혁명은 불가분의 관계에 있고, 능히 공화입헌을 실현할 능력이 있고, 중립을 선언할 경우 열강의 간섭을 배제할 수 있다는 등의 논거를 제시했다.

당시 양계초는 계급갈등도 없고 분배도 비교적 공평한 중국에서는 사회혁명을 할 필요가 없다고 주장했으나 혁명파는 민족혁명 및 정치혁명과 더불어 사회혁명을 단행함으로써 모든 문제를 일거에 해결해야 한다고 반박했다. 역사의 흐름은 강유위 및 양계초의 점진적 개혁을 뛰어넘어 혁명으로 전화되고 있었다.

그럼에도 당시 강유위는 해외에서 '국민헌정회'를 조직한 뒤 손문의 혁명운동을 '맹인기마盲人騎馬' 운동으로 폄하했다. 그는 『물질구국론物質救國論』에서 '맹인기마'의 문제점을 이같이 지적했다.

"서양문명의 기본 특징은 물질문명에 있다. 나라의 위급을 구하는 것은 자유와 민주 등의 이념이나 사상이 아니라 바로 대포와 군함 등의 물질문명이다."

그는 이해에 '보황회'의 명칭을 '국민헌정회國民憲政會'로 바꾸었다. 이는 이후 제국헌정회帝國憲政會가 되어 청조의 헌정실시를 추진하는 정치단체로 변모했다. 당시 일본에 망명 중인 양계초도 광서 33년(1907)에 채지유蔡智由 등과 함께 정문사政聞社를 결성하고 의회개설과 책임내각 구성 들을 골자로 한 4대 강령을 채택했다. 그러나 그는 곧 혁명파의 공격으로 이내 활동무대를 상해로 옮길 수밖에 없었다. 이들의 국회 소집 청원은 이듬해인 광서 34년(1908) 7월에 이뤄졌다. 이해 8월에 인심을 현혹시키는 단체로 몰려 정문사는 봉쇄되고 말았다.

당시 국내에서는 장건 등이 장강 하류 일대를 중심으로 예비입헌공회豫備立憲公會를 결성해 활발한 입헌활동을 전개하고 있었다. 이에 호응해 호북에 탕화룽湯化龍의 '헌정주비회', 호북에 담연개譚延闓의 '헌정공회', 광동의 '자치공회' 등이 결성되었다.

이들은 광서 34년(1908) 여름에 각 성의 대표를 북경으로 보내 국회개회를 청원했다. 여기에는 청조의 예비입헌의 상유가 크게 작용했다. 당시 청조와 입헌세력들은 혁명파가 거듭 천명한 무장봉기 가능성에 커다란 위기의식을 느끼고 있었다. 이해 말에 문득 하루를 시차로 광서제와 서태후가 잇달아 죽자 3세의 부의溥儀가 보위에 올랐다. 섭정왕이 된 순친왕 재풍載灃은 광서제의 유한인 원세개의 축출을 성사시켜 변법자강파의 입헌운동에 큰 도움을 주었다.

그러나 이는 만주 왕공의 집권을 공고히 하려는 취지에서 나온 것으로 결코 입헌세력의 손을 들어준 것은 아니었다. 선통 원년(1909) 7월에 나온 23개조의 헌법대상憲法大綱이 그 증거이다. 이는 청조의 지배체제를 굳건히 하는 내용으로 구성돼 있었다.

당시 청조는 8년 뒤인 1916년까지 입헌제에 대한 준비를 완료할 것이라고 선언해 입헌운동 세력의 불만을 완화시키고자 했으나 큰 효과를 보지 못했다. 그러나 이해에 발족된 각 성의 자의국諮議局에 다수의 개화된 지식인이 진출하면서 입헌세력의 입지를 강화시켜 주었다. 얼마 후 장건이 의장으로 있는 강소성 자의국의 요청에 따라 전국 16개 성의 자의국 대표가 상해에 모여 국회청원동지회를 결성하고 몇 차례에 걸쳐 전국적인 국회 개설운동을 전개했다.

선통 2년(1910) 말에 입헌세력의 제3차 청원에 청조가 양보해 예비입헌기간을 1913년까지 단축하고 조속한 시일 내에 내각조직을 약속했다. 결국 입헌세력 내부에서 장건 등의 온건파는 이에 만족하고 운동에서 빠져 청조에 협력하는 방향으로 전환했고, 급진파는 다음해에 국회를 열 것을 요구하며 4번째 청원을 계획했으나 정부의 탄압으로 뜻을 이루지 못했다. 이에 급진파는 동맹회 등의 혁명파에 접근했다.

당시 혁명파는 미곡탈취운동인 창미搶米와 조세거부운동인 항세抗稅 등의 대중운동은 멀리한 채 무장봉기 일변도로 치닫고 있었다. 이들은 1906년의 평향萍鄕의 봉기를 계기로 시종 무장봉기 일변도로 치달았다. 혁명파가 주도한 무장봉기는 1907년에 정점을 이룬 뒤 점차 하향세를 그리다가 1911년의 광주의 황화강黃花岡 봉기를 계기로 다시 점화되어 마침내 신해혁명의 단초가 된 무창 봉기로 이어졌다.

선통 3년(1911) 말에 신해혁명이 발발하자 청조는 망하고 그에 대한 체포령도 해제되었다. 당시 그는 단호히 공화제 반대하고 '허군공화론'을 주장하면서 복벽운동을 전개했다. 영국과 같은 입헌군주정이 중국에 가장 적합하다는 게 요지였다. 이때 그는『공화정체론』을 잇달아 발표하고 내란의 통제와 국내질서 회복이 당면과제이고 공화정체는 중국현실에 적합지 않다고 주장했다. 혁명파의 '배만흥한排滿興漢' 구호에 동조한 민중은 강유위의 이런 주장을 받아들이지 않았다. 그러나 당시 원세개를 중심으로 한 북양군벌은 혁명파의 과격한 주장에 강한 거부감을 표했다. 이로써 중국은 곧바로 내란 상태로 들어갔다.

이해 5월에 그는 양계초의 초청을 받아 싱가포르에서 일본으로 이주했다. 사제가 공히 일본 고베의 간도겐觀濤園에서 함께 거주했다.[78]

강유위는 1912년에 『중화구국론』과 『이재구국론理財救國論』을 저술해 자신의 주장을 이론적으로 뒷받침했다. 강유위는 1913년에야 귀국케 되었다. 이는 노모가 사망한데 따른 것이었다. 강유위는 모친상을 치른 뒤 일가족을 이끌고 상해의 신가화원辛家花園으로 이주했다. 이때 그는 공자를 교주로 하는 신흥종교 단체인 '공교회孔敎會'를 만든 뒤 '공교'를 국교화해야 한다는 운동을 대대적으로 전개했다. 이는 그가 죽을 때까지 지속되었다. 이는 원세개가 황제로 즉위하기 위해 전개한 이른바 제제운동帝制運動과 밀접한 관련이 있었다.

당시 원세개는 혁명파가 전래의 전통문화에 부정적인 반응을 보이자 이를 빌미로 자신의 제제운동을 사상적으로 뒷받침하기 위해 공자를 존숭해 경서를 읽는 대대적인 '존공독경尊孔讀經' 운동을 전개했다. 강유위가 이 운동의 유력한 인물로 지목되었다. 당시 강유위는 신해혁명을 두고 구미를 맹목적으로 따른 것으로 국수國粹를 모두 버렸다고 공격하며 공자야말로 세계에서 유일무이한 지성至聖이라고 선전하고 있었다. 그는 '공교'를 전국단위로 조직할 생각으로 《공교회》와 《불인不忍》 등의 잡지를 만들어 '공화정을 반대하고 국수주의를 보존하자'는 논지를 전파했다.

그러나 그가 원세개의 황제 즉위를 찬성한 것은 아니었다. 이는 그

78 '간도겐觀濤園'은 원래 화교상인 맥씨麥氏의 별장이었다. 그러나 부인들 사이가 좋지 않았다. 스승의 부인 하전리는 겨우 22세인데 반해 제자의 부인인 이혜선李惠仙은 나이가 그보다 2배가 많았다. 명문 출신인 이혜선이 하전리를 무시하자 하전리는 오히려 전족을 한 그녀를 무시했다. 이로 인해 쌍방은 서로 크게 증오했다. 이듬해 봄에 강유위와 하전리는 결국 인근 스마호須磨湖의 '분요엔奮預園'으로 이사해 나갔다. 얼마 후 하전리가 임신을 하게 되자 17세 된 이치오카 쯔루코市岡鶴子를 하녀로 들였다. 그녀는 이후 강유위의 넷째 첩이 되었다.

진독수 (1879~1942) 혁명적 사회주의자이자 언론인, 정치가

가 1915년 말부터 황제등극을 꾀하는 원세개의 '제제운동'을 저지하기 위해 제자인 반약해潘若海를 남경의 풍국장에게 중립을 권고한 사실이 뒷받침한다. 이듬해인 1916년 초에는 쉬진을 광동으로 보내 반원세개 운동을 지도케 하면서 원세개에게 전보를 보내 황제즉위 취소의 결단을 촉구키도 했다.

원세개 사후 그는 1917년 봄에 북경으로 가 장훈張勳과 협의해 복벽운동을 추진했다. 이때 그는 '허군공화제'를 역설했으나 단기서段祺瑞는 그에 대한 체포령을 내렸다. 당시 제자 양계초는 단기서에게 권해 복벽파에 대한 토벌전을 주장하면서 공화제를 적극 옹호하고 나섰다. 이를 계기로 오랫동안 동일한 행보를 취한 두 사람은 사실상 사상적 결별을 한 셈이다.

강유위는 황급히 미국공사관으로 피신했다가 이해 말에 미공사관의 협조로 북경을 탈출해 상해로 옮겨갔다. 이해에 그는 「공화평의共和平議」 논문을 통해 공화제에 격렬히 반대했다. 중국의 제반여건을 감안할 때 시기적으로 적절치 않다는 것 등이 이유였다. 당시 강유위의 입헌군주론에 직격탄을 날리며 공화제를 열렬히 주장한 사람은 진독수陳獨秀였다. 그는 강유위가 주장한 '위민爲民'의 입헌군주제와 구별된 국민에 의한 통치를 뜻하는 '의민依民'의 민주공화제야말로 윤리적으로도 가장 건전하고 진정한 평화와 정의를 보장할 수 있다며 이같이 극찬했다.

"나는 입헌군주제 하에서의 군주의 자비에 의한 안정보다 차라리 원칙에 입각해 공화제 하에서의 일시적 혼란을 택하겠다."

강유위는 1923년에 오패부吳佩孚 등과 결탁해 남방의 혁명당에 대항하려고 했다. 이듬해인 1924년에는 두 번째 복벽운동을 추진했으나 도상계획에 그치고 말았다. 그는 1926년 봄에 상해의 우국로愚國路에 '천유학원天游學院'을 창설했다. 이때 국민군에 의한 한커우 점령소식을 듣고는 천진의 북양군벌을 움직여 청 황실의 회복을 도모키도 했다.

그는 1927년 2월 말에 산동 청도의 우거에서 생을 마쳤다. 향년 70세였다. 마지막 저서인 『제천강諸天講』을 발표한 지 채 1년도 안 된 시점이었다. 그는 죽었을 때 아무 것도 남기지 않아 초상 치를 돈조차 남아 있지 않았다. 제자인 양계초가 몇백 원을 송금해 간신히 장례를 치를 수 있었다.[79]

79 강유위가 죽기 전에 가장 총애한 여인은 6번째 첩인 장광張光이었다. 그녀는 원래 서호西湖에서 유람선을 모는 여인이었다. 강유위는 61세가 되던 1918년에 서호에서 유람하다가 그녀에게 반해 이내 그녀를 첩으로 맞이하고 상해에서 거창하게 혼례를 치른 바 있다. 그녀는 젊어서 과부가 되었으나 개가가 허용되지 않자 항저우 농촌에 은거했다. 유일한 낙은 강유위가 남겨 준 글씨와 그림이었다. 그녀는 이를 소중히 보관하다가 1945년에 상자안의 글과 그림이 사라진 것을 알고 이내 병석에서 일어나지 못한 채 죽고 말았다. 강유위의 여인들 중 가장 불행한 여인은 이치오카였다. 강유위는 죽기 2년 전인 1925년 초에 28세의 이치오카가 결혼 12년 만에 임신한 것을 발견했다. 당시 그는 68세였다. 어떤 사람은 강유위의 장남인 강동잠康同箴과의 부적절한 관계 때문이라고 수근 댔다. 결국 이해 늦가을에 강유위는 이치오카를 '생활습관이 맞지 않는다'는 이유로 일본으로 내쳤다. 이치오카는 일본에 돌아가 딸을 낳았다. 다음해 이치오카는 강유위가 청도에서 죽었다는 소식을 들었다. 1974년 2월에 70여세의 이치오카는 강유위를 처음 만난 스마호의 분요엔에서 멀지 않은 교외에서 기차 길에 누워 자살을 선택했다.

강유위에 대한 세평과 재평가

강유위는 세상을 떠나기 몇 해 전부터 중국 각지를 유람하며 문인들의 발자취를 탐방하거나 시국에 관한 방안을 제시키도 했으나 중국의 역사는 유혈혁명의 길로 치닫고 있었다. 강유위 연구의 권위자인 소공권은『중국정치사상사』에서 그의 삶을 이같이 총평한 바 있다.

"천진난만하게도 인간적인 그는 오류와 결함으로부터 결코 해방되지 못했다. 그는 성인도, 성현도 아니었다. 현실에서 확증을 보여주지 못하는 예언자의 선견지명에는 영광이 돌아오기 힘들다. 그럼에도 개혁가이자 이상주의자였던 그가 중국근대의 지성사에 기여한 공은 지대하다."

강유위는 장훈과 함께 전개한 복벽운동이 실패로 돌아간 후 심신이 크게 지쳤다. 사실상 중국의 정치무대에서 그의 흔적은 찾기 어려워졌다. 이때 귀국 후 일찍이 유명한 전각가인 오창석에게 인장을 판 적이 있었다. 도합 27자에 축약돼 있는 그의 삶을 두고 소공권은 전혀 다른 시각에서 이같이 요약해 놓았다.

"유신100일維新百日, 해외망명인 출망16년出亡十六年, 3번의 세계일주인 삼주대지三周大地, 4개 대륙 유람인 유편사주游遍四洲, 31개국 방문인 경31국經三十一國, 총 60만 리에 달하는 여정인 행60만리行六十萬里"

강유위가 주도한 유신변법운동은 기본적으로 19세기 말 청국 지식인이 주도한 대표적인 근대화운동으로 볼 수 있다. 이는 전 부문에 걸친 개혁의 필요성 절감한데 따른 것이었다. 여기에는 서구와의 접촉이 늘어나면서 서구문명에 계몽된 지식인들이 증가한 것이 큰 몫을 했다.

특히 청일전쟁의 패배로 인한 양무운동의 실패가 가장 큰 원인이 되었다. 서구의 기술만이 아니라 그들의 정신과 체제도 배워야 한다는 흐름이 바로 변법운동의 배경이 되었다.

강유위의 변법자강 사상은 그의 『대동서』에 집약돼 있다고 해도 과언이 아니다. '대동大同'은 유가가 그리는 이상향을 말한다. 공동체적 합일合一의 삶을 영위하는 사회이다. 문제는 대동사회가 추상적인 구호에 그치고 있다는 점이다.

강유위는 기본적으로 공자를 이상주의적인 개혁가로 간주했다. 그러나 공자가 전래의 봉건정을 혁파해 새로운 세상을 만들고자 한 개혁가인 것은 타당하나 그 방법은 극히 점진적이면서도 온화한 것이었다. 공자는 혁명가가 아닌 개혁가였던 것이다. 그럼에도 강유위는 자신의 '변법'을 합리화하기 위해 『공자개제고』 등에서 공자를 혁명가로 규정했다. 그의 변법자강이 끝내 성공치 못한 근본 원인이 바로 여기에 있었다. 그가 만일 공자를 개혁가로 규정해 변법을 추진했다면 역사는 전혀 다른 방향으로 전개될 소지가 컸다. 점진적인 개혁에 우호적인 입장을 끌어들여 이홍장을 설득하고 이내 서태후까지 개혁에 끌어들일 수 있었기 때문이다.

그러나 그는 이런 현실적인 방안 대신 광서제를 끼고 혁명적인 방법으로 '변법'을 실현시키고자 했다. 최후의 수단으로 원세개를 끌어들이고자 한 것은 고육지책의 성격이 짙으나 사실 이는 이미 실패를 예고한 것이었다. 당시 상황에서 설령 원세개를 끌어들일지라도 성공할 가능성은 높지 않았다. 변법의 실패를 원세개에게 뒤집어씌우는 것은 잘못이다.

『대동서』가 지극히 이상론에 치우친 세계평화방안 등으로 꾸며져 있는 것도 이들 변법파의 이런 비현실적인 행보와 무관치 않다. 그는 이 책에서 모든 고통은 계급적 억압과 지구 곳곳에서 자행되는 차별에서 비롯된 것으로 간주하면서 '대동세계'의 이상향을 그려나가기 시작했다. 그는 모든 집단적 구분을 폐지한 가운데 정치와 경제, 사회, 문화 등 모든 부면에서 세계 모든 나라가 평등하게 통합하는 '세계통일정부' 수준의 만민공동체를 이뤄야 '대동세계'의 구현이 가능하다고 주장했다. 매우 이상적이기는 하나 이는 당시의 제국주의 세계질서와 동떨어진 것이었다.

그가 제시한 '대동세계'는 『예기』에서 따온 것이기는 하나 그 내용을 보면 묵가의 '겸애' 사상과 상통하고 있다. '평등'에 지나치게 얽매인 나머지 '부부'의 명칭 대신 '교호交互'라는 명칭을 사용하고, 혼인의 기한은 최대 1년 최소 1달을 기준으로 하여 상호 합의 하에 지속적인 계약을 허락한다는 점 등이 그렇다. 출산은 공공을 위한 것이므로 임산부는 대중의 어머니라는 뜻의 '중모衆母'로 불러야 하고, 출산은 공직수행과 같으므로 공공시설에서 지내면서 봉급을 받아야 한다고 주장한 것은 태평천국의 주장과도 닮았다.

이처럼 『대동서』의 내용은 공자의 가르침과 상반되는 내용이 매우 많다. 무차별적인 인류애를 역설한 그는 모든 인민이 군자가 되는 이상향을 꿈꾼 공자보다는 만민에 대한 박애를 주장한 묵자의 제자에 가깝다. 유가는 원래 원친遠親에 따른 별애別愛를 전제로 하고 있다. 가장 가까운 것에 대한 사랑으로부터 시작해 순차적으로 넓혀나가면 결국 인류애에 도달할 수 있다고 본 것이다. 그러나 묵가는 겸애兼愛와 상동尙同을 기치로 내세우며 모든 인간에 대한 무차별적으로 사랑을 역설했다. 묵가의 '겸애'가 기독교의 '박애'와 비교되며 자주 거론되는 이유가 여기에 있다.

그가 초기에 청일전쟁의 패배를 양무운동의 실패로 간주해 변법을 적극 제창하고 나선 것은 이해할 수 있다. 그러나 이후 망명생활을 하면서 이런 식의 공허한 이상론을 제시한 것은 스스로 '성인'이 되고자 했던 그의 사상적 한계를 극명하게 드러낸 것이다. 서구에서 발달한 '민권'과 '평등', '박애' 등의 개념을 지나치게 높이 평가한 결과로 볼 수 있다. 그는 서구 제국주의 열강이 내세우고 있는 이런 개념이 구미의 백인에게만 적용되는 것이라는 점을 간과한 것이다.

변법자강파가 시종 서구식 정치제도를 도입코자 시도한 것도 이런 맥락에서 이해할 수 있다. 당시 상황에서 서구식의 삼권분립에 기초한 통치체제를 도입했을 경우 열강에 의한 과분을 부추길 소지가 컸다. 북양군벌인 원세개가 총통이 된 이후의 혼란상황이 그 증거이다. 그런 점에서 이들의 변법자강 노선은 손문 등의 혁명파가 보여준 이른바 '서체서용西體西用'의 단계로까지 나아가지는 않았으나 '중체서용' 내지 '도체기용道體器用'으로 상징되는 양무자강파와 적잖은 차이가 있었다. 담사동의 『인학』에 나타나는 사상체계를 '서체중용西體中用' 내지 '기체도용器體道用'으로 파악하는 것도 이런 차이에 주목한 결과로 볼 수 있다.

제2절
양계초梁啓超 –
자강불식의 부국강병을 도모하다

양계초(梁啓超)

소민족주의와 대민족주의

지난 2008년 여름의 북경 올림픽은 비약적인 발전을 거듭하고 있는 중국의 국세를 한껏 자랑하는 무대였다. 개회식에서 허공을 가르는 기발한 착화着火로 전 세계인에게 깊은 인상을 남긴 장이모 감독이 개폐회식에 내건 주제어는 '강한성당强漢盛唐'이었다. 이는 중국의 향후 목표가 강성했던 한제국과 당제국의 영광을 재현하는 이른바 '신중화新中華'의 구축에 있다는 수뇌부의 의중을 반영한 것이기도 했다. 장이모 자신이 대표적인 한족 중심의 중화주의자로 소문이 나 있는 인물이다.

그렇다면 중국은 언제부터 '중화'를 자처한 것일까? 불과 100여 년

밖에 안 된다. 신해혁명 이전까지만 해도 중국인들은 스스로를 통상 한인漢人 내지 당인唐人 등으로 불렀다. 중국인을 두고 조선에서 한인漢人, 일본에서 '카라비토唐人'로 통칭한 것은 이 때문이다. 일본은 메이지 유신 이후 '카라비토'를 버리고 '시나진支那人'으로 낮춰 불렀다. 이때 조선에 대해서도 '가라비토韓人' 대신 '조센진朝鮮人'으로 낮춰 부르기 시작했다. 그 이전까지만 해도 '한인韓人'과 '당인唐人'은 똑같이 '가라비토'로 훈독했다. 이는 고구려와 백제의 패망으로 한반도와의 교류가 차단된 이후 선진문물을 전해주는 외국을 '카라唐'로 통칭한데 따른 것이었다.

현재 중국인들이 스스로를 높여 부르는 '중화'라는 용어를 최초로 사용한 인물은 양계초였다. 무술정변 당시 일본으로 망명한 그는 민족문제를 놓고 손문 등의 혁명파와 치열한 논전을 전개하는 와중에 '중화'를 처음으로 거론하고 나섰다. 그는 광서 28년(1902)에 발표한 「중국학술사상변천의 대세를 논함」에서 '중화'의 의미를 이같이 풀이했다.

"5대주 중에서 가장 큰 아시아에 있고, 그 중에서 가장 큰 자가 누구인가. 바로 우리 중화이다. 인구가 전세계인구의 3분의 1을 점하는 자가 누구인가. 바로 우리 중화이다. 4천여 년 동안 역사가 중단되지 않은 자가 누구인가. 바로 우리 중화이다."

당시 손문의 혁명파는 만주족을 양이洋夷보다 더 나쁜 이적으로 간주한 까닭에 청조를 뒤엎고 한족 중심의 새 나라를 건설하자는 '멸만흥한滅滿興漢'을 기치로 내걸었다. 양계초는 이를 '소민족주의'로 비판하면서 한·만·몽·장·회 등 5족을 하나로 묶은 대민족주의'를 주장했다. '소민족주의'는 열강에 의한 과분瓜分을 부추길 우려가 크다는 게 그 이유였다.

훗날 원세개의 정치참모로 활약케 된 양도楊度가 광서 33년(1907)

에 이 논쟁에 뛰어들어 양계초의 손을 들어주면서 대세가 기울어지기 시작했다. 양두는 이때 발표한 「금철주의론金鐵主義論」에서 중국민족은 하나의 문화공동체로 간주해야 한다며 손문의 혈통주의를 강력히 비판하고 나섰다. 많은 청년 지식인들이 이에 동조하고 나서자 한족 이외의 여타 민족에 대해 별반 관심이 없던 손문도 겉으로는 5족협화五族協和를 내세우지 않을 수 없었다.[80]

그런 점에서 당시 양계초가 제시한 점진적인 변혁노선은 중국의 현실에 기초한 매우 시의적절한 노선으로 평가할 수 있다. 실제로 양계초만큼 당시의 세계정세를 면밀히 파악해 가장 시의적절한 활로를 제시한 인물도 없었다. 그가 복벽復辟에 찬성한 스승 강유위와 다른 노선을 걷게 된 배경이기도 하다. 당시 정치와 경제, 언론, 문화 등 모든 부면에 걸친 변혁의 담론은 대부분 그를 통해 중국에 소개되어 현실과 접목되었다. 마오쩌둥을 비롯해 20세기를 산 중국의 지식인과 혁명가 중 그에게 빚을 지지 않은 사람은 거의 없었다고 해도 과언이 아니다.

양계초는 조선과도 인연이 깊었다. 일찍이 그는 조선의 퇴계가 만든 성학십도聖學十圖를 지인들에게 나눠주며 스스로를 경계하는 좌우명으로 삼게 한 바 있다. 훗날 중국에서 성학십도를 배경으로 한 우표가 나온 것도 이와 무관치 않았다고 보아야 한다. 그가 조선의 패망원인을

80 모택동이 주도한 '대약진운동'은 토지국유화를 골자로 한 손문의 급격한 혁명노선을 좇은 것이기도 했다. 4천만 명 이상이 아사한 이 운동은 참담한 실패로 끝났다. 사실 손문이 내세운 '삼민주의三民主義'는 포장만 그럴듯할 뿐 알맹이가 없었다. 더 큰 문제는 '민족民族'이 한족 중심의 협소한 종족주의에 기초해 있고, '민생民生'이 토지국유화 등과 같은 과격한 경제이념 위에 서 있고, '민권民權'이 서구 자유민주주의에 대한 과도한 기대 위에 서 있는 점이다. 훗날 왕정위汪精衛가 장개석을 배반한 후 무한정부武漢政府를 세우고, 내전에 패한 국민당이 대만으로 쫓겨나게 된 것도 이와 무관치 않다. 이는 '삼민주의'에 대한 이견이 내분으로 작용한 결과였다.

분석한 『조선망국사략朝鮮亡國史略』을 펴낸 것도 같은 맥락에서 이해할 수 있다. 조선인을 세계에서 개인주의 성향이 가장 강한 민족으로 규정한 그는 국가의 안녕보다 일족의 영화만을 추구한 관리 등의 안이한 자세에서 패망의 원인을 찾았다.

"이번 합방조약 발표를 둘러싸고 주변국 사람들은 그들을 위해 눈물을 참지 못했다. 그러나 정작 당사자인 조선인들은 흥겨워하고 있고, 고관들 역시 기뻐하며 날마다 새로운 시대의 영광스러운 지위를 얻기 위해 분주해하고 있다."

그의 이런 지적은 그가 망명지인 일본에서 얻어들은 정보가 극히 제한되어 있는데다 심히 왜곡된데 따른 것이기는 하나 일면 타당한 면도 있다. 그가 조선인을 싸잡아 비난한 것은 결코 조선인을 비하하려는 의도에서 나온 것이 아니라 당시 변혁을 두려워하는 중국인들을 경계하가 위한 것이었다. 실제로 당시 중국인들 중에는 그의 변혁노선을 손문의 혁명노선과 같은 것으로 파악하며 위험시한 사람이 적지 않았다.

대표적인 인물로 훗날 북경대에서 영문학을 강의하면서 많은 저서를 펴낸 고홍명辜鴻銘을 들 수 있다.[81] 그는 양계초와 여러 면에서 대조

81 고홍명은 말레시아 화교 출신으로 영국 에든버러대학을 졸업하고 독일 베를린 대학에서 철학박사학위를 받은 뒤 프랑스 등지에서 계속 연구했다. 영어와 불어, 독어 등 9개 언어에 정통했던 그는 영어신문을 거꾸로 읽는 식으로 영국인을 조롱하는가 하면 미국을 문화가 없는 나라로 폄하하기도 했다. 귀국 후 양광총독으로 있던 장지동張之洞 밑에서 외국 사무를 전담했던 그는 청일전쟁 이후에 신설된 외무부의 차관보인 좌승左丞 등을 지내다가 민국이 들어선 뒤에는 강단에서 영문학을 강의했다. 중국 전래의 문화를 극도로 애호한 그는 혁명 후에도 변발을 고집하면서 중국여인의 전족까지 찬양했다. 실제로 그의 부인 숙고淑姑는 전족을 했다. 하루는 한 외국인이 그에게 물었다. "중국인은 왜 이처럼 잔인한 것이오. 여인에게 전족을 강요하며 이를 즐기니 말이오." 그는 "그게 무슨 말이오. 서방이 최고의 예술로 내세우는 발레야말로 사람의 생리구조를 뒤바꾼 것이 아니고 무엇이오. 정상적인 발바닥을 놓아두고 억지로 발끝으로 걷게

를 이루었다. 그의 국학정신은 역저인 『중국인의 정신』에 잘 나타나 있다. 그는 이 책에서 중국의 역사문화 및 중국인의 특성에 대한 정확한 이해가 전제되어야만 중국이 바로 설 수 있다고 주장하면서 오히려 중국인과 중국문화를 이해하지 못하는 서양인을 질타했다.

"미국인들은 폭이 넓지만 깊이가 얕아 중국을 이해하지 못한다. 영국인들은 깊이는 있지만 폭이 넓지 못해 이해하지 못한다. 독일인들은 폭도 넓고 깊이도 있지만 복잡하게 생각하기에 이해하지 못한다. 프랑스인만이 가장 잘 이해한다. 이는 그들이 다른 나라 사람들에 견주어 탁월한 수준의 사고기능을 지니고 있기 때문이다. 탁월한 수준의 사고기능은 정치精致하면서도 간명한 정간精簡을 뜻한다."

서양인들이 향후 바람직한 진로를 찾기 위해서라도 중국의 문화를 깊이 연구해야 한다는 게 그의 주장이었다. 그는 중국을 공부해야 미국인은 사고의 깊이를 얻을 수 있고, 영국인은 사고의 폭을 넓히게 되고, 독일인은 사물의 요체를 파악하는 요령을 얻게 될 것이라고 장담했다. 서양의 학문 및 문화에 밝았던 그가 이런 주장을 편 것은 구미에서 통용되는 학설 및 이론으로는 위기에 처한 중국의 활로를 찾기는커녕 오히려 더욱 혼란스럽게 만들 소지가 크다고 우려한데 따른 것이었다. 그가 볼 때 서구는 물질 만능주의에 함몰돼 있었다. 이로 인한 파괴를 미연에 방지할 수 있는 유일한 길은 성경誠敬 등과 같은 덕목을 중시해온 중국 전래의 도덕적 역량에 있다고 보았다.

하고는 좋아하고 있으니 말이오."라고 반박했다. 이런 일화로 인해 당시 그는 이른바 골동품을 뜻하는 '라오구둥老古董'으로 불렸다. 그러나 그는 결코 단순한 '라오구둥'이 아니었다. 양학洋學을 극찬하던 임어당林語堂이 그의 영향을 받고 이내 국학國學으로 선회한 것이 그 실례이다.

고홍명의 언행은 외견상 통치체제를 비롯해 모든 부면에 걸친 일대 변혁을 주창한 양계초와 대조를 이루는 것이기는 했으나 중국의 전래 문화에 대한 자부심만큼은 서로 통하는 바가 있었다. 두 사람 모두 군주정을 죄악시한 손문과 달리 부국강병을 위해서는 오히려 입헌군주정이 바람직하다는 주장을 편 것이 그 실례이다. 양계초가 복벽에 찬동한 스승과 갈라서면서도 손문의 혁명노선을 스승과 함께 끝까지 반대한 이유가 여기에 있었다.

고홍명 (1857~1928) 청나라 말 중화민국 초기의 관리이자 학자. 신해혁명 후, 베이징대학 등에서 저술과 교육에 힘썼으며 일본에 초청되어 강의를 했다.

강유위와 함께 변법을 강구하다

양계초는 동치 12년(1873)에 주강珠江 삼각주가 펼쳐지는 광동 신회현新會縣에서 남쪽으로 대략 20-30킬로미터 떨어진 섬마을 차강촌茶坑村에서 태어났다. 대대로 농사를 지어온 그의 집안은 조부인 양유청梁維淸이 주현州縣에서 실시하는 동생시에 합격해 수재秀才가 되면서 향신鄕紳으로 탈바꿈하기 시작했다. 조부의 벼슬은 종8품의 교유敎諭에 그치고 말았으나 벽촌에서는 큰 인물이 난 것이나 다름없었다.

양계초의 부친 양보영梁寶瑛도 비록 수재가 되지는 못했으나 사숙을 열어 자식을 가르치며 과거공부를 계속했다. 양계초는 이곳에서 유가경전을 습득하며 과거합격을 위한 팔고문을 익혔다. 조부는 총명하기 짝이 없는 손자를 천하의 기재로 여겨 5세 때부터 『시경』 등을 읽어주며 자상한 훈도에 나섰다. 훗날 양계초는 광서 28년(1902)에 쓴 「나의 어린 시절」이라는 글에서 당시를 이같이 회상했다.

"나는 글자를 처음 익힐 때 어머니에게서 배웠다. 할아버지와 할머니, 아버지는 나를 무척 아껴 꾸짖는 일이 거의 없었다. 잘못이 있을지라도 모두 용서했으나 거짓말하는 것만은 결단코 용서치 않았다."

양계초는 7세 때 문득 거짓말을 했다가 모친으로부터 호진 꾸지람을 들은 이후 평생 거짓말 하는 것을 금기시했다. 그는 10세가 되던 광서 8년(1882)에 조부의 손에 이끌려 광주로 나가 수재시험에 응시했으나 낙방하고 말았다. 그러나 2년 후에는 거뜬히 수재시험에 합격해 박사제자원博士弟子員이 되었다. 어린 나이에 수재가 된 그를 두고 세인들은 '동자수재童子秀才'가 났다며 그를 크게 칭송했다. 당시 감독관인 광동 학정사學政使 섭대작葉大焯도 이 소문을 듣고는 곧 그를 불러 만나보았다. 그의 막힘없는 답변에 탄복을 금치 못하자 그가 머리를 조아리며 이같이 청탁했다.

"얼마 후면 소생 조부의 7순 생신이 돌아오는데 부디 장수를 기원하는 내용의 글 한 편을 써 주시기 바랍니다."

고향 사람들은 그가 '동자수재'가 되어 금의환향하면서 3품 대관의 글까지 받아오자 크게 기뻐하며 잔치를 벌였다. 그는 이듬해인 광서 11년(1885)에 향시에 응시하기 위해 광주의 명문 서원인 학해당學海堂에 들어갔다.[82]

---

82 '학해당'은 건륭제 때 양광총독을 지낸 완원阮元이 지은 곳으로 수많은 거인과 진사를 배출했

마침내 그는 4년 뒤인 광서 15년(1889) 9월에 광동에서 치러진 향시에서 8등으로 합격해 거인擧人이 되었다. 거인에 합격하면 진사가 되기 위해 회시에 응시할 수 있는 것은 물론 설령 낙방할지라도 관원임용의 후보가 되어 순서에 따라 지현知縣의 자리로 나갈 수 있었다. 당시 그의 나이 17세였다. 그는 이듬해에 광동 일대에서 명성을 떨치고 있는 강유위의 문하로 들어가 애제자가 되었다. 당시 강유위는 광주의 장흥에 있는 구씨邱氏의 서옥書屋을 개조해 장흥학사長興學舍를 연 뒤 각지에서 몰려 온 학생들을 가르치고 있었다.

양계초는 스승의 『신학위경고』 저술을 곁에서 돕는 와중에 이듬해인 광서 17년(1891)에 문득 부친의 손에 이끌려 북경으로 가 명문가와 결혼케 되었다. 부인은 정2품인 형부시랑 이단분李端棻의 누이동생인 이혜선李蕙仙이었다. 이혜선은 양계초보다 4세 더 많았다. 장인은 조정의 고관을 지낸 경조공京兆公 이조의李朝儀였다. 이는 그가 향시를 치를 당시 시험관으로 있던 이단분이 그의 답안지를 읽고는 크게 놀라 이내 자신의 누이를 시집보내려고 마음먹은 데서 비롯된 것이었다.

얼마 후 그는 학업이 소중하니 속히 내려오라는 스승의 서신을 받고는 곧 아내를 이끌고 귀향했다. 얼마 후 『신학위경고』가 발표되자 스승의 명성이 천하에 널리 떨쳤다. 이로 인해 '장흥학사'를 찾는 문하생이 갈수록 늘어났다. 강유위는 마침내 광서 19년(1893)에 '장흥학사'를 부학府學이 있는 앙고사仰高祠로 옮겼다. 이곳은 수목들이 하늘을 찌를 듯이 높이 솟아 있어 세칭 '만목초당萬木草堂'으로 불렸다.

다. 이로 인해 국파정사國坡精舍와 월화서원粵華書院, 월수서원粵秀書院, 광아서원廣雅書院 등과 더불어 광동의 5대 서원으로 칭송이 높았다.

이듬해인 광서 20년(1894) 여름에 조선에서 청일전쟁이 벌어졌다. 청국의 일방적인 패배로 인해 광서 21년(1895) 초부터 이홍장과 이토 히로부미 사이에 강화회담이 시작되었다. 양계초는 이해 3월에 스승을 모시고 회시를 치르기 위해 북경으로 향했다. 얼마 후 굴욕적인 마관조약이 체결되었다는 소식이 들려오자 상경한 거인들이 크게 흥분했다. 1200여 명의 거인들이 연일 도찰원으로 몰려가 '마관조약'의 폐기를 호소했다. 이 와중에 강유위는 양계초와 함께 만언서萬言書를 작성했다. 얼마 후 거인들이 양계초의 주선으로 송균암松筠庵에 모여 만언서를 통과시킨 뒤 이해 4월 8일에 이를 도찰원에 제출했으나 도찰원은 전례가 없다는 이유로 접수를 거부했다. 이를 계기로 이른바 '공거상서公車上書' 사건이 불거졌다.

이 사건은 강유위와 양계초가 유신변법을 추진하는 첫걸음에 해당했다. 당시 서태후를 지지하는 이른바 후당后黨은 '공거상서'에 놀라움을 감추지 못했으나 광서제를 지지하는 제당帝黨은 내심 기쁨을 감추지 못했다. 거인들이 귀향하자 공부주사工部主事에 임명된 강유위는 적만 걸어둔 채 수제자인 양계초와 향후 대책을 숙의했다. 이들은 곧 신문을 발행해 변법의 중요성을 널리 홍보키로 의견을 모은 뒤 마침내 이해 8월 17일에 격일간의 《만국공보》를 창간하는데 성공했다. 1천여 부를 찍어 《경보京報》 배급소에 위탁해 조정 관원에게 배달하는 방식이었다. 구독료는 받지 않았다. 양계초는 매번 1편 이상의 글을 썼다. 양계초의 언론인으로서의 삶은 여기서 시작되었다.

《만국공보》가 널리 알려지게 되자 이내 한림원 시독 문정식文廷式과 진치陳熾 등이 적극 동조하고 나섰다. 이들이 마침내 강학회强學會를 열기로 뜻을 모으자 원세개와 서세창 등이 참여의 뜻을 밝혔다. 광서제의 스승인 옹동화를 비롯해 조정대신인 손가내와 양광총독 장지동, 양강총독 유곤일 등은 뒤에서 지원하는 모습을 취했다. 당시 청일전쟁의 패배로 북양대신의 자리에서 물러나 한직에 머물던 이홍장도 2천 원을 기부하고 싶다는 뜻을 알려왔다. 그러나 그에 대한 비난여론을 감안해 이를 반대하는 사람이 많았다.

이해 가을에 북경의 선무문 밖에 있는 지금의 후손공원後孫公園 안에서 강학회가 발족했다. 회원들은 정기적으로 모여 구미의 역사지리와 과학기술 등의 서적과 기기를 구입해 비치하는 책임을 졌다. 이해 12월 중순에 《만국공보》의 제호를 《중외기문中外紀聞》으로 바꿔 강학회의 기관지로 삼았다. 양계초와 왕대섭汪大燮이 주필을 맡았다. 《중회기문》은 3천 부씩 팔려나갔다.

그러나 서태후를 중심으로 한 보수파 세력의 반발이 만만치 않았다. 어사 양숭이楊崇伊 등이 상소를 올려 강유위 등이 서학을 내세워 국체를 공격하고 국가안정을 해치고 있다고 탄핵하자 이듬해인 광서 22년(1896) 초에 《중회기문》의 발행금지 조치가 내려졌다. 이때 어사 호부신胡孚宸이 서국書局을 설립해 시국에 도움을 주도록 청하는 상소문을 올리자 광서제가 이를 구실로 강학회의 명칭을 '관서국官書局'으로 바꿔 명맥을 유지토록 했다. 양계초의 헌신적인 노력에도 불구하고 강학회를 배후에서 지원하던 한림원 편수 문정식이 면직되어 회적回籍 처분을 받는 상황에서 이전의 활기 찬 분위기는 이미 사라지고 말았다.

이때 문득 담사동이 양계초를 찾아와 시국을 토론하다가 이내 흉금을 털어놓은 사이가 되었다. 그는 이해 4월에 상해로 내려가 상해 강학회의 후신으로 시무신문사인 '시무보관時務報館'을 재건한 뒤 기관지인 《시무보》의 주필로 활약하면서 60편의 글을 발표했다.

만국공보 중국 상해의 선교사단체 광학회에서 1889년부터 1907년까지 발행한 월간지

원래 그를 주필로 천거했던 인물은 『조선책략』을 저술했던 황준헌이었다.[83] 당시 북경에서 강학회가 창설되고 《만국공보》와 그 후신인 《중회기문》이 발간되자 상해에 온 강유위를 만나 신문을 발행해 서구를 알릴 것을 역설한 바 있다. 북경의 강학회와 상해의 강학회마저 활동을 정지 당하자 이에 분개한 황준헌은 장지동의 막료인 왕강년汪康年이 상해로 와 신문사 창설을 협의하자 곧바로 양계초를 천거했다. 마침내 광서 22년(1896) 8월 9일 《시무보》가 창간되었다.

양계초는 창간사에서 「보관報館의 국사에서의 유익함을 논함」과 「변법통의자서變法通議自序」 등 2편의 글을 실었다. 전자는 그가 주필로서 중국 문단에 등단한 신호탄이었다. 여기서 그는 나라의 부강은 막힌 것을 뚫는 통색通塞 여부에 달려 있다고 주장했다. 《시무보》는 10일마

83 양계초보다 25세 연상인 황준헌은 공거상서 당시 만언서를 실질적으로 작성한 양계초를 높이 평가해 지인들에게 이같이 말하곤 했다. "이 사람은 우리나라의 대들보감이다." 황준헌은 고문에 정통하고 외국어에 능통해 오랫동안 일본과 미국, 영국, 싱가포르 등지에서 외교관으로 활약한 바 있다. 그는 강유위와 양계초가 개혁정책을 펴나갈 때 서구 여러 나라의 사정에 대해 가장 잘 이해하고 세계정세에 가장 밝은 인물이었다. 싱가포르 총영사의 임기를 마치고 귀국한 그는 남경으로 가 양강총독 장지동을 보려고 했으나 성사되지 못했다.

다 발행하는 순간旬刊이었다. 매번 4천-5천자에 달하는 논설은 양계초가 썼다. 그의 뛰어난 필력으로 《시무보》는 반년도 채 되지 않아 부수가 1만 부로 늘어났다. 당시 상해의 《시무보》는 광서 23년(1897)에 하증우夏曾佑가 엄복嚴復 등과 함께 천진에서 발간한 《국문보國聞報》와 호응해 남북의 양대 산맥을 이뤘다.

장지동과의 만남과 시무학당

광서 23년(1897) 초에 무창에 있는 장지동이 그를 불러들였다. 이는 그가 설립한 이른바 '양호시무원兩湖時務院'의 원장 자리를 맡기기 위한 것이었다. 그는 거듭 고사하고 상해로 돌아왔다. 이때 그는 청일전쟁의 패배와 국가적 치욕을 잊지 말자는 취지에서 '지치학회知恥學會'를 발족시켰다. 그러나 장지동의 지원을 받는 왕강년이 반대했다.

이에 그는 《시무보》를 떠난 뒤 호남시무학당湖南時務學堂의 중문총교습中文總敎習으로 자리를 옮겼다. 당시 양계초를 지지하는 황준헌이 호남안찰사로 와 있었고, 호남순무인 진보잠陳寶箴은 신학에 호의적이었고, 제조提調 웅희령熊希齡은 시무학당에 적극적인 지지를 보냈다.

이로 인해 일시에 뜻 있는 인사들이 호남과 호북성에 몰려들어 크게 북적거렸다. 양계초는 학문도야를 통한 구국을 종지로 하는 호남시무학당의 '학약10장學約十章'을 만들었다. 이때 그는 『변법통의』의 저술을 거의 완성했다. 당시 그가 학생들에게 읽어야 할 책으로 든 것은 『만국공법』과 『기하원본』, 『일본국지』, 『만국사기』 등이었다. 호남시무학당은 유신을 준비하는 정치학당이 되었다. 당시 『인학』을 탈고한 담사동

오늘날의 시무학당 모습

이 시무학당을 꾸리는 일에 참여하고 있었다.

시무학당은 가히 유신학당이라고 할 만 했다. 호남 한 곳에 황쭌셴, 담사동, 양계초가 힘을 합쳐 추진한 결과 《상보湘報》와 《상학보湘學報》를 비롯해 호남 전체의 신정新政의 명맥이라고 할 수 있는 남학회南學會 등이 생겨났다. 남학회의 뒤를 이어 호남의 각 부와 주현에서도 분분히 모임이 결성되었다. 부전족회不纏足會, 연년회延年會, 군맹학회群萌學會, 임학회任學會, 여산학회輿山學會, 명달학회明達學會 등이다. 이를 두고 《국문보》는 이같이 평했다.

"호남의 기풍이 날로 열리면서 연해의 여러 성과 비교해 보아도 남으면 남았지 모자라는 점이 없다."

그러나 호남 내 보수파의 공격도 만만치 않았다. 왕선겸王先謙이 대표적인 인물이다. 그는 한림원 편수와 국자감좨주國子監祭酒 등을 역임한 당대의 거유로 퇴임한 뒤 향리인 창사에서 후학을 양성하며 『한서』와 『후한서』, 『순자』 등에 탁월한 주석서를 남겼다. 강유위와 양계초 등에 대한 그의 비판이다.

"강유위의 마음씀씀이가 어지럽다는 것은 누구나 알고 있다. 양계초는 스승의 학설을 선전해 호남 사람들을 해치고 있다. 담사동은 사악한 견해를 과시하고 도리에 어긋난 말을 내뱉고 있다. 이들은 성인의 가르침을 배반하고 윤리강상을 어지럽히고, 세상과 백성을 미혹시키고 있다."

이듬해인 광서 24년(1898) 4월 17일에 200-300명의 지식인들이 북경의 월동회관粵東會館에 모여 '보국회保國會'를 결성했다. 4월 21일에 북경의 송운초당松雲草堂에서 두 번째 집회가 열렸다. 양계초가 대표자격으로 사람들의 마음을 뒤흔드는 연설을 했다. 참석자 중 일부가 '중국은 구할 방안이 없다'는 비관적인 견해를 피력하자 양계초는 내심 이들 때문에 나라가 망할 것이고 탄식하면서 이같이 반박했다.

"지금 중국의 병은 외부의 병인病因에 의해 생긴 것으로 좋은 약만 있다면 금방 고칠 수 있다. 그런데도 온 나라 사람들이 그저 고칠 수 없는 병이라고 체념해 병을 키우면서 병이 없어지기만을 기다리고 있다. 옛날에야 그 병을 알지 못했으니 그럴 수 있다고 하나 지금 그 병인을 알면서도 서로 손을 끌면서 죽음을 기다리고 있다. 죽음에 이르는 연유가 병에 있는 것이 아니라 이들의 손에 있는 게 분명하다. 만약 우리 4억 인민들이 각자 자신의 총명과 재능이 미칠 수 있는 바를 다하여 일을 행하면 능히 살 수 있다. 그리 하고도 패망의 위기를 구하지 못했다는 경우를 나는 이제껏 들어본 적이 없다."

이 와중에 중개자 역할을 하던 공친왕 혁흔奕訢이 죽은 것을 계기로 광서제가 이해 6월 11일에 '명정국시明定國是'를 반포했다. '백일유신'의 신호탄이었다. '명정국시'가 반포된 지 닷새만인 6월 15일에 서태후가 문득 '정권을 장악해 반역을 꾀했다'는 혐의로 협판대학사 겸 호부상서인 옹동화를 파면해 속히 강소성 상숙의 고향으로 돌아갈 것을 명했다. 이는 변법자강파에 대한 공개적인 경고에 해당했다.

광서제는 이해 6월 17일에 강유위를 인견하면서 그의 변법에 관한 구상을 듣고 장경행주章京行走에 임명했다. 그러나 기구를 폐지하고 새로운 인물을 등용하는 등의 조처는 총리아문 및 군기처에 맡겨져 있었다. '명정국시'의 선포에도 불구하고 일이 추진되지 않는 국면이 전개되었다. 당시 서태후는 영록을 직례총독에 임명토록 명해 감군과 무의군, 신건육군 등을 장악케 했다. 이로써 북경의 요충지는 모두 서태후의 손에 들어갔다. 6월 20일에 변법자강파 관료인 송백로宋伯魯와 양심수楊深秀가 총리아문 대신 겸 예부상서인 허응규許應騤를 탄핵했다.

7월 3일에 광서제는 문득 양계초를 인견했다. 이에 관한 상세한 내용은 지금까지 전혀 알려지지 않고 있다. 당시 그의 친우들이 그 내용을 묻자 양계초는 이같이 간략히 대답했다고 한다.

"황상이 『변법통의變法通議』를 진상케 하면서 크게 격려해 주셨다."

원래 청국의 규례에 따르면 황제의 부름으로 접견한 자는 한림원으로 들어가거나 적어도 내각중서內閣中書에 임명되었다. 그러나 양계초 역시 스승과 마찬가지로 역서국譯書局의 6품직을 하사받았을 뿐이다. 전해지는 얘기에 따르면 양계초의 북경어인 관화官話의 구사능력이 너무 떨어져 광서제가 전혀 알아듣지 못했다고 하나 믿을 바가 못 된다.

무술변법의 좌절

당시 강유위와 양계초는 군기처軍機處의 4품직인 장경에 임명된 담사동과 양예, 유광제, 임욱 등 '44장경'과 긴밀히 연락하면서 변법을 추진했다. 이는 영록을 비롯한 보수파 대신들의 역공을 초래했다. 빌미는 제3차 이토 내각이 총사퇴한 후 재야인사로 있던 이토 히로부미의 방중에서 비롯되었다. 이토는 중국으로 떠나기 전에 이미 메이지천황과 장시간 밀담을 나눈 것으로 알려져 있었다. 사람들은 이토가 강유위의 유신변법을 지원하는 방안을 논의한 것으로 추정했다. 서태후도 이를 믿었다.

이는 사실에 가까웠다. 이토는 비록 총리직에서 물러나기는 했으나 당시 일본 최고의 실세였다. 그는 중국으로 가 변법의 진행상황을 직접 눈으로 확인코자 했다. 이토의 방중 소식에 광서제와 서태후 모두 크게 놀랐다. 북경이 크게 술렁거렸다.

당시 이토는 이홍장과 회견한 뒤 이내 광서제와 회견하기로 되어 있었다. 이때 보수파의 반격으로 궁지에 몰린 광서제는 양예에게 급히 서태후를 비롯한 보수파를 무마시킨 가운데 유신변법을 계속 추진할 수 있는 방안을 마련하라는 내용의 밀조密詔를 내렸다. 강유위와 양계초, 담사동 등은 최후의 방안으로 원세개를 끌어들여 영록 등의 보수파 대신을 제거하는 쿠데타 방안을 결의했다. 광서제도 강유위와 양계초의 건의를 받아들여 원세개를 독대하면서 충성서약을 받았다. 광서제와 변법자강파는 원세개가 과연 어느 쪽을 선택할 것인지 확신치 못한 가운데 마지막으로 이토와의 회견을 최대한 활용할 생각이었다. 강유위가 이토를 만난 자리에서 당부했다.

"아직 변법의 효과가 나타나지 않는 것은 서태후를 비롯한 보수파의 견제 때문이오. 부디 서태후를 만날 때 변법의 중요성을 사리에 맞게 설명하고 태도를 바꾸도록 촉구해 주시오."

이토와의 접견일은 9월 20일로 잡혀 있었다. 이보다 하루 전에 서태후는 광서제의 움직임을 감시하기 위해 이화원에서 자금성으로 돌아왔다. 서태후는 광서제가 이토를 접견하는 당일 병풍 뒤에 앉아서 이들이 하는 얘기를 모두 들었다. 이로 인해 광서제는 이런저런 얘기 끝에 '양국의 우의가 돈독해지기를 바란다'는 의례적인 인사말을 몇 마디하고 접견을 끝내고 말았다.

이때 이미 서태후 쪽에 가담키로 결심한 원세개는 영록에게 모든 사실을 밀고했다. 영록은 이날 저녁 북경으로 와 서태후와 밀담을 나눴다. 다음날 아침에 광서제는 이내 영대瀛臺에 유폐되고 변법자강파에 대한 체포령이 내렸다. '백일유신'을 뒤엎는 무술정변이 일어난 것이다.

당시 담사동과 함께 있던 양계초는 정변소식을 듣고는 황급히 함께 피신할 것을 권했다. 그러나 담사동은 이를 거부하면서 즉시 일본 공사관으로 가 이토에게 광서제와 강유위을 도와줄 수 있는 방안이 있는지 알아보도록 했다. 양계초가 급히 일본공사관으로 달려왔을 이때 양계초와 교분이 있던 하야시 곤스케林權助 대리공사는 이토와 얘기를 나누던 중이었다. 양계초는 하야시가 자신의 광동 방언을 알아듣지 못할까 우려해 곧 종이 위에 이같이 썼다.

"나는 3일 내에 형장으로 끌려가 사형을 당할 사람이오. 2가지 일을 부탁드리려고 하오. 그대가 중국을 형제지국으로 여기고 옛 교분을 잊지 않는다면 이를 들어주기 바라오."

하야시가 말했다.

"왜 죽으려는 것이오. 곰곰이 생각해 보시오. 만일 마음이 변하면 어느 때든 이곳으로 오시오. 내가 구해주겠소."

이날 밤 양계초는 일본공사관에서 하룻밤을 묵었다. 담사동은 하루 종일 문밖으로 나가지 않은 채 체포되기를 기다렸으나 사람들이 오지 않았다. 정변 이튿날인 9월 22일에 담사동은 양계초를 만나러 일본공사관으로 갔다. 두 사람은 최후의 순간까지 형세를 만회키 위해 백방으로 뛰었다. 이들은 함께 영국인 선교사 리처드 티모시를 찾아갔다. 외교경로를 총동원해 서태후에게 압력을 가해 광서제를 해치지 못하도록 하는 방안을 의논했다.

이에 티모시는 영국 공사를 찾아가고, 예일대 졸업하고 귀국해 있던 용굉容閎은 미국공사, 양계초는 일본공사를 찾아가기로 했다. 그러나 이런 노력은 모두 물거품이 되고 말았다. 미국공사는 서산西山, 영국공사는 북대하北戴河로 요양 차 떠나 있었다.

담사동은 이내 양계초에게 잠시 일본으로 건너가 피신하고 글과 편지는 남에게 보관해 달라고 부탁했다. 자신은 이미 죽음을 피하지 않기로 결심한 상태였다. 양계초가 함께 일본으로 건너갈 것을 권하자 담사동이 단호히 말했다.

"떠나는 자가 없으면 장래를 도모할 수 없고, 죽는 자가 없으면 성군에게 보답할 길이 없소. 그대가 멀리 떠나 풍우를 무릅쓰는 것은 내일을 도모키 위한 것이고, 내가 죽음으로 나아가는 것은 개혁이 피를 원하기 때문이오."

양계초의 『무술정변기』에 따르면 당시 담사동은 양계초에게 이같이 말했다.

"그대는 사이고 다카모리西鄕隆盛가 되시오. 나는 겟쇼月照가 되겠소.”

메이지유신의 일등공신인 사이고는 젊었을 때 에도막부를 반대한 승려 겟쇼와 함께 물에 투신한 바 있다. 사이고는 살고 겟쇼는 죽었다. 살아서 일을 해야 하는 사람도 필요하나 죽어야 할 사람도 필요하다는 취지였다.

9월 25일에 마침내 담사동과 양루이, 린쉬 등이 체포되었다. 소식을 들은 유광제는 제 발로 옥에 들어갔다. 당시 항간에는 변법자강파의 일부가 담사동을 대통령으로 추대해 공화국을 세우려 한다는 소문이 나돌았다. 이는 말할 것도 없이 낭설이었다. 당시 그는 감옥의 벽에 이런 시를 남긴 바 있다.

문 보고 걸음 멈춰 장검張儉을 생각하고	望門投止思張儉
죽음 생각하며 잠시 두근杜根을 기다리다	忍死須臾待杜根
이제 스스로 칼을 뉘고 하늘 보고 웃으니	我自橫刀向天笑
떠나건 머무르건 간담 모두 곤륜崑崙이다	去留肝膽兩崑崙

‘장검’은 후한 말기 인물로 환관인 후람侯覽을 탄핵하다가 무고를 받아 도주했을 때 그의 인품을 흠모하는 사람들이 위험을 무릅쓰고 그를 숨겨 주었다. ‘두근’ 역시 후한 말기 사람으로 등태후鄧太后 섭정 때 황제 친정을 요구했다가 죽임을 당한 인물이다. ‘장검’은 강유위와 양계초, ‘두근’은 자신을 비롯해 투옥된 자들을 비유한 것이다. 떠나는 자와 남는 자 모두 간담肝膽은 곤륜산과 같이 높고 크다는 뜻이다.

투옥된 인물은 4명의 ‘군기장경’ 외에 강유위의 동생인 강광인康光仁과 어사 양심수 등 모두 6명이었다. 민간에서는 이들을 ‘무술6군자’로 불렀다. 이들 6군자 모두 9월 28일에 북경의 채시구菜市口에서 처형을 당했다. 담사동은 양계초에게 미리 건네준 절명시絶命詩에서 죽음에 임하는 심경을 이같이 읊었다.

> 피를 토하는 토혈吐血을 하며 글을 써 중국신민에게 고하노라
> 함께 떨쳐 일어나 국적國賊을 무찌르고 성상聖上을 보존하라

청국 황실을 천한 무리로 매도한 그가 성상의 보전을 언급한 것을 두고 일각에서는 고관인 부친에게 누가 미치는 것을 우려해 충성심을 잃지 않았음을 위장키 위한 것으로 풀이하고 있다. 그러나 이는 자연스럽지 못하다. 여기의 성상은 말 그대로 변법을 지지한 광서제를 지칭한 것으로 풀이하는 게 타당하다. 담사동의 부친 탄계순은 무술변법 전에 호광총독이 북경으로 소환되었을 때 총독대리를 맡은 적이 있다. 아들은 처형된 후 그는 해임되어 회적回籍 처분을 받았다.

당시 유광제의 장남은 부친의 시신 위에 엎드려 하루 낮 하루 밤을 통곡하다가 죽고 말았다. 양심수와 임욱의 아내는 독약을 마시고 죽었다. 6군자는 정변이 있기 10일 전에 군기대신 장경으로 임명되었다. 서태후는 이들의 얼굴을 본 적도 없다.

서태후는 강유위와 양계초가 도주했다는 보고를 접하고 즉시 전국에 명을 내려 이들을 체포케 했다. 양계초의 일본망명 경위는 대리공사 하야시 곤스케의 회고록에 자세히 나오고 있다.

당시 일본공사관은 치외법권 지역이므로 청조당국도 함부로 드나들 수 없었다. 하야시는 곧 오쿠마 시게노부大隈重信 외무대신과 연락을 취했다. 대고大沽에 정박 중인 일본 군함 오시마大島에 양계초를 태우

고 곧장 일본으로 회항하기로 정했다. 오시마호의 회항을 자연스럽게 보이도록 하기 위해 일본 해군성은 군함 스마須磨를 교대형식으로 대고에 파견했다. 예정된 시간에 양계초는 변발을 자른 뒤 하야시와 함께 천진으로 간 뒤 곧 오시마호를 타고 일본으로 향했다. 그는 오시마호에서 「거국행去國行」을 썼다.

여우와 쥐새끼는 위복威福 쌓느라 혈안이나	城狐社鼠積威福
황실은 어리석어 아무 짝에도 쓸모가 없다	王室蠢蠢如贅癰
뜬 구름이 해를 가려도 저들을 소탕치 못해	浮雲蔽日不可掃
비룡은 앉은 채 땅강아지와 개미 밥이 되다	坐令螻蟻食應龍

'누의'는 땅강아지와 개미를 말한다. 『한비자』「세난」편에 용이 구름을 얻어 승천하지 못하면 이내 '누의'의 밥이 된다고 말한 바 있다. 이는 아무리 영웅호걸일지라도 때를 얻지 못하면 소인배에게 업신여김을 당할 수밖에 없다는 뜻을 담고 있다. 양계초는 무술변법의 실패원인을 소인배의 발호에서 찾은 것이다. 이로부터 그는 14년에 걸친 긴 망명생활에 들어갔다.

《신민총보》의 창간

당시 양계초는 도쿄에 도착해 우시고메牛込의 바바시타 마치馬場下町에 살았다. 일본어에 어느 정도 익숙해질 무렵 영국의 도움으로 홍콩을 거쳐 일본으로 건너 온 강유위가 찾아왔다. 양계초는 일본에 서양문명을 소개한 일본역서를 무수히 읽었다.

이듬해인 광서 25년(1899) 3월에 청조의 압력을 이기지 못한 일본정부는 강유위에게 일본을 떠날 것을 요구했다. 7월 22일에 강유위는 캐나다로 가 중국보황회中國保皇會를 설립했다. 이는 '중국유신회'로도 불렸다. 이후 강유위는 싱가포르에 거처를 마련한 뒤 화교들로부터 자금을 모금하는 한편 도쿄에 있는 양계초를 통해 국내의 당재상唐才常을 지휘해 삼합회三合會를 조직했다. 당재상은 담사동의 막역지우로 일본에서 손문을 만나 혁명단체인 정기회正氣會를 설립한 뒤 이를 자립회自立會와 '삼합회'로 명칭을 변경하고 이른바 '자립군自立軍'을 조직했다. 그는 강유위와 양계초와 연결되자 이들의 자금을 토대로 폭력혁명을 일으키고자 했다.

신민총보 1902년 양계초가 창간한 입헌파 기관지

이해 말에 양계초도 스승인 강유위의 명을 받아 보황회 조직 차 미국의 호놀룰루로 향했다. 호놀룰루 주재 청국영사관은 현지의 영자신문을 매수해 양계초를 공격하는 글을 잇달아 게재했다. 영어를 모르는 양계초가 속수무책으로 당할 때 다른 영자신문에 양계초를 변호하는 글이 실렸다. 이때 현지 화교 거부인 하씨何氏로부터 연회초청이 있었다. 양계초는 여기서 자신을 위해 글을 쓴 장본인이 하씨의 딸인 하혜

진何蕙珍이라는 사실을 알게 되었다. 이 일로 인해 아오먼에서 시부모를 정성껏 봉양하며 살고 있는 부인과 일시 서먹해지기도 했으나 얼마 후 자립군의 일로 비밀리에 상해로 돌아왔다가 부인의 오해를 풀어주었다.

광서 26년(1900) 봄에 의화단사건이 일어나자 강유위와 양계초는 양광총독 이홍장과 연결해 변법을 추진코자 했으나 이홍장이 서태후의 명을 받고 이내 상경해 연합군과 협상에 나섬에 따라 좌절되었다. 이에 당재상에게 약속한 30만 량의 지원약속을 지키지 못하게 되었다. 당시 10여만 명에 달하는 '삼합회' 회원들은 강유위의 자금지원을 철석같이 믿고 있다가 여의치 않게 되자 큰 불만을 품었다. 이에 이해 7월 26일에 당재상은 상해의 사회명사 80여 명을 연합해 중국국회를 세웠다. 회장에 용굉, 부회장에 엄복을 추대한 뒤 자신은 총간사를 맡았다.

8월 초에 자립군이 조만간 기의할 것이라는 소문이 널리 퍼졌다. 첩보를 접한 장지동이 경계를 강화하자 일부 자립군이 성급히 일을 추진하다가 실패하고 말았다. 더 이상 시일을 끌 수 없게 된 당차이창이 8월 23일에 기의키로 결정했으나 하루 전날에 동료 20여 명과 함께 체포돼 죽음을 당했다.

이때 양계초는 호남시무학당 시절의 제자인 채악蔡鍔 등의 권고를 받아들여 재일화교를 위한 학교사업에 뛰어들었다. 이에 이해 9월에 거주지 인근의 작은 부지를 빌려 대동학교大同學校를 개설했다. 이어 그는 순간지인 《청의보淸議報》를 창간했다. 《시무보》 때와 마찬가지로 양계초가 글뿐만 아니라 기획 등 전반에 걸쳐 관장했다. 그는 《청의보》를 100호에서 종간한 뒤 광서 28년(1902) 벽두에 이를 대신한 《신민총보新民叢報》를 창간했다. 이는 그가 『대학』에서 따온 '신민新民'을 변혁운동의 새로운 목표로 설정한데 따른 것이었다. 그는 《신민총보》 1호에 자신의 '신민설'을 이같이 풀이했다.

"나라는 민족이 모여 이룬 것이다. 나라마다 이름이 있는 것은 몸에 사지와 오장, 근육이 있는 것과 같다. 민족이 우매하고 나약하고 혼탁한데도 바로 설 수 있는 나라는 없다. 나라가 부강하고 영화롭기를 바란다면 신민의 길에 힘쓰지 않으면 안 된다."

그가 시종여일하게 추구한 것은 부국강병의 방도였다. 무술변법 당시에는 스승과 똑같이 변법으로 모든 것을 해결할 수 있다고 생각했다. 그러나 정변이 일어난 뒤 일본으로 망명해 일본번역서를 통해 서구사상을 접하면서 그는 먼저 백성을 새롭게 하지 않으면 안 된다는 사실을 절감했던 것이다. 이후 그의 모든 운동은 '신민'이라는 2자에 집약돼 표출되었다. 그가 신민의 대상으로 삼은 것은 중국 인민을 형성하고 있는 모든 민족을 포함한 것이었다. 그가 만주족 타도를 전제로 한 손문의 '삼민주의'를 반대한 것은 바로 이 때문이었다.

당시 양계초는 일련의 언론활동을 전개하며 자신만의 독특한 문체를 만들어 냈다. 이를 흔히 보장체報章體 또는 신문체新文體라고 했다. 당시 가장 유행한 문체는 증국번의 글을 전범으로 삼는 이른바 동성파桐城派의 문체였다. 당시 변법이든 혁명이든 변혁운동에 뛰어든 사람은 거의 예외 없이 동성파에 속했다. 그러나 이들의 문체 모두 약간의 차이를 보이고 있었다.

엄복은 다재다능했으나 약간은 오만했다. 그의 문장은 위진남북조시대 현학玄學의 영향을 받아 정교하면서도 심오했으나 기백을 결하고 있었다. 장병린章炳麟은 학문이 깊고 왕충의 『논형』을 전범으로 삼았으나 통속적이지 못했다. 하증우夏曾佑는 노장과 선종을 기반으로 한 까닭에 지나치게 간략했다. 담사동은 공자진龔自珍을 전범으로 삼아 글이

고졸古拙하면서도 웅혼하고 기개가 있었으나 아쉽게도 일찍 세상을 떠나고 말았다.

양계초가 창안해낸 '보장체'는 말 그대로 '신문의 문장'에 가장 적합한 문체를 말한다. 이는 일반 민중과의 원활한 소통을 전제로 한 것으로 시대의 변화에 따른 선변善變을 강조한 양계초의 '신민설'과 불가분의 관계를 맺고 있다. 한 평론은 '보장체'의 특징을 이같이 묘사했다.

"우레처럼 노호하고, 부릅뜬 눈으로 째려보고, 문득 풍운이 일어 사람의 혼을 놀라게 하고, 때로 애처로운 느낌으로 느릿느릿 울려나오고, 고향과 고국을 그리워하여 피가 솟구치고, 정감에 겨워 시원시원하고, 쉼 없이 흘러나오는 말이 식자나 평민 모두 감상할 수 있고, 읽을 때 피로를 잊고, 다 읽고 나면 화가 머리끝까지 치밀어 오르거나 뜨거운 눈물을 흘리게 된다."

'보장체'와 관련해 일찍이 양계초는 《시무보》에 근무할 때 중국 최초로 서구의 근대사상을 소개한 엄복과 논쟁을 벌인 바 있다. 이는 아담 스미스의 『국부론』을 번역한 엄복의 『원부原富』에 대한 양계초의 서평에서 비롯되었다. 당시 양계초는 정밀함을 긍정적으로 평가하면서도 그 결함을 이같이 지적했다.

"하나 유감인 것은 문필이 너무 깊고 우아하며 선진先秦의 문체를 모방하는데 힘쓴 까닭에 고전을 많이 읽어본 사람이 아니면 한 번 읽어 무슨 뜻인지 알기 어렵다는 점이다. 번역하고 저술하는 작업은 국민에게 문명과 사상을 전파하는 것이지, 불후의 명성을 간직하기 위한 것이 아니다."

이는 엄복의 뛰어난 업적에도 불구하고 통렬한 비판이 아닐 수 없다. 발끈한 엄복은 양계초의 문체를 두고 이같이 혹평했다.

"문체가 너무 거칠고 잡다하며 빠르고 군중심리에 영합한다. 함부로 말하여 훗날 후회하는 일이 없도록 해야 할 것이다."

엄복의 비판은 저널리즘 문체에 대한 아카데미즘의 비판을 연상케 한다. 이에 대해 양계초는 이같이 재치 있게 대꾸했다.

"신문을 창간한 것은 수레의 바퀴가 되고 흙 계단이 되어 천하를 위해 어려움을 몰아냄으로써 뒤를 이은 이들이 커다란 빛을 발할 수 있도록 하려는 것입니다. 제 말이 비록 지나치기는 해도 수없이 많은 실언자 중 한 사람에 지나지 않은 까닭에 일일이 해명하지 않은 것입니다. 선생은 지극히 사소한 오류가 뭇사람에게 전파되면 엄청난 오류가 될 것으로 생각하나 이는 저를 지나치게 무겁게 여기고 뭇사람을 지나치게 가볍게 여긴 게 아니겠습니까?"

저널의 문제제기는 수많은 민중이 절박하게 요구하는 시대정신을 반영한 것이다. 속도가 빠르고 거칠 수밖에 없는 것이다. 이를 차분히 분석하고 이론화하는 것은 아카데미즘의 역할이다. 양계초의 뜨거운 애국심에 기초한 '부국강병'의 논리에서 나오는 '보장체'의 글을 두고 아카데미즘의 차원에서 비판을 가하는 것은 적당치 못한 것이다.

혁명파와 벌인 치열한 논전

광서 29년(1903) 2월 양계초는 다시 미국여행길에 올랐다. 밴쿠버에 내린 그는 몬트리올을 거쳐 뉴욕으로 갔다. 사상 처음으로 미국 본토의 땅을 밟은 것이다. 그는 첫눈에 미국의 번영을 보고 크게 놀랐다.

"이 도시의 방대함과 번성을 얘기하자니 보기에 눈이 어지럽고, 듣기에 귀가 따갑고, 연설하기에 힘이 들고, 베껴 쓰기에 손이 아플 지경이다."

그러나 그는 차이나타운의 어지러운 모습을 보고 충격을 받았다. 그는 중국인에게 '향촌개념'만 있고 '국가개념'이 없는 것이 그 원인이라고 생각했다. 그가 미국을 둘러본 후 내심 중국은 서구식의 자유를 누려서는 안 되고, 개명군주의 통제를 받을 수밖에 없다고 생각한 것은 바로 이 때문이었다.

당시 일본에서는 손문의 혁명파와 강유위의 변법자강파의 합작을 꾀하는 움직임이 활발히 전개되었다. 대표적인 인물이 이누카이 코와시犬養毅였다. 변법자강파를 대표한 양계초는 그의 주선으로 손문을 만나게 되었다. 그러나 '보황'에 대한 강유위의 입장이 워낙 강해 아무런 성과도 내지 못했다. 당시 양계초의 생각은 스승과 약간 달랐다. 이는 그가 이누카이에게 보낸 서신의 다음 대목을 보면 쉽게 알 수 있다.

"우리나라에 뜻 있는 인사가 매우 드문 형편에 어찌 이렇게 서로 원수 대하듯 하겠습니까? 제가 손문선생을 직접 만나 해명하고 싶으니 선생이 한가한 날이 있으면 이를 주선해 주기면 어떻겠습니까?"

훗날 신해혁명 과정에서 손문을 도와 혁명파의 제2인자가 된 장병린도 양계초의 소개로 손문을 처음 접하게 되었다. 이후 손문과 양계초의 왕래가 빈번해졌다. 이 소식을 들은 강유위가 적극 제지하고 나서자 양계초는 혁명에 대해 반대의 뜻을 분명히 하고 나섰다. 이후 양계초는 호놀룰루 등지로 가 '혁명과 보황은 하나의 길에서 나왔다'는 주장을 펼쳤다. 손문이 애써 만든 혁명단체들이 변법자강파 조직으로 전환했다.

광서 29년(1903)에 들어와 그는 가는 곳마다 화교들의 열렬한 환영을 받았다. 하버드대로 가서는 76세의 용굉을 배견하면서 변혁의 방략에 대해 가르침을 청했다. 미국무장관 헤이와 2시간 회담하고 루스벨트 대통령과 만나기도 했다. 1903년 5월 26일자 《보스턴석간》은 그를 '동양의 안토니우스'로 묘사하며 그의 강연행보를 이같이 묘사했다.

"양계초는 미래의 신 중국을 그려냄으로써 잠재적인 애국열정을 불러일으켰다. 동양의 안토니우스는 중국인들에게 그들이 현재 얼마나 노예의 처지에 있는지를 잘 알려주었다."

이해 겨울에 호놀룰루로 간 손문은 실지를 회복코자 했다. 공격의 초점은 강유위와 양계초였다. 이후 이들은 다시 한데 모여 웃는 일이 없었다. 이로써 이들이 이전에 한 약속은 모두 수포로 돌아가고 말았다.

당시 양계초는 미국을 다녀온 뒤 사상적으로 크게 성숙했다. 당시 양계초는 서구 민주공화제도에 대한 동경을 가슴에 품고 미국에 왔으나 오히려 공화의 꿈과 결별하겠다고 공언했다. 그는 혁명의 폐해를 두려워했던 것이다. 그 이유는 무엇일까? 그가 쓴 '정치학 대가 블룬출리의 학설'에 그 배경이 잘 나타나 있다.

"중국에 혁명이 일어나면 틀림없이 수백의 혁명군이 동시에 함께 일어나 벌판은 시체로 가득차고 내와 계곡은 피로 넘칠 것이다. 온 나라는 피폐하고 살아남은 자는 거의 없을 것이다."

그는 '파괴주의'에 반대하며 '공화'와 영원히 결별했음을 단호히 선포했다. 그러나 이것이 민주공화 체제 자체에 대한 반대는 아니었다. 그는 당시 중국의 상황 및 자질이 이 체제를 채택하기에 적합하지 않다고 여겼을 따름이다. 그러나 당시 국내의 혁명정세는 날로 거세졌다. 변법자강파인 서근徐勤은 강유위에게 보낸 편지에서 이를 양계초 탓으로 돌렸다.

"오늘날 홍콩과 상해 신문들이 우리 당을 대대적으로 공격하는 것은 모두 양계초 제자들의 손에서 나오고 있습니다."

이해 여름에 이른바 '소보안蘇報案'이 발생해 장병린이 투옥되는 일이 빚어졌다. 이를 계기로 광서 31년(1905) 8월 20일에 손문의 흥중회와 황흥의 화흥회, 장병린의 광복회가 하나로 합쳐 '중국동맹회'를 결성했다. 동맹회는 손문의 '삼민주의'를 강령으로 제시하고 도쿄에서 기관지인《민보》를 창간했다.

'중국동맹회'가 결성된 지 1달도 채 되지 않아 안팎으로 곤경에 처한 청조는 국면을 타개키 위해 재택載澤과 단방端方 등 5대신을 구미와 일본에 파견해 정치체제를 두루 시찰케 했다. 이듬해인 광서 32년(1906) 9월에 청조는 5대신이 비밀리에 상주한 내용에 근거해 '예비입헌'을 선포했다. 강유위와 양계초는 이 소식을 듣고 환호작약했다. 두 사람은 곧바로 정당조직에 착수했다. 정당의 명칭은 '헌정회憲政會'였다.

양계초는 양도楊度 및 웅희령熊希齡 등과 함께 일을 추진해 북경에 신문사를 설립하고 '헌정회' 대변인으로 활약코자 했다. 이들은 혁명파와 맞서 싸우는 한편 청조에 대해서는 '입헌의 예비'에서 '입헌의 실시'로 속히 이행할 것을 촉구했다. 이해 12월에 강유위는 뉴욕의《중국유신보中國維新報》에 광고를 내 '보황회'를 '국민헌정회國民憲政會'로 개칭할 것을 선포했다. '국민헌정회'는 이듬해에 '제국헌정회'로 다시 명칭을 바꿨다. 그러나 이미 도쿄에서는 혁명의 구호가 대세를 이루고 있었다. 이해 11월에 양계초는 강유위에게 우려의 서신을 보냈다.

"최근 온 나라가 미쳐 돌아가는 듯합니다. 이는 참으로 가슴의 우환이니 절대로 가볍게 보아 넘겨서는 안 됩니다. 이제 정부와 싸우는 것은 부차적인 문제이고 혁명당과 결사적으로 싸우는 것이 가장 중요한 문제입니다."

이로써 혁명파와의 전면적인 논전이 펼쳐졌다. 당초 동맹회가 결성되기 전에 양측 간에 논전이 일시 전개된 적이 있다. 입헌세력이 홍콩과 광주에서 《상보商報》와 《영해보嶺海報》를 운영하자 혁명파는 《중국보中國報》로 맞섰고, 입헌세력이 샌프란시스코에 《문흥보文興報》를 발행하자 혁명파는 《대동보大同報》를 발간해 맞섰다. 당시는 입헌과 혁명의 경계가 명확히 드러나지 않은 까닭에 논전이 그다지 치열하지는 않았다.

그러나 중국동맹회가 성립된 이후 상황이 일변했다. 청조가 예비입헌을 발표한 만큼 양측의 기본관점이 보다 뚜렷이 드러났다. 변법자강파는 양계초가 다시 가세한 것을 계기로 《신민총보》를 통해 혁명파에 총공세를 가했다. 혁명파는 손문과 장병린, 왕정위汪精衛가 나서 《민보》를 거점으로 총반격에 나섰다. 당초 많은 사람들은 혁명파의 필진이 양계초 한 사람을 당하기 어려울 것으로 내다보았다. 그러나 양측이 막상 공방을 벌이자 예상과 다른 결과가 나타났다. 이는 혜성처럼 등장한 혁명파의 왕징위로 인한 것이었다. 그 이외에도 혁명파에는 글 솜씨를 자랑하는 적잖은 젊은이들을 확보하고 있었다.

당시 입헌세력 내에서는 양계초 이외에 글을 쓸 수 있는 사람으로는 강유위밖에 없었으나 그 또한 당시에 터져 나온 '의대조衣帶詔 변조사건' 및 화교의 기부금 문제로 곤욕을 치르고 있던 까닭에 영향력이 예전만 못했다. 이로 인해 사실상 양계초는 밤낮으로 《민보》 등을 읽으며 오늘은 손문, 내일은 장병린, 모레는 왕정위와 논전을 전개해야만 하는 상황에 처하게 되었다. 결국 양계초는 혁명파와의 논전에서 불리한 위치에 놓이게 되었다.

그러나 양계초는 멸만滅滿을 기치로 내건 손문의 주장에 결사적으로 반대했다. 그가 볼 때 무력혁명을 통해 한족 중심의 새로운 공화국을 건설하겠다는 주장은 일종의 '복수주의'에 지나지 않았다. 그가 더욱 우려한 것은 열강의 개입으로 인한 망국의 상황이었다. 반만을 기초로 내건 종족혁명은 '폭력혁명'으로 나타날 수밖에 없고, 이는 성공할지라도 '불완전한 공화국'으로 이어질 수밖에 없고, 이 과정에서 열강의 개입으로 인해 끝내 과분瓜分되어 망국에 이를 수밖에 없다는 게 그의 확신이었다. 신해혁명 이후의 역사전개 과정은 그의 이런 예견이 선견지명이었음을 뒷받침하고 있다.

나아가 손문이 주장하는 '평균지권平均地權' 역시 토지의 사유화가 현대문명의 원천임을 모르는 무지의 소치로 간주했다. 그는 사회경제발전의 최대 동력은 인간의 이기심에서 비롯된 것으로 보았다. 토지의 사유화를 박탈할 경우 사람들은 부지런히 일해 부를 쌓으려는 노력을 기울이지 않을 것이고, 이는 끝내 국가공동체를 약화시켜 열강의 쟁탈대상으로 만들 뿐이라고 본 것이다. 탁견이 아닐 수 없다. 똑같은 이치로 자본을 적극 통제해야 한다는 혁명당의 주장에도 결사반대했다. 민족자본이 취약한 상황에서 이를 관철할 경우 오히려 서구 열강의 제국주의 침탈을 더욱 조장할 수밖에 없다는 게 그의 기본입장이었다.

당시 20여 종의 간행물을 통해 2년 동안 총 100만 자에 달하는 양측의 치열한 논전에서 그를 가장 괴롭힌 인물은 왕정위였다. 왕정위는 「민족의 국가」와 「민주정체를 논함」 등의 글을 통해 청조의 부패상을 통렬히 지적하면서 양계초의 '종족복수론'을 반박하고 나섰다. 부패한 청조에 절망하고 있던 양계초의 추종자와 《신민총보》의 독자들이 앞

다퉈 손문과《민보》쪽으로 달려갔다.

마침내 양계초는 광서 32년(1906) 11월에 서불소徐佛蘇를 통해 논전의 중지를 제안했다.《신민총보》도 제11호에 이를 공식 제의하는 글을 게재했다. 그러나 손문과 호한민胡漢民 등은 이에 아랑곳하지 않고 입헌세력에 대한 공격의 끈을 늦추지 않았다. 양계초 자신만이라도 논전을 거둬 끝내는 수밖에 없었다. 이 와중에 이듬해인 광서 33년(1907) 4월에《신민총보》신문사 및 상해지점에 잇달아 화재가 발생했다. 영업실적 또한 부진해 더 이상 운영할 수 없었다. 마침내 이해 8월에《신민총보》는 정간되고 말았다.

입헌운동의 전개

양계초는 요코하마의 시골에 칩거하가 이해 10월 17일에 도쿄 간다神田의 긴키간錦輝館에 정문사政聞社를 설립하면서 다시 밖으로 나왔다. 정문사의 기관지는《정론政論》이었다. 그는 창간호에 실린「정문사 선언서」에서 입헌으로의 개조를 급선무로 제시했다. 그는 다시 활발한 강연활동에 들어갔다.[84]

1908년 초에 정문사는 본부를 도쿄에서 상해로 옮긴 뒤 국회의 조

84 양계초는 긴키간에서 연설하는 도중 곤욕을 치른 바 있다. 중국동맹회계 인사 수백 명이 강연장으로 쳐들어와 일본어로 '바카馬鹿'를 외치며 그를 폭행했다. 얼마 후 마건충馬建忠의 동생으로 명망이 높은 70세의 마상백馬相伯이 정문사 총무원을 맡은 후 폭행이 가라앉기 시작했다. 마상백은 백일유신 기간 중 양계초와 깊은 인연을 맺어 편역학당編譯學堂을 세운데 이어 훗날 다시 진단대학震旦大學을 건립한 인물이다.

장지동 (1837~1909) 청나라 말기의 대신. 양무운동의 지도자로 중공업을 발전시키고, 신식교육을 도입하는 데 큰 기여를 했다.

속한 개설을 위한 청원운동을 전개했다. 강유위와 양계초가 권토중래의 기세로 활동을 시작하자 서태후를 비롯한 보수파가 아연 긴장하기 시작했다. 양계초는 문제를 근원적으로 해결키 위해 입헌세력에 호의적인 양광총독 잠춘훤岑春煊을 설득했다. 당시 북경에는 강유위와 양계초가 잠춘훤과 연계해 장지동과 원세개를 타도하려 한다는 소문이 나돌았다.

이해 7월 25일에 정문사의 회원으로 양계초와 절친한 법부주사 진경인陳景仁이 청조에 3년 내 국회 개설을 청하는 전보문을 보내자 전격적으로 그를 파직한 뒤 정문사 폐쇄의 명을 내렸다. 이로써 정문사는 설립한 지 채 1년도 안 돼 문을 닫고 말았다. 그러나 이해 11월에 광서제와 서태후가 하루 간격으로 세상을 떠나고 부의溥儀가 보위에 오르면서 생부인 재풍載灃이 섭정왕이 되었다.

재풍은 재빨리 원세개를 회적 처분했다. 이 소식을 접한 강유위는 크게 기뻐하며 곧바로 숙친왕肅親王 선기善耆에게 원세개의 죄상을 폭로하고 널리 인재를 구할 것을 청하는 서신을 보내면서 이를 섭정왕에게 전해 줄 것을 부탁했다. 헌정의 실시는 아무도 거스를 수 없는 대세를 이루고 있었다.

1909년 12월에 각 성의 자의국諮議局 대표가 상해에서 '국회청원동지회'를 결성했다. 양계초는 즉시 서불소를 보내 이에 가입한 뒤 상해에 상주케 했다. 얼마 후 서불소는 북경으로 올라가 '국회청원동지회'의 기관지인 《국민공보國民公報》를 주관했다. 양계초는 이 신문이 발행된 몇 달 동안 3-4일 간격으로 한 편의 글을 기고해 헌정의 조속한 실시를 촉구했다.

이듬해인 1910년 3월에 양계초는 다시 상해에서 《국풍보國風報》를 창간한 뒤 국회개설 및 입헌정치 실시에 관한 글을 기고했다. 그러나 그가 주도한 두 차례의 대규모 청원활동은 청조의 억지주장에 밀려 이내 좌절하고 말았다. 이때 그는 일본에 망명했을 때의 주장을 수정해 일본식이 아닌 영국식의 의원내각제인 '허군제虛君制'를 주장했다.

이 와중에 혁명파는 선통 3년(1911) 4월 27일에 마침내 광주의 황화강黃花崗에서 무장봉기를 시도했다. 이에 놀란 청조는 5월에 혁광奕劻을 중심으로 한 '황실내각'을 발족시켰다. 그러나 이는 양계초를 비롯한 변법자강파를 크게 실망시켰을 뿐만 아니라 혁명파의 입지를 강화시켜주는 결과를 낳았다.

당시 양계초는 요코하마에서 사신이 평소에 주장한 정치소설의 효용성을 구체적으로 증명키 위해 『신중국미래기新中國未來記』의 집필에 혼신의 노력을 기울이고 있었다. 이 소설은 끝내 미완으로 남았으나 중국의 최근세사를 소설화한 것이었다. 그는 곧 대만에 있는 임헌당林獻堂의 간곡한 요청을 받아들여 대만을 최초로 방문했다가 일본으로 돌아왔다.

이해 10월 10일에 무창에서 무장봉기의 첫 총성이 울렸다. 3일 만에 무한武漢 일대의 3진三鎭을 해방시켰다. 순식간에 여러 성과 도시의 신군과 회당會黨이 동조하고 나섰다. 10월 29일에 신군의 제20진 통령統領 즉 군단장 장소증과 제2혼성협混成協의 협통協統 즉 여단장 남천위가 난주灤州에서 쿠데타를 일으켰다. '협'은 3개 영營으로 구성된 표標를 2개 합친 편제로 여단 규모를 말한다. 이들은 청조에 전보를 보내 12개조의 정강을 제시했다. 연내 국회 소집과 책임내각 구성 등이 골자였다. 북경의 자정원資政院에 있던 입헌세력도 이에 호응해 했다. 곤경에 처한 청조는 다음날에 정치범 석방을 골자로 하는 '19신조十九信條'를 발표한 뒤 곧바로 원세개에게 내각총리직을 수여하면서 수륙 양군의 지휘권을 위임했다.

양계초는 원세개에게 축하 편지를 보내 나폴레옹과 워싱턴이 이룬 업적을 달성해 줄 것을 당부했다. 이는 원세개가 지닌 현실적인 힘을 수긍한 결과였다. 이해 11월 6일에 양치차오는 아마쿠사마루天草丸호를 타고 대련大連으로 향했다. 3일 뒤 대련에 도착한 양계초는 이내 원세개가 혁명군과 연합해 북경을 공격해 일거에 청조를 뒤엎고 원세개를 제거코자 한 제6진 통제統制 오록정吳祿貞을 암살했다는 소식을 듣게 되었다. 얼마 후 남천위도 면직되고 말았다. 두 사람은 양계초가 크게 신뢰했던 인물들이다.

당초 양계초는 이들과 함께 북경으로 입성해 대세를 굳히고자 했다. 그러나 이제 기댈 언덕이 사라진 상황에서 그는 혁명당이 북경을 점령해 주도권을 잡을까 우려했다. 이때 봉천奉天의 독련공소督練公所 총참의總參議 장방진蔣方震이 군대가 나서 절충할 기미가 있음을 알려주었다. 장방진은 양계초를 스승처럼 받들어온 인물이었다.

양계초가 수백 명의 군사를 이끌고 봉천을 출발해 북경으로 가려고 할 즈음 북경에서 활약하던 측근 탕각돈湯覺頓이 급히 달려와 속히 일본으로 되돌아갈 것을 권했다. 원세개가 모든 것을 장악해 북경이 평정되었다는 게 그 이유였다. 웅희령 역시 대련에서 급전을 띄워 서둘러 돌아갈 것을 재촉했다. 양계초는 눈물을 머금고 발길을 돌리지 않을 수 없었다.

이듬해인 1912년 새해에 손문이 상해에서 중화민국 임시 대총통에 취임했다. 그는 국호를 '중화민국'으로 바꾸고 1912년을 원년으로 삼았다. 이해 2월 12일에 원세개의 압력으로 선통제가 퇴위했다. 얼마 후 원세개는 손문의 양보로 임시 대총통의 직위를 이어받았다. 원세개는 양계초를 끌어들이기 위해 그의 귀국을 재촉했다. 이에 마침내 그는 이해 11월 중순에 14년만의 망명생활을 끝내고 마침내 귀국길에 올랐다. 11월 16일에 배가 천진에 닿자 군정대원인 장석란張錫鑾과 당소의唐紹儀 등이 나와 그를 영접했다. 수많은 사람이 그를 찾아왔다. 11월 28일에 그는 천진을 떠나 북경으로 향했다. 그가 북경에 머물 당시 일부 학생들은 청원을 제기하여 북경대 총장으로 와 줄 것을 요청키도 했다.

양계초는 이내 입헌정당 결성작업에 들어갔다. 무창봉기 이후 1913년 말까지 새로이 생긴 공식 단체가 모두 682개에 달했고, 이중 정치단체는 312곳으로 주로 북경과 천진, 남경, 상해, 광주 등에 몰려 있었다. 북경과 상해에 정치단체의 절반 이상이 몰려 있었다. 이런 과정을 통해 제1차 국회의원 선거가 치러지기 전에 4개당이 각축하는 국면이 전개되었다. 중국동맹회가 개조된 국민당國民黨이 우위를 점한 가운데 통일당과 공화당, 민주당 등이 연합해 국민당과 대립하는 양상이었다. 국민당은 민권을 강조하며 급격한 개혁을 주장했고, 다른 한쪽은 국권을 강조하며 점진적인 개혁을 주장했다. 국민당의 영수는 손문과 송교인이었고, 나머지 3개당의 영수는 사실상 양계초였다. 양계초는 민주당의 막

후실력자인 동시에 공화당의 공식 당원이었다.

이해 12월에 치러진 첫 선거에서 송교인이 이끄는 국민당이 압승을 거두었다. 이듬해인 1913년 3월에 이어진 선거에서도 과반을 넘는 392석을 차지했다. 공화당과 민주당, 통일당을 모두 합쳐도 국민당의 3분의 2에도 미치지 못했다. 이때 공화당 이사장인 여원홍黎元洪이 마련한 중의원과 참의원의 연석 만찬석상에서 양계초는 국민당을 '난폭파亂暴派'로 간주하며 점진적인 개혁을 거듭 주장했다.

당시 가장 위협을 느낀 사람은 원세개였다. 이해 3월 20일에 송교인은 상해 역두에서 저격을 받고 이틀 만에 숨을 거두었다. 이를 계기로 손문은 '2차 혁명'을 전개했으나 이내 북양군에 의해 진압되었다. 손문은 다시 망명길에 올랐다. 송교인의 암살사건으로 정국이 뒤숭숭한 가운데이해 5월 29일에 원세개가 출자한 20만원을 토대로 3당이 진보당進步黨으로 통합되었다. 양계초는 사실상의 당수인 이사로 추대되었다.

원세개와의 갈등으로 그의 측근이었던 당소의 내각이 퇴각함에 따라 이해 9월에 웅희령 내각이 들어섰다. 이는 북양군벌과 진보당의 혼성내각에 해당했다. 양계초는 민국의 재정을 획기적으로 변환시킬 생각으로 재정총장을 원했으나 원세개의 반대로 사법총장에 임명되었다. 재정총장은 절충안으로 웅희령 총리가 겸임케 되었다. 당시 항간에서는 웅희령 내각을 두고 '최고의 인재 내각'이라고 칭하며 커다란 기대를 걸었다.

그러나 이는 곧 공상에 불과하다는 사실이 드러났다. 의원들을 공포분위에 몰아넣은 뒤 치러진 총통선거에서 공식적으로 첫 총통에 선임된 원세개는 이듬해인 1914년 1월 10일에 전체 국회의원의 직무를 정지시킨 뒤 모두 귀향토록 조치했다. 이로써 웅희령 내각은 원세개에게 이용만 당하고 출범한 지 채 반년도 안 돼 해산되고 말았다. 양계초가 10여 년 간 추구해온 의회민주제도의 이상 역시 파멸로 끝나고 말았다.

원세개는 양계초가 사법총장직을 내놓자 그의 명망을 이용할 생각으로 그를 화폐제조국 총재에 임명했다. 양계초는 일반인의 예상을 깨고 이를 받아들였다. 그는 금융화폐제도의 일대 개혁을 성사시키고 싶었던 것이다. 그러나 이 또한 그의 환상에 불과했다. 결국 그는 이해 말에 화폐제조국 총재직을 사임했다.

채악의 봉기와 원세개의 하야

양계초는 이듬해인 1915년 1월에 중화서국이 펴내는 《대중화大中華》의 편집을 맡으면서 창간호에 「내가 앞으로 국가에 보답할 바」를 발표하고 정계를 떠나 언론계에 매진할 뜻을 밝혔다. 이때는 제1차 세계대전이 한창 진행될 때였다. 그는 6만여 자에 달하는 『유럽전쟁사론』을 탈고해 독자들의 시야를 넓혀주었다. 당시 이를 읽은 유럽의 군사전문가들은 이같이 놀라움을 표했다.

"당초 변법이 실패했을 때 그는 왜 군사를 통솔하지 않았는지 모르겠다. 군사에 대해 해박하기로는 원세개조차 그를 이길 수 없었을 것이다."

당시 일본군은 산동으로 쳐들어와 독일의 권익을 차지코자 했다. 1월 18일에 주중공사 히오키 마스日置益가 원세개를 만나 이른바 '21개조'를 건넸다. 원세개는 황제의 자리에 즉위키 위해 비밀 회담을 통해 이를 받아들였다. 이 사실은 이해 4월에 런던의 《더 타임즈》에 의해 처

채악 (1882~1916) 중화민국 초기 군인. 신해혁명 때 운남에서 신군 봉기를 일으켰고, 원세개의 황제 등극을 반대했다.

음으로 폭로되었다. 조야가 모두 원세개의 매국행위에 분노했다. 연일 가두시위와 일본상품 배척 운동이 전개되었다. 양계초가 필봉을 휘둘러 이를 질타했다. 이에 그는 곧 중국 여론의 중심 인물이 되었다.

양계초는 이해 6월에 남경으로 가 강소도독江蘇都督을 지내고 있는 풍국장馮國璋을 만났다. 두 사람은 함께 북경으로 올라가 원세개의 칭제稱帝를 저지키로 의견을 모았다. 원세개는 시치미를 뗐다. 당시 원세개의 헌법고문으로 있던 정치학자 굿나우는 상해의 《아세아일보》에 게재된 「공화와 군자를 논함」에서 이같이 주장했다.

"중국은 전제에서 공화로 변모했으나 이는 지나치게 급격한 행위로 좋은 결과를 내기가 어렵다. 군주제를 이용하는 편이 공화제보다 낫다."

굿나우의 뒤를 이어 원세개의 법률고문이 된 일본인 아리가 나가오有賀長雄도 「공화헌법지구책共和憲法持久策」에서 유사한 논리를 전개했다. 원세개는 이내 측근인 양도楊度로 하여금 주안회籌安會를 조직해 자신이 추진하는 '제제운동帝制運動'을 이론적으로 뒷받침하게 했다. 이에 양계초는 '기이하구나, 이른바 국체문제란'이라는 글을 써 이들의 주장을 통렬히 반박했다.

"국체문제가 발생한 이래 토론과 찬성, 청원, 표결, 추대 모두 원씨가 스스로 만들어 낸 것이니 국내외의 모든 식견 있는 사람 중 이를 모르는 자가 있겠는가. 이들 모두 나라 안의 가장 천박하고 염치없는 소수의 사람을 불러 모은데 지나지 않으니 마치 꼭두각시극을 연출하는 것과 같다."

이해 12월 2일에 원세개의 막하에 있는 채악蔡鍔이 양계초의 명을 좇아 일본인으로 가장한 뒤 일본으로 건너갔다가 다시 배를 타고 상해와 홍콩, 하노이를 거쳐 운남의 곤명昆明으로 잠입했다. 그의 소지품에는 양계초가 기초한 「운남에서 북경에 보내는 최후통첩 전문」이 숨겨져 있었다. 채악은 '호남시무학당' 시절부터 양계초와 행동을 같이 한 그의 애제자였다. 채악이 곤명에 도착하기 바로 전날인 12월 18일에 양계초는 치료 차 미국에 간다는 핑계로 천진에서 배를 타고 상해로 갔다. 그는 이내 은신처로 들어가 원세개에게 보내는 최후의 진언인 「총통에게 올리는 글」을 썼다. 그는 풍국장의 고문으로 있는 반약해潘若海를 시켜 채악에게 보내는 전문을 갖고 남경으로 가게 했다. 반약해가 남경으로 가 풍국장의 서명을 받은 뒤 전보를 띄웠다. 채악은 전보를 받자마자 당계요唐繼堯 등 39명의 장령을 한데 모은 뒤 비분강개한 목소리로 양계초의 전문을 낭독했다.

"원세개가 나라를 훔쳐 중화민족이 암흑에 빠지고 만겁이나 퇴보하여 돌이킬 수 없는 지금 우리는 무릎을 꿇고 살기보다 머리가 잘려 죽기를 원합니다. 우리가 피 흘려 싸우는 것은 오늘의 4억 동포와 내일의 4억 동포 후손이 생존할 터와 새로운 부강한 나라를 만들기 위한 것입니다."

이해 12월 23일에 이들은 원세개에게 제제철회를 촉구하면서 이틀

간의 시한 내에 응하지 않을 경우 호국군護國軍을 조직해 운남을 독립시킨 뒤 북상할 것이라는 내용의 전보를 보냈다. 원세개는 악양岳陽에 주둔하는 조곤曹錕에게 즉시 운남으로 가 쿠데타를 진압할 것을 명했다.

1916년의 새해가 밝자 채악이 이끄는 호국군이 주력부대를 이끌고 양계초와 의논했던 바대로 사천 방면으로 이동했다. 이들이 순식간에 사천의 남부 요충지를 점령하자 이내 귀주성이 독립을 선포했다. 1월 31일에는 유존후劉存厚가 이끄는 사천군이 원세개에 반기를 들고 채악에 투항한 뒤 함께 여주瀘州를 공격했다. 남서쪽의 전황은 원세개의 예상을 크게 빗나갔다. 이때 원세개로부터 반군토벌의 명을 받은 광서도독 육영정陸榮廷이 양계초의 서신을 받고 곧 광서로 와서 기의에 동참해줄 것을 요청했다.

양계초가 탕각돈 등 일행을 이끌고 일본의 우편선 요코하마마루橫濱丸호를 타고 상해에서 홍콩으로 건너간 뒤 철통같은 수색망을 피해 광서로 들어갔다. 이들의 행낭 속에는「광서의 원세개 토벌 격문」이 들어 있었다. 육영정이 마침내 원세개에게 등을 돌리고 광서의 독립을 선언하자 북양군이 궤멸상태에 빠지고 말았다. 이를 틈타 풍국장이 강서의 이순李純과 절강의 주서朱瑞, 산동의 근운붕靳雲鵬, 호남의 탕향명湯鄕茗 등과 함께 제제 취소를 요청했다. 원세개는 풍국장의 전보를 보고 장탄식을 했다.

"대세는 이미 기울었다."

이해 3월 22일에 마침내 위한스카이는 제제 및 홍헌洪憲 연호의 취소를 선언했다. 5월 1일에 양광호국군 도사령부가 광동의 조경肇慶에서 구성돼 여원홍을 총통으로 추대했다. 잠춘훤岑春煊이 도사령, 양계초가 도참모, 장사조章士釗가 비서장을 맡았다. 이해 4월 중순 경에 광주 해주도海珠島에서 연석회의를 열었을 때 광동도독 용제광龍濟光의 부장 용계한顏啓漢이 문득 총을 뽑아들어 양계초 측 대표로 참석한 탕각돈 등을 현장에서 사살한 일이 벌어졌다. 이를 '해주참안海珠慘案'이라고 한다.

당시 광동은 독립을 선포했으나 용계한의 휘하 대원들이 원세개를 옹호한 까닭에 늘 호국군과 충돌을 빚고 있었다. 5월 5일에 양계초가 광주로 직접 가 용제광과 10시간 넘게 담판을 벌였다. 다음날 저녁에 열린 연회에서 양계초가 탁자를 치고 일어나 용제광을 성토했다.

"내가 단독으로 아무 무기도 손에 들지 않은 채 당신에게 달려온 것은 중화민국의 앞날을 위해 여러분의 도움을 구하기 위한 것이오. 기왕 이고에 온 몸이니 여러분 마음대로 하시오."

이때 그는 군무원軍務院을 세우자는 용제광의 절충안을 받아들였다. 그가 숙소로 돌아오자 수백 명의 병사들이 그의 숙소를 둘러싼 채 고함을 질러댔다. 양계초는 야음을 틈타 몰래 광주성을 빠져나왔다. 5월 8일에 군무원이 설립돼 당계요가 무군장撫軍長, 잠춘훤이 부장, 양계초이 정무위원장, 채악과 육영정과 용제광 등은 무군撫軍의 직책을 맡았다. 군무원은 곧 국회소집과 원세개의 체포를 촉구하는 내용의 선언을 공포했다.

이 와중에 세인들로부터 지탄을 받고 보위에서 내려왔던 원세개가 이해 6월 6일에 문득 숨을 거두었다. 양계초도 부친상을 맞아 군무원의 직무를 사임했다. 그는 여원홍 총통의 비서장에 임명됐으나 이를 완곡하게 사양하면서 정계은퇴를 선언했다. 그러나 급변하는 정국은 그가 재야에 머무는 것을 허락지 않았다.

이해 8월 1일에 헌법을 제정키 위해 북경에 국회가 소집되었다. 단기서段祺瑞가 새 내각의 총리로 선출되면서 그는 '헌법연구회'를 조직했다. 국민당 측은 '헌정상각회憲政商榷會'를 조직했다. 중앙집권체제를 유지하지 않을 경우 열강에 이용당할 소지가 크다고 판단한 양계초는 성장省長을 중앙에서 임명해야 한다고 주장했으나 '헌정상각회'는 민선과 지방자치를 주장했다. 상각회는 국회의 권력을 확대하고 지방자치를 강화함으로써 북양군의 세력을 최대한 제한코자 한 것이다.

얼마 후 독일에 선전포고를 할 것인지 여부를 놓고 여론이 양분되었다. 이때 단기서는 안휘성 출신을 중심으로 한 북양군 내 환계皖系 세력의 확대를 꾀하기 위해 참전을 주장했다가 여원홍 총통과 극심한 갈등을 빚었다. 양계초는 산동지역의 조속한 회수를 위해 참전을 주장했다.

이듬해인 1917년 4월 단기서가 '공민청원단'을 소집해 개회중인 국회를 압박했다. 국회가 내각이 개조를 통해 나중에 결의할 것을 결정하자 단기서가 국회해산조치를 취했다. 이에 맞서 여원홍이 단기서의 총리직과 육군총장직을 파면했다. 단기서가 전보를 띄워 군부를 선동하자 북경 정부가 일거에 반신불수의 상태에 빠지고 말았다. 곤경에 처한 여원홍이 곧 연주兗州 주둔하고 있는 무위전군武衛前軍의 장훈張勳을 북경으로 불러들였다.

장훈은 사병출신으로 원세개의 훈련병에서 출발해 양강총독의 자리까지 오른 인물이다. 그는 민국 성립 이후에도 변발을 늘어뜨리며 복벽을 꿈꾸고 있었다. 그의 부대는 당시 '변발군'으로 불렸다. 그 또한 '변발장수'로 일컬어졌다. 장훈은 여원홍의 요청을 받아들여 이내 북경으로 입성한 뒤 복벽을 선언했다. 그는 6월 15일에 청조의 복장을 한 채

부의를 알현하는 자리에서 이같이 말했다.

"나라의 근본이 흔들리자 백성들 모두 옛날을 그리워하고 있습니다."

강유위는 농민으로 변장해 이해 6월 27일에 북경에 도착한 뒤 장훈의 복벽정권에 합류했다. 이들은 이해 7월 1일에 대청국의 회복을 선언했다. 장훈은 내각의정대신, 강유위는 청대 말기에 헌정실시를 위해 세운 국무심의기관인 필덕원弼德院의 부원장에 임명되었다. 북경의 수많은 상점과 시민 모두 용이 새겨진 깃발을 내걸기를 거부했다. 상해에서는 강유위가 주관하던 《국시보國是報》를 제외한 모든 신문이 복벽을 성토했다. 손문은 '토역선언討逆宣言'을 발표했다.

양계초는 7월 2일에 단기서와 천진에서 하북의 마창馬廠으로 달려가 긴급군사회의를 개회했다. 이튿날 그는 단기서를 대신해 '장훈토벌문'을 전국에 전보로 보냈다. 이튿날 양계초는 단기서를 대신해 작성한 장훈 토벌문을 전국에 띄웠다. 7월 5일 단기서는 마창에서 열병식을 갖고 곧바로 북경으로 북상했다. 양계초는 총사령관 참군, 단기서는 수석 막료가 되었다.

7월 12일에 장훈의 '변발군'은 단기서의 군사에게 무너졌다. 장훈은 네덜란드 영사관으로 피신했고 강유위는 4일 전에 이미 미국의 영사관으로 도주했다가 변장을 하고 북경을 빠져나갔다. 강유위가 가장 원망했던 사람은 바로 자신의 애제자였던 양계초였다. 이후 두 사람 사이는 더욱 멀어졌다.

단기서 정부가 구성되자 재정총장을 맡게 된 양계초의 머릿속은 화폐금융제도의 개혁으로 가득 차 있었다. 그러나 그가 마주 친 것은 빚더미에 올라앉은 장부뿐이었다. 그는 외국은행과 친숙한 왕극민王克

敏을 재정차장에 앉혀 정부의 부담을 줄여나갔다. 8월 14일에 단기서 정부는 오스트리아에 대한 선전포고를 하여 연합국의 일원이 되었다. 연합국은 중국이 매년 지불하는 의화단사건의 배상금을 5년간 유예하기로 했다. 이로써 중국은 매년 1,300만 은원銀元의 지출을 줄일 수 있었다.

이때 일본에 있을 때 사귀었던 이누카이 쓰요시犬養毅가 일본의 외상이 되었다 양계초는 즉시 서신을 보내 차관을 요청했다. 이에 1천만 엔의 차관이 체결되었고 얼마 후 다시 450만 엔의 차관이 제공되었다. 이때 양계초는 「화폐제도 정리방법 대강」을 제정해 화폐의 안정을 이뤘다. 그러나 단기서 정부의 재정지출은 한계가 없었다. 양계초는 이를 막을 길이 없었다. 결국 양계초는 풍국장 대리총통에게 사직서를 보냈다.

"이번에 입각해 지혜와 성의를 다해 화폐금융을 정리코자 했으나 제대로 이뤄지지 못해 물러나고자 합니다."

그러나 풍국장은 이를 극구 만류했다. 이때 국내정세는 북양군내 최대 파벌인 풍국장의 직계直系와 단기서의 환계皖系가 정면으로 충돌하는 양상으로 전개되고 있었다. 직계는 원세개, 환계는 이홍장의 법통을 잇고 있었다. 당시 손문과 국민당이 '호법護法'을 기치로 내걸자 해군총장 정벽광程璧光을 북경정부를 떠나 제1함대를 이끌고 광주의 손문에게 달려가게 했다. 손문이 '비상국회'를 소집하고 군정부를 조직하면서 단기서를 민국의 반역자로 선포했다. 단기서는 북양군의 전투력을 믿고 제2차 남북전쟁을 일으켰다. 그러나 풍국장이 압력으로 시국수습에 실패한 단기서가 사직하자 양계초 역시 사직서를 제출했다.

『중국통사』의 최후 집필

이후 양계초는 칩거에 들어가『중국통사中國通史』의 집필에 매달렸다. 이는 그의 필생의 바람이었다. 그의 사학에 대한 사랑은 남달랐다. 그는 일찍이 《신민총간》에서 이같이 주장한 바 있다.

"사학은 학문 중 가장 광범하고 절실한 것이다. 국민의 밝은 거울이고, 애국심의 원천이다."

일찍이 건륭제 때 활약한 대학자 장학성章學誠은 육경이 모두 역사서에 해당한다는 취지의 '육경개사六經皆史'를 외치며 유사한 견해를 밝힌 바 있다. 양계초는 1918년 가을이 될 즈음 십여만 자를 완성했다. 그러나 그는 이때 늑막염과 폐렴으로 당분간 요양하지 않을 수 없었다. 이해 10월에 한 기자가 방문하자 그는 이같이 말했다.

"1년 동안 문을 걸어 잠그고 정진하여 10여만 자를 이뤘으나 이는 전체의 10분의 1도 안 되오. 향후 저술에 온 힘을 다할 것이오. 이것이 타고난 직분을 다하는 길이라고 생각하오."

그러나 그는 이해 12월 초에 천진에서 북경으로 올라와 외교정책의 자문을 하지 않으면 안 되었다. 당시 중국정부는 산동과 만주철도의 특권을 일본에 넘기기로 밀약을 한 상태였다. 양계초는 이런 사실도 모른 채 일본의 요시자와芳澤 대리공사를 만나 교주膠州 문제와 관련해 이같이 말했다.

"우리나라가 독일에 선전포고한 후 독일과 맺은 조약은 모두 폐기되었소. 산동에서 독일의 권리를 계승한다는 일본의 주장은 근거가 없소."

요시자와가 거부하자 양계초가 자리에서 일어났다.

"중일친선을 바란다면 일본당국이 중국 국민의 심리를 잘 헤아리기 바라오. 그렇지 않다면 입에 발린 친선은 언급조차 하지 말아야 할 것이오."

이해 12월 28일에 양계초는 정부의 요청을 받아들여 일본의 우편선 요코하마마루橫濱丸호에 올라 유럽순방길에 나섰다. 이는 전후처리에 관한 중국 측의 입장을 전달키 위한 것이었다. 양계초 일행은 런던에 1주일 머문 후 파리로 건너갔다. 여장을 막 푼 직후 중일 간 밀약으로 파리강화회의 기간에 외교가 난관에 부딪쳤음을 알게 되었다. 일본이 밀약을 통해 얻어낸 것은 산동의 철도부설권과 청도 및 제남濟南의 군사주둔이었다. 분노한 양계초는 외교위원 왕대섭汪大燮에게 전보를 띄웠다.

"이 밀약은 윌슨의 14개조에 위배되므로 취소할 수 있고 다시는 남에게 구실을 주지 말 것을 정부에 요구한다."

양계초의 전보가 지상에 게재된 후 조야가 들끓었다. 장건과 웅희령 등은 국민외교협회國民外交協會를 설립해 양계초를 이사 겸 대표로 추대한 뒤 파리강화회의의 외교활동을 성원하면서 북경정부에 압력을 가했다. 그러나 미국과 영국, 프랑스 등 열강은 일본의 손을 들어주었다. 이제 '베르사이유조약'에 서명할 것인지 여부가 초미의 관심사로 떠올랐다. 북경정부는 비밀전보를 보내 서명에 동의할 것을 명한 상황이었다. 이를 계기로 북경의 각 대학 학생들이 가두시위를 벌이면서 이른바 5·4운동이 전개되었다. 이 운동은 북경에서 전국으로 확대되었다. 결과적으로 서명에 거부할 것을 주장하며 운동을 일으킬 것을 요구한 양계초의 전문이 5·4운동의 도화선이 된 셈이다.

이듬해인 1920년 3월 5일에 양계초 일행은 상해로 돌아왔다. 그러나 이 사이 그가 산동문제를 놓고 일본과 교섭한다는 주장이 나돌았다. 그는 상륙하자마자 《신보申報》의 기자와 만나 이를 일축했다.

"우리는 파리에서 서명하지 말도록 하는데 온 힘을 다했다. 서명의 조건에도 반대한 까닭에 서명하지 않은 결과를 얻게 되었다. 내가 직접 교섭에 나선다면 이는 앞뒤가 모순되어 스스로 신뢰를 잃는 길이다."

3월 19일에 북경에 도착한 그는 총통인 서세창을 접견해 유럽을 둘러본 경과를 보고했다. 그는 얼마 후 서세창에게 5·4운동 중 체포된 43명의 학생들을 전원 석방할 것을 요청했다. 당시 그의 유럽여행은 그에게 과학만능주의에 대한 강한 경각심을 불러 일으켰다. 그는 『유럽여행 인상기』에서 과학기술의 발전이 결코 인류가 직면한 어려움을 모두 해결해 줄 수 없다고 역설했다. 그러나 그가 과학을 반대한 것은 아니었다. 조셉 르벤슨의 『양계초와 중국근대사상』에 따르면 이는 중국과 서구문화의 우수한 특질을 융합해 중국의 신문화를 만들고자 한데서 나온 것이었다.

그는 1920년에 《해방과 개조》를 《개조》로 개명해 편집을 담당했다. 그는 발간사에서 점진적인 민주체제의 수립을 주장했다. 그러나 당시는 사회주의가 팽배한 급진의 시대였다. 이해 10월에 양계초를 비롯한 강학사講學社의 초청으로 영국의 러셀이 중국을 방문했다. 러셀의 방문은 전례 없는 러셀 붐을 일으켰다. 당시 러셀은 중국에는 계급차별이 존재하지 않는 까닭에 계급투쟁을 전개할 필요가 없다고 주장했다. 양계초도 유사한 생각을 갖고 있었다. 그는 공산당의 계급투쟁 주장에 반대하면서 중국 사회의 기본모순은 무력을 지닌 군벌인 유창有槍과 무력을 보유치 못한 인민대중인 무창無槍의 대립에 있다고 주장했다. 당시의 혼란스런 정국의 배경을 통찰한 탁견이 아닐 수 없다.

그는 1921년 말에서 1923년 초까지 북경과 상해 사이를 운행하는 경호선京滬線에 몸을 싣고 남개대南開大와 청화대清華大를 오가며 강의에 열중했다. 1924년 4월 초에 양계초와 공학사共學社의 초청으로 인도의 타고르가 중국을 방문했다. 이때 그는 선진시대의 제자백가 사상을 깊이 천착하고 있었다. 그 결과물로 나온 것이 『선진정치사상사』였다. 유儒·묵墨·도道·법法으로 상징되는 선진시대 제자백가의 사상은 모두 정치사상일 뿐이라는 게 그의 주장이다. 그는 『선진정치사상사』의 결론에서 서구사조에 함몰된 젊은이들의 행태를 이같이 비판했다.

"오늘날의 젊은이들은 구미 학설의 한 조각을 주워듣고 걸핏하면 '옛 사람은 들어보지 못했을 것이다'라며 선배들을 공격하는 근거로 삼는다."

그는 선진시대 제자백가의 드넓은 학문세계를 알고 있기에 이런 주장을 펼친 것이다. 그는 젊은이들이 서구사상과 더불어 선진시대 제자백가들의 뛰어난 사상도 깊이 천착해 현실의 난관을 타개하는 지혜를 찾아내기를 고대했다.

그는 말년에 들어와 남송대의 대학자인 신기질辛棄疾의 연보를 작성하는 일에 매달렸다. 그러던 중 1928년 11월 하순에 숙환인 방광염이 악화돼 갑자기 쓰러졌다. 급히 북경의 협화의원 응급실로 이송된 그는 이후 2달 가까이 투병했으나 이듬해인 1929년 1월 19일에 이내 숨을 거두고 말았다.

양계초에 대한 재평가

양계초는 격동하는 난세의 세월 속에 파란만장한 삶을 살았다. 그가 활약한 시기는 중국이 근대화를 위해 나름의 갖가지 방법으로 몸부림쳤던 때였다. 그의 생전에 양무운동과 변법운동, 의화단운동, 신해혁명, 복벽, 5·4운동, 북벌 등이 잇달아 일어났다. 그는 이들 굵직한 사건의 한복판에 있었다. 그는 혁명가이자 사상가, 문학가, 언론인 등으로 활약하면서 평생 중국의 변혁을 위해 헌신적으로 노력했다.

세월이 격변하는 만큼 그는 자주 변신하는 모습을 보였다. 이는 그가 언론인으로 활약하면서 스승인 강유위와 여러 면에서 대조적인 모습을 보인 것도 이와 무관치 않을 것이다. 강유위는 학자형으로 한 가지 일에 몰두하면 깊이 파고드는 스타일이었다. 그가 만년에 '천유원'에서 수많은 문인들과 만나며 전심전력으로 서예를 연구해 해서체와 예서체를 결합한 독특한 서체를 완성한 것이 그 증거이다.

이에 반해 양계초는 저널리스트처럼 관심의 대상이 매우 넓었다. 좋은 점도 있으나 관심대상이 자주 변하는 까닭에 참을성이 없는 게 결점이었다. 훗날 그는 딸에서 자신의 이런 결점을 닮아서는 안 된다고 훈계한 바 있다. 스승이 수차례의 도전 끝에 결국 진사시험에 합격한 것과 달리 '공거상서' 이후 이내 회시 응시를 포기한 것도 같은 맥락에서 이해할 수 있다.

노신 (1881~1936) 중국의 작가이자 사상가. 중국의 현실을 폭로하고 고발하는 소설을 발표

이로 인해 그는 생전에 혁명파로부터 시류를 좇아 자주 변

한다는 비판을 받기도 했다. 양계초의 삶을 크게 과도過渡와 다변多變으로 요약하는 것도 같은 맥락이다. 5·4운동 당시의 일화가 자주 그 증거로 거론되고 있다. 당시 양계초와 함께 언론활동을 전개해온 장사조章士釗는 백화문을 주장하는 노신魯迅의 '신문학운동'에 커다란 거부감을 표시했다. 그는 양계초가 유럽여행에서 돌아오면 함께 투쟁할 생각이었다. 그러나 양계초는 여행 도중 이내 백화문으로 된 『구유심영록歐游心影錄』을 펴냈다. 이 소식을 들은 그는 대노하여 책상을 내리치며 욕설을 퍼부었다.

"양임공梁任公, 이 자는 시세에 아부하는 소인배일 뿐이다."

'임공'은 양계초의 자字이다. 그러나 이 욕설은 아무래도 지나친 것이었다. 그의 변신은 결코 일신의 영달을 위해 시류에 영합한 게 아니었다. 당시 상황에서 백화문의 사용은 거역할 수 없는 하나의 흐름이었다. 양계초도 이것이 낫다고 판단해 곧바로 수용한 것일 뿐이다. 공자가 『논어』「자한」편에서 "원래는 가는 베로 만든 예관인 마면麻冕이 예에 맞다. 그러나 지금은 생사로 만들었어도 매우 검소하니 나는 뭇사람들을 따르겠다."고 말한 것도 같은 취지에서 나온 것이었다. 그가 평생 옛 중국의 백성을 신민新民인 '중화민족'으로 변신시키는데 헌신한 점에서 그의 삶은 '과도'로 요약한 것은 나름대로 타당하다.

그러나 '다변'은 부적절하다. '선변善變'으로 표현하는 게 옳다. '선변'과 '다변'의 차이는 변신의 이유와 시점 등이 적절한지 여부에 달려 있다. 그는 초기에 발표한 『선변과 호걸』에서 '선변'의 의미를 이같이 풀이한 바 있다.

"군자의 잘못은 일식월식과 같아 모든 사람들이 훤히 보고, 그 변화 역시 모든 사람들이 분명히 파악한다. 대장부의 일처리가 광명정대해야 하는 이유이다. 방법은 수시로 상황에 따라 변해야 한다. 그러나 그 종지宗旨는 변하지 않는 것이다."

그는 '선변'의 요체를 정확히 파악하고 있었던 것이다. 그의 '선변'은 기본적으로 『주역』에서 역설하는 '자강불식自强不息'의 또 다른 표현이기도 하다. 상황에 따라 변화해야 한다는 것은 불합리한 것은 과감히 파괴할 수 있어야 하고, 새로운 것을 받아들이는 것은 곧 자강불식의 자세를 뜻한다. 상황이 변하고 있는데도 과거의 것을 묵수墨守하는 것은 보수가 아닌 수구일 뿐이다. 실제로 그는 청조의 복벽을 찬성한 자신의 스승 강유위를 공개적으로 비판하면서 이같이 언급한 바 있다.

"나는 나의 스승을 사랑하지만 나는 진리를 더욱 사랑한다."

그가 '다변'이 아닌 '선변'을 취했다고 평가할 수 있는 이유가 여기에 있다. 물론 상황에 따른 변화는 어디까지나 방법에 그쳐야지 지향하는 목표까지 바꿔서는 안 된다. 그가 추구한 궁극적인 목표는 '빈국약병貧國弱兵'으로 인해 열국의 침탈대상이 되어 있는 중국을 '부국강병富國强兵'의 나라로 탈바꿈시키는 것이었다. 그가 '선변'한 이유가 바로 여기에 있었다.

만일 그가 '선변'하지 않았다면 중국은 '신중화'의 바람직한 노선을 찾기 위해 더 많은 시간을 소진했을 공산이 컸다. '신중화'를 건설한 마오쩌둥이 『대학』의 핵심어인 '신민'을 새롭게 해석한 그의 지론에 감복해 이내 '신민론'의 열렬한 지지자가 된 사실이 이를 뒷받침한다. 두 사람 모두 '중화민족'이 새로워지지 않으면 중국의 앞날을 기약키가 어렵다는데 공명한 셈이다.

실제로 마오쩌둥은 1918년에 학생단체를 조직하면서 그 명칭을 '신민학회'로 정했다. 말할 것도 없이 양계초가 역설한 '신민론'에 감복한 결과였다. 마오쩌둥 사상의 근간을 이루고 있는 '신민주주의'가 출현케 된 배경이 바로 여기에 있다.

현재 대만은 손문의 민족혁명을 상징하는 청천백일靑天白日을 국기로 삼고 있다. 여기의 '백일'은 말할 것도 없이 '소민족주의'에 입각한 한족을 상징한다. 그러나 신해혁명 당시 대부분의 지역에서는 오색공화五色共和를 더 애호했다. 이는 양계초의 '대민족주의'에서 나온 것이다. 현재 사용되는 중국의 '오성홍기' 역시 그 취지를 이어받은 것이다.

최근 비약적인 경제발전으로 '중화민족'의 자부심을 되찾은 중국에서는 신해혁명을 재조명하며 양계초의 변혁노선을 높이 평가하는 움직임이 거세게 일고 있다. 이는 사회주의 시장경제에 입각한 발전노선이 점진적인 변혁을 통해 부국강병을 이루고자 했던 양계초의 변혁노선과 부합하고 있다는 사실을 새삼 발견한 결과로 볼 수 있다.

제3절
엄복嚴復 –
서양문물 소개로 변법을 꾀하다

엄복(嚴復)

중국 최초의 서양학자

광서 24년(1898) 7월 4일 청조는 왕조를 유지하면서 근대국가로 변신하는 구체적인 방안의 하나로 사상 최초의 서구식 대학인 '경사대학당京師大學堂'을 세웠다.[85] 이는 강유위 등의 변법파가 광서제를 끼고 이른바 무술변법을 강행한 결과였다. 그러나 무술변법은 실질적인 통치권

85 '경사대학당'의 캠퍼스는 자금성의 오른쪽 북사탄北沙灘에 위치한 현재의 '북경대 홍루紅樓'이다. 북경 최대의 번화가인 왕푸징에서 도보로 5분 거리에 있다. '경사대학당'이 당시 연경대가 있던 현재의 위치로 옮기게 된 것은 중화인민공화국이 들어선 지 3년이 지난 1952년 이후의 일이다.

자인 서태후를 배제한 까닭에 이내 '무술정변'을 자초하고 말았다. '무술변법'이 '백일유신百日維新'으로 끝나자 '경사대학당' 역시 폐교의 위기에 처하게 되었다. 실제로 서태후는 의화단사건이 터져 나오는 광서 26년(1900) 8월 3일 이 학당을 폐교시켜 버렸다.

광서 27년(1901) 의화단사건의 후유증이 굴욕적인 '신축조약' 체결로 나타나자 체제변혁을 요구하는 조야의 여론이 비등해졌다. 광서 28년(1902) 12월 다시 문을 연 '경사대학당'이 초대 총장 엄복의 주관 하에 첫 입학식을 갖게 되었다. 당시의 '경사대학당'은 전래의 학당과 유사했다. 실제로 교수들 중 상당수가 유학자들이었다.

선통 3년(1911) 말 신해혁명이 일어나자 '경사대학당'은 또 한 차례 격랑에 휘말렸다. 원세개가 중화민국 초대 총통에 취임한 직후인 1912년 5월 '경사대학당'은 '북경대'로 명칭이 바뀌었고, 이듬해인 1916년에 채원배를 '북경대'의 초대 총장으로 모셔오게 되었다. 이후 '북경대'는 면모를 일신했다. 모택동이 중국 최고의 지성인으로 칭송한 노신魯迅을 비롯해 중국공산당의 창시자인 이대교李大釗, 변발을 고집하며 '전족'을 칭송한 고홍명辜鴻銘 등이 속속 북경대에 둥지를 틀었다. 어떠한 학설이든 나름대로 정연한 논리가 서 있으면 기꺼이 받아들이겠다는 채원배의 신념 덕분이었다. 채원배를 북경대의 '영원한 총장'으로 기리면서도 사실상의 초대 총장인 엄복에 대해서는 상대적으로 소홀했던 북경대가 최근 엄복의 흉상을 처음으로 만들어 세웠다.

등소평이 세상을 떠난 이듬해인 지난 1998년 말 북경대의 신축 도서관이 완성되었다. 이곳은 650만 권의 장서를 자랑하는 동양 최대의 도서관이다. 도서관 복도와 로비에 북경대를 거쳐 간 많은 국내외 인사들의 흉상이 죽 늘어서 있다. 엄복은 도서관 신축을 계기로 흉상의 주인공이 될 수 있었다. 이는 중국의 근대화 방략에 대한 기존의 평가가 크게 변하고 있음을 반증한다. 엄복은 북경의 민족출판사가 이듬해인 1999년 7월에 펴낸『중국역사에 영향을 끼친 100명의 명인』에 마침내 주희 및 진독수 등과 더불어 중국의 역사를 바꾼 역대 사상가의 한 사람으로 수록됐다.[86]

엄복은 청조 말기 중국의 근대를 상징하는 인물이다. 문화대혁명 때 반동으로 몰려 생가와 묘지가 크게 훼손된 바 있다. 이후 그가 태어난 곳에는 엄복기념관이 들어섰고 전국중점문물보호단위로 책정됐다. 그는 오랫동안 중국뿐만 아니라 해외 학계에서 다양한 평가를 받아 왔다. 초기의 급진적 사상과 만년의 보수적 경향을 선명히 부각시키는 견해가 있는가 하면 그의 삶을 관통하는 사상적 특징을 강조하는 경우도 있다. 그는 생전에 서양에서 세계침탈의 일환으로 만들어낸 사회진화론에 깊은 관심을 기울였다. 그러나 그는 이를 그대로 수용치 않았다. 중국과 서양의 특수성보다 동서양을 꿰뚫을 수 있는 세계의 원리를 찾아 나선 게 그렇다. 오랫동안 많은 연구자들의 관심을 불러일으킨 것도 이런 맥락에서 이해할 수 있다.

그의 대표작은『천연론』이다. 단순히 헉슬리의 원전에 충실한 번역본인지 여부는 계속 논란거리이다. 이는 스펜서의 견해에 의거해 원저

86 이 책은 10명씩 묶어 총 10편으로 되어 있다. 제1편엔 황제黃帝와 공자, 모택동, 등소평 등이 있다. 제2편에 이세민과 주원장, 손문, 장개석 등이 있다. 제4편에는 굴원, 사마천, 이백, 두보, 사마광 , 소동파, 양계초, 노신 등 역사가와 문인들이 망라돼 있다. 제7편에는 주희, 엄복, 진독수 등의 사상가가 수록돼 있다. 제10편에는 관우, 제갈량, 악비, 채원배 등 충신열사가 등장한다. 끝으로 부록에는 10명의 지탄받을 인물이 수록돼 있다. 은나라의 주왕紂王, 수양제, 서태후, 진회, 조고, 동탁, 원세개 등이 그들이다.

자인 헉슬리를 비판한 것인가 하는 문제와 직결돼 있다. 자연의 법칙과 인간사회의 규율 사이의 관계를 둘러싼 문제이기도 하다. 그가 중국에 소개하고자 한 자유주의도 주요한 쟁점 가운데 하나이다. 일각에서는 그가 서구적 개인 개념을 오해했고, 개인보다 사회 혹은 국가를 중시하는 전체주의적 성향이 강했다는 주장을 펴고 있다. 그러나 그가 서양의 자유와 개인 개념을 충분히 이해하고 있었다는 반론도 존재한다.

교육가, 번역가, 언론인의 삶

엄복은 함풍 3년(1853) 1월 8일 복건성 후관현侯官縣에서 대대로 의사로 가업을 이어온 집안에서 태어났다. 후관은 지금의 복건성 복주시에 해당한다. 훗날 그가 '후관 엄선생'으로 불린 이유다. 『후관엄씨총간侯官嚴氏叢刻』(1901)이라는 문집도 있다. 그는 상해에서 중국공산당이 창립되던 1921년 가을 모든 꿈을 남긴 채 조용히 고향에서 서거했다. 향년 68세였다.

그의 원래 이름은 전초傳初이다. 나중에 종광宗光으로 바꿨다. 우릉又陵, 기도幾道 등의 자를 썼다. 호는 유야노인瘉壄老人, 존의尊疑, 척암尺盦 등이다. 1870년대 중국인으로서는 최초로 영국의 왕립해군학교에 유학했다. 해군 항해사가 되어 중국의 국방을 담당했던 최초의 근대적 군인이라는 평가를 받는 이유다. 특이하게도 그는 자신의 해외유학 경력에 만족하지 못하고 과거시험에도 응시했던 전통적 유학자이기도 했다.

원래 중국과 한국의 지식인들에게 회자한 '천연天演'은 일본에서 건너온 '진화' 용어에 의해 도태됐다. 경중학輕重學 및 현학玄學이 일본어인 경제학經濟學 및 철학哲學에 밀린 것과 닮았다. 하버드대 교수를 지낸 슈워트는 이미 1960년대에『부강을 찾아－엄복과 서양』이라는 책을 펴냈다. 서양 밖에서 서양을 관찰한 엄복에 주목한 것이다. 그의 엄복 연구는 미국의 근대중국 연구를 한 단계 높이는 계기로 작용했다.

엄복에 관한 연구는 중국의 근대를 어떻게 규정할 것인가 하는 문제와 맞물려 있다. 동아시아의 근대는 주로 전통과 근대, 동양과 서양이라는 이분법적 구도 속에서 조명되었다. 엄복은 이런 분석틀에 합당한 인물로 평가됐다. 동서양의 교차로에서 방황한 중국 근대 지식인의 전형을 보여주었다는 평가가 그렇다. 그러나 동아시아 근대를 보는 학계의 시선이 바뀌면서 그에 관한 평가도 서서히 바뀌는 모습을 보여주고 있다. 그는 많은 저작을 남겼다. 21세기 현재까지 그의 저작과 번역, 서신 등이 계속 발굴되고 있다.

엄복의 생전활동은 크게 3가지로 요약할 수 있다. 교육가, 번역가, 언론인이 그것이다. 이들 직업은 서로 밀접한 관련을 맺고 있다. 번역을 진행하면서 교육을 담당하며 언론인 역할을 하는 식이었다. 그는 광서 21년(1895)에 천진에서 발행되는《직보直報》에 부국강병을 논한「논원강論原强」을 비롯해 사회변화의 급속함을 논한「논세변지극論世變之亟」, 패망을 구하는 결론인「구망결론救亡決論」, 오직 유학만을 높이 평가한 당나라 학자 한유를 비판하는「벽한闢韓」등의 글을 잇달아 발표한 바 있다. 의화단을 피해 상해에 머물며 고문古文 형식으로 발표한 이들 글은 모두 국가의 존망과 직결된 것이었다.

그는「논원강」에서 한 국가의 강약존망은 민력民力·민지民智·민덕民德에 의해 결정되고, 그 중 민지의 개발이 가장 시급하다고 역설했다.

「논세변지극」에서는 인류사회는 시시각각 변하고 있고, 이런 변화는 결코 사람의 의지대로 되는 게 아니라고 주장했다. 이는『맹자』가 역설한 일치이란一治一亂의 전통적인 '순환사관'을 뒤엎은 것으로 서양의 '발전사관'을 널리 전파하는 기폭제로 작용했다. 「구망결론」에서는 시급히 변법을 추구하지 않을 경우 패망할 수밖에 없다고 경고했다.

『벽한』에서 당제국 때의 한유韓愈가『원도原道』에서 주장한 군주 위주의 왕도王道를 맹렬히 비판하면서 군민君民 관계에 대한 새로운 해석을 시도한 것도 같은 맥락에서 나온 것이다. 군주란 천하의 진주眞主인 백성이 자신들의 생명과 재산을 보호받기 위해 부득불 인정한 존재에 불과하다는 게 논지이다. 이는『순자』가 군주를 물 위에 뜬 배, 백성을 배를 띄우거나 뒤집는 물에 비유한 것과 맥을 같이 하는 것이다. 그가 서양의 천부인권론을 소개하면서 제왕 중심의 '군사君史' 대신 인민 중심의 '민사民史'에 연구의 초점을 맞출 것을 역설한 것은 바로 이런 논지에서 비롯된 것이었다.[87]

당시 엄복의 꿈은 이뤄졌으나 중국에는 혁명의 계절이 찾아왔다. 그는 혁명이 아니라 점진적인 방법으로 새로운 중국을 건설해야 한다고 주장했다. 그의 희망과 달리 선통 3년(1911) 10월 10일 호북의 성도 무

87 당시 그는 지인에게 보낸 서신에서 「논원강」과 「논세변지극」 등을 쓰게 된 배경과 관련해 격한 어조로 이같이 털어놓은 바 있다. "나의 가슴속에서는 온갖 것들이 응어리져 소용돌이치고 있었다. 나는 그것들을 내뱉을 수밖에 없었다." 이들 글들은 이후 그가 펴낸 번역서의 주석에 대거 인용되었다. 그런 의미에서 광서 21년(1895) 한 해 동안에 쏟아낸 그의 글들은 이후에 출간된 여러 번역서의 서론에 해당했다. 그는 광서 22년(1896)에 북경 소재 러시아문학관인 아문관俄文館의 총판을 겸임케 된 것을 계기로 이듬해인 광서 23년(1897)에 하증우夏曾佑와 함께 천진에서 《국문보國聞報》를 창간해 세계사정을 널리 소개했다. 당시 진사 출신인 하증우는 강유위 및 양계초 등과 교유하며 변법운동에 앞장서고 있었다.

창에서 혁명의 포성이 울렸다. 무창 봉기를 주도한 인물은 북양수사학당을 졸업한 여원홍이었다. 그는 엄복의 제자였다.

원세개는 그들의 사제관계를 이용하기 위해 엄복을 복건성 대표의 자격으로 혁명군과의 화의에 참가시켰다. 엄복은 혁명과 공화를 반대하고 일관되게 입헌군주제를 주장했다.

최초의 국립대 북경대 총장

1912년 1월 1일, 혁명파를 주축으로 하는 남경의 임시정부는 손문을 임시 대총통으로 추대하고 아시아 최초의 공화국인 중화민국을 탄생시켰다. 그러나 신해혁명은 미완의 혁명이었다. 이해 3월, 원세개가 임시대총통에 취임해 북경정부를 발족시켰다. 엄복에게 경사대학당 총감독의 관직이 주어졌다. 문과진사의 자격을 받은 그로서는 교육자로서 누릴 수 있는 최고의 관직에 임명된 셈이다. 교육청장은 혁명파 계열의 채원배였다. 경사대학당은 무술변법 시기에 강유위 상소로 설립된 왕립대학이었다. 중화민국이 성립된 1912년 5월 1일 경사대학당은 북경대로 이름이 바뀌었다. 해내외의 주목을 받으면서 중국에서 최초로 국립대학이 탄생한 것이다. 엄복은 경사대학당 총감독에서 교장으로 불리게 되었다. 사실상 북경대 초대 총장으로 임명된 셈이다. 문과대학장도 겸임했다. 엄복은 왕조 체제의 대안으로 입헌군주제의 정당성을 피력했으나 청조의 붕괴를 실감하면서 청나라 유민의식은 없었다. 그는 왕국유와 같이 청조와 함께 순사할 정도로 문화적 보수주의자는 아니었다.

경사대학당은 분명 광서제의 명에 의해 설립된 청조의 유물이었다.

경사대학당 북경대의 전신. 1898년에 설립

경사대학당의 총감독을 제의받았을 때 그는 여생을 고등 교육의 재건에 매진하고 싶었다. 당시 경사대학당의 재정은 파산 직전이었다. 엄복이 원세개에 의해 북경대 교장으로 임명되자 혁명진영이 포진하고 있던 교육부에서는 임명권의 정당성에 의문을 제기했다. 북경대학이 새로운 정치체제에 걸맞은 인재를 양성하기에 부적절하다는 이유 등을 들어 대학해산령을 발동하기도 했다. 엄복은 북경대의 폐교계획에 강력 저항했다. 「북경대를 폐지할 수 없음을 논함」이라는 보고서를 교육부에 올렸다. 엄복과 학생들의 반대로 교육부는 북경대 해산 계획을 없던 일로 처리했다. 엄복은 외국은행의 차관을 끌어들이는 방식으로 재정문제를 해결하고 교과과정과 교직원의 인사를 서둘렀다. 문과, 법과, 이공과, 농과, 상과의 5개 단과로 학제를 수정하기 위해 「단과대학 개량 방법」을 교육부에 보고했다. 엄복의 노력으로 북경대는 유지되었으나 대학도 중화민국 초기의 어지러움을 벗어날 수 없었다.

결국 엄복은 3월 8일부터 10월 7일까지 모두 7달 동안 교장직을 역임하고 이내 물러났다. 그래도 그는 신학과 구학이 교차하는 청말과 민국 초기에 학문적 명망을 지닌 인물이었다. 이해 연말 그는 총통부 고문에 임명되었다. 원세개의 독재정치에 대한 반대여론이 거세지자 그는 「국민이 정부를 과도하게 책망하지 말아야 할 것을 논함」이라는 글을 통해 원세개를 변호했다. 1913년 3월 국민당 영수 송교인이 상해 역에서 암살당하자 엄복은 원세개의 기만적 방법에 불만을 가지면서도 원세개를 변호하는 글을 발표했다. 원세개는 국회에서 다수를 차지하는 국민당을 해산하고 국민당 의원의 자격을 박탈했다. 국회직무 정지 명령을 내리기도 했다. 심지어 왕조체제로의 복귀를 시도했다. 양도는 유사배 등 혁명파 내부의 인물들을 끌어들여 원세개를 황제로 추대하려는 주안회를 조직했다. 엄복도 그들 가운데 한 사람이었다.

반발이 거셌다. 엄복은 양계초가 주편을 맡고 있는 《용언庸言》 잡지에 「사회계약론 논의」(1914)를 발표해 혁명파들이 금과옥조로 여기던 루소의 사회계약설을 비판했다. 일본의 도쿄에서 발행된 《갑인甲寅》 잡지에 장사교章士釗는 천부인권의 정당성을 강조하면서 엄복을 비난하는 목청을 높였다. 엄복은 다음 시대를 이끌어갈 세대에게는 더 이상 존경과 덕망의 상징이 아니었다.

신해혁명 이후 중국은 혁명의 시대가 되었다. 사회적 혼란을 이유로 정치적 보수화가 가중되고, 문화적으로도 복고의 흥취가 소생했다. 1913년 전국 각지에 공자를 기념하는 모임이 만들어지기 시작했고, 북경에도 공교회가 조직되었다. 엄복은 양계초 및 임서林紓 등과 함께 공교회 발기인 명단에 이름을 올렸다. 공교회 대표들과 더불어 그는 새로 만들어질 헌법에 공자교를 국교로 명기하자는 청원서를 국회에 제출했다. 이해 9월 공자의 고향 곡부에서 공교회 총회가 개최되었고, 강유위가 회장에 취임했다. 민국의 탄생과 더불어 공자와 전통에 회귀하고자 하는 움직임이 활발해졌다.

엄복은 다시 전통의 화신으로 변신했다. 강연회를 통해 유교경전 강독을 역설했다. 충효와 절의를 중화민국의 입국정신으로 삼아야 주장하는 식이었다. 이때 중국 문화에 심취해 있던 독일인 교육학자 베스트하르프가 쓴 『중국교육논의』를 번역했다. 베스트하르프는 중국이 서양을 모방할 것이 아니라 중국 고유의 문화와 정신을 존중해야 한다고 주장한 인물이다. 마침 서양에서는 제1차 세계대전이라는 미증유의 전쟁이 발발했다. 그는 세계 전쟁을 목도하면서 지금까지 습득해 온 서양의 원리와 학문에 깊은 실망감을 드러냈다. 반사작용으로 중국의 학문에 관심과 애착을 더 많이 기울였다. 엄복 연구자들이 말한 대로 그는 초기의 급진적 관점에서 보수적인 관점으로 변했다. 그만이 변한 것이 아니라 중국사회도 변했고, 서양 사회도 변했다.

중국에서는 엄복보다 더 급진적인 서구주의자들이 등장했고, 서양에서는 자본주의 문제점이 날로 심각해지고 있었다. 엄복이 제창한 존공尊孔과 독경讀經은 시대적 흐름으로 볼 때 정치적 보수화 움직임에 속했다. 그러나 그가 평생 학습해온 서양을 부정하고 중국 전통으로 복귀한 것은 아니었다. 그는 중국의 논단에 처음 등장했던 무렵 「죽음에서 구하기 위한 결론」에서 이같이 말했다.

"중국 성인의 심오한 가르침은 반드시 서양 학문에 정통하고 난 뒤 다시 탐구해야만 비로소 그 깊은 의미를 깨달을 수 있다."

그는 만년에 유교의 경전 속에 참된 원리를 추출하고자 할 때도 서양의 과학과 학문을 버리지 말 것을 당부했다. 이 또한 그가 중년에 '서양의 신학문을 열심히 공부하면 할수록 중국의 전통학문이 더 밝아질 수 있다.'고 언급한 것과 맥을 같이한다. 엄복에게 서양은 중국 근대화의 모델이었다. 그는 서양화를 중국의 근대화로 생각한 게 아니다. 서양의 학문과 과학적 방법에 기초해 중국의 근대를 창안하자는 것이다. 그는 누구보다 더 열심히 서양을 관찰하고 학습하고 직접 체험했다. 중국에서 돌아와서는 서양의 원리와 가치를 토대로 중국 사회를 분석하고 비판했다. 그의 삶은 서양의 원리를 발견하고, 서양의 원리를 통해 서양의 한계를 인식하고 중국의 가치를 새롭게 찾아가는 과정이었다.

서양유학과 북양수사학당

광서 3년(1877) 3월 31일, 그는 처자식을 남겨두고 복주 선정학당 졸업생들과 함께 홍콩으로 떠나는 제안호濟安號에 몸을 실었다. 당시 이 배에는 유럽으로 떠나는 최초의 국비 유학생 28명이 타고 있었다. 중국인 단장 이봉포李鳳苞를 위시해 서양인 단장 프랑스인 지켈, 수행원 마건충, 서기와 통역으로 구성된 유학생을 인솔하는 관원 등이 이들과 동행했다. 이해 4월 5일, 홍콩에 도착한 뒤 다시 유럽으로 향하는 여객선으로 갈아탔다. 1달 남짓한 항해를 마친 이해 5월 7일, 지중해의 마르세이유에 도착했다. 유학생 가운데 조선술을 공부할 16명이 먼저 내렸다. 여객선은 다시 뱃머리를 돌려 영국을 향했다. 이해 5월 11일, 엄복을 포함해 항해술을 공부할 나머지 일행은 영국의 남부 햄프셔주의 남동부에 위치한 항구도시 포츠머스에서 내렸다. 이들은 여기서 몇

선정학당 양무운동의 일환으로 세워진 기술학교

달 동안 영어를 익힌 뒤 10월부터 그리니치시에 자리 잡은 왕립해군학교에 입학했다.

당시 청조는 크게 피폐해 있었다. 제1차 아편전쟁에서 영국 함대에 패해 홍콩을 비롯한 일부 영토를 잃었다. 제2차 아편전쟁에서는 영불연합군의 공격으로 원명원과 지금의 이화원인 청의원淸漪園이 소실됐다. 함풍제는 열하의 별궁으로 황급히 피신했다. 이때 중국 역사상 가장 큰 규모의 농민반란이 일어났다. 이른바 '태평천국의 난'이다. 엄복이 태어난 함풍 3년(1853)은 홍수전이 태평천국을 세운 해이기도 했다. 당시 홍수전은 태평군을 이끌고 남경을 점령한 뒤 명칭을 천경天京으로 바꾼 뒤 국호를 '태평천국'이라고 했다. 청조가 서구 열강에 패한 가장 큰 이유 가운데 하나로 꼽을 만하다. 내란에 휩싸인 청조가 서양 오랑캐의 침공을 막는 것은 사실상 불가능한 일이었다.

청조는 안팎의 화란 속에서 서양의 함대와 같은 강력한 군사력을 증강하고자 했다. 이른바 양무운동洋務運動이다. 상해의 강남제조총국(1895), 복주선정국(1866), 천진기기국(1867) 등이 구체적인 성과물들이다. 엄복을 비롯해 최초로 유럽을 다녀온 유학생들이 다녔던 선정학당은 선정국 소속 학교였다. 그는 복주선정학당이 처음으로 선발한 선발 시험에서 수석을 했다. 그 이전까지 그는 여느 사대부 자제와 마찬가지로 과거시험을 준비하기 위해 사서삼경 등 유교의 경전을 공부했다. 그가 12세가 되던 1866년 갑작스런 부친의 죽음과 함께 가세가 몰락하는 비운이 찾아왔다. 선정학당은 군함을 조종하는 항해사나 배를 만드는 조선공을 양성하는 일종의 기술학교였다. 유교적 가치가 지배했던 당시 사회에서 이런 기술학교는 결코 사대부 집안의 자제들이 선호하던 학교가 아니었다. 외국어나 기술을 가르치는 신식 학당에 대한 거부감이 컸다. 그가 선정학당에 입학한 해로부터 30여 년이 지난 1898년 근대 중국의 대문호로 칭송받고 있는 노신은 남경의 강남수사학당에 입학했다. 그 역시 엄복과 마찬가지로 어려운 가정환경 때문에 학비가 없는 학당을 찾아간 것이다. 노신은 강남수사학당의 답답하고 부패한 분위기를 참지 못해 7달 만에 자퇴했다. 그러나 엄복은 선정학당에서 모범생이었다. 복주 선정학당은 본래 2개의 학당으로 나뉘어져 있었다. 전학당은 불어와 조선술, 후학당은 영어와 항해술을 공부했다. 당시 중국인의 생각으로 함대를 만드는 기술은 프랑스, 항해술은 영국이 최고였다. 엄복은 5년 동안 영어와 항해술, 항해술에 필요한 수학, 물리학, 화학, 지질학, 천문학 등 기초적인 자연과학 과목을 공부했다. 이때 익힌 영어와 과학은 그의 삶과 사상을 지배했다. 그의 영국 유학도 이 때문에 가능했다.

그는 왕립해군학교에서 항해사가 되기 위해 필요한 전술, 해사공법,

진지편성, 자연과학 등을 열심히 공부했다. 영국에 함께 온 동료 가운데 6명은 해군학교에 입학하지 않고 곧장 군함에 올라 실습에 참가했다. 엄복을 비롯한 나머지 6명은 10월부터 시작하는 9개월 과정에 입학했다. 이들 모두 우수한 성적으로 졸업했다. 당시 영국 주재 중국인 공사인 곽숭도는 엄복을 제외한 나머지 5명을 실습에 참가시키고 엄복에게는 다시 1년 더 해군대학에서 학습할 수 있도록 조치했다. 마침 곽숭도는 주불공사를 겸해 파리에 가 있었기에 이들 졸업생을 파리로 초청했다. 이들 중국인 청년들은 마침 자본주의와 제국주의의 거대한 전시장인 파리 만국박람회를 참관하고 파리의 천문대도 구경했다. 파리 시장의 초청으로 하수도 시설을 견학키도 했다. 루브르박물관, 베르사유 궁전, 생시르 육군사관학교도 둘러보았다. 엄복은 런던으로 돌아가 해군대학에서 2년째 수업을 계속했다.

광서 5년(1879) 8월, 엄복은 약 2년 반 정도의 유학생활을 마친 뒤 중국으로 돌아왔다. 이때는 일본이 유구 왕국을 합병해 오키나와 현으로 편입시킨 해였다. 일본은 동아시아에서 급속히 제국주의의 길을 걷고 있었다. 그는 모교인 복주 선정학당으로 들어갔다. 이름을 복復, 자를 기도幾道로 바꿨다. 교육자로서 새로운 꿈을 펴고자 한 것이다.

이듬해인 광서 6년(1880), 북양대신 이홍장이 천진에 북양수사학당을 설립하면서 복주에 있던 엄복을 교무부장으로 초빙했다. 여기서 약 10년 정도 근무한 뒤 그는 부교장이 되었고, 광서 16년(1890) 곧바로 교장으로 승진했다. 당시 그는 출세가도를 달리고 있었다. 광서 26년(1900) 북양수사학당이 영국을 비롯한 8개 연합국의 포격으로 파괴될 때까지 그는 오로지 북양수사학당에서 거의 20여 년 동안 근대적 해군을 양성하는 일에 종사했다. 겉만 보면 청조의 북양함대와 북양수사학당은 위용을 자랑했다.

그러나 엄복은 청조의 해군 정책이 실패의 연속이라고 보았다. 실제로 프랑스의 월남 침공으로 빚어진 청불전쟁에서 복주의 해군을 중심으로 한 남양해군은 전멸되다시피 했다. 이 전쟁에서 그는 서양의 기술을 받아들여 새롭게 조직한 남양해군의 부패한 모습과 무기력을 목도했다. 견고한 군함과 성능이 뛰어난 대포만 갖추면 강력한 해군을 구축할 수 있다고 생각한 양무파 관원에게 커다란 의구심을 표한 이유다. 실제로 서양의 무기를 수입하고 군수공장을 설립하고 해군학교를 설립한다고 해서 근대적 군대가 만들어지는 것은 아니었다. 소프트웨어가 문제였다. 엄복처럼 서양으로 유학을 가 공부한 실질적인 인재가 필요했다. 사서삼경을 달달 외워 과거에 합격한 정통파 관원은 서양이 주도하는 제국주의 시대의 흐름과 맞지 않았다.

당시 엄복의 북양수사학당 생활은 그리 만족스러운 게 아니었다. 행정사무에서 상부의 견제가 심했다. 그의 의견이 제대로 받아들여지는 것도 아니었다. 교장의 품계는 정4품이었다. 그는 내심 과거 출신이 아니기 때문에 자신의 지위가 낮고 발언권이 약한 것으로 생각했다. 과거에 합격해 정통파 관원의 길을 가고자 했다. 청불전쟁이 끝나자마자 그는 북양수사학당에서 교사의 직무를 수행하면서도 조급한 마음에 고향으로 내려가 복건성에서 개최된 과거시험에 응시했다. 낙방이었다. 이후에도 북경에서 거행되는 과거시험에 거듭 응시했다. 결과는 마찬가지였다. 8년 뒤인 광서 19년(1893) 북양수사학당 교장의 신분임에도 불구하고 마지막으로 고향으로 내려가 과거시험에 응시했다. 낙제였다. 불혹의 나이에 접어들었으나 젊은 시절 영어를 배우고 영국으로 유학을 떠난 게 후회스러웠다 .

이듬해인 광서 20년(1894) 조선에서 일어난 동학농민운동을 계기로 청일전쟁이 발발했다. 동양 최대의 함대를 자랑하던 북양함대가 어이없이 패했다. 중국인들은 커다란 충격을 받았다. 비극적인 삶을 마감한 전사자들의 이름 속에는 그의 선정학당 시절 동창생과 유학동기생, 북양수사학당 제자도 있었다. 30여 년 동안 지속된 양무운동의 파산을 선고한 참사였다. 중국의 현실에 대한 근본적인 분석이 필요했다. 그는 맏아들 엄거嚴璩에게 보내는 편지에서 이같이 말했다.

"오늘날 중국이 이렇게 된 까닭은 평소의 학문과 사대부들의 의식이 잘못되었기 때문이다. 지금의 사고방식을 그대로 따르고 지금의 풍속을 바꾸지 않는다면 관중과 제갈량이 다시 태어나도 어찌 할 수 없을 것이다."

1900녀 의화단사건으로 8개국 연합군이 청조의 심장부인 북경을 침공했다. 8개국 연합군의 지휘를 맡은 영국의 동양함대 사령관 세이무어는 가장 먼저 천진의 기기국과 북양수사학당을 집중 포격했다. 북양해군은 무참히 무너졌고, 북양수사학당 학생들도 혼비백산해 흩어졌다. 엄복도 황급히 상해로 피신했다.

중국의 후쿠자와 유기치

원래 엄복은 생전에 '중국의 후쿠자와 유기치福澤諭吉'라는 칭송을 받았다. 이는 중국에 사상 최초로 서구사상 및 문물을 본격적으로 소개한 선각자였다는 취지에서 나온 것이다. 실제로 그는 후쿠자와와 못지않게 서구사상 및 문물의 소개에 혼신의 노력을 기울였다. 중국 역사상 최초의 영국 유학생이기도 한 그는 아담 스미스의 『국부론』, 몽테스키외의 『법의 정신』 등을 차례로 번역해 중국의 청년과 지식인들에게 소개했다.

후쿠자와 유키치 일본 개화기의 계몽사상가, 교육가, 저술가. 1860년대부터 개항과 개화를 주장하고 자유주의, 공리주의적인 가치관을 확립, 막부 철폐와 구습 타파 등을 주장하고, 부국강병론과 국가 중심의 평등론을 역설하였다.

서양의 원리를 학문적으로 탐구코자 한 그의 노력이 그를 번역가로 만들었다고 평할 수 있다. 실제로 그는 『천연론』을 간행한 이후 거의 10여 년 동안 번역에 매진했다. 아담 스미스의 『국부론原富』(1901-1902), 스펜서의 『사회학연구群學肄言』(1903), 밀의 『자유론群己權界論』(1903), 젠크스의 『정치학사社會通銓』(1903), 몽테스키외의 『법의 정신法意』(1903-1909), 밀의 『논리학체계穆勒名學』(1900-1902), 제본스의 『논리학입문名學淺說』(1908) 등이 그것이다. 그가 정열적으로 번역한 서적은 18-19세기 유럽 근대 사상의 정수에 해당하는 작품이었다. 여기에는 자유주의 경제학, 사회학, 자유주의 윤리학, 정치학, 프랑스 계몽사상과 법하가, 영국의 논리학 등 서양의 근대를 수놓은 작품들이 있다. 엄청난 양이었다. 당시 엄복과 정치 견해를 달리한 호한민조차 「후관 엄선생의 최근정견」(1905)에서 그를 '번역계의 태두'로 인정하면서 이같이 말했다.

"최근 학계에서 번역된 정치학 서적 중 엄복과 비교할 만한 가치를 지닌 것은 없다."

양계초는『청대학술개론』(1920)에서 이같이 평했다.

"서양에 유학한 학생 중 중국 사상계에 영향을 끼친 최초의 인물이다."

채원배도「오십년 동안의 중국철학」(1923)에서 이같이 평했다.

"최근 50년 동안의 중국에서 서양철학을 소개한 제일인자이다."

지난 1996년에 타계한 일본 학계의 우상이었던 마루야마 마사오丸山眞男는 죽기 6년 전쯤 병상에서 당대의 문학비평가 가토 슈이치加藤周一와 함께 후쿠자와의 번역작업이 지니는 역사적 의미를 논한 바 있다. 지난 2008년에 타계한 가토 슈이치도 동서양을 넘나드는 해박한 지식으로 동서 문명의 특징을 분석한 일본의 대표적인 지식인이다. 두 사람의 대화는 이와나미 서점이 지난 1996년에『일본근대사상대계』의 일환으로 펴낸『번역과 일본의 근대』로 활자화됐다.[88]

마루야마의 주장에 따르면 도리道理를 형이상학의 요체로 간주한

---

88 마루야마가 죽기 직전에 번역과 근대화라는 주제에 공을 들인 것은 메이지시대를 이른바 '번역주의 시대'로 간주한 결과였다. 그의 주장에 따르면 번역주의는 아편전쟁의 발발과 중국의 패전으로 충격을 받은 일본이 서양에 대한 정보를 조속히 획득하기 위한 수단으로 등장했다. 마루야마는 세계의 중심인 중화의 몰락과 서구 열강의 침탈 속에서 여타 아시아와 일본이 다른 길을 걷게 된 배경을 두 가지로 요약했다. 하나는 서양이 일본을 침략할 시점에 공교롭게도 보불전쟁과 남북전쟁 및 크림전쟁 등이 벌어져 아시아 침략이 지체되었고, 다른 하나는 일본의 대응이 재빨랐다는 것이다. 그러나 이것만으로는 '번역주의'의 전모를 설명할 길이 없다. 극히 짧은 시간 내에 높은 수준의 번역이 가능했던 것은 이미 에도시대에 서구문명에 대한 상당한 수준의 학문적 이해가 축적되어 있었기 때문이다. 번역은 반드시 번역을 가능케 하는 문화적 토대와 여건이 있어야 한다. 일본은 18세기 초 오규 소라이 때부터 이런 지적 풍토가 조성되었다고 한다. 그의 이런 주장은 중국과 한국이 일본과 달리 근대화에 실패케 된 배경을 설명하는 일본 학계의 통설이 되어 있다. 가토 슈이치 외,『번역과 일본의 근대』(임성모 역, 이산, 2000) 참조.

중국은 변하지 않는 원리의 탐구를 중시한 까닭에 경經·자子·사史·집集의 순서로 고전을 대하며 역사를 부차적인 것으로 간주했다. 반면 일본은 경전을 중시하면서도 경전이 성립한 중국의 역사에 대한 이해를 더욱 중시했다는 것이다. 마루야마가 그 증거로 에도 시대의 오규 소라이荻生徂徠의 언급을 들고 있다.

"우리가 읽고 있는『논어』와『맹자』는 외국어로 쓰여 있다. 우리는 옛날부터 번역해서 읽고 있을 뿐이다."

오규 소라이의 언급은 일본이 중국의 유학을 비판적 입장에서 수용했음을 의미한다. 결과적으로 후쿠자와는 오규 소라이 때부터 시작된 '번역주의'의 혜택을 입은 셈이다. 원래 마루야마는『일본정치사상사』에서 '도덕우위' 대신 '정치우위'를 역설한 오규 소라이의 주장을 일본정치사상의 요체로 내세운 바 있다. 그러나 사실 오규 소라이의 입론立論은 이른바 '선왕후패先王後覇'를 역설한『순자』를 약간 새롭게 해석한 것에 지나지 않았다. '선왕후패'는 왕도를 앞세우면서도 패도를 적극 수용하는 자세를 말한다.[89] 명대 말기의 이탁오李卓吾도 비록 이설로 치부되기는 했으나『분서』및『장서』에서 '정치우위'를 주장하며 오규 소라이와 유사한 주장을 편 바 있다.

'번역주의' 틀로 동양3국의 근대화 과정을 분석한 마루야마의 주장이 보다 타당성을 지니기 위해서는 후쿠자와에게 적용한 '번역주의' 틀을 엄복에게도 공히 적용시킬 필요가 있다. 그러나 마루야마는 이런 노력을 생략했다. 그의 주장이 나름대로 설득력을 지니고 있음에도 일본

89 왕도와 패도의 상호관계에 대해서는 신동준,『고전으로 분석한 춘추전국의 제자백가』(인간사랑, 2014) 참조.

의 근대화에 대한 과도한 호평이라는 지적을 받는 이유이다.

원래 영국유학 시절부터 부국강병의 요체를 집요하게 추적한 엄복 역시 후쿠자와와 마찬가지로 중국 전래의 고전을 배경으로 서양사상 및 문물을 새롭게 해석한 최초의 중국인에 해당한다. 사상사적으로 볼 때 엄복은 이탁오와 마찬가지로 '도덕우위' 주장이 만연한 상황에서 '정치우위'를 주장한 당대의 선각자였다. 실제로 이탁오는 선교사 마테오 리치와의 접촉을 통해 서양 과학기술의 우수성을 깨달은 후 당시로서는 극히 혁명적인 남녀평등 등을 주장한 바 있다.

엄복과 이탁오는 공히 '선왕후패'를 역설한 『순자』의 관점을 바탕으로 서양사상 및 과학기술의 적극적인 수용을 역설한 경우에 해당한다. '체용'의 분석틀을 들이댈 경우 양자 모두 '중체서용'의 노선을 제시했다고 평할 수 있다. 이는 노신이 '서체중용'의 입장에서 중국 전래의 역사문화 전통을 신랄하게 비판한 것과 대조된다.

중국은 모택동이 노신을 현대의 성인으로 극찬한 이후 현재에 이르기까지 중국 최고의 지성으로 선전해 오고 있다. 그러나 중국이 'G2'의 일원으로 부상한 21세기의 관점에서 볼 때 이는 '서체중용'이 풍미할 당시의 충격과 열등감에서 아직 완전히 벗어나지 못하고 있음을 반증하는 것이다. 엄복과 유사한 역할을 수행한 후쿠자와가 일본 내에서 현재에 이르기까지 당대 최고 지성인으로 평가받고 있는 것과 대비된다.

19세기 후반에서 20세기 초에 걸쳐 엄복만큼 중국의 젊은이와 지식인들에게 지대한 영향을 미친 사람은 없었다. 엄복이 행한 일련의 번역작업은 일본의 후쿠자와가 『서양사정』 등을 펴냄으로써 메이지유신의 사상적 스승이 된 것과 닮아 있다. 그런 점에서 그는 중국 최고의 사상가로 불릴 만했다. 실제로 그는 청년 시절에 '중국의 후쿠자와 유기치'

로 칭송받았다.

서양사상과의 싸움

객관적으로 볼 때 당시 신학新學으로 불린 서양학문의 소개를 일본에서는 후쿠자와, 중국에서는 엄복이 담당했던 셈이다. 저명한 중국학자인 벤자민 슈왈츠는 그의 공을 이같이 평한 바 있다.

"엄복은 진지하고도 엄밀한 방식으로 중국 전래의 전통과 18~19세기 서양사상의 대결에 직접 뛰어든 중국 최초의 독서인에 해당한다."

엄복은 후쿠자와보다 18세 어렸다. 당시에는 과거 시험만이 관료가 되어 개인과 가문의 명예를 드높일 수 있는 거의 유일한 길이었다. 한의사로 살아가며 인근 지역에서 나름대로 명성을 얻은 그의 부친 엄진선은 대표적인 향신鄕紳에 해당한다. 과거급제 실패의 경험을 가진 그는 자식교육을 위해 자신이 찾을 수 있는 최상의 선생을 초빙하는 등 세심한 주의를 기울였다.[90]

90 엄복은 원세개보다 6세, 손문보다는 13세 많았다. 당시 10세의 엄복을 맡아 가르친 인물은 고증학과 성리학을 고루 중시한 동성파桐城派 학자인 황소암黃少岩이었다. 동성파는 실용을 추구하는 실용학파로 대표적인 인물이 바로 증국번이었다. 제자를 가르친 지 2년 만에 죽은 스승은 한·당·송·명·청대를 관통하는 선현들을 주의 깊게 따라 배울 것을 12세의 어린 제자에게 과제로 남겨 주었다. 그는 신학문을 열심히 배우면서도 구학문의 전통을 결코 잊지 않았다. '온고지신'을 온전히 행한 셈이다. 그가 훗날 펴낸 수많은 저작물은 문체와 어휘, 내용 모두 중국의 옛 고전에 바탕을 둔 것이었다. 그가 다분히 형이상학적인 스펜서의 우주론과 귀납법에 입각한 밀의 경험론을 종합케 된 것도 이와 무관치 않을 것이다. 이는 스승이 던져 준 과제를 풀기 위한 노력이 반영된 결과로 볼 수 있다.

그러나 그가 14세 때인 동치 5년(1866)에 부친이 급서하면서 집안이 갑자기 기울기 시작했다. 그의 모친은 삯바느질로 가족들을 부양해야만 했다. 자식들이 잠든 새벽에 깨어나 눈물을 훔치는 모친의 모습을 여러 해 동안 지켜보아야만 했던 그는 부득불 과거공부를 중단할 수밖에 없었다. 과거급제를 통한 관계 진출이 막힐 경우 대안으로 선택할 수 있는 유일한 길은 서양의 과학기술을 뜻하는 이른바 '서학西學' 내지 '신학新學'을 익히는 길밖에 없었다.

당시 정국을 주도한 엘리트 관원들은 '서학' 내지 '신학'을 '양무洋務'로 낮춰 불렀다. 이는 '이무夷務'에 대한 서양 측의 항의를 받아들여 순화시킨 것으로 엘리트 관원들의 자부심이 짙게 깔린 용어이기도 했다. 이들은 서양의 과학기술을 도기道器의 '기器'로 이해했다. 과거급제를 '도道' 차원에서 접근한 이들이 '양무'를 습득한 사람을 전래의 하급 사족인 서리胥吏의 일원으로 받아들인 이유이다.[91]

엄복은 같은 현縣 출신으로 복주선창의 총책을 맡고 있는 심보정沈葆楨의 후원으로 좌종당이 복건에 세운 복주선창福州船廠의 부설학교인 복주선정학당福州船政學堂에 입학했다. 심보정은 엄복의 집안과 오래전부터 세교世交가 있었다. 당시 입학시험에 출제된 작문 주제는 '효'였다. 엄복은 부친의 급서와 홀몸으로 자녀를 키우는 모친의 고난과 슬

91 원래 최초의 '양무운동'은 임칙서와 위원 등에 의해 추진되었다. 아편전쟁 때 활약한 이들은 중국의 기술자들이 서구의 군사기술을 습득하기만 하면 별반 문제가 없을 것으로 생각했다. 이들의 '양무'가 개인차원에 그친 이유이다. 일정한 한계가 있을 수밖에 없었다. 이를 국가차원의 본격적인 '양무'로 격상시킨 사람은 증국번과 이홍장, 좌종당 등이었다. 홍수전의 태평군과 싸우는 과정에서 서양 무기의 우수성을 몸소 체험한 이들은 각종 '양무학당'을 세운 뒤 청년들에게 서학 학습을 독려했다.

픔을 진솔하게 표현해 시험관들을 감동케 만들었다. 그의 작문 성적은 입학생 중 최고였다.

입학 후 그는 선박 건조기술을 익히는 조선학교造船學校와 항해술을 익히는 조선학교操船學校 중 하나를 선택해야 했다. 건조기술을 익히는 조선학교는 프랑스식 교육을 주로 실시한데 반해 항해술을 익히는 조선학교는 영국식 교육을 위주로 했다. 대영제국을 가장 이상적인 국가로 생각한 그는 후자를 택했다. 그는 여기서 항해술 이외에도 영어와 기하학, 대수학, 물리학, 역학, 화학, 지질학, 천문학 등 최신 학문을 두루 접할 수 있었다. 어렸을 때 체득한 엄격한 고증학적 자세 위에 서양과학의 정밀한 접근방법이 더해지면서 서양 과학에 대한 그의 이해는 한층 깊어졌다.

동치 10년(1871) 조선학교를 우등으로 졸업한 그는 훈련선을 타고 남쪽으로 싱가포르, 북쪽으로 발해만, 동쪽으로 일본의 고베 등지를 방문했다. 일본과의 긴장이 고조되던 동치 13년(1874)에는 심보정의 명을 좇아 대만 동쪽 항구의 수심을 측정하는 등 실제 작전에 참가키도 했다. 광서 3년(1877) 그는 우수한 항해실적을 인정받아 유학생의 자격으로 영국에 파견되었다. 영국에 도착한 그는 중국과 영국의 현격한 국력차이가 어디서 비롯된 것인지를 규명코자 했다. 비슷한 시기에 영국으로 유학 온 이토 히로부미도 그와 유사한 생각을 갖고 학업을 한 바 있다. 이토는 그보다 12세 위였다.

엄복의 경우는 청조의 불안정한 정세로 인해 학업에 전념키가 쉽지 않았다. 그를 포함한 많은 유학생들은 장차 고국에서 자신들의 기량을 제대로 펴기가 어렵게 되지나 않을까 우려했다. 그가 해군학 이외에도 영국의 정치경제와 사회문화 등을 열심히 탐구한 것도 이와 무관치 않았다. 당시 중국의 초대 주영대사인 곽숭도郭嵩燾는 그의 이런 자세를 높이 평가하며 물심양면으로 지원을 아끼지 않았다. 이내 망년지교忘年之交를 맺은 두 사람은 밤을 새워가며 중국의 부강책을 논했다. 결국 그는 대영제국이 부강케 된 비밀을 공평무사한 공공성의 원리에서 찾아냈다. 곽숭도가 전적인 동감을 표했다. 두 사람은 서구 열강이 부강케 된 원인을 그들의 정치 및 사법제도는 말할 것도 없고 그들의 가치관에서 찾아낸 셈이다. 이들이 '소극적인 자강'이 아닌 '적극적인 자강'을 추구한 배경이 여기에 있다.

엄복은 영국으로 유학을 떠난 지 2년만인 광서 5년(1879)에 귀국해 곧바로 복주선정학당에서 교편을 잡았다. 이때 그를 적극 후원해 주던 심보정이 사망해 적잖은 좌절감을 겪었으나 이내 이홍장의 지우지은知遇之恩을 입어 천진에 신설된 북양수사학당北洋水師學堂의 교무주임인 총교습總教習에 임명되었다. 이는 이홍장이 엄복의 학식과 실무 능력을 높이 산 결과였다.

당시 그는 과거에 급제해 청류 관원의 삶을 살고자 한 어렸을 때의 의지를 결코 포기하지 않았다. 북양수사학당의 핵심 교원으로 근무하는 와중에도 3년마다 실시되는 향시에 거듭 응시한 게 그 증거이다. 그러나 그는 거듭 고배를 마셨다. 이는 '팔고문'의 고루한 형식주의와 부패한 과거제도로 인한 것이었다. 과거를 거쳐야만 세인들의 존경과 부귀영화를 누릴 수 있었던 점에 비춰 그의 이런 행보를 크게 탓할 수만도 없었다. 이홍장도 그를 이해했다. 향시 낙방에도 불구하고 광서 6년(1890)에 그를 북양수사학당의 교장인 총판總辦에 임명한 게 그 증거이다.[92]

92 당시의 기준에서 볼 때 이는 파격에 해당한다. 이를 두고 여러 해석이 나왔다. 엄복의 전기를 집

당시 엄복은 이홍장이 주도하는 '소극적인 자강'에 적잖은 문제가 있다는 사실을 정확히 읽고 있었다. 실제로 이홍장 세력의 근간인 북양함대는 외화내빈의 부실덩어리였다. 과연 몇 년 뒤 북양함대는 청일전쟁에서 궤멸하고 말았다. 그의 눈에 청조 고관들의 부패와 무사안일 등이 더 크게 보일 수밖에 없었다. 그는 영국에서 함께 공부했던 일본인 친구들이 자국의 부강을 위해 매진하고 있는데 반해 '부강'의 비밀을 터득한 자신은 그 뜻을 펼칠 기회조차 얻지 못하고 있는 현실에 절망했다. 그가 처음으로 아편을 흡입한 배경이다. 이는 중국의 몰락을 지켜봐야 하는 안타까움과 자신의 포부를 펼치지 못하는 좌절감 등이 복합적으로 작용한 결과로 볼 수 있다.

그가 본격적인 번역작업에 뛰어들게 된 계기는 청일전쟁이 제공했다. 당초 중국의 지식인들은 청일전쟁이 발발하기 10년 전에 터져 나온 청불전쟁 때 중국의 패배를 어느 정도 예상했다. 서구 열강의 실력을 높이 산 결과였다. 그러나 청일전쟁 당시만 해도 중국의 지식인들 중 지대물박地大物博을 자랑하는 중국이 작은 섬나라에 불과한 일본에 패하리라고 생각한 사람은 아무도 없었다. 이들은 막상 청국의 일방적인 패배로 끝나자 입을 다물지 못했다. 조만간 중국이 열강에 의해 조각날지

필한 사람들 중 일부는 이홍장의 술책으로 파악해 "이는 내실이 전혀 없는 겉치레 인사에 불과했다. 엄복은 결코 이홍장의 개인적인 신임을 얻어내지 못했다."고 기술해 놓았다. 한림원 편수를 지낸 최고의 엘리트인 이홍장은 내심 향시조차 급제하지 못한 엄복을 무시하고픈 생각을 가졌을지도 모를 일이다. 그러나 이홍장이 엄복을 북양수사학당의 총판에 임명한 것은 그리 간단한 사안이 아니었다. 영국에서 해군학을 공부한 그의 능력을 높이 평가한 결과로 보는 게 타당하다. 그러나 당시 '양무'를 주도하는 이홍장은 '소극적인 자강'을 지지한 까닭에 그의 '적극적인 자강'에 회의적이었다. 이홍장이 그를 수사학당의 총판에 임명했으면서도 핵심 측근으로 받아들이지 않은 이유가 여기에 있다.

모른다는 위기의식은 지식인 전체가 동요하는 일종의 집단공포 심리로 발전했다. 엄복은 바로 이런 상황에서 그간의 침묵을 깨고 자신의 평소 생각인 '적극적인 자강'을 과감히 피력하기 시작했던 것이다.

번역과 사회개혁

당초 엄복은 해군의 꿈이 좌절된 직후 약 30여 년 전 영국에서 유학하던 시절의 기억을 떠올렸다. 당시 그는 몽테스키외의 『법의 정신』을 번역하던 중이었다. 유학 시절 영국의 법정을 견학한 일이 생각났다. 당시 그는 서양이 부강한 국가를 이룩한 원인이 무엇일까 고민했다. 서양의 부강이 눈에 보이는 실용적 기술과 지식 때문이 아니라 사회를 구성하고 만들어가는 어떤 원리 때문일 것이라고 보았다. 그는 이를 공리公理로 생각했다. 재판관과 피고가 동등한 지위에 있고, 법에 의해 재판이 공정하게 진행되고 있는 재판광경을 보면서 충격을 받았다. 서양사회를 이끌어 가는 공리가 바로 여기에 있다고 생각한 이유다.

원래 중국 학생의 해외유학은 19세기 중반 이래 지속됐다. 서양에서는 이미 근대적 대학 제도가 확립되어 있었다. 해외로 유학을 떠난 중국 학생들은 분과 학문으로 분화된 서양의 근대적 학제 속에 편입되어 정해진 전공분야를 공부하게 되었다. 그러나 중국의 문화적 토양 속에서 배양된 학생들은 세분된 서양의 분과 학문에 만족하지 못했다. 손문이나 노신은 의학을 공부하다가 각각 정치가가 되고 소설가가 되었다. 엄복도 초기 유학생들이 일반적인 경향과 비슷한 모습을 보였다. 그의 기억 속에 영국 유학 생활 중 법정을 견학했던 일이 강하게 남아 있듯이 그의 관심은 전술과 항해술에 한정되어 있지 않았다. 그를 비롯한 중국의 근대적 지식인은 서양의 새로운 학제에 적응하기 어려웠다. 중국이 처한 심각한 상황 속에서 그들이 분과학문에 안주할 수만도 없었다.

허버트 스펜서 (Herbert Spencer, 1820~1903) 영국 출신의 사회학자, 철학자. 오귀스트 콩트의 체계에 필적할 대규모의 종합사회학 체계를 세워 영국 사회학의 창시자가 되었다.

당시 엄복은 '세계의 공장'으로 전성기를 구가했던 19세기 빅토리아시대 영국을 보고 왔다. 그는 서양의 부강을 가져온 원리를 탐구하고 싶었다. 중국으로 돌아온 직후 그는 독서를 통해 서양의 원리를 가르쳐줄 새 스승을 만났다. 바로 빅토리아시대의 사회학자이자 철학자인 허버트 스펜서였다. 스펜서의 『사회학연구』를 읽고 그는 회심의 감명을 받았다. 1881년 그는 이 책을 통해 『대학』과 『중용』이라는 중국의 성스런 경전보다 더 상세하게 인간사회를 신난하는 사회학이라는 학문이 존재한다는 사실을 깨달았다. 내심 사회의 개혁을 위해 사회를 과학적으로 분석해야 한다고 생각했다.

그는 20여 년 동안 이 책을 손에서 뗄 수 없었다. 이 책을 『군학이언群學肄言』(1903)이라는 제목으로 번역해 중국인에게 과학으로서의 사회학을 알리고자 했다. 이후 그의 스펜서에 관한 탐구가 더욱 깊어졌다. 스펜서의 『종합철학체계』도 알게 되었다. 이 책은 『제1원리』 1권, 『생물학원리』 2권, 『심리학원리』 2권, 『사회학원리』 3권, 『윤리학원리』 2권 등 모두 10권으로 구성돼 있었나. 스펜서 사상의 집대성이라고 해도 과언이 아니었다. 엄복은 이 책의 제목을 『천인회통론天人會通論』으로 번역했고, 유럽의 역사상 최고의 서적이라고 평가했다. 중국의 전통적 사유 범주인 천天과 인人 개념을 사용해 자연과 인간을 하나로 회통하는 철학으로 이해한 것이다. 『제1원리』는 진화의 학설에 의거해 세계의 변화를 설명한 책이다. 그는 스펜서를 통해 진화론, 생물학, 심리학, 윤리학 등의 근대적 서양 학문에 눈을 뜨게 되었다.

당시 엄복은 스펜서의 방대한 서적 가운데 가장 먼저 『윤리학원리』를 번역했다. 정의의 문제를 다루고 있는 장을 「군의편群誼篇」 제목으로 펴낸 게 그렇다. 이후 월터 배죳의 『물리학과 정치학』을 읽고 『격치치평상관론格致治平相關論』이라는 제목으로 번역했다. 배죳은 『영국헌법』을 쓴 정치학자다. 빅토리아 시대의 대표적인 지식인에 해당한다. 『물리학과 정치학』은 '자연선택과 유전의 원리를 정치사회에 적용하는 것에 대한 고찰'이라는 부제가 달려 있다. 진화론에 의거한 19세기 영국의 사회이론이었다. 엄복은 서양의 저작을 통해 유교경전인 『대학』에서 말하는 격물치지와 치국평천하의 연결고리를 밝히고자 했다.

그는 북양수사학당에 재직하는 동안 관직생활에 대한 회의, 과거시험에 대한 미련 등으로 인해 커다란 혼란을 겪고 있었다. 매관매직과 군수품 공급 과정의 부정행위 등이 그를 고민케 만들었다. 청일전쟁에서 청조의 패배는 예견된 것이나 다름없었다. 중국의 완패를 목도한 뒤 그는 과거시험을 통해 출세하고픈 자신의 몽상에서 벗어날 수 있었다. 패전의 원인은 해군을 비롯한 군사력의 문제에 한정된 게 아니었다. 그는 중국이 총체적 위기에 빠져 있다고 진단하고, 어떻게 이런 총체적 난관을 극복할 수 있을까 고민하기 시작했다.

청일전쟁의 패배가 거의 확실시되던 새해 벽두 엄복은 해군의 꿈을 버리고 다른 곳으로 떠나고 싶었다. 한편으로 다시 옛날에 읽었던 서양서적을 찾아 읽었다. 그간 가슴 속에 맺힌 말을 중국 사회에 전하고 싶었다. 그는 당시 형성되기 시작한 신문과 잡지 등에 자신의 글을 기고하는 언론가의 길을 선택했다. 청일전쟁을 계기로 완전히 새로운 사람이 되었다는 평을 받는 이유다. 입헌군주제 이행을 시도한 변법운동의 이론가로 변신한 게 그렇다. 무술변법에 직접 참가했다기보다 후방에서 제도개혁의 필요성을 이론화하는 작업을 지원했다. 그가 소개하기 시작한 서양의 사상과 원리는 중국의 제도개혁의 당위성을 알려주는 도화선이 되었다.

토머스 헨리 헉슬리 (Thomas Henry Huxley, 1825~1895) 영국의 생물학자. 다윈의 진화론 보급에 큰 영향을 끼쳤다.

본격화된 언론인 활동

청일전쟁을 계기로 그의 언론활동이 본격화했다. 천진에서 발행되던 《직보直報》에 「세계 변화의 빠름을 논함」(2월 4-5일), 「강함이란 무엇인가」(3월 4-9일), 「한유비판」(3월 13-14일), 「강함이란 무엇인가, 속편」(3월 29일), 「죽음에서 구하기 위한 결론」(5월 1-8일) 등 중국의 현실과 정치를 진단하고 분석하는 논설을 연이어 발표했다. 토머스 헉슬리의 『진화와 윤리』를 몇 달 만에 번역할 정도로 번역에 몰두했다.

엄복의 변신은 시대적 변화에 따른 것이었다. 시모노세키조약인 이른바 마관조약 내용이 알려지자 강유위는 1,300여 명의 수험생들을 모아 광서제에게 개혁을 요구하는 상소를 올렸다. 이른바 '공거상서'였다. 골자는 조약거부, 서안으로의 수도 이전, 제도개혁 등이었다. 그의 논설은 현실을 비판하고 제도개혁을 요하는데 그치지 않고, 인간이 사회를 구성하는 기본 원리에 주목했다. 그가 볼 때 중국의 패배는 낙후된 기술로 인한 게 아니었다. 그는 사회를 구성하고 질서를 형성해 가는 기본 원칙에 근본 문제가 있다고 보았다. 서양의 학문 속에서 그 원리를 찾고자 했다.

당시 그는 『천연론』을 통해 서양의 진화론과 관련된 문제를 소개했다. 『천연론』 번역이 공식적으로 진행되기 전에 발표된 초기의 글에서도 이미 다윈의 생물학적 진화론과 스펜서의 사회진화론을 소개한 바 있다. 그는 서양의 진화론을 소개하면서 진화론 자체보다 사회진화론 속에 내재해 있는 서양적 가치에 관심을 기울였다. 서양의 군함과 무기, 제도를 모방할 것이 아니라 바로 이런 서양의 가치가 지니는 의미를 학문적으로 탐구해야 한다고 주장한 이유다.

중화민국이 성립되기 바로 직전의 10여 년 동안 그는 주로 교육자로서 활동했다. 광서 30년(1904) 과거제도가 마침내 폐지되고, 국가에서 국비 유학생 선발 시대가 열렸다. 그는 북경으로 가 유학생 선발시험의 심사관을 맡았다. 청조는 광서 32년(1906) 해외에서 유학을 마치고 돌아온 학생을 대상으로 시험을 보고 성적에 따라 진사와 거인의 칭호를 부여하는 제도를 시행했다. 엄복은 이 시험의 시험관이 되었다. 이해

9월, 광서제는 서태후의 명을 받아 입헌준비의 상유를 내리고 관제 개혁에 착수했다. 이는 왕조체제에서 입헌군주제로 정치체제 이행을 준비하고자 하는 역사적 결단이었다. 청조의 예비입헌 선포를 둘러싸고 찬반양론이 대립하면서 격렬한 논쟁이 벌어졌다. 이전부터 제도 개혁을 주장한 강유위와 양계초는 청조의 입헌군주제 준비에 찬성했다. 이에 반대하는 자들은 주로 도쿄에 거점을 둔 손문을 중심으로 하는《민보》계열의 혁명파였다. 엄복은 헌법의 제정을 통해 왕조체제를 연장하고자 하는 청조의 입헌정책에 찬성하는 입장이었다.

청조는 왕조체제를 타도하고자 하는 혁명의 불길은 이미 광서 28년(1902)부터 싹이 텄다. 청조는 입헌군주제로 전환해 위기를 모면코자 했다. 러일전쟁에서 일본이 승리하자 입헌 주장자 입지가 한결 강화되었다. 엄복도 청조의 입헌운동에 적극 가담해 혁명을 통한 체제 변혁에 반대했다. 광서제의 상유가 선포된 이후 청조의 입헌 구상이 궤도에 오르게 되었다. 엄복은 영국의 헌정 등 서양의 정치학에 관한 지식을 토대로 헌법과 입헌을 주제로 하는 강의에 매진했다. 청조도 광서 33년(1907)에 헌정편사관憲政編査館을 설치해 세계 각국의 헌법을 연구하고 최초의 중화민국 헌법 초안을 준비했다. 이는 엄복에게 새로운 기회로 작용했다. 광서 35년(1909) '헌정편사관 2등 자의관諮議官'이라는 중앙관료에 임명되었다. 또 학부상서 영경榮慶의 초청으로 심정명사관審正名詞官의 관장을 맡았다. 탁지부 '청리재정처淸理財政處 자의관'도 겸임했다.

선통 2년(1910) 새해가 밝아오면서 청조로부터 문과진사라는 최고의 영예를 얻었다. 해외에서 유학한 자 가운데 국내의 공적을 감안해 내리는 포상이었다. 이순을 바라보면서 교육계에 이바지한 공로를 인정받아 진사가 된 것이다. 이해 만들어진 중앙의회에 해당하는 자정원諮

政院에 그는 석학통유碩學通儒의 자격으로 의원에 임명되었다. 연말에 해군부가 설립되자 그는 일등참모관이 되고, 다음해 해군부의 협도통協都統의 명예 칭호를 얻었다. 해군 최고지위이다. 어릴 때 가슴에 품은 해군의 꿈도 이뤘다. 진사의 꿈과 해군의 꿈을 동시에 달성한 셈이다. 그는 명예와 권력을 함께 얻은 원로가 되었다.

『천연론』에 나타난 중체서용

엄복의 대표작은 광서 24년(1898)에 펴낸 『천연론天演論』이다. 이는 헉슬리의 『진화와 윤리』를 번역한 것이다. 이는 그의 이름을 세상에 널리 알리는 결정적인 계기로 작용했다. '천연'은 자연의 선택에 의한 진화를 의미한다. 당초 그는 영국에서 귀국할 때부터 서양 사상가들의 저술을 차례로 번역해 부강의 비책을 널리 알려야 한다는 생각을 품고 있었다. 그가 귀국 이후에도 영어로 된 서양 서적을 무수히 읽어 나간 이유이다. 실제로 그는 귀국 2년 뒤인 광서 7년(1881) 경에 영국의 대표적인 사회진화론자인 허버트 스펜서의 『사회학연구』를 독파했다.[93]

엄복이 볼 때 중국이 가혹한 생존경쟁에서 살아남기 위해서는 약

93 원래 스펜서의 사회진화론은 생물학적 다윈이즘을 인간사회에 적용한 이론으로 개인이나 가족, 인종 모두 진화과정에 제대로 적응하지 못할 경우 결국 사멸할 수밖에 없다는 위험한 논리를 담고 있다. 실제로 서구 열강은 스펜서의 이런 주장에 입각해 유전적으로 우월한 백인이 열등한 황인과 흑인을 지배하는 것은 자연법칙에 합당하다며 자신들의 식민정책을 정당화했다. 마르크시즘도 별반 다를 게 없었다. 제국주의 침탈은 물론 계급 차원의 생존투쟁도 스펜서의 이런 주장에 의해 합리화된 셈이다.

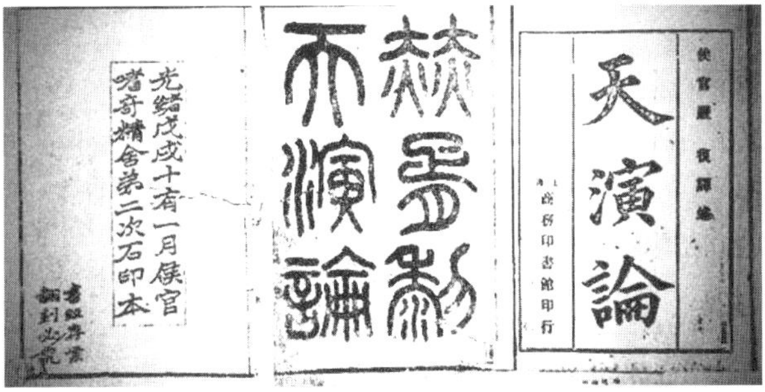

천연론 헉슬리의『진화와 윤리』를 번역한 엄복의 대표작

육강식의 제국주의 침탈을 논리적으로 뒷받침한 스펜서의 주장을 그대로 받아들일 수는 없는 일이었다. 엄복이 스펜서의 주장을 반박한 헉슬리의『진화와 윤리』가 출간되자마자 곧바로 번역에 착수한 배경이 여기에 있다.

엄복은『천연론』을 펴내면서 다윈의 생물학적 진화론뿐만 아니라 사회진화론을 둘러싼 헉슬리와 스펜서의 상반된 논의를 소상히 소개했다. 이는 19세기 서구 지성사에서 배태된 최신 논의를 거의 비슷한 시기에 소개한 것으로 이미 제국주의 대열에 편승한 일본을 통해 서양 학문을 수입하는 구태에서 벗어나는 신호탄이기도 했다.

원래 헉슬리의『진화와 윤리』는『종의 기원』을 반박한 교회 측에 대응해 진화론을 옹호할 목적으로 저술된 것이다. 그러나 헉슬리의 관점은 스펜서와 적잖은 차이가 있다. 다윈의 친구로서 진화론을 열렬히 지지해 스스로 '다윈의 불독'을 자처한 헉슬리는 스펜서와 달리 생존경쟁과 적자생존의 법칙은 단지 자연계에만 적용할 수 있을 뿐이라고 주장했다. 인간 사회에는 자기절제의 도덕이 존재하기 때문이라는 것이다.

『대학』과『중용』 등의 경서를 읽은 엄복은 헉슬리가 인도의 브라만

교나 불교를 원용해 진화론을 설명한 대목에서 중국 전래의 유교와 도교는 물론 자신이 알고 있는 서양지식을 총동원해 새로운 해석을 내렸다. 『천연론』 서문에서 서양문명을 뒷받침하는 물리학과 논리학의 기본개념을 『주역』에서 찾아낸 게 그 실례이다.

"논리와 질량, 운동 등과 같은 기본개념은 모두 『주역』 안에 포함되어 있다. 옛 사람들이 이런 원리의 단서를 발견했지만 후세인이 이를 철저히 발전시키지 못했다."

그의 이런 생각은 이미 「논세변지극」에서 드러난 바 있다. 그는 이 글에서 스펜서의 사회진화론 체계에서 도출된 변혁논리를 설명하면서 중국 전래의 운명론과 연결 지어 풀이했다. 「논세변지극」의 해당 대목이다.

"운명의 과정이 일단 관철되어 버리면 성인이라 할지라도 그 과정을 바꿀 도리가 없다. 성인이 운명의 진로를 바꿀 수 있다고 주장하는 것은 어리석은 일이다. 성인은 운명의 추세를 잘 파악해 궁극적인 진로를 예견할 수 있는 사람이다. 성인의 이런 성공을 지켜본 후세인들은 성인이 운명을 좌지우지할 수 있다고 믿었던 것이다."

그의 이런 노력은 주희의 성리학이 등장한 이래 강고하게 자리 잡았던 중국 전래의 '사이비 과학'을 혁파하는데 지대한 공헌을 했다.[94] 『천연론』이 출간된 후 많은 지식인들이 맹자와 주희 등이 해석한 전래

94 일찍이 『맹자』는 '천도天道'와 '인도人道'가 합치한다는 이른바 '천인합일설天人合一'을 주장한 바 있다. '천도'가 불변하는 만큼 '인도'도 변치 않는다는 게 기본 논지이다. 만물을 도덕철학의 관점에서 해석한 맹자의 이런 '사이비 과학'은 주희의 천리인욕설天理人欲說에 의해 더욱 강화되었다. 인류의 역사가 생존경쟁인 물경物競과 자연선택인 천택天擇이라는 진화의 원리에 따라 부단히 변화한다는 『천연론』의 논지는 '천인합일설'과 정면으로 배치되는 것이었다.

의 역사관과 세계관을 뒤엎은 배경이 여기에 있다.[95] 실제로 양계초를 위시해 호적, 채원배, 노신, 장개석, 모택동 등 중국의 근현대사를 수놓은 수많은 인물들이 청년 시절에 그의 『천연론』을 읽으며 서양 사상을 흡입했다. 호적은 훗날 중국의 모든 젊은 학생들이 이 책을 머리맡에 놓아두고 읽었다고 술회한 바 있다. 이는 서구 열강의 중국 침략을 합리화하는 '물경'과 '천택'이 중국인의 현실적 위기감을 증폭시킨 결과였다. 엄복의 의도가 적중한 셈이다.

당시 엄복은 양계초와 긴밀히 연락하며 중국의 '부강' 방안을 논했다. 국가의 부강이 인민에 기초하고 있는 것이라면 먼저 인민의 힘을 결집해야 하고, 현 단계에서는 정부의 강력한 지도가 유일한 길이라고 판단한 점에서 두 사람은 일치했다. 그의 언급이다.

"민주주의가 시대의 위기를 근본적으로 해결하기 위한 최선의 방안을 제공해 줄지라도 중국의 현실에서는 별반 소용이 없다. 인민들의 의식수준이 아직도 미망에서 깨어나지 못하고 있기 때문이다. 결국 우리는 먼저 군주의 힘에 의뢰하여 그러한 상태를 변화시켜야 한다."

당시 중국 고유의 전통가치와 직접 대립되는 서구사상을 신봉하는 것은 중국의 자존심을 그 뿌리 채 뒤흔드는 일이었다. 사상만큼은 중국이 우월하다는 생각은 양무파와 변법파가 견지한 마지막 자존심이었

95 원래 진화론을 비롯해 서양의 학문적 체계를 중국에 최초로 소개한 『천연론』은 문화적 배경을 달리하는 중국의 전통과 서양 사상의 괴리를 메우는 작업에 해당했다. 엄복은 『천연론』에서 사회진화의 단계를 원시와 종법宗法인 전통, 군국軍國 즉 제국의 3단계로 보았다. 중국은 종법이 70%에 달하는 까닭에 속히 군국사회로 들어가려면 점진적인 방법밖에 없다고 주장했다. 그가 손문의 급진적인 혁명론을 반대한 이유가 여기에 있다. 『천연론』은 『진화와 윤리』가 간행된 지 불과 5년 만에 출간되었다.

다. 강유위의 제자 양계초가 엄복의 글을 읽고 깊은 감명을 받았음에도 스승과 마찬가지로 전통교의를 지키는데 집착한 것도 이런 맥락에서 이해할 수 있다. 엄복은 광서 23년(1897)에 양계초와 주고받은 서한에서 이같이 언급한 바 있다.

"전통교의는 더 이상 보존될 수 없다. 누군가 전통교의를 보존하면서 동시에 진보를 추구해 나가야 한다고 주장할지라도 그때 보존되는 교의는 본래의 전통교의와는 분명히 다를 것이다."

엄복이 양계초와 마찬가지로 '중체서용'의 입장에서 '서체중용'을 수용하는 입장을 취하면서도 미묘한 차이점을 드러내는 배경이 여기에 있다.[96] 엄복이 양계초에 비해 상대적으로 적극적인 입장을 띤 결과로 해석할 수밖에 없다. 엄복의 이런 입장은 《외교보外交報》의 편집자에게 보내는 교육론 서신에 잘 나타나 있다.

"중국의 가장 큰 문제는 무지와 빈곤, 국력의 미약함이다. 급선무는 무지의 극복이다. 그것이 서양 것인지 중국 것인지 여부를 놓고 다툴 여유가 없다. 무지로 이끄는 길이라면 설령 위대한 성현에 의해 닦여진 길일지라도 과감히 벗어나야 한다. 반면에 무지의 극복에 효과적이라면 설령 짐승이나 야만인들에 의해 닦여진 길일지라도 기꺼이 따라야 한다."

그는 '부강'을 추구하는 과정에서 만나게 되는 그 어떤 전통적인 요소에 대해서도 미련을 갖지 않았다. 메이지시대의 일본인과 프리드리히 2세, 피터대제 등을 두고 '부강'을 위해 전래의 제도와 관습을 쓰레

96 엄복은 강유위 및 양계초와 달리 전통교의에 크게 얽매이지 않았다. 이는 그가 전통사상을 깊이 탐구해 현실문제에 적용시키는 대신 당장 착수해야 할 구체적인 개혁에 관심을 집중시킨 사실과 무관치 않았다. 그는 강유위가 붙들고 있는 전통교의로는 중국이 직면한 위기상황을 헤쳐 나가는 데 하등 도움이 되지 않는다고 판단한 것이다.

기 치우듯이 내던져 버렸다고 칭송한 게 그 증거이다. 그는 '부강'에 방해되는 것이라면 아무리 권위 있는 전통일지라도 과감히 폐기해야 한다고 주장했다. 이는 중국사상과 서양사상이 '부강' 등과 같은 문제를 다루면서 차이가 있을 수 없다고 간주한 결과였다. 그의 이런 입장은 '부강'에 관한 한 양무파와 변법파로 양분되는 자강파의 논지보다 훨씬 강경한 것이었다. 그런 점에서 그는 늘 전통 안에서 숨 쉬며 살았던 셈이다.

그러나 그는 결코 각 나라의 문화를 폐쇄적으로 파악하는 '문화상대주의자'도 아니었고, 비교사상의 접근을 거부하는 '역사주의자'도 아니었다. 물론 전면적인 서구화를 뜻하는 '서체중용'의 교조적인 반反전통주의자는 더더욱 아니었다. 전통은 그에게 현실 자체였고, 삶 자체였다.[97]

원래 스펜서는『사회학연구』에서 '지식 추구의 궁극적인 목표는 모든 도덕적 편견 및 선입견을 깨는데 있다'고 역설한 바 있다. 엄복은 스펜서의 이런 주장에 공명한 나머지 성경誠敬과 치평治平을 역설하고 있는『내학』과『중용』을 대거 인용해 새로운 해석을 내렸다. 그는『군학이언』서문에서 사서삼경이 강조하는 독서인의 기본자세와 스펜서가 강조한 과학 하는 자세가 동일하다는 사실을 발견하고 커다란 감동에 휩싸였다고 고백했다.[98]

---

97 당시 엄복은『천연론』이 선풍적인 반향을 일으키자 이후 3년간에 걸쳐 스펜서의『군학이언群學肄言』과 아담 스미스의『원부原富』, 몽테스키외의『법의法意』, 젱크스의『사회통전社會通詮』, 밀의『명학名學』과『군기권계론群己權界論』등을 차례로 펴냈다. 이는 서구 사상에 대한 자신감의 표현으로 볼 수 있다.

98『대학』의 맨 앞에 "정심正心을 하고자 한 자는 먼저 뜻을 정성되게 하는 성의誠意를 하고, '성의'를 하고자 한 자는 먼저 참된 앎을 이루는 치지致知를 하고, '치지'를 하고자 하는 자는 사물의 이치를 연구하는 격물格物을 한다."는 구절이 나온다. '정심'은 유가에서 강조하는 도덕적 정

사실 과학방법론은 『대학』의 '격물치지'와 취지를 같이하는 것이다. 이를 처음으로 거론한 그의 주장은 탁견에 해당한다.[99] 엄복은 「논원강」에서 그 의미를 이같이 풀이한 바 있다.

"스펜서는 사회진화론을 인간관계와 사회질서를 설명하는 데 응용했고, 과학의 원리를 '수제치평'의 원리를 명확히 밝히는 데 응용한 셈이다."

크게 보아 그는 강유위가 『공자개제고』에서 공자를 체제변혁가로 규정하면서 이를 유신변법의 이론적 근거로 활용한 것과 마찬가지로 서양사상가들의 주장을 원용해 '부국강병'의 이치를 밝혀낸 셈이다. 그의 서양사상에 대한 해석 작업은 바로 이런 기조 하에 진행되었다. 그를 중국의 근현대사에서 가장 위대한 사상가로 평하는 이유가 바로 여기

당성을 뒷받침하는 핵심어로 수제치평修齊治平의 근원이기도 하다. 그는 『대학』에서 강조하고 있는 〈정심 ⇄ 성의 ⇄ 치지 ⇄ 격물〉의 도식에 입각해 과학을 연구하는 자세인 '격물'에서 수제치평의 근원인 '정심'으로 나아갈 것을 역설했다. 이는 서양에 대한 근거 없는 우월감 내지 적대감과 편견 등을 갖고 있던 중국의 지식인에게 서양의 학문에 대한 정확한 이해를 주문키 위한 것이었다. 그가 『사회학연구』보다 한 차원 수준이 높은 번역서 『군학이언』을 펴낸 이유가 바로 여기에 있다.

99 『대학』의 요체는 〈수신 → 제가 → 치국 → 평천하〉에 있다. 이는 〈격물 → 치지 → 성의 → 정심〉의 과정을 통해서만 구현될 수 있다. '격물·치지·성의·정심'은 전일專一하여 학문을 탐구하는 자세를 말한 것으로 '수제치평'이 학문과 불가분의 관계를 맺고 있다. '격치성정格致誠正'의 학문하는 자세가 전제되지 않은 '수제치평'은 공허할 수밖에 없다. 그럼에도 송대의 주희는 이를 '성리'로 해석하는 우를 범한 것이다. 니담은 『중국의 과학과 문명』에서 동양의 과학이 서양의 과학에 결정적으로 뒤처지게 된 이유가 바로 여기에 있다고 지적한 바 있다. 나아가 사적인 편견과 선입견을 배제한 가운데 사물의 이치를 탐구하는 서양의 과학정신은 『중용』에서 역설하는 중화中和와 취지를 같이 한다. 송대의 성리학자들은 이를 과학 하는 자세로 해석치 못하고 인격을 함양하는 도덕철학 차원의 윤리강령으로 축소 해석했다. 서양의 사회질서 개념은 동양 전래의 '수제', 국가질서는 '치평' 개념과 상통한다. 엄복은 서양의 학문개념을 원용해 『대학』과 『중용』의 본래 취지를 되찾아낸 셈이다.

에 있다.[100]

베버의 편견과 전통사상

원래 동양은 기원전부터 종교를 미신의 관점에서 파악하면서도 사회적 역할만큼은 높이 평가하는 무신론적 전통을 지니고 있었다. 대표적인 인물로 순자를 들 수 있다. 순자는 전국시대 말기에 성행했던 미신적인 음양오행설과 점복술 등에 매우 비판적이었다. 그는 하늘을 자연의 질서로 해석하면서 인간이 두려워할 것은 어떤 전조前兆나 신령이 아니라 오히려 악정惡政과 혼란이라고 단언했다. 『순자』「천론」편의 해당 대목이다.[101]

"기우제를 지내면 비가 내리는 것은 어찌된 일인가. 이에 말하기를, '이상할 것도 없다. 기우제를 지내지 않아도 비는 내리기 때문이다'라고 했다."

순자는 기우제를 지내면 비가 내리는 이유를 묻는 질문을 받고 단호한 어조로 비는 기우제를 지내지 않아도 내린다고 갈파한 것이다. 사실 이런 합리적인 사고는 공자사상의 기본입장이기도 했다. 맹자는 이

---

100 엄복이 서양에서 나온 실증주의 논리를 내세워 선교사들의 주장을 반박한 것도 같은 맥락에서 이해할 수 있다. 서양의 기독교 전통과 마르크스 등의 유물론 사이에 내재한 갈등과 충돌을 가장 먼저 파악한 중국인은 양무파인 왕도王韜였다. 그러나 그는 엄복만큼 철저하지 못했다. 당시 엄복은 중국 전래의 합리주의 정신이 서양의 실증주의보다 훨씬 합리적이라는 사실을 통찰하고 있었다.

101 『순자』「천론」, "雩而雨, 何也. 曰, '無何也, 猶不雩而雨也.'"

를 '천인합일설'에 입각해 인격신에 가까운 '천도' 개념으로 왜곡해 놓았다. 맹자보다 두 세대 뒤에 태어난 순자가 맹자의 비합리적인 사유를 질타하면서 맹자의 이설로 오염된 공자사상을 순화하는데 앞장선 배경이 여기에 있다.

기독교에 회의적이었던 엄복이 '사이비 과학'인 성리학을 질타하면서 동시에 절대적인 인격신을 내세운 선교사들의 주장을 비판한 것도 순자의 입장과 궤를 같이하는 것이었다. 그가 이런 입장을 견지케 된 데에는 광서 17년(1891)에 『중국의 선교사들』을 펴낸 바 있는 스코틀랜드 출신 알렉산더 미치의 영향이 컸다. 미치는 이 책에서 '치외법권'을 내세우는 중국 내 선교사들의 고압적인 선교방식을 신랄하게 비판했다. 이에 감복한 엄복은 이 책이 출간된 이듬해에 곧바로 번역해 세상에 내놓았다. 그는 이 책의 서문에서 중국에는 종교라는 것이 없었다는 선교사들의 지적에 대해 이같이 일갈해 놓았다.

"중국 종교의 핵심은 효孝 관념이다. 효를 군주에 대한 봉사에까지 확대시킨 것이 충忠이고, 위 형제에게 적용시킨 것이 제悌이다. 이를 가장 크게 확대하면 결국 하늘을 경외하는 중국인들의 태도까지 결정짓게 된다."

그는 옳다고 생각하는 자신의 신념을 위해 죽음을 불사하는 서양의 기독교적 윤리에 상응하는 중국적 전통을 '효'에서 찾아낸 것이다. '효'를 경천敬天의 생활태도로 해석한 것은 탁견이 아닐 수 없다. 실제로 그는 '경천' 개념을 통해 무리한 선교활동으로 기독교 관련 소요사건인 각종 교안敎案을 일으키고 있는 서양 선교사들을 질타했다. 이는 그가 '효'를 새롭게 해석해 큰 의미를 부여한데 따른 당연한 결과이기도 했다. 당시 『중국의 선교사들』의 번역은 외국인의 입을 통해 서구 열강의 제국주의 침략의 앞잡이 노릇을 하고 있던 선교사들을 통렬히 비판한 점에서 그 의미가 컸다. 이는 중국의 지식인들에게 강력한 이론적 무기를 제공한 것이나 다름없었다.[102]

원래 그가 가족을 절대시하는 태도를 혹평한 것은 기본적으로 '효'를 서양의 기독교 윤리처럼 대중교육과 계몽에 적극 활용치 못하고 있는 현실을 비판한 것이기도 했다. 엄복의 이런 입장과 정반대되는 견해를 피력한 인물이 바로 막스 베버이다. 엄복보다 10세 연하인 베버는 중국을 연구하면서 '효'를 근대화의 최대 장애요인으로 치부했다. 이것이 베버의 동양에 대한 편견에서 비롯된 것임은 말할 것도 없다. 서양의 사회과학자들이 오랫동안 근대화와 동양의 전통가치는 양립하기 어렵다는 식의 논리를 전개해 온 것도 바로 이 때문이었다.

그러나 전래의 '효' 개념을 확산시켜 '부강'에 적극 활용코자 한 것은 당시의 정황에 비춰 시의에 부합한 것이었다. 실제로 일본은 「교육칙어敎育勅語」 반포를 통해 일거에 국민통합을 이뤘다. 엄복이 '효'와 '근대화' 이념의 양립을 실현한 일본의 근대화 모델을 중국에 적극 도입코자 한 이유가 여기에 있다. 사실 '효'는 극기克己를 기본덕목으로 삼고 있는 까닭에 사회 내지 국가 차원의 도덕정신으로 크게 함양시킬 만했다. 일찍이 전한제국 초기에 『효경』이 만들어져 민가에 널리 배포된 것은 '효'

102 당시 엄복은 '효'에 내장된 자기희생과 극기의 정신을 능히 국가 단위의 '살신성인殺身成仁'으로 고양시킬 수 있다고 믿었다. 그가 여성의 무조건적인 복종과 희생을 강요하는 기존 윤리를 강도 높게 비판하며 가족을 충성을 다 바쳐야 할 절대적인 대상으로 삼는 태도에 신랄한 비판을 가한 것도 이런 맥락에서 이해할 수 있다. 이는 가족을 지나치게 강조할 경우 보다 큰 공동체인 사회와 국가의 질서가 훼멸될 수 있다고 우려한데 따른 것이었다. 그의 전통가치에 대한 비판은 바로 국가 차원의 '부강'에 대한 그의 염원 및 신념에서 비롯된 것이었다. '부강'에 대한 그의 집념은 동양의 한비자 내지 서양의 마키아벨리와 사뭇 닮아 있다.

를 '충'으로 확대시키고자 한 전한제국의 통치이념에서 비롯된 것이었다. '효'의 긍정적 측면은 가족 단위에 한정시켜 구현할 이유가 전혀 없는 것이다.

그러나 엄복은 '효'의 개념을 매우 긍정적이면서도 적극적으로 해석했음에도 불구하고 '공자교'를 제창한 강유위처럼 국교 차원으로 나아가지는 않았다. 사실 유가사상을 종교적인 유교이념으로 삼는 것은 공자의 기본입장과 동떨어진 것이기도 했다.

당시 엄복은 무수한 번역서를 펴내면서 정확성에 따른 믿음인 신信과 가능한 의사전달인 달達, 고아한 문체인 아雅 등 3가지를 번역의 기본방침으로 내세웠다. 자신의 소명은 바로 '부강'을 실현한 서구와 '부강'을 실현해야만 하는 중국을 매개하는 근대화의 개척자에 있다는 확신에 따른 것이었다. 그가 볼 때 동서양이 노정하는 '부강'의 근원적 차이는 양무파의 주장처럼 단순히 무기나 기술의 격차에서 비롯된 것도 아니고, 변법파의 주장처럼 제도 및 체제의 차이에 기인한 것도 아니었다. 근본원인은 바로 '부강'의 요체에 대한 인식의 차이였다. 엄복은 이를 깊이 천착해야만 '부강'의 간극을 근원적으로 메울 수 있다고 생각했다. 그가 서양사상가들의 저서를 번역하면서 『주역』과 『노자』, 『대학』 등 전래의 고전을 원용해 독자적인 해석을 시도한 이유가 여기에 있다.[103]

엄복은 신해혁명이 빚어진 후 공화제 도입을 역설한 손문의 주장에 반대 입장을 분명히 했다. 이듬해인 1912년에 장차 '중화제국'의 초대

103 니담은 17세기 이후 전면적으로 부각된 유럽의 형이상학은 상당 부분 맹자 등이 주장한 중국 전래의 순환론에 가깝다고 주장한 바 있다. 그런 점에서 스펜서를 비롯한 서양사상가들의 형이상학적인 담론은 엄복에게 결코 낯선 것이 아니었다.

황제가 되고자 한 원세개의 눈에 띄어 북경대 총장에 임명된 배경이 여기에 있다. 그는 1915년에 원세개의 황제 등극을 위해 양도楊度가 발족시킨 주안회籌安會에 가담했다가 여론의 거센 비판에 직면키도 했다.[104]

1921년 '중국의 후쿠자와 유기치'라는 칭송을 받으며 수많은 지식인들의 우상이 되었던 엄복은 세인들의 냉담한 반응 속에 고향에서 쓸쓸히 숨을 거두고 말았다. 메이지유신의 사상적 스승이 된 후쿠자와가 세인들의 애도 속에 운명한 것과 대비된다.[105] 지난 세기의 문화대혁명 기간 중 홍위병에 의해 그의 무덤이 크게 훼손된 것도 이런 맥락에서 이해할 수 있다. 그의 무덤이 최근 복구된 것을 계기로 최근 그의 사상에 대한 전면적인 재해석이 활발히 진행되고 있으나 아직도 미흡한 실정이다. 당시 상황에서 그의 사상이 그만큼 위대했음을 의미한다. 장차 중국이 미국을 누르고 G1이 되어 자존심을 완전히 회복할 경우 엄복에 대한 재평가작업이 더욱 활발히 전개될 공산이 크다.

---

104 엄복은 1913년에 총통부의 외교법률 고문을 맡았다. 2년 뒤인 1914년에는 '약법회의' 의원에 임명돼 중화민국 헌법의 기초를 닦기도 했다. 이때 그는 『민약평의民約平議』를 펴내 루소의 『민약론』을 비평했다. 이는 서구식 민주주의에 대한 회의에서 비롯된 것이었다. 이로 인해 청년 지식층의 커다란 반발을 사게 되었으나 그는 전혀 괘념치 않았다. '부강'에 대한 확신이 그만큼 강했던 것이다. 당시 학계 내에서는 『천연론』을 비롯한 그의 저작에 대한 비판적인 움직임이 활발히 전개되었다. 마군무馬君武가 다윈의 『종의 기원』 등을 번역해 소개하고, 이석증李石曾이 생존경쟁보다는 상호부조를 강조하는 무정부주의자 크로포트킨의 사상을 널리 홍보한 것 등이 그 증거이다. 20세기에 들어와 왕국유王國維는 칸트와 쇼펜하우어, 니체 등을 소개하는 데 앞장섰다.

105 1916년에 원세개가 급서한 후 엄복은 이내 자리를 얻지 못해 귀향해야만 했다. 5·4운동 당시 그는 정치적 의의를 부정했다. 이는 5·4운동의 당사자들이 공자를 타도하자는 식의 과격한 '서체중용'으로 흘러간데 따른 반발이었다. 백화문 운동을 거부하며 동성문파의 고문을 고집한 것도 전래의 문체에 대한 강한 자부심에서 비롯된 것이었다. '화혼양재'가 성공한 일본에서는 그와 비슷한 역할을 한 후쿠자와가 끊임없이 칭송의 대상이 된 데 반해 그는 오랫동안 정반대의 평가를 받은 것도 '중체서용'이 성공치 못한 중국의 현실과 무관치 않다고 보아야 한다.

인물로 읽는
중국
MODERN HISTORY of CHINA
근대사

제 3 장

혁명파

革命派

손 문 (1866~1925) 중국 혁명의 선도자·정치가. 공화제를 창시하였다. 그의 정치는 삼민주의로 대표된다. 대한민국임시정부를 지원한 공으로 건국훈장 대한민국장이 추서되었다.

원세개 (1859~1916) 중국의 군인·정치가이며 총리교섭통상대신으로 조선에 부임하여 국정을 간섭하고 일본, 러시아를 견제했다. 청일전쟁에 패한 뒤 서양식 군대를 훈련시켜 북양군벌의 기초를 마련하고 개혁파를 배반하고 변법운동을 좌절시켰다. 이후 의화단의 난을 진압했으며 신해혁명 때 청나라 조정의 실권을 잡고 임시총통이 되었고, 이어 스스로 황제라 칭하였다.

제1절
손문孫文-
무력혁명으로 중화민국을 세우다

손문(孫文)

송씨 3자매와 손문

중국의 전 역사를 통틀어 가장 막강한 힘을 행사한 여인으로 흔히 전한제국 초기의 여후呂后와 당제국의 측천무후則天武后, 청대 말기의 서태후西太后를 든다. 현대사에서 이들과 겨룰 수 있는 여인으로 민국 초기의 출판재벌인 송가수宋嘉樹의 세 딸을 들 수 있다. 한때 중국 최고의 재벌로 군림했던 공상희孔祥熙의 부인 송애령宋靄齡과 신해혁명의 주역인 손문의 부인 송경령宋慶齡, 북벌을 성사시킨 장개석蔣介石의 부인 송미령宋美齡 등이 그들이다. 이들 3자매와 남편들의 삶이 바로 20세기 초 중국의 역사였다고 해도 과언이 아니다. 지난 1997년에 이들 3

자매의 삶을 그린 영화 〈송가황조宋家皇朝〉는 이런 말로 시작하고 있다.

"한명은 돈을 사랑했고, 한명은 권력을 사랑했고, 또 한명은 중국을 사랑했다."

각각 송애령과 송미령, 송경령을 지칭한 것이다. 일각에서는 마오쩌둥의 부인 강청江靑도 이에 버금하는 여인으로 꼽고 있으나 그녀는 남편 사후 사형을 선고받고 무기징역으로 감형되었다가 1991년에 자살로 삶을 마감한 까닭에 같이 논하기가 어렵다. 김대중 전 대통령은 〈송가황조〉를 관람한 후 이런 평을 내린 바 있다.

"〈바람과 함께 사라지다〉의 스칼렛이 〈송가황조〉의 3자매로 다시 태어난 느낌이었다. 스칼렛이 고향집을 일으키기 위해 수단방법을 가리지 않고 돈을 벌던 모습은 송애령을 닮았고, 레트 버틀러를 향한 열정은 부친의 친구인 손문을 향해 달려가는 송경령을 닮았고, 남부의 주인으로 우뚝 선 모습은 장개석과 결혼해 권력을 손에 쥐는 송미령과 닮았다."

원래 이들 송씨 3자매의 부친 송가수는 광동 해남도海南島 출신으로 12세 때 쿠리苦力가 되어 미국으로 건너갔다. 미국 남부로 간 그는 마음씨 좋은 미국인 목사를 만나 그의 양자가 된 후 그의 도움으로 감리교 신학대학에서 공부를 했다. '찰리 송'으로 불린 그는 귀국 후 상해 근교에서 목회활동을 하다가 결혼을 계기로 목회를 그만두고 기계를 수입해 파는 무역상으로 변신했다. 이때 그는 중국어판 성경 출판 사업에 손을 대 거만의 재산을 모았다.

장녀 송애령은 13세가 되는 1902년에 미국의 명문 사립여대인 조지아주의 위슬리 대학으로 유학으로 가 사상 최초의 중국여성 미국유학생이 되었다. 명민한 그녀는 재학 중 백악관 리셉션에 참석해 자신을 불법이민 유학생으로 간주해 난민수용소로 보내려 했던 당국의 조치를 당당하게 따져 씨어도어 루즈벨트 대통령의 사과를 받아내기도 했다. 그녀는 남자로 태어났으면 천하를 손에 넣었을 것이라는 얘기를 들었을 정도로 통이 큰 여인이었다.

1908년에 두 여동생마저 위슬리 대학으로 유학을 왔다. 당시 송경령은 16세, 송미령은 10세였다. 송애령이 학업을 마치고 1909년에 중국으로 돌아왔을 당시 '찰리 송'은 손문에게 은밀히 거사자금을 제공하며 혁명에 깊숙이 개입하고 있었다. 1911년 10월에 신해혁명이 일어나고 이듬해인 1912년 1월 1일에 손문이 임시대총통이 되었다. 그러나 얼마 후 원세개의 반격으로 손문이 일본으로 망명하게 되자 후견자 역할을 한 '찰리 송'과 가족들 모두 덩달아 일본으로 망명을 하게 되었다.

당시 손문의 곁에는 광서 18년(1892)에 홍콩 출신 진수분陳粹芬이 있었다. 정실은 아오먼에 있었으나 그는 해외로 떠도는 바람에 사실상 별거나 다름없었다. 진수분은 손문과 광서 22년(1896)에 정식으로 결혼식을 올린 뒤 남편을 좇아 광주와 일본, 베트남 등지를 다니며 남편의 혁명 사업을 곁에서 헌신적으로 보필했다. 그녀는 1912년 초에 스스로 물러나며 이같이 선언한 바 있다.

"나는 출신이 한미하고 아는 바가 적어 스스로 물러나고자 한다. 손문이 나를 버린 것은 아니다. 그는 나에게 아주 잘해주었고 나를 배신하지 않았다."

손문은 이 일이 있은 지 얼마 안 돼 일본으로 망명한 뒤 화교가 몰려 있는 요코하마에 사무실을 내고 제2의 혁명을 위해 동분서주했다. 하루는 그가 '찰리 송'을 찾아와 영어가 능통한 비서가 절실히 필요하다며 송애령을 대상으로 지목했다. 이에 송애령은 부친의 지시로 요코하마 사무실에 근무케 되었다. 손문의 깊은 관심에도 불구하고 현실주의자인 송애령은 몽상적인 혁명가인 손문은 안중에도 두지 않았다. 결국 송애령은 1913년에 도쿄의 화교 YMCA 미팅에서 예일대를 졸업한 금융재벌 쿵샹시를 만난 후 이듬해에 요코하마에서 성대한 결혼식을 올렸다. 두 사람의 결합은 남쪽의 절강浙江 재벌과 북쪽의 산서山西 재벌 간의 연합에 해당했다.

둘째 딸 송경령은 마침 위슬리 대학 영문학과를 졸업하자 손문은 '찰리 송'에게 공석이 된 영문비서 자리에 송경령을 보내줄 것을 청했다. 이에 송경령은 1913년 가을에 일본으로 건너가 언니에 이어 두 번째로 손문의 영문비서가 되었다. 손문을 존경한 그녀는 1914년에 중화혁명당에 가입했다. 송경령이 손문과 사랑에 빠지자 이를 뒤늦게 눈치챈 '찰리 송'이 격노한 나머지 곧 딸을 상해로 불러들인 후 금족령을 내렸다. 그러나 사랑에 빠진 송경령은 유모의 도움으로 빠져나온 뒤 이내 요코하마 행 여객선에 몸을 실었다. 1915년 10월에 그녀는 도쿄에서 소수의 하객의 축복을 받으며 26세 연상의 손문과 정식으로 결혼식을 올렸다. 당시 송경령과 결혼하기 위해 동거하다시피 해온 여비서와 헤어진 손문은 송경령에게 결혼예물로 혁명완수의 취지로 권총을 보냈다. 두 사람의 결혼은 당대의 재벌과 거대한 국민당 세력의 결합에 해당했다.

이로부터 10여년 뒤에 이뤄진 송미령과 장개석의 결혼은 당대 최고의 문벌이 최고의 군벌과 결합한 경우에 해당한다. 당초 손문의 집에 드나들던 장개석은 아내를 3명이나 둔 유부남이었으나 송미령을 보고 첫눈에 반했다. 아내와 이혼한 뒤 결혼할 생각으로 손문에게 도움을 청했으나 손문은 송씨 집안과 사이도 그리 좋지 못한 까닭에 이를 거절할 수밖에 없었다. 그러나 가장 큰 장애물은 송경령의 반대였다. 손문 사후 장개석이 손문의 유지를 어기고 민족분열을 획책하고 있다는 게 그의 생각이었다. 그는 손문과 측근들에게 이같이 말하곤 했다.

"송미령이 죽는 것을 볼지언정 장개석과 결혼하는 것을 보고 싶지는 않다."

그러나 결국 송미령은 큰언니인 송애령의 성원에 힘입어 1927년 12월에 전격적으로 결혼식을 올렸다. 중국 최대 재벌인 쿵샹시 집안으로 시집을 간 후 수단방법을 가리지 않고 돈을 그러모으고 있던 송애령은 군벌에 의지해야만 재산을 지킬 수 있을 것으로 판단했다. 현실적인 송애령과 송미령의 이해는 서로 일치했다. 장개석과 결혼한 송미령은 국민당 정부의 대미외교를 전담하면서 시종 사치한 행보를 보여 비난을 받았다. 미국의 트루먼 대통령은 훗날 자신의 『회고록』에서 송씨 집안을 이같이 비난한 바 있다.

"국민당을 돕기 위해 우리가 보낸 돈 중 많은 돈이 장개석과 그의 부인 송미령, 그리고 송자문宋子文 및 공상희 집안의 주머니로 들어갔다."

당시 모스크바에서 송미령의 결혼소식을 듣게 된 송경령은 이내 귀국한 뒤 전쟁구호물자를 모아 항일운동을 하고 있는 공산당에게 보내는 등 두 자매와는 전혀 다른 행보를 보였다. 그녀는 집이 없어 세 들어 살 정도로 검박한 생활을 영위했다. 당시의 중국 상황에서 사치는 죄악이라는 게 그녀의 생각이었다.

지금도 중국인들은 송애령과 송미령에 대해서는 가차 없는 비난을 가하면서도 송경령에 대해서는 커다란 존경심을 표하고 있다. 이는 잘 다듬어진 북경 시내의 송경령기념관을 보면 쉽게 알 수 있다. 기념관의 명칭은 '송경령 고거故居'이다. 원래 이 집은 마지막 황제인 선통제 부의

가 태어난 곳으로 부의의 부친인 순친왕의 화원이었다. 호수와 정원이 잘 조화된 이곳에 송경령은 2층 양옥을 짓고 1963년 4월 이후 1981년 5월에 사망할 때까지 살았다. 송경령이 사망한 후 중국정부는 이 집에 '중화인민공화국 명예주석 송경령 동지 고거'라는 영예로운 명칭을 부여했다. 남편 손문이 공화국 혁명을 주도한 공으로 '국부國父'의 영예를 얻은데 이어 부인 송경령마저 명예주석의 영예를 얻은 것이다. 중국의 20세기 역사에서 이들 부부만큼 화려한 명성을 얻은 경우는 없다.

홍수전을 존경한 객가 출신 손문

당초 손문은 동치 5년(1866) 11월 11일에 광동성 향산현香山縣에서 빈농의 3남으로 태어났다. 그의 부모나 가정환경 등에 대해서는 자세히 알려진 게 별반 없다. 다만 그의 부친은 포르투갈령 마카오에서 구둣방 직공으로 일하다가 25세 때 귀향한 것으로 알려져 있다. 송경령의 회고록인 『송경령선집』에 의하면 손문은 늘 자신의 어렸을 때 생활과 관련해 이같이 말하곤 했다.

"나는 가난한 소작인의 아들로 태어나 초라한 집에 살았다. 쌀밥을 먹을 수 없어 고구마만 먹고 자랐다. 나는 아이들의 발에 신발을 신겨주고 아이들의 배에 밥을 채워줘야 한다고 생각해 혁명가가 되었다."

손문이 어렸을 때 많은 중국인들이 궁핍을 탈피하기 위해 미주와 하와이 등지로 이주해갔다. 손문의 큰형 손미孫眉와 숙부도 하와이 이민 행렬에 참여했다. 고향에서 서당을 다니던 손문도 14세가 되는 광서 4년(1878)에 어느 정도 기반을 닦은 친형 손미의 초청을 받고 하와이로 떠났다. 그는 호놀룰루의 영국계 칼리지와 미국계 칼리지에서 교육을 받으면서 서양의 합리주의 사고에 눈을 떴다. 당시 그가 가장 존경한 인물은 미국의 초대 대통령 워싱턴이었다. 이때 그의 형은 그가 지나치게 미국에 심취하는 것을 두려워한 나머지 2년 뒤 귀국시켰다.

손문은 17세 때인 광서 8년(1882)에 귀국하자마자 세례를 받았다. 그는 개혁에 몰두한 나머지 고향의 신사神社에 있는 신상을 파괴하는 등의 과격한 행동을 보인 탓에 고향에서 쫓겨나 홍콩으로 도피해야만 했다. 외곬수의 혁명가 기질이 약여하게 드러나는 대목이다. 실제로 그는 어린 시절에 같은 객가 출신인 태평천국의 천왕 홍수전의 이야기를 전설처럼 듣고 자랐다. 그는 주변 사람들에게 종종 이같이 말하곤 했다.

"나는 커서 제2의 홍수전이 되겠다."

그는 호놀룰루에서 돌아온 뒤 미국인 선교사로부터 세례를 받고는 하와이로 다시 한 번 여행을 다녀왔다. 광서 12년(1886) 선교사의 소개로 광주의 박제의원博濟醫院 부속의학교에 입학해 조수로 근무하다가 홍콩에 있는 홍콩대 의학부의 전신인 서의서원西醫書院으로 전학하여 광서 18년(1892)에 우수한 성적으로 졸업했다. 이때 그는 한족 민족주의자인 진소백陳少白과 양학령楊鶴齡, 육호동陸皓東 등의 동지들을 만나게 되었다. 이들은 청조를 타도하는 혁명문제를 깊숙이 논의했다. 그가 의학의 길을 택한 것은 의학을 인간의 고난을 구하는 학문으로 생각한 데 따른 것이었다. 이에 관한 손문의 술회이다.

"당시 의학교는 혁명선전의 장소였고, 의술은 그 수단이었다."

그는 의술로 사람을 구제하는 것보다 빈사의 중국을 소생시키는 것이 선결문제라고 생각한 것이다. 당시의 기준에서 볼 때 과거시험에 응시하지 않아 거인도 되지 못한 그는 지식인이라고 할 수 없었다. 그러나 그는 오히려 과거의 사대부를 시대에 뒤떨어진 부류로 간주했다.

당시 그는 서의서원을 우수한 성적으로 졸업한 뒤 마카오에서 병원을 개업해 외과와 산부인과 분야에서 큰 명성을 얻었다. 그가 한창 성가를 올리고 있던 광서 20년(1894)에 청일전쟁이 발발했다. 그의 활동 무대였던 광동은 태평천국 이래 반만反滿 정서가 강한 곳이었다. 전쟁이 한창 진행될 때 그는 동료인 육호동과 함께 각지를 돌아다니면서 의협단체나 신군이 반기를 들면 광동과 주변의 호남 일대를 지배하는 것은 그리 어렵지 않다고 판단했다. 소국인 일본에 패한 청조를 더 이상 두려워할 것이 없다고 생각했을 공산이 크다.

그는 곧 천진으로 올라와 북양대신 이홍장에게 혁명을 권하는 의견서를 보냈다. 강유위가 광서제의 힘을 빌려 변법을 꾀했듯이 그도 최고 실력자인 이홍장의 힘을 빌려 혁명을 꾀한 것이다. 수십일 체류하면서 호의적인 반응이 나오기를 기대했으나 아무런 회답이 없었다. 이홍장에게 무시당했다고 생각한 그는 이제 혁명 이외의 방법은 없다고 확신했다.

이해 11월에 하와이로 건너가는 배 안에서 그의 머리는 군자금을 모금키 위한 온갖 방안으로 매우 어지러웠다. 그는 호놀룰루에서 상점주와 농장주 20여명을 결집하고 흥중회興中會를 조직했다. 이는 중국 최초의 혁명단체에 해당한다. 그의 형 손미도 동생의 계획을 원조하기 위해 기꺼이 재산을 기부했다. 흥중회는 입회할 때 반드시 한족의 나라를 되찾는 '회복중화恢復中華'를 선언해야만 했다. 반란의 기치를 내건 셈이다.

이때 그는 비밀결사인 삼합회三合會의 일원인 정사량鄭士良과 알게 되었다. 이를 계기로 적극적인 폭력혁명 행보에 나섰다. 그러나 국내에서 멀리 떨어진 하와이의 흥중회는 일정한 한계가 있었다. 곧 홍콩으로 건너와 흥중회를 조직했다. 이때 손문은 자신보다 1살 어린 동향 출신 노모정盧慕貞과 결혼했다. 이후 노씨는 아들 손과孫科와 딸 손연孫延 및 손완孫婉 등 1남 2녀를 낳았으나 훗날 손문이 송경령과 결혼하기 전에 협의 이혼했다. 그녀는 오랫동안 마카오에 산 까닭에 사람들은 그녀를 '마카오 부인'으로 불렀다.

미야자키 도텐과의 만남

손문은 결혼 이듬해인 광서 21년(1985)에 4월에 마관조약이 체결되자 광주를 거점으로 본격적인 무력봉기 작업에 들어갔다. 광주 부근의 비적인 녹림綠林과 낭인인 유용游勇, 자위단인 단련團練 등을 동원하려는 속셈이었다. 이는 당시 이홍장의 친형으로 양광총독을 맡고 있던 이한장李瀚章이 인심을 잃고 있었던 사실과 무관치 않았다.[106]

이때 손문은 광주에 '농학회農學會'의 간판을 내걸고 폭동을 준비하고 있었다. 600여 자루의 권총이 광주로 운반되었다 이해 9월 9일의

106 당시 청일전쟁은 일본과 이홍장의 싸움이었다는 말도 있을 정도로 이홍장을 제외한 다른 사람들은 수수방관하는 모습을 보였다. 전쟁 초기에 이홍장은 임시 군비로 300만 냥을 지원받았으나 무기구입에 턱없이 부족했다. 이에 광동의 해방海防 비용에서 60만 냥을 차용했다. 이한장도 동생을 위해 이른바 '위성연闈姓捐'이라는 희귀한 공영 도박을 벌이려다가 여론의 집중포화를 받았다. '위성연'은 향시에 합격해 거인이 되는 사람을 알아맞히는 도박이었다. 국가행사를 공영도박 대상으로 삼은 까닭에 비난이 빗발쳤다. 그는 동생인 이홍장이 패전의 책임자로 몰려 직례총독의 자리에서 물러나자 이내 칭병하여 사직했다.

미야자키 도텐 일본의 혁명가. 손문을 적극 지원했고, 신해혁명과 중국 혁명에 참여한 일본인

중양절을 기해 폭동을 일으켜 광주를 점령할 예정이었으나 홍콩에 모인 수백 명을 광주로 실어 나르는 것이 늦어져 3일간 연기되었다. 비밀결사 회원 외에 광동수사水師의 일부도 폭동에 참여키로 되어 있었다. 혁명동지 중 주기朱祺가 두려운 나머지 거사 이틀 전에 당국에 출두해 이를 자백했다.

결국 간부 육호동 등은 체포되고 손문은 가까스로 마카오로 도주했다. 그는 홍콩에서 대기 중인 동지에게 출발을 보류하라고 전보를 쳤으나 태안호泰安號는 70명을 태우고 이미 출발한 뒤였다. 육호동은 처형되고, 광동수사 장령 정규광程奎光은 투옥된 뒤 옥사했다. 당시 육호동의 공초供招에 따르면 그는 나라의 앞날을 고민하고 있을 때 손문이 청조타도가 선결문제라고 하여 논쟁을 벌이다가 마침내 그의 주장에 동조한 것으로 되어 있다. 무장폭동은 바로 손문의 머리에서 나온 것이었다.

손문이 마카오에서 홍콩으로 건너갈 때 청조는 그의 목에 화홍은花紅銀 1천 위안, 나머지 사람의 목에는 100위안의 상금을 걸었다. 영국의 홍콩 정청도 그에게 5년간의 재류 금지령을 내렸다. 이에 손문은 홍콩에 도착하자마자 의학교 시절 은사인 컨트리 박사를 찾아갔다. 컨트리는 자신의 변호사인 데니스와 상의한 끝에 손문 등을 일단 일본으로 피신시키기로 했다. 손문은 이들의 도움으로 정사량 등과 함께 간신히 몸을 빼 일본으로 망명했다. 이에 홍콩의 흥중회도 괴멸되고 말았다.

얼마 후 정사량은 사건의 뒷수습을 위해 일단 귀국했다. 진소백은 손문의 권유를 받아들여 홍콩의 의학교에 입학했다. 손문이 하와이에 체류했을 때 알게 된 스가와라 쓰타에菅原傳를 진소백에게 소개하자 스가와라는 미야자키 야조宮崎彌藏와 미야자키 도텐宮崎滔天 형제를 소개했다.[107] 미야자키 도텐은 자유민권의 신봉자로 사회적 평등을 이상으로 삼았다. 그는 일본 국내에서 사회개혁을 이루기 위해서라도 중국이 혁명을 통해 근대화를 달성해야만 한다고 생각했다.

"아시아가 구미열강의 침략을 이겨내기 위해서는 중국이 강한 국가로 다시 태어나야 한다."

중국의 혁명을 통해 일본은 독립을 유지하고, 장차 세계의 개혁도 도모할 수 있다고 생각한 것이다. 그가 평생 손문을 지원한 이유가 여기에 있다. 그가 젊은 모택동으로부터 강연 부탁을 받은 것도 이와 무관치 않았다. 그의 머릿속에는 '대륙이권'이나 '일본팽창' 등의 개념이 없었다. 손문을 지원한 일본인 중에는 중국에서의 이권에 집착한 우익인사가 적지 않았으나 도텐만은 달랐다는 게 중평이다. 손문을 기리기 위해 남경에 세운 '중국근대사 유지遺址 박물관'에 도텐의 동상이 서 있는

107 '미야자키 도텐'은 수입이 있어도 모두 아시아의 혁명을 위해 쓴 까닭에 늘 가난했다. 도쿄대 교양학부 전신인 제1고第一高에 다니던 아들 미야자키 류스케宮崎龍介는 제1고생의 상징이던 망토를 사지 못하다가 어느 날 문득 부친으로부터 선물로 새 망토를 받았다. 그러나 이는 폭탄을 감추고 다니기 위한 것이었다. 그가 만년을 보낸 집이 도쿄 니시이케부쿠로西池袋에 있다. 마당에는 그가 심은 소나무 몇 그루 지금도 그대로 남아 있다.

게 이를 뒷받침한다.[108]

손문과 도텐의 제휴는 일본의 우파세력과 중국의 혁명세력 사이에 긴밀한 협조관계가 형성되었음을 의미했다. 손문은 일본에 체류하는 동안 변발을 자르고 콧수염을 길렀다. 이후 그는 일본을 떠나 하와이로 건너간 뒤 이듬해인 광서 22년(1896) 6월까지 그곳에서 머물렀다. 하와이 체제 중 홍콩에서의 근무를 마치고 영국으로 귀국하는 은사인 컨트리 박사를 만났다. 컨트리는 그에게 런던에 오는 일이 있으면 꼭 들러줄 것을 당부했다. 이후 손문은 뉴욕으로 가 3달 동안 머물렀다. 미 대륙에도 화교는 매우 많았다. 대부분 광동출신으로 대륙횡단철도 공사 때 쿠리로 온 사람들이었다. 손문은 이들에게 혁명자금 지원을 호소했다. 이때 그는 혁명이 성공하면 몇 배로 갚아준다고 떠벌였다. 이로 인해 그는 '손대포'라는 별명을 얻게 되었다.

첫 봉기인 혜주봉기의 실패

손문은 외유 중에도 결코 안전하지 못했다. 청국 공사관은 그를 위험인물로 간주해 예의 주시했다. 뉴욕도 안전치 못하다고 생각한 그는 이해 9월 23일에 런던으로 갔다. 이후 그는 2년 남짓 런던에 체류하는

108 남경의 '중국근대사 유지 박물관'곳은 신해혁명 후 손문의 임시 대총통부로 사용된 건물로 당시의 집무실과 거실 등이 그대로 보존되어 있다. 연간 200만 명이 넘는 관광객이 방문하는 이곳 박물관의 안마당에 4개의 작은 동상이 높이 1미터 정도의 좌대 위에 서 있다. 그 중 하나가 손문을 따라 걷고 있는 모습의 미야자키 도텐의 상이다. 동상에는 한자로 '적성우의赤誠友誼'라는 제목이 붙어 있다. '거짓 없는 우정'이라는 뜻이다.

동안 대영박물관 등을 출입하면서 서구의 사조를 깊이 흡입했다. 그가 혁명이념으로 내세운 '삼민주의'의 이론적 기초가 이때 마련되었다. 유럽에서 유행하고 있는 사회주의의 영향을 크게 받은 '삼민주의'는 빈부격차의 해소를 요체로 삼고 있었다. 이는 훗날 그로 하여금 중국동맹회의 우파인 황흥黃興 및 송교인宋教仁과 달리 좌파의 길을 가도록 만든 배경이 되었다.

당시 그는 런던에 도착한 후 청국으로 압송될 뻔했다. 당초 그는 이해 10월 1일에 도착하자마자 다음날 은사인 컨트리 박사를 찾아간 후 연일 그를 찾아가 책을 빌려보았다. 그는 대단한 독서가였다. 컨트리 외에 의학교 은사 맨슨 박사도 귀국해 있었으므로 그의 집도 가끔 방문했다. 이들은 가까이 청국 공사관이 있으니 조심할 것을 충고했다.

10월 11일은 일요일이었다. 오전 10시경 기독교도인 손문은 컨트리와 함께 교회로 갈 생각으로 숙소를 나왔다. 그가 지나간 길은 총국공사관 주변이었다. 도중에 그에게 동향인이 말을 걸어왔다. 손문은 동향인이 이끄는 대로 어떤 건물로 들어섰다. 그곳이 바로 청국공사관이었다 그는 곧 2층의 한 방에 감금되었다. 손문은 영국인 늙은 하인을 설득해 간신히 컨트리 및 맨슨과 연락을 취할 수 있었다. 그러나 런던경시청은 외국공사관 문제라는 핑계로 손을 쓰려고 하지 않았다.

이에 컨트리가《런던타임스》를 방문해 자초지종을 알렸다. 보도가 나가자 청국공사관과 영국 외무부 모두 비공식적으로 석방하는 형식을 취했다. 이 일로 인해 그의 이름은 널리 알려지게 되자 그는『런던피난기』를 발표했다. 이때부터 그는 일선逸仙이라는 호를 사용했다. '은둔한 신선'의 뜻을 지닌 이 말은 광동어로 '얏센Yat sen'으로 읽었다.

광서 23년(1897)에 그는 미국을 거쳐 일본으로 건너갔다. 이때 그는 미야자키 도텐 등 일본의 우익인사들과 사귀면서 이들의 중재로 강유위 등 변법자강파와 협력방안을 논하고자 했다. 손문의 혁명파와 강유위의 변법자강파는 수차례 만나 협력방안을 논의했으나 청조 정권에 대한 기본 입장이 확연히 달라 아무런 결론도 내지 못했다. 강유위는 이듬해인 광서 24년(1898)에 백일유신이 실패로 돌아가자 곧 일본으로 망명했다. 미야자키 도텐 등이 강유위와 손문의 연합을 도모했으나 이 또한 아무런 성과를 거두지 못했다.

광서 25년(1899)에 필리핀에 독립전쟁이 일어나자 독립전쟁 지도자 아기날도로부터 무기구입을 부탁받고 자금을 수수한 손문은 이 일을 미야자키 도텐에게 맡겼다. 이때 무기의 구입과 수송을 떠맡은 중의원 나카무라 미로쿠中村彌六가 무기를 후닌마루布引丸에 실었으나 이 배는 도중에 침몰하고 말았다. 아직도 그 배경이 의심받고 있는 '후닌마루사건'으로 필리핀의 독립은 무산되고 준비된 무기는 손문이 마음대로 쓸 수 있게 되었다.

이듬해인 광서 26년(1900)에 의화단 사건이 일어나자 손문은 다시 양광총독 이홍장에게 기대를 걸고 그를 새 공화국의 대통령으로 추대코자 했다. 광동 일대를 독립시킨 뒤 이를 토대로 청조를 전복시키는 복안이었다. 이는 이홍장이 아무런 반응을 보이지 않아 무산되었다.

이에 손문은 다시 홍콩에서 홍중회를 조직해 홍콩과 가까운 혜주惠州에서 봉기를 일으키고자 했다. 이미 한해 전부터 혜주 근처의 삼주전三州田에서 정사량이 삼합회 등의 비밀결사 두목들과 연락해 사람을 모으고 있었다. 손문은 혁명을 지휘하기 위해 일본에서 홍콩으로 향했으나 홍콩 당국은 그의 상륙을 허락하지 않았다. 할 수 없이 거룻배에서 회의를 열었다. 정사량을 혜주, 사견여史堅如를 광주로 파견해 삼주전의 무장봉기에 호응하는 태세를 갖추고, 진소백과 이기당李紀黨은 홍콩에 남아 보급을 담당하기로 했다.

손문은 군자금 2만 위안을 넘겨주고 홍콩을 떠나 일본과 상해 등을 오가다가 상황이 여의치 않자 대만으로 갔다. 당시 남진론을 주장한 대만총독 고다마 겐타로兒玉源太郎는 손문의 무장봉기에 적극 찬성해 지원을 약속했다. 민정장관 고토 신페이後藤新平도 손문을 지원하는 것이 일본에 유리하다고 판단했다. 이에 손문은 미야자키에게 필리핀 독립전쟁용 탄약과 총을 아모이로 보내도록 지시했다. 그러나 필리핀 독립당의 군자금 6만 5천 엔 중 1만5천 엔을 나카무라 미로쿠가 착복한데 이어 오쿠라小倉로부터 구입한 무기와 탄약은 사용이 불가능한 폐물로 드러났다.

이해 10월에 문득 일본에서 야마가타 내각이 무너지고 제4차 이토 내각이 들어섰다. 이토내각은 중국의 혁명운동에 대한 원조를 중단한다는 성명을 발표했다. 대만총독이 손문을 지원하는데 깊이 관여한 일이 불거져 봉기가 무산될 위기에 처했으나 혜주에서는 이미 전투가 시작되었다. 손문이 정세가 급변한 사실을 알리자 정사량은 군대를 해산하고 수백 명의 동지와 함께 홍콩으로 철수했다. 청조정이 보낸 사객에 의해 양구운楊衢雲은 척살되고, 정사량도 이듬해 7월에 병사했다.

일본유학생의 포섭

손문은 혜주봉기가 실패한 후 본거지를 요코하마로 옮겼다. 광서 29년(1903)에 프랑스의 베트남총독이 주일 프랑스공사를 통해 하노이에서 개최되는 박람회에 그를 초대했다. 베트남에도 화교가 많이 살고 있었다. 베트남 화교를 대거 흥중회로 끌어들인 것을 계기로 세계 일주에 나섰다. 하노이에서 일본을 거쳐 하와이로 향하는 도정에 다시 일본에 들러 요중개廖仲愷와 마군무馬君武, 호의생胡毅生 등 많은 유학생들을 끌어들였다. 이를 계기로 변법자강파와 혁명파의 세력이 역전하기 시작했다.

당시 서태후는 굴욕적인 신축조약 체결을 계기로 군사력 차이를 실감한 나머지 이내 신정新政을 선포하고 일련의 개혁정책을 추진코자 했다. 과거제의 폐지와 학교의 설립, 상무商務의 진흥과 실업의 장려, 신군 편성 및 군수품 조달인 주향籌餉의 개혁, 관료에 대한 인사인 이치吏治의 정비 등이 골자였다. 이는 각 분야에 적잖은 영향을 미쳤다.

그러나 개혁의 핵심인 입헌에 대한 프로그램이 누락되어 있었다. 이는 지방 분치分治와 지방의회 참여로 정치참여의 제도화를 요구해온 신사층의 반발을 샀다. 이로 인해 입헌의 목소리가 더욱 높아졌다. 청조는 광서 32년(1906)에 이른바 '방행신정倣行新政'의 상유上諭를 내리고 본격적인 입헌 준비에 들어갔다. 이는 메이지헌법을 모방해 헌법반포 및 의회의 개설 이전에 황제의 권한을 강화하고 지방의 군사권과 재정권을 중앙에 집중시키려는 취지에서 나온 것이었다.

당시 신정의 발표 이후 수많은 각 급 학교가 개설되어 학생 수가 급속히 늘어나고 있었다. 유학생도 덩달아 크게 늘어났다. 거리와 비용 등 모든 면에서 유리했던 일본에 가장 많은 유학생이 몰려갔다. 이들 일본 유학생들은 새로운 서구적 학문과 사조에 접하면서 열강에 의한 과분瓜分의 위기에 몰린 중국을 구해내 부강한 나라를 만들고자 하는 열망에 들떠 있었다.

일본유학생 중 일부가 광서 28년(1902) 4월에 장병린 등과 함께 도쿄에서 한족의 부흥을 염두에 둔 〔망국 242주년 기념회〕를 열었다. 이는 명제국의 패망을 기원으로 삼은 것으로 청조의 타도를 겨냥한 것이다. 손문은 여기서 장병린과 처음으로 만나 공화국 건국 이후의 문제를 논의했다.

고증학자인 장병린은 원래 「객제客帝」라는 글에서 광서제를 성명한 군주로 칭송하던 보수적인 인물이었다. 고증학자로 명성을 떨친 그가 강유위의 번법파와 행보를 같이 하다가 문득 혁명파로 변신한데에는 손문과 함께 혁명 이후의 도성의 건설인 건도建都 문제를 논의한 것이 크게 작용했다.[109]

당시 손문이 남경을 거론하자 장병린은 문득 역대 왕조가 한 번도 수도로 정한 적이 없는 무창을 들고 나왔다. 장강을 끼고 동쪽으로 강소와 절강 일대를 통제할 수 있고, 서쪽으로 멀리 사천까지 내다볼 수 있고, 북쪽으로 뤄양과 직결되고, 철로를 이용하면 남쪽의 광동 일대에 곧바로 이를 수 있는 점 등이 논거였다. 이는 남경이 지니지 못한 장점

109 원래 중국에서 '건도' 문제는 건국이념을 좌우하는 매우 중차대한 일이다. 중국의 역대왕조의 수도가 크게 서안西安과 낙양洛陽, 남경南京, 북경北京 등 4곳으로 집약된 것은 지세와 정세 등 모두 측면을 감안한 신중한 선택의 결과였다. 전한제국이 서안에 건도한 것은 지금의 섬서성 일대인 관중關中의 땅이 기름지고 지세가 험준해 동쪽의 여러 지방을 제압하는데 유리했기 때문이다. 후한제국이 뤄양을 선택한 것 역시 전한 말기에 서안이 불탄 데 따른 불가피한 선택이기는 했으나 산수가 뛰어나고 방어에 유리한 점 등이 고려된 결과였다. 춘추시대에 월나라 수도 석두성石頭城이었던 남경이 동진 때 수도로 선정된 것도 같은 맥락에서 나온 것이다. 호랑이가 웅크리고 용이 똬리를 튼 호거용반虎踞龍蟠의 형상을 하고 있는 남경은 장강을 천혜의 요새로 삼아 남진하는 적의 공격을 최전선에서 막아내기에 편했을 뿐만 아니라 실지회복의 의지를 선전하는데 더 없이 좋았다. 이에 반해 북경은 몽골과 만주 등을 제압키에 가장 적합한 곳에 위치해 있었다. 명제국의 영락제가 남경에서 북경으로 천도한 것은 몽골의 북원北元을 효과적으로 대처키 위한 불가피한 선택이었다.

이었다. 이에 대해 손문이 이같이 반박했다.

"무창을 수도로 삼으면 중원을 다스리는 것은 가능하나 신강과 몽골을 통제하기에는 부족하오. 신장과 몽골을 다스리려면 서안을 수도로 삼아야 하오. 그러나 이곳도 아시아의 맹주가 되기에는 협소하오. 만일 아시아 전체를 통어하려면 일리伊犁 지역으로 천도하는 수밖에 없소. 그러나 서역은 멀리 떨어져 있어 역대 왕조 모두 오랫동안 장악하지 못하고 얻었다가 잃기를 반복한 것이오. 이를 거울로 삼아야만 하오."

손문의 이 말은 원론 차원에서 나온 것이기는 했으나 건도의 요체를 찌른 것이었다. 장병린은 평소 손문에게 크게 감복치 않았으나 이 얘기를 듣는 순간 식견의 차이를 절감하지 않을 수 없었다. 그는 이후 손문과 함께 혁명의 길로 나섰다.

광서 29년(1903)에 들어와 중국에서 대대적인 '거법拒法' 및 '거아拒俄' 운동이 일어나면서 여론이 혁명파에게 유리하게 전개되기 시작했다. '거법'은 광서에서 폭동이 일어났을 때 철도와 광산 이권을 교환조건으로 해 프랑스군의 출병을 요청한 광시순무 왕지춘王之春을 탄핵키 위해 도쿄에서 전개한 항의운동을 말한다. 결국 왕지춘은 이로 인해 면직되고 말았다. 이 운동은 국내외에서 커다란 반향을 일으켰다.

'거아'는 러시아가 청조와 맺은 조약을 무시하고 의화단사건 때 점령한 동북삼성에서의 철군을 미루며 이를 자신들의 세력권 내에 편입시키려는 움직임을 보인데서 비롯되었다. 격분한 일본유학생 500명이 1903년 4월 29일에 도쿄 간다의 긴키간錦輝館에 모였다. 러시아군에 대항하겠다는 의사표시로 '거아의용대'를 조직했다. 주일 공사 채균蔡鈞은 북경에 보낸 비밀전문에서 이들이 표면상 '거아'를 내세우고 있으나 사실은 혁명을 목표로 하고 있으니 지금 귀국해 있는 자들을 엄중히 조사해 체포해야 한다고 건의했다. 이에 국내에서 커다란 호응을 얻었으나 청조로부터 '거아'를 구실로 혁명을 꾀한다는 의심을 받아 더 이상 확산되지 못했다.

중국동맹회의 결성

당시 황흥과 진천화陳天華 등의 급진파는 이해 5월 11일에 군국민교육회軍國民教育會를 발족시켰다. 이는 테러와 암살 등을 중요한 투쟁 수단으로 삼는 단체였다. 이후 일본유학생의 국내활동이 본격화하자 국내에 화흥회華興會와 광복회光復會 등 비밀 혁명단체가 대거 등장하면서 입헌세력의 반제反帝를 대신한 혁명파의 반만反滿 구호가 격증하기 시작했다.

화흥회는 이해 겨울에 황흥과 송교인 등이 호남의 창사에서 창립한 조직으로 '구제달로驅除達虜, 부흥중화復興中華'를 구호로 내세웠다. 만주족의 청조를 전복시켜 한족의 나라를 세우자는 취지를 공공연히 드러낸 것이다. 이들은 이해 11월에 서태후의 70세 고희연을 틈타 창사에서 봉기해 호남을 장악하려는 계획을 세웠으나 도중에 기밀이 누설되는 바람에 대부분 일본으로 망명하고 말았다.

광복회는 광서 30년(1904) 겨울에 장병린과 서석린徐錫麟 등이 중심이 되어 상해에서 설립한 조직으로 '광복한족光復漢族, 환아산하還我山河'를 구호로 내걸었다. 한족이 중심이 된 강산의 탈환을 목표로 삼은 이들은 강소와 절강 일대에서 지식인들과 연결해 무력혁명을 추진했다. 장병린은 채원배蔡元培를 교장으로 한 애국학사愛國學社를 조직해

入會證書
秦更年君由會員汪德林王崇官君
紹介入會業經本會許可特
此證明
中國同盟會寧支部
中華民國元年四月二日

중국동맹회 증서 1905년 8월 20일, 손문이 일본 도쿄에서 조직한 저항운동 비밀결사

점차 급진경향을 보이는 청년들을 수용하면서 학생운동을 지원했다. 그는 애국학사의 기관지인《소보蘇報》를 통해 학생들의 반청활동을 지원하던 중『혁명군』의 저자 추용鄒容과 서문을 쓴 일로 인해 투옥되었다. 이를 이른바 '소보사건'이라고 한다.

당시《소보》는 쩌우룽이 소책자인『혁명군』을 출판하자 이 소식과 함께 장병린의 서문을 실었다. 장병린은 이 글에서 혁명을 반대하는 강유위를 공격하면서 광서제와 서태후를 '한족의 공적公敵'으로 몰아갔다. 이 사건은《소보》가 '거법' 및 '거아' 운동의 소굴이 된 사실과 무관치 않았다. 당시 장병린은《소보》에 충격적인 글을 실었다.

"재첨載湉이라는 작은 추물은 아직도 숙맥菽麥을 가리지 못한다."

'재첨'은 광서제의 이름이다. 황제를 두고 숙맥을 구분하지 못하는 추물 내지 바보로 몰아간 것은 도를 넘는 것이었다. 19세의 추용이 쓴『혁명군』은 이보다 더욱 과격했다.《소보》는 이를 그대로 전재했다.

"중국에 거주하는 만주인을 쫓아내든가 혹은 살해하여 원수를 갚아야 한다. 만주인이 세운 황제를 주살해 만세에 또다시 전제군주가 있을 수 없도록 경고해야 한다."

상해 조계 내 신문과 청조는 이들의 인도를 강력히 요구했다. 상해 민심이 격앙되어 북경으로 이첩되었으나 재판을 오래 끌면 혁명파의 선전에 도움을 줄 뿐이라는 영국공사의 조언으로 마침내 장병린에게 금고 3년, 추용에게 금고 2년의 판결이 내려졌다. 이후 장병린은 형기를 마치고 일본으로 돌아갔으나 추용은 형기만료 70일을 남기고 21세의 나이로 옥사했다.

당시 화흥회 회원인 진천화가 지은『경세종警世鐘』,『맹회두猛回頭』같은 선전책자도『혁명군』못지않게 많은 영향을 미쳤다. 그는 광서 31년(1905) 12월에《아사히신문》이 중국 유학생에 대한 문부성의 단속규칙에 항의하는 중국인을 비하하는 내용의 기사를 싣자 유서를 남기고 30세의 나이로 바다에 투신했다.

이들 사건을 계기로 광서 31년(1905) 7월에 일본에 도착한 손문은 황흥 및 송교인 등을 만나 혁명 활동을 통일하기로 했다. 8월 20일에 도쿄에서 전국 차원의 '중국동맹회'가 결성되었다. 손문의 주도하에 기존의 혁명단체인 흥중회, 화흥회, 광복회에 소속되어 있던 혁명 운동가들과 급진적 유학생들이 통일적인 혁명단체를 조직한 것이다.

'중국동맹회'의 발족 배경과 관련해 오랫동안 손문의 흥중회와 황흥의 화흥회, 장병린의 광복회 등 3개 단체가 연합해 성립된 것이라는 견해가 주류를 이뤘다. 그러나 최근 이는 역사적 사실에 기초한 것이 아니라는 유력한 반론이 제기되고 있다. 중국동맹회가 발족할 당시 흥중회나 화흥회는 사실상 해체된 것이나 다름없었고, 광복회는 일부 회원만이 가입했다는 게 그 논거이다. 대략 기존 회원과 혁명파 일본유학생들이 기존의 단체와는 무관하게 개인자격으로 입회함으로써 새로운 단체가 결성되었다고 보는 게 타당할 것이다.

중국동맹회는 '구제달로驅除韃虜, 회복중화恢復中華, 건립민국建立民國, 평균지권平均地權'의 16자 강령을 채택했다. 이는 손문이 줄곧 사용해온 강령이었다. 채택과정에서 '평균지권'을 둘러싼 논란이 일기도 했으나 손문이 사유재산을 박탈하는 것이 아니라는 취지를 상세히 설명함으로써 이내 통과되었다. 이내 손문이 총리로 추대되고, 집행執行·평의評議·사법司法의 3부가 설치되었다. 중국동맹회는 이해 11월에 창간된 기관지 《민보》를 통해 본격적인 무력혁명 선전 작업에 들어갔다. 손문은 창간사에서 이같이 역설했다.

"중국도 이제 민족·민권·민생주의에 입각해 '진화'할 때가 되었다."

그는 기본적으로 사회진화론의 입장에서 세계를 바라보고 있었던 것이다. 《민보》는 1910년에 26호로 정간되기까지 혁명운동의 발전에 큰 영향을 주었다. 이를 계기로 삼민주의가 보다 명확한 내용을 갖춘 혁명이념으로 등장케 되었다. 손문은 '삼민주의'를 이같이 요약했다.

"삼민주의를 간단히 정의하면 곧 구국주의救國主義이다."

삼민주의는 민족에서 제국주의에 대한 인식이 결여되어 있고, 민권도 구체성이 결여되어 있고, 민생에서도 공상적인 성향이 다분하고 농촌의 토지문제에 대한 이해가 결여되어 있는 등 한계를 내포하고 있다. 그러나 당시로서는 가장 체계적으로 정비된 혁명이론이었다.

'민족주의'는 한족이 중심이 된 부강한 중국의 건설을 의미한다. '민권주의'는 공화정과 민주정의 유기적 결합을 뜻한다. '민생주의'의 인민의 경제권 확립을 말한다. 민생주의의 골자를 이루고 있는 지권地權은 국유화를 전제로 한 토지소유권 개념이다. 이는 서구 자본주의의 폐해를 미연에 방지키 위해 토지국유화를 전제로 한 '경자유전耕者有田' 논리에서 출발하고 있다. 삼민주의를 통치이념으로 내세우고 있는 대만에서는 부동산투기라는 개념 자체가 존재하지 않는다. 장개석 집권 이후 대만의 착실한 번영은 사실 '지권'을 현실화한데서 비롯된 것으로 볼 수 있다.

중국동맹회의 혁명이론은 양계초 등의 변법자강파와 치열한 논전을 거치면서 정립된 것이었다. 《민보》와 입헌세력의 기관지 《신민총보新民叢報》는 만주족에 반대하는 민족혁명이 과연 필요한 것인지 여부, 혁명이 중국의 내란과 열강의 간섭을 불러 일으켜 중국의 과분을 재촉할 것인지 여부 등을 놓고 치열한 논전을 전개했다. 이 논전을 통해 혁명파는 자신들의 혁명이론을 명확히 정리하면서 미래지향적인 전망을 제시해 이상주의적인 청년들을 대거 흡입했다. 삼민주의는 북양군벌과의 투쟁 과정에서 소련의 도움을 얻게 되면서 점차 연소聯蘇와 용공容共, 농공부조農工扶助 등의 3대 정책으로 구체화되었다. 이로 인해 중국의 주권과 중국인의 인권이 그 대가로 지불되었다는 비판을 받고 있다.

무장봉기의 거듭된 실패

당시 중국동맹회는 선전활동 외에도 본격적인 반청 무장봉기의 사령탑 역할을 수행했다. 광서 32년(1906)에 12월에 호남과 강서의 경계지역에서 일어난 이른바 '평유례萍瀏醴 봉기'가 첫 번째 사례에 해당한다. 교전은 1달간이나 지속되었으나 무기부족 등의 이유로 실패했다. 당시 손문은 가야노 나가시리萱野長知에게 부탁해 무기를 보급하게 했으나 경계가 엄중해 양륙하지 못하고 부득이 대만으로 운반해 보관케 했다. 이 사건으로 손문은 일본정부로부터 국외추방이라는 처분을 받아

하노이로 떠나게 되었다.

이해 7월에 절강 출신 서석린徐錫麟과 여성혁명가 추근秋瑾이 마침내 무장봉기를 일으켰다. 이들은 안휘순무 은명恩銘을 암살한 데 이어 대규모 무장봉기를 꾀했으나 서석린이 먼저 봉기하는 바람에 모두 진압되고 말았다. 이는 모두 지휘계통의 혼란과 사전준비의 부족 등으로 인한 것이었다.

손문이 베트남에 도착한 이해 8월에 베트남과 경계를 접한 광서의 흠주欽州와 염주廉州에서 다시 무장봉기가 일어났다. 이른바 '흠렴사건欽廉事件'이다. 청조가 신군 3개 대대를 파견하자 손문은 황흥 등에게 명해 신군을 대상으로 설득공작을 벌이도록 했다. 혁명군의 힘을 과시해 설득할 생각으로 원활한 무기 조달 체제를 선보이고자 했다. 이에 손문은 일본에 있는 동지들과 연락해 무기를 조달케 했으나 무기상에게 속아 폐품을 사들이는 등 손발이 맞지 않았다. 결국 혁명군은 청군이 다가오자 베트남과의 국경지대에서 해산하고 말았다.

손문은 곧바로 진남관鎭南關 공격의 계획을 세웠다. 진남관은 베트남과의 국경에 있어 청군의 국방 포대가 있는 국경의 요새였다. 손문은 이곳에 무기와 탄약이 대량 저장되어 있을 것으로 생각했다. 그러나 막상 진남관을 점령하고 보니 무기와 탄약은 거의 없었다. 청조가 프랑스에 손문의 추방을 요구하자 손문은 싱가포르로 옮기지 않으면 안 되었다.

당시 손문은 고집스럽게도 해외에서 무장 세력을 들여와 변방에서 봉기하는 전략으로 일관했다. 이는 동시다발적인 인민봉기를 성사시켜 조기에 청조의 항복을 받고자 하는 조급함에서 비롯된 것이었다. 그러나 대중적 선전이나 조직도 없이 시도된 이런 봉기는 이내 무너질 수밖에 없었다. 전술의 변화가 절실히 필요했다.

이를 자극하는 움직임이 신군 자체 내에서 나왔다. 광서 34년(1908)에 안휘 신군의 무장봉기 미수사건이 그것이다. 당시 안휘 신군 내의 일부 장병들이 이른바 '악왕회岳王會'라는 비밀결사를 조직하고 있었다.[110]

이해 10월 23일에 젊은 장교 범전갑范傳甲은 광서제와 서태후가 잇달아 죽자 국상의 어수선한 틈을 타 봉기할 생각으로 10월 26일을 거사일로 잡았다. 중대본부인 각 영營의 간부와 연락하고 웅성기熊成基를 사령관으로 추대했다. 막상 거사하자 탄약이 부족한데다 성 안의 신군이 내응하지 않았다. 해군이 거사에 반대하자 해산하지 않을 수 없었다. 그는 결국 처형되고, 웅성기는 만주를 거쳐 일본으로 망명해 동맹회에 가담했다. 웅성기는 이듬해인 선통 원년(1909) 겨울에 다시 만주로 잠입해 유럽순방을 마치고 돌아오는 섭정왕의 두 동생인 재도載濤와 재순載洵을 하얼빈 역두에서 암살코자 했으나 밀정에 고발되어 사형에 처해졌다. 안중근의 이토 저격사건이 빚어지기 직전의 일이었다.

선통 2년(1910) 2월에 광동 신군의 대대장인 표통標統 조성趙聲과 연대장인 통령統領 예영전倪映典 등이 봉기를 일으켰다. 이들은 음력 설날을 거사일로 잡았다. 그러나 신군 제1표標의 보병 200명이 무기고로 달려갔을 때 무기고는 텅 비어 있었다. 사전방비를 취한 수사제독 이준李準이 간단히 반란을 진압했다. 주모자인 예영전은 전사하고, 조성만 간신히 탈출에 성공했다.

이듬해인 선통 3년(1911) 4월에 일어난 황화강黃花岡 봉기는 신군과

110 '악왕'은 남송의 충신 악비岳飛를 말한다. 청조의 선조에 해당하는 금나라의 여진족과 싸운 악비를 추모한다는 것은 곧 청조의 전복을 뜻했다.

동맹회가 연합한 대표적인 무장봉기 사례에 해당한다. 흔히 '72열사사건'으로 불린 이 사건은 중국동맹회가 모든 인력과 재력을 총동원 사건이었다. 이해 4월 초순 제1차분의 무기로 일본에서 권총 115정, 총탄 4천 발이 도착할 예정이었다. 유학생이 이를 운반해 오기로 했으나 검사가 심하다는 말을 듣고 소심한 그는 무기를 모두 바다에 던져버리고 말았다. 일본서 온 2차분과 사이공에서 실어온 무기는 순조롭게 홍콩에 도착했다.

이들 무기는 비밀리에 광주로 운반되었다. 당시 광주에는 동맹회원인 온생재溫生才가 벌인 개인적 테러로 삼엄한 경계가 펼쳐지고 있었다. 원성차이는 군기대신 영록의 조카인 광주 장군 부기孚琦에게 5발의 총탄을 퍼부어 죽였다. 원성차이는 이내 자수해 처형당했다. 이때 거사계획이 누설되었다는 보고에도 불구하고 황흥은 거사를 강행했다. 결사대가 총독 관서로 쳐들어갔을 때 공관은 텅 비어 있었다. 내응키로 한 신군 2개 대대는 이미 무장해제 된 상태였다. 혁명군은 혈로를 뚫고 탈출했으나 도중에 혁명파와 내통해 광주로 오던 군사와 맞닥뜨렸다. 적으로 오인한 이들은 서로 발포해 모두 72명이 사망했다.

당시 입헌세력의 기관지 《신민총보》는 동맹회 계통의 거사가 잇따라 실패하자 혁명당의 수령은 사람들을 죽음으로 몰아넣고 자신은 고루화옥高樓華屋에서 안온하게 지내고 있다고 맹공을 퍼부었다. 동맹회 기관지 《민보》까지 방법이 지나치게 독선적이라며 손문 등을 비난했다. 《민보》의 편집장은 장병린이었다.

이 사건으로 인해 중국동맹회는 회원의 손실은 물론 사기 면에서도 큰 타격을 받았다. 이에 내분 양상이 한층 격화되었다. 동맹회 운영이 인물 위주로 이뤄진데다 손문 일파가 시종 서남변경에서의 봉기에만 치중하며 본부에 신경을 쓰지 않은 결과였다. 당시 손문이 일본정부와 상인들로부터 받은 자금 문제가 이런 갈등을 증폭시켰다. 무기구입에도 잡음이 많았다. 일부에서는 대표의 자리를 황흥으로 바꾸려는 움직임마저 보였다. 이는 동맹회의 분열을 가속화시켰다.

마침내 광서 36년(1910) 2월에 광복회가 도쿄에서 본부를 재건한 뒤 동남아지역에서 독자적인 활동을 전개했다. 손문의 변경 봉기에 불만을 품은 송교인 등도 이해 7월에 동맹회 중부총회를 세우고 장강 유역에서 독자적인 혁명을 추진했다. 당시 국내에서는 농민투쟁이 날로 격화되고 있었다. 이는 열강의 경제침략에 따른 농촌경제의 붕괴와 신정의 추진에 따른 잡세의 급증, 구리로 만든 위안화인 동원銅元의 남발로 인한 인플레이션, 계속되는 자연재해 등이 복합적으로 작용한 결과였다.

무창봉기와 신해혁명의 성공

선통 3년(1911) 5월에 설립된 청조의 이른바 '황족내각皇族內閣'이 철로국유화를 선포해 이권을 사실상 외국에 넘기자 노선보호운동인 대규모 '보로운동保路運動'이 일어났다. 당초 중국의 철도는 거의 외국의 차관에 의존했으나 20세기에 들어와 중국에도 민족자본이 성장하면서 이권회수운동이 시작되었다. 청조 역시 경한선京漢線과 경봉선京奉線 등이 큰 수익을 올리는 것을 보고 외국차관으로 간선철도를 만들고 이익으로 재건을 도모코자 했다. 이는 장지동이 추진한 것으로 그가 1909년에 죽은 뒤에는 성선회盛宣懷가 이어받았다.

광동에서 우한을 지나 사천에 이르는 이른바 '월한천粤漢川철도'의 이권을 회수했으나 장지동이 이권을 회수해도 철도건설 비용의 조달 능력이 없다는 이유로 다시 차관공작을 전개했다. 뒤를 이은 성쉬안화이는 일본의 요코하마 세이킨은행正金銀行에서 1천만 위안, 4개국 재단에서 1천만 파운드 등의 차관공작을 진행시켜 철도국유화의 자금으로 사용했다. 그러나 철도를 모두 국유화하려고 그의 이런 방침은 각 지방 유력자의 이해와 충돌했다. 특히 월한천철도는 이미 이권을 회수해 많은 사람이 주식회사를 만들어 건설과 경영에 임하려고 하는 등 상당히 구체적으로 일이 진행되고 있었다.

우전부郵傳部 대신 성선회가 1911년 6월 18일에 철도간선의 국유화를 선언하자 각지에서 격렬한 반대운동이 전개되었다. 사천의 저항은 특히 격렬했다. 사천의 성도에서 중경까지 격렬한 파시罷市가 단행되었다 중국에서는 예로부터 행정관이 '파시'를 당하면 최대의 치욕으로 생각했다. 학교도 파교罷校를 선언했다.

당시 혁명파의 신군에 대한 공작은 상당히 활발히 전개되고 있었다. 청조는 신군을 두려워해 탄약을 몰수했다. 이에 반발한 공병중대인 공정영工程營이 10월 10일 오후 9시에 탄약을 찾아낸 뒤 총성을 울렸다. 총성이 울리면 일제히 호응하도록 묵계가 이뤄져 있었다. 신군의 각 부대가 호응했다. 성 밖의 포병이 급히 달려와 무창의 사산蛇山에 대포를 올려놓고 총독공서를 향해 포문을 열었다. 혁명당은 무창에 숨어 있던 제21혼성협混成協의 여단장인 협통協統 여원홍黎元洪을 찾아내 협박과 설득 끝에 도독에 억지로 취임시켰다.

무창봉기의 소식은 순식간에 사방으로 퍼져나갔다. 대다수 순무와 총독이 도주했다. 청조는 반란을 진압하기 위해 육군대신 음창蔭昌과

해군대신 살진빙薩鎭冰에게 육해군을 이끌고 남하하라고 명했다. 인창은 신양信陽 부근까지 내려갔다가 전투준비를 위해서라는 핑계로 더 이상 전진하지 않았다. 청조는 부득불 고향에 은둔하고 있던 원세개에게 전권을 맡겨 사태를 수습케 했다.

1912년 정월에 남경에서 임시 대총통의 자리에 오른 손문은 수도를 남경으로 삼을 것 등을 조건으로 원세개에게 자리를 양보했으나 원세개가 획책한 이른바 '북경병변北京兵變'으로 인해 소기의 성과를 거두지 못했다. 2월 12일에 선통제가 퇴위하고 사흘 뒤에 원세개가 임시 대총통에 취임했다.

당시 중국동맹회를 중심으로 한 혁명파에게 남은 유일한 길은 국회와 정당을 이용해 원세개를 견제하는 것뿐이었다. 원세개는 총선에서 유리한 고지를 차지하기 위해 이해 8월에 손문과 황흥을 북경으로 초청했다. 당시 혁명당원들은 손문과 황흥에게 경솔히 북경으로 가지 말라고 만류했다. 그러나 손문은 황흥이 출발을 잠시 미룬 가운데 부인 신수분을 동반하고 이해 8월 24일에 북경에 도착했다.

원세개는 그를 전임총통의 예우로 융숭히 맞이했다. 저녁에 손문이 총통부로 가자 원세개는 손문을 치켜세우며 많은 가르침을 달라고 겸손히 처신했다. 이후 이들은 13차례의 회담을 가졌다. 원세개는 매번 손문의 얘기에 경청하는 모습을 보이며 찬성을 표했다. 간혹 다른 의견이 있을지라도 '일리가 있으니 참조하겠다'며 손문의 비위를 맞췄다.

손문이 도착한 이튿날 중국동맹회와 여타 정당이 합병해 국민당을 설립해 손문을 이사장, 황흥과 송교인 등을 이사로 선임했다. 손문은 원세개에게 입당을 권하면서 이사장의 직위를 양보할 뜻을 표했으나 원세개는 완곡히 거절했다. 손문은 9월 9일에 원세개가 전국철도의 기획

손문과 송경령

을 총괄하는 전국철로총판全國鐵路總辦에 임명하면서 3만 원의 봉급을 책정해주자 이를 기꺼이 받아들였다. 손문은 대외적으로 자신은 향후 사회사업에만 종사하고 정계에 개입하지 않겠다고 선언했다. 이때 손문은 국민당 당원들에게 전문을 보내 원세개를 극구 칭송했다.

"그는 능력도 있고, 두뇌도 명석하고, 세사를 명확히 통찰하고 있고, 사상도 새롭다. 다만 방법이 좀 전통적인 것이 흠이나 지금의 상황에서 나라를 다스리는 데는 이런 사람이 필요하다."

그러고는 전 당원에게 전력을 다해 원세개를 도울 것을 호소했다. 당시 손문은 왜 이토록 원세개를 칭송하고 나선 것일까? 대략 철로사업에 대한 기대 때문이었던 것으로 추정된다. 그의 다음 언급이 이를 뒷받침한다.

"앞으로 10년 내에 20만㎞의 철로를 놓겠습니다. 그래서 중국 전역을 사통팔달하게 만들고, 중국을 세계 제일의 강국으로 만들겠습니다."

이는 마오쩌둥이 1958년에 철저한 실패로 끝난 '대약진운동'을 전개할 때 떠벌인 것과 별반 다를 게 없다. 그런 점에서 손문은 뜻만 높고 치밀한 전략이 부족하다는 지적을 면키 어렵다. 실제로 손문과 수차례 회담한 바 있는 원세개는 회담 후 손문과 황흥을 이같이 품평한 바 있다.

"손문은 뜻이 높고 견해가 탁월하나 추진력이 부족하다. 황흥은 성품이 올곧고 단호하나 배포가 작고 식견이 짧아 남의 속임수에 넘어가기 쉽다."

난세의 방략에서 원세개가 한 수 위였음을 뒷받침하는 대목이다. 당시 손문은 전국철로 총판에 임명된 이듬해인 1913년 초에 산업시찰 명목으로 일본을 방문했다. 목적은 철로부설을 위한 자금 차입이었다. 그는 내심 중일이 동맹해 러시아에 대항코자 하는 복안을 제시하면 일본이 기꺼이 응할 것으로 판단했다. 그의 생각대로 원만히 일이 추진되었다.

제2혁명과 제3혁명의 잇단 실패

손문이 귀국할 즈음 문득 송교인 암살사건이 빚어졌다. 당시 송교인은 국민당을 창당한 뒤 총선에서 다수 의석을 확보하는데 성공해 안팎의 주목을 받고 있었다. 그러나 그는 국민당 내각을 꺼린 원세개의 사주를 받은 자객에 의해 이해 3월에 상해 역두에서 살해되고 말았다

당시 이 사건의 처리를 둘러싸고 국민당 내부는 무력해결과 법률해결을 주장하는 견해로 양분되었다. 원세개는 탄압과 매수로 국민당의 분열을 획책하면서 3명의 국민당계 도독을 파면시켰다. 이를 계기로 이른바 '제2혁명'이 일어났다. 광동에서도 손문의 휘하 군벌인 진형명陳炯明이 독립을 선언했으나 이내 원세개 무력에 눌려 실패했다. 이에 손문은 대만으로 망명했다. '제2혁명'의 실패는 신해혁명의 실패를 최종적으로 확인한 것이었다.

손문은 이듬해인 1914년 7월에 도쿄에서 '중화혁명당'을 결성했다. 과거의 동맹회를 부활시키고자 한 것이다. 손문이 총리, 진기미陳其美가 총무부장, 호한민胡漢民이 정치부장에 선출되었다. 이해에 손문은 미국에서 공부를 마친 송경령을 송애령의 사퇴로 비어 있던 자신의 영문비서로 맞아들였다. 손문을 존경한 송경령은 손문의 혁명 사업을 적극 돕고 나섰다. 국내 기반을 잃은 혁명당은 공공연히 해외에서 원세개 반대투쟁을 준비했고, 국회해산으로 설자리를 잃은 국회의원들도 이에 동조했다. 성 의회와 자치단체의 폐지로 인해 지방 신사층의 반발도 거세졌다. 도독의 권한 축소에 불만을 품은 각 성 도독들의 반발도 만만치 않았다.

그러나 원세개는 이듬해인 1915년부터 황제에 즉위하겠다는 이른바 '제재운동帝制運動'을 본격 추진하고 나섰다. 이로 인해 반원세개 움직임이 더욱 가속화했다. 이해 10월에 송경령은 집안사람들의 결사적인 반대에도 불구하고 손문과 결혼했다. 송경령 손문을 따라 원세개 타도, 헌법수호, 서남군벌 토벌 등 일련의 공화제 수호를 위한 정치투쟁에 참여했다.

원세개는 이해 12월 12일에 전 국민이 추대하는 형태로 황제의 자리에 올랐다. 이에 '제3혁명'이 일어났다. 이듬해인 1916년부터 '홍헌' 연호를 사용하며 황제 즉위를 선포했다. 조야가 모두 이를 반대하는 와중에 원세개가 이해 6월에 요독증으로 병사했다. 급작스런 힘의 공백으로 인해 곧 군벌이 할거하는 양상이 전개되었다. 손문은 여러 좌절을 겪으면서 군벌 뒤에 제국주의가 있다는 사실을 절실히 깨달을 수밖에 없었다.

그는 원세개가 죽기 3달 전에 송경령과 함께 일본에서 상해로 왔다.

이로부터 10년 동안 손문은 혁명을 계속했다. 이듬해인 1917년에 중국이 독일과 국교를 단절하고 세계대전에 참전했다. 미국이 이해 2월에 참전하고 주중공사 라인쉬를 통해 공동보조를 취할 것을 제의하자 이에 응한 것이다. 이에 대해 일본이 항의했다. 일본도 참전국이므로 중국의 참전을 환영하나 일본과 상의하지 않은 것은 유감이라는 내용이었다.

얼마 후 러시아에 혁명이 일어났다. 이해 11월에 미국과 일본 사이에 '이시이-랜싱협정'이 체결되었다. 일본의 특명전권대사인 이시이 기쿠지로石井菊次郎와 미국의 국무장관 로버트 랜싱 사이에 교환된 것이다. 일본은 21개항의 요구에 의해 얻은 권익을 미국이 승인해주기를 바랐다. 미국은 중국의 권익에 대해서는 문호개방과 기회균등을 주장했다. 중국진출에 뒤늦은 것을 만회하기 위한 것이다. 21개항의 요구는 미국의 주장에 저촉되나 일본은 '영토가 근접해 있는 국가 사이에는 특수한 관계가 성립된다'는 주장을 관철시켰다.

일본은 그 대가로 문호개방 주장에 반대하지 않는다는 것을 약속했다. 미국은 협정의 '영토 근접' 구절을 만주로 한정시킨데 반해 일본은 중국의 전 영토로 확대해석했다. 이 협정은 1922년의 워싱턴회담의 '중국에 관한 9개국조약'으로 공문화空文化될 때까지 효력을 발휘했다. 일본정부는 1918년에 시베리아로 출병했다. 당시 제1차 세계대전으로 인해 열강의 압박이 상대적으로 약해져 중국의 민족경제가 상당히 호전되었다. 신해혁명에 근대화의 기대를 걸었던 지식층은 군벌체제로 인해 그 기대가 무너지자 '국민성 개조'를 내세웠다.

일본이 단기서 정권과 맺은 군사협정은 일본의 군사적 우월권을 인정한 것이므로 맹렬한 반대운동이 일어났다. 진우인陳友仁은 영자지 《페킹가제트》에서 '중국을 팝니다'라는 제목의 사설을 발표했다가 체포되고, 신문사는 폐쇄되었다. 일보에서도 유학생들이 항의 차 귀국해속 민간단체도 이에 동조했다.

러시아혁명이 성공은 사람들에게 용기를 북돋아주었다. 1919년 1월에 파리에서 강화회담이 열렸으나 중국대표는 아무 것도 얻은 것이 없었다. 21개항의 취소와 외국군대와 경찰의 철수, 관세 자주권 획득 등의 요구는 상정조차 되지 못했다. 일본의 반대로 참전국이면서도 산동의 권익을 독일로부터 되찾아오지도 못한 것이다.

중국의 인민이 격노했다. 신해혁명과 반원운동 때도 볼 수 없었던 완전히 새로운 차원의 민중운동이 1919년 5월 4일에 일어났다. 5·4운동은 외국과의 타협이 일절 없었다. 이날 오후 1시에 천안문 앞에 모인 각 급 학교 학생은 3천 명이었다. 각국 공사관을 찾아간 대표들은 일요일을 이유로 면회가 사절되었다. 학생들은 매국분자에 반대하고 이들에게 징벌을 가하려고 행동을 개시했다.

이날 사건으로 30명의 학생이 체포되자 이후 그 여파가 전국 각지로 번져갔다. 총파업이 선언되고 북경에서는 6월 3일에 다시 학생들의 데모대가 거리를 누볐다. 1천 명 이상이 체포되었다. 천진과 광주, 상해, 청두 등 주요 도시에서 일본상품의 불매운동, 파리강화회담 반대운동 등이 전개되었다. 파리강화회담에 참석한 중국대표는 매국노로 낙인찍히는 것이 두려워 정부의 훈령도 기다리지 않고 조인을 거부했다.

파리강화회담에 참석한 중국의 전권위원은 외교부 총장인 육징상陸徵祥을 비롯한 5명이었다. 이중에는 광동 군 정부 대표인 왕정정王正廷도 있었다. 북경 정부는 외교상 문제에 관해 손문의 광동정부도 같은 의견임을 대외적으로 과시하기 위해 왕정정을 가담시킨 것이다.

당초 광동군 정부는 1917년에 성립되었다. 당시 상해에 있던 손문은 해군총장 정벽광程璧光과 함께 군함을 타고 광동으로 향하고, 단기서에 반대하는 의원들도 광동으로 모였다. 법정수에 모자랐으나 비상국회를 열어 8월 30일에 군정부軍政府' 조직을 결정했다. 손문이 대원수, 당계요가 원수로 취임했다. 북경 정부는 손문을 비롯해 광동에 있는 의원들에게 체포령을 내렸고 이로써 남북 대립이 시작되었다.

육영정 등은 손문의 세력이 커지는 것을 꺼려 손문을 포함한 7명의 정무총재의 합의제에 의해 광동 정부를 운영키로 했다. 이에 손문은 대원수를 사임하고 일본을 거쳐 상해로 갔다. 광동 군정부는 손문이 떠난 후 국민당계 의원들이 대부분 광동을 떠나는 바람에 제 기능을 발휘하지 못했다. 중국국민당이 새로 조직된 것은 5·4운동이 있던 이해의 10월 10일이었다.

호법군정부와 연소용공노선

중국국민당이 창당될 당시 손문은 중국으로 돌아온 후 광주에서 대원수를 역임하며 1차 호법운동을 이끌었다. 송경령은 손문이 독서를 좋아한다는 것을 알고 수시로 중요한 서적과 잡지를 수집해 그의 사상정리를 위한 자료를 마련해 주었다. 1918년부터 1919년까지 손문은 두문불출하고 집필 작업에 들어갔다. 이 시기에 나온 그의 저술은 모두 송경령의 땀으로 이뤄진 것이다.

그녀는 송경령이 쓴 많은 서신을 영문으로 번역하면서 그의 비서직을 충실히 이행했다. 송경령은 여러 차례 손문을 도와 소련과 연락을 취했다. 1918년에 레닌과 전보를 주고받기 시작한 손문은 1922년에 최

호법운동 동지들과 함께 한 손문

초로 레닌과 직접적인 접촉을 했다. 송경령은 훗날 당시를 이같이 회고했다.

"통신 왕래를 하면서 이 두 위대한 혁명전사는 인류의 자유와 진보적인 투쟁을 위해 손을 잡았다."

당초 손문의 남방정부는 1917년 9월에서 1918년 5월까지는 이른바 '호법군정부護法軍政府'로 존재했다. 이후 1918년 5월에서 5·4운동을 거쳐 1920년 6월까지는 '7인총재정부'로 존재했다. 새로이 발족한 '중화민국 정식정부'의 외교부장과 재정부장에 오정방, 내무부장과 육군부장에 진형명 등이 임명되었다. 이해 11월 25일에 손문은 광주로 돌아가 군사정부에서 활동을 재개했다.

이듬해인 1921년 4월에 광동 국회에서 중화민국 정부조직 대강이 결정되었다. 5월에 손문이 광동에서 '중화민국 정식정부'의 총통에 취임했다. 마침 이해 7월에 중국공산당 창설 제1회 전국대표대회가 상해에서 개최되었다. 모택동도 호남의 대표로 참석했다. 이때 레닌이 비서인 마링을 중국에 파견했다. 마링은 북쪽에서 오패부와 만나고, 남쪽에서 북벌을 위해 계림桂林에 와 있던 손문을 만났다. 손문은 소련에서 시행 중인 '신경제정책'에 큰 관심을 가졌다. 손문은 랴오중카이에게 국민당의 개편을 담당시켰다. 소련정부의 대표 요페는 일본으로 가는 도중 손문을 만났다. 요페는 국민혁명을 위해 국민당에게 원조할 것을 약속하는 '손-요페 공동선언'을 발표했다.

"중국의 가장 절박한 문제는 통일을 이뤄 완전한 독립국가가 되는 일이다. 이 대사업을 위해 요페는 손문에게, 러시아 국민은 중국에 동정을 보내고, 동시에 중국은 러시아의 후원을 기대해도 좋다."

손문이 북벌계획을 가시화하자 송경령은 거액의 위문 경비를 모집하고 전사들을 위로할 위문단인 '출정군인위로회出征軍人慰勞會'를 결성했다. 손문은 참모본부를 전진시킨 뒤 진형명에게 광동을 맡겨 보급을 담당하게 했다. 그러나 당시 진형명은 북경정부와 내통하고 있었다.

손문은 진형명이 1922년 5월 18일에 군사를 이끌고 광주로 들어오자 국면을 전환시키기 위해 급히 광주로 돌아왔다. 6월 12일의 기자회견에서 진형명의 소속 부대가 원래의 지역으로 물러나기를 바란다고 밝혔다. 그러나 광동의 자치를 주장한 진형명은 이 말을 듣지 않았다. 당시 이 사건과 관련해 많은 사람들이 진형명에게 책임을 물었으나 호적胡適 등 일부 지식인들의 생각은 달랐다.

"손문은 광동을 근거지로 하여 무력으로 중국을 통일하고자 했다. 이로 인해 손문은 멀리 전국의 인심을 잃고 가까이는 광동의 인심을 잃었다. 손문은 함대의 대포로 광주 성벽을 포격하겠다는 험한 말까지

하여 광주의 민중에게 겁을 주기도 했다. 이같이 해서는 실패를 면키 어려웠다.”

6월 15일 저녁에 진형명 부대는 이미 총통부를 포위하기 시작했다. 6월 16일 새벽 2시에 손문은 진형명 부대가 그의 집을 공격할 것이라는 보고를 받았다. 손문이 단잠에 빠져 있던 송경령을 깨워 함께 빠져나갈 것을 권했다. 손문과 함께 행동하는 것이 오히려 위험할 것으로 판단한 송경령이 손문에게 말했다.

“중국은 나는 없어도 되나 당신은 없으면 안 됩니다.”

결국 손문은 50명의 호위병과 송경령을 모두 집에 남겨 둔 채 간신히 몸만 빠져 나갔다. 그는 반란군의 시야를 피해 황포에 정박 중인 영풍함永豊艦에 도착했다. 손문은 안전하게 도착했다는 것을 알리기 위해 포성을 세 번 울렸다. 손문이 떠난 지 30분 쯤 지나 갑자기 사방에서 포성이 울렸다. 반란군이 손문과 송경령이 사저인 월수루月水樓를 공격하기 시작한 것이다. 사방에서 ‘손문을 죽여라.’는 고성이 난무했다. 반란군은 좌우에서 협공을 해 왔다. 총통부의 호위병들은 8시간여 동안 이들과 총격전을 벌였다.

당시 송경령은 부근의 야산에 피신해 있었다. 총성이 멎자 송경령은 호위병들과 함께 산을 내려와 육교를 따라 기어갔다. 이들이 막 육교를 지나갔을 때 육교는 반란군의 포격을 맞고 무너져 내렸다. 이들이 총통부에 이르렀을 때 포성이 멎었다. 새벽 4시부터 오후 4시까지 송경령과 호위병들은 포탄이 오가는 지옥 속에 있었던 셈이다.

얼마 후 반란군이 들이닥치자 송경령은 대문을 뚫고 나가 기지를 발휘해 손에 싸들고 있던 물건을 땅에 떨어뜨렸다. 반란군들이 돈주머니를 서로 차지하려고 다투는 사이 그 속을 무사히 빠져 나왔다. 이때 송경령은 이미 임신을 하고 있던 중이라 행동이 몹시 불편했다. 대문을 뚫고 나온 후 송경령은 여러 차례 기지를 발휘해 반란군을 따돌리고 간신히 친구 집으로 가 휴식을 취했다. 이후 기선을 타고 지금의 중산대인 영남대嶺南大 총장 종영광鍾榮光의 집으로 갔다. 오랫동안 피로와 긴장 탓으로 송경령은 이내 유산을 하고 말았다. 이후 그녀는 영원히 아기를 갖지 못했다.

진형명의 반란이 일어났을 때 진격을 개시한 북벌군은 쿠데타 소식이 들리자 이내 후퇴하거나 계림으로 되돌아왔다. 손문은 군함 생활 50여 일 후에 홍콩을 거쳐 상해로 갔다. 남북통일을 목표로 하는 그의 꿈은 여기서 깨지고 말았다. 더 큰 문제는 진형명의 반란으로 광동으로도 돌아갈 수 없게 된 점이다.

이때 중국공산당의 효시인 이대교李大釗가 문득 북경에서 상해로 내려와 손문을 만났다. 이는 이대교가 직례군벌 오패부의 부관으로 있는 동창생 백견무白堅武를 통해 오패부를 끌어들이려고 했다가 실패하자 대상을 손문으로 바꾼데 따른 것이었다.

이틀 후 손문은 이대교의 소개로 소련의 전권대사인 아브라모비치와 만나 중국혁명 문제를 깊숙이 논의했다. 손문은 회담이 순조롭게 진행되자 최종적으로 연소용공聯俄容共을 선택했다. 이를 두고 문학자인 서지마徐志摩와 정치학자 장해약張奚若 등은 손문이 죽은 이듬해인 1925년에 '러시아를 친구로 사귈 것인가, 원수로 삼을 것인가'라는 제목의 토론회를 개최한 바 있다.[111] 이 토론회에서 서지마는 손문의 친소행

111 서지마는 1924년에 인도의 시인 타고르가 방중 했을 때 통역을 맡고 이후 호적 등과 함께 '신월파新月派'를 조직해 활약한 중국현대시의 개척자이다. 장해약은 일찍이 손문이 만든 '중국동맹

보에 날카로운 비판을 가했다.

"소련문제는 더 이상 방치할 수 없는 상태에 이르렀다. 소수의 사람이라도 이성을 갖고 문제의 핵심을 직접 제기하지 않으면 우리는 밥 한 그릇 더 먹고 담배 한 개비 더 피우며 허송세월한 뒤 후회막급을 탄식케 될 것이다."

당시 소련은 외몽골을 무단점거 한 가운데 은밀히 군벌을 도와주고 있었다. 공개적으로 광동정부에 군관과 외교관을 파견해 지휘하고 있었다. '대포'라는 별명을 지닌 장해약은 이를 지적하며 소련을 제국주의자로 매도하고 나섰다.

"제국주의 소련은 우리의 자원과 재물을 빨아먹는 존재이고, 우리의 수족을 묶는 존재이다. 소련은 손문에게 '중국문제는 내정문제가 아닌 외환外患문제로 제국주의자를 쫓아내기만 하면 된다'며 마치 불평등조약만 폐기되면 모든 일이 다 해결될 것처럼 말했다. 손문은 평생 똑똑하게 행동했으나 이번만은 멍청했다."

소련이 중국에서 하는 짓은 모두 상황을 교란시키는 일뿐이고, 이런 일이 계속되면 중국은 이내 과분될 수밖에 없다는 게 이들의 시각이었다. 이 토론회에는 양계초를 위시해 저명한 학자들이 대거 참석하고 있었다. 그러나 이내 폭도들이 신문사를 방화하는 바람에 이 토론회는 흐지부지 끝나고 말았다. 장해약의 지적은 손문의 '연소용공' 선택이 크게 잘못된 것임을 통렬하게 지적한 것이었다.

회'에 참여한 뒤 손문의 비서를 지낸 정치학자였다.

손문에 대한 재평가 움직임

당시 손문은 주변을 정리한 뒤 다시 광동으로 돌아갔다. 그는 이번에 총통을 두지 않고 대원수를 칭하면서, 정부의 이름도 피하고 단지 '광동대원수부廣東大元帥府'라고만 했다. 비서장에 양서감楊庶堪, 내무부장에 담연개譚延闓, 재정부장에 요중개廖仲愷 등을 임명했다. 이듬해인 1924년부터 국공합작이 가시화했다. 1924년 6월에 설립된 광동의 '황포黃埔군관학교'가 그 증거이다. 당시 손문은 장개석을 모스크바에 파견해 적위군의 조직과 훈련을 배우게 하고, 요중개에게는 광동의 황포에 군관학교를 세우게 했다. 군관학교가 세워지자 손문은 여기서 삼민주의에 관한 강연을 했다. 황포군관학교의 정치부 주임대리에는 프랑스에서 갓 귀임한 주은래가 맡았다.

당초 이해 초에 국민혁명을 추진하기 위한 북벌군이 진격할 즈음 정치교섭이 필요하게 되자 손문은 상해에서 일본을 거쳐 천진으로 향했다. 이때 그의 몸에는 암이 번지고 있었다. 도중에 고베에 들렀을 때 현립 고등여학교에서 '대아시아주의'라는 제목의 연설을 하면서 일본정부에 이같이 물었다.

"일본은 열강을 본떠 중국 등 약소한 아시아 여러 나라를 침략의 대상으로 삼을 것인가, 아니면 같은 편에 설 것인가. 왕도를 취할 것인가, 아니면 패도를 취할 것인가."

결국 그는 이듬해인 1925년 초에 북경으로 가던 도중 문득 북경에서 간암으로 쓰러졌다. 이해 2월 24일에 아들 손과와 송자문宋子文, 공상희孔祥熙, 대계도戴季陶 등을 증인으로 한 가운데 유언을 남겼다.

"나는 40년 동안 중국의 자유평등을 얻기 위한 국민혁명에 모든

신해혁명 1911년 청나라를 무너뜨리고 중화민국을 세운 혁명

힘을 다했다. 그간의 경험을 통해 반드시 민중에 호소해 궐기시키고 세계에서 우리를 평등하게 대하는 민족과 연합해 공동으로 분투해야 한다는 사실을 알게 되었다. 현재는 아직 혁명이 성공하지 못했다. 나의 동지들은 필히 내가 쓴 '건국방략', '건국대강', '삼민주의' '제1차 전국대표대회선언'을 따라 계속 노력하고 관철해 달라."

이는 왕정위가 손문의 구술을 받아쓰는 형식으로 이뤄졌다. 그러나 그의 첫 유언에는 부인 송경령과 자식들에 대한 언급이 없었다. 그는 1달 뒤 다시 첫 유언을 남길 때 참석했던 사람을 모두 모아 놓고 두 번째 유언을 했다.

"나는 국사에 진력하다 보니 집안일을 돌보지 않았다. 내가 남긴 서적과 의복, 주택 등 일체는 나의 처 송경령에게 주어 기념으로 삼도록 하라."

그는 이해 3월 12일에 숨을 거두었다. 그의 시신은 모두 4차례에 걸친 입관 끝에 장개석이 북벌에 성공한 직후인 1929년 6월 1일에 남경 교외의 중산릉中山陵에 안장될 수 있었다.[112]

중국의 현대사를 이야기할 때 손문을 빼놓고 이야기 할 수 없다. 현대중국의 출발점인 신해혁명의 주인공이 바로 그였기 때문이다. 그는 원래 잘 나가던 개업 의사였다. 그러나 청일전쟁 전후로 나라가 누란의 위기에 빠지자 이내 혁명에 뛰어들어 험난한 형명가의 길을 걸었다. 청조를 무너뜨리고 아시아 최초의 공화국을 성사시킨 신해혁명은 전적으로 그의 공이었다고 해도 과언이 아니다. 민주공화국 체제인 대만은 말할 것도 없고 인민공화국 체제를 유지하고 있는 중국에서도 그를 높이 평가할 수밖에 없었다. 이로 인해 그는 오랫동안 국부國父로 존경을 받아왔다.

진시황 출현 이후 수천 년 동안 유지되어 온 황제 중심의 군주정이 주권재민의 공화정으로 변환시킨 신해혁명은 지격변동에 해당하는 일대 변혁이었다. 실제로 당시 중화민국은 아시아 최초의 사례에 민주공화국에 해당했다. 그러나 최근 이에 대한 반론이 적잖이 일고 있다.

---

112 당초 손문의 시신은 사망 사흘째 되는 날 북경의 협화의원協和醫院으로 옮겨져 방부처리 되었다. 이는 손문이 스스로 임종 전에 레닌처럼 유해를 보존했으면 좋겠다는 뜻을 밝힌데 따른 것이었다. 처음에는 미국제 녹마무 관인 남목관楠木棺에 염을 했다. 그러나 얼마 후 공상희가 보다 큰 '남목유리관'으로 교체했다. 관내를 유리로 층을 나눠 관 뚜껑을 열고 사자의 얼굴인 유용遺容을 보기 편하도록 만든 것이었다. 두 번째 입관이 끝날 무렵 마침 장례위원회인 치상처治喪處에서 소련에 주문했던 수정관이 도착했다. 그러나 관의 재질이 약하고, 장거리 운송으로 균열이 생겨 사용치 않았다. 네 번째 관인 미국제 자동관紫銅棺은 1925년 8월에 도착했다. 가격은 1만5천 냥 백은이었다. 송경령이 이를 보고 크게 마음에 들어 하자 1929년 5월 22일에 북벌에 성공한 국민당정부는 손문의 시신을 '남목유리관'에서 '자동관'으로 옮기기 위해 북경의 벽운사碧雲寺에서 환관換棺 의식을 거행했다. 당시 '남목유리관'은 원래 시신이 착용했던 의복과 신발, 양말 등을 넣은 후 북경 벽운사의 석탑 안에 안치했다. 입법원장인 호한민이 '의관총衣冠塚'이라는 글을 써 석비를 세웠다.

종래의 학설은 혁명성을 강조하며 농민을 주력군으로 한 인민과 반동집단과의 투쟁에서 그 의미를 찾고 있다. 신해혁명은 농민투쟁의 소산이고, 이것이 혁명의 기본 동력으로 작용했다는 게 이들의 주장이다. 이들은 거의 예외 없이 신해혁명을 중국현대사의 시발점으로 간주하면서 부르주아 혁명으로 평가하고 있다. 이런 견해가 오랫동안 통설로 자리 잡아 왔다.

이에 대해 신해혁명은 신사층이 자신의 보신을 위해 일으킨 단순한 정권 교체적 정변에 불과하다는 부정적 견해가 확산되고 있다. 열강의 제국주의적 침략을 반대하는 명확한 강령을 제시하지 못하고, 오히려 열강에 매달리는 듯한 모습을 보였고, 기층 민중을 광범하게 동원하지 못하고, 혁명을 끝까지 이끌고 갈 강력한 혁명정당을 형성치 못한 것 등이 논거이다. 원세개를 수장으로 하는 북양군벌의 수립이 그 후과로 나타났다는 게 이들의 지적이다. 일각에서는 일본의 지지를 얻어내기 위해 동북3성東北三省 즉 만주 일대의 포기를 전제로 일본과 밀약을 맺고, 소련의 야욕을 간취하지 못한 채 중국을 팔아넘겼다는 식의 극단적인 평마저 내놓고 있다.

이에 대해 최초의 공화국 수립에 의미를 두는 긍정론자들도 혁명 발발에도 불구하고 구질서가 그대로 존속되었고, 원세개의 공화국정권은 청조보다 더 심한 매판세력이라는 사실을 부인하지 않고 있다. 당시 손문도 이를 잘 알고 있었다. 혁명 후에 나온 그의 회한어린 언급이 그 증거이다.

"정치사회적 각종 암흑과 부패가 이전보다 더하고, 인민들의 고통도 나날이 심해졌다."

신해혁명 당시에도 그에 대해 비판적인 견해를 제시한 사람이 제법 많았다. 변법을 이뤄 군주입헌제 국가를 만들기만 하면 최소한 러시아와 일본은 두려워하지 않을 수 있었는데 신해혁명으로 오히려 그것마저 무산되었다는 것이다. 중국인들도 혁명 이전에는 나름대로 응집력이 있었으나 신해혁명으로 오히려 분열되었다는 지적하고 있다. 사실 혁명 이후 군벌이 할거하는 와중에 수많은 이권이 열강에 넘어가고 민중의 삶은 더욱 피폐해진 것이 사실이다. 이런 점에 주목할 경우 신해혁명과 손문에 대한 평가는 부정적일 수밖에 없다.

중국의 근대화 작업은 청일전쟁으로 양무운동의 한계가 드러나자 2가지 방향으로 진행되었다. 변법운동과 혁명운동이 그것이다. 변법운동의 리더는 강유위, 혁명운동의 리더는 손문이었다. 양자 모두 열강의 위협에 대한 강한 위기의식을 공유했다. 그러나 방법론상 커다란 차이가 있었다. 역사는 손문의 손을 들어주었다.

신해혁명은 기본적으로 안팎의 패망위기를 극복키 위해 새로운 국가체제를 수립해야 한다는 광범위한 국민적 각성 위에서 성취된 까닭에 이후에 전개되는 모든 반제국주의 투쟁의 선구자 역할을 수행했다. 신해혁명은 당시의 변혁보다 이후의 역사 전개에 주목해 평가할 필요가 있다. 실제로 1919년의 5·4운동은 신해혁명의 후속 혁명의 성격을 띠고 있었다. 20세기 전반에 전개된 중국 및 아시아 민중의 반제투쟁 역시 신해혁명의 기본정신에 부합하는 것이기도 했다. 그런 점에서 신해혁명과 손문의 역할은 나름대로 일정한 평가를 받을 만하다.

제2절
원세개袁世凱–
초대 총통이 되어 황제를 꿈꾸다

원세개(袁世凱)

중화제국의 처음이자 마지막 황제

중국에서는 지금도 대부분의 사람들이 원세개를 삼국시대의 조조에 비유하며 '난세의 간웅'으로 여기고 있다. 『삼국연의』를 탐독하는 일부 중국인들은 그의 묘역이 고향 인근의 하남성 안양시 환강洹江 북쪽 강안에 소재하고 있다는 사실도 모른 채 그 또한 조조처럼 가묘假墓를 만든 것으로 알고 있다. 조조가 가묘를 만들어 시신을 훼손치 못하도록 했다는 것도 사실과 다르지만 그의 묘역은 4만 평 정도에 달해 황릉을 방불하고 있다. 실제로 그는 비록 잠시 동안이기는 했으나 '중화제국中華帝國'의 황제 자리에 오른 적이 있다.

그의 무덤은 틈이 있는 곳마다 쇳물을 부어 만든 까닭에 문화대혁명 때 홍위병들의 폭탄 투하에도 불구하고 한쪽 귀퉁이만 약간 훼손되었을 정도로 매우 견고하다. 당시 '잘 남겨서 반면교사로 삼으라'는 마오쩌둥의 지시로 그의 시신은 간신히 햇볕에 드러나는 폭로暴露를 면할 수 있었다. 이른바 '원공림袁公林'으로 불리는 그의 묘역은 개혁개방 이후 원래의 모습을 어느 정도 회복해 현재는 보존상태가 매우 좋은 편이다. 미국의 저명한 물리학자로 활약하던 그의 손자 원가류袁家騮는 지난 1973년에 중국을 처음으로 방문했다가 이곳을 참배하고는 크게 감격해한 바 있다.

'원공림'의 가장 큰 특징은 중국 전래 양식과 서양식이 기묘하게 뒤섞여 있는데 있다. 입구의 철문 위에 휘장을 붙여 놓은 것은 완전 서양식이나 약 8미터 높이의 봉분 주변은 전통식으로 꾸며져 있다. 6개의 기둥으로 이뤄진 패루牌樓는 중국의 전통 양식을 따른 것이기는 하나 구조는 당시 서양의 최첨단 기술로 알려진 철근콘크리트로 되어 있다. 이는 나름대로 동서양의 무덤양식을 혼용코자 한 노력으로 이해할 수 있다.

그러나 기괴하기 짝이 없는 6개의 석물 망주望柱는 '중화민국'의 초대 대총통과 '중화제국'의 처음이자 마지막인 황제의 자리에 오른 그의 삶을 희화화한 느낌마저 주고 있다. 문인상은 제천祭天의 예복과 면류관을 착용한 채 손에 홀笏을 들고 있고, 무인상은 북양군의 서양식 제복과 군모를 착용한 채 손에는 총이 아닌 검을 들고 있다. 전체적으로 볼 때 '원공림'은 전통 양식도, 서양식도 아닌 기괴한 모습을 하고 있는 것이다.

실제로 그의 삶이 이와 같았다. 과거시험에 떨어져 낙담해 있다가 조선의 임오군란을 계기로 승승장구해 마침내 대총통에 이어 황제의 자리에 오른 그의 삶 자체가 매우 극적이다. 이는 서세동점의 난세 속에서 시변을 좇아 유리한 쪽에 재빨리 가담하는 탁월한 처세술이 뒷받침된 결과였다. 강유위를 적극 후원하며 변법자강파를 자처하다가 마지막 순간에 서태후 측에 가담해 무술정변을 촉발시킨 사실이 이를 뒷받침한다.

그가 만일 황제위에 오르지 않고 대총통의 자리에 만족하기만 했어도 사후에 그토록 비난받지는 않았을 것이다. 중국의 전 역사를 통틀어 한제국의 유방과 명제국의 주원장의 뒤를 이어 일개 무부에서 몸을 일으켜 지존의 자리에 오른 세 번째 인물로 평가받을 수도 있었다. 그러나 그는 과욕을 부린 나머지 '난세의 간웅'이라는 오명을 뒤집어쓴 채 숨을 거두고 만 것이다.

명문가 원씨 집안의 서자로 태어나다

당초 원세개는 함풍 9년(1859) 9월 16일에 하남 항성현項城縣에서 선비 집안의 자식으로 태어났다. 문헌상 그의 가문은 증조부인 원요동袁耀東으로부터 시작된다. 원요동은 건륭제와 가경제, 도광제의 치세 하에서 농사를 지으면서 학문을 업으로 삼은 가난한 선비였다. 부인 곽씨郭氏가 장신구까지 전당포에 맡기는 헌신적인 노력으로 네 아들 중 첫째인 원수삼袁樹三과 둘째인 원갑삼袁甲三을 생원으로 길러내면서 가세가 펴지기 시작했다.

원수삼이 원세개의 조부였다. 그러나 원수삼은 생원조차 되지 못한 셋째 원봉삼袁鳳三과 넷째 원중삼袁重三과 마찬가지로 별다른 성과를 이루지 못한 채 도광 24년(1844)에 요절하고 말았다. 이에 그의 장남인 원보중袁保中이 종가의 법통을 이었다.

원보중은 평생 향신으로 지냈으나 그의 동생 원보경袁保慶은 과거에 급제해 도원道員의 벼슬까지 올랐다. 원보중은 본처가 아들 하나를 낳고 죽자 이내 첩으로 있던 유씨劉氏를 후실로 맞아들여 모두 5명의 아들을 낳았다. 원세개는 유씨 소생 5명의 아들 중 셋째였다.

영아 때부터 식욕이 왕성했던 원세개는 모친의 젖이 모자라 원보경의 부인인 숙모 우씨牛氏의 젖을 먹고 자랐다. 아들을 두지 못한 원보경이 조카인 원세개를 친자식처럼 귀여워하자 원보중은 원세개를 동생에게 양자로 내주었다. 그가 7세 때인 동치 5년(1866)에 양부이자 숙부인 원보경은 산동 제남부濟南府 지부知府로 가면서 명망 높은 학자를 그의 스승으로 모셨다. 그러나 원세개는 건달들과 어울려 말을 타고 명승지를 돌아다니며 홍루紅樓를 출입하는 등 공부를 등한시했다. 그럼에도 그는 무예에 남다른 흥미를 보여 나름대로 기마술에 뛰어난 기량을 지니게 되었다.

원보경이 동치 12년(1873) 7월에 문득 콜레라로 급사하자 당숙인 원보항袁保恒이 원세개를 북경으로 데려와 친동생인 원보령袁保齡에게 맡겼다. 원세개의 종조부인 원갑삼과 당숙인 원보항은 앞뒤로 회시에 합격해 정2품의 고관에 오른 인물들이다. 이홍장과 친구 사이인 원갑삼은 태평천국의 난 때 안휘성의 염군 토벌에 공을 세워 조운총독漕運總督 등에 제수되었으나 동치 2년(1863)에 염군 토벌 도중 군진에서 등창으로 진몰했다. 이후 그의 장남 원보항도 태평군 및 염군 토벌에 대공을 세웠으나 광서 3년(1877)에 하남성의 이재민 구호사업을 지휘하던 중 과로로 병사하고 말았다.

원세개가 북경으로 올 당시 당숙 원보형은 내각의 비서관인 중서中書를 거쳐 시독으로 근무하고 있었다. 원세개는 그의 엄한 단속에도 불구하고 계속 북경의 홍루 근처를 배회했다. 이때 이부상서의 아들과 약혼했다가 약혼자의 병사로 위패位牌와 결혼한 뒤 시부모를 모시고 있던 그의 둘째 누이가 그를 양자로 맞아들였다. 그녀는 원세개가 배운 글을 외우지 못하면 밥도 굶기는 등 엄하게 단속했다. 원세개는 그녀를 크게 두려워하면서도 존경했다.

그는 17세 때인 광서 2년(1876)에 향시에 응시했으나 낙방하고 말았다. 이해에 부잣집 딸인 우씨于氏를 아내로 맞았다. 3년 뒤 다시 향시에 응시했으나 또 다시 낙방하고 말았다. 그는 부끄럽고 분한 생각에 과거를 공부할 때 모은 글들을 불태우면서 이같이 다짐했다.

"무릇 대장부라면 전장에서 목숨을 걸고 싸워 나라에 보답해야 한다. 어찌 안이하게 붓과 벼루 속에 묻혀 세월을 헛되이 보낼 것인가."

당시는 매관매직이 공공연히 이뤄지고 있었다. 그는 공명첩空名帖을 산 뒤 북경으로 올라가 돈을 주고 실직實職을 얻으려 했으나 돈만 날리고 낙향하는 등 좌절을 겪었다. 가정도 화목치 못했다. 당초 그는 부인과 금실이 좋았으나 부인이 무심결에 자신을 두고 '첩의 자식'으로 언급한 것에 대노해 집을 나오고 말았다.

출세의 디딤돌이 된 조선의 임오군란

광서 7년(1881) 11월에 이르러 문득 양부 원보경의 의형제인 오장경吳長慶으로부터 속히 산동 등주登州로 오라는 연락이 왔다.[113] 이홍장이 이끄는 회군의 통령統領으로 있던 오장경은 그를 공부시켜 의형의 우의에 보답할 생각으로 그에게 서신을 보낸 것이다. 오장경은 그의 군사가 통상 '경군慶軍'으로 불린데서 알 수 있듯이 이홍장의 돈독한 신임을 받고 있었다.

당시 지장智將으로 명성이 높았던 오장경은 장건張謇과 주가록周家祿 등 당대의 명사를 참모로 두고 있었다. 그는 원세개가 오자 곧 문서작성을 맡기면서 장건과 주가록 등으로 하여금 문장을 고쳐주며 스승 역할을 하게 했다. 문장력 향상을 통해 과거합격을 도모한 것이다. 그러나 무예에 관심이 많은 원세개는 오히려 사격을 연마하며 무재武才를 과시했다. 이를 눈여겨 본 오장경이 곧 그를 영무처營務處로 보내 군무를 돕게 하자 그는 스스로를 엄격히 단속하는 모습을 보였다. 오장경은 의형의 양자인 원세개가 열심히 일하는 모습을 보고 크게 흡족해 했다.

원세개의 무인으로서의 자질은 광서 8년(1882)의 설 연휴에 군기를 엄정히 한데서 확연히 드러났다. 당시 군관들 대부분이 귀성한 상황에서 일부 병사들이 도박을 하던 중 싸움이 붙어 서로 총질하는 사건이 빚어졌다. 그는 속히 수습치 못할 경우 사태가 확산될 것으로 판단해 곧 병사들을 이끌고 현장에 도착해 오장경의 명을 내세워 싸움을 중지

113 당초 안휘 여강廬江 출신인 오장경은 태평천국의 난 때 부친과 함께 향용鄕勇 3천 명을 이끌고 여강을 수복하는 공을 세운 바 있다. 얼마 후 여강이 다시 태평군에 포위되자 그는 단신으로 포위망을 뚫고 관군을 지휘하던 원갑삼을 찾아가 구원을 청했다. 이때 원갑삼의 장남 원보항은 원병 파견에 반대했으나 조카인 원보경은 즉각 구원에 나설 것을 주장했다. 원갑삼은 고민 끝에 장남의 의견을 좇았다. 결국 여강은 다시 태평군의 손에 떨어지고 오장경의 부친도 전사하고 말았다. 이후 오장경은 원보항과의 교유를 끊고 원보경과 의형제를 맺었다. 오장경이 원세개의 적극적인 후원자가 된 이유가 바로 여기에 있었다.

시켰다. 이어 진상을 규명한 후 사건의 발단을 일으킨 병사를 현장에서 총살했다. 사건 처리 후 오장경에게 먼저 목을 베고 나중에 고하는 선참후계先斬後啓를 행한 이유를 설명하면서 모든 책임을 지겠다고 밝혔다.

오장경은 오히려 크게 기뻐하며 원세개의 임기응변을 크게 칭찬해 주었다. 병서를 많이 읽은 원세개는 『손자병법』이 강조하는 허허실실虛虛實實의 요체가 바로 '임기응변'에 있다는 사실을 통찰하고 있었다. 이 사건은 이후 원세개가 오장경의 절대적인 신임을 얻어 출세가도를 달리는 결정적인 배경으로 작용했다.

공교롭게도 이해 6월에 조선에서 임오군란이 발발했다. 이때 천진에 와 있던 조선의 김윤식과 어윤중이 모친상으로 귀향한 이홍장을 대신해 업무를 관장한 북양대신 대리 장수성張樹聲에게 구원을 청했다. 청국 조정은 장수성의 건의를 받아들여 곧 북양함대 제독 정여창丁汝昌과 참모 마건충馬建忠에게 명해 먼저 군함 3척을 이끌고 조선으로 가게 했다.[114]

당시 오장경은 원세개에게 명하여 영무처를 지휘해 군수품 공급을 책임지고 행군노선을 탐사케 했다. 군공을 세워 입신양명할 생각에 불타 있던 원세개는 조선에 도착하자마자 물불을 가리지 않고 임무를 수

114 마건충은 이홍장의 주선으로 프랑스로 유학을 가 변호사 자격을 얻어 귀국한 당대의 인물이었다. 이홍장의 천거로 영국에 유학을 가 해군학을 공부한 뒤 북양해군 제독이 된 정여창과 같은 경우에 속한다. 그는 임오군란 이후 이홍장의 천거로 조선에 들어와 통리교섭아문의 회판會辦 즉 실무총책을 맡은 마건상馬建常의 동생이기도 하다. 마건상 역시 동생 마건충과 마찬가지로 일찍이 유럽에 유학하여 공법을 공부한 뒤 주일청국공사 여서창黎庶昌의 밑에서 이사로 일한 바 있다.

행해 오장경의 칭찬을 받았다. 그는 조선인의 재물을 약탈하고 여인을 겁탈하는 병사를 과감히 처단해 군기를 바로 세움으로써 조선 조정으로부터도 두터운 신임을 얻었다.

오장경은 별기군의 훈련장소로 쓰던 지금의 서울 동대문운동장 서쪽 지점인 하도감下都監에 본영을 차렸다. 총병總兵 오조유吳兆有는 지금의 서울대병원 서쪽 모퉁이인 동별영東別營, 총병 황사림黃士林은 용산고 남쪽인 청파靑坡, 부장副將 장광전張光前은 장충단 공원인 남소영南小營에 포진했다. 당시 대원군은 오장경의 운현궁 방문에 대한 답방으로 청파의 황사림 병영으로 갔다가 이내 청국으로 압송되고 말았다. 다음날 오장경은 방문을 남대문에 내걸었다.

"황제가 국태공의 왕비 시해사건 개입 소문의 진상을 물어보려 한 것이므로 사유가 밝혀지면 다시 귀환하게 될 것이니 조선의 백성들은 두려워하지 말라."

원세개는 군란 가담자 제거의 명이 떨어지자 곧 대원군의 맏아들로 병권을 쥐고 있던 훈련대장 이재면을 감금한 뒤 김윤식을 불러 군란 가담자 제거를 청하는 고종의 명을 받아오게 했다. 이는 청군 출병을 합리화하기 위한 조처였다. 그는 왕십리와 이태원 일대의 난군 토벌작전에서 170여 명이 체포한 뒤 이 중 10여 명을 동관묘 앞에서 참수했다. 오장경은 군란이 진압되자 곧 원세개의 무공을 기리는 상주문을 올렸다.

"그는 부대를 엄히 다스리고 책략이 뛰어나고 용감해 늘 앞장서 싸웠습니다."

이에 원세개는 정5품인 동지同知에 제수되었다. 공식 직함은 오장경이 이끄는 총리영무처總理營務處 산하의 '회판조선방무會辦朝鮮防務'였다. 조선방어 업무의 실무 총책임자에 해당하는 직책이다. 조선주둔군의 야전 지휘는 오조유가 맡았으나 군대 이동 등에 대한 정치적 판단은 원세개의 몫이었다. 이때 오장경은 원세개에게 외교관련 업무를 맡기는 한편조선 군대의 훈련을 담당케 했다. 이는 훗날 원세개가 조선을 호령하는 기반이 되었다.

이해 9월에 이르러 원세개의 주도 하에 좌영左營과 우영右營으로 구성된 조선의 '친군親軍'이 창설되었다.[115] 얼마 후 광주유수廣州留守 박영효의 지휘 하에 일본식 군사훈련을 받은 군사가 친군의 전영前營으로 개편된데 이어 후영後營이 새로이 창설되었다. 이로써 조선의 중앙군제는 4영으로 재편되었다. 이들 4영은 청국과 일본식 훈련을 받은 병사들이 뒤섞인 까닭에 시종 내분양상을 빚었다. 실제로 2년 뒤에 터져 나온 갑신정변에서 좌영과 우영은 청군, 전영과 후영은 일본군에 가담해 서로 총부리를 겨누었다.

당시 원세개가 가장 공을 들여 육성한 군사는 김윤식이 지휘하는 강화군江華軍이었다. 청국의 북양아문을 본뜬 강화군이 도성 및 연안지역의 방어체제를 확립하기 위해 설치된 개연해방영畿沿海防營의 편제 하에 들어가자 조직이 급팽창했다. 조선 정부는 이를 계기로 독자적인 해군창설을 도모했으나 예산부족과 일본 측의 방해로 소기의 성과를 거두지 못했다. 당시 원세개는 이를 북양해군의 전진부대로 활용코자

115 당시 조선의 '좌영左營'과 '우영右營'은 각각 500명으로 구성되었다. 지금의 성북구 삼선동의 삼군부三軍府 자리에서 원세개의 감독 아래 부장 왕덕공王得功으로부터 훈련을 받은 부대를 '좌영', 동별영東別營에서 제독 주선민朱先民의 감독 아래 총병 하증주何增珠로부터 훈련을 받은 부대를 '우영'이라고 했다. 세간에서는 좌영을 군란 직후에 해체된 '왜별기倭別技'에 빗대어 '청별기淸別技'로 불렀다.

했다.

갑신정변 진압의 대공을 세우다

광서 10년(1884)에 이르러 청군 내에 오장경이 남양대신을 보좌할 것이라는 소문이 나돌았다. 원세개는 그를 좇아갈 생각으로 설에도 집에 가지 않고 조선에서 근무하는 모습을 보였다. 그러나 상황은 정반대로 돌아갔다. 청불전쟁이 격화되자 이홍장이 오장경에게 명해 속히 3개 대대의 군사를 이끌고 귀국할 것을 명했다. 원세개가 조선에서 전공을 세워 입신할 생각으로 조선잔류를 희망하자 오장경이 이를 받아들였다. 이에 그는 오조유를 조선주둔 3개 대대의 총책으로 임명하면서 원세개에게는 영무처를 총괄하면서 자신의 직속부대인 경군慶軍을 이끌게 했다. 사실상 그에게 조선방어의 총책을 맡긴 것이나 다름없었다. 오장경이 떠나자 원세개는 점차 본색을 드러내기 시작했다. 그는 오조유는 물론 총병 장광전과 사사건건 충돌했다. 특히 그는 자신에게 글을 가르친 바 있는 장건을 무시하는 태도를 보여 그의 분노를 샀다.[116]

당시 조선 내 상황도 그에게 불리하게 돌아가고 있었다. 이는 청군 및 청상淸商의 여러 불미스런 일로 인한 것이었다. 마침내 김옥균 등 급진개화파가 다케조에竹添進一郎 일본공사의 호언만을 믿고 정변을 획책

116 당시 원세개는 장건에 대한 호칭을 선생님인 '라오스老師'에서 아저씨인 '따예大爺'로 떨어뜨린 뒤 나중에는 아예 형님인 '따거大哥'로 격하하는 등 오만한 모습을 보였다. 이에 장건이 장문의 편지를 써서 배은망덕한 그의 행태를 크게 질책하자 이내 장건과 절교해 버렸다.

다케조에 (1842~1917) 1880년대의 주 조선 일본공사로 1882년 임오군란 이후의 청·일관계를 정리하고 조선의 개화파를 지원하였다.

하자 서울에 조만간 변란이 일어날 것이라는 소문이 파다하게 나돌았다. 원세개도 이를 익히 알고 있었다. 그는 정변 발발 1달 전에 이홍장에게 비밀품계서인 밀품密稟을 보냈다.

"조선의 군신은 일본인에게 농락되어 딴 뜻을 품고 있습니다. 이는 프랑스와의 전쟁으로 인해 중국이 조선에 증병하지 못할 뿐 아니라 러시아와도 다투지 못할 것으로 짐작했기 때문입니다. 이런 정황이 3년 정도 지속되면 그 형적이 반드시 드러날 것입니다."

그는 나름대로 심상치 않은 움직임을 알고 있었으나 '3년' 운운 한 데서 알 수 있듯이 정변이 급작스럽게 일어날 줄은 전혀 생각지도 못했다. 이해 12월 4일 우정국 축하연에서 일본의 사주를 받은 김옥균 등 조선의 급진개화파가 정변을 일으켰다. 그는 보고를 받자마자 곧바로 오조유 등과 함께 청군을 이끌고 현장으로 달려갔다. 그러나 사건은 이미 끝난 뒤였다. 그는 좌우에 명하여 창덕궁과 종로 일대를 순찰토록 조치한 뒤 민영익이 알렌의 치료를 받고 있는 묄렌도르프의 집으로 달려갔다. 피투성이의 민영익이 그에게 읍소조로 말했다.

"나는 개화당에게 당했소."

곧이어 자신과 가까이 지내던 한규직과 이조연, 민영목 등이 모두

갑신정변의 주역들

살해되었다는 보고를 접한 그는 이를 자신에 대한 정면 도전으로 간주했다. 이튿날 새벽 그는 곧 이홍장의 측근으로 있는 당숙 원보령에게 서신을 보냈다.

"일본인들이 이미 개화당을 도와 중국당中國黨을 제거한 이상 조선은 이제 일본에 병탄을 당하거나, 조선정부 스스로 중국을 배반할 것입니다. 이번 사태는 모름지기 오장경과 같은 고위관원인 대원大員을 파견해야 잘 처리할 수 있을 것입니다. 이하응李昰應도 함께 나오게 하여 조선의 인심을 거두는 것이 좋을 것입니다."

그는 나름대로 최선의 수습방안을 강구한 셈이다. 조선의 당시 정황에 비춰 그의 판단은 예리한 것이었다. 원보령이 이를 이홍장에게 전하면서 이같이 건의했다.

"프랑스와 일본 두 나라를 동시에 적으로 삼아 싸울 수는 없습니다. 우선 프랑스와 화해한 뒤 일본을 징벌해야 합니다."

이홍장이 곧 북경의 총리아문에 고관을 조선에 파견해 사태를 수습하는 방안을 건의했다. 이에 앞서 원세개는 내심 전공을 세울 수 있는 절호의 기회가 왔다고 판단해 은밀히 오조유를 부추겼다. 속히 본국에 원병을 청하도록 한 것이다. 오조유가 이를 받아들여 곧 지휘관들의 공동명의로 된 건의서를 이홍장에게 보냈다.

"조선의 국왕은 김옥균과 박영효 등에게 미혹되어 있습니다. 속히 군함으로 원군을 증파해 줄 것을 청합니다."

이는 갑신정변 당시 정식 지휘계통을 밟아 청국 조정에 제출된 첫 보고서였다. 당시 청국과 조선 사이에는 아직 전보선이 가설되지 않아 천진과 인천을 오가는 북양함대 군함을 이용해 서신을 전달하고 있었다. 이홍장은 곧 핵심 막료인 오대징吳大澂과 함께 정변수습대책을 논의했다. 이에 라이플소총으로 무장한 400여 명의 원군을 이끌고 가 조선의 정변을 수습키로 최종 방침을 정했다. 오대징이 흠차회판조선사의대신欽差會辦朝鮮事宜大臣 자격으로 조선에 도착할 당시는 이미 원세개가 전격적인 작전으로 정변을 완전히 마무리한 뒤였다. 원세개의 결단과 전광석화 같은 추진력이 빛을 발한 대목이다. 그가 이홍장의 뒤를 이어 북양군의 우두머리가 되고, 이후 황제의 자리까지 오르게 된 단초가 바로 여기에 있었다.

당시 오조유 등은 일본군과의 충돌로 인한 책임추궁을 두려워한 나머지 이홍장의 지시가 올 때까지 기다릴 것을 주문했다. 그러나 원세개는 시간을 지체할 수 없다며 출병을 재촉했다. 원세개는 이미 정변 발생 직후 자신이 훈련시킨 조선 좌우영의 영관營官을 매수해 합동작전을 펼치도록 조치한데 이어 평소 친분이 있는 심순택을 사주해 청군의 출동을 공식 요청토록 해 놓고 있었다. 그의 지략이 간단치 않았음을 보여주는 대목이다.

마침내 정변 나흘째인 12월 7일 오후에 출동을 공식 요청하는 조선의 우의정 심순택의 서한이 오자 곧 800명의 청군을 이끌고 창덕궁의 정문인 돈화문을 돌파했다. 오조유가 이끄는 500명의 청군은 창경궁의 선인문을 통해 창덕궁으로 진입했다. 결국 청군의 전격작전으로 갑신정변은 3일 만에 끝나고 말았다.[117] 그는 민비 및 세자가 청군의 호위 하에 환궁한 다음날에 이홍장에게 보고서를 올렸다.

"조선의 민심이 중국에 감복하고 있는 이때를 틈타 조선에 감국監國을 두고 중병重兵을 배치해 조선의 내치와 외교를 대신하느니만 못합니다. 조선은 유구나 베트남과는 경우가 다릅니다. 만일 조선이 다른 나라로 넘어가면 중원이 어찌 편히 잠을 잘 수 있겠습니까?"

'감국' 주장은 청국 조정에서도 가장 과격한 주장에 해당했다. 그

117 당시 44세의 소심한 한학자 출신 다케조에는 원세개와 정반대의 모습을 보였다. 당초 개화파의 정변을 유도하라는 이노우에의 지시를 받고 서울에 온 그는 정변 22일전인 11월 12일, 갑을 2개 안을 제시하며 본국에 양자택일을 요청한 바 있다. 갑안은 청일전쟁을 전제한 것으로 개화파를 선동해 내란을 일으키는 방안이었다. 을안은 청국과 대결할 의사가 없는 것을 전제한 것으로 개화파가 큰 화를 입지 않도록 보호하는데 그쳐야 한다는 내용이었다. 사태가 박두하면 어느 안을 택할지 지시를 청하겠다고 했으나 그 전에 정변이 일어났다. 정변 3일째 되는 날 청군이 반격에 나서자 그는 일본 경비대의 철수를 결정했다. 이에 정변은 '3일천하'로 끝나고 말았다. 결과적으로 그는 원세개에게 완패한 셈이다. 실제로 이로 인해 일본의 위신과 신의를 땅에 떨어졌다. 갑신정변 후 원세개가 이홍장의 파격적인 지원을 업고 승승장구한 데 반해 다케조에가 이노우에에게 버림을 받아 옷을 벗은 것도 이와 무관치 않았다. 다케조에는 노년에 갑신정변에 관해서는 '원세개에게 당했다'는 말만 했다.

가 비록 드러내 놓고 말하지는 않았으나 누구를 '감국' 대상으로 상정하고 있는지는 삼척동자도 알 만한 일이었다. 그러나 이홍장은 조선의 반발을 야기해 자칫 일본과 전쟁이 일어날 것을 우려해 이를 받아들이지 않았다. 청국의 입장에서 볼 때 갑신정변의 전격적인 진압은 전적으로 원세개의 공이었다. 원세개가 이후 청일전쟁이 일어날 때까지 10년 동안 조선을 쥐락펴락하는 위세를 떨친 배경이 바로 여기에 있었다.

여기서 주목할 대목은 그가 득의의 표정으로 본국의 포상을 기다리는 와중에 병사들의 급료를 빼돌려 정변 때 죽은 조선 대신들의 가족에게 위로금을 준 점이다. 그는 자신을 지지하는 사람들에게는 전폭적인 지원을 아끼지 않았다. 그의 이런 행보는 훗날 북양군벌을 키우는 데 결정적인 배경이 되었다.

당시 원세개의 방자한 행보에 노한 오조유 등의 지휘관들은 이홍장에게 원세개가 병사들의 급료를 횡령하고 관기를 첩으로 둔 사실 등을 고발하는 내용의 보고서를 올렸다. 이홍장은 곧 원세개가 돈으로 조선인의 환심을 사려는 어리석은 짓을 했다고 질책하며 빼돌린 급료 전액을 배상토록 명했다. 그러나 원세개에 신임이 식은 것은 결코 아니었다. 이홍장은 조선 문제는 원세개가 아니고는 제대로 다루기 어렵다는 생각을 하고 있었다.

이는 일본정부가 위안스카의 경질을 강력 요구했음에도 불구하고 청국 조정이 원세개에게 일본과 갈등이 생기지 않는 선에서 주의해 줄 것을 주문한 사실이 뒷받침한다. 여기에는 흠차대신 오대징이 원세개의 공을 높이 평가하는 보고서를 올린 점이 크게 작용했다.

'조선 감국'의 귀환

원세개는 정변 이듬해인 광서 11년(1885) 정월에 양모의 병세가 위중하다는 서신이 오자 이를 구실로 휴가를 얻어 귀국했다. 그는 고향으로 가는 도중 먼저 여순으로 가 당숙인 원보령 앞에서 읍소하며 벼슬에서 물러날 뜻을 밝혔다. 내심 조선정변 진압의 대공을 반드시 포상 받아 대관의 꿈을 반드시 이루고자 한 그가 이런 모습을 보인 것은 당숙이 이홍장에게 자신의 이런 속마음을 간곡히 전달해 줄 것을 종용한 것이었다. 그가 당숙의 집에 계속 머물면서 정변의 조사를 마친 오대징이 북양함대 함선을 타고 여순으로 오는 것을 기다려 함께 연대煙臺로 가 1달가량 머문 사실이 뒷받침한다. 당시 오대징은 원세개의 극진한 대접에 극히 만족해했다. 오대징은 이홍장을 만나 조선 문제를 상의할 때마다 원세개를 이같이 칭송했다.

"원세개는 장래가 촉망되는 매우 재능 있는 청년입니다."

실제로 훗날 오대징은 자신의 딸을 원세개의 맏아들에게 보내 사돈을 맺었다. 당시 원세개는 오대징의 천거에 힘입어 처음으로 이홍장과 대면케 되었다. 이홍장이 그의 노고를 치하하면서 조선의 사후처리에 관한 견해를 묻자 그는 이같이 설명했다.

"조선의 왕은 우유부단한데다 변덕스러워 남의 부추김에 잘 넘어갑니다. 대관을 서울에 파견해 단속하지 않으면 이내 중국을 배반하고 일본과 러시아를 좇을 것입니다. 조선 주둔 상무위원商務委員이 하는 일은 상업관련 업무뿐이어서 타국 공사들의 경시를 받고 있으니 그 권한을 대폭 넓혀야 합니다. 이하응은 지모와 재능이 뛰어나 백성의 존경을 받고 있고 대의에도 밝으니 그를 조속히 귀국시키는 것이 이로울 것입니다."

이홍장은 그의 조리 있는 언변에 크게 만족해했다. 이홍장이 흔쾌한 표정으로 속히 조선으로 돌아가 계속 일해 줄 것을 주문하자 원세개는 눈물을 흘리며 간청했다.

"노모가 와병 중이니 속히 귀향해 간병코자 합니다."

국사를 돌보느라 모친의 임종을 지켜보지 못한 이홍장은 핀잔을 주었으나 원보령까지 나서 통사정을 하자 이내 이를 허락했다. 원세개는 이홍장의 천거로 광서 11년(1885) 2월에 대원군을 호송해 함께 조선으로 건너왔다. 그는 민비 측과 대원군 측을 화해시키기 위해 백방으로 설득해 어느 정도 긍정적인 답변을 얻은 뒤 천진으로 돌아와 이를 이홍장에게 보고했다. 이홍장이 크게 기뻐하며 그를 조선주재 공사로 보내겠다는 뜻을 밝혔다. 26세의 야심 찬 원세개는 크게 기뻐하며 곧 둘째 누이에게 편지를 보냈다.

"전에는 군사를 거느리고 전장에 나가야 했던 까닭에 위험했으나 지금은 공사가 되었으니 누구도 저를 해칠 수 없게 되었습니다. 지금 시류를 보면 공사가 되어야 출세할 수 있습니다."

이홍장은 원세개를 조선 담당 외교통상 총책으로 삼기 위해 곧 조정에 올린 상주문을 올렸다.

"그는 조선의 사정에 누구보다 밝습니다. 그를 '주찰조선총리교섭통상사의駐紮朝鮮總理交涉通商事宜'에 임명해 외교관 역할도 겸하게 하는 게 좋을 것입니다. 이미 두 번이나 조선의 난을 평정해 대공을 세웠으니 지부知府로 우선 임명했다가 나중에 도원道員으로 승진시키고, 3품 직함을 내리는 것이 가할 듯합니다."

이해 4월에 일본의 이토 히로부미가 천진으로 와 이홍장과 천진조약을 체결했다. 협상 와중에 이토는 원세개의 처벌을 강력 요청했다. 당초 이토는 천진조약 체결을 위해 청국으로 가면서 갑신정변 과정에 일본 측이 개입한 일 등으로 인해 대청교섭이 어려울 것으로 예상했다. 이에 기선을 제압할 생각으로 회담의 벽두에 다케조에 공사와 주둔 일본군을 공격한 원세개의 경질을 요구했다. 이는 일단 성공했던 조선의 정변이 원세개의 전격적인 기습으로 일거에 뒤집혀졌다는 판단에 따른 것이었다.

원래 다케조에는 한학에 능해야 조선에서 제대로 대접받을 수 있다고 해서 이노우에 외무경이 큰소리를 치며 발탁해 조선에 보낸 학자풍 사무라이였다. 그러나 44세의 장년이 홍안의 25세의 원세개에게 당해 간신히 몸만 빼내 일본으로 도주한 꼴이 된 셈이다. 이토가 선제공격을 가한 원세개에 대한 처벌과 손해배상을 요구하자 이홍장은 '주의를 주겠다'는 언급과 함께 원세개를 소환하는 것으로 이 일을 마무리했다. 이토의 청군에 대한 철군 요구에 대해서는 공동으로 철수한 뒤 서울에 변고가 발생하면 상호 파병할 수 있되 미리 상대국에 통보하고 사태가 마무리되면 함께 철수한다는 선에서 합의를 이끌어냈다. 이홍장은 청국의 내정간섭이 강화되면 조선 조정과 백성들의 반청분위기가 고조돼 자칫 청국을 배신할지도 모른다는 불안감을 갖고 있었다. 일본의 파병권을 수용한 것은 일종의 고육책이었다.[118]

원세개가 다시 조선으로 오게 된 것은 영국이 이른바 '거문도사건'을 일으킨 직후였다.[119] 러시아의 조선 진출에 촉각을 곤두세우고 있던 영국은 '조러밀약설'에 자극을 받아 극동함대 사령관 도웰 제독에게 명해 3척의 군함을 이끌고 가 거문도를 점령케 했다. 영국 해군은 1845년경부터 이미 거문도를 '해밀턴항'으로 명명하고 눈독을 들이고 있었다. 제

주도와 여수 사이에 있는 거문도는 동해를 통과하는 러시아함대를 감시하기에 좋은 자리에 위치한 것을 알아챈 결과였다.

당시 이홍장은 거문도 사건이 불거지자 그 배경에 조러밀약을 주선한 묄렌도르프가 있다는 사실을 알고 대노했다. 이에 곧 그를 해임하도록 조선정부에 압력을 넣었다. 이는 러시아의 조선침략 가능성에 긴장한 청조가 이홍장에게 시급히 대책을 마련토록 촉구한 결과였다. 조선정부는 정부 차원에서 조러밀약설에 개입한 것이 아니라고 해명하고 1885년 11월에 묄렌도르프를 파면함으로써 파문을 수습했다.

이를 계기로 그간 조선에서 치열하게 대립했던 청과 일본이 문득 손을 잡았다. 이는 러시아와 영국을 견제키 위한 오월동주吳越同舟의

118 현재 천진조약에 대해서는 평가가 엇갈린다. 단기적으로는 이홍장의 승리였다. 양국군의 동시 철수는 병력수가 압도적으로 많은 청국의 손해처럼 보이나 당시 조선에 친일 성향의 개화파가 갑신정변으로 모두 제거되었기 때문에 민씨 척족 중심의 친청파 세력만이 남아 있었다. 양국군의 철수는 친청파의 득세를 뜻했다. 실제로 이후의 역사를 보아도 원세개가 감국監國노릇을 하며 청일전쟁이 일어날 때까지 10년간 조선의 정치를 좌우했다. 그러나 장기적인 관점에서 보면 이홍장의 패배였다. 1894년의 동학농민운동 때 일본은 천진조약의 '동시파병' 조항을 근거로 전단을 찾아냈기 때문이다. 이때의 패배로 이홍장은 만고의 '매국노'로 낙인찍히는 결과를 맞았다. 종합적으로 판단할 때 이토의 승리로 평할 수밖에 없다.

119 당초 갑신정변이 일어나 청일 간의 전쟁위기가 고조되자 고종은 김용원과 권동수 등을 비밀리에 블라디보스토크로 보내 밀약을 맺었다. 그 내용은 김옥균이 러시아 영토에 가면 압송하고, 일본의 보상금 요구를 파기시키고, 러시아 군함이 한국 연해를 보호해주는 것 등이었다. 김옥균의 체포 및 송환을 교섭하기 위해 일본에 파견된 서상우와 묄렌도르프는 비밀리에 주일 러시아 공사 다비도프와 만나 러시아 훈련교관의 초빙과 영흥만 조차에 관해 협의했다. 고종의 윤허가 떨어지자 정부 간 정식 협약을 체결하기 위해 주일 러시아 공사관의 스페이어가 입국했다. 조선의 외아문 독판 김윤식이 청국의 총판상무總辦常務 진수당陳樹棠과 일본 대리공사 곤도 신스케近藤眞鋤에게 이 사실을 알린 뒤 스페이어에게 미국 교관의 초빙을 진행하고 있기에 러시아의 요구를 받아들일 수 없음을 통고하고 묄렌도르프를 규탄했다. 아프가니스탄 문제로 러시아와 대결하고 있던 영국은 러시아가 조선에서 부동항을 확보하게 되었다는 풍문이 나돌자 크게 놀라 이를 견제하기 위해 1885년 4월에 거문도를 점령한다는 결정을 내렸다.

행보였다. 이노우에 외무경이 8개항에 달하는 조선의 개혁안을 청에 보내면서 유능한 인재를 조선에 파견해 조선국정을 탐지할 것을 이홍장에게 권한 사실이 이를 뒷받침한다. 이에 이홍장은 바오딩 부에 유폐되어 있는 대원군을 귀환시켜 민씨 척족 정권의 러시아 접근을 견제키로 하는 한편 원세개를 청국의 대표로 발탁해 다시 조선에 파견키로 결정했다. 임오군란과 갑신정변 때 보여준 임기응변의 결단력 등을 높이 산데다 일본 측이 은근히 원세개의 복귀를 지지하는 점을 고려한 결과였다.

이해 11월에 그는 첩인 심씨沈氏 및 수행원을 이끌고 '주찰조선총리교섭통상사의'라는 긴 직명의 외교관 자격으로 서울에 부임했다. 그의 관직은 북양대신 휘하에 속한 것이어서 타국의 공사처럼 청국 정부를 대표할 수는 없었으나 이는 형식에 지나지 않았다. 내용면에서는 오히려 공사보다 훨씬 막강한 직책에 해당했다. 실제로 고종은 그를 여타 국가의 공사보다 우대했다. 여기에는 이홍장이 고종에게 서신을 보내 조선의 내치 및 외교에서 원세개와 상의해주기를 당부한 것이 크게 작용했다.

당시 원세개는 고종의 공손한 태도를 상국의 관원에 대해 취해야 하는 당연한 예우로 생각해 방자하게 굴었다. 고종을 만날 때 항상 '3읍례三揖禮'를 행한 것이 그 증거이다. 이는 대등한 관계에서 하는 것이었다. 그의 이런 방자한 행동은 열강 외교관들의 구설수에 올랐다. 실제로 그의 내정간섭은 도를 넘고 있었다. 그럼에도 그는 조선의 외무아문에 이런 고압조의 서신을 보냈다.

"조선이 청국의 종속국이 된 지 수백 년이 되었다는 것은 천하공지의 사실이다. 조선이 단독으로 여러 나라와 조약을 맺으며 각서와 성명을 내고 있으니 이것이 어찌 용납될 수 있겠는가."

이때 마침 이홍장으로부터 김옥균 등이 무기를 싣고 조선으로 온다는 급보가 전해졌다. 이에 놀란 고종이 곧 사람을 원세개에게 보내 청군 파병을 청하자 원세개는 이를 이홍장에게 보고하면서 당숙에게 서신을 보내 대처방안을 물었다. 원보령은 곧 이홍장에게 최정에 부대를 은밀히 파견하는 방안을 건의했다. 그러나 이는 곧 김옥균 일파가 만들어낸 헛소문으로 판명이 나 흐지부지 끝나고 말았다.

당시 외교관을 겸한 상무위원 자격으로 조선에 온 그에게 가장 골치 아픈 문제로 대두된 것은 조선으로 흘러 들어온 청군의 약탈행위였다. 원세개는 이들을 체포한 뒤 본보기로 병사 1명을 참수하는 등 강력히 대처했다. 이는 조선조정으로부터 칭찬을 받았다.

공교롭게도 이때 조선과 러시아 간의 제2차 밀약사건이 불거져 나왔다. 이는 거문도사건 때 중재를 맡았던 청나라가 조선에 대한 종주권을 더욱 내세우고 내정간섭을 강화한 결과였다. 청이 대원군을 귀국시키고 고종을 폐위할 것이라는 소문이 퍼지면서 민씨 척족정권은 러시아 세력에 다시 의존하려고 했다. 묄렌도르프의 후임으로 부임한 미국인 데니 역시 러시아에 의지할 것을 권고했다. 고종은 제2차 밀약설을 흘리며 원세개를 시험했다. 원세개가 그 속셈을 읽고 고종에게 간신제거를 뜻하는「적간론摘奸論」을 지어 올렸다.

"러시아를 조선에 끌어들이면 또 다시 난신적자가 된 김옥균과 같은 인물이 나오게 될 것입니다. 이는 프랑스의 보호를 받으려다 오히려 프랑스의 식민국이 된 베트남의 전철을 밟는 것입니다."

그러나 고종은 이를 무시했다. 얼마 후 러시아공사 베베르에게 청국견제를 위해 유사시 러시아가 군함을 파견해 줄 것을 요청하는 사건이 불거졌다. 이 사건은 상해에서 돌아온 민영익이 고종의 밀서 필사본을 원세개에게 전달하면서 수면 위로 부상했다. 대노한 원세개가 고종과 대신들을 다그치사 고종은 자신과 조정은 관계가 없고 소인들이 날조한 것이라고 변명했다. 이에 곧 이홍장에게 서신을 보내 고종의 폐위 방안을 건의했다.

"우리가 조선을 다스리는데 너무 인정을 베풀었습니다. 우리 군사가 먼저 조선에 들어가고 조선의 군주가 바뀐 것을 보면 러시아도 움직이지 않을 것입니다. 러시아 군사가 먼저 들어오면 손을 쓰기 어렵게 됩니다."

당시 원세개의 고종 폐위론은 정가의 화제가 되었다. 고종이 주관 없이 민씨 척족세력의 사주에 솔깃해 밀약을 추진한 것으로 판단한 원세개의 진단은 정확한 것이었다. 이때 원보령은 대처방안을 묻는 원세개의 질문에 이런 답장을 보냈다.

"조선의 민란을 부추겨 대원군을 곤경에서 빠져나오게 한 뒤 이를 계기로 청군을 파견하는 것이 가장 좋은 방안이다."

짧은 시일에 민란을 야기하는 것이 어렵다고 판단한 원세개는 다시 이홍장에게 파병을 청하는 서신을 보냈다.

"병사 500명만 있으면 고종을 폐하고 중국을 배반한 자들을 처벌할 수 있습니다."

곤경에 처한 조선정부는 러시아와의 밀약 사실을 극구 부인하면서 밀약설의 당사자로 거론된 조존두 등을 유배 보낸 뒤 사자를 북경에 파견해 해명했다. 러시아와 조선 정부 모두 발뺌을 하고 민영익마저 상해로 도주하면서 제2차 밀약사건도 근거 없는 일이 되고 말았다. 순친왕 재풍이 원세개의 경솔한 행보를 지적하면서 이홍장에게 사람을 바꿀 것을 지시했다. 이홍장이 조선정부로 하여금 간사한 무리가 외교문건을 위조해 열국을 기만케 되었다는 취지의 사과문을 공표케 함으로써 원세개는 위기를 넘겼다.

이홍장은 주청 러시아 대리공사로부터 밀약사실이 없다는 통보를 받고는 원세개의 고종 폐위 행보를 중지시켰다. 그러나 러시아와 한국의 접촉에 대해서는 계속 감시할 것을 지시했다.

원래 고종의 폐위는 이홍장이 임의로 할 수 있는 것도 아니었으나 조선의 군신들을 제압하는 데는 커다란 효력을 발휘했다. 당시 원세개가 스스로 황제의 칙사임을 자칭하며 '유언사조喩言四條'와 '시무십관時務十款' 등을 제시하며 조선의 내정에 깊이 관여한 사실이 이를 뒷받침한다. 미국공사 포크는 이를 '무혈정변'으로 표현했다. 조선의 고관과 서울주재 외교관들은 그를 '원대인元大人' 또는 '감국대신監國大臣'으로 부르며 그를 황제보다 더 두려워했다. 조러밀약은 결과적으로 원세개가 조선에서 독단적인 내정간섭을 지속하는 배경으로 작용한 셈이다.

광서 13년(1887) 9월 조선정부가 박정양을 주미공사, 심상학을 영·독·러·이·불 등 유럽주재 공사로 파견키로 결정하자 원세개가 이를 곧바로 이홍장에게 보고했다. 이홍장은 모른 척하고 넘어갈 것을 지시했으나 원세개는 이를 결사 저지코자 했다. 스스로를 감국監國으로 생각한 그는 조선이 자신의 허락도 받지 않고 외교사절을 보내는 것을 결코 인정할 수 없었던 것이다.

고종이 비밀리에 외교사절을 파견하자 원세개는 곧 조선정부에 압력을 넣어 사절들의 즉각 귀환과 사죄를 요구했다. 그러나 이는 '이이제이' 방략을 통해 청국의 가장 중요한 동쪽 울타리인 조선을 방어코자 한 이홍장의 속뜻을 제대로 파악치 못한 행보였다. 이홍장은 절충안으로 조선 사절이 주재국에 도착하면 먼저 청국 공사관을 예방하는 방안을 조선 측에 제시했다. 박정양이 미국에 도착한 후 이를 이행하지 않자 원세개는 곧바로 조신 정부에 압력을 가해 박정양을 즉각 소환토록 했다.

광서 14년(1888) 10월, 고종과 민비는 원세개의 3년 임기가 끝나는 것을 기회로 삼아 청조에 원세개를 교체해 줄 것을 청했으나 받아들여지지 않았다. 그러나 원세개 자신은 조선의 정국상황이 점차 자신에게 불리하게 돌아가자 이내 귀국코자 했다. 이홍장은 원세개만큼 조선을 잘 아는 사람이 없다며 그의 귀국요청을 받아들이지 않았다. 광서 15년(1889)에 원보령이 병사하자 원세개는 이를 구실로 3번이나 휴가를 청했다. 이홍장은 이마저도 허락하지 않았다. 긴박하게 돌아가는 조선의 상황에 비춰볼 때 원세개를 잠시라도 조선에서 떼어놓을 수가 없었던 것이다. 청군이 조선에 주둔한 지 9년째가 되는 광서 16년(1890)에 그는 도원으로 승진한데 이어 2품의 감사監司의 자리에 제수되었다. 조선에서 세운 그의 공을 인정한 파격적인 승진이었다.

당시 그는 조선 여인 3명을 차례로 첩으로 들였다. 이해 8월에 둘째 누이에게 보낸 편지가 그 증거이다.

"임신한 여인은 여러 하인 중 한 사람으로 성은 김씨, 이름은 月仙 월선입니다. 이 달에 해산할 것 같습니다."

대략 이들 조선 여인들은 기녀로 있다가 첩이 된 것으로 짐작된다. 중국 측 자료는 양가집 규수인 김씨가 정실이 되는 것으로 생각해 시집을 갔다가 자신이 데려온 2명의 시녀와 함께 첩이 된 것으로 기록해 놓았으나 수긍키가 어렵다. 김씨의 이름이 '월선'인 점 등에 비춰 원세개의 위세가 높아진 후 꾸며낸 얘기일 공산이 크다.

청일전쟁과 황급한 귀국

광서 17년(1891) 9월 원세개는 양모가 위독하다는 소식이 오자 이홍장에게 급전을 보냈다. 모친을 천진으로 모시고 와 치료하는 것을 조건으로 2달간의 휴가를 신청한 것이다. 이홍장은 이마저도 거절키가 어려웠다. 허락이 떨어지자 그는 곧바로 천진으로 달려갔다. 얼마 후 양모의 3년상을 치르기 위한 사직을 청했다. 이홍장은 조선의 정세가 급박하다는 이유를 들어 100일 간의 휴가를 허락했다. 백일상이 끝나자 이홍장이 원세개를 위로하며 이같이 지시했다.

"지금 조선이 서양에서 돈까지 빌려 쓰고 있으니 이를 제지해야 한다. 돈이 필요하면 먼저 청국과 협의케 하라. 고종의 자주독립 의지를 지나치게 서둘러 막아서는 안 된다. 조선의 관원과 잘 교제하고 설득해 유용한 사람으로 만들어야 한다."

이에 그는 조선으로 돌아오자마자 조정 내에 자신의 세력을 구축하는데 심혈을 기울였다. 병조판서 민응식을 비롯해 고종의 총임이 두터운 민영환과 한규설 등이 모두 그에게 포섭되었다. 포섭된 인물 중에는 민씨 척족세력의 1인자로 부상한 민영준도 있었다. 그는 매관매직과 가렴주구를 일삼아 원성이 자자한 인물이었다. 얼마 후 동학농민운동이 일어나 전주성이 함락되자 대신들은 청병이 출병할 경우 일본군도 조선에 들어올 수밖에 없다며 차병借兵보다는 농민들의 불만을 해결하는 게 상책이라고 주장했다. 원세개 역시 같은 입장이었다.

그러나 그는 고종이 전주로 직접 내려가 조선군을 지휘해 줄 것을 청하고, 연일 민영준이 찾아와 상황을 부풀리며 청군 개입의 당위성을 역설하자 유사시를 대비한 군함 2척의 파견을 요청했다. 그의 출병요청에는 일본공사관의 교묘한 사주도 크게 작용했다. 당시 일본공사관은 원세개에게 일본으로 귀화한 중국인 통역관 정영생鄭永生을 보내 조선군대가 무능해 일본상인이 커다란 손해를 보고 있고, 청군이 출병할지라도 일본은 절대 출병할 뜻이 없다며 출병을 부추겼다. 그는 조선조정의 공식 요청이 오자 마침내 이홍장에게 급전을 띄웠다.

"상국의 체면으로 조선정부의 요청을 물리칠 수는 없습니다. 천진조약이 청군의 출병 시 일본군도 반드시 출병한다고 규정한 것도 아닙니다. 일본은 조선과 열강의 반대로 출병키가 쉽지 않을 것입니다."

원세개로부터 이런 사실을 보고받을 즈음 주일 청국공사관도 유사한 보고를 했다. 일본의 신문보도를 요약 보고받은 이홍장의 생각도 같았다. 사태를 낙관한 그는 북양해군 제독 딩루창에게 군함 2척을 인솔하고, 직례제독 섭지초葉志超와 태원총병 섭사성聶士成에게 군사 1,500명을 이끌고 속히 조선으로 가도록 조치했다.

일본의 무쓰 외무대신은 청국으로부터 출병 통보를 받자마자 곧바로 태도를 바꿔 계속 군사를 증파했다. 무쓰와 참모차장 가와카미 소록쿠川上操六는 이토에게 파병 병력은 1개 여단 정도라고 보고했다. 여단은 2천 명 가량이다. 그러나 같은 여단이라도 혼성여단이면 6천~7천 명 편성이 가능하다. 일본은 서둘러 대본영을 설치했다. 대본영이 설치됨으로써 기밀 사항은 모두 통수사항이 되어 국무대신도 관여치 못하게 된다. 무쓰는 훗날『건건록蹇蹇錄』에서 이같이 기록해 놓았다.

"나는 청국정부로부터 정식으로 출병통지를 접수한 날보다 이틀 전인 6월 5일에 오오토리 공사를 군함 야에야마八重山 호에 태워 출병시켰다."

이에 300명의 해병과 이치고一戶 소령이 지휘하는 1개 대대의 육군은 청국의 출병 통지 이틀 전에 이미 오오토리 공사와 함께 출발했다. 일본은 청국에서 인천까지의 거리가 훨씬 짧은 점을 감안해 청군이 도착하기 전에 이미 손을 쓴 것이다. 이는 청국의 암호를 해독한 결과였다.

당시 일본은 광서 12년(1886)에 청국 해국의 기함인 정원호가 요코하마를 방문했을 때 충격을 받아 '반드시 정원을 타도하자'는 슬로건이 등장하고 어린아이들도 '정원 잡기 놀이'를 즐긴 데서 알 수 이 총력체제를 구축했다. 일본은 자국의 절경인 3곳의 이름을 딴 마쓰시마松島, 이쓰쿠시마嚴島 등 3척을 마련하고 청국의 정원호를 격파할 수 있는 거포를 장착했다. 부족한 거포의 절대량을 보완하기 위해 전함에 비해 소형이지만 속력이 빠른 순양함을 도입하고 당시 막 개발된 속사포를 장착했다. 광서 17년(1891) 당시 청국의 해군은 세계 8위, 일본은 16위였다. 세계의 군사전문가들은 청국의 우세를 점쳤으나 이는 일본의 해군 전력이 급속히 신장한 사실을 간과한 것이었다.

청군은 6월 8일에 아산만에 도착했다. 하루 먼저 떠난 오오토리 공사와 일본군은 다음날인 6월 9일에 인천에 도착했다. 청군이 후속 선박을 기다려 12일 뒤 겨우 아산에 집결한데 반해 일본군은 도착 즉시 폭우를 무릅쓰고 서울로 진격했다. 일본군이 서울에 출현하자 조선정부는 경악했다. 동학군과 관군 사이에 이른바 '전주화약全州和約'이 맺어진 것은 6월 11일이었다. 당시 무쓰 등 주전파의 속셈을 모르고 있던 오오토리 공사는 '전주화약' 이후에도 일본군이 계속 증파되자 '전주화약'의 사실을 속히 타전하며 파견군 증원 중단을 요청했으나 무쓰의 답변은 간단했다.

"상륙을 중단하는 것은 불가능하다."

당시 참모차장 가와카미 소로쿠는 차제에 한반도를 손에 넣지 못할 경우 시베리아 철도 개통 이후 러시아에 대항할 길이 없다고 판단했다. 무쓰도 비슷한 생각이었다. 『건건록』의 해당 대목이다.

"오오토리 공사는 일본정부에 계속 전보를 보내 수삼일 내에 너무 많은 군대를 조선에 파견해 의심을 받는 것은 외교상 득책이 아니라고 말했다. 그러나 우리의 내정을 볼 때 이미 기호지세騎虎之勢가 이뤄져 중도에 변경할 수 없었다. 그뿐 아니라 종래의 청국 외교를 살펴보건대 어떤 술수로 막판에 우리를 속일지도 몰랐다."

그럼에도 오오토리 공사는 무쓰가 보낸 전보의 취지를 제대로 헤아리지 못한 채 또 다시 급전을 보냈다.

"본 공사가 인정하는 병사 외에는 모두 대마도로 철수시켜 명을 기다리도록 하는 게 바람직함. 육군대신과 상의해 이런 취지를 오오시마大島 여단장에게 훈령키 바람."

무쓰는 화를 냈다. 전보만으로는 그를 이해시키기가 어렵다고 판단한 그는 가도加藤 서기관에게 극비 훈령을 내려 직접 구두로 자신의 뜻을 전하도록 했다.

"어떤 수단을 써서라도 개전의 구실을 만들어야 한다."

이때 비로소 오오토리는 무쓰의 속셈을 알아챘다.[120] 무쓰는 청일

120 오오토리 역시 다케조에처럼 오카야마岡山의 서당인 '칸고쿠코閑谷黌'에서 한학을 배운 고지식한 인물로 청국과 일본이 동맹해 서구 열강의 침략을 막아야 한다는 소신을 갖고 있었다. 그는 수단방법을 가리지 말고 '전단'을 찾으라는 무쓰의 훈령을 접하고는 크게 당황했다. 결국 고심 끝에 청국의 문서에 조선을 '속방'으로 부르는 부분이 많은 점을 문제 삼고자 했다. 그러나 서구 열강 모두 이를 이른바 '양해사항'으로 수긍하고 있는 상황에서 이를 문제 삼는 것은 억지에 지나지 않았다.

두 나라가 공동으로 조선의 정치개혁에 참여하는 방안을 제시했다. 청국의 거절을 이미 예상한 제의였다. 예상대로 청국은 6월 21일에 거절의 취지를 통고했다. 이날 천진 주재 무관 가미오神尾 소좌가 청군 5000명이 조선으로 증파된다는 내용을 타전했다. 이는 오보였으나 가와가미 차장은 이를 근거로 메이지천황에게 청국과의 충돌은 피할 수 없다고 상주했다.

다음날인 6월 22일, 어전회의에서 개전의 방침이 결정되었다. 무쓰는 주일 청국공사에게 국교단절을 통보했다. 7월 12일에 북경 주재 고무라 주타로 대리공사가 청국 총리아문에 이런 사실을 재차 통보했다. 이홍장은 러시아의 중재에 기대를 걸었으나 아무런 성과도 거두지 못했다. 당시 그의 사위인 장패륜張佩綸은 일기에 이홍장의 화난 모습이 이같이 기록해 놓았다.

"7월 9일, 러시아 공사의 사절 파블로프가 왔다. 화의가 이뤄지지 않았다. 합비合肥가 대노해 비로소 용병을 결심했다."

당시 파블로프는 이홍장에게 '러시아는 다만 우의로써 일본에 철병을 권할 수 있다'고 전했다. 이홍장은 일본에 압력을 가해야 한다는 생각을 갖고 있는 북경 주재 카시니 러시아공사에게 큰 기대를 걸고 있었다. 물론 카시니는 열의를 보였으나 이는 러시아 외무당국의 취지에 반하는 것이었다. 당시 일본주재 히트로보 공사는 본국에 이같이 타전했다.

"일본인은 자부심에 도취해 있고 국내는 흥분상태입니다. 일본정부가 원할지라도 철병할 수 없을 것입니다."

청일 양국 모두 8월 1일에 선전포고했다. 당시 청조는 양국의 동시 철병을 제의했으나 이미 끝난 일이었다. 뒤늦게 실수를 깨달은 원세개도 조선정부에 압력을 가해 일본과 철병교섭에 나설 것을 독촉하면서 구미 외교사절에게 이 문제에 적극 개입해 줄 것을 청했으나 아무 소용이 없었다.

황해해전을 계기로 승기가 완전히 일본으로 넘어가자 원세개는 급히 서울에 와 있던 생모와 처첩 등을 인천항에 정박 중인 평원호平遠號로 피신시킨 뒤 연일 급전을 보내 귀국 허락을 요청했다. 이홍장은 중차대한 시기에 이를 허락할 수 없었다. 당시 그는 조선백성들의 보복이 두려워 공관 밖으로 나가지도 못했다. 참모인 당소의唐紹儀가 그를 대신해 이홍장에게 급전을 보냈다.

"대관의 병세가 날로 심해져 수족도 움직이지 못할 지경입니다. 조선의 일은 대관이 가장 잘 알고 있으니 귀국하면 전쟁이든 화친이든 큰 도움이 될 것입니다."

청조는 일본과의 협상이 결렬조짐이 보이자 곧 그를 소환형식으로 귀국시켰다. 이홍장은 그가 귀국하자마자 요동으로 가 군량과 무기의 운송을 담당케 했다. 그러나 그는 청군의 연전연패로 인해 요동 도착 직후 압록강변의 구련성九連城에서 산해관으로 퇴각해야만 했다. 청일전쟁은 이듬해인 광서 21년(1895) 초에 이홍장과 이토의 마관조약 체결로 겨우 끝났다.

신건육군의 편성

청국 조야가 이홍장을 격렬히 비난하는 상황에서 원세개 또한 전쟁 유발의 괴수로 낙인찍혀 운신키가 어려웠다. 그러나 그는 여론의 비난을 무릅쓰고 천진에 칩거한 이홍장을 찾아가 위로한 뒤 이내 휴가를 얻어 귀향했다. 그가 고향에서 낙담하여 소일하고 있을 때 문득 조정으로부터 광서제 알현 차 급거 상경하라는 전보가 왔다. 이는 청일전쟁 참패를 계기로 군제를 서양식으로 전면 개편해야 한다는 그의 제안이 높이 평가받은데 빠른 것이었다. 당시 그는 주변의 도움으로 병서 등을 번역해 군사에 능통하다는 명성을 얻고 있었다.

급거 상경한 그는 이해 8월 2일에 광서제를 배견하는 자리에서 군제개편의 필요성을 역설했다.

"차제에 군사방침을 바꾸지 않을 경우 외국의 침략을 막아내지 못해 사직을 보전키가 쉽지 않을 것입니다."

광서제가 크게 기뻐하며 곧 그를 공친왕 혁흔과 경친왕 혁광이 총책임자로 있는 군무처로 보냈다. 군무처의 실무책임은 호부상서 옹동화와 예부상서 이홍조李鴻藻, 병부상서 영록 등이 맡고 있었다. 원세개는 이들의 조선 문제 자문에 응하는 군무처의 장경章京에 임명되었다. 그는 이를 출세의 계기로 삼기 위해 이들 대신들을 성심껏 받들었다. 원래 예부상서 이홍조는 원세개의 당숙인 원보령의 스승이었다. 그는 원세개의 성실한 자세에 감복해 마침내 그를 이같이 천거했다.

"그는 가문도 훌륭하고 전략전술에도 밝습니다. 그에게 부대 하나를 맡겨 훈련케 하면 군기를 새로이 세울 수 있을 뿐 아니라 옛 군대의 폐단도 없앨 수 있을 것입니다."

옹동화도 같은 취지의 견해를 표명했다. 영록은 더욱 적극적이었다. 당시 청조는 청일전쟁 패전을 계기로 호유분胡燏芬과 장지동이 각각 정무군定武軍과 자강군自强軍을 새로이 편성해 서양식으로 훈련을 시키고 있었다. 이해 12월 그는 철도건설의 책임자로 발령이 난 호유분을 대신해 정무군의 훈련을 떠맡게 되었다.

정무군은 10개 영 4,500명으로 편성되어 독일인 퇴역장교 한네켄 등이 훈련을 담당하고 있었다. 그는 임명 즉시 천진으로 가 정무군의 정원을 7,000명으로 확대한 뒤 조선에서 '신건친군新建親軍'을 창설한 경험을 살려 명칭도 '신건육군新建陸軍'으로 바꿨다. '신건육군'은 독일과 일본의 군대를 본받아 보병과 기병, 포병, 공병, 군수 등 5개 병과로 편제되었다. 병사들은 독일제 장총과 대포 등으로 무장했다.

서태후 (1835~1908) 청나라 함풍제의 후궁이며, 동치제의 생모인 자희황태후. 동치제와 광서제의 섭정을 지냈고 무술정변을 일으켰다.

당시 신건육군의 간부는 이홍장의 회군 출신인 단기서를 비롯해 이홍장이 창설한 '천진북양무비학당天津北洋武備學堂' 출신인 풍국장, 왕사진王士珍, 조곤曹錕 등이었다. 원세개는 휘하 간부들을 스스로 양성하는 일도 없이 비록 해군은 궤멸했으나 막강한 무력을 보유하고 있는 북양육군의 유산을 그대로 물려받은 셈이다.

그가 '신건육군'을 수족으로 만든 비결은 극히 간단했다. 자신의 명을 따르는 자는 과감히 발탁하고, 불복하는 자는 가차 없이 제거했다. 그는 재능 있는 부하는 수단방법을 가리지 않고 자신의 심복으로 만들었다.[121] 광서 22년(1896) 4월에 어사 호경계胡景桂가 그를 탄핵하는 상소를 올렸다. 병사들의 급료를 횡령하고, 인정과 뇌물로 사람을 쓴다는 내용이었다. 서태후의 심복인 병부상서 영록이 조사 차 오자 그는 모든 수단을 동원해 그의 비위를 맞췄다. 그와 함께 신건육군의 절도 있는 훈련을 열병한 영록이 입이 마르도록 그를 칭찬한 뒤 곧 이같이 보고했다.

"원세개야말로 불철주야 노력하며 책임감이 강한 탁월한 장군입니다."

이를 계기로 그는 영록의 심복이 되었다. 그는 광서 23년(1897) 7월에 군사훈련을 훌륭히 해낸 공을 인정받아 직례성의 안찰사에 제수된 뒤에도 계속 군사훈련을 전담했다. 원세개가 '신건육군'을 창설하고 이를 기초로 '북양상비군'으로 확장하는 과정은 바로 북양군벌의 형성과정에 해당했다.

당시 신건육군은 엄격한 선발과 훈련, 넉넉한 급료, 유능한 장교, 장병 간의 긴밀한 상하관계 등으로 인해 근대적인 군대의 면모를 갖추고 있었다. 신건육군에서 배출된 인물들 모두 원세개의 야망을 다지는 기반이 되었다. 장지동의 '자강군'마저도 이후 원세개가 신건육군을 토대로 '북양상비군'을 새롭게 편제할 때 제4진으로 흡수되었다.

그가 신건육군의 육성에 전념하고 있을 때 청국의 내정은 긴박하게

---

121 당시 원세개는 부하인 완충추阮忠樞가 총애하는 기생을 첩으로 맞아들이는 방안을 상의하자 표면상 부대의 명예를 깎는 일이라며 이를 불허하고는 은밀히 거금을 들여 해당 기생을 기적에서 빼낸 뒤 집과 살림을 마련해 주었다. 이후 완충추가 죽을 때까지 그에게 충성을 다한 것은 말할 것도 없다. 그는 신건육군의 장병들에게 충군애국을 강조하면서도 '모든 일은 총사령관을 중심으로 해야 한다'고 역설하며 군영에 자신의 위패를 모셔 놓고 경의를 표하도록 했다. 급료를 주는 일은 자신이 친히 감독했다. 중간에서 편취하는 일을 미연에 방지한 것이다. 신건육군의 장병들에게는 그가 우선이고 황제는 뒷전이었다.

돌아가고 있었다. 광서제가 강유위와 양계초 등이 추진하는 변법을 적극 지지하고 나서자 그는 곧바로 강유위에게 접근했다. 강유위는 국제 정세에 대한 그의 해박한 식견과 싹싹한 태도에 커다란 호감을 표시하며 친밀한 관계를 유지했다.[122]

광서 23년(1897) 11월 백련교 비밀결사인 대도회大刀會가 독일선교사 2명을 살해하고 독일군이 산동의 교주만을 무력으로 점거하는 일이 빚어졌다. 원세개가 광서제의 스승인 호부상서 옹동화에게 글을 올렸다.

"몇 년 전부터 서양인이 중국을 과분하려 한다는 말이 나돌았는데 지금 형세를 보니 근거가 없지 않습니다. 『주역』에 '궁즉변窮則變'이라는 말이 있으니 지금이 바로 그 시기입니다. 우선 인재선발과 재정관리, 군사훈련 등 3가지부터 서둘러 개혁해야 합니다."

서태후의 총신이 되다

광서 24년(1898)의 무술년에 들어와 변법을 주장하는 목소리가 더욱 높아졌다. 원세개는 옹동화를 찾아가 대대적인 변법의 필요성을 역설했다. 이해 6월의 '명정국시' 선언을 계기로 변법이 본격화하자 그는 재빨리 이를 적극 지지하고 나섰다. 그러나 얼마 후 서태후를 중심으로

122 원세개는 강유위를 '따거大哥'로 부르며 그이 주변 인사들과 자주 술자리를 가졌다. 강유위가 북경에 부국강병을 촉구하는 강학회를 세우자 500원의 거금을 쾌척키도 했다. 강유위는 그가 신건육군을 훈련시키기 위해 천진으로 떠날 때면 연회를 베풀며 아쉬움을 표하는 등 전폭적인 신뢰를 보냈다.

한 보수파의 반발이 거세지자 강유위 등은 쿠데타를 획책했다. 원세개가 적임자로 지목되었다.

그러나 광서제 앞에서 충성을 다짐했던 원세개는 사태가 불리하게 전개되자 마지막의 결정적인 순간에 쿠데타 계획을 영록에게 밀고했다. 이해 9월 21일에 무술정변이 일어나 강유위와 양계초는 일본으로 망명하고, 담사동 등은 저자에서 참수되고 말았다. 당시 세간에는 원세개의 배신행위를 비난하는 노래가 유행했다.

6군자 참수한 뒤 해골을 보내자	六君子, 頭顱送
원세개 정1품 관모를 쓰게 됐지	袁項城, 顶子红
동료 팔아 기이한 공을 세웠으나	賣同黨, 邀奇功
강유위 양계초는 늘 꿈속에 있어	康與梁, 在夢中
원세개가 효웅인 줄 전혀 몰랐지	不知他, 是梟雄

이해 9월 25일, 서태후가 원세개에게 직례총독을 대리케 하면서 영록에게는 북양의 각 군을 통솔케 했다. 얼마 후 영록이 북양의 각 군을 하나로 묶어 무위군武衛軍을 만들 것을 건의하자 원세개의 '신건육군'은 이내 무위우군武衛右軍으로 개편되었다. 이듬해인 광서 25년(1899) 1월 6일에 서태후가 후한 상을 내린 것을 계기로 그는 이후 부단히 북경을 들락거리며 정치군인의 길을 걷게 되었다.

당시 그는 서태후의 심복인 환관 이연영李連英과 깊이 교유하며 서양에서 구입한 마차와 최상급 인도산 아편 등을 뇌물로 바쳤다. 춤추는 금발 인형이 들어 있는 프랑스제 무직박스는 서태후의 사랑을 독차지했다. 그는 운모를 박은 프랑스제 구리 침대와 색깔이 아름다운 프랑스

제 사기 접시 등을 수시로 상납했다. 이해 6월 그는 공부우시랑으로 승진해 군대의 훈련도 계속 맡게 되었다.

이 무렵 청국은 독일이 점거한 산동 일대를 중심으로 교회와 중국인 사이의 크고 작은 마찰로 인해 불안이 고조되고 있었다. 산동순무 육현毓賢은 외세를 극도로 혐오한 까닭에 기독교를 반대하는 의화단의 활동을 방치하면서 사람을 보내 '무위우군'이 소란을 일으키는지 여부를 조사케 했다. 원세개는 산동의 상황을 보고하면서 육현을 무능하다고 공격했다. 이는 자신을 산동순무로 추천한 것이나 다름없었다.

열강의 요구로 이해 말에 육현이 해임되자 산동순무 서리에 임명된 그는 곧 의화단을 혹세무민의 사교로 규정한 뒤 이들의 활동을 엄금하는 포고령을 내렸다. 광서 26년(1900) 3월에 정식으로 산동순무에 임명된 그는 휘하의 '무위우군'을 모두 산동으로 이동시킨 뒤 산동의 지방군까지 흡수해 대대적인 확군擴軍을 꾀했다. 얼마 후 조정에서 의화단을 지방군으로 흡수하는 방안에 대한 견해를 묻자 그는 단호히 반대했다.

"의화단은 재물을 약탈하고 관병에 항거하니 서양 종교만을 증오한다고 할 수 없습니다. 의화단은 엄금해야 할 단체이므로 절대 그냥 두어서는 안 됩니다."

당시 서태후는 황태자로 내세운 부준溥儁을 새 황제로 삼을 생각이었으나 열강의 반대로 곤경에 처해 있었다. 서태후는 마침내 부준의 생부인 단군왕端郡王 재의載漪와 함께 의화단을 이용해 열강을 내쫓은 뒤 광서제 폐위를 관철시키고자 했다. 서태후의 지원에 힘입은 의화단이 일거에 북경으로 몰려들자 러·영·미·일·독·이·오·불 등 8국 연합군 2천여 명이 북경으로 진군했다. 서태후는 곧 열강과의 전쟁을 선포한 뒤 각 성의 독무에게 의화단을 모아 열강에 대항할 것을 명했다.

그러나 원세개는 양광총독 이홍장과 호광총독 장지동, 양강총독 유곤일 등과 합세해 이를 거절한 뒤 성내에 있는 의화단을 섬멸했다. 열강이 그를 크게 칭송했다. 얼마 후 서태후가 황제 및 황태자 등과 함께 황급히 서안으로 몽진하자 그는 후일의 책임추궁을 우려해 곧 영록을 찾아가 자신의 입장을 적극 소명하는 한편 서태후를 돕기 위해 발 벗고 나섰다. 곤경에 처한 서태후가 경비지원을 부탁하자 그는 곧바로 은 10만 냥에 장병의 급료까지 덧붙여 보낸 뒤 다시 은 21만 냥과 비단 200필, 식량 등을 연이어 보냈다. 이는 전체 독무의 지원액 중 단연 으뜸이었다.

이때 그는 동시에 의화단을 섬멸하고 교회를 보호한 일로 인해 열강으로부터 커다란 호감을 사고 있었다. 산동의 관료와 지주들 역시 산동지방이 무사하게 된 것은 모두 그의 공이라며 그를 크게 칭송했다. 이를 계기로 그는 문득 이홍장 및 장지동, 유곤일 등과 어깨를 나란히 할 정도의 유명인사가 되었다. 그는 득의양양해 부하들에게 이같이 자랑했다.

"이번 난에 우리 4인이 없었다면 나라가 어찌 되었을지 상상이나 할 수 있겠는가."

광서 27년(1901) 6월에 생모가 사망하자 100일의 휴가를 얻어 관공서에서 상복을 입은 채 집무했다. 이해 9월 26일에 이홍장이 열강의 요구에 못 이겨 굴욕적인 신축조약에 서명한 것을 계기로 열강이 더 이상 서태후의 책임을 추궁하지 않게 되자 서태후는 비로소 북경으로 돌아왔다.

이해 11월 7일, 이홍장이 병사했다. 이날 서태후는 곧바로 그에게 북양대신 겸 직례총독의 직임을 대리케 했다. 그가 산동순무에 제수된 지 채 2년도 안 돼 최고의 독무 자리에 오르게 된 데에는 열강의 비호와 영록의 유력한 추천이 크게 작용했다.

그러나 당시 그의 군대만이 황실을 보위할 수 있는 막강한 무력을 지니고 있었던 점이 보다 크게 작용했고 보아야 한다. '무위우군'과 더불어 이른바 '북양3군'으로 불린 동복상의 감군과 섭사성의 무의군은 8국 연합군과의 교전에서 궤멸하고 말았다. '무위우군'은 서태후와 연합군 사이를 오가며 절묘한 줄타기 행보를 한 원세개의 노력으로 거의 아무런 손상도 받지 않은 채 원래의 무력을 보존할 수 있었다.

그는 이해 11월 말에 임지인 보정保定에 이르러 직무를 인수했다. 당시 직례성의 포정사는 과거 자신을 보살펴 주고 나중에 사돈이 된 주복周馥이었다. 주복은 이홍장과도 사돈관계를 맺고 있었다. 이때 서태후는 단군왕 재의에게 패전의 모든 책임을 물어 그의 아들 부준을 황태자에서 폐위시켰다. 원세개가 직례총독에 부임한 후 첫 번째로 한 일은 바로 서태후와 광서제를 북경으로 맞이해 오는 일이었다. 원세개는 주복을 총책임자로 임명했다.

원세개는 총독 관저를 비워 행궁으로 삼은 뒤 서태후와 광서제가 직례 땅에 들어서기 바쁘게 문무백관을 이끌고 가 배례했다. 어가가 행궁 가까이 오자 길에는 깨끗한 물을 뿌렸고 황토로 땅을 덮었다. 행궁에서 3일을 묵은 서태후는 원세개의 경호 아래 북경으로 돌아왔다. 서태후는 원세개가 충성심을 칭송하며 황색 상의를 입게 하고 자금성에서 말을 타는 특권을 부여했다.

군권을 장악하다

광서 28년(1902) 5월에 원세개는 군사를 풀어 경정빈景廷賓이 이끄는 농민반란군을 진압해 북경 일대를 안정시켰다. 이에 서태후는 원세개를 정식으로 직례총독 겸 북양대신으로 임명했다. 당시 서태후는 명목상 광서제와 함께 정사를 편다고 선언했으나 사실상 독재권을 행사했다. 원세개는 서태후에게 밀착했다.

그는 사변 직후라 자금 마련이 쉽지 않았음에도 불구하고 서태후로부터 특별경비 조달을 요청받자 곧 기발한 방법으로 이를 조달해 서태후의 돈독한 신임을 얻었다. 이해 말에 그는 천진의 대표적인 표호票號인 '울장호蔚長厚'의 집사를 불렀다. 원세개가 울장후 집사에게 공금을 저축하는 대가로 3푼의 이자를 요구하자 집사가 웃으며 말했다.

"저희 은행은 이자가 많아야 8리입니다. 3푼을 요구하면 감당할 수 없습니다."

그가 정색했다.

"이것은 공금이니 다른 돈과 같이 이야기해서는 안 되오."

"저희 표호에는 예치된 공금이 적지 않습니다. 도원과 총재, 통령 등의 저금을 합치면 100여만 원은 될 것입니다. 이자는 약간씩 달라도 1푼을 넘어간 적이 없습니다."

"믿을 수 없소."

"정 못 믿겠다면 제가 돌아가 곧 장부를 가져올 터이니 살펴보십시오."

집사가 나가자 원세개가 곧 수하를 불러 귀에 대고 몇 마디 분부했다. 집사가 장부를 가져와 막 펼치려는 순간 휘하들이 갑자기 들어와 손님이 찾아왔다고 알렸다. 원세개가 울장후 집사에게 말했다.

"장부는 여기 두고 먼저 돌아가는 게 좋겠소. 내가 잠시 들여다 본 뒤 돌려 주겠소."

집사는 별다른 의심도 하지 않고 즉시 돌아갔다. 다음날 집사가 총독관저로 가 장부를 돌려달라고 하자 수위는 총독이 아직 다 보지 못했다고 시치미를 뗐다. 그러는 사이 새해가 밝았다. 관원들이 늘 하던 대로 총독에게 와 인사를 했다. 원세개가 연회석에서 다시 경비문제를 꺼냈으나 관원들은 전과 같은 말을 되풀이했다. 원세개가 호통을 쳤다.

"내가 듣건대 모두들 거금을 울장후 표호에 저금하고 있다고 하는데 어째서 자꾸 우는 소리만 하는 것이오."

관원들이 시치미를 떼었다.

"그런 일이 없습니다."

그러자 원세개가 소매 속에서 장부를 꺼내 보였다. 그들은 뒤늦게 이를 시인할 수도 없어 계속 시치미를 떼었다. 원세개가 근엄한 어조로 말했다.

"나도 여러분이 이런 더러운 돈은 없을 것으로 보오. 아마도 악덕 상인들이 여러분의 이름을 노용해 서금해 놓은 듯하오."

그러고는 울장후 표호의 집사를 불러 질책했다.

"내가 물어보니 모두 이런 거액을 저금한 일이 없다고 한다. 아마 네가 멋대로 이분들 이름을 도용한 게 확실하다. 법에 따라 응당 엄벌을 받아야 할 것이다."

집사는 재빨리 그 말이 무엇을 뜻하는지 눈치 채고 아무 말도 하지 않았다. 원세개가 그 자리에서 이같이 공표했다.

"이는 다른 사람의 명의를 도용한 것이니 응당 관에서 몰수해야 한다.”

그러고는 곧바로 집사에게 사람을 딸려 보내 돈을 가져오게 했다. 관원들은 사색이 되었으나 뭐라 항변할 길이 없었다. 원세개는 이 돈을 모두 서태후에게 보냈다. 이후에도 그는 많은 뇌물을 수시로 바쳤다.

광서 29년(1903)에 와병중인 영록의 뒤를 이어 경친왕 혁광이 군기처에 들어갈 것이라는 소식이 들리자 그는 그간 무시해 왔던 혁광에 대한 태도를 순식간에 바꿨다. 혁광에게 밀착해 기회 있을 때마다 뇌물을 바쳤다. 마침내 혁광이 군기처에 들어가자 그 역시 군기대신에 임명되었다. 그는 곧 연병처練兵處 설치를 건의해 이를 관철시켰다. 이에 혁광은 총리연병대신總理練兵大臣, 철량鐵良은 방판대신幇辦大臣, 그는 회판會辦大臣에 임명되었다. 표면상의 병권은 만주 황족과 몽골 귀족이 쥐었으나 실제로 요직은 그의 심복인 서세창 등이 그대로 쥐고 있었다.

당시 그가 육성한 북양상비군은 비록 직례총독의 지휘 하에 있었으나 사실은 그의 입김이 강하게 작용하고 있었다. 후임 직례총독 양사양楊士驤은 그의 이종 조카였다. 또한 군기대신은 과거 총리아문의 대신처럼 겸임을 원칙으로 하고 있었던 까닭에 그 또한 실무부서인 외무부의 상서를 겸임했다. 외무부는 의화단사건 이후 신설된 기관으로 비록 외교업무를 전담하는 부서이기는 했으나 당시의 정황 상 과거의 총리아문에 준하는 막강한 권한을 행사했다. 그는 외국 공관원과의 빈번한 접촉기회를 최대한 활용해 자신의 정치적 자산으로 삼았다.

그는 비록 특정한 정치적 신념은 없었으나 기본적인 행동원칙은 있었다. 유리한 쪽에 서서 자신의 입지를 최대한 확보하는 것이었다. 당시 그는 변법개혁가를 자처했다. 그가 손을 댄 일련의 개혁 중 가장 획기적인 것은 과거제의 폐지였다. 과거 출신이 아닌 그는 과거를 통해 발탁된 관원들이 오히려 무능하다고 여겼다. 그는 당대의 문장가로 꼽히는 장지동 등의 협조를 얻어 거듭 연명으로 상소해 과거제 폐지를 관철시켰다. 1천여 년 넘게 유지되어 온 과거제가 폐지되고 신식학교 교육이 정착된 데에는 그의 공이 컸다. 실제로 그는 생전에 자신의 세운 가장 자랑스러운 업적으로 과거제 폐지를 들곤 했다.

이어 그는 학교사學校司를 설치해 전 성의 교육을 총감독케 했다. 이어 2만 원을 쾌척해 학교를 만드는데 앞장섰다. 또한 교원문제를 해결하기 위해 서양학을 공부한 교원을 물색하고 사범학교를 세웠다. 새로운 교육정책에 대한 성과가 뛰어나 그는 여러 차례에 걸쳐 조정으로부터 표창을 받았다. 당시 각 성마다 해당 관원을 파견해 원세개가 지도하는 직례성의 사례를 배우게 했다.

광서 30년(1904)에 러일전쟁이 발발하자 그는 서태후를 설득해 휘하의 북양군을 더욱 확대했다. 이듬해까지 북양상비군을 북양6진北洋六鎭으로 재편하는 계획을 마련했다. 병사는 8만-9만 명이었다. 제1진만 철량鐵良이 통솔하는 기병이고, 나머지 5진은 모두 그의 통제 하에 있었다. 주요 장성들은 거의 대부분 그의 심복이었다.

러일전쟁이 끝난 후 동삼성 총독에 서세창이 임명되었다. 그는 진사 출신으로 원세개보다 한 살 많았으나 원세개의 숙부 집에서 생장한 인물로 사실 원세개의 집안사람이라고 해도 과언이 아니었다. 이밖에도 많은 지역에 신군이 만들어지면서 '신건육군'을 전범으로 삼은 까닭에 신건육군의 간부들이 대거 훈련을 위한 장교로 파견되었다. 하남과 강소 일대까지 그의 세력이 확대된 배경이 여기에 있다.

이로써 그의 병권은 지난날의 이홍장을 능가하게 되었다. 다만 이홍장과 달리 강력한 해군이 없는 것이 달랐다. 그러나 원세개는 이홍장이 만들어서 휘하인 성선회盛宣懷에게 경영을 맡긴 기선회사 초상국招商局을 자신의 직할로 두고, 전보국電報局까지 접수한 까닭에 궤멸된 해군의 취약점을 보완할 수 있었다. 이후 그를 중심으로 하는 방대한 군사집단이 빠른 속도로 형성되었다.

광서 28년(1906) 9월에 그의 고향 부근인 창덕彰德에서 시행된 군사훈련은 직례와 양호의 육군 중 정예병을 대상으로 한 실전훈련이었다. 참가한 장병은 모두 4만여 명이었다. 각국의 외교사절과 기자 500여 명이 참가했다. 이는 청일전쟁 패배 이후 청국 군대가 가장 득의한 순간이기도 했다. 이런 일들로 인해 그의 심복들은 원세개가 주재하는 천진을 '제2정부'라고 부르며 자랑스러워했다.

그러나 이런 일로 인해 그는 황족들의 견제를 받기 시작했다. 손문이 주도하는 혁명운동과 강유위를 중심으로 한 입헌운동이 고조되자 황족들은 무술정변 때처럼 그가 막강한 무력을 배경으로 돌연 황실에 등을 돌릴까 염려했던 것이다. 실제로 사태는 그런 쪽으로 진행되었다.

청조를 무너뜨리고 초대 총통이 되다

광서 32년(1906) 여름에 해외 헌정시찰단이 귀국해 이구동성으로 입헌방안을 건의하자 그는 앞장서 이를 지지하는 모습을 보였다. 그는 요인들을 만날 때마다 이같이 역설했다.

"입헌을 방해하는 자는 역적이다."

이로 인해 순친왕 재풍이 회의석상에서 권총을 뽑아 그의 가슴에 대고 "네가 이토록 난리를 치니 내가 황제를 위해 너를 죽이고 말겠다."

고 일갈키도 했다. 당시 북경 시내에는 그의 야심을 비난하는 숱한 소문이 나돌았다. 그의 막내 동생조차 그를 비난하는 서신을 보냈다.

"저는 신을 지어 시장에 내다 팔며 고생스럽게 살지만 누구의 동생이라고 손가락질 당하는 것보다 낫습니다. 지금이라도 잘못을 뉘우치고 충성을 다해 나라에 보답키 바랍니다."

원세개는 자신을 시기하는 자들이 동생을 협박해 쓴 것으로 여겨 가볍게 웃어넘겼다. 그러나 그에 대한 황족의 위기감은 극도에 달했다. 결국 이해에 그는 조정의 명을 좇아 겸임하고 있던 직무를 모두 사임하고 북양군 제1진, 제2진, 제3진, 제6진을 육군부 직할로 넘겨주어야만 했다. 이듬해인 광서 33년(1907)에는 군기대신 겸 외부상서에 제수되었다. 자신의 근거지인 북양으로 떠나 북경으로 올라가 대신의 업무를 수행케 된 그는 외양상 영전한 셈이 되었으나 사실 뿌리를 잃은 것이나 다름없었다.[123]

광서 34년(1908)에 들어와 철도와 광산의 권리를 회수하자는 운동이 고조되었다. 절강과 강소 간의 철도부설을 위한 민영철도회사가 설

123 당시 원세개는 기존의 4명의 첩 이외에 3명의 첩을 더 얻었다. 다섯째 첩은 양씨楊氏로 집안 일을 잘 다스려 원세개의 특별한 총애를 입었다. 여섯째 첩은 섭씨葉氏로 원래 조선인 첩 김씨 소생의 원극문袁克文과 약혼을 했다가 원세개의 첩이 된 인물이다. 당시 자식을 낳지 못하면 통상 '꾸냥姑娘'으로 불렸는데도 불구하고 그녀는 첩의 높임말인 '이타이타이姨太太'로 불렸다. 당초 천진의 외국인학교인 북양객적학당北洋客籍學堂에 다니며 성적이 뛰어난 광서 33년(1907)에 법부 원외랑이 된 원극문은 부친의 명을 받고 남경에 출장을 갔다가 섭려제葉麗儕라는 기생을 사귀게 되었다. 원극문이 남경을 떠날 때 섭려제는 사진을 한 장 주며 자신을 속히 데려갈 것을 당부했다. 원극문이 집에 돌아와 보고 차 절을 올리다가 사진을 바닥에 떨어뜨리고는 황급히 "아버님을 위해 예쁜 여인을 물색해 놓고 의향이 어떠한지 들어볼 생각으로 사진을 갖고 온 것입니다."라고 둘러댔다. 섭려제는 자신을 늙은 부친에게 팔아먹은 원극문을 원망했으나 원세개는 이후 이 사실을 알고도 모르는 척했다. 일곱째 첩은 장씨張氏로 큰 첩인 심씨를 시중들다가 이내 첩이 되었다.

립되자 영국이 곧바로 차관협정 초안을 제시하며 반발했다. 군기대신 겸 외부상서인 그가 이를 받아들이자 해당지역 유지와 상인들이 거세게 항의했다. 순친왕과 장지동 등도 민성을 귀담아들을 것을 주문했으나 그는 이를 일축했다.

부의 (1906~1967) 청나라 마지막 황제, 선통제

"외교에서는 신용이 으뜸이고 결정권은 조정에 있다."

당시 순친왕과 장지동 등은 협정 초안을 폐지해 민심을 받아들일 것을 주문했다. 이에 원세개는 외교는 정권에서 독립되어 있으므로 군기대신들도 간섭할 수 없다고 주장했다. 민중들은 외세에 아부하는 그의 행보에 분노했다. 이런 일로 인해 당시 그는 친미파로 간주되었다. 이는 나름대로 타당한 것이었다. 실제로 그는 필리핀의 독립투쟁을 탄압하느라 중국진출에 한 발 뒤진 미국과 손을 잡고 주로 동삼성에 미국의 자본을 끌어들이고자 했다. 이는 러일전쟁 후 동삼성에서 그 세력을 급속도로 확장하고 있는 일본을 견제키 위한 것이었다. 그의 외교 책략이 이홍장 못지않을 정도의 탁월한 '이이제이'의 방략에 입각해 있음을 뒷받침하는 대목이다.

광서 34년(1908) 11월 14일, 광서제가 38세의 나이로 영대의 함원전涵元殿에서 눈을 감은 바로 다음날에 서태후도 중요 사안은 반드시 광서제 황후인 융유隆裕 태후의 지시를 받을 것을 당부하면서 숨을 거두었다. 중국의 전 역사를 통틀어 사실상 실권을 장악했던 태후가 황제와 함께 하루 사이로 숨을 거둔 것은 전무후무한 일이었다. 이로 인해 그의 암살설을 비롯한 많은 얘기가 나돌았다. 당시 광서제에게는 아들이 없었다.

이에 광서제의 동생인 순친왕 재풍의 장남 부의溥儀가 12월 2일에 즉위했다. 그가 청조 마지막 황제인 선통제宣統帝이다. 그러나 선통제는 불과 3세의 영아에 불과했다. 생부인 순친왕이 감국監國 섭정왕이 되었다. 부의의 모친은 서태후의 조카인 영록의 딸이었다. 섭정왕 재풍은 의화단사건 때 사죄사절로 독일에 간 적이 있고, 귀국 후에는 군기대신의 한 사람으로 국정에 관여하고 있었다. 그렇기는 하나 섭정에 취임했을 때 불과 25세로 정치경험이 크게 부족했다. 그의 장인 영록은 이같이 극언한 바 있다.

"이 나라를 가노家奴인 한인에게 주느니 차라리 이웃한 외국에 주는 편이 낫다."

이는『혁명군』에도 인용된 바 있다. 순친왕의 그것도 같은 노선이었다. 젊은 만큼 그는 자신의 생각을 그대로 실천에 옮기고자 했다. 황족의 장로인 경친왕이 원세개의 군사력에 의지하고 있는 것은 차마 볼 수 없었다. 원칙대로 하면 만주족 전원이 군인이 되어야 했다. 그러나 아편전쟁 이후 만주족 군대는 쓸모가 없다는 사실이 백일하에 드러났다. 현실적으로 한족의 군사를 운용할 수밖에 없었다. 그러나 순친왕은 이런 현실을 무시하고 원칙에 매달리고자 했다.

여기에는 순친왕에게 생활비 등을 대준 장익張翼이 원세개에게 실각을 당한 사적인 원한도 크게 작용했다. 당시 동삼성의 지주는 대부분 만주족이었다. 그러나 청일전쟁과 러일전쟁으로 동삼성이 피폐해져 농

순친왕 (1883~1951) 도광제의 제7자 혁현의 제3자로 부의의 아버지

민들은 더 이상 그들의 지주를 먹여 살릴 수 없었다. 순친왕가도 예외가 아니었다. 순친왕가를 경제적으로 뒷받침한 장익은 개평탄광국開平炭鑛局 총판이었다. 원세개는 '초상국'을 빼앗을 때처럼 장이로부터도 '개평탄광국'을 빼앗았다. 군자금을 조성할 심산이었다.

순친왕은 장익으로부터 원세개의 횡포에 관한 얘기를 듣고 분개했다. 이제 섭정왕이 된 만큼 능히 구실을 대어 그를 숙청할 수 있었다. 원세개는 과거 이홍장 이상의 병력을 갖고 있는 자신에게 그 누구도 감히 적대시하지 못할 것으로 안심하고 있었다. 이때 어사 조병린趙炳麟이 원세개를 탄핵하는 밀소密疏를 올렸다.

"광서제와 나이 많은 서태후도 그에게 당했는데 어린 황제가 즉위한 상황에서 그가 오랫동안 요직을 차지하면 훗날 변이 생기고 말 것입니다. 속히 그를 파면해 후환을 없애야만 합니다."

유사한 상소가 줄을 이었다. 섭정왕 재풍이 고심 끝에 원세개를 파면하고 법부에 넘겨 치죄하라는 내용의 조칙을 작성한 뒤 혁광 및 장지동 등에게 의견을 묻자 혁광이 이같이 간했다.

"황제가 어려 미덥지 않은 상황에서 경솔히 대신을 죽이는 것은 좋지 않습니다. 귀향 조치가 좋을 것입니다."

혁광은 원세개와 한통속이 되어 전횡을 일삼은 까닭에 나름대로 적극 엄호하고 나선 셈이다. 장지동은 다른 차원에서 이같이 간했다.

"혁명세력의 폭동이 각지에서 일어나고 있는 상황에서 그를 제거하면 장차 정부군의 반란까지 일어나 수습키 어려운 상황이 빚어질 것입니다."

순친왕은 다른 방책으로 그를 제거코자 했다. 그것은 경관慶寬이라는 자를 자객을 동원해 제거하는 방안이었다. 원세개는 군기대신 나동那桐의 귀띔으로 위기를 넘길 수 있었다. 당시 원세개는 다리의 병을 이유로 등청하지 않았다. 순친왕은 이를 이유로 이듬해인 선통 원년(1909) 1월에 모든 직무에서 떠나 고향으로 돌아가는 회적 처분을 내렸다. 칙명을 받은 이상 북경에 오래 머물 수 없었다. 1월 6일에 그는 기차를 타고 북경을 떠났다. 역에 나와 배웅하는 사람도 없었다.

이미 은거를 각오하고 있던 원세개는 자신의 많은 부하들이 요직에 있으면서 실권을 장악하고 있는 것에 크게 기대를 걸었다. 당시 청조는 육군부 설치 이후 원세개의 핵심막료인 서세창을 만주인 동삼성東三省 총독, 단기서를 흑룡강순무, 당소의를 봉천순무로 임명해 놓고 있었다. 원세개의 세력범위가 직례, 산동, 하남, 강소를 넘어 멀리 만주지역까지 확대된 배경이다. 이는 신해혁명 발발 이후 원세개가 중앙정계에 전권을 장악할 수 있는 결정적인 무력기반이 되었다.

당시 원세개는 고향에 은둔한 채 재기의 순간이 오기를 기다렸다. 그는 생모 유씨가 죽었을 때 적형嫡兄 원세돈袁世敦이 첩 출신인 유씨를 조상 무덤의 가장자리에 묻어야 한다고 고집해 크게 다툰 일이 있었던 까닭에 이미 하남성 북부의 위휘부衛輝府에 많은 전답과 집을 장만해 둔 바 있다. 위휘부에 도착한 원세개는 자숙하는 모습만 보였다. 관계의 인물이나 신문기자 등은 결코 만나지도 않았다. 그는 인근 명승지인 백천百泉과 소문산蘇門山 부근에 3만여 평 규모의 별장을 지었다. 이곳은 풍경이 수려해 예부터 많은 은사들이 찾아와 유람하고 머물던 곳이었다. 이해 4월 말에 그는 정실 우씨于氏 소생의 장남 원극정袁克定을 시켜 천진에 있는 가족을 모두 내려오게 한 뒤 자신은 홀로 별장에서 지냈다.

이때 사돈인 하병영何炳瑩이 창덕 북문 밖의 원상촌洹上村의 고택을 팔려고 하자 이를 즉각 구입했다. 창덕은 하남성과 하북성이 만나는 곳으로 교통이 편리한데다 북경에서 가까웠다. 이 일대는 그의 먼 조상인 삼국시대의 원소가 흥기했던 곳이기도 했다. 원상촌을 풍수상 길지로 생각한 그는 창덕으로 온 가족을 불러모은 뒤 대대적으로 집수리를 했다. 원세개와 처첩들은 높은 담장에 둘러싸인 여러 채의 'ㅁ'자형 중국 전통주택인 사합원四合院에서 지냈다. 원세개는 첩들을 엄하게 단속하고 1주일씩 교대로 잠자리를 같이 했다.[124] 나중에 들어온 첩은 먼저 들어온 첩에게 절대 복종해야 했다. 뜻을 거스르면 매를 맞기도 했다. 그의 집은 논밭이 많아 남는 부식은 장에 내다 팔고, 누에를 쳐 창덕에 세운 방직공장에 보내 비단을 짜서 팔기도 했다. 그는 첩들에게도 누에를 쳐 실을 뽑게 했다. 돈은 자신이 모두 직접 관리했다.

그는 뜰 안쪽에 채마밭을 가꾸고 주위에 버드나무 등을 심는 등 은거한 선비처럼 지냈다. 동쪽에는 돌을 쌓아 시냇물을 끌어들여 화원을

124 이때 그는 첩을 2명이나 더 들였다. 8번째 첩은 이름이 곽보선郭寶仙으로 기생 출신이었다. 둘째아들 원극문이 천진에 놀러갔다가 가까이 지내는 기생으로부터 그녀의 소식을 듣고는 집으로 돌아온 뒤 양모인 심씨에게 이 이야기를 했다. 심씨는 원세개가 파면되어 집에 있는 까닭에 병이라도 날까 걱정해 원극문을 시켜 그녀를 데려오게 했다. 9번째 첩 유씨劉氏는 평민 출신으로 첩들 중 가장 어렸다.

양수원 서태후가 하사한 정원

만들었다. 화원의 명칭은 자신의 50세 생일에 서태후가 하사한 '양수' 라는 글자를 따서 '양수원養壽園'으로 지었다. 그는 이곳에 300평 넓이의 연못도 만들고 정자도 세웠다. 날씨 좋은 날에는 첩들과 함께 달구경을 하고, 평시에는 정자 동쪽에서 낚시를 했다. 그는 옛 부하와 친구들과 어울려 달빛 아래 시를 읊고 술을 마시고 연못에서 고기를 낚으며 여유를 즐겼다. 생일이나 명절 때는 북경의 배우들을 초청해 경극을 관람키도 했다. 많은 사람들이 찾아와 벼슬자리를 청탁하자 가깝지 않은 사람에게는 힘이 없다고 잡아떼면서도 가까운 사람에 대해서는 자신이 할 수 있는 일이라면 성심껏 도와주었다. 그러면서 주변사람들에게 이같이 말하곤 했다.

"나는 정치가도, 군인도 아니다. 한때 조정에 몸담았지만 이제는 늙은 노인네일 뿐이다. 원대한 포부가 어디 있겠는가."

그가 이런 여유를 보인 것은 말할 것도 없이 수하들이 여전히 군권을 장악하고 있기 때문이었다. 그의 생일이나 명절이면 이들이 찾아와 크게 북적였다. 파면 후 맞은 첫 생일에는 처신을 조심하던 터라 이들을 문 밖에서 막도록 했다. 그러나 장훈張勳 등은 억지로 문을 밀고 안으로 들어왔다. 1910년의 생일에는 부하들의 축하행렬을 더 이상 숨길 수 없게 되었다. 그의 집을 찾은 왕사진王士珍과 단기서段祺瑞, 풍국장馮國璋, 장훈張勳, 조곤曹錕, 뇌진춘雷震春, 장사옥張士鈺 등은 원세개에게 절대 충성할 것을 다짐했다.

당시 조정은 여전히 혁광 등이 잡고 있었다. 서세창은 1909년에 동북 3성의 총독에서 우전부 상서로 자리를 옮겼고 다음해에는 군기처로 들어갔다. 1911년에는 내각이 세워지면서 혁광이 총리대신이 되고 서세창이 협리대신協理大臣이 되었다. 이들 모두 원세개와 긴밀히 내통하고 있었던 까닭에 조정에서 일어나는 많은 일을 북경의 관원은 모를지라도 멀리 창덕에 있는 원세개만큼은 손바닥을 들여다보듯 훤히 알고 있었다. 당시 그는 매일 경향 각지의 여러 인물과 서신 및 전보로 긴밀히 연락하면서 장차 자신을 지탱해줄 많은 인물을 육성하고 있었다. 그와 연락한 총독으로 원수훈袁樹勳, 주가보朱家寶, 단방端方, 양돈언楊敦彦, 양사기楊士琦 등을 들 수 있다. 포정사와 시랑 이하의 관원은 이보다 더 많았다. 이외에도 일본의 오쿠마 시게노부大隈重信 백작, 북경 주재 프랑스 공사, 조주 주재 독일 총독 등도 그와 긴밀한 연락을 취하고 있었다. 그의 둘째 아들 원극문은 북경 주재 영국공사와 밀접한 관계를 맺고 있었다.

원세개는 이런 모습으로 2년을 보냈다. 그 사이 장강 남북의 각 성에서는 농민들이 곡물세 거부와 미곡 쟁취 투쟁을 일으켰고, 손문이 이끄는 혁명당은 광주에서 2차례 무장봉기를 일으켰다. 입헌파 인사들은 4차례나 전국적인 국회청원운동을 이끌었다. 호북와 광동, 사천 등지에서도 철도를 지키자는 운동이 전개되었다. 이런 혼란은 원세개의 재등장에 결정적인 빌미로 작용했다.

일본의 만주침탈이 노골화하자 1911년 4월에 이르러 혁광을 위시한 관원 10여 명이 원세개를 동북 3성의 총독으로 임명할 것을 주장했다. 순친왕의 동생인 해군대신 재순載洵도 그의 등용필요성을 인정했다. 열강들도 그의 등용을 지지했다. 당시 원세개는 발톱을 감춘 채 철저히 자신의 행적을 숨기고 있었다. 삼국시대 당시 사마의가 '사병계詐病計'를 구사했듯이 의기소침하고 정신이 쇠약해져 세상일을 잊은 것처럼 행동하며 조만간 병마에 시달려 죽을 것처럼 연기했다. 다시 나설 것을 권하는 친척 및 친구들에게도 자신의 속내를 전혀 드러내지 않았다.

그러나 그는 차분히 후일을 준비했다. 국회에 청원한 동북3성 대표들을 고향으로 돌아가게 한 것도 그가 혁광을 조종해 벌인 일이었다. 그는 내심 대세가 어느 정도 기울어져야 자신이 등용될 수 있지만 너무 기울어지면 그 또한 수습하기 어렵다고 생각했다.

1911년 6월 마침내 동남지역 입헌파의 수장인 장건이 기차를 타고 북경으로 가던 중 수행원의 권유로 창덕에 내려 그를 방문했다. 그는 처음에는 장건이 찾아온 속마음을 알 수 없어 공식적인 말만 하다가 그가 솔직하게 나오자 자신의 절박한 심정을 토로했다.

"황제 폐하의 은혜를 입어 벼슬길에 다시 오르면 모든 것은 민의에 따르겠소. 다만 각처에 제 진심을 알려주고 저를 도와주기 바라오."

원세개의 재등장을 부른 신해혁명

선통 3년(1911) 10월 10일, 무창에서 신해혁명을 알리는 총성이 터져 나왔다. 공교롭게도 그 다음날인 10월 11일은 원세개의 생일날이었다. 북경과 천진에 있던 친척과 친구들이 오랜만에 그를 찾아왔다. 원세개가 무창봉기의 소식을 들은 것은 생일 다음날인 10월 12일이었다. 소식을 처음으로 접한 그는 황급히 술상을 거두고 창극을 멈추게 했다. 사람들이 이구동성으로 말했다.

"혁명당은 결코 성공하지 못할 것입니다. 원대인이 반드시 등용될 것입니다."

그러나 원세개는 내심 혁명당이 무창을 차지한 후 한양을 공략하는 것은 결코 작은 일이 아니나 그렇다고 태평천국의 난처럼 심각한 일은 아니라고 생각했다. 객관적으로 볼 때 호광총독 서징瑞徵은 무능했고, 섭정왕 순친왕은 젊어서 경험이 없었고, 총리대신 혁광은 어리석고 탐욕스러워 봉기를 진압키 어려웠다. 당시 무창봉기 소식에 놀란 순친왕이 총리대신 혁광과 협리대신 나동, 군기대신 서세창 등과 대책을 논의했다. 3인 모두 원세개 사람이었다. 나동과 서세창은 원세개를 다시 등용할 것을 강력 주장했다. 혁광은 세인들의 지적을 피하기 위해 아무 말도 하지 않았다. 그러나 순친왕의 생각은 달랐다. 그는 곧 서징을 파면한 뒤 육군대신 음창蔭昌에게 육군 두 진을 이끌고 가 반군을 진압토록 명하면서 해군제독 살진빙薩鎭冰에게는 군함을 이끌고 장강 해군과 합동해 육군을 지원토록 했다.

군사를 거느린 경험이 없는 음창은 애초부터 원세개가 훈련시킨 군사를 지휘할 능력이 없었다. 이를 잘 알고 있던 혁광과 서세창 등이 반발하자 순친황이 다시 이들과 협의했다. 북경의 각국 공사들도 원세개 이외에는 사태를 수습할 사람이 없다고 목소리를 높였다. 마침내 순친왕은 혁광에게 원세개로부터 황권을 보장한다는 서약을 받도록 명했다. 이 소식이 전해지자 일부 대신들은 겨우 잡은 호랑이를 풀어주는 것이나 다름없다며 크게 반대했다. 순친왕도 이내 후회했으나 달리 뾰족한 대안이 없었다.

이해 10월 14일 원세개가 호광총독에 임명되었다. 곧이어 호북의 군대와 각 지역에서 온 지원군, 수륙 각 군의 지휘권을 모두 일임한다는 명이 내려졌다. 원세개가 이를 받아들이려고 하자 측근들이 강력 반대했다. 청조는 이제 별 희망이 없다는 게 그 이유였다. 주변에서 반란을 진압하면 필시 '토사구팽'이 일어날 것이라며 만류하자 원세개가 벌컥 화를 냈다.

"나는 절대로 혁명당이 될 수 없다. 내 자식들 역시 혁명당이 되는 것을 원치 않는다."

그는 곧 8개 조건을 제시했다. 직례의 속비군과 후비군 1만 명을 모아 25개 영으로 편성해 호북으로 가고, 탁지부에서 먼저 은 300-400민 냥을 내어 군대의 급료와 긴급비용으로 충당하고, 군사부軍諮府와 육군부에서 문서로 군대를 통제해서는 안 되다는 것 등이 골자였다. 그러고는 순친왕의 조바심을 자극해 가장 수지맞는 반대급부를 얻어낼 요량으로 상소문을 올렸다.

"신의 오랜 병이 아직 다 낫지 않았습니다. 나라의 일이 긴박한데 어찌 휴가를 얻겠습니까? 의사를 청해 치료를 재촉하면서 출정준비를 하고 있습니다. 좀 더 지나 몸을 지탱할 정도가 되면 즉시 나서겠습니다."

순친왕이 병을 구실삼아 파면시킨 까닭에 병을 구실로 명을 거절한 셈이다. 10월 16일 육군대신 음창이 찾아왔다. 그는 앓는 체하면서 침실에서 접견했다. 10월 18일 순친왕으로부터 무창봉기는 긴급사태이므로 병을 무릅쓰고 부임하라는 전보가 날라 왔다. 이에 그는 군사비로 은 4백만 냥을 지출하고, 1만2천여 명을 모집해 호북의 순방군巡防軍으로 삼고, 군자사軍諮使 풍국장의 제2군은 급히 출발시키지 말고, 강북제독 단기서는 즉시 호북으로 갈 것 등을 요구했다. 다급한 조정은 이를 모두 승낙했다. 그러나 원세개는 여전히 창덕에 앉아 있으면서 떠날 생각을 하지 않았다.

이때 혁명군은 무창을 점령한 뒤 군정부를 설립하고 청조의 제21혼성협통령混成協統領으로 있던 여원홍黎元洪을 군정부 도독으로 추천했다. 이어 단숨에 한양과 한구漢口, 경산京山, 천문天門, 황주黃州, 의창宜昌, 유가묘劉家廟 등을 점령했다. 다른 성들이 이에 적극 호응해 마침내 이해 10월 22일에 호남성이 독립을 선헌했다. 다음날 산서성도 독립했다. 원세개는 이 기회를 틈타 상소문을 올렸다. 풍국장이 제1군, 단기서가 제2군을 통솔해 하남의 신양信陽 일대에 집결토록 해야 한다는 게 골자였다. 순친왕은 마침내 원세개를 흠차대신에 임명해 해군과 육군의 지휘통솔권을 모두 넘기며 군자부와 육군부는 이들을 통제하거나 간섭하지 않는다는 성명을 발표했다.

이에 그는 비로소 출정을 준비하면서 그날로 혁명군에게 본때를 보여주기 위해 북양군에게 비밀리에 한구를 칠 것을 명했다. 이때 북쪽의 상황이 심각했다. 난주灤州의 제20진 통제 장소증張紹曾이 통령들과 연합해 12가지 요구사항을 담은 상소를 올렸다. 속히 국회를 열어 헌법을 개정하고, 책임내각을 조직하되 황족은 영원히 총리와 국방대신을 맡지 않아야 한다는 게 골자였다. 이들은 호북으로 운송하는 관군의 군수품 열차를 탈취해 혁명군과 싸우지 않겠다는 뜻을 드러냈다. 뒤이어 태원太原에서 신군이 일어나 순무 육종기陸鍾琦를 총살하고 염석산閻錫山을 군정부 도독으로 추천했다. 대경실색한 융유태후와 순친왕은 어린 선통제를 이끌고 황급히 열하로 몸을 피하려고까지 했다.

10월 30일 순친왕은 발등에 떨진 불을 끄기 위해 자정원의 요구를 좇아 4개의 성지를 내렸다. 헌정 실시를 선포하고, 속히 헌법 초안을 작성하고, 황족의 권리를 제한하고, 정치범을 대사면한다는 내용이 그것이었다. 각지의 봉기로 관군이 속수무책으로 무너지자 원세개와 측근들의 행보가 더욱 빨라졌다. 북양군은 원세개의 출정에 발맞춰 11월 1일 맹공격을 가해 한구를 점령했다. 혁광을 비롯한 내각은 원세개가 출정하자마자 곧바로 승리를 거두는 것을 보고 일괄사직서를 냈다. 이에 혁광을 필덕원弼德院 원장, 나동과 서세창을 필덕원 고문대신에 제수하면서 원세개를 내각 총리대신에 임명했다. 그에게는 속히 북경으로 올라와 내각을 완전히 새롭게 조직하라는 명이 내려졌다. 호북으로 출동한 각 군은 여전히 그의 통솔 하에 두었다. 그의 측근인 왕사진이 그를 내신해 호광총독 내리를 맡게 되었다. 모든 것이 원세개의 의도대로 되어가고 있었다.

상황이 태평천국 당시보다 훨씬 심각했다. 일부 측근은 그에게 새 왕조를 세워 직접 보위에 오를 것을 권했다. 그러나 그는 더 멀리 내다보았다. '역성혁명'을 꾀할 경우 자칫 조정과 혁명군 양쪽으로부터 협공을 받을 것을 우려한 것이다. 그는 황제의 꿈을 다음으로 미뤘다.

당시 이미 민심은 청조의 패망을 예상하고 있었다. 원세개는 혁명군이 존재해야 권력을 쥘 수 있다는 사실을 숙지하고 있었다. 혁명당의 불길을 단번에 꺼서도 안 되고 적당한 선에서 굴복시킬 필요가 있었다. 이에 그는 여원홍의 동향 출신인 유승은劉承恩을 통해 여원홍에게 평화협상을 제의하는 서신을 보냈다. 여원홍은 두 차례에 걸쳐 이를 거절했으나 평화협상의 여지만큼은 남겨두었다. 당시 석가장石家莊에 주둔한 제6진 통제 오록정吳祿貞 등은 비밀리에 혁명군과 협상을 벌이고 있었다. 이들은 혁명군과 연합해 북경을 공격해 일거에 청조를 뒤엎고 원세개를 제거코자 했다. 일본 사관학교 출신으로 담력이 뛰어난 오록정은 혁명 지지파였다. 이런 정보를 접수한 원세개는 곧 북경으로 올라가 사임의 뜻을 밝히면서 휘하를 시켜 11월 7일 새벽에 오록정을 살해케 했다. 11월 8일 자정원에서 회의를 열어 원세개를 내각 총리대신으로 정식 추천했다. 혁명군과 한통속이었던 제6진의 통제는 원세개 사람인 이순李純이 맡게 되었다.

11월 9일 혁명당 내에서 손문 다음가는 인물인 악군鄂軍의 총사령 황흥黃興이 원세개에게 만주족의 청조를 뒤엎고 한족 정권을 세우자는 편지를 보냈다.

"정권을 세울 자격 면에서 그대는 나폴레옹, 워싱턴과 같고 공은 그들보다 더 크오. 대승을 거두자 강남의 백성이 그대를 우러러 볼뿐더러 모든 백성이 그대의 이름을 받들지 않는 사람이 없소. 이 천재일우의 기회를 부디 잃지 말기 바라오."

새로 성립될 민국의 초대 총통으로 밀어줄 것을 약속한 것이다. 원세개는 곧바로 유승은과 채정간蔡廷干을 대표로 파견해 혁명당과 평화회담을 협상케 했다. 그러나 혁명당은 입헌군주제를 전제로 한 원세개의 제안을 또 거절했다. 혁명당의 강경한 태도에 그는 대노했다. 그는 먼저 강하게 밀어붙인 후 다시 평화회담을 재개하는 쪽으로 전략을 바꿨다. 이에 전력을 다해 한양을 공격하라는 명을 내렸다.

11월 13일 원세개가 북경으로 돌아오자 융유태후와 순친왕이 그를 만나 자신들의 기대를 저버리지 말 것을 신신당부했다. 원세개는 곧 서세창과 밀담을 나눴다. 이어 순친왕을 모살코자 한 혐의로 투옥되었다가 청조가 혁명당을 회유하기 위해 1주일 전에 석방한 왕정위도 만났다. 왕정위가 공화제의 성사를 전제로 원세개의 집권에 적극 협조할 뜻을 밝히자 이에 감동한 원세개는 그 자리에서 장남 원극정과 의형제를 맺게 했다. 이어 왕정위에게 양도楊度와 함께 이른바 '국사공제회國事共濟會'라는 단체를 만들어 평화회담의 분위기를 조성하라고 지시했다.

11월 16일 원세개가 책임내각을 조직했다. 각 부 대신과 부대신은 거의 모두 그의 사람이었다. 농상공부 대신 장건은 강소성, 사법부 대신 양계초는 일본에 있었다. 두 사람은 끝내 사양하며 취임하지 않았다. 이때 강소, 절강, 안휘, 광서, 광동, 복건 등이 차례로 독립을 선포했다. 한양에서는 혁명군과 관군의 쟁탈전이 며칠 동안 이어지고 있었다. 11월 27일 북양군이 마침내 한양을 탈환하자 혁명군이 무창으로 퇴각했다.

관군과 혁명군의 대치가 지속되는 와중에 이듬해인 1912년 1월 1일에 손문이 남경에서 임시총통에 취임해 '중화민국'의 성립을 선포했다. 그러면서 그는 청조 타도를 전제조건으로 원세개를 초대 총통에 추대할 뜻을 내비쳤다. 이에 고무된 원세개는 곧 국무대신들과 연명으로 상소문을 올려 선통제의 퇴위를 압박하고 나섰다. 결국 융유태후가 이해 2월 11일에 선통제 퇴위조서를 선포함으로써 260년간 중국을 통치한 청조는 마침내 막을 내렸다. 이날 원세개는 변발을 자르고 가가대소했다고 한다.

이해 3월 원세개는 '중화민국'의 임시총통에 취임한 뒤 수도를 다시 남경에서 북경으로 옮겼다. 이후 그는 혁명당과의 갈등 속에 1913년 3월에 국민당 당수 송교인의 암살을 사주했다. 반년 뒤인 이해 10월에 그는 정식으로 초대 총통에 취임했다. 그러나 그의 궁극적인 꿈은 황제 등극이었다. 이후 그는 일본의 지원을 배경으로 반대파를 제압키 위한 제제운동帝制運動을 강력 추진해 나갔다.

중화제국의 성립

그는 제1차 세계대전이 한창 진행 중인 1915년 5월에 일본 측이 제시한 21개조를 받아들여 조야의 격한 비난을 자초했다. 이듬해인 1916년 1월에 그는 '중화제국'의 황제를 칭하며 연호를 '홍헌'으로 바꾸는 무리수를 두었다가 안팎의 반발이 거세지자 곧바로 이를 취소하는 해프닝을 연출했다. 여기에는 그의 장남인 원극정이 황태자의 꿈을 키운 게 크게 작용했다.

이는 1914년 5월에 선포된 '중화민국약법'에 근거해 총통부에 설치된 '정사당政事黨' 소속의 장종장張宗長이 후일을 도모할 생각으로 장차 원극정이 '태평천자太平天子'가 될 것이라는 허튼 소리를 한데서 비롯되었다. 부친처럼 미신적인 점을 크게 믿고 있던 원극정은 이 얘기를 듣고는 크게 기뻐하며 곧바로 그를 인견했다. 장종장은 다가오는 1915년부터 20년 동안 원극정이 '태평천자'의 자리에 있을 것이라고 호언했다.

문제는 그 다음이었다. 장종장은 원세개가 계속 총통으로 남아 있

중화제국 황제 즉위식

으면 황제 즉위가 어려워지므로 즉시 군주제를 실시해 기반을 닦아야 한다고 주장했다. 어리석은 원극정은 이를 곧이곧대로 믿었다. 원극정은 곧 고향의 조상묘를 보살피는 묘지기를 사주해 낡은 돌에 천명은 반드시 이뤄진다는 뜻의 '천명유귀天命攸歸'를 새긴 뒤 오래된 것처럼 보이도록 여러 날 땅 속에 묻어두었다가 북경으로 보내도록 조치했다. 돌을 갖고 상경한 자가 원세개 앞에서 이같이 보고했다.

"총통의 생부인 원보중袁保中의 무덤 옆에서 붉은 빛이 나 1리 안팎을 비춰 이상하게 생각해 파보니 이 돌이 나왔습니다. 이때 무덤 곁에 갑자기 10자가 넘는 용 모양의 자색 등나무가 솟아올랐습니다."

원세개가 크게 기뻐하며 후한 상을 내린 뒤 원극정을 시켜 묘지를 둘러보고 오게 했다. 원극정은 편지를 써 등나무는 굵기가 아이 팔뚝만 하고 색깔이 피 같은 것이 틀림없이 '천명'에 해당한다고 보고했다. 원세개는 내심 백성들도 새 황제가 나타나기를 바라고 있고, 마침 혁명당을 모두 국외로 쫓아냈으니 근심할 것이 없다고 생각했다.

그러나 문제가 간단치 않았다. 믿었던 단기서와 풍국장 등은 예전처럼 고분고분하지 않았다. 내심 원세개의 뒤를 이어 총통이 될 생각을 하고 있었던 이들은 군주제에 강한 반감을 드러냈다. 단기서는 노골적인 불만을 표시하며 원극정이 '태자' 행세를 하는 것을 심하게 비난했다. 남경에 머물러 있던 풍국장은 노골적인 반대의사를 표시하지는 않았다. 이에 원세개는 단기서에게 압력을 가해 사직을 종용하면서 풍국장를 회유책으로 유인했다. 이해 6월 하순 풍국장이 북경에 와서 원세개를 만나 군주제 추진 여부를 묻자 그는 이를 시치미를 뗐다.

"무슨 소리인가? 난 절대 황제가 될 생각이 없다. 특히 우리 집안에는 60세를 넘긴 사람이 없다. 내 나이가 올해 58세다. 황제가 된들 몇 해나 하겠는가? 황제가 되면 보위를 물려주어야 하는데 장남 원극정은 다리를 절고, 차남 원극문은 가짜 선비이고, 삼남 원극량袁克良은 도적인데 누가 대업을 이을 수 있겠는가?"

그러나 정작 문제는 각 성의 실권을 쥐고 있는 장군들이었다. 여러 구실로 일부 성의 장군들을 북경으로 불러 공화정에 문제가 없는지 넌지시 물어보았다. 장군들이 그 뜻을 알아차리고 공화정의 문제점을 지적하며 총통에게 더 많은 권한이 있어야 한다고 말했다. 이에 고무된 원세개는 곧바로 측근에게 명해 군주제로의 전환을 공론화하도록 했다.

이에 앞장 선 인물이 양도楊度였다. 그는 시종 입헌군주제를 주장하며 원세개를 위해 있는 힘을 다한 인물이다. 그러나 그는 자랑하기를 좋아하는데다 자신을 시기하는 사람들의 무함으로 원세개로부터 점차 멀어졌다. 재기를 노린 양도는 원극정을 따라다니며 그를 부황 이연을 힘으로 물리치고 보위를 차지한 당태종 이세민에 비유하곤 했다. 이는 자신을 모략에 능한 방현령房玄齡이나 두여회杜如晦에 비유한 것이기도 했다.

조만간 군주제를 추진한다는 소식을 들은 양도가 크게 기뻐하며 1915년 4월에 「군헌구국론君憲救國論」이라는 글을 쓰자 원세개는 극찬을 아끼지 않으며 단지귀段芝貴를 시켜 그 글을 비밀리에 인쇄해 각 성의 장군 등에게 배포케 했다. 원세개의 지시를 받은 양도는 한때 혁명당에 있다가 원세개에게 넘어온 손육균孫毓筠과 호영胡瑛 등과 함께 이해 8월 14일에 '주안회籌安會' 선언을 발표했다. 발기인 중에는 명망이 높은 엄복嚴復의 이름도 들어가 있었다. 이들은 선언문에서 이같이 밝혔다.

"신해혁명 당시 국민들은 감정에 사로잡혀 국정을 미처 고려하지 못하고 갑작스럽게 공화국을 세웠다. 건국 후 나라는 많은 위험을 겪어 왔고 국민은 심한 고통을 겪고 있다. 원세개의 헌법고문인 미국의 저명한 정치학자 굿나우Goodnow 박사도 군주제는 공화제에 비해 우수하므로 중국은 군주제를 하지 않으면 안 된다고 했다. 중국 국민은 눈앞의 일만 보고 나라가 망하기를 기다려서는 안 된다."

'주안회'가 본격적으로 활동을 시작하자 장건이 원세개에게 루이 16세가 되지 말고 워싱턴이 될 것을 충고하는 등 거센 반발이 일어났다. 양계초는 「이상하다, 국체문제여」라는 글을 통해 양도의 「군헌구국론」을 반박했다. 일부는 주안회가 복벽復辟을 선동해 법을 어겼다며 사법기관에 고소키도 했다. 양도 등도 적극 대응하고 나섰다. 이들은 북경에 온 각 성의 대표와 인사들로 하여금 이른바 '공민청원단公民請願團'을 조직해 국체변경을 요구케 했다. 이해 9월 6일에 원세개가 측근을 참정원에 보내 자신의 의견을 피력했다.

"군주제로 바꾸는 것은 총통으로서 받아들이기 어려우나 국민의 청원은 나라를 진흥시키기 위한 것으로 대다수 국민의 의견을 들어보면 타당한 방법이 반드시 있을 것이다."

당시 '태자' 행세를 한 원극정 주변에는 아첨배들이 벌떼처럼 몰려들어 '태평천자'를 들먹이며 그의 비위를 맞추었다. 그는 온종일 국체변경 준비에 매달렸다. 원세개는 그런 아들을 보며 크게 흡족해했다. 당시 북경에는 일본인이 운영하는 중국어 신문인 《순천시보順天時報》가 있었다. 원세개도 공무를 보면서도 틈틈이 그 신문을 읽었다. 이 《순천시보》는 다른 신문과 달리 회유나 협박이 통하지 않았다. 조야의 비판적인 여론이 《순천시보》에 그대로 실렸다.

원극정은 부친이 《순천시보》를 보고 마음이 바뀔까 우려해 매일 《순천시보》를 위조해 부친에게 보여주었다. 온 나라가 군주제를 옹호한다는 내용으로 꾸며진 것은 말할 것도 없다. 원극정이 군주제를 반대하는 단기서를 제거키 위해 암살을 시도하자 이를 눈치 챈 단기서가 병을 핑계로 휴직서를 제출했다. 원세개가 왕사진을 후임으로 임명했다.

당시 원세개가 평소 존경하던 엄수嚴修는 주안회 선언 직후 급히 천진을 떠나 북경으로 와서 원세개를 만났다. 엄수가 극구 만류하자 원세개가 흔들렸다. 양도가 이 소식을 듣고 원극정과 대책을 논의했다. 흥분한 원극정이 대노해 지팡이를 휘둘러 창문의 유리를 모두 깨 버렸다. 어떤 자가 이 소식을 엄수에게 알려주자 엄수가 대경실색해 곧바로 기차를 타고 천진으로 돌아간 뒤 다시는 북경으로 가지 않았다.

9월 19일 측근들이 세력들을 규합해 황제 즉위를 촉구하는 '전국청원연합회全國請願聯合會'를 결성했다. 이후 여러 청원단체들이 나타났다. 위로는 왕공귀족과 정부관원, 각 성의 장관들로부터 아래로는 마부와 유랑민에 이르기까지 참여하지 않은 계층이 없었다. 심지어 북경의 거지와 기생들도 '청원단'을 구성했다. 단지귀는 각 성의 장군과 도통, 호군사들을 연합해 속히 즉위할 것을 강권했다.

'전국청원연합회'는 곧 각계의 청원서를 접수해 참정원에 보내면서 국체변경을 요구했다. 참정원은 '국민대표대회'를 열어 국체변경을 결정키로 했다. 이해 10월 10일 원세개는 국민들에게 이 문제 해결을 조용히 기다리라는 명을 발표했다. '국민대표대회'는 대표의 선출부터 투표에 이르기까지 원세개 측근 세력에 의해 진행되었다. 장군과 순안사의 감독 아래 각 성에서 투표를 진행한 뒤 그 표를 다시 북경으로 모으는 방법이 동원되었다. 투표결과 1993명이 투표해 전원이 찬성한 것으로 나타났다.

당시 손문은 국민당을 '중화혁명당'으로 개편한 뒤 '중화혁명군'을 조직해 정면대결을 불사했다. 11월 10일에 혁명당은 상해 신무사鎭守使 정여성鄭汝成을 총살하고, 12월 5일에는 군함을 점거하고 경찰서를 향해 진격했다. 원극정은 외부의 정세가 불안정하고 일부 지역의 정황이 급박하다는 사실을 알고 작업을 서둘렀다. 이들은 내부에서 먼저 제위에 오르는 의식을 거행하고 후에 길일을 택해 외빈을 부르는 공식행사를 여는 방안을 권유했다. 이들이 12월 12일과 13일을 놓치기 아까운 길일이라고 주장하면서 간곡히 설득하자 미신을 좋아하는 원세개가 이를 승낙했다.

12월 11일에 참정원에서 전원회의가 열었다. 양도 등은 참정원이 총대표의 이름으로 추대서를 올려야 한다고 주장했다. 이날 오후 원세개가 이런 명을 내렸다.

"주권은 전체 국민으로부터 온 것이다. 나는 충분한 공적이 없는데도 제위에 오르면 어찌 마음이 편하겠는가. 민국 초기에 있는 힘을 다해 공화정을 세우겠다고 참의원에 맹세도 했다. 오늘 제위에 오르면 이 맹세를 저버린 것이니 다른 사람을 추대하기 바란다."

이날 오후 참정원에서 두 번째 추대서를 올렸다. 다음날인 12월 12일에 마침내 이를 승인하며 즉위를 준비했다. 13일 오후에는 중남해中南海에서 여러 관원들의 축하를 받았다. 원극정은 스스로 '대황자인大皇子印'의 금도장을 새겼다. 양도 등은 늘 원세개 앞에서 '적자를 후계자로 세워야 한다'고 말하면서 원극정을 '태자각하'로 불렀다.

원세개는 제위에 오른 후 민심을 잡는 문제로 고심했다. 당시 부통총 여원홍은 참정원 원장을 겸하고 있었기에 그 영향력이 제법 컸다. 북경에 들어온 후 영대에 연금되어 있던 그는 보신을 위해 외부와 연락을 끊은 채 정사에 대해서도 입을 다물었다. 원세개는 친근감을 보이며 딸을 그의 아들에게 보내 사돈을 맺었다. 군주제 통과 후 여원홍이 참정원 원장에서 물러나겠다며 사직서를 내자 원세개는 그가 숙소를 동창東廠거리로 옮기는 것을 허락한 뒤 무의친왕武義親王에 봉했다. 문무백관이 그를 찾아가 축하했으나 그는 이를 거절했다.

당시 의형제를 맺은 서세창도 신하가 되어 무릎을 꿇는 것이 싫어 낙향했다. 이로 인해 옛 동료와 덕망 있는 사람은 신하로 칭하지 않겠다는 명을 내렸다. 동료로 지명된 사람은 여원홍, 혁광, 순친왕, 나동, 주복 등이고 옛 친구는 서세창과 장건 등이었다. 서세창 등은 수시로 입궁해 접견할 수 있고 무릎을 꿇고 인사하지 않아도 되는 등의 특권을 주었다. 이어 심복과 실권을 갖고 있는 요인들이 훈작에 봉해졌다. 장훈과 풍국장 및 단지귀 등은 1등 공작, 류관슝은 2등 공작, 이순과 당계요唐繼堯와 염석산閻錫山 등을 1등 후작에 봉했다. 나머지는 모두 백작이나 자작, 남작 등에 봉해졌다. 원극정의 건의에 의해 공자의 76대손인 공령이孔令貽가 군왕郡王에 봉해졌다.

또 원세개는 황실의 지지를 얻기 위해 셋째 딸을 퇴임한 선통제 부의의 황후로 만들고자 했다. 또한 청조의 자정원 총재로 있던 부륜溥倫을 참정원 원장으로 임명하고 봉록을 후하게 주어 군주제 찬성에 대한 공을 치하했다.

이해 12월 19일 '즉위대전주비처卽位大典籌備處'의 성립을 선포하고 구체적인 준비에 들어갔다. 자금성의 태화전太和殿과 중화전中和殿, 보화전保和殿을 각각 승운전承運殿과 체원전體元殿, 건극전建極殿으로 개칭하고 다시 칠을 했다. 색깔도 오행을 따라 적색으로 정하고 지붕의 누런 기와를 붉은 기와로 바꾸었다. 건물의 보수와 의복 등을 장만하는데 모두 2천만 원이 들었다.

남가일몽으로 끝난 황제의 꿈

다음해 원단에 성대한 '중화제국' 창건의식을 준비하던 이해 12월 23일에 문득 운남장군 당계요와 순안사 임가징任可澄으로부터 전보가 날라 왔다. 24시간 내에 즉시 내란 음모자인 양도와 엄복, 단지귀 등을 처벌하고, 공화제를 지킬 것을 명백히 밝히라는 내용이었다. 원세개는 군주제 시행을 요구하던 자들이 문득 이런 요구를 하고 나선 것을 크게 의아하게 생각했다. 이에 즉시 정사당에 명해 배경을 알아보게 했다.

12월 25일 운남으로 잠입한 양계초의 애제자인 채악蔡鍔이 당계요唐繼堯 등의 장령들과 함께 운남성의 독립을 선포하면서 원세개의 죄를 성토하고 나섰다. 당초 채악은 은밀히 운남과 연계하면서 천진에서 양계초와 만나 비밀리에 원세개 토벌계획을 세웠다. 양계초는 채악에게 운남에 잠입해 '반원투쟁'의 기치를 들 것을 권했다. 운남의 독립 선언은 민심이 이미 원세개를 떠났음을 의미했다. 이들을 중심으로 이른바 '반원투쟁군反袁鬪爭軍' 일명 '호국군'이 전국적으로 조직되었다. 제1군은 채악이 총사령이 되어 사천으로 출병하고, 제2군이 이열균李烈鈞이 총사령이 되어 호북와 호남으로 출병하고, 제3군은 당계요가 총사령이 되어 후방에서 지원키로 했다. 이들은 국민들로부터 열렬한 지지를 받았다.

자세한 내막을 알 길이 없었던 원세개는 운남의 '호국군'을 일거에 박멸할 수 있다고 자신했다. 열강은 일본을 제외하고는 중국의 내정에 간섭할 힘이 없고, 일본도 이제 우호적으로 변해 큰 문제가 되지 않을 것으로 생각한 결과였다. 1916년의 새해 첫날이 밝았다. 그는 제위에 오르는 의식을 거행하지 않고 총통부를 신화궁新華宮으로 개칭한 뒤 국호를 '중화제국中華帝國'으로 고쳤다. 연호는 '홍헌洪憲'이었다.

그러나 '홍헌 원년'을 쓴 외교 공문은 모두 반려되었다. 외세의 개입을 두려워한 원세개는 할 수 없이 대외용 공문에는 '중화민국'의 연호를 쓰고, 직함도 '황제'가 아닌 '총통'을 사용토록 했다. 이로 인해 중국은 제국과 민국이 공존하면서 제국도 민국도 아닌 이상한 나라가 되었다. 이를 두고 외국 언론은 그를 '황제총통'으로 부르면서 신랄하게 풍자했다. 국내에서도 '총통이냐 황제냐'며 그를 비웃었다.

황제가 된 원세개는 일본의 환심을 사기 위해 농상부 총장 주자제周自齊를 일본에 특사로 파견했다. 명분은 일본의 메이지 천황에게 대훈장을 수여한다는 것이었으나 사실은 예물을 보내는 것이었다. 그는 동시에 호국군에 대한 진압을 재촉했다. 중남해에 운남토벌을 총괄하는 임시 사무실을 설치하고 직접 군무를 챙겼다. 1916년 1월 5일 조곤을 전선으로 파견했다. 조곤의 군사는 두 갈래로 나뉘어 사천과 호남의 서부로 각각 진군했다.

당초 일본정부는 원세개의 특사 파견을 열렬히 환영했다. 1월 14일에는 히오키 마스 공사가 주중 일본공사관에서 특사의 송별연회를 베풀기도 했다. 그러나 다음날 일본정부는 문득 원세개와 제정한 비밀협약이 누설된 것을 이유로 주자제의 방일을 거부했다. 원세개의 체면은 크게 손상될 수밖에 없었다.

이어 군사적으로도 커다란 낭패를 보게 되었다. 당시 채악이 이끄는 호국군 제1군은 동서 두 갈래로 나뉘어 서로군은 운남을 지나 사천으로 진군하고, 동로군은 귀주로 진군했다. 귀주와 사천이 이내 독립을 선포했다. 손문이 이끄는 중화혁명군도 광동과 산동, 호남, 호북에서 연이어 일어났다.

원세개의 일족들도 크게 반발했다. 당시 원세개의 사촌 여동생 원서정袁書貞이 50세 생일을 맞게 되었다. 원세개가 원극정에게 선물을 보내도록 하자 원극정은 다섯째 동생 원극권袁克權을 대신 보냈다. 원극권은 또 다른 조선인 출신 둘째 첩 이씨 소생이었다. 당시 원서정은 조카를 만나지도 않은 채 사람을 시켜 이런 말만 전하게 했다.

"우리 가문에는 그런 형제나 조카가 없다."

원세동 원세계의 막내 동생

얼마 후 원수정이 오라비에게 편지를 보냈다.

"우리는 대대로 청조의 은혜를 받았습니다. 총통이 된 것은 보물을 도둑질한 것과 같습니다. 장차 황천에 가서 태후를 어찌 만나려는 것입니까? 나도 어렸을 때 경서를 읽어 군신지도君臣之道를 조금은 압니다. 오늘부터 그대는 그대의 황제가 되고, 나는 청조의 여성으로 남겠습니다."

막내 동생인 원세동袁世彤은 고향에서 북경까지 올라와 속히 퇴위할 것을 요구했다. 원세개가 천명과 민의를 들먹이며 변명하자 그는 여동생과 함께 북경과 천진의 신문에 원세개와 혈연을 끊겠다는 내용의 성명을 발표했다.

"우리는 형제자매의 의를 철저히 끊는다. 군주제가 이뤄져도 부귀공명은 우리와 아무 관계가 없다. 실패해도 그 죄과에 우리는 아무 책임도 지지 않는다."

귀향한 원세동은 곧바로 군사를 모집한 뒤 '근왕勤王'을 내세웠다. 원세개는 하남성 장군 조척趙倜을 시켜 이를 해산케 했다. 국민들의 반대와 형제자매의 반발은 그의 심신을 지치게 만들었다. 정작 그를 가장 지치게 만든 것은 태자 문제였다. 장남 원극정은 비록 적장자이기는 했으나 한쪽 다리를 저는데다 왼손에도 장애가 있었다. 그러나 조선 여인

김씨 소생의 차남 원극문은 총명하고 재질이 뛰어나 원세개는 늘 '천재'라며 칭송했다. 5남 원극권 역시 성격이 온순하며 학문도 뛰어났다. 원세개는 차남과 5남 중 한 명을 선택해 태자로 세우겠다는 말을 내비친 적이 있다. 원세개가 총애한 셋째 딸 원숙정袁叔禎의 증언에 따르면 부친은 원극문에 더 많은 관심을 기울였다고 한다. 사실 원극문이 나이도 위이고 부친을 대신해 대외업무를 주관해 신임을 많이 받고 있었다. 그가 태자가 될 것이라는 목소리가 가장 높았다. 원극정은 이 얘기를 듣고 대노했다.

"만일 따예大爺가 둘째를 태자로 내세우면 내가 그를 죽여 버릴 것이다."

원수정이 이 얘기를 듣고 부친에게 전하면서 이같이 덧붙였다.

"우리 집안에 옹정제가 형제 등 정적을 암살할 때 쓴 흉기인 혈적자血滴子가 나오게 생겼습니다."

원세개가 말문을 막았다.

"쓸데없는 소리."

그러고 아무 말도 하지 않았다. 당시 원극문은 이 얘기를 듣고 크게 두려워한 나머지 영국으로 유학을 가고자 했다. 원극문의 생모인 심씨 등이 극구 만류했다. 원극문은 부친에게 과거 청조가 태자를 책봉하는 것처럼 아예 자신을 제2태자로 봉해 달라고 간청했다. 원세개가 이를 받아들여 황궁의 관제를 다시 정하고 모자와 옷도 다시 만들도록 했다. 이로 인해 원극문은 간신히 위기를 벗어날 수 있었다.

당시 조선인 출신 둘째 첩은 황후가 될 생각으로 자신의 소생인 원극권이 태자로 낙점되기를 고대했다. 가장 총애를 받는 다섯째 첩도 이에 뒤질세라 연일 자신의 소생인 6남 원극환袁克桓을 태자로 세울 것을 졸라댔다. 이들 비빈간의 싸움도 원세개를 크게 심란케 만들었다.[125] 당시 그의 여러 딸 중 오직 셋째 딸인 원숙정만 군주제를 반대했다. 부친이 그녀를 부의에게 보내 황실과 사돈을 맺으려고 했을 때 울면서 크게 반발한 바 있다. 원세개가 일찍 죽은 탓에 이 혼사는 이뤄지지 않았다.

이때 원세개가 퇴위를 결심케 된 극적인 사건이 일어났다. 하루는 원숙정이 시녀에게 간식으로 먹는 잠두콩을 밖에 나가 사오도록 시켰다. 공교롭게 시녀가 갖고 온 잠두콩의 봉투는《순천시보》로 만든 것이었다. 원숙정은 우연히 며칠 전에 자신이 본 신문의 내용이 잠두통 봉투로 사용된《순천시보》의 내용과 다르다는 사실을 발견하고는 깜짝 놀랐다. 확인해 보니 날짜는 같으나 내용이 전혀 달랐다. 이상한 생각이 들어 원극문에게 묻자 원극문이 감히 부친에게 사실을 고하지 못했다며 전말을 밝혔다. 원숙정이 이날 저녁 진짜《순천시보》를 부친에게 보여주었다.

다음날 아침 원세개가 장남 원극정을 불러 영문을 물었다. 원극정

---

125 당시 원세개는 정실 우씨를 황후로 책봉하고 첫째 첩 심씨와 둘째 첩 이씨, 셋째 첩 김씨, 다섯째 첩 양씨를 비로 봉했다. 정실부인 우씨는 원세개가 대통총통에 오른 뒤 퍼스트레이디의 역할을 제대로 해내지 못했다. 하루는 외교사절 부인이 우씨 앞에 와서 악수를 하려고 손을 내밀자 우씨는 크게 놀라 손을 뒤로 감춰버렸다. 외교사절 부인은 울지도 웃지도 못하는 상황이 연출된 것이다. 이후 그는 우씨 부인을 공식장소에 데리고 나오지 않았다. 첫째 첩 심씨는 소주 출신의 명기名妓였다. 원세개가 명성을 얻지 못하고 있을 때 심씨가 그에게 자금을 지원해 공명을 얻을 수 있도록 해주었다. 원세개는 그 정을 잊지 못하고 공을 이룬 후 그를 첩으로 삼았다. 외교사절을 맞이할 경우는 심씨가 부인 신분으로 나타나곤 했다. 원세개는 여섯째 예씨와 여덟째 곽씨, 아홉째 유씨는 빈으로 봉했다. 일곱째 장씨는 원세개가 회적처분을 받아 하남에 머물 때 화장을 하고 바람을 피우다 들키는 바람에 원세개에 의해 음독자살의 명을 받고 죽었다. 집안에서는 병사했다고 둘러댔다. 빈이 된 첩들은 모두 크게 불만을 표시하며 비로 봉해주지 않으면 자식들을 데리고 창덕으로 돌아가겠다고 위협했다. '중화제국'의 황실은 이들 비빈들의 다툼으로 조용할 날이 없었다.

이 자초지종을 고하며 용서를 빌었다. 대노한 원세개가 채찍으로 그를 후려치며 일갈했다.

"너는 아비를 속이고 나라를 망친 놈이다."

이후 그는 장남을 보기만 하면 화를 냈다. 그는 일본의 지원도 기대할 수 없는 상황에서 '호국군'과의 전투도 불리하게 돌아가고, 외국도 계속 경고를 보내오자 군주제의 앞날이 힘들 것이라는 사실을 절실히 깨닫기 시작했다. 군주제 실시를 위한 일체의 활동을 잠시 미룰 수밖에 없었다.

이해 2월 23일 그는 황제에게 올리는 문건을 모두 받지 않겠다고 선포하고 운남의 사건을 평정하기 전에는 결코 즉위식을 치르지 않을 것을 각국 공사들에게 통지했다. 당시 북양군은 사천에 도착해 '호국군'과 며칠 동안 격렬히 싸우다가 대치 상태에 들어갔다. 호국군은 탄약과 군량이 부족해 후퇴할 수밖에 없었다. 이에 북양군은 총 한방 쏘지 않고 사천 일대를 회복했다. 호남성 싸움도 여단장 당천희唐天喜가 혁명군에 가담하는 바람에 처음에는 북양군에게 불리했다. 당천희는 원세개의 오래 부하였다. 이 소식을 접한 원세개가 심한 충격을 받고 혼자 중얼거렸다.

"당천희가 나를 배반했다. 당천희가 나를 배반했다."

이때 북양군 6진이 역공을 가해 호남성 서부를 탈환했다. 군사부문의 일이 순조롭게 풀리자 원세개는 반군을 평정할 날이 멀지 않았다면 기뻐했다. 그러나 이해 3월 15일에 육영정陸榮廷이 광서의 독립을 선포한데 이어 운남으로 들어간 북양군을 섬멸하는 일이 빚어졌다. 북양군의 사기가 크게 떨어진 와중에 장령들은 풍국장과 단기서의 밀명을 받고 진군을 멈춘 채 날마다 군수품을 요구하며 원세개를 난처하게 만들었다. 원세개는 심복 완충추阮忠樞를 서주徐州로 보내 장훈을 설득했다. 그러나 장훈은 선통의 연호가 아직 살아 있는데 원세개가 분별없이 황제를 칭하고 있다며 크게 비난했다.

"이는 융유태후에게 부끄러운 일이다. 살아서는 세인들에게 면목이 없고, 죽어서는 역사에 욕먹을 짓이다."

원세개는 완충추의 보고를 받고는 이제 자신과 고락을 같이 해온 북양군도 더 이상 의지할 수 없게 되었음을 절감했다. 풍국장이 이순 등과 연합해 군주제를 전복시키려 한다는 보고까지 올라오자 그는 더욱 절망했다. 하루는 극히 비통한 어조로 측근에게 이같이 말했다.

"끝났다. 모든 게 끝났다. 어젯밤에 큰 별 하나가 떨어지는 것을 보았다. 이는 내 평생 두 번째로 본 것이다. 처음 보았을 때 이홍장이 죽었다. 이번에는 내 차례일 것이다."

이어 자신의 선조들이 모두 59세 전에 죽었다는 얘기를 했다. 자신도 이미 58세이니 아마도 59세를 넘기기 어려울 것이라는 얘기도 했다. 이때 서세창의 편지가 왔다.

"아직 반전의 여지가 있소. 이를 놓치면 다시는 기회가 없을 것이오."

이해 3월 17일 원세개가 측근 양사기를 불러 대책을 물었다. 군주제 철회를 주문하자 원세개가 동의했다. 그러나 군주제 철회 후 다시 총통의 자리로 돌아갈 수 있을지 걱정이었다. 군주제를 취소한 후 중앙정치는 서세창과 단기서에게 맡기고, 중앙군사는 풍국장에게 맡기기로 결심한 그는 급히 전보를 보내 채악과 화전케 한 뒤 별도로 양계초에게 부탁해 운남과 광서를 설득케 했다. 그가 황제가 된 것은 '국민대표대회'의 추대를 통한 것이었다. 이를 철회하려면 유사한 절차를 밟아야만 했다. 그는 내심 입법회의를 앞당겨 열고 군주제 철회와 총통직 재취임을 골자로 한 결의안을 통과시키고자 했다.

그러나 정세는 위급하게 돌아갔다. 휴식과 정비를 마친 호국군이 전면적인 반격을 개시해 일거에 사천과 호남 일대를 차례로 점거해 나가기 시작했다. 회의를 소집하기에는 너무 늦었다. 그는 스스로 군주제 철회를 선포하는 수밖에 없었다. 3월 20일 그는 국무경과 각 부 총장, 참정원 참정, 숙정청 장관, 평정원 원장 등을 모아 놓고 군주제 철회 문제를 토론케 했다. 참가자들 모두 이견이 없었다. 그날 밤 바로 선포키로 결정되었다. 오직 원극정만 목숨을 부지하기조차 어려운 상황에서 홀로 반대 상소를 올렸다.

"주안회가 성립돼 오늘까지 이미 7달이 지났습니다. 천신만고 끝에 군주제 실시라는 목적에 이르렀습니다. 지금 군주제를 철회하면 반대자들의 목소리만 키울 뿐입니다. 게다가 지금 각 성이 독립을 선언하는 상황에서 총통이 되는 것도 반대할 지 어찌 알겠습니까? 오히려 군주제를 적극 실시하는 것이 상책입니다. 승부는 아직 알 수 없습니다. 저들이 귀순하지 않을지라도 장강이나 황하를 경계로 하는 것일 뿐입니다. 폐하가 온 나라를 통일하지 못할지라도 강산의 절반은 남지 않겠습니까?"

원세개는 이 상소문을 보고 또 마음이 흔들렸다. 그러나 상황이 절박했다. 아무리 생각해도 북양군을 더 이상 믿을 수 없었다. 그는 결심을 굳혔다. 3월 21일에 그는 요인들을 소집해 회의를 열었다. 단기서와 서세창을 불러 군주제 철회방침을 명백히 밝히면서 풍국장 등이 군주제 철회와 관련해 보내온 비밀 전보를 보여주었다. 모두 말이 없었다. 이날 그는 서세창을 국무경에 임명했다. 다음날인 3월 22일 원세개는 마침내 군주제 철회의 명령서를 발표했다. 다음날 '홍헌' 연호를 폐지하면서 그 해를 다시 중화민국 5년으로 할 것을 명했다. '홍헌' 연호의 존속기간은 도합 83일간이었다.

3월 25일 원세개는 여원홍과 서세창, 단기서의 명의로 육영정陸榮廷과 양계초, 당계요, 채악 등에게 군주제 철회의 목적을 이뤘으니 전쟁을 멈추고 함께 뒷수습을 하자는 내용의 전보를 보냈다. 이날 참정원에서는 각 성에서 보내 온 추대서를 일괄 폐기하고 군주제와 저촉되어 취소된 민국시대의 법령을 모두 회복시키기로 결의했다. 3월 29일 원세개는 군주제 관련 서류 8배경 건을 폐기했다. 4월 2일에 참정원에서 최종적으로 군주입헌 국체안의 취소를 결의했다.

채악 등의 호국군은 원세개의 망명과 재산몰수, 자손들의 공민권 박탈 등을 골자로 한 6가지 조건을 제의하고 나섰다. 4월 6일 광동이 독립을 선포한데 이어 절강과 호남, 강소, 안휘, 강서를 비롯해 봉천 등지까지 연이어 반기를 들었다. 많은 성의 농민들이 조세 납부 거부 투쟁을 전개했다. 사회 각계의 명사와 의원들이 그의 퇴위를 압박하고 나섰다.

"천하에 되살아난 황제는 있어도, 절개를 잃고 재기하는 총통은 없다. 국가는 천하의 것이지 개인의 것이 아니다. 반역죄는 성립되었고 총통 자격은 이미 상실되었다."

전 국민의 성토 속에 원세개는 최후의 수단을 구사했다. 4월 21일 그는 책임내각제를 선포했다. 그러나 이 또한 꼼수에 지나지 않았다. 다음날 서세창이 '수습불가'를 이유로 사직했다. 5월 6일에 운남, 귀주, 광서, 광동 등 4개성에서 통일기구인 군무원軍務院을 세우고 당계요를 무군장撫軍長, 육영정과 채악 등은 무군이 되었다. 이어 여원홍을 총통으로 추대하고 군무원에서 전국의 군정을 책임지고 수습해 처리하게 했다. 5월 9일 진수번陳樹藩이 산서의 삼원三原에서 독립을 선포한 뒤 섬서 지역 호국군 총사령을 자처하면서 육건장陸建章을 협박해 산서를 떠나게 했다. 풍국장이 소집한 남경회의는 장훈 등의 방해공작으로 아무 결론도 내지 못했다.

5월 22일 사천장군 진환陳宦이 사천의 독립을 선포하면서 원세개와 개인관계를 끊는다는 특별성명을 발표했다. 그는 전에 북경을 떠나면서 원세개에게 속히 보위에 오를 것을 애걸한 인물이었다. 원세개는 그의 배신에 충격을 받은 나머지 기절했다가 한참 만에 깨어났다.

급작스런 죽음과 황제의 장례식

당시 원세개는 극히 초조해진 나머지 식사량이 크게 줄어들고 정신도 쇠약해졌다. 이내 병이 났으나 그는 더욱 권력에 집착하는 모습을 보였다. 그가 처음에 얻은 병은 방광결석이었다. 그는 서양의술을 믿지 못해 제때 치료를 받지 못했다. 이해 6월 초에는 요독증으로 인해 배뇨도 못하고 병석에서 일어나지도 못하는 지경이 되었다. 마침내 원극정의 요청으로 프랑스 의사가 달려와 오줌을 뽑아내며 치료를 해주었으나 별 차도가 없었다. 원세개는 급히 사람을 시켜 서세창과 단기서를 부른 뒤 이같이 말했다.

"총통은 응당 여원홍이 해야 하오. 나는 병이 나아도 창덕으로 돌아갈 생각이오."

정계은퇴를 언급한 것이다. 자신의 목숨이 얼마 남지 않은 것을 안 그는 갑자기 혼수상태에서 깨어나 서세창을 불러오게 하고는 원극정에게 이같이 유언을 했다.

"내가 죽은 후 너희들은 크고 일을 모두 서세창에게 묻고 행하라. 너는 서세창을 마치 나를 섬기듯 섬겨야 한다."

원극정은 울기만 할 뿐이었다. 이해 6월 6일 새벽, 마침내 임종이 가까워오자 서세창과 단기서, 단지귀, 왕사진, 장진방張鎭芳 등이 서둘러 병상 곁으로 다가왔다. 원세개가 서세창에게 말했다.

"모두들 잘 왔소. 나는 이미 다 된 사람이오."

서세창이 위로했다.

"너무 조급해 하지 마십시오. 며칠 잘 치료하면 좋아질 것입니다."

그리고는 한마디 덧붙였다.

"총통이 할 말씀이 있으면 일찍 기록해 두는 것도 좋을 듯합니다."

원세개는 입술을 약간 움직이면서 '약법'이라는 두 글자를 말했다. 그러나 더는 말을 하지 못했다. 원극정이 의사를 시켜 강심제를 한 대 놓게 했다. 원세개는 다시 깨어나 아주 힘겹게 마지막 말을 했다.

"그가 날 해쳤어."

결국 그는 이날 오전 10시에 숨을 거두었다. 나이는 자신의 예언대로 60세를 넘기지 못한 58세였다. 그가 죽으면서 말한 '그'는 과연 누구일까? 지금까지도 '그'를 둘러싼 논란이 그치지 않고 있다. 많은 사람들이 풍국장과 단기서를 지적한 것으로 분석하고 있다. 원세개가 황제에 오를 때 애매한 태도를 보였다는 게 이유이다. 이밖에도 원극정을 지목한 것이라는 주장과 양도 등 '주안회' 회원 등을 지목한 것이라는 주장 등이 다양한 견해가 있다. 여러 설 중 가장 특이한 것은 이런 것이다.

"원세개가 죽으면서까지 '그'가 누구인지를 명확히 밝히지 않은 것은 간웅이 죽으면서까지 술수를 부린 것이다. 그는 이 말로써 자신의 죄책을 덮고 화를 다른 사람에게 미루고자 한 것이다. 불분명한 말 한 마디로 자신을 황제에 옹립하고 배신했던 사람을 질책한 셈이다."

나름대로 탁월한 분석이기는 하나 아무래도 지나치다. 당시의 정황에 비춰 대략 자신을 세인들의 지탄대상으로 만드는데 일조한 모든 사람을 총칭한 것으로 보는 게 타당할 듯싶다.[126] 원세개가 숨을 거두자 정실 우씨가 옆에서 통곡을 했다. 그녀는 울면서 이런 넋두리를 했다.

"당신은 평생 나에게 미안한 일만 했소. 그 많은 첩을 얻고, 또 그렇게 많은 자식을 낳고, 이제 다 나한테 맡기고 가면 난 어떻게 하란 말이오."

실제로 당시 원세개가 남겨 놓은 자식은 아들 17명과 딸 15명 등 모두 32명에 달했다. 이들 중 딸 3명은 요절해 이름이 자세히 알려져 있지 않다. 장례 기간 중 원극정은 상복을 입고 몇 번이나 영전에 무릎을 꿇고 울부짖었다.

"아버님, 정말 죄송합니다. 제가 죄인입니다."

당시 원극문의 생모인 셋째 첩 김씨는 금을 삼키고 함께 죽으려고 했으나 즉시 발견되어 죽음을 면했다. 그녀는 결국 그것 때문에 병을

126 원세개의 사인과 관련해 지금까지도 여러 설이 대립해 있다. 가장 믿을 만한 것은 병사설病死說이다. 그를 비판적으로 그린 『원씨도국기袁氏盜國記』 등의 기록이 논거이다. 둘째는 심화설心火說이다. 심화를 북돋은 당사자로 섬서의 독립을 선언한 진수번과 호남의 독립을 선언한 탕향명 등이 거명되고 있다. 셋째는 여색설女色說이다. 이는 원세개의 주변 사람의 기억에 나온 것으로 그의 죽음은 주로 여색을 탐해서 그리 되었다는 주장이다. 이 설에 따르면 그는 생활이 매우 문란해 매일 녹용과 해구신海狗腎 등의 보약을 먹었다고 한다. 이로 인해 1916년부터 봄부터 몸이 점차 안 좋아지기 시작해 요통을 앓게 되고 마침내 요독증으로 죽게 되었다는 것이다. 서민들 내에서는 이 설이 가장 그럴 듯하게 나돌았다.

얻어 결국은 피를 토하며 죽었다. 원세개가 죽은 다음날인 이해 6월 7일에 여원홍은 법에 의해 총통이 되었다. 단기서를 위시한 국무원에서는 장의처를 세우고 50만 원을 내어 그의 장례를 치르게 했다. 이어 온 나라에 조기를 내걸고 오락과 수업, 연회를 중지토록 하고 애도를 표시했다.

원세개의 시신은 다음날인 6월 8일 입관되었다. 머리에는 왕관을 씌우고 천제를 지낼 때 입는 예복을 입혔고 붉은 신을 신겼다. 사자의 모습만큼은 완연히 황제의 차림새였다. 6월 28일에 영구가 하남성 창덕현 원상촌洹上村으로 옮겨졌다. 여원홍이 많은 관원들을 이끌고 배웅했다. 영구차가 역을 떠날 때 예포 100발이 발사되었다. 단기서 이하 북양군의 군관 모두 장례식에 참석했다.

원세개는 은거할 때 태항산太行山에 자신의 묘지를 봐둔 적이 있다. 원극문은 이곳에 안장코자 했으나 원극정이 반대했다. 결국 원상촌에서 동북으로 2리가량 떨어진 곳에 묻기로 결정되었다. 무덤 옆 누각의 액자에 원극문이 황제의 능을 뜻하는 '원릉袁陵'이라고 쓰려고 하자 단기서가 막았다. 비난을 받을 수 있다는 이유였다. 이에 '원공림袁公林'이라고 썼다. 원공림은 면적이 3천여 평이나 되고 소나무와 꽃을 심어 아주 호화로웠다. 그의 시신은 이틀 뒤 입관되었다. 머리에는 왕관을 씌우고 천제를 지낼 때 입는 예복을 입혔고 붉은 신을 신겼다. 시신의 모습만큼은 완연히 황제의 차림새였다.

그가 죽은 후 그의 자식들은 대부분 말로가 좋지 않았다. 당초 그가 남긴 재산은 장남 원극정의 주재 하에 자녀와 처첩들에게 두 번에 걸쳐 분배되었다. 1차 재산분배 당시 그와 그의 생모 우씨가 분배받은 액수는 지금까지 비밀로 되어 있다. 그러나 다른 사람들에게 분배된 기록은 남아 있다. 6명의 이타이타이姨太太에게는 1인당 은원 6만 위안, 황금 30냥씩 분배했다. 17명의 아들들에게는 1인당 은원 8만 위안, 황금 40냥, 각종 주식 7만 위안씩을 분배했다. 13명의 딸에게는 1인당 은원 1만 위안으로 나중에 시집갈 때 가지고 갈 것으로 했다. 이를 다 합치면 은원 185만 위안, 황금 860냥, 주식 119만 위안에 해당한다.

제2차 재산분배 때 나눈 것은 북경과 천진의 부동산이었다. 이는 '극克'자 돌림 밑의 '가家'자 돌림의 손자들에게 배분된 것이었다. 모두 1인 당 은원 249만 위안씩 합계 은원 3984만 위안을 나눠 주었다. 당시 원극정은 장남이라는 지위를 이용해 원세개가 프랑스 은행에 맡긴 200만 프랑, 대량의 전답과 가옥, 골동, 문화재, 주보, 자화 등을 독식했다고 한다. 일설에는 그가 차지한 재산이 여타 자녀와 처첩들에게 분배된 것을 합친 것보다 많았다고 한다.

원극정은 부친으로부터 물려받은 많은 유산을 믿고 계속 '태자'로 행세하며 방탕한 생활을 하다가 결국 극심한 가난 속에 삶을 마쳤다. 중일전쟁이 터졌을 때 원극정은 이미 60여 세가 되어 있었다. 원세개 밑에서 성장하며 이른바 '용호구龍虎狗 3걸三傑'로 불린 왕사진과 풍국장, 단기서 모두 죽은 뒤였다. 북경을 함락한 일본은 친일 정부를 세우면서 높은 관직을 미끼로 원극정을 끌어내려고 했다. 그러자 그가 곧 신문에 이런 성명을 발표했다.

"나는 이미 병이 깊고 어떤 일에도 관심이 없다. 장차 손님도 받지 않을 것이다."

당시 그는 손님들에게 옥수수 가루로 만든 빈민용 만두인 '워워터우窩窩頭'와 소금에 절인 야채밖에 대접할 게 없을 정도로 빈궁한 상황에 처해 있었다. 그러나 그는 식사 때마다 가슴에 냅킨을 대는 등 황태자 시절과 하등 다름없는 모습을 보였다. 차남 원극문 역시 탁월한 시문을 바탕으로 다재다능한 재예를 발휘해 사교계에서 명성을 떨쳤으나 사치스런 생활로 인해 말년은 매우 쓸쓸했다.

다른 자식들 역시 시대의 변천 등에 따라 각기 다른 길을 걸었다. 중화인민공화국이 들어서고 문화대혁명이 전개되면서 그의 자손들은 반동계급으로 낙인찍혀 커다란 곤경을 겪었다. 다만 원극문의 3남인 원가류袁家騮와 그의 부인 오건웅吳建雄이 미국에서 저명한 물리학자로서 세계적인 주목을 받은 것이 눈에 띤다. 이들은 1970년대에 중국을 방문해 모택동과 주은래의 열렬한 환영을 받기도 했다.

원세개에 대한 재평가

원래 원세개의 시대는 경제적으로 공전의 호황을 누리던 시기였다. 청조 말부터 계속된 동란이 강압적인 독재정치에 의해 멈추었고 경제질서가 확립되고 봉건적 정치체제의 붕괴와 근대국가의 창설이 근대산업의 발전에 크게 기여하였다. 정부도 산업진흥을 위해 많은 시책을 실시했는데 이들은 정부의 재정기반 강화와 중국은행과 교통은행을 정점으로 한 관료독점자본지배의 관철을 목적으로 한 것이기도 했으나 실제로 제1차 세계대전의 영향으로 민족 산업은 호황을 나타내기 시작해 경공업을 중심으로 한 새로운 공장의 설립이 계속되어서 국제수지도 대폭적인 개선을 보였다.

그러나 1914년 7월에 발발한 제1차 세계대전은 중국을 둘러싼 제국주의 열강의 권익쟁탈전의 양상을 일변시켰다. 영국, 프랑스, 러시아,

독일등 각국이 유럽전선에 전력을 집중하고 아시아를 돌아볼 여유가 없다는 실정이 중국을 일본의 독점적인 시장으로 만들었다. 원세개는 황제가 되고자 하는 욕망 때문에 일본의 중국침략을 인용하는 모습을 보였다. 이는 민심이반의 결정적인 계기로 작용했다.

당시 원세개가 황제의 꿈을 버리고 총통의 직책을 성실히 수행했다면 역사의 평가는 달라졌을 공산이 컸다. 그의 삶은 난세 속에서 일개 무부武夫가 몸을 일으켜 지존의 자리까지 올랐다가 세인들이 지탄 속에 죽음을 맞이한 비극에 해당한다. 그의 삶은 태평천국을 세운 홍수전이 15년 동안 '천왕'을 자처하며 황제에 버금하는 위세를 떨치다가 비참한 최후를 마친 것과 같은 맥락에서 이해할 수 있다. 두 사람의 입신은 기본적으로 청조 패망의 난세상황이 존재했기에 가능했다. 그러나 오랫동안 두 사람에 대한 평가는 정반대로 전개됐다.

홍수전은 중화민국 수립 이후 태평천국이 민중혁명으로 평가받은 까닭에 호평을 받았다. 여기에는 손문의 홍수전에 대한 존경이 크게 작용했다. 이런 호평은 중국이 공산화한 이후 더욱 높아져 홍수전을 인민의 영웅으로 격상하는 분위기가 연출되었다. 이와 달리 원세개는 지난 세기 말까지 부정적인 평가가 주류를 이뤘나. 간교한 처세술로 변법개혁을 무산시키고, 신해혁명을 권력 장악의 발판으로 삼고, 인민을 도탄에 빠뜨린 군벌정치의 단초를 열고, 시대착오적인 황제 등극을 획책해 일제의 침공 빌미를 제공했다는 것 등이 그 이유였다.

그러나 최근 이런 판에 박은 평가에 변화조짐이 나타나고 있다. 태평천국이 결코 민중을 위한 정권도 아니었고, 원세개의 무력이 존재하지 않았다면 중국은 조기에 열강에 의해 과분 되었을 공산이 컸다는 분석이 논거로 제시되었다. 사실 그에게는 부정적 측면이 많은 게 사실이나 나름대로 평가할 점도 있다. 시대의 흐름을 좇아 과거 등 낡은 전통을 혁파하고, 실용과학과 교육개혁을 고취하고, 청조 붕괴 이후 지방할거 세력을 제압해 남북을 통일한 점 등이 그것이다.

민국 초기에 과연 서구식의 공화제 채택이 최선이었는지에 대해서도 진지한 고찰을 요한다. 당시 독일황제 빌헬름 2세는 그에게 서신을 보내 중국의 경우는 공화제보다 군주제를 택해 부국강병을 추구하는 게 낫다고 충고한 바 있다. 실제로 그는 독일과 일본의 성공사례에 주목해 강력한 총통제 내지 제제帝制를 추구했다. 만일 조야가 격렬히 반대한 반제帝制운동을 도중에 포기하고 이미 성취한 강력한 총통제를 바탕으로 부국강병을 추구했다면 그는 사가들로부터 전혀 다른 평가를 받았을 공산이 컸다.

그런 점에서 양무자강파가 군벌시대를 촉발하는 계기로 작용했다는 기존의 지적은 수정을 요한다. 원래 이런 지적은 원세개를 이홍장의 후계자로 간주한데서 비롯된 것이다. 실제로 대부분의 사람들이 아직도 원세개를 군벌시대 개막의 장본인으로 보고 있다. 이는 태평천국 진압 직후 상군을 자발적으로 해체한 증국번은 말할 것도 없고, 청일전쟁에서 해군이 궤멸한 이홍장의 북양군 모두 군벌시대의 개막과는 직접적인 관련이 없다는 점에서 나름대로 일리가 있다.

그러나 북양군의 모태는 회군이고, 회군의 기원은 상군이라는 점에서 보면 엄밀한 의미의 군벌은 증국번에서 시작되었다고 할 수 있다. 증국번이 태평군에 대한 승세를 굳혔을 때 많은 사람들이 그에게 보위에 오를 것을 사주한 게 그 증거이다.

원세개에 대한 기존의 평가에서 가장 큰 문제가 되는 것은 원세개의 부정적인 측면만을 부각시켜 당시의 상황을 파악하는 평면적인 접근에 있다. 당시 원세개가 '남북화의'를 통해 초대 대총통의 자리에 오른 것은 오지 그만이 막강한 무력을 보유했다는 점에서 볼 때 불가피한 점이 있었다. 그러나 말만 대총통이었을 뿐 권한이 그다지 많지 않았다. 제1차 세계대전의 전운이 감도는 당시의 상황에서 그가 대총통의 권한을 강화코자 한 것 역시 불가피한 면이 있었다.

그럼에도 혁명파에 뿌리를 둔 국민당은 시종 서구의 내각책임제 운영을 획책했다. 서구 열강이 중국을 분할해 다스리고자 하는 야욕을 완전히 버리지 않은데다 조선을 병탄한 일제가 만주를 손에 넣기 위해 극심한 분열공작을 획책하는 상황에서 서구의 내각책임제를 고집하는 것은 반역사적인 행보에 가까웠다. 원세개가 보위에서 내려온 뒤 '대총통'의 자리를 유지코자 했을 때 아무런 대안도 없이 그를 궁지에 몰아넣은 것 역시 현명한 처사가 아니었다. 그의 사후 휘하에 있던 군벌들이 곧바로 난립해 이후 30년 동안 극심한 혼란기를 초래한 게 그 증거이다. 이상과 현실의 괴리가 빚어낸 후과가 아닐 수 없다.

비록 세인들의 비난과 조롱 속에 삶을 마치기는 했어도 예리한 상황판단과 능수능란한 처세술로 난세의 상황을 최대한 활용해 밑에서부터 시작해 지존의 자리에 오른 그의 삶은 하나의 드라마이다. 21세기 동북아시대를 맞아 그에 대한 재조명 작업이 활발히 전개되고 있는 것은 그의 행보를 타산지석으로 삼아 새로운 동북아질서의 기본 틀을 찾고자 하는 노력의 일환으로 볼 수 있다.

|나가는 글|

한중 양국의 개화사상 비교

2017년에 들어와 전대미문의 현직 대통령 탄핵사태가 빚어진데 이어 무모한 핵 및 미사일 도발과 관련한 전 세계 차원의 대북제재가 전개되면서 한반도를 둘러싼 위기가 최고조로 치닫고 있다. 21세기의 G2 시대는 미국과 중국이 천하의 패권을 놓고 한 치의 양보도 없이 치열한 다툼을 벌이는 천하대란의 시기이다. 그 한복판에 한반도가 있다. 고금을 막론하고 모든 위기는 크게 도약할 수 있는 절호의 기회이기도 하다. 민족의 염원인 통일도 능히 이런 위기상황에서 이뤄낼 수 있다. 모두 우리가 노력하기 나름이다. 난세가 절정에 달했던 시기의 한중 양국 개화파 인물들의 족적足跡을 돌아보며 스스로를 경계하는 역사의 거울인 이른바 사감史鑑으로 삼아야 하는 이유다.

당초 조선조의 철종 연간에 조선의 개화사상을 이끈 오경석과 박규수, 유대치 등은 아편전쟁에서 청국이 서구 열강에 의해 처참하게 무너지는 것을 보고 세상의 변화를 가장 예민하게 파악한 사람들이었다. 원래 오경석은 역관의 자격으로 청국을 드나들면서 '서세동점西勢東漸'의 새로운 흐름과 서양의 과학이라는 신학문에 눈을 떴다. 그는 위원의 『해국도지』를 비롯해 서양을 소개한 책들을 대거 사가지고 돌아왔다. 이 책들은 박규수와 유대치 등에 이어 그의 제자들에게 널리 퍼져나갔다.

당시 위원의 『해국도지』가 끼친 영향은 심대했다. 중국과 조선은 말할 것도 없고 일본 역시 에도막부 말기에 수많은 사람들이 『해국도지』의 세례를 받았다. 이들은 『해국도지』를 통해 서구에 대해 많은 지식을 얻을 수 있었다. 결과적으로 『해국도지』는 중국은 물론 한국과 일본 등의 수많은 지식인들에게 서양을 이해하는 창구 역할을 한 셈이다.

주목할 것은 『해국도지』의 세례를 받은 조선에서 두 가지 흐름이 조성된 점이다. '백의정승'으로 불린 중인 출신 유대치는 이를 통해 급진적인 개화사상을 정립한 뒤 김옥균 및 박영효 등의 젊은 인재들에게 체제전복적인 방략을 설파했다. 이에 반해 박규수는 『해국도지』를 조부인 박지원의 『열하일기』 내지 박제가의 『북학의』 차원에서 해석한 뒤 이를 김윤식과 김홍집 등 이른바 온건개화파에게 진파했다. 이는 개화에 대한 유대치와 박규수의 해석이 달랐던 사실과 무관치 않다.

크게 보아 유대치의 세례를 받은 김옥균과 박영효는 손문과 유사한 혁명파로 진행한데 반해 김윤식과 김홍집은 이홍장 및 좌종당과 유사한 양무자강파로 진행한 셈이다. 김옥균 등을 변법자강파로 분류하는 견해도 있으나 이들이 제시한 개혁안은 강유위와 양계초가 제시한 방안보다 훨씬 과격했다. 극우파인 미야자키 도텐 등이 손문과 김옥균을 동시에 지원한 것도 결코 우연으로 볼 수 없다. 그런 점에서 조선의 당시 상황에서는 급진개화 방략보다 동도서기東道西器의 입장에 입각한 온건개화 방략이 타당했다. 손문 등 혁명파의 '소민족주의'가 열강의 청국 분할 의도에 악용될 소지가 컸던 것처럼 김옥균 등 급진개화파 방략은 일본의 조선침략 의도에 놀아날 소지가 컸다. 실제로 갑신정변은 그런 차원에서 빚어진 것이었다.

원래 『해국도지』는 부국강병을 통해 해방海防과 새방塞防에 만전을 기함으로써 천조天朝의 위엄과 국권을 확고히 다지고자 하는 취지에서 나온 것이다. 임칙서와 위원, 공자진 등의 행보를 통해 알 수 있듯이 이는 기본적으로 '중체서용中體西用'의 정신에서 나왔다. 일본 전래의 전통 위에 서양의 과학기술을 도입해 양이의 일본 침공 위기를 벗어나고자 했던 메이지유신의 '화혼양재和魂洋才'와 동일한 것이다. 동아3국이 『해국도지』를 읽고 똑같은 해석을 한 셈이다. 그럼에도 손문 등의 혁명파와 김옥균 등의 급진개화파는 여기서 한 단계 더 나아가 일본을 비롯한 서구 열강의 침탈을 부추길 수밖에 없는 혁명의 기치를 든 것이다.

여기에는 함포를 앞세운 서구 열강의 무력에 놀란 나머지 서구문명을 지나치게 높이 평가하는 어설픈 인식이 크게 작용했다. 이는 자국의 역사문화에 대한 폄훼로 이어졌다. '더위 먹은 소 달만 보아도 헐떡인다.'는 속담처럼 지레 주눅이 들어 자비자학自卑自虐한 후과가 아닐 수 없다.

김옥균과 손문에게 충격을 준 사건은 청조의 굴욕적인 조약체결로 마무리 된 제2차 아편전쟁과 청일전쟁이었다. 그러나 그 내막을 보면 영국과 일본의 무력이 청조를 압도하거나, 양무자강운동이 '중체서용'의 한계를 벗어나지 못했기 때문이 아니었다. 그보다는 오히려 '중체서용'을 제대로 하지 못한데서 비롯된 것으로 파악하는 게 옳다. 일본이 '중체서용'과 하등 다를 바 없는 '화혼양재'의 정신에 입각해 메이지유신을 성사시킨 게 그 증거이다.

메이지유신 성공의 비결은 천황의 권한을 강화시켜 위로부터의 개혁을 성공적으로 이끈데 있다. 메이지유신이 모델로 삼은 러시아 표트르대제의 개혁과 독일 비스마르크스의 개혁도 마찬가지였다. 이는 조선의 급진개화파는 물론 강유위의 변법자강파와 손문의 혁명파의 주장과 상반되는 것이다. 최근 중국 내에서 양무자강파를 집중 조명하면서 자강파와 혁명파에 대한 재해석이 나오게 된 것도 바로 이런 사실을 통찰한 결과로 볼 수 있다.

그간 중국과 한국은 서구의 잣대로 자국의 역사와 문화를 폄훼하고, 정반대로 일본은 '탈아脫亞'의 관점에서 자국 역사의 특이한 전개과정을 강조하며 중국과 한국의 과거사를 실패한 역사로 단정하는 모습을 보여 왔다. 여기에는 마르크스의 유물사관과 스펜서의 사회진화론, 막스 베버의 동양관 등이 크게 기여했다. 일본과 서구 열강이 한 통속이 되어 조선과 중국을 침탈할 당시에는 제대로 몰라 그럴 수 있었을지라도 한국과 중국 등이 급부상하고 있는 21세기까지 이런 낡은 잣대가 통용되고 있는 것은 적잖은 문제가 있다. 그런 점에서 이웃 중국에서 학계의 양무자강파에 대한 재해석에 힘입어 한때 '한간'으로 매도했던 증국번과 이홍장 등을 긍정적으로 바라보는 분위기가 조성되고 있는 것은 매우 고무적이다. 양무자강파에 대한 재해석은 몇 가지 점에서 우리에게도 시사하는 바가 크다.

첫째, 양무자강파의 이론적 배경이 된 '중체서용' 자체의 한계를 벗어날 수 없었다는 지적에 대한 반론이다. 양무자강파 중 장지동과 같은 인물은 「권학편」을 통해 성리학적 세계관을 '중체'로 파악했으나 증국번과 좌종당, 이홍장 등은 예치禮治를 숭상한 공자 이래의 전통문화와 호한胡漢이 함께 엮어 온 장구한 역사를 '중체'로 파악했다. 이들이 만주족의 지배를 용인한 배경이 여기에 있다. 변법자강파의 이론가였던 양계초가 5족화합을 전제로 한 '대민족주의'를 내세운 것은 바로 이 때문이었다.

열강의 무차별적인 침략이 자행된 당시의 상황에 비춰볼 때 만주족은 혁명파의 주장과는 정반대로 타도의 대상이 아닌 포용과 연합의 대상이었다. 태평천국의 난이 '소민족주의'에 입각한 까닭에 내분을 부추기고 열강에게 침공의 구실을 제공한 점에 주목할 필요가 있다. 그런 점에서 당시의 실패는 '중체서용'에 문제가 있었던 게 아니라 '중체'를 한족으로 한정해 내분을 자초한 홍수전과 손문 등의 협량狹量에서 비롯되었다고 보는 게 옳다.

둘째, 양무자강파는 겉핥기식으로 서구의 기술만 배우려고 했고, 개혁코자 하는 대상 또한 그 폭이 좁았다는 지적에 대한 반론이다. 당시 양무자강파는 무기 및 선박 제조와 식산殖産을 위한 공장설립에 박차를 가하면서도 인재육성에 초점을 맞춰 각종 학교의 설립과 국비유학생의 파견 등을 앞장서 주장했다. 이는 일본의 메이지유신 당사자들이 심혈을 기울여 실천한 것이기도 하다. 군수산업 부문부터 시작된 양무자강 운동은 1870년대에 들어가면 범위가 넓어져 근대적 공업의 다른 부문까지 확산되었다. 근대적인 광공업과 면업의 발전, 전신선과 철도의 부설 등이 그것이다. 이때 근대적 교육기관이 설립되고 구미에 유학생을 파견해 서구식 학문을 배운 신식 지식인이 처음으로 육성되었다. 양무기업은 관이 주체가 되어 운영하는 '관판'의 경우도 있었으나 관의 후원, 감독 하에 상인들이 자본을 모아 경영하는 '관독상판'의 운영방식이 대표적이었다. 양무자강 운동 시기에 설립된 대다수 '관독상판'의 기업들은 소수를 제외하고 실패했다.

이를 두고 '관독상판'에서 그 원인을 찾으며 관의 기업에 대한 통제에서 야기되는 부패와 비능률을 거론하는 견해가 있으나 이런 해석으로는 현대 중국의 놀라운 경제성장 배경을 설명할 길이 없다. 중국이 내세우고 있는 '사회주의 시장경제'는 양무파가 시행한 '관독상판'의 현대판 버전에 해당한다. 당시 '관독상판'의 실패는 관의 간섭보다 열강의 침탈과 견제, 공황 등의 외인外因과 막대한 배상금 지불 등으로 인한 국내자금의 부족과 집약농업의 농촌경제 구조 등의 내인內因에서 찾는 게 옳다. 여기에는 이들 모두 메이지유신의 추진자들과는 달리 중앙권력의 핵심을 장악하지 못한 채 끊임없는 감시와 견제를 받고, 열강의 잇단 침공에 조정이 주전론과 주화론으로 갈라져 대립한 것도 크게 작용했다.

국가 차원에서 전략산업을 집중 육성한 일본과 달리 중국의 경우는 양무산업이 독자적으로 추진되는 바람에 전체적인 계획성도 없고, 효율성 또한 크게 떨어질 수밖에 없었던 점도 감안할 필요가 있다. 실제로 서양의 협조가 필요한 상황에서 청국은 계속 저자세로 임할 수밖에 없었고, 도입된 기술 또한 대부분 낡은 것이어서 크게 도움이 되지 못했다. 양무자강파가 현실에 안주해 개혁에 소극적으로 나선 후과로 보기보다는 서구 열강의 견제와 방해로 인해 제대로 사업을 진행시킬 수 없었다고 보는 게 사실에 부합한다.

셋째, 양무자강파는 군주 한 사람만을 위한 낡은 제왕정의 통치체제를 옹호했다는 평가에 대한 반론이다. 이는 기본적으로 양무자강파와 달리 혁명파만이 민권과 민생 등을 보장코자 하는 진보적인 모습을 보였다는 고정관념에서 비롯된 것이다. 변법자강파 중 가장 과격한 이론을 전개했던 담사동은 왕부지와 황종희 등의 주장을 이어받아 나라를 어지럽게 만들고 백성을 도탄에 빠뜨린 군주는 타도해야 한다고 역설했다. 이는 사상 최초의 폭군방벌론을 제기한 맹자의 주장을 그대로 옮긴 것이기도 하다.

그러나 남녀평등을 포함해 서구의 민권사상보다 더 진보적인 입장을 피력했던 담사동이 내심 제거코자 한 것은 광서제가 아니라 서태후였다. 황권이 제대로 작동하지 않은 까닭에 청국이 열강의 침탈 대상이 되어 있다는 게 그의 판단이다. 이는 체제전복을 통해 '소민족주의'에 입각한 공화제를 건설코자 한 손문과 극명한 대조를 이루고 있다. 당시 한족 중심의 공화국이 들어섰을 경우 중국은 열강에 의해 만주와 신강, 티베트, 내몽골 등을 모두 상실하고 말았을 것이다. 일본이 화북을 점령한 뒤 만주국을 세운 게 그 증거이다. 양무자강파와 혁명파를 보수와 진보의 잣대로 양분하는 것 자체가 당시의 엄중한 현실을 망각한 공론에 지나지 않는 것이다.

이는 '동도서기' 정신에 입각해 조선을 개화코자 했던 온건개화파를 재평가하는 준거로 삼을 만한 것이다. 개화 자체를 아예 거부했던 위정척사파衛正斥邪派는 말할 것도 없고, 외세의 힘을 빌려 서구식 통치제도를 성급히 도입코자 했던 급진개화파 역시 조선의 패망을 앞당기는데 일조한 사실을 간과해서는 안 된다. 21세기 현재까지 4강국이 한반도를 둘러싸고 치열한 각축전을 전개하고 있는 점을 감안할 때 '동도서기'의 정신이 여전히 유효한 것임은 말할 것도 없다.

중국이 100여 년 전에 양무자강파가 시행한 '관독상판'의 현대판 버전인 '사회주의 시장경제'를 통해 개혁개방 이후 30년 만에 미국과 어깨를 나란히 하는 G2의 일원이 된 사실을 직시할 필요가 있다. 이는 '중체서용' 정신의 재발견에 따른 것이기도 하다. 일본의 경우는 시종 '화혼양재' 정신에 입각해 100여 년 넘게 동아시아의 패권을 장악해 온 만큼 따로 논할 것도 없다.

그럼에도 한국 학계는 이를 간과한 채 아직도 '식민지근대화론'과 '내재적발전론'과 같이 소모적인 논란이 지속되고 있다. 이웃 중국과 일본은 물론 대만과 베트남에도 없는 한국만의 특이한 현상이다. '근대화'가 서양의 앞선 과학기술을 받아들여 부국강병을 꾀하는 것이라면 위원이 『해국도지』에서 역설한 것 이상의 의미는 없는 것이다. 보다 중요한 것은 '중체서용'의 '중체'가 예치를 중시한 공자 이래의 전통문화와 호한을 아우르는 유구한 역사를 뜻하듯이 '동도서기'의 나타난 '동도'의 의미를 제대로 파악하는데서 출발해야 한다.

'동도'는 위정척사파가 주장했던 성리학적 세계관도 아니고, 급진개화파가 역설한 서구식 통치체제로의 변법도 아니었다. 그것은 바로 단군신화의 뿌리가 된 홍산문화紅山文化에서 시작해 21세기의 한국 현대사에 이르기까지 면면히 이어진 유구한 역사와 홍익인간 및 예치의 정신을 결합시킨 우리의 전통문화이다. 과거 중국과 한국이 스스로 비하했던 '중체'와 '동도'의 의미를 통찰하는 것이 바로 21세기 동북아시대를 열어나가는 요체인 셈이다. 이미 1세기 이전에 이를 통찰한 일본에 이어 중국마저 이를 깊이 깨닫고 이른바 '신중화질서'를 고창하고 있는 상황에서 우리만 마르크스와 스펜서, 베버 등의 망령에 휩싸여 있을 수는 없는 일이다.

| 보론 |

중국의 근현대화 방략과 '체용' 논쟁[1]

Ⅰ. 문제의 제기

덩샤오핑의 개혁개방 이후 공자의 복권에 발 벗고 나선 중국 수뇌부는 21세기에 들어와 공자를 중국문명을 상징하는 부동의 '아이콘'으로 내세우고 있다. 일찍이 안드레 군더 프랑크는 『리오리엔트』에서 아편전쟁의 시기조차 서양은 결코 중국보다 앞선 것이 아니었다고 진단한 바 있다. 사실 중국이 개혁개방을 실지한 지 불과 30년 만에 'G2'의 일

1 이 논문은 2018년 상반기에 출간되는 학술지 『Analyses & Alternatives』(2018-1)와 『문화와 정치』(5-1)에 투고한 것이다. 학술지의 요청에 의해 거론된 인물들의 이름을 모두 한문 명칭이 아닌 중국어 명칭으로 바꿔 놓았다.

원이 된 데에는 『논어』 첫머리에 나오는 '학이시습學而時習'의 문화전통이 크게 작용했다고 보아야 한다. 한때 한간漢奸으로 매도되었던 청궈판曾國藩 및 리훙장李鴻章 등에 대한 호평이 지속되고 있는 것도 결코 우연으로 볼 수 없다. 급속한 경제발전의 성과를 토대로 잃어버린 '천조天朝'의 자부심을 되찾고자 하는 열망의 표현으로 해석할 수 있다.

현재 중국의 시진핑 정부는 이른바 '중궈멍中國夢'을 전면에 내세우며 G1으로의 등극 의도를 공공연히 드러내고 있다. 그러나 일각에서는 여전히 명실상부한 G2가 될 때까지 덩샤오핑이 생전에 제시한 '도광양회韜光養晦'의 자세를 견지해야만 G1도 가능하다며 신중한 입장을 보이고 있다. 섣불리 '신중화질서' 구축의 속셈을 드러내면 G1은커녕 G2도 불가능하다는 입장이다. 현실적으로 이런 자세가 타당한 것임은 말할 것도 없다. 객관적으로 볼 때 한반도를 중심으로 한 21세기의 동북아는 결국 '신중화질서' 방략에 근거한 중국 수뇌부의 전략적 판단에 따라 크게 요동칠 수밖에 없다.

원래 메이지유신 당시의 '화혼양재和魂洋才'와 중국의 '중체서용中體西用', 조선의 '구본신참舊本新參'은 모두 '동도서기東道西器'의 관점에서 나온 것으로 내용상 하등 차이가 없다. 다만 일본은 천황을 위시해 일반서민에 이르기까지 모두 하나가 되어 이를 실천한데 반해 중국과 조선은 민족 간 갈등 및 개화방략을 둘러싼 극한 대립 등으로 인해 이를 제대로 실천하지 못한 게 다를 뿐이다. 그런 점에서 중국과 조선은 본격적인 서구화를 추진하지 못해 실패했다는 기존의 통설은 수정될 필요가 있다. 본고는 '서체중용'의 행보를 보인 루쉰魯迅의 혁명노선과 '중체서용'의 행보를 보인 옌푸嚴復의 개혁노선에 대한 비교 등을 통해 이를 확인코자 하는 취지에서 나온 것이다.

객관적으로 볼 때 중국은 19세기 중엽에 터져 나온 제1차 아편전쟁 이후 개혁개방이 시작되는 20세기에 후반까지 무려 100여 년 넘게 아편전쟁의 충격에서 벗어나지 못했다고 해도 과언이 아니다. '태평천국의 난' 이후 문화대혁명의 시기에 이르기까지 100여 년 넘게 공자 및 유가사상을 반동의 표상으로 몰아간 게 그 증거이다. 이는 청일전쟁의 패배와 의화단사건 등에 따른 굴욕적인 조약체결 이후 중국이 반식민지로 전락한 책임을 모두 공자에게 떠넘긴 결과였다.

역사상 최초로 공자를 공개적인 타도대상으로 삼은 인물은 '예수의 동생'을 자처하며 태평천국의 난을 일으킨 훙슈취안洪秀全이었다. 그는 공자를 '마귀'로 낙인찍었다. 젊었을 때 기독교 세례를 받은 쑨원이 '제2의 훙슈취안'을 자처하며 마을의 신사神社를 파괴했다가 마을에서 쫓겨난 것도 공자를 미신 및 무지의 진원으로 간주한데 따른 것이었다.

5·4운동 당시 과학과 민주를 기치로 내걸고 '공가점孔家店 타도'를 외친 것도 같은 취지에서 나온 것이었다. 중국의 급속한 근대화를 위해서는 낡은 전통에 대한 냉엄한 비판이 절실하고, 이는 공자를 철저히 부인하는데서 출발해야 한다고 확신한 결과였다.

5·4운동의 '공가점 타도' 목소리는 40여 년이 지난 1960–1970년대의 문화대혁명 때 절정에 달했다. 당시 홍위병들은 산동 곡부의 공자묘를 비롯해 그간 파괴를 면한 모든 공자 관련 유물을 철저히 파괴했다. 이는 당시 마오쩌둥이 진시황을 진보개혁의 상징으로 높이면서 공자를 봉건반동의 표상으로 깎아내린 결과였다. 궈모뤄郭沫若가 공자를 당대의 혁명가로 칭송한 것과 정반대되는 일이 빚어진 것이다.[2]

---

2 당초 궈모뤄는 1945년에 펴낸 『십비판서十批判書』에서는 노예제사회를 진한시대로 상정한 까닭

그러나 덩샤오핑의 개혁개방 이후 공자는 서서히 부활하기 시작해 21세기에 들어와서는 중국문명을 상징하는 부동의 '아이콘'이 되었다. 중국학계도 이런 흐름에 발맞춰 현대화방략과 관련한 논의를 활발히 진행 중이다. 논의의 초점은 '체용體用' 문제에 맞춰져 있다. 이를 제대로 파악키 위해서는 먼저 옌푸嚴復와 루쉰魯迅의 기본입장을 살펴볼 필요가 있다. 양자 모두 겉으로는 이른바 '체용불이體用不貳'를 언명했음에도 옌푸는 '중체서용中體西用', 루쉰은 '서체중용西體中用'의 행보를 보임으로써 후학들에게 많은 혼선을 야기했기 때문이다.

21세기에 들어와 혼선을 야기하고 있는 대표적인 학자로 리쩌허우李澤厚를 들 수 있다. 그는 루쉰을 '현대중국의 성인'으로 칭송한 마오쩌둥처럼 루쉰의 옹호자를 자처하고 있다. 문화대혁명 이후 가장 먼저 공자와 옌푸를 재평가하며 중국의 현대화방략으로 루쉰처럼 '서체중용'을 제시하고 있는 게 그렇다. 그러나 그의 '서체중용' 주장은 오히려 '체용'에 관한 기존의 논쟁을 더욱 꼬이게 만들었다는 지적을 받고 있다. 본고가 그가 제시한 '서체중용'의 허실을 검토한 이유이다.

최근 중국사회과학원 철학연구소 연구원 자오팅양趙汀陽은 대영제국의 뒤를 이은 미국 주도의 '제국질서帝國秩序'에 대한 대안으로 이른바 '천하질서天下秩序'를 제시한 바 있다.[3] 그가 말한 '천하질서'는 공자

에 공자를 조심스럽게 평가했으나 이후 노예제사회를 춘추시대 말기로 끌어올린 1952년의 『노예제시대』에서는 공자를 과감히 당대의 혁명가로 평가했다. 시라카와 시즈카白川静, 『사람의 마음을 움직여 세상을 바꾸리라』, 장원철 역, 한길사, 2004. 37쪽.

3 자오팅양趙汀陽은 지난 2005년에 펴낸 『천하체계』 서론에서 오늘날 인류가 '난세'에 처한 이유를 '세계'만 있고 '천하'가 없는데서 찾고 있다. 그의 이런 주장은 중국 전래의 천조天朝의식에 기초한 '대국주의'를 드러내고 있음에도 일각의 '중국위협론' 주장에 대한 세련된 대응논리라는 평을 얻고 있다. '세계의 경찰'을 자처했던 미국의 세계경영 방략과 대비되는 중국의 천하경영

가 춘추시대 말기의 혼란을 구제키 위해 해법으로 제시한 '예양禮讓'과 맥이 닿아 있다. 중국이 장차 법치法治 위에 예치禮治를 두고, 이를 바탕으로 천하를 다스리는 이른바 예양천하禮讓天下를 고창할 경우 최근 미국의 미래학자 나이스빗이 전망한 것처럼 서구 민주주의와 대조되는 대안모델을 능히 제시할 수 있을 것이다.[4] 본고가 마지막으로 '중체서용'과 '천하질서'의 결합가능성을 살핀 것은 바로 이 때문이다.

II. 근현대를 바라보는 4가지 시각

1. 중국현대화와 '체용' 논쟁

현재 중국학계에서 전개되고 있는 근대화 내지 현대화 논의의 초점은 중서문화 간의 우열 및 합류 문제에 맞춰져 있다. 이에 대한 견해는

방략의 일단을 읽을 수 있다는 점에서 시사하는 바가 크다. 자세한 내용은 趙汀陽, 『天下體系』, 江蘇教育出版社, 2005. 참조.

4 미래학자 존 나이스빗은 2010년 벽두에 펴낸 『차이나 메가트렌즈』에서 최근 글로벌 시장에서 이미 미국과 대등한 경쟁자로 부상한 중국이 장차 서구 민주주의에 맞서는 대안모델로 경쟁할 것이라고 단언해 관심을 모으고 있다. 그는 중국이 장차 중국 특유의 역사문화 전통에 기초한 '수직적 민주주의'를 창안해 '법 앞의 평등' 원리에서 출발하고 있는 서구의 '수평적 민주주의'와 경쟁할 것으로 전망했다. '수평적 민주주의'는 정부의 하향식 지도와 인민의 상향식 참여가 상호작용하는 책임통치체제를 말한다. 프랜시스 후쿠야마가 『역사의 종언』에서 서구식 민주주의가 정치진화의 종착지가 될 것으로 내다본 것과 대비된다. Naisbitt, J., *China's Megatrends: The 8 Pillars of a New Society*, Harper Business, 2010.

크게 4가지로 요약할 수 있다. 전반서화론全盤西化論과 유학부흥론儒學復興論, 서체중용론西體中用論, 중체서용론中體西用論이 그것이다.[5]

첫째, '전반서화론'은 모든 것을 서구적인 것으로 바꿔 근본적인 변화를 꾀하자는 견해로 과거 쑨원孫文등 혁명파의 주장과 맥을 같이 하고 있다. 공자를 반동의 원흉으로 지목한 문화대혁명은 '전반서화론'의 대표적인 사례에 해당한다. 이들은 중국이 현대사회를 지배하는 과학이성주의로 나아가기 위해서는 도덕이상주의에 함몰된 유가전통을 철저히 개조해야 한다는 주장을 펼치고 있는 까닭에 이른바 '철저재건론'으로 불리고 있다. 개혁개방 이후 날로 심화되고 있는 빈부격차 등을 거론하며 지속적인 계급혁명을 주장하는 견해도 이 부류에 속한다.

둘째, '유학부흥론'은 전통유학의 부흥만이 서구에서 발달한 자본주의와 사회주의의 모든 병폐를 일거에 해소할 수 있다는 주장이다. 홍콩과 대만 및 미국 등지의 학자들이 이를 지지하고 있다. 하버드대 동아시아 연구소장 두웨이밍杜維明이 대표적인 인물이다. 송대의 성리학 즉 명리학明理學의 기반 위에 서양철학을 수용한 그는 이른바 '유교자본주의'와 '아시아적 가치' 등을 역설하며 '현대 신유가'를 자처하고 있다.[6]

---

5 중국학계에서 전개되고 있는 근대화 및 현대화 논전에 대한 개괄적인 이해는 김교빈, 「문화열과 현대중국」『현대중국의 모색』, 동녘, 1992. 9-22쪽 참조.

6 두웨이밍은 송명이학이 '내성외왕內聖外王'의 '수제치평修齊治平'을 가능케 해주었다는 입장에서 긍정적인 면을 적극 부각시키고 있다. 그러나 사실 송명이학은 '수제'에는 커다란 기여를 했음에도 정반대로 '치평'에는 지대한 해를 끼쳤다. 정치의 세계를 도덕의 세계에 편입시킨 게 그것이다. 서양이 16세기에 들어와 마키아벨리의 『군주론』이 나온 이후 정치와 종교도덕의 분리로 나아간데 반해 동양은 정반대의 길로 들어선 것이다. 두웨이밍을 비롯한 '유학부흥론'의 가장 큰 문제점이 바로 여기에 있다. 두웨이밍의 기본입장에 대해서는 한국철학사상연구회 논

셋째, '서체중용론'은 '유학부흥론'에 대한 반론 차원에서 나온 것이다. 대표적인 인물이 리쩌허우이다.[7] 그는 지난 1987년에 펴낸 『중국현대사상사론』에서 '현대 신유가'를 자처하는 두웨이밍 등을 두고 송명이학의 회광반조回光返照를 꾀하고 있다고 질타했다. 5·4운동 당시 과학과 민주를 강조한 '계몽啓蒙'이 반제와 애국을 역설한 '구국救國'에 압도되기 시작한 뒤 마침내 문혁의 시기에 이르러 오직 '구국'만이 통용되면서 참사가 빚어졌다는 게 그의 주장이다.[8]

넷째, '중체서용론'은 중국 전래의 역사문화 전통을 골격으로 삼고, 서구문화 중 현실에 유용한 과학과 민주만을 흡수코자 하는 견해를 말한다. 이는 '서체중용론'에 대한 반론의 성격을 강하게 띠고 있다. 중국적 특성을 지닌 사회주의를 뜻하는 이른바 '사회주의 신문화'의 건설이 궁극적인 목표이다. 이들은 송명대의 이학理學에 의해 왜곡된 공자 및 유학사상을 비판적적으로 계승하자는 입장을 취하고 있는 까닭에 '비판계승론'으로 불리고 있다.[9]

전사분과 편, 『현대중국의 모색』 139-183쪽에 번역돼 실려 있는 杜維明, 「論中國傳統文化」, 三聯書店, 1988. 저서 참조.

7 리쩌허우는 문혁 당시 자신의 전문분야만 몰두하는 이른바 '백전白專'으로 몰려 하방下放을 당한 바 있다. 그는 1989년 6·4천안문사태 직후 다시 대대적인 비판을 받고 1992년 미국으로 건너가 콜로라도대 객좌교수로 지내다 귀국했다. 유물사관에 기초하면서도 칸트와 하이데거 등을 비판적으로 수용한 그는 실용이성實用理性과 낙감문화樂感文化 등의 신조어로 전통문화를 재해석해 큰 반향을 일으킨 바 있다. 그는 마르크시즘의 교조화, 전통사상의 골동화, 서양사상의 모방화를 중국사상계의 문제점으로 지적하면서 전통사상의 발굴 및 재해석을 통해 새로운 이념 모델을 만들고자 노력하고 있다. 『현대중국의 모색』 395-433쪽에 번역돼 실려 있는 李澤厚, 『孔子研究』 1987. 1期 논문 참조.

8 '계몽' 및 '구국'의 분석틀에 대한 자세한 내용은 리쩌허우, 「계몽과 구망의 이중변주」 『중국현대사상사론』, 김형종 역, 한길사, 2005. 43-101쪽 참조.

9 '비판계승론'은 마르크시즘의 중국식 변용인 마오이즘을 동서문화가 상호 교류한 위대한 역사

2. 동아근대화와 '동서도기'

중국현대화를 둘러싼 4가지 견해는 19세기 말 근대화 방략을 놓고 양무파의 리훙장과 변법파의 캉유웨이, 혁명파의 쑨원 등이 전개한 근대화방략 논쟁과 맥이 닿아 있다. 당시 이들은 동양과 서양의 문명 중 과연 어느 쪽을 '도체道體' 또는 '기용器用'으로 간주해 근대화방략을 추구할 것인가 하는 문제를 놓고 치열한 논쟁을 전개했다. 이웃한 조선과 일본의 근대화방략 논쟁도 궤를 같이 했다. 당시 한중일 3국에서 전개된 개화방략은 크게 4가지로 요약할 수 있다.

첫째, '동도동기東道東器'이다. 이는 동양의 정치문화를 높이면서 서양의 발달된 과학기술 문명을 아예 무시하는 입장으로 중국의 의화단義和團, 조선의 위정척사衛正斥邪, 일본의 존황양이尊皇攘夷 일파가 이 부류에 속한다. 이들의 주장은 엄연한 '서세동점'을 의도적으로 무시한 까닭에 오히려 역효과만 낳고 19세기 말에 이미 설 곳을 잃고 말았다. 문제는 '현대 신유가'를 자처하며 '유학부흥론'을 주장하는 두웨이밍 등을 과연 이 부류에 포함시킬 수 있는가 하는 점이다. 크게 볼 때 사본

적 성과로 평가하고 있다. 이는 이들 또한 리쩌허우와 마찬가지로 유물사관에서 벗어나지 못한 데 따른 것으로 보는 게 옳을 것이다. 주목할 점은 이들이 동서문화의 전개와 관련해 두 개의 문화가 상호 부단히 충돌하고 영향을 미침에도 불구하고 결코 하나로 통합될 수 없는 『논어』「자로」편에 나오는 '화이부동和而不同'의 관점에서 이해하고 있는 점이다. 이는 마치 키플링이 '동과 서는 영원히 만나지 않을 것이다'라고 단언하며 서구문명의 우월성을 자부한 것과 마찬가지로 중국문화에 대한 강한 자부심에서 나온 것으로 보아야 한다. '비판계승론'을 '중체서용'의 입론으로 해석하는 이유가 여기에 있다. 자세한 내용은 『현대중국의 모색』 246-257쪽에 번역돼 실려 있는 王振勛·李志娟, 『中國現代哲學與文化思潮』, 求實出版社, 1988. 저서 참조.

주의와 사회주의의 병폐에 대한 해법을 도덕이상주의에 함몰된 송명대의 이학에서 찾고 있는 점에서 '동도동기'로 분류해도 대과는 없다.

둘째, '서도서기西道西器'이다. 동양의 역사문화 전통을 무시 내지 폄하하면서 통치체제와 이념 등의 전형을 서구에서 찾고자 하는 입장이다. 이들이 말하는 근대화는 곧 서구화를 의미한다. 쑨원으로 대표되는 중국의 혁명파革命派, 김옥균 등으로 대표되는 조선의 급진개화파急進開化派, 후쿠자와 유기치 등으로 대표되는 일본의 문명개화파文明開化派가 이에 속한다. '민권'과 '민주', '자유', '공화' 등 서구의 전통과 가치를 '도체'로 간주한 게 특징이다. '전반서화론'은 '서도서기'의 전형에 해당한다.

셋째, '서도동기西道東器'이다. 동양 전래의 역사문화 전통을 충분히 감안할 것을 주장하고 있으나 '서도서기'와 구분키가 쉽지 않다. 유물사관에 기초해 유가를 포함한 제자백가 사상을 재해석하는 리쩌허우가 이 부류에 속한다. 리쩌허우의 '서체중용' 입론은 '서도'와 '동기'의 구별 기준이 애매해 '서도서기'를 교묘히 포장한 게 아니냐는 지적을 받고 있다.[10] 실제로 서구의 전통과 가치를 '도체'로 간주한 점에서 '서도서기'와 하등 차이가 없다.

넷째, '동도서기東道西器'이다. 이는 동양 전래의 역사문화 전통 위에 서양의 발달된 과학기술 문명을 적극 수용해 부국강병을 실현코자 한 입장이다. 중국에서 주류를 형성하고 있는 '중체서용론'이 여기에 속한다. 과거 중국의 양무변법파洋務變法派, 조선의 온건개혁파穩健改革派, 사카모토 료마 및 이토 히로부미 등으로 대표되는 일본의 명치유신

10 황성만, 「전통문화에 대한 반성과 서체중용론」『현대중국의 모색』, 391쪽.

파明治維新派가 모두 이런 입장에 서 있었다.

III 근현대화 방략을 둘러싼 홍전紅專 갈등

1. 이념주의

1) 루쉰의 삶과 혁명사상

루쉰은 광서 7년(1881) 9월 25일 절강성 소흥紹興 지역의 사대부 집안 장남으로 태어났다. 그의 집안은 그의 조부 주개부周介孚가 과거에 급제한 고위관원 출신인데서 알 수 있듯이 많은 비첩과 넓은 정원을 지닌 명문사대부 가문에 속했다. 그러나 주개부가 번번이 과거시험에 낙방하는 아들을 위해 광서 19년(1894) 과거시험 부정사건에 연루돼 투옥되고 수재秀才 출신인 아들 수백의周伯宜마저 죄책감에 시달려 병사하면서 급속히 몰락하고 말았다. 루쉰이 과거제도를 포함한 기존의 왕조체제에 생래적인 거부반응을 보인 것은 이런 특이한 가정사와 무관치 않을 것이다.

광서 24년(1898) 루쉰은 자신을 비롯해 3명의 아들을 혼자 힘으로 키워야만 했던 모친의 고생을 덜어주기 위해 학비 부담이 없는 남경의 강남수사학당江南水師學堂으로 진학했다. 도중에 군대식 집단생활이 싫어 황무철로학당礦務鐵路學堂으로 전학한 그는 옌푸의 작품을 섭렵하며 서양사상을 흡입했다. 사회진화론을 역설한 옌푸의 『천연론天演論』은 그에게 지대한 영향을 미쳤다.

이후 일본의 센다이 의전에 입학한 후 그는 우연히도 이른바 '환등기사건'을 계기로 전혀 다른 길로 접어들게 되었다. 하루는 우연히 세균학 시간에 러일전쟁과 관련한 슬라이드를 보던 중 러시아 간첩 혐의를 받은 중국인이 일본군에게 처형당하는 장면을 멍하니 쳐다보는 중국인 동학을 보고 충격을 받았다. 그는 《절강조浙江潮》의 편집장을 맡고 있는 친구 쉬서우창許壽常에게 진로변경의 결심을 밝혔다.[11]

"나는 문학을 하기로 결심을 했다. 중국의 바보 즉 '따이즈呆子'는 나쁜 바보인 '화이 따이즈壞呆子' 일 뿐이다. 어찌 의술로써 그들을 고칠 수 있겠는가?"

그는 유학한 지 7년 만인 선통 원년(1909) 8월 도쿄생활을 모두 정리하고 귀국했다.[12] 고향으로 돌아온 그는 신해혁명이 일어나기 전까지 부근 중학교와 사범학교 등에서 학생들을 가르쳤다. 1918년 마침내 첫 작품인 『광인일기』를 발표해 세인들의 주목을 끌기 시작했다. 1920년 이후에는 북경대와 북경여자사범대 등에서 후학들을 가르치며 활발한 문예창작 활동을 전개했다.

11 '환등기사건' 당시의 전반적인 상황 및 루쉰의 심경 등에 대해서는 성원경, 『노신-생애와 작품세계』, 건국대출판부, 1995. 52-56쪽 참조.

12 루쉰은 훗날 자신의 첫 번째 단편집 『눌함吶喊』의 서문에서 "가장 시급한 일은 중국의 정신을 뜯어 고치는 일이고, 가장 유용한 방안은 당연히 문예라고 생각했다."며 진로변경 배경을 밝힌 바 있다. 이는 쑨원이 의사 직업을 포기하고 직업 혁명가의 길로 들어선 것과 사뭇 닮았다. 광서 32년1906 3월 의전을 중퇴한 그는 도쿄로 나와 외국 작품을 번역하는 일에 매달렸다. 이때 혁명파의 이론적 지도자인 장빙린章炳麟을 만나 그의 혁명사상을 전수받고 그를 사상적 스승으로 삼았다. 그가 광복회에 가담케 된 배경이다. 성원경, 앞의 책 60-62쪽.

1931년에 만주사변이 일어나자 좌익작가들과 어울리며 국가존망을 아랑곳하지 않는 문학사조를 신랄히 비판했다. 당시 '혁명문학'을 표방한 그가 가장 타기한 것은 장개석을 비롯한 군벌세력의 보호를 받는 이른바 '준명문학遵命文學'이었다.[13] 그러나 그가 공산혁명에 동조한 것은 아니었다. 이후 이른바 '좌련오열사左聯五烈士' 사건에 연루된 후 간신히 목숨을 구한 그는 2년 뒤 당시의 상황을 이같이 술회했다.[14]

"재작년 오늘, 나는 여관으로 피했지만 그들은 사형장으로 끌려갔다. 작년 오늘, 나는 포성 속에서 영국 조계로 도망쳤지만 그들은 어딘지도 모르는 땅속에 묻혀 있다. 올해 오늘, 나는 이제야 옛 집에 앉아 있다. 사람들은 모두 잠들었다."

이는 절제된 표현의 극치로 꼽히고 있다. 이후 그는 마오쩌둥이 '연안시대'를 여는 1936년 10월 19일 상하이에서 지병으로 숨을 거두었다. 당초 마오쩌둥은 생전에 역사적 인물들을 두루 평한 바 있다. 대부분 그의 통렬한 비판을 벗어나지 못했다. 그러나 루쉰만은 예외였다. 1937

13 루쉰은 '준명문학'의 유형으로 크게 3가지 부류를 들었다. 첫째, 담이 작으면서 혁명을 하겠다고 나서는 부류이다. 둘째, 마르크스를 외치면서 추구하는 바가 너무 높아 이해하기 어려운 부류이다. 셋째, 낡은 제도와 관행을 전혀 돌아보지 않고 '예술을 위한 예술'을 떠드는 부류 등이 그것이다. 린셴즈林賢治, 『노신평전』, 김태성 역, 실천문학사, 2006. 308-309쪽.

14 루쉰, 「좌련오열사사건左聯五烈士事件」『격동의 100년 중국』, 임대근 역, 일빛, 2001, 161쪽. 좌련左聯은 중국좌익작가연맹을 뜻한다. 중국공산당이 1930년대 상하이에서 주도한 문학가 조직을 가리킨다. 국민당 내에 선전조직의 기반을 마련해 광범위한 대중의 지지를 얻어내는 것을 목표로 했다. 이를 주도한 사람이 바로 루쉰이었다. 이들은 러시아 프롤레타리아 작가연합 및 일본의 무산자예술동맹과 연합해 중국의 혁명작가연합 결성을 꾀했다. 1936년 문예계의 항일민족통일전선 결성을 계기로 해산했으나 이들이 6년 동안 벌인 좌익 활동은 이후 중국공산당이 중국대륙을 석권하는데 지대한 영향을 끼쳤다. '오열사사건 五烈士事件'은 러우스柔石와 후예핀胡也頻, 인푸殷夫, 리웨이썬李偉森, 펑겅馮鏗 등 5명의 작가들이 밀고로 인해 국민당에 의해 체포된 뒤 1931년 2월 7일 심야에 살해된 사건을 가리킨다.

년 루쉰 서거 1주년 대회에서 행한 칭송이 그 증거이다.[15]

"루쉰은 중국적 가치에서 볼 때 으뜸가는 성인이다. 공자가 봉건사회의 성인이라면 루쉰은 현대 중국의 성인이다."

루쉰은 마오쩌둥보다 12세 많다. 두 사람은 직접 대면한 적조차 없다. 그럼에도 마오쩌둥은 자신과 루쉰은 서로 호흡을 같이 하듯 상통한다며 극찬을 아끼지 않은 것이다. 말할 것도 없이 그의 '혁명문학' 노선이 자신의 '공산혁명' 노선과 일치한다고 판단한 결과였다.

2) 문예주의와 서체중용

1918년 《신청년》에 '루쉰'이라는 필명으로 발표된 첫 작품 「광인일기」는 중국 전래의 예교禮教를 통렬히 비판한 작품이었다.[16] 당시 《신청년》은 옌푸가 위안스카이에게 협력한 일로 인해 비판대상이 된 이후 중국의 젊은이들과 지식인들의 구심점이 되어 있었다. 5·4운동의 진원지가 된 배경이 여기에 있다. 《신청년》의 주역인 루쉰은 함께 일한 천두슈 및 후스와 더불어 젊은이들의 우상이었다. 《신청년》의 애독자인 마오쩌둥이 루쉰의 열렬한 숭배자가 된 것은 매우 자연스런 일이었다.

---

15 저우수위안周溯源 편, 『마오쩌둥의 인물평』, 박종귀 역, 한국학술정보, 2007. 51쪽, 참조.

16 루쉰이 질타한 전래의 예교는 삼강오륜 등을 역설하며 형식적인 예절을 중시하는 이른바 '명교名教'를 말한다. 이는 실질을 역설한 공자의 예론禮論과 차원이 다른 것이다. 그럼에도 루쉰은 이를 구별하지 않고 공자까지 싸잡아 비난하는 모습을 보인 것이다. 『광인일기』 이후에 발표되는 『아Q정전』을 비롯해 『공을기孔乙己』와 『고향故鄉』 등의 작품 모두 이런 기조 위에서 나온 것이다. 성원경, 앞의 책 73-110쪽 참조.

루쉰이 마오쩌둥에게 관심을 표한 것은 1930년대에 들어와서이다. 그는 1935년 홍군이 대장정에 성공했을 때 "그대들에게 인류와 중국의 희망이 달려 있다!"는 내용의 전보를 보냈다. 죽기 얼마 전인 1936년 중반에는 사람을 시켜 절여 말린 돼지다리 두 짝과 서신을 연안으로 보내기도 했다.[17] 마오쩌둥의 명에 의해 중국공산당의 본거지인 연안에 '루쉰 예술대학'이 들어선 것도 이와 무관치 않을 것이다.

그의 대표작은『아Q정전』이다. 이는 1921년부터 북경의《신보晨報》에 연재되기 시작했다. 날품팔이 농민인 '아Q'는 이른바 '정신승리법'에 의해 마을 사람들로부터 업신여김을 당하면서도 속으로는 오히려 이들을 경멸하며 자존의식에 빠진 인물이다. 서구 열강의 침탈로 나라가 패망의 위기에 처해 있는데도 헛된 중화의식에 빠져 있는 지식인과 일반 민중을 상징했다. 루쉰은 '아Q'라는 인물을 통해 지식인과 중국 민중의 나약함과 비굴함을 희극적으로 고발코자 한 것이다.

'혁명문학'을 지향한 그의 작품은 모두 철저한 자기비판 없이는 결코 미래를 기약할 수 없다는 신념을 담고 있다. 그는 '아Q'가 '정신승리법'에 빠져 나락으로 떨어진 것과 정반대로 '정신무장법'을 통해 민중을 각성시켜 열강에 의한 과분瓜分의 위기를 헤쳐 나가고자 한 것이다. 마오쩌둥이 역설한 총구 즉 창간槍杆 대신 문예창작을 택한 것만 달랐을 뿐 투철한 정신무장을 통해 중국혁명을 달성코자 한 점에서는 동일했다. 그가 일련의 복고 움직임에 '물에 빠진 개는 구해주어서는 안 된다'

---

17 루쉰이 장정을 떠나는 홍군에게 격려의 전보 등을 보낸 것을 두고 마오쩌둥을 흠모한 것으로 확대해석하는 일각의 분석은 지나친 것이다. 당시 루쉰이 가장 가깝게 지낸 공산주의자는 마오쩌둥의 정적인 취추바이瞿秋白였다. 실제로 루쉰은 죽는 순간까지 친구인 취추바이를 기리기 위한 작품의 편집교열 작업에 열중했다. 린셴즈, 앞의 책 397쪽 참조.

는 등의 독설을 퍼부은 것도 이런 맥락에서 이해할 수 있다.

그러나 그는 결코 공산주의자는 아니었다. 죽을 때까지 공산당에 가입하지 않은 게 그 증거이다. 그의 궁극적인 목표는 민중의 각성을 통한 '중국혁명'이었지 결코 무력을 통한 '공산혁명'은 아니었다. 일면식도 없는 마오쩌둥이 그를 '현대중국의 성인'으로 떠받든 데에는 그의 '혁명문학'을 자신의 권력기반 강화에 이용코자 하는 속셈이 적잖이 작용했다고 보아야 한다.

2. 실용주의

1) 옌푸의 삶과 개혁사상

중국은 오랫동안 차이위안페이蔡元培를 베이징대의 '영원한 총장'으로 기리면서도 초대 총장인 옌푸에 대해서는 냉담한 태도를 취했다. 지난 1998년 말 북경대의 신축 도서관이 완성되었을 때 도서관 로비에 비로소 그의 흉상이 처음으로 세워졌다. 이는 근대화에 대한 기존의 도식적인 평가가 크게 변하고 있음을 시사한다.

원래 옌푸는 함풍 3년(1853)에 복건성 구관현侯官縣에서 유복한 한의사 집안의 아들로 태어났다. 루쉰보다 27세 위인 그는 루쉰과 비슷한 생장배경을 갖고 있다. 14세 때인 동치 5년(1866)에 부친이 급서하면서 집안이 갑자기 기울기 시작했다. 과거공부를 중단케 된 그는복주선정학당福州船政學堂에 입학했다. 당시 그는 프랑스어로 선박 건조기술을 익히는 조선학교造船學校와 영어로 항해술을 익히는 조선학교操船學校 가운데 하나를 선택해야 했다. 그는 후자를 택했다. 광서 3년(1877) 영국의 왕립해군학교로 유학을 떠난 그는 해군학 이외에도 영국의 정치경제와 사회문화 등을 열심히 공부했다. 영국이 세계 최고의 '부강富强'을 이루게 된 배경을 알아내고자 한 것이다. 초대 주영대사 궈숭다오郭嵩燾가 그의 이런 자세를 높이 평가하며 물심양면의 지원을 아끼지 않았다. 유학 2년만인 광서 5년(1879)에 귀국해 복주선정학당에서 교편을 잡은 그는 이내 리훙장의 발탁으로 천진에 신설된 북양수사학당北洋水師學堂으로 옮겼다.[18]

당시 그는 리훙장이 주도하는 '소극적인 자강'에 적잖은 문제가 있다는 사실을 정확히 읽고 있었다. 실제로 리훙장 세력의 근간인 북양함대는 몇 년 뒤 청일전쟁에서 궤멸하고 말았다. 이후 그는 '적극적인 자강'에 대한 자신의 소신을 피력하기 시작했다. 광서 21년(1895) 천진의 《직보直報》에 「논원강論原強」과 「논세변지극論世變之亟」, 「구망결론救亡決論」, 「벽한闢韓」 등의 글을 잇달아 발표한 게 그것이다. 모두 근대화 방략을 논한 것이다. 이후 그는 아담 스미스의 『원부原富』, 몽테스키외의 『법의法意』 등 서양문명의 토대가 된 일련의 사상서를 차례로 번역해 소개하기 시작했다. 그가 '중국의 후쿠자와 유기치-中國的福澤諭吉'라는 칭송을 받은 된 연유이다. 그의 이름을 세상에 널리 알리는 결정적인 계기가 된 것은 광서 24년(1898)에 펴낸 『천연론天演論』이었다.

---

18 당시 그는 재직 중 3년마다 실시되는 향시에 거듭 응시했다. 광서 6년1890 북양수사학당의 總辦으로 승진했음에도 재차 과거에 응시했다. 캉유웨이도 제자 량치차오와 함께 과거에 응시키 위해 상경한 바 있다. 이는 '전통'에 대한 이들의 애착이 얼마나 강했는지를 웅변한다. 양일모, 앞의 책 38-39쪽.

신해혁명 이듬해인 1912년 3월 중화민국 초대총통에 신출된 위안스카이는 옌푸를 경사대학당京師大學堂 총감독에 임명했다.[19] 이해 5월 1일 명칭이 '북경대'로 바뀌면서 그는 북경대 초대 총장이 되어 문과대학장을 겸했다. 그러나 그는 이내 정국혼란의 희생양이 되고 말았다.[20] 이해 10월 총통부 고문으로 자리를 옮긴 그는 이후 위안스카이의 자문역을 수행케 되었다.

1916년 위안스카이가 급서하자 이내 귀향해야만 했다. 혁명을 반대하고 위안스카이를 도운 전력 등이 문제가 돼 자리가 나오지 않은 것이다. 1919년의 5·4운동 때에는 적극 동조하고 나선 루쉰과 달리 정반대 쪽에 섰다. 이는 당사자들이 전면적인 서구화를 기치로 내걸고 공자 타도를 외치는 등 과격한 '서체서용'으로 흘러간데 따른 반발이었다.[21]

---

19 당초 청조의 광서제는 광서 24년(1898) 7월, 캉유웨이의 건의를 받아들여 사상 최초로 서구식 대학인 '경사대학당京師大學堂'을 세웠다. 그러나 경사대학당은 이내 '무술정변'으로 존립기반이 위태로워진 후 의화단사건이 발발한 광서 26년(1900) 8월 폐교 조치되고 말았다. 이듬해에 굴욕적인 '신축조약' 체결에 분노한 조야의 빗발치는 여론 덕분에 광서 28년(1902) 12월 재차 문을 열게 되었다. 옌푸가 경사대학당과 인연을 맺게 된 것은 광서 28년(1902) 관학대신官學大臣 장바이시張百熙의 요청에 따라 학당 부설 역서국 총판을 맡으면서부터였다. 그는 무창봉기의 지도자인 리위안훙黎元洪이 옌푸의 북양수사학당 제자인 것을 안 위안스카이가 그를 복건성 대표로 삼아 혁명파와 공화국 건립 방안을 논의한 남북화의에 참가시키면서 위안스카이와 인연을 맺게 되었다. 양일모, 『옌푸: 중국의 근대성과 서양사상』, 태학사, 2008. 39-42쪽 참조.

20 당시 혁명파가 대거 포진한 교육부는 북경대가 새로운 정치체제에 걸맞은 인재를 양성하기에 부적절하다는 이유 등을 들어 '대학해산령'을 발동코자 했다. 여생을 고등 교육의 재건에 매진코자 한 그는 곧 「북경대학을 폐지할 수 없음을 논함」이라는 보고서를 교육부에 올리며 강력 항의했다. 옌푸와 학생들의 강력한 반대로 북경대 해산 계획은 없던 일이 되었다. 그의 노력으로 북경대는 유지되었으나 그는 총장 자리에서 밀려나고 말았다. 3월 8일부터 10월 7일까지 모두 7달 동안 경사대학당 총감독과 북경대 초대 총장직을 역임한 셈이다. 그의 후임으로 교육총장으로 있던 혁명파 차이위안페이가 부임했다. 양일모, 앞의 책 43-44쪽.

21 옌푸는 중국공산당이 창당되는 1921년 세인들의 냉담한 시선 속에 숨을 거두었다. 문혁 기간 중에는 홍위병에 의해 무덤이 크게 훼손되기도 했다. 최근 그의 무덤이 복구되고 그에 대한 전

2) 번역주의와 중체서용

일찍이 '일본학계의 천황'으로 불린 마루야마 마사오丸山眞男는 다른 문화권의 원전을 자국의 역사문화에 기초한 친숙한 용어로 해석하는 작업을 '번역주의'로 규정한 바 있다.[22] 그의 주장에 따르면 중국은 불변의 도리를 탐구하는데 치중한 나머지 역사연구를 소홀히 해 근대화에 실패한 반면 일본은 '번역주의'를 관철한 까닭에 근대화에 성공했다고 한다. 그는 에도시대 오규 소라이荻生徂徠의 폭탄선언을 그 논거로 들었다.[23]

"우리가 읽고 있는 『논어』와 『맹자』는 외국어로 쓰여 있다. 우리는 원래 옛날부터 번역해서 읽고 있을 뿐이다!"

후쿠자와는 오규 소라이 때부터 축적된 '번역주의'의 은덕을 입어 근대화의 선구자 역할을 하게 되었다는 게 그의 주장이다.[24] 그러나 그

면적인 재조명 작업이 활발히 진행되고 있는 것은 다행스런 일이다.

22 1996년에 사망한 마루야마는 병상에서 당대의 문학비평가 가토 슈이치加藤周一와 함께 후쿠자와 유기치가 행한 번역작업의 역사적 의미를 논하면서 이를 '번역주의'로 정의했다. 두 사람의 대화는 이와나미 서점이 펴낸 『번역과 일본의 근대』에 수록됐으나 그는 이를 보지 못했다. 그가 죽기 직전 번역과 근대화라는 주제에 공을 들인 것은 메이지시대를 이른바 '번역주의 시대'로 간주한 결과였다. 일본에서 극히 짧은 시간 내에 높은 수준의 번역이 가능했던 것은 이미 에도시대에 서구문명에 대한 상당한 수준의 학문적 이해가 축적되어 있었기 때문이라는 게 그의 지론이다. 가토 슈이치 외, 「번역문화의 도래」『번역과 일본의 근대』 임성모 역, 이산, 2000. 12-63쪽 참조.

23 가토 슈이치 외, 앞의 책 31쪽.

24 원래 마루야마는 『일본정치사상사』에서 '도덕우위' 대신 '정치우위'를 역설한 오규 소라이의 주장을 일본정치사상의 요체로 내세운 바 있다. 그러나 사실 오규 소라이의 입론은 이른바 '선왕후패先王後霸'를 역설한 『순자』를 약간 새롭게 해석한 것에 지나지 않았다. '선왕후패'는 왕도를 앞세우면서도 패도를 적극 수용하는 자세를 말한다.

의 이런 주장이 보다 타당성을 지니기 위해서는 옌푸의 번역작업에도 동일한 평가를 내릴 필요가 있다. 실제로 중국에도 이미 명대 말기에 오규 소라이와 유사한 주장을 편 이탁오李卓吾가 존재했다. 옌푸는 이탁오와 마찬가지로 '도덕우위'가 만연한 시대상황에서 과감히 '정치우위'를 역설했다. 『천연론』 출간은 후쿠자와가 『서양사정西洋事情』을 펴내 일본 국민들을 각성시킨 것에 비유할 만하다. 그 파장으로 볼 때 그의 『천연론』이 던져준 충격은 후쿠자와의 『서양사정』에 비할 바가 아니었다.

원래 그는 영국에서 귀국할 때부터 서양 사상가들의 저술을 차례로 번역해 부강富强의 비책을 널리 알려야 한다는 생각을 품고 있었다. 그가 『천연론』을 펴내면서 다윈의 생물학적 진화론뿐만 아니라 사회진화론을 둘러싼 헉슬리와 스펜서의 상반된 논의를 소상히 소개한 것은 바로 이 때문이었다.[25] '적극적인 자강'에 해당하는 부강富强에 대한 그의 집념은 《외교보外交報》 편집자에게 보낸 다음 서신에 잘 나타나 있다.[26]

25 원래 스펜서의 사회진화론은 생물학적 다윈이즘을 인간사회에 적용한 이론으로 개인이나 가족, 인종 모두 진화과정에 제대로 적응하지 못할 경우 결국 사멸할 수밖에 없다는 위험한 논리를 담고 있다. 실제로 서구 열강은 스펜서의 이런 주장에 입각해 유전적으로 우월한 백인이 열등한 황인과 흑인을 지배하는 것은 자연법칙에 합당하다며 자신들의 식민정책을 정당화했다. 마르크시즘도 별반 다를 게 없었다. 제국주의 침탈은 물론 계급 차원의 생존투쟁도 스펜서의 이런 주장에 의해 합리화된 셈이다.

26 《외교보》 편집자에게 보낸 옌푸의 서신은 외견상 '동서'와 '체용'의 구분을 거부하는 이른바 '체용일원體用一源' 내지 '체용불이體用不貳'의 입장에 가깝다. 량치차오도 『청대학술개론』에서 캉유웨이와 자신의 입장을 왕타오王韜가 주장한 '중체서용'과 구분해 '부중불서不中不西, 즉중즉서卽中卽西'로 규정하며 굳이 '체용일원'의 입장임을 강조한 바 있다. 그러나 큰 틀에서 보면 청궈판 및 리훙장 등 양무파의 '중체서용' 입장은 이들 변법파는 물론 옌푸에 이르기까지 그대로 관철되고 있다. '양무자강'과 '변법자강' 및 '과학부강' 등은 모두 부국강병을 달리 표현한 것에 불과하고, 이들 모두 현실정치의 개혁을 꾀한 공자의 기본정신을 존중하며'서체서용' 및

"중국의 급선무는 무지의 극복이다. 그것이 서양 것인지 중국 것인지 따질 여유도 없고, 그것이 새로운 것인지 전통적인 것인지 구별할 필요도 없다. 무지로 이끄는 길이라면 설령 위대한 군주 및 스승의 가르침일지라도 과감히 버려야 하고, 무지의 극복에 효과적이라면 설령 이적과 금수에서 나온 것일지라도 스승으로 삼아야 한다."

그의 '부강' 논리는 양무파와 변법파의 '자강' 논리보다 훨씬 강경한 것이었다. 그가 전통 안에서 숨 쉬며 '중체서용'의 입장을 견지했다고 평할 수 있는 이유이다. 그의 '번역주의' 특징은 중국의 고전을 인용해 중국 전래의 역사문화에 맞게 재해석한 데 있다. 과학 하는 자세를 『대학』의 '격물치지格物致知' 취지로 해석한 게 그 실례이다.[27] 그를 중국의 근현대사에서 가장 위대한 사상가로 평하는 이유이다.[28]

원래 동양은 기원전부터 종교를 미신의 관점에서 파악하는 무신론적 전통을 지니고 있었다. 이를 이론적으로 뒷받침한 인물이 순자荀子였다. 그는 전국시대 말기에 성행한 미신적인 음양오행설과 점복술 등에 매우 비판적이었다. 하늘을 자연의 질서로 해석하면서 인간이 두려

'서체중용'의 혁명을 반대한 점 등에서 일치하고 있다. 변법파 및 옌푸가 주장한 '체용일원'의 자귀에 얽매여 이들을 양무파의 '중체서용'과 다른 입장에 서 있다고 평하는 것은 잘못이다. 양일모도 이런 입장에 서 있다. 자세한 내용은 양일모, 앞의 책 196-200쪽 참조.

27 엄복은 『대학』에서 강조하고 있는 〈정심 ⇄ 성의 ⇄ 치지 ⇄ 격물〉의 도식에 입각해 과학을 연구하는 자세인 '격물'에서 수제치평의 근원인 '정심'으로 나아갈 것을 역설했다. 이는 서양에 대한 근거 없는 우월감 내지 적대감과 편견 등을 갖고 있던 중국의 지식인에게 서양의 학문에 대한 정확한 이해를 주문키 위한 것이었다.

28 조성환은 사회진화론에 입각한 옌푸의 민족중심주의가 이후 량치차오의 근대시민의 비전과 장빙린의 한족 중심의 민족혁명 사상에 지대한 영향을 끼쳤다고 분석했다. 조성환, 「중국근대민족주의의 이론형성과 정치전략 1895-1904」『한국사회사연구회논문집』 18집 1990년, 24-54쪽.

워할 것은 하늘이 아니라 악정惡政과 혼란이라고 단언한 이유이다. 『순자』「천론」편의 해당 대목이다.[29]

"기우제를 지내면 비가 내리는 것은 어찌된 일인가. 이상할 것도 없다. 기우제를 지내지 않아도 비는 내리기 때문이다."

옌푸가 루쉰의 백화문운동에 반대하며 청궈판 등 이른바 '동성문파桐城門派'의 고문古文을 고집한 것도 전통에 대한 강한 자부심에서 비롯된 것이었다.[30] 우아한 문어체는 그것대로 유지하고, 통상적인 구어체는 그것대로 활용하자는 게 그의 지론이었다. 그럼에도 노신을 비롯해 후스와 천두슈 등《신청년》의 주역들은 고문을 속히 버려야 할 낡은 유산으로 치부했다. '반문화'의 표상인 문혁의 싹이 이미 5·4운동 때부터 발아하고 있었던 셈이다.

---

29 『순자』「천론天論」, "雩而雨, 何也. 曰, '無何也, 猶不雩而雨也.'" 순자가 기우제를 지내지 않아도 비가 내린다고 갈파한 것은 공자의 합리적인 사고를 전수받은 결과였다. 그가 맹자의 이설로 오염된 공자사상을 순화하는데 앞장선 배경이 여기에 있다. 기독교에 회의적이었던 옌푸가 성리학을 질타하면서 동시에 절대적인 인격신을 내세운 선교사들의 주장을 비판한 것도 순자의 이런 입장과 궤를 같이하는 것이다.

30 '동성문파'는 성리학을 바탕으로 하면서도 서학을 포함해 여타 학문에 대해 매우 관용적인 태도를 취한 까닭에 실질적이면서도 간결한 문체를 숭상했다. 『천연론』의 초고를 감수하며 후견인 역할을 한 우루룬吳汝綸은 동성문파의 정맥을 이은 청궈판의 정통 후계자였다. 옌푸의 '부강'이 양무파의 '자강'과 맥을 같이 하는 것도 이와 무관치 않다고 보아야 한다. 양일모, 앞의 책 67쪽 참조.

3. 홍전紅專의 충돌

1) 루쉰과 옌푸

옌푸의 가장 큰 업적은 중국 전래의 용어로 서양문명의 기반이 된 일련의 사상서를 재해석한데 있다. 전통에 대한 해박한 지식을 총동원해 '직역'이 아닌 '의역'을 행한 결과였다. 물리학과 논리학의 기본개념을 『주역』에서 찾아낸 뒤 후대인이 이를 철저히 발전시키지 못한 점을 통렬히 지적한 게 그 실례이다. 이는 당나라 때 삼장법사 등이 인도문화의 정수인 불경을 도가의 용어 등을 끌어들여 매끄럽게 재해석한 것에 비유할 만하다.

서학西學에 대한 옌푸의 '한역漢譯'은 절대불변의 진리로 간주된 '사이비 과학'인 성리학을 혁파하는데 결정적인 공헌을 했다.[31] 일본에서는 후쿠자와의 '일역日譯'이 이와 유사한 역할을 수행했다.[32] 옌푸는 후쿠자

31 맹자는 '천도天道'와 '인도人道'가 합치한다는 이른바 '천인합일天人合一'을 주장했다. '천도'가 불변하는 만큼 '인도'도 변치 않는다는 게 기본 논지이다. 만물을 도덕철학의 관점에서 해석한 맹자의 이런 '사이비 과학'은 주희의 이른바 '천리인욕설天理人欲說'에 의해 더욱 강화되었다. 인류의 역사가 '물경物競'과 '천택天擇'이라는 진화의 원리에 따라 부단히 변화한다는 『천연론』의 논지는 이와 정면으로 배치되는 것이었다. 그가 『천연론』에서 일본에서 통용되는 '진화' 대신 굳이 '천연'이라는 용어를 택한 것은 천지와 도는 불변한다는 '사이비 과학'을 깨뜨리기 위한 것이었다. 양일모, 앞의 책 95-101쪽 참조.

32 마루야마 마사오는 오규 소라이와 후쿠자와 유기치가 실현한 중국 및 서양문화의 '일역日譯'을 두고 이들이 원문을 일본식으로 바꿔 읽는 것을 약점으로 보기는커녕 오히려 긍정적으로 평가한 점을 미덕으로 꼽았다. '직역' 대신 '의역'을 높이 평가한 셈이다. 가토 슈이치 외, 앞의 책 33쪽.

와보다 18세 연하였다. 이는 서학에 대한 '한역'이 '일역'보다 그만큼 늦었다는 뜻도 된다. 더구나 그의 '한역'은 양무운동과 변법운동이 잇달아 실패한 뒤 전개된 까닭에 후쿠자와의 '일역'과 비교할 때 상황이 훨씬 절박할 때 이뤄졌다. 그럼에도 그 효과는 기대이상이었다. 중국의 젊은이와 지식인들이 그의 '한역' 작품을 대하면서 '전반서구론'의 허실을 깨닫고 전통에 대한 자부심과 함께 구국의지를 다지게 되었기 때문이다.

이는 서구 열강의 침략논리인 '물경物競' 즉 '생존경쟁'과 '천택天擇' 즉 '자연선택'이 그의 탁월한 '한역'에 힘입어 나라를 패망에서 구하는 전략개념으로 둔갑한 결과였다. 21세기에 들어와 루쉰의 '서체중용'이 빛을 잃어가고 그의 '중체서용' 행보가 새삼 주목을 받는 것도 그가 이룬 '한역'의 의미를 새삼 재발견한데 따른 것이다.

지난 2002년 중국의 중고교 교과서에서 『아Q정전』이 빠지고 대신 한때 금서로 분류된 원로작가 진융金庸의 무협소설이 실린 것도 이런 맥락에서 이해할 수 있다. 이를 두고 일각에서는 통속문학과 순수문학이 융합하는 세계적인 추세를 반영한 것으로 해석하고 있으나 이는 한 면만을 본 것이다. 중국이 미국과 더불어 이른바 'G2'의 일원으로 평가받는 저간의 흐름을 감안할 때 21세기의 중국인을 20세기 초의 '아Q'로 규정할 수는 없는 일이다. 『아Q정전』의 누락은 이제 '서체중용'의 관점에서 중국의 역사문화 전통을 폄하하던 기존의 잘못된 관행이 서서히 바뀌고 있음을 반증한다.

2) 장제스와 마오쩌둥

장제스와 마오쩌둥은 생전에 공히 '서체서용'에 입각해 공화혁명을 추구한 쑨원의 사상적 후계자를 자처했다. 그러나 그 내막을 보면 전연 딴판이다. 장제스는 쑨원과는 정반대로 훙슈취안을 매우 비판적으로 바라보았다. 그가 아들 장징궈를 비롯해 휘하의 군 장령들에게 태평천국을 멸한 청궈판의 서간문집인 『증문공가서曾文公家書』의 필독을 권한 게 그 증거이다.

이에 반해 마오쩌둥은 쑨원과 마찬가지로 훙슈취안을 높이 평가했다. 훙슈취안을 중국 역사상 최초로 근대적인 농민혁명을 일으킨 대혁명가로 평가한 사실이 이를 뒷받침한다.[33] 장제스가 공산당을 태평천국의 반란집단으로 간주해 '방공防共'에 심혈을 기울이고, 마오쩌둥이 공산정권과 농민정권을 동일시하며 태평천국의 실패를 거울로 삼아 '입공立共'에 신중을 기한 것도 이와 무관할 수 없다.

원래 쑨원의 기본 입장은 공산주의를 용인하는 '용공容共'을 내세운 까닭에 '방공'과 '입공'의 중간지점에 위치해 있었다. 이는 훗날 장제스 정권에 치명상을 안겼다. 국공합작을 지지하며 국민당 좌파세력을 이끈 왕징웨이汪精衛가 쑨원 사후 '용공'을 전면에 내세워 그와 주도권 다툼을 벌이고, 쑨원의 미망인 쑹칭링宋慶齡이 '반장反蔣'의 선봉에 선 게 그 증거이다.

33 마오쩌둥은 만년에 이르기까지 훙슈취안을 쑨원과 나란히 언급하며 높이 평가했다. 훙슈취안을 서구로부터 진리를 탐구한 최초의 인물로 간주한 결과였다. 리쩌허우, 『중국현대사상사론』, 515쪽.

이로 인해 장제스는 북벌출정에 앞서 '방공'은커녕 왕징웨이의 '용공'부터 차단해야 하는 부담을 떠안아야만 했다. 그가 대만으로 밀려날 때까지 모두 3차례에 걸쳐 하야했던 것도 바로 이 때문이었다. 중화인민공화국 성립을 전후해 장제스가 추종한 양무변법파의 '중체서용' 노선이 실패한 근대화방략으로 치부된 것도 이와 무관치 않았다.

마오쩌둥은 전통질서를 철저히 때려 부순 후 '서체중용'에 입각한 새로운 정권을 수립코자 한 홍슈취안 및 쑨원의 숙원을 실현시킨 장본인에 해당한다. 당시 그의 성공신화는 '중체서용'을 주장하다가 대만으로 쫓겨 간 장제스의 행보와 대비될 수밖에 없다. 장제스와 마오쩌둥의 엇갈린 운명을 보고 많은 사람들이 '중체서용'은 실패했고, '서체중용'은 성공했다는 인식을 갖게 된 것은 자연스런 일이었다. 리쩌허우가 중국 현대화 방략으로 '서체중용'을 내세운 데서 알 수 있듯이 '중체서용'은 실패한 근현대화 방략이라는 잘못된 인식이 100여 년 넘게 지속된 배경이 여기에 있다.[34]

---

34 레이 황은 '거시사巨視史'의 관점에서 국공합작 및 국공내전의 기간을 분석하면서 장제스는 '중체중용', 모택동은 '서체서용', 덩샤오핑은 '중체서용'을 추종했다는 논점을 관철시키고 있다. 그가 장제스는 중국의 상부구조를 만들었고, 마오쩌둥은 하부구조를 꾸렸고, 덩샤오핑은 상부와 하부구조를 연결시키는 역할을 했다는 절충적인 해석을 내놓은 것도 여기서 나온 것이다. '중체서용'을 부정적으로 평가하는 리쩌허우의 입장과 대비되는 시각이다. 레이 황, 『장개석의 일기를 읽다』, 구범진 역, 푸른역사, 2009. 530쪽 참조.

IV. 중국현대화의 대안모델 전망

1. 서체중용의 특징 및 한계

당대 최고의 계몽사상가로 통하고 있는 리쩌허우가 도식적인 '유물론 대 유심론'의 이분법을 거부하고, '실용이성' 등의 신조어를 동원해 중국의 역사문화 전통을 재해석한 것은 나름 평가할 만하다. 그는 중국 현대화 방략으로 '서체중용'을 제시하면서 크게 3가지 논거를 들었다. 첫째, 혁명파의 논리를 추종하는 '전반서화론'이 지닌 보편성의 오류를 극복해야 한다. 둘째, 송명대 이학의 회광반조回光返照를 꾀하는 두웨이밍 등의 '유학부흥론'을 경계해야 한다. 셋째, 이미 실패로 끝난 양무변법파의 '중체서용론'이 지닌 특수성의 오류를 보완해야 한다.

그러나 '중체서용'의 노선을 두고 전근대적 도덕주의인 '중체' 의식에서 벗어날 수 없는 까닭에 서구적 현대화를 의미하는 '서용'에도 실패할 수밖에 없다고 예단한 것은 적잖은 문제가 있다.[35] 중국이 현대화를 이루려면 중국의 몸에 서양 옷을 입히는 '중체서용'이 아니라 아예 서양의 몸으로 바꾼 후 중국옷을 입히는 '서체중용'이 필요하다는 주장은 반역사적이기까지 하다. 그의 '서체중용' 주장을 두고 과학기술과 경제

35 리쩌허우의 이런 주장은 마르크스의 '선진적인 서학西學'조차 중국사회의 본체本體가 바뀌지 않는 한 전래의 봉건적인 중학中學에 의해 침식될 수밖에 없다는 가정에서 나온 것이다. 유물사관에 의해 체용體用을 임의로 재단하고 있다는 지적을 면키 어렵다. 리쩌허우, 『중국현대사상사론』, 527-528쪽 참조.

우선의 탈을 쓴 '서체서용'에 지나지 않는다는 지적이 나오는 이유이다.[36] 유물사관을 맹신한 후과로 볼 수밖에 없다.[37]

그가 제시한 '계몽'과 '구국'의 분석틀 역시 반제·반군벌을 달성키 위해 전면적인 서구화를 외친 5·4운동을 분석하는 데는 나름대로 유용하다. 그러나 권력투쟁에 불과한 문화대혁명은 물론 그 이후의 시기까지 이 분석틀을 확대 적용하는 것은 지나치다. 공자가 중국문명의 '아이콘'으로 부활한 현재 중국정부가 '서체서용'을 포장한 그의 '서체중용'을 추종할 가능성은 거의 전무하다.[38]

리쩌허우가 당대 최고의 계몽사상가로 대접받고 있는 것과 관련해 일각에서는 중국정부가 그의 '서체중용' 주장을 수용한 결과로 풀이하고 있으나 이는 지나치다. 중국정부가 그의 '서체중용' 행보에 별다른 이

36 리쩌허우는 훙슈취안의 태평천국을 예로 들어 외양상 '서체중용'을 내세웠음에도 사실은 '중체서용'에 지나지 않아 실패했다고 지적하면서 마오쩌둥의 문혁을 같은 맥락에서 풀이하고 있다. 이는 청궈판 등의 양무파가 '중체서용'을 역설하며 훙슈취안을 '서체서용'의 표상으로 간주한 역사적 사실을 간과한 것이다. 리쩌허우, 앞의 책 533쪽 참조.

37 리쩌허우는 '현대 신유가'의 '유학부흥론'에 대한 비판 차원에서 도덕이상주의자인 맹자를 질타하면서 정치현실론자인 순자를 높이 평가한 바 있다. 이는 이탁오 및 옌푸의 입장과 상통한다. 그가 개혁개방의 질 등을 높일 요량으로 이런 주장을 폈다면 나름대로 이해할 수 있다. 그러나 21세기의 중국마저 문혁의 연속선상에 있는 것으로 간주하는 것은 '현대 신유가'의 '동도동기' 입론에 과민하게 반응한 나머지 스스로 '서도서기'의 덫에 빠져들었다는 지적을 면키 어렵다. 중국철학사학회 회장 팡커리方克立는 리쩌허우의 '서체중용' 주장에 나타나는 개념의 부정확성, 논리의 일관성 결여 등을 신랄하게 지적하고 있다. 方克立, 「評'中體西用'和'西體中用'」『傳統文化與現代化』, 人民大出版社, 1987. 339-340쪽; 황성만, 「전통문화에 대한 반성과 서체중용론」『현대중국의 모색』, 391쪽에서 재인용.

38 김교빈은 중국정부가 개혁개방을 계속해가면서도 부작용을 최소화하기 위해 문화열의 여러 유파를 이용하고 있는 것으로 파악하고 있다. 개혁개방에 따른 부작용을 '철저재건론'과 '서체중용론'의 탓으로 돌리면서 '유학부흥론'과 '비판계승론'을 완충장치로 이용하고 있다는 것이다. 김교빈, 상게논문 「문화열과 현대중국」, 19-20쪽 참조.

의를 제기하지 않는 것은 덩샤오핑이 내세운 '하나의 중심과 두 개의 기본점' 주장이 경제건설을 우선시하고 있는 그의 주장과 상통하고 있기 때문이다.[39] 결코 그의 주장을 수용한 결과가 아닌 것이다.

2. 예교민치禮教民治와 예양천하禮讓天下의 가능성

과거 쑨원이 중국혁명 및 중화민국의 기본이념으로 내세운 이른바 '삼민주의三民主義'는 근대화방략이라기보다는 청조타도를 겨냥한 혁명전략에 불과했다. 마오쩌둥이 국공합작 및 국공내전 기간 중 시종여일하게 내세운 '농민혁명' 전략과 하등 차이가 없는 것이다. 내용상 양자 모두 서구의 자유민주주의와 소련의 인민민주주의를 중국의 상황에 맞춰 변용한 점에서 전형적인 '서체중용'에 해당한다. 이후의 문혁 역시 그 외양만큼은 마르크스의 계급투쟁론을 중국식으로 변용한 '서체중용'에 해당한다. 덩샤오핑이 아닌 그 누구일지라도 마오쩌둥의 잘못된 '서체중용' 정책을 폐기할 수 있다면 능히 중국의 발전을 도모할 수 있었다는 벤저민 양B. Yang의 주장은 '서체중용'의 파탄을 의미한다.[40]

39 하나의 중심은 경제건설, 두 개의 기본점은 개혁개방과 4항 기본원칙의 견지를 뜻한다. 4항 기본원칙은 사회주의, 인민민주독재, 공산당영도, 마르크스레닌주의와 마오이즘을 말한다. 현재 사회주의 색채는 갈수록 희미해지고 중국 전통의 특색은 갈수록 두드러지고 있어 '서체중용' 주장은 입지가 더욱 좁아지고 있다. '서체중용'은 비록 과학기술과 경제 우선을 기치로 내걸고 있으나 일정한 한계가 있을 수밖에 없다. 강진석, 「리쩌허우 중국 현대화 이론의 방법과 적용」『국제지역연구』 제10권 제1호 2006 봄, 3–41쪽 참조.

40 벤저민 양은 심지어 덩샤오핑이 전한제국 초기의 지배자들처럼 도가의 '無爲之治'를 시행했다

현재 중국학계의 대세는 '중체서용'이다. 최근 자오팅양은 전래의 '천하' 개념을 새롭게 해석한 '천하질서'를 주장해 세계 학계의 찬사를 받은 바 있다. 그는 이 책에서 서구의 '제국질서'는 벽이단闢異端에서 출발하고 있는 까닭에 패권 장악의 과정에서 적을 양산하게 되나 '천하질서'는 득민심得民心에서 출발하는 까닭에 오히려 적을 벗으로 삼을 수 있다고 주장했다. 과연 '천하질서' 하에서 '이단'이나 '적대적인 타자'가 존재하지 않게 될 것인지에 대해서는 이론이 없을 수 없으나 전혀 틀린 말은 아니다.[41]

가장 관심을 끄는 것은 그가 서론에서 언급한 '중체서용'과 '천하질서'의 상호결합 가능성이다. 그의 분석에 따르면 현재 중국학계의 연구 경향은 크게 '중국 성토론'과 '중국 재발견론'으로 나뉘어 있다. 루쉰으로 대표되는 '중국 성토론'은 전통 중국의 몽매성에 대한 철저한 비판에 주력했으나 이는 중국을 아무런 희망도 없는 땅으로 만드는 데 기여했을 뿐이라는 게 그의 지적이다. 현재 중국학계의 주류는 '중국 재발견론'이다. 이를 둘러싸고 두웨이밍 등의 '유학부흥론'과 리쩌허우의 '서체중용론', 소장학자들이 주축이 된 '중체서용론' 등이 팽팽히 맞서고 있다.

나이스빗이 언급한 '대안모델'과 관련해 가장 관심을 끄는 것은 말할 것도 없이 '중체서용론'이다. G2 중국의 위상이 더욱 강화되고 있는 저간의 흐름에 비춰 중국 전래의 역사문화 전통에 대한 확고한 긍정을

는 주장을 펼치고 있다. 이는 마오쩌둥이 시행한 일련의 정책 모두 치평治平의 방략과 동떨어진 것이었음을 지적한 것이나 다름없다. 벤저민 양, 『등소평』, 권기대 역, 황금가지, 2004. 398쪽 참조.

41 자세한 내용은 趙汀陽, 『天下體系』, 江蘇教育出版社, 2005. 참조.

전제로 하지 않는 대안모델이 나올 가능성은 희박하다. 이는 '서체중용' 입론의 여지가 더욱 줄어드는 것을 의미한다. 그렇다고 '유학부흥론'이 확산될 가능성 또한 희박하다. 송명이학에 대한 과대평가 때문이다.

일찍이 궈모뤄는 자신의 단편소설 「마르크스의 공자 방문기」에서 마르크스와 공자는 본래 같은 부류에 속한다는 주장을 편 바 있다.[42] 공교롭게도 이는 공자를 중국문명의 '아이콘'으로 내세우고 있는 중국 정부의 행보와 맥이 닿아 있다. 이는 전통수호 및 공자존숭을 전제로 '중체서용'에 입각한 근대화방략을 역설한 양무변법 논리의 부활을 의미한다.

최근의 추세에 비춰볼 때 중국이 장차 중국 전래의 역사문화 전통을 창조적이면서도 현대적으로 재해석한 대안모델을 내놓을 것임은 의심의 여지가 없다. 국내정치에서 '중체서용', 국제정치에서 '천하질서'의 논리를 토대로 좋은 모델을 제시할 경우 이는 공자와 순자가 역설한 인정仁政 내지 예치禮治의 부활을 의미한다. 공자와 순자의 인정 내지 예치 개념은 문화의 존부存否에 따른 화이질서華夷秩序를 내포하고 있다. '중체서용'과 '천하질서'가 결합한 새로운 대안모델은 필경 '신중화질서'의 구축을 겨냥할 공산이 크다.

그럼에도 과거 동양 전래의 '화이질서'가 기만적인 국제법을 내세운 서구 열강의 '제국질서'보다 상대적으로 평화적이었다는 사실에 주목할 필요가 있다. 제2차 세계대전 이후 21세기의 '미국독패美國獨覇' 시대에 이르기까지 '인권' 및 '법치'의 명목 하에 '제국질서'가 초강대국의 패권

42 중국 공산주의청년단 기관지 《청년보》는 지난 2008년 12월 30일자에서 이 소설을 소개하며 '원래 마르크스와 공자는 한 몸이었다'는 평을 내린 바 있다.

행보를 합리화하는 이론적 배경으로 작동한 것 또한 부인할 수 없는 사실이다. 중국은 장차 '중체서용'과 '천하질서'를 결합한 대안모델을 만들면서 과거의 '화이질서'와 차원이 다른 세련된 이른바 예교민치禮敎民治 내지 예양천하禮讓天下의 모델을 제시할 필요가 있다. 그 경우 세계 각국의 찬사를 받을 공산이 크다. 이는 나이스빗의 예언이 절묘하게 들어맞는 것을 의미한다.

참고문헌

기본서

『논어』, 『맹자』, 『관자』, 『순자』, 『열자』, 『한비자』, 『여씨춘추』, 『춘추좌전』, 『공양전』, 『곡량전』, 『회남자』, 『손자』, 『오자』, 『세설신어』, 『신감』, 『잠부론』, 『염철론』, 『국어』, 『설원』, 『전국책』, 『논형』, 『정관정요』, 『자치통감』, 『사기』, 『한서』, 『후한서』, 『삼국지』, 『명사』, 『청사고』.

1. 한국

강유위, 『대동서』(이성애 역, 을유문화사, 2006).

강판권, 「양무관료의 청불전쟁 대책론」, 『대구사학』 제38집(1989).

고동환, 「근대화논쟁」, 『한국사시민강좌』 제20집(1997).

구선희, 『한국근대 대청정책사 연구』(혜안, 1999).

권혁수, 『19세기말 한중관계사연구』(백산자료원, 2000).

김영민, 「무술변법시기 개혁사상의 철학적 기초연구」(고대 석사논문, 1990).

김옥균, 『갑신일록』(조일문 역주, 건대출판부, 1977).

김정기, 『명치일본언론의 대한관』(탐구당, 1987).

김종원, 「조중상민수륙무역장정에 대하여」, 『역사학보』 제32집(1966).

김학관, 『손중산과 근대중국』(집문당, 2004).

김형종, 「신해혁명의 발전」, 『강좌중국사』(지식산업사, 1997).

김호동, 「좌종당의 신강원정과 이슬람 정권의 붕괴」, 『동아문화』 29(1991).

남경태, 『종횡무진 동양사』(그린비, 1999).

리쩌허우, 『중국근대사상사론』(임춘성 역, 한길사, 2005).

무쓰 무네미쓰, 『건건록』(김태욱 역, 명륜당, 1988).

미조구찌 유조, 『중국 전근대 사상의 굴절과 전개』(김용천 역, 동과서, 1999).

민두기, 『중국근대사연구: 신사층의 사상과 행동』(일조각, 1973).

______, 『중국초기혁명운동의 연구』(서울대출판부, 1997).

민현식, 『한글본 '이언'연구』(서울대출판부, 2008).

박노자, 『우리가 몰랐던 동아시아』(한겨레출판, 2007).

배경한, 『쑨원과 한국 : 중화주의와 사대주의의 교차』(한울, 2007).

사회와 철학연구회, 『동아시아 사상과 민주주의』(이학사, 2003).

서울대동양사학연구실 편, 『강좌 중국사』 1-7(지식산업사, 1997).

손승희, 『근대 중국의 토비 세계』(창비, 2008).

송병기, 『근대한중관계사연구』(단국대출판부, 1985).
송정남, 「프랑스의 베트남 식민지화 고찰」, 『부대사학』 제21집(1997).
신기석, 『동양외교사』(동국문화사, 1955).
신동준, 『개화파열전』(푸른역사, 2008).
신복룡, 『한말개화사상 연구』(평민사, 1987).
신승하, 『근대중국』(대명출판사, 2004).
신용하, 『한국근대지성사연구』(서울대출판부, 2005).
신채식, 『동양사개론』(삼영사, 1997).
양계초, 『월남망국사』(안명철 외 역, 태학사, 2007).
위엔지량, 『중국번: 중국인이 사랑한 청백리』(서대원 역, 세종서적, 2009).
유길준, 『서유견문』(허경진 역, 서해문집, 2004).
유영익, 『한국근현대사론』(일조각, 1992).
유인선, 「베트남 완조의 성립과 '대남'제국질서」, 『아시아문화』 제10호(1994).
유장근, 「18세기 말 월중관계의 일연구」, 『경대사론』 창간호(1985).
이광린, 『개화기의 인물』(연세대출판부, 1993).
이기용, 『한일근대사상사 연구』(국학자료원, 2007).
이노우에 가쿠고로, 『서울에 남겨둔 꿈』(한상일 역, 건국대출판부, 1993).
이헌주, 「병인양요 직전 강위의 어양책」, 『한국사연구』 124(2004, 3).
이혜경, 『량치차오: 문명과 유학에 얽힌 애증의 서사』(태학사, 2007).
전경선, 「좌종당의 신강건성론」, 『부대사학』 19(1995).
정수일, 『씰크로드학』(창작과비평, 2001).
조병한, 「청대 후기 경세사상과 양무론의 형성」(서울대 박사논문, 1992).
조홍찬, 「조선조말 개화파의 정치사상비교연구」(원광대 박사논문, 2004).
진명숭, 「'해국도지'의 조선개화운동에 끼친 영향」(성대 석사논문, 1977).
진순신, 『중국의 역사』(한길사, 1995).
청아편집부 편, 『갑신갑오기의 근대변혁과 민족운동』(청아, 1996).
체스타 탄, 『중국현대정치사상사』(민두기 역, 지식산업사, 1985).
최보윤, 「'벽위신편'을 통해본 윤종의의 서양의식」(서강대 석사논문, 2007).
최성철, 『강유위의 정치사상』(일지사, 1988).
최소자, 『청과 조선: 근세 동아시아의 상호인식』(혜안, 2005).
최희재, 「신해혁명과 청조」, 『서울대동양사학과 논집 1집』(1977)
한국실학연구회, 『한중실학사 연구』(민음사, 1998).
한명근, 『한말 한일합방론 연구』(국학자료원, 2002).
허우이제, 『원세개』(장지용 역, 지호, 2003).

2. 일본

堀川哲男, 『中國近代の政治と社會』(法律文化社, 1981).

吉留路樹, 『日韓併合の眞相』(世論時報社, 1988).

大谷孝太郎, 『儒將曾國藩: 中國指導者の精神構造』(東京布井出版, 1977).

陸奥宗光, 『新訂蹇蹇錄』(岩波書店, 1983).

李曉東, 『近代中國の立憲構想: 嚴復·楊度·梁啓超と明治啓蒙思想』(法政大學出版局, 2005).

茂木敏夫, 「中華世界の近代的變容 –清末の邊境支配–」, 『地域システム』(東京大出版會, 1993).

朴宗根, 『日清戰爭と朝鮮』(靑木書店, 1982).

別宮暖朗, 『失敗の中國近代史: 阿片戰爭から南京事件まで』(竝木書房, 2008).

福澤諭吉, 『福澤諭吉選集』(東京, 巖波書店, 1989).

浜下武志, 「朝貢と條約」 『アジアから考えるή3˜周縁かろの歷史』(東京大出版會, 1994).

山田辰雄 編, 『近代中國人物研究』(慶應通信, 1989).

西里喜行, 「淸國洋務派の對日外交と琉球問題」, 『琉球大學敎育學紀要』 第45集(1994).

小原晃, 「日清戰爭後の中朝關係– 總領事派遣をめぐつて–」, 『史潮』 新37(1995).

小此木政夫 外, 『東アジア危機の構圖創出』(東京, 東洋經濟新聞社, 1997).

孫江, 『近代中國の革命と秘密結社: 中國革命の社會史的研究(1895–1955)』(汲古書院, 2007).

松尾章一, 『自由民權思想の研究』(東京, 東京日本經濟評論社, 1990).

安岡正篤, 『人物を修める』(東京, 竹井出版社, 1986).

野村浩一, 『近代中國の政治文化: 民權·立憲·皇權』(岩波書店, 2007).

鈴木智夫, 『近代中國と西洋國際社會』(汲古書院, 2007).

原田環, 『朝鮮の開國と近代化』(溪水社, 1997).

田保橋潔, 『日清戰役外交史の研究』(刀江書院, 1951).

佐藤公彦, 『義和團の起源とその運動: 中國民衆ナショナリズムの誕生』(研文出版, 1999).

竹內弘行, 『康有爲と近代大同思想の研究』(汲古書院, 2008).

陳舜臣,『夜明け前の中國: 續中國近代史ノート』(朝日新聞社, 1979).
嵯峨隆,『戴季陶の對日觀と中國革命』(東方書店, 2003).
平野聰,『大清帝國と中華の混迷』(講談社, 2007).
丸山眞男,『日本政治思想史硏究』(東京, 東京大出版會, 1993).
荒野泰典,『近世日本と東アジア』(東京, 東京大出版會, 1988).
黃宗羲,『明夷待訪錄: 中國近代思想の萌芽』(西田太一郞 譯, 平凡社, 1971).
横山宏章,『孫文と袁世凱: 中華統合の夢』(岩波書店, 1996).
横山宏章,『中國近代政治思想史入門』(硏文出版, 1987).

3. 중국

高良佐,『孫中山先生傳』(甘肅人民出版社, 2006).
紀大椿,『新疆近世史論稿』(黑龍江敎育出版社, 2002).
羅瑛,『亂世爭逐: 北洋軍閥』(江蘇人民出版社, 1998).
董蔡時,『左宗棠評傳』(中國社會科學出版社, 1984).
馬洪林,『康有爲評傳』(南京大學出版社, 2005).
帕特南 威爾,『諸國夢魘』(秦傳安 譯, 中央編譯出版社, 2006).
聞少華,『汪精衛傳』(團結出版社, 2007).
孫應祥,『嚴復』(福建人民出版社, 2003).
梁啓超,『李鴻章傳』(百花文藝出版社, 2007).
梁啓超,『中國近三百年學術史』(上海三聯書店, 2006).
楊菁,『孔祥熙家事』(江西人民出版社, 2007).
吳其昌,『梁啓超傳』(百花文藝出版社, 2004).
王璽 編,『李鴻章與中日訂約』(中央硏究院近代史硏究所, 1981).
王松,『宋子文傳』(湖北人民出版社, 2006).
汪衍振,『曾國藩的升遷之路』(湖北人民出版社, 2003).
劉奇 編,『慈禧生平』(中國社會出版社, 2006).
李育民,『近代中外關系與政治』(中華書局, 2006).
林則徐,『林則徐集』(中華書局, 1984).
張永久,『袁世凱家族』(重慶出版社, 2007).
趙焰,『李鴻章』(廣西師範大學出版社, 2007).
朱東安,『曾國藩傳』(百花文藝出版社, 2007).
周新國,『破毁國門: 鴉片戰爭』(江蘇人民出版社, 1998).
朱重聖 編,『中國之文化復興』(中國文化大學出版部, 1981).

曾國藩,『曾國藩家書』(陳才俊 編, 海潮出版社, 2007).
秦翰才,『左文襄公在西北』(岳麓書社, 1984).
湯志鈞,『戊戌變法史』(人民出版社, 1984).
豊吉,『李鴻章與淮軍』(遼寧人民出版社, 2008).
胡繩,『中國近代史』(小野信爾 外 譯, 平凡社, 1974).

4. 서양

Almond, G. A. and Verba, S., *The Civic Culture: Political Attitudes and Democracy in Five Nations*, Princeton, N. J.: Princeton Univ. Press, 1963.

Arendt, H., *Human Condition*, Chicago: Chicago Univ. Press, 1958.

Black, C. E., *The Dynamics of Modernization,* New York: Harper & Row Publisher, 1966.

Carr, E. H., *Nationalism and After,* N.Y.: Macmillan, 1945.

Dahl, Robert. A., *Polyarchy: Participation and Opposition*, New Haven: Yale Univ. Press, 1971.

Downs, A., *An Economic Theory of Democracy*, New York: Harper and Low, 1957.

Elgie, Robert, *Political Leadership in Liberal Democracies*, London: Macmillan Press, 1995.

Fukuyama, F., *The End of History and the Last Man*, London: Hamish Hamilton, 1993.

Gellner, Ernest, *Encounter with Nationalism*, Oxford: Blackwell, 1994.

Giddens, A., *The Consequences of Modernity*, Cambridge: Polity Press, 1984.

Greenfeld, Liah, *Nationalism: Five Roads to Modernity*, Cambridge: Harvard University Press, 1992.

Held, D., *Models of Democracy*, Cambridge: Polity Press, 1987.

Janowitz, M., *The Military in the Political Development of New Nations,* Chicago: The University of Chicago Press, 1964.

Johnson, Chalmers, *MITI and the Japanese Miracle*, Stanford: Stanford University Press, 1996.

Machiavelli, N., *The Prince*, Harmondsworth: Penguin, 1975.

Macpherson, C. B., *The Life and Times of Liberal Democracy*, Oxford: Ox-

ford Univ. Press, 1977.
Mannheim, K., *Ideology and Utopia*, London: Routledge, 1963.
Marx, K., *Oeuvres Philosophie et Économie 1–5*, Paris: Gallimard, 1982.
Mills, C. W., *The Power Elite*, New York: Oxford Univ. Press, 1956.
Morgenthau, H. J., *Politics among the Nations*, New York: Knopf, 1948.
Palais, James B., *Politics and Policy in Traditional Korea*, Cambridge, Mass.: Harvard Univ. Press, 1975.
Poulantzas, Nicos, *State, Power, and Socialism*, London: Verso, 1978.
Popper, K. R., *The Open Society and Its Enemies*, Princeton, N. J.: Princeton Univ. Press.
Rawls, J., *A Theory of Justice*, Cambridge: Harvard Univ. Press, 1971.
Sabine, G., *A History of Political Theory*, New York: Holt, Rinehart and Winston, 1961.
Sartori, Giovanni, *The Theory of Democracy Revisited*, Chatham: Chatham House Publisher, Inc., 1987.
Schumpeter, J. A., *Capitalism, Socialism and Democracy*, London: George Allen & Unwin, 1952.
Strauss, L., *Natural Right and History*, Chicago: Univ. of Chicago Press, 1953.
Tsurutani, Taitstugu, *The Politics of National Development: Political Leadership in Transitional Societies,* London: Chandler Publishing Co., 1974.
Tucker, Robert C., *Politics as Leadership,* Columbia: University of Missouri Press, 1983.
Wallerstein, I., *The Modern World–System* Ⅲ, New York: Academic Press, 1989.
Weber, M., *The Protestant Ethics and the Spirit of Capitalism*, London: Allen and Unwin, 1971.

부록 1. 청조 세계표

太祖———太宗———順治帝———康熙帝———
(1616–1626)　(1626–1643)　(1643–1661)　(1661–1722)

雍正帝———乾隆帝———嘉慶帝———道光帝
(1722–1735)　(1735–1795)　(1795–1820)　(1820–1850)

———咸豊帝———同治帝
(1850–1861)　(1861–1874)

□———光緖帝
(1874–1908)

□———□———宣統帝
(1908–1912)

*묘호	연호	이름
1. 태조太祖	천명天命	아이신교로愛新覺羅 누르하치努爾哈赤
2. 태종太宗	천총天聰 숭덕崇德	아이신교로愛新覺羅 홍타이지皇太極
3. 세조世祖	순치제順治帝	아이신교로愛新覺羅 푸린福臨
4. 성조聖祖	강희제康熙帝	아이신교로愛新覺羅 현엽玄燁
5. 세종世宗	옹정제雍正帝	아이신교로愛新覺羅 윤진胤禛
6. 고종高宗	건륭제乾隆帝	아이신교로愛新覺羅 홍력弘曆
7. 인종仁宗	가경제嘉慶帝	아이신교로愛新覺羅 옹염顒琰
8. 선종宣宗	도광제道光帝	아이신교로愛新覺羅 민녕旻寧
9. 문종文宗	함풍제咸豊帝	아이신교로愛新覺羅 혁저奕詝
10. 목종穆宗	기상祺祥 동치제同治帝	아이신교로愛新覺羅 재순載淳
11. 덕종德宗	광서제光緒帝	아이신교로愛新覺羅 재첨載湉
12.	선통제宣統帝	아이신교로愛新覺羅 부의溥儀

부록 2. 청말민국 초기 연표

연도(서기)	주요사건
도광 19년(1839)	흠차대신 임칙서가 영국함의 아편 수거.
도광 20년(1840)	제1차 아편전쟁 발발.
함풍 3년(1853)	홍수전이 난경을 태평천국의 수도로 정함. 증국번이 향용을 조직.
함풍 4년(1854)	태평군이 증국번의 상군을 정항靖港에서 격파.
함풍 6년(1856)	제2차 아편전쟁의 발단이 된 애로호 사건 발발.
함풍 8년(1858)	아이훈조약 체결. 러시아, 미국, 영국, 프랑스 등과 천진조약 체결.
함품 9년(1859)	좌종당이 호림익과 곽숭도 등의 도움으로 목숨을 구함.
함풍 10년(1860)	영국, 프랑스, 러시아 등과 북경조약 체결. 구룡반도와 연해주 할양.
함풍 11년(1861)	서태후가 '신유정변'으로 정권을 장악. 연호를 기상祺祥에서 동치同治로 바꿈.
동치 원년(1862)	이홍장이 회군을 이끌고 상해에 진주. 증국번이 안경군계소安慶軍械所 건립.
동치 2년(1863)	이홍장이 회군과 상승군을 지휘해 소주 함락. 양포국 건립.
동치 3년(1864)	'천경' 함락으로 태평천국 패망. 증국번, 이홍장, 좌종당이 공후에 진봉됨.
동치 4년(1865)	야쿱 벡이 신강 침공. 이홍장이 강남제조총국 건립.
동치 5년(1866)	야쿱 벡이 독립 선언. '복주선정국福州船政局'이 설립.
동치 6년(1867)	좌종당이 섬감지역의 군무를 독판督辦함. 천진기기국天津機器局 설립.
동치 7년(1868)	염군 평정. 좌종당과 이홍장이 태자태보의 직함을 받음.
동치 9년(1870)	천진교안 발생. 증국번이 양강총독, 이홍장이 직례총독에 제수됨.
동치 10년(1871)	러시아가 일리 지역 무력점령.
동치 11년(1872)	양강총독 증국번 사망. 윤선초상국 설립.
동치 12년(1873)	난주기기국蘭州機器局 설립. 흑기군이 하노이에서 프랑스군 격파.
동치 13년(1874)	일본 사쓰마 번의 사이코 쯔구미치가 대만을 무력점령.
광서 원년(1875)	'마가리사건' 발생. '새방'과 '해방' 간의 매국 논쟁 촉발.
광서 2년(1876)	좌종당이 본부를 난주에서 숙주로 옮긴 후 서정군을 지휘.
광서 3년(1877)	야쿱 벡 급사. 곽숭도의 주영공사 파견으로 재외공관 개시.
광서 4년(1878)	좌종당 신강수복 공을 인정받아 2등 후작으로 진봉.
광서 5년(1879)	숭후가 '리바디아조약' 체결.

광서 6년(1880)	증기택이 러시아로 가 담판함.
광서 7년(1881)	증기택이 '일리조약' 체결. 좌종당이 양강총독에 임명됨.
광서 8년(1882)	좌종당이 신강 행성의 설치를 주장. 조선에서 임오군란 발생.
광서 9년(1883)	왕덕방이 베트남 파병 의용군을 모집.
광서 10년(1884)	신강 행성 설치. 청불전쟁 발발. 조선에서 갑신정변 발발.
광서 11년(1885)	프랑스와 '천진조약' 체결. 좌종당 복주에서 병사.
광서 12년(1886)	영국과 버마조약 체결.
광서 14년(1888)	강유위 제1차로 상서함.
광서 20년(1894)	청일전쟁 발발. 손문이 하와이서 흥중회 결성.
광서 21년(1895)	마관조약馬關條約 체결. 삼국 간섭. 일본 대만총독부 설치.
광서 22년(1896)	러시아와 동청철도밀약 체결.
광서 24년(1898)	변법유신 선언. 경사대학당 설립. 무술정변으로 변법 좌절.
광서 25년(1899)	산동서 의화단 봉기. 미 국무장관 존 헤이 문호개방 선언.
광서 26년(1900)	청조 열강에 선전포고. 8개국 연합군 반격 개시.
광서 27년(1901)	연합군과 신축조약 체결. 이홍장 사망.
광서 28년(1902)	영일동맹 성립.
광서 29년(1903)	러시아 동북삼성에서 철군 거부.
광서 30년(1904)	러일전쟁 발발. 중국 중립 선언.
광서 31년(1905)	동경에서 중국동맹회 결성. 과거제 폐지.
광서 32년(1906)	경한철도 개통. 일본이 남만주철도회사 설립.
광서 33년(1907)	혁명파의 무장봉기가 빈발.
광서 34년(1908)	각 성에서 의회개설운동 일어남.
선통 원년(1909)	일청 간 간도협약 체결. 각 성에 자의국 개설.
선통 2년(1910)	북경에 자정원 설치.
선통 3년(1911)	간선철도 국유화 반포. 무한의 신군 봉기로 신해혁명 발발.
서기 1912년	중화민국 남경임시정부 성립. 원세개 북경에서 임시대총통에 취임.
서기 1913년	송교인이 상해에서 피살. 제2혁명 실패로 손문 등 일본으로 망명.
서기 1914년	동경에서 중화혁명당 결성. 일본 독일에 대해 선전포고 후 청도 점령.
서기 1915년	일본 중국에 21개조 요구. 원세개 황제추대를 수락.
서기 1916년	원세개 사망. 군벌정치 시대 개막.

인물로 읽는 중국 근대사

발행일 1쇄 2017년 12월 30일
지은이 신동준
펴낸이 여국동

펴낸곳 도서출판 인간사랑
출판등록 1983. 1. 26. 제일 - 3호
주소 경기도 고양시 일산동구 백석로 108번길 60 - 5 2층
물류센타 경기도 고양시 일산동구 문원길 13 - 34(문봉동)
전화 031)901 - 8144(대표) | 031)907 - 2003(영업부)
팩스 031)905 - 5815
전자우편 igsr@naver.com
페이스북 http://www.facebook.com/igsrpub
블로그 http://blog.naver.com/igsr
인쇄 인성인쇄 **출력** 현대미디어 **종이** 세원지업사

ISBN 978 - 89 - 7418 - 771 - 2 93910